ns Herbert von Arnim, Erns rik
Bruns, Peter Cerwenka, Chr ne-
kart Ehlers, Ursula Engelen-Kefer, Erhard
to Flimm, Wolfgang Franz, Heiner Geißler,
lzio, Michael Günter, Gregor Gysi, Carel ter
sch, Ludwig Harig, Norbert Haug, Herbert
tig, Regine Hildebrandt, Adriana Hölszky,
nney, Peter W. Jansen, Maria Jepsen, Birgit
hn, Alexander Kostinskij, Gabriele Krone-
elmut Kutin, Vittorio
lorian Langenscheidt,
obert Lindlau, Markus Lüpertz, Hans Maier,
kl, Theo Mayer-Kuckuk, Reinhold Messner,
Opaschowski, Cem Özdemir, Matthias Prinz,
er Schmidt, Oliver Maria Schmitt, Friedrich
e, Georg Schwede, Rolf Seelmann-Eggebert,
Sommer, Lothar Späth, Albert Speer, Theo
-Flammer, Heinz Teufel, Bassam Tibi, Klaus
ntje Vollmer, Gerhard Vollmer, Wolfgang
nst Ulrich von Weizsäcker, Karin von Welck,
-Jochen Winter, Eckart Witzigmann, Eberhard
rald zur Hausen

Visionen 2000

Einhundert persönliche Zukunftsentwürfe

Herausgegeben
von der
Brockhaus-Redaktion

WWF

Der Reinerlös aus diesem Projekt fließt der »Living Planet Campaign« des WWF (World Wide Fund For Nature) zu.

F. A. BROCKHAUS
Leipzig · Mannheim

Redaktionelle Leitung: Gabriele Gassen M. A.

Redaktion: Eva Beate Bode M. A.,
Karl-Friedrich Geißler M. A., Heike Pfersdorff M. A.,
Irmgard Theobald, Ellen Weitbrecht M. A.

Herstellung: Erika Geisler

Einband: Peter Schmidt Studios GmbH, Hamburg

Gestaltung: Harold Vits, Mannheim

Infografiken: neueTypografik, Kiel

Die Deutsche Bibliothek – CIP-Einheitsaufnahme
Visionen 2000: Einhundert persönliche
Zukunftsentwürfe / hrsg. von der Brockhaus-
Redaktion. [Red. Leitung: Gabriele Gassen]. –
Leipzig; Mannheim: Brockhaus, 1999
ISBN 3-7653-0611-8

Das Werk wurde in neuer Rechtschreibung
verfasst.

Satz und Layout: Harold Vits, Mannheim
Lithographie: cbRepro, Mannheim
Papier: 135 g/qm Luxomatt holzfrei mattgestrichen
der Papierfabrik Biberist, Schweiz
Druck: Druckhaus Götz GmbH, Ludwigsburg
Bindearbeit: Großbuchbinderei Lachenmaier,
Reutlingen
Printed in Germany ISBN 3-7653-0611-8

Vorwort

Das Jahr 2000 markiert eine Zeitenwende, die man rational als kalendarischen Normalfall abtun mag, die jedoch wohl kaum jemanden gleichgültig lässt: Das Ausklingen des 20. Jahrhunderts und der Anbruch eines neuen Jahrtausends lassen den alten Menschheitstraum, in die Zukunft blicken zu können, wieder besonders lebendig werden.
Das traditionsreichste Verlagshaus für Enzyklopädien und lexikalische Nachschlagewerke im deutschsprachigen Raum richtet in diesem Band den Blick in die Zukunft: Der Brockhaus-Redaktion ist es gelungen, einhundert namhafte Persönlichkeiten aus allen Bereichen des öffentlichen Lebens dafür zu gewinnen, ihre Visionen 2000 und darüber hinaus zu Papier zu bringen. Profilierte Menschen mit ihrer Gestaltungskraft sind es, die uns Wege in die Zukunft aufzeigen oder durch ihr Vorbild unsere Fantasie beflügeln. Aus dem Facettenreichtum der vielgestaltigen Äußerungen, die der Band versammelt, fügt sich ein beeindruckendes und Mut machendes Zukunftsbild zusammen – ein Panorama der Meinungen und Stellungnahmen, der Spekulationen und Hypothesen, der Hoffnungen und Erwartungen, der Utopien, Fantasien und Visionen.
Den Reinerlös aus dem Verkauf des Werkes wird der Verlag einem Projekt zugute kommen lassen, das einen ganz besonderen Beitrag zur Sicherung unserer Zukunft leistet: der »Living Planet Campaign« des WWF (World Wide Fund For Nature), einer internationalen Kampagne zum Schutz von Lebensräumen, zur Rettung bedrohter Arten und zur Änderung menschlicher Verhaltensweisen.

Mannheim, im Januar 1999 F. A. BROCKHAUS

Inhalt

Christo und Jeanne-Claude

Birgit Breuel

Reinhold Messner

Ludwig Harig

Jil Sander

Lothar Späth

Cem Özdemir

Peter Schmidt

Heidi Schüller

Ernst Ulrich von Weizsäcker

Jürgen Fliege

Adriana Hölszky

Heiner Geißler

Charles Wilp

Roman Herzog

Aufbruch ins 21. Jahrhundert

»Wahrheit und Klarheit« – unter diesem Motto vereinigte Roman Herzog wichtige Reden seiner Präsidentschaft. Das klare Wort fand er auch in seiner berühmt gewordenen »Berliner Rede«, die seine Vision eines erneuerten Deutschland im Jahre 2020 umriss sowie den Mut zu Tatkraft und zukunftsorientiertem Handeln einforderte. ⇒80431

> *Wäre es nicht ein Ziel, eine Gesellschaft der Selbstständigkeit anzustreben, in der der Einzelne mehr Verantwortung für sich und andere trägt ...?*

Wenn ich versuche, mir Deutschland im Jahre 2020 vorzustellen,

dann denke ich an ein Land, das sich von dem heutigen doch wesentlich unterscheidet.

Erstens: Wäre es nicht ein Ziel, eine Gesellschaft der Selbstständigkeit anzustreben, in der der Einzelne mehr Verantwortung für sich und andere trägt und in der er das nicht als Last, sondern als Chance begreift? Eine Gesellschaft, in der nicht alles vorgegeben ist, die Spielräume öffnet ...

Zweitens: Wäre es nicht ein Ziel, eine Gesellschaft anzustreben, die nicht mehr wie heute strikt in Arbeitsplatzbesitzer und Menschen ohne Arbeit geteilt ist? Arbeit wird in Zukunft anders sein als heute: Neue, wissensgestützte Berufe werden unqualifizierte Jobs verdrängen, und es wird mehr Dienstleistungen als industrielle Arbeit geben. Statt Lebensarbeitsplätzen wird es mehr Mobilität und mehr Flexibilität geben, auch zur besseren Vereinbarkeit von Beruf und Familie, Arbeit dient nicht nur dem Lebensunterhalt, Arbeit kann und soll auch Freude machen und Stolz vermitteln. Niemandem, der sich mit voller Kraft engagiert, darf deswegen ein schlechtes Gewissen eingeredet werden.

Drittens: Wäre es nicht ein Ziel, eine Gesellschaft der Solidarität anzustreben – nicht im Sinne der Maximierung von Sozialtransfers, sondern im Vertrauen auf das verantwortliche Handeln jedes Einzelnen für sich selbst und die Gemeinschaft? Solidarität ist Hilfe für den, dem die Kraft

fehlt, für sich selbst einzustehen. Solidarität heißt aber auch Rücksicht auf die kommenden Generationen.
Viertens: Ich erwarte eine Informations- und Wissensgesellschaft. Das ist die Vision einer Gesellschaft, die jedem die Chance einräumt, an der Wissensrevolution unserer Zeit teilzuhaben. Das heißt: bereit zum lebenslangen Lernen zu sein, den Willen zu haben, im weltweiten Wettbewerb um Wissen in der ersten Liga mitzuspielen. Dazu gehört vor allem auch ein aufgeklärter Umgang mit Technik.
Fünftens: Ich wünsche mir eine Gesellschaft, die die europäische Einigung nicht als Technik des Zusammenlebens versteht, sondern die Europa als Teil ihrer politischen und kulturellen Identität empfindet und bereit ist, diese in der bunter werdenden Welt zu bewahren und zu bewähren.
Sechstens: Ich wünsche mir deshalb eine Gesellschaft, die die internationale Verantwortung Deutschlands annimmt und sich für eine Weltordnung einsetzt, in der die Unterschiedlichkeit der Kulturen nicht neue Konflikt- und Kampflinien schafft. Auch im Inneren muss eine offene Gesellschaft entsteht, eine Gesellschaft der Toleranz, die das Zusammenleben von Menschen unterschiedlicher Kulturen möglich macht.
Wir brauchen aber nicht nur den Mut zu solchen Visionen, wir brauchen auch die Kraft und die Bereitschaft, sie zu verwirklichen. Ich rufe auf zur inneren Erneuerung ...
Der Weg in die von mir skizzierte Gesellschaft beginnt mit dem Nachholen all der Reformen, die bislang liegen geblieben sind. Wir müssen endlich die Reform-Hausaufgaben machen, über die wir schon so lange reden. Wir müssen aber ebenso schon heute den Blick darüber hinaus richten. ...
Ich möchte dazu etwas grundsätzlicher werden. Wir erleben heute, dass den Menschen ein Zuwachs an Sicherheit durch staatliche Vorsorge oft wichtiger ist als der damit einhergehende Verlust an Freiheit. Wir fordern Freiheit – aber was ist, wenn die Bürger ihre Freiheit als kalt empfinden und statt dessen auf die Geborgenheit staatlicher Für- und Vorsorge setzen?
Diese Frage lässt sich nicht mit dem Federstrich eines Gesetzestextes beantworten. Wir müssen also tiefer ansetzen: bei unserer Jugend ... Wir müssen unsere Jugend auf die Freiheit vorbereiten, sie fähig machen, mit ihr umzugehen. Ich ermutige zur Selbstverantwortung, damit unsere jungen Menschen Freiheit als Gewinn und nicht als Last empfinden. Freiheit ist das Schwungrad für Dynamik und Veränderung. Wenn es uns gelingt, das zu vermitteln, haben wir den Schlüssel der Zukunft in der Hand. Ich bin überzeugt, dass die Idee der Freiheit die Kraftquelle ist, nach der wir suchen und die uns helfen wird, den Modernisierungsstau zu

Roman Herzog initiierte 1997 die Innovationsmesse **»Fest der Ideen«.** Hier informiert er sich über die Funktion eines Gebärdenhandschuhs zur Steuerung dreidimensionaler Prozesse. ⇨160

»Ich erwarte eine Informations- und Wissensgesellschaft. ... Das heißt: bereit zum lebenslangen Lernen zu sein ...«

überwinden und unsere Wirtschaft und Gesellschaft zu dynamisieren.

Gespräch mit Schülern ⇒80431

Deswegen gebe ich der Reform unseres Bildungssystems so hohe Priorität: Bildung muss das Mega-Thema unserer Gesellschaft werden. Wir brauchen einen neuen Aufbruch in der Bildungspolitik, um in der kommenden Wissensgesellschaft bestehen zu können.

Das ist nicht primär eine Frage des Geldes. Zuerst brauchen wir weniger Selbstgefälligkeit: Wie kommt es, dass die leistungsfähigsten Nationen in der Welt es schaffen, ihre Kinder die Schulen mit 17 und die Hochschulen mit 24 abschließen zu lassen? ... Für mich persönlich sind die Jahre, die unseren jungen Leuten bisher verloren gehen, gestohlene Lebenszeit.

Auch die Ausbildungsinhalte gehören auf den Prüfstand. Es geht in Zukunft noch weniger als bisher nur um die Vermittlung von Wissen. Mit dem Tempo der Informationsexplosion kann der Einzelne sowieso nicht mehr Schritt halten. Also müssen wir die Menschen lehren, mit diesem Wissen umzugehen. Wissen vermehrt sich immer schneller, zugleich veraltet es in noch nie da gewesenem Tempo. Wir kommen gar nicht darum herum, lebenslang zu lernen. ...

» Wäre es nicht ein Ziel, eine Gesellschaft der Solidarität anzustreben ... im Vertrauen auf das verantwortliche Handeln jedes Einzelnen für sich selbst und die Gemeinschaft? «

Wenn ich von der Zukunft unserer Gesellschaft rede, spreche ich – wie schon gesagt – zwangsläufig von der Jugend. Unsere Jugend ist das größte Kapital, das wir haben. Wir müssen ihr nur Perspektiven geben. Dazu gehört nicht nur, dass wir keine Schuldenpolitik zu ihren Lasten betreiben. ...

Ich frage weiter: Warum gibt es so wenige Angebote für Jugendliche zu einem freiwilligen sozialen Engagement? Es gibt sie doch wieder, die Jugendlichen, die dazu bereit sind. Ich erlebe es in persönlichen Begegnungen, und ich sehe durch die Umfragen bestätigt, dass wir längst eine Trendwende in unserem Land haben: Die Pflichtwerte gewinnen wieder an Bedeutung gegenüber dem, was die Soziologen so schön die »Selbstverwirklichungswerte« nennen. Man könnte vermutlich auch einfach sagen: Egoismus allein ist nicht mehr »in« ...

Innovative Lösungen aus der medizinischen Forschung ⇒80431

Wir müssen unserer Jugend zu mehr Selbstständigkeit, zu mehr Bindungsfähigkeit, zu mehr Unternehmensgeist und mehr Verantwortungsbereitschaft Mut machen. ...

Wir Älteren aber müssen uns die Frage stellen: Was leben wir den jungen Menschen vor? Welche Leitbilder geben wir ihnen? Das Leitbild des ewig irritierten, ewig verzweifelten Versorgungsbürgers kann es doch wahrhaftig nicht sein! Die Jungen beobachten uns Alte sehr genau. Wirklich überzeugen werden wir sie nur, wenn wir ihnen unsere eigene Verantwortung glaubhaft vorleben.

Und schließlich: Wir müssen von dem hohen Ross herunter, dass Lösungen für unsere Probleme nur in Deutschland gefunden werden können. Der Blick auf den eigenen Bauchnabel verrät nur wenig Neues. Jeder weiß, dass wir eine lernende Gesellschaft sein müssen. Also müssen wir Teil einer lernenden Weltgesellschaft werden, einer Gesellschaft, die rund um den Globus nach den besten Ideen, den besten Lösungen sucht.

Die Globalisierung hat nicht nur einen Weltmarkt für Güter und Kapital, sondern auch einen Weltmarkt der Ideen geschaffen, und dieser Markt steht auch uns offen. Die meisten rationellen Industriestaaten standen oder stehen vor ähnlichen Problemen wie wir. Eine ganze Reihe von ihnen hat aber bewiesen, dass diese Probleme lösbar sind. ...

Die Amerikaner haben nicht versucht, den Wandel aufzuhalten, sondern sie haben sich an die Spitze des Wandels gesetzt: durch Förderung von Forschung und Technologie, durch Deregulierung, durch den Aufbau einer Infrastruktur für das Informationszeitalter. Sie haben das Potenzial der Durchbrüche in Mikroelektronik und Biotechnologie zur Schaffung neuer Produkte genutzt, aus denen ganz neue Industrien entstanden sind. Ein neues, wissensgestütztes Wachstum wurde zur Quelle für Millionen neuer Arbeitsplätze.

Auch wir müssen rein in die Zukunftstechnologien, rein in die Biotechnik, die Informationstechnologie. Ein großes, globales Rennen hat begonnen: Die Weltmärkte werden neu verteilt, ebenso die Chance auf Wohlstand im 21. Jahrhundert. Wir müssen jetzt eine Aufholjagd starten, bei der wir uns Technologie- und Leistungsfeindlichkeit einfach nicht leisten können.

Die Aufgaben, vor denen wir stehen, sind gewaltig. ... Es wird Kraft und Anstrengungen kosten, die Erneuerung voranzutreiben, und es ist bereits viel Zeit verloren gegangen. Niemand darf vergessen: In hoch technisierten Gesellschaften ist permanente Innovation eine Daueraufgabe! Die Welt ist im Aufbruch, sie wartet nicht auf Deutschland.

Aber es ist auch noch nicht zu spät. Durch Deutschland muss ein Ruck gehen. Wir müssen Abschied nehmen von lieb gewordenen Besitzständen. ...

Wenn alle die vor uns liegenden Aufgaben als große, gemeinschaftliche Herausforderung begreifen, werden wir es schaffen. Am Ende profitieren wir alle davon.

Junge Unternehmer werden ausgezeichnet. ⇨80431

Ich wünsche mir ... eine Gesellschaft, die die internationale Verantwortung Deutschlands annimmt.

Der Text ist ein Auszug aus der Rede, die der Bundespräsident am 26. April 1997 im Berliner Hotel Adlon hielt.

Hubert Markl

Was bringt uns das neue Jahrtausend: Ein Jahrhundert des Parasitismus?

Verhaltensforschung, Sinnesphysiologie und Evolutionsbiologie sind die wissenschaftlichen Arbeitsgebiete des Zoologen Hubert Markl. Für den Präsidenten der Deutschen Forschungsgemeinschaft in den Jahren 1986 bis 1991 und den derzeitigen Präsidenten der Max-Planck-Gesellschaft sind Fragen der Forschungsförderung ebenso interessant wie Überlegungen, die er in Werken wie »Natur als Kulturaufgabe« und »Die Fortschrittsdroge« veröffentlichte.

⇨3833/4890

Hubert Markl

1938 in Regensburg geboren
1957–62 Studium der Biologie, Chemie und Geographie an der Universität München
1962 Promotion im Fach Zoologie an der Universität München
1963–67 wissenschaftlicher Assistent am Zoologischen Institut der Universität Frankfurt am Main
1965–66 Forschungsaufenthalt an der Harvard University und der Rockefeller University
1967 Habilitation für das Fach Zoologie an der Universität Frankfurt am Main
1968–74 ordentlicher Professor und Direktor des Zoologischen Instituts der Technischen Hochschule Darmstadt
seit 1974 Professor an der Universität Konstanz (1986 bis 1991 und seit 1996 beurlaubt)
1986–91 Präsident der Deutschen Forschungsgemeinschaft und Vizepräsident der Alexander-von-Humboldt-Stiftung
1993–95 Präsident der Berlin-Brandenburgischen Akademie der Wissenschaften
seit 1996 Präsident der Max-Planck-Gesellschaft

Wird die Biologie, wie manche meinen, zur »Leitwissenschaft« des 21. Jahrhunderts? Man kann diese Frage gerade so gut verneinen wie bejahen. Man wird sie verneinen müssen, wenn man dabei vor allem die Entwicklung der Wissenschaften betrachtet. Man kann sie bejahen, wenn man den Blick auf die Probleme richtet, vor die sich die Menschheit im kommenden Jahrhundert gestellt sehen wird, und wenn man sich fragt, welche Wissenschaftsdisziplin am meisten zu ihrer Bewältigung beitragen muss. Denn es werden in hohem Maß biogene Probleme sein, und es werden die Biowissenschaften sein, die sich bei deren Lösung bewähren müssen.

Das immer rascher fortschreitende, tiefgründige Zusammenwachsen aller naturwissenschaftlichen Disziplinen, gemeinsam mit der praktischen Mathematik zu einer einzigen umfassenden Wissenschaft von der Natur, die auch in weite Bereiche von Philosophie, Psychologie, Soziologie und Medizin vordringen wird, dürfte für die Wissenschaftsentwicklung des nächsten Jahrhunderts viel bestimmender sein als ein vermeintlicher Vorrang der Biologie. Erst diese Verbindung von Mathematik, Physik, Chemie und Biologie hat es möglich gemacht und wird weiter immer mehr Grundlage dafür sein, dass die Biowissenschaften sich endlich auch jenen Problemen stellen können, die ihnen ohne disziplinübergreifende Hilfestellung zu schwierig wären – nämlich alle Lebenserscheinungen bis hinein in die moleku-

laren, ursächlichen Einzelheiten aufzuklären. Ein Jahrhundert, das von Naturwissenschaften und durch sie begründete Technik geprägt ist, dürfte es wohl werden – eines, in dem die Biowissenschaften allein den Ton angeben, sicherlich nicht.
Dies gilt für viele Bereiche der Erkenntnis suchenden Forschung, von der Aufklärung der genetischen Grundlagen von Eigenschaften des gesunden oder kranken Menschen, über die Einsicht in die neurobiologischen Mechanismen von Geist und Bewusstsein, bis hin zur Entschlüsselung der Wechselwirkungen zwischen Millionen von Organismenarten und Billionen von lebenden Individuen, denen die Biosphäre Existenz, Erscheinungsbild und Funktionsfähigkeit verdankt. Dies gilt aber genauso für einen kleinen und auf den ersten Blick fast nebensächlich erscheinenden Schauplatz solcher Wechselwirkungen, nämlich den zwischen Parasiten und Wirten, der im kommenden Jahrhundert oder gar Jahrtausend mehr als viele andere biologischen Phänomene bestimmenden Einfluss auf das Leben von Mensch und Natur haben dürfte.
Bis vor wenigen Tausend Jahren lebte die Mehrzahl der Menschen als Sammler und Jäger über alle Kontinente zerstreut in kleinen Gruppen von wenigen Dutzend Individuen, die sich Sprachstämmen mit meist wenigen Tausend Sprechern zuordneten, und die eine weltweite Gesamtzahl von 50 Millionen Menschen kaum überschritten haben dürften. Für die Parasiten und Krankheitserreger des Menschen waren dies keine guten Zeiten, ungeachtet der mangelnden Hygiene, die in den Wildbeuterhorden geherrscht haben mag. Dafür lebten ihre Wirtsindividuen nämlich zu verstreut.
Erst mit der Erfindung von Ackerbau und Viehzucht nach der letzten Eiszeit vor kaum mehr als zehntausend Jahren haben sich diese Verhältnisse fortschreitend – und zwar parasitenfreundlich – geändert. Mit wachsender, ganzjährig gesicherter Versorgungsbasis mit Nahrungsmitteln konnte auch die Bevölkerungsdichte der Menschen auf das Zehn- bis Tausendfache ansteigen, wobei sich die landbebauenden Menschen immer mehr mit ihren verschiedenartigen Haustieren zusammengepfercht fanden. Ideale Voraussetzung der Übertragung von parasitischen Krankheitserregern von Mensch zu Mensch, vor allem aber auch von Tier zu Mensch.
Da nicht nur die Anzahl verfügbarer menschlicher Wirtsindividuen ständig mit derzeit etwa 1,5 Prozent pro Jahr wächst, sodass aus bald 6 Milliarden in weniger als einem Jahrhundert eine doppelt so große Menschheitsbevölkerung werden könnte, die zudem immer dichter gedrängt zu bald mehr als der Hälfte in wenigen Hundert Megastädten auf engstem Raum zusammenleben wird, und da die biologische

Die an Wirbeltieren – einschließlich des Menschen – und an im Meer lebenden Säugetieren Blut saugenden **Zecken** sind Parasiten, die gefährliche Krankheiten wie Gehirnentzündung oder die Lymekrankheit übertragen können. ⇾100

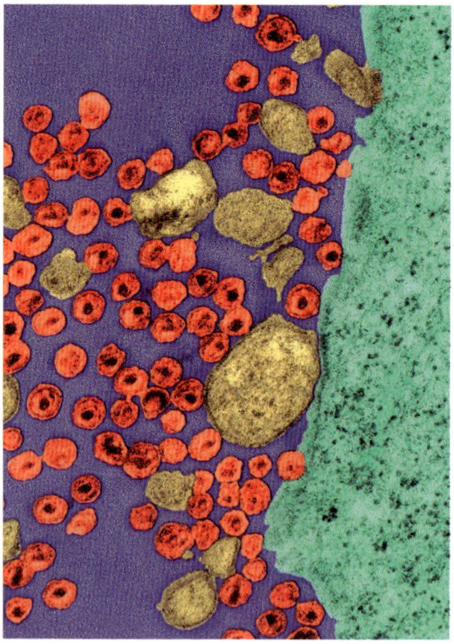

HIV (Vergrößerung des Virus unter dem Elektronenmikroskop). Nach einem Bericht der UNICEF sterben in Afrika jeden Tag 1000 Kinder an der Immunschwächekrankheit. ⇨100

Evolution menschlicher Parasiten und ihrer Überträgerorganismen keineswegs zum Stillstand gekommen ist, sondern sich unter den Selektionsdrücken dieses gigantischen Nahrungsangebotes und unserer nur teilweise wirksamen Gegenmaßnahmen sogar laufend beschleunigt, ist mit Sicherheit zu erwarten, dass in kommenden Generationen alte und neue Parasiten und Krankheitserreger mit ständig verfeinerten molekularen Methoden zur Überwindung von Abwehrschranken und Bekämpfungsmethoden gegen diese »Fleischfestung Menschheit« anstürmen werden. Weltweit beschleunigter, erleichterter und verdichteter Verkehr – nicht nur im bewegungstechnischen, sondern genauso im sexualtechnischen Sinn dieses Wortes – wird die Verbreitung neuer Erregertypen noch weiter erleichtern: HIV und Aids sind nur die Furcht erregenden Vorboten dieser Entwicklung, die im nächsten Jahrhundert wachsende Bedeutung erlangen wird. Exempla docent, vestigia terrent!

Aber dies ist nur die eine, die anthropozentrische Perspektive des Problems Parasitismus. Wir können ja in 6-, 8- oder gar 10-Milliardenzahl nur überleben, wenn wir weltweit zu Wasser und zu Lande nahezu jeden fruchtbaren Winkel dieser Erde für unsere Nahrungsversorgung ausbeuten. Dass wir daneben Wasser, Energie und viele weitere Rohstoffe benötigen, ist selbstverständlich. Aber die erste Überlebensvoraussetzung ist nun einmal Nahrung und Trinkwasser. Nun bezieht die Agrikulturmenschheit – das heißt heute: wir alle – den größten Teil ihrer Nahrung von weniger als einem Dutzend in ungeheurer Masse kultivierter und geernteter Nutzpflanzen- und eher noch weniger Nutztierarten. Im Bestreben, ihre Nahrungsproduktivität durch Sortenzucht und gezielte Auslese auf Leistung und Schädlingsresistenz dem ständig wachsenden Bedarf entsprechend zu steigern – wofür die modernen gentechnischen Methoden nur eine weitere, gezieltere Steigerungsmöglichkeit bedeuten –, haben wir die Zahl der genutzten genetischen Varianten dieser Nutzorganismen laufend verringert und damit kontinent- oder gar weltweit ein biologisch immer homogeneres Wirtsangebot für alle jene Parasitenarten geschaffen, denen es gelingt, sich Zugang zu diesem Schlaraffenland zu verschaffen. Da dies – wieder im Evolutionsmaßstab – ganz neue Bedingungen sind, sollten wir darauf vorbereitet sein, dass der Hauptansturm der Parasiten- und Schädlingsheere gegen unsere Nutzorganismen erst in den kommenden Generationen bevorsteht.

Aber es wäre falsch, es mit dieser rein biologischen Perspektive des Parasitismus in Natur und Kultur bewenden zu lassen. Es gibt dazu nämlich auch noch einen weiteren, sozio-

Bei einer Bevölkerungsdichte, wie sie in New Yorks Stadtteil **Manhattan** herrscht, sind die Möglichkeiten der Übertragung von parasitischen Krankheitserregern besonders groß. ⇨520

logischen Aspekt, der die Menschheit in kommenden Generationen nicht weniger beschäftigen dürfte. Die Menschen haben zweifellos die höchste Form sozialer Organisation hervorgebracht, die wir im Reich des Lebendigen kennen. Aber ganz beispiellos ist ihr Sozialverhalten auch wieder nicht. Von den gewaltigen Massenkolonien niederer Tiere, wie sie uns zum Beispiel in Korallenriffen entgegentreten, bis zu den höchstentwickelten Gesellschaftsformen Staaten bildender Termiten, Ameisen oder Bienen finden wir im Tierreich eine Vielfalt sozialer Lebensformen. Soweit diese Gemeinschaften nicht durch klonalen Aufbau genetisch völlig homogen sind, gibt es in ihnen trotz aller Kooperation durchaus auch egoistische Konkurrenz um die Ausbeutung sozialer Ressourcen, die dem entsprechen, was wir an innerartlichem Wettbewerb um Lebens- und Fortpflanzungschancen auch sonst kennen. Allerdings gibt es dabei in sozialen Organisationen auch Lebensmöglichkeiten der Ausbeutung von Artgenossen zum eigenen Vorteil, die sich mit dem Parasitismus zwischen verschiedenen Spezies vergleichen lassen, wobei es bei vielen sozial lebenden Tieren zusätzlich auch zwischenartlichen Sozialparasitismus verschiedenster Art gibt. Übrigens sind unsere zahllosen Spiel- und Schmusehaustiere kaum etwas anderes als solche artfremden Sozialparasiten.

Nun bietet ein mehr oder weniger wohl organisiertes menschliches Gemeinwesen schon heute und voraussichtlich künftig in noch vermehrtem Umfang die Möglichkeit für einige, sich auf Kosten der Produktionsleistungen anderer auf auskömmliche Weise zu versorgen.

Man hat den Umfang solcher sozialparasitischen, kriminellen »Schattenwirtschaft« in modernen Volkswirtschaften auf eine Größenordnung von mehr als 10 Prozent geschätzt, obwohl gerade die subtileren Formen solcher sozialen Ausbeutung – von Kindern durch ihre Eltern und umgekehrt, von Frauen durch ihre Männer und umgekehrt, von Steuerzahlern durch jene, die sich selbst und andere zu deren Lasten günstig bedienen, usw. – schwer zu quantifizieren sein dürften. Dies kann hier zum Schluss tatsächlich nur schattenhaft angedeutet werden. Aber wenn von den drohenden Herausforderungen des Parasitismus im kommenden Jahrhundert die Rede ist, darf auch dieser Aspekt der schmarotzenden bis räuberischen Ausbeutung der Vorteile sozialer Systeme nicht übergangen werden. Denn der egoistische Wettbewerb um die Ausbeutung der Produktionsleistung anderer wird im »Sozialsystem Menschheit« nicht aufhören, im Gegenteil, er wird sich dort genauso gesteigert fortsetzen wie das vergleichbare evolutionäre Wettrüsten zwischen Wirten und Parasiten in der Natur.

Zecken, Ixodida, weltweit verbreitete Gruppe der →Milben mit etwa 800 Arten, die an landlebenden Wirbeltieren (einschließlich Mensch) und an im Meer lebenden Säugetieren Blut saugen; Länge 2 mm bis 3 cm (vollgesogen). Die Kieferklauen und Teile der Kiefertaster bilden ein Stechsaugorgan mit Widerhaken. Der Körper ist flachgedrückt, kann aber bei Blutaufnahme sehr stark anschwellen. Die Vorderbeine tragen je ein Geruchsorgan, das →Hallersche Organ. Durch am Menschen saugende Z. können gefährl. Krankheiten übertragen werden, z.B. →Lymekrankheit, →Rückfallfieber, →Piroplasmosen, →Rickettsiosen, Zeckenenzephalitis (→Gehirnentzündung). – Man unterscheidet die →Lederzecken (Argasidae) und die →Schildzecken (Zecken i.e.S.; Ixodidae); zu Letzteren gehören u.a. die ausschließlich am Menschen saugende **Gemeine Steuer-Z.** (Ixodes fiscalis), die sich – ursprünglich endemisch auf der Iller-Lech-Platte – mittlerweile über ganz Dtl. ausgebreitet hat, sowie der →Holzbock.
(Brockhaus Enzyklopädie, 19. Aufl., Bd. 24, S. 460)

Christo und Jeanne-Claude

Ein Blick in die Zukunft – Haben Sie Lieblingsprojekte, die Sie nach 2000 verwirklichen wollen?

Für das weltweit beachtete Kunstprojekt des verhüllten Reichstages in Berlin, das sie 1995 verwirklichen konnten, haben sich Christo und Jeanne-Claude seit 1971 eingesetzt. Solch beharrliches Ringen um zunächst unrealisierbar erscheinende, Zeichen setzende Großunternehmungen, die sie ausschließlich auf eigenes Risiko finanzieren, ist kennzeichnend für das Lebenswerk der Künstler.

⇒ 4653

»The Gates«, ein Projekt für den Central Park in New York

»The Gates« (»Die Tore«) werden 4,5 m hoch sein, mit variierenden Breiten von 2,8 bis 8,5 m, den Fußwegen des Central Park folgen und entlang ausgewählter Pfade stehen. Frei hängende Textilbahnen, die an den oberen, horizontalen Stangen der Stahltore befestigt sind, werden bis auf ca. 2 m Höhe herabhängen. Die Tore werden im Abstand von 2,8 m zueinander stehen ...

Da »The Gates« die gesamte Topographie des Central Park einbeziehen wird, wird das Werk zu einem wahrhaftig öffentlichen Kunstwerk werden, denn es wird in einmaliger und in gleicher Weise von den verschiedensten Gruppen erlebt werden können; so wird sich die breite Vielfalt der Menschen von New York City offenbaren. Für diejenigen, die im Central Park spazieren gehen, werden die Tore einen goldenes Dach bilden, das warmen Schatten spendet. Von den Gebäuden aus gesehen, die den Central Park umgeben, werden die Tore wie ein goldener Fluss erscheinen, der zwischen dem Laub der Bäume auftaucht und verschwindet und die Fußwege aufscheinen lässt.

Die leuchtenden Stoffbahnen von »The Gates« werden den sonst unbemerkten Raum über den Fußwegen erhöhen und einrahmen und so die organische Anlage mit dem geometrischen Raster Manhattans kontrastieren – es so mit der Schönheit des Parks in Einklang bringen.

Christo und Jeanne-Claude

13.6.1935 Christo Javacheff in Bulgarien, Jeanne-Claude de Guillebon in Marokko geboren
1952–57 Jeanne-Claude legt an der Universität von Tunis das Baccalauréat in Latein und Philosophie ab, Christo studiert an den Kunstakademien in Sofia und Wien
1958 Beide lernen sich in Paris kennen; erste verhüllte Objekte
1960 Geburt des Sohnes Cyril
1964 Übersiedlung nach New York, *Verhüllte Ladenfront*
1968 documenta IV, *Luftpaket*
1971 Beginn des Reichstagsprojektes
1976 *Running Fence*, Kalifornien
1983 *Surrounded Islands*, Florida
1985 Verhüllung des Pont Neuf, Paris
1991 *The Umbrellas, Japan–USA:* 1340 blaue Schirme in Japan, 1760 gelbe Schirme in Kalifornien
1995 Verhüllung des Reichstagsgebäudes in Berlin

The Gates: Für die Durchführung dieses Projekts setzen sich die Künstler seit 1980 ein (Collage in zwei Teilen, 1991).

⇨4653

Niemand kann diese Werke kaufen, niemand kann sie besitzen …
Das Werk handelt von Freiheit, und die Freiheit ist der Feind des Besitzes, und Besitz ist mit Dauerhaftigkeit gleichzusetzen. Deshalb kann das Werk nicht bleiben.

Zwei Wochen lang soll das Kunstwerk im Central Park, der grünen Oase Manhattans, als **kollektives Erlebnis** öffentlich zugänglich sein (Collage, 1995).

⇨4653

1992 bis 1994 reisten die Künstler **22 500 km durch die USA,** um für ihr Projekt den geeigneten Flusslauf auszuwählen. Sechs Flüsse kamen in die engere Auswahl, bevor die Wahl auf den Arkansas River fiel. →4653

»Die meisten Kunstwerke werden den Leuten als »Knüller« in Ausstellungen vorgeführt, die nicht viel besser sind als Disneyland. Unsere Projekte sind Erlebnisse, die man nur einmal im Leben hat. Es geht in ihnen um Freiheit. Unsere bürgerliche Gesellschaft begreift Kunst als Ware, die nur begrenzten Personenkreisen zur Verfügung steht. Um unsere Kunst zu erleben, brauchen die Leute keine Eintrittskarten zu kaufen.«

»Over the River«, Projekt für den Arkansas River

Textilbahnen, waagerecht oberhalb der Wasseroberfläche verspannt, werden sich allen Kurven im Verlauf und auch der variierenden Breite des Flusses anpassen. Stahldrahtseile, in den höheren Uferpartien verankert, werden über den Fluss reichen und als Befestigung für die Stoffbahnen dienen. Die vorgefertigten Bahnen aus Textilgewebe werden Versteifungsringe an den Enden haben; sie werden sich in der Mitte der leicht durchhängenden Seile in weiche Falten legen, etwa 2 bis 7 m über dem Flussbett. Der 6,5 bis 9,5 lange »Strom« der Stoffbahnen wird von Brücken, Felsen, Bäumen und Büschen unterbrochen sein; es werden hell leuchtende Lichtströme entstehen.

Weite Abstände zwischen den Uferpartien und den Stoffbahnen werden ein kontrastreiches Spiel des Sonnenlichts ermöglichen, das den Fluss von beiden Seiten und durch das leuchtende Gewebe hindurch erhellt.

Die Straße, die den Fluss entlang verläuft, sowie Fußwege werden es dem Betrachter ermöglichen, sich dem Werk von oben mit dem Auto anzunähern oder es von unten zu Fuß oder auf einem Floß zu sehen und sich daran zu erfreuen. Während eines Zeitraumes von zwei Wochen wird sich das temporäre Kunstwerk »Over the River« den Freizeitaktivitäten am Fluss sowie seinem natürlichen Leben zugesellen.

Über dem Flusslauf des Arkansas River soll sich ein kilometerlanges **zeltähnliches Dach** spannen und auf dem strömenden Wasser seine Licht- und Schattenwirkungen spielen lassen (Collage in zwei Teilen, 1997; Ausschnitt). ⇨4653

»Enthüllen durch Verbergen«: Die Stoffbahnen verstärken die Wahrnehmung des Flusslaufs, der an Unterbrechungen immer wieder aufscheint (Collage in zwei Teilen, 1998). ⇨4653

Unsere Projekte haben nichts mit Fantasie zu tun. Fantasie ist das, was wir im Kino oder Theater finden, unsere imaginäre Vorstellung von den Dingen: Wenn wir jedoch den wirklichen Wind, die wirkliche Sonne spüren, den wirklichen Fluss, den Berg, die Straßen vor uns sehen – das ist die Wirklichkeit ... Diese Wirklichkeit kommt in unseren Projekten zum Tragen.

Paul Crutzen

Klimakatastrophen – Science oder Fiktion?

Als einer der Pioniere der Ozonlochforschung erhielt der niederländische Meteorologe Paul Crutzen 1995 den Nobelpreis für Chemie. Ausdrücklich wurde dabei sein Engagement über die Fachgrenzen hinaus gewürdigt, das er auch in die Politik einbrachte, etwa bei der Klima-Enquetekommission des Deutschen Bundestags. – Paul Crutzen besitzt kein Auto. ⇒70203

Paul Crutzen

3.12.1933 in Amsterdam geboren
1969–71 nach Studium der Meteorologie wissenschaftlicher Assistent an der Universität Oxford
1970 grundlegende Veröffentlichung über die Fähigkeit von Stickoxiden als Ozon abbauende chemische Verbindungen
1973 Promotion in Meteorologie an der Universität Stockholm
1974–80 am National Center for Atmospheric Research in Boulder, Colorado
seit 1980 Direktor des Max-Planck-Instituts für Chemie in Mainz
1995 Nobelpreis für Chemie

Ich wurde 1933 geboren, etwa sechzig Jahre später als meine Großeltern. Sie erlebten aktiv die industrielle Revolution, als sie vor der Jahrhundertwende von Ostpreußen ins Ruhrgebiet zogen, wo mein Großvater im Bergwerk arbeitete. Ich kann mich gut an meine Großmutter erinnern. Bald werde ich meinem Enkel, der letztes Jahr geboren wurde, von ihr erzählen können. Und er wird seinen Enkeln von mir erzählen, die bis ins 22. Jahrhundert hinein leben werden. Was für ein Leben werden sie führen und wie wird sich die Welt um sie herum verändern?

Das Anwachsen der Menschheit und ihres Einflusses auf die Umwelt war nie so stark wie während der letzten 100 bis 150 Jahre. Der weltweite Energieverbrauch ist im 20. Jahrhundert um mehr als das Zehnfache angestiegen. Bis heute werden etwa 80 % der fossilen Brennstoffe weltweit von 20 % der Weltbevölkerung verbraucht. In der Zukunft werden die Ansprüche der restlichen 80 % in den Entwicklungsländern auf die Ressourcen der Erde gewaltig anwachsen.

Die ersten Besorgnis erregenden Auswirkungen der Industrialisierung waren gesundheitliche Beeinträchtigungen. Im Winter 1952 führten besonders stabile meteorologische Bedingungen, die über mehrere Tage anhielten, in London zu einer verheerenden Luftverschmutzung. Dieser »London-Smog« wurde hauptsächlich durch das Verbrennen schwefelhaltiger Kohle in den Haushalten verursacht und führte zum Tode von etwa 4000 Menschen. Sorgen über weiträumigere

Auswirkungen von Luftverschmutzung gab es dann gegen Ende der Sechzigerjahre, als skandinavische Forscher auf die weit verbreitete Versauerung ihrer Seen und Fischtod aufmerksam machten, bedingt durch hohe Schwefelsäuregehalte im Regen (»saurer Regen«), welche durch Kohleverbrennung verursacht wurden.

Anfang der Siebzigerjahre wurde ein weiteres globales, ernstes Umweltproblem erkannt: Die Ausdünnung der stratosphärischen Ozonschicht, des Schutzes gegen gefährliche Sonneneinstrahlung, aufgrund der Auswirkungen industriell erzeugter Fluorchlorkohlenwasserstoffgase (FCKW-Gase), die in Spraydosen, in Kühlanlagen und bei der Schaumstoffherstellung weit verbreitet waren. Die Hypothese, dass als Folge der Zufuhr von Chlor in die Stratosphäre erhebliche Mengen von Ozon durch katalytische, photochemische Reaktionen in der oberen Stratosphäre zwischen 25 und 45 km Höhe zerstört würden, wurde durch Forschungen bewiesen.

Die Dringlichkeit, die weltweite Produktion von FCKW-Gasen merklich zu verringern, wurde sehr deutlich, als britische Wissenschaftler im Jahre 1985 über gewaltige Ozonverluste in der unteren Stratosphäre zwischen 12 und 22 km Höhe über der Antarktis während des Frühjahrs berichteten. Das ist genau der Höhenbereich, wo normalerweise die Ozonkonzentrationen am höchsten sind. Diese Beobachtung bewirkte einen enormen Schock. Kein Wissenschaftler hatte diese Möglichkeit eines »Ozonlochs« vorhergesagt. Im Nachhinein ist es schockierend, wie unwissend wir über die Auswirkungen der FCKW-Gase auf die Atmosphäre waren, jener Gase, die ursprünglich wegen ihrer nützlichen chemischen Eigenschaften und im Glauben, dass sie weder Gesundheit noch Umwelt schaden, eine weite Verbreitung gefunden hatten. Glücklicherweise wurde im Jahre 1996 die Produktion der FCKW-Gase in den Industriestaaten per internationaler Vereinbarung geächtet.

Wie wird in Zukunft die Ozonschicht aussehen? Auf der einen (positiven) Seite erwarten wir, dass die Verhältnisse sich bessern werden. Die Konzentration der FCKW-Gase in der Atmosphäre wird abnehmen, aber da ihre mittlere Lebensdauer sehr lang ist – 50 bis 100 Jahre –, wird es bis um das Jahr 2040 dauern, bis das Ozonloch verschwindet. Andererseits gibt es zusätzlichen Anlass zur Beunruhigung: Welche Folgen wird die Zunahme von Kohlendioxid und anderen Treibhausgasen haben? Während steigende Konzentrationen der Treibhausgase eine Erwärmung der Erdoberfläche und der übrigen Troposphäre verursachen, wird in der Stratosphäre der umgekehrte Effekt eintreten: Mehr CO_2 führt zu Abkühlung, stärkerer Eispartikelbildung, erhöhter

Vertreter von Naturschutzorganisationen wollen beim **Weltklimagipfel** in Berlin im März 1995 die sprichwörtliche (Umwelt-)Kuh vom Eis bringen. ⊳160

Im Nachhinein war es schockierend zu sehen, wie unwissend wir über die Auswirkungen der FCKW-Gase auf die Atmosphäre waren.

Das **Sommersmoggesetz** der Bundesrepublik Deutschland sieht bei einem Ozongehalt von 240 µ/m³ Fahrverbote für Autos ohne Katalysator vor – die allerdings zahlreiche Ausnahmen zulassen. ⊳20

Ein Eisberg von der Größe Mallorcas bewegt sich auf die Falklandinseln zu. Seine Entstehung ist nach Ansicht von Klimaforschern ein Indiz für die **Erwärmung der Region.** ⇒160

Mehrere Prozesse, die in die Klimamodelle eingehen müssen, sind noch nicht genügend bekannt.

Das Dorf Wulkow in Brandenburg erhielt für sein Konzept einer **ökologischen Modellgemeinde** 1994 den Deutschen Umweltpreis der Bundesstiftung Umwelt. Das Wulkower Niedrigenergiehaus in Rundbauweise war das erste seiner Art in Deutschland. ⇒160

Chloraktivierung und vermehrter Ozonabnahme. Weniger Ozon führt zu weiterer Abkühlung der Stratosphäre und verschärft somit das Problem. Kürzlich haben amerikanische Modellrechnungen ergeben, dass sich trotz des Produktionsstopps der FCKW-Gase die Ozonzerstörung in hohen Breiten sogar bis um das Jahr 2020 verstärken kann, was zu ozonlochähnlichen Bedingungen auch über der Arktis während des Übergangs vom Winter zum Frühjahr führen kann. Dennoch sollte sich die Ozonschicht danach erholen.

Was wird uns in den nächsten Jahrhunderten noch erwarten? Durch die kontinuierliche Zunahme der Treibhausgase in der Atmosphäre, besonders von CO_2, wird ein wachsender Anteil der Wärmestrahlung der Erdoberfläche von der Atmosphäre zurückgehalten und zur Erde zurückgestrahlt. Durch dieses verstärkte »Recycling« der Energie wird die Erde wärmer, nach Abschätzungen eines internationalen Forums von Klimaforschern um 1,5 bis 4° C im nächsten Jahrhundert und später noch mehr. Die Vorhersagen sind theoretischer Natur und unsicher, da mehrere Prozesse, die in die Klimamodelle eingehen müssen, noch nicht genügend bekannt sind – insbesondere die Rolle der Wolken. Es wird starke regionale Unterschiede in den Temperaturänderungen geben und, was noch bedeutender sein könnte, in der Verteilung der Niederschläge, was zu extremen Trockenheiten und Überschwemmungen führen wird. Zusätzlich wird ein Anstieg des Meeresspiegels um 50 cm für das nächste Jahrhundert und vielleicht noch mehr für die fernere Zukunft vorausgesagt. Solche Veränderungen sind nicht trivial.

Es stellt sich dazu jedoch, wie im Falle des »Ozonlochs«, eine wichtige Frage: Welche noch unbekannten Prozesse sind in den Modellen nicht enthalten? Es gibt viele Mitspieler im Klimaspiel: Nicht nur die physikalischen Prozesse, die, soweit bekannt, in die Modelle eingehen (wenn auch oft nur in vereinfachter Weise), sondern auch die chemischen Vorgänge und die Wechselwirkungen zwischen Atmosphäre, Weltmeeren und Biosphäre. Sind Instabilitäten in diesem komplexen Geflecht von Wechselwirkungen möglich? Ein viel diskutiertes Beispiel ist die thermohaline Wasserzirkulation in den Weltmeeren: Warmes Oberflächenwasser strömt nordwärts in den Atlantik; in den mittleren bis hohen Breiten kühlt sich das Wasser ab und wird durch Verdunstung zunehmend salzhaltiger. Je weiter das Oberflächenwasser nach Norden fließt, desto größer wird seine Dichte. Wenn dieses Wasser das Gebiet um Grönland und Island erreicht, ist es so schwer, dass es auf den Meeresboden sinkt und von dort die Reise zurück in die südliche Hemisphäre antritt. Das Tiefenwasser wird langsam weniger salzhaltig, indem es sich mit frischem

Flusswasser vermischt. Allmählich wird die Dichte geringer, und das Wasser kehrt an die Oberfläche zurück, wie etwa im Pazifik; von dort strömt es zurück in den Atlantik. Es ist vorstellbar, dass dieses Strömungssystem aufgrund der zunehmenden »Treibhaus«-Erwärmung in mittleren bis hohen Breiten zusammenbrechen kann und mit ihm der ozeanische Wärmetransport nach West- und Nordeuropa. Sollte dies wahr werden, wären die Folgen nicht nur für Europa verheerend; eine solche Umordnung des Wärmetransports durch Meeresströmungen würde die klimatischen Verhältnisse anderer Teile der Welt auch stark beeinflussen. Einer der bekanntesten Ozeanographen, Wallace S. Broecker von der Columbia University in den USA, schlägt eine technologische Lösung vor: Umwandlung des in fossilen Brennstoffen enthaltenen Wasserstoffs zu molekularem Wasserstoff, der ohne ernsthafte Folgen für die Umwelt zu Wasserdampf verbrannt werden kann, Verflüssigung des gebildeten CO_2 und dessen Einleitung in kontinentale Reservoirs oder auf den Grund des Meeres. Dieser Vorschlag ist in der Tat hochinteressant, und wir sollten ihn sicherlich bedenken, wenn andere Methoden, die CO_2-Zunahme in der Atmosphäre zu verringern, versagen. Ich selbst setze meine Hoffnung mehr auf Solarenergie. Internationale Zusammenarbeit in der Forschung über alternative, erneuerbare Energiequellen ist eine wesentliche Bedingung für den Erfolg weltweit. Ist sie nicht gegeben, fürchte ich, dass internationale Konflikte um die Ressourcen auf der Erde stark zunehmen werden. Wenn die riesigen Arsenale an Nuklearwaffen, die zurzeit und in Zukunft in einigen Ländern der Welt unterhalten werden, in einem Konflikt zur breiten Anwendung kämen, dann könnten die vielen Brände, die in Städten, Industrieanlagen und Öllagern ausbrechen würden, große Mengen schwarzen Rauchs erzeugen. Wenig Sonnenlicht nur würde dann die Erdoberfläche über weite Bereiche erreichen und Photosynthese und Landwirtschaft lahm legen. Weiterhin würde die Erdoberfläche stark abkühlen, mit der Möglichkeit von Bodenfrost sogar im Sommer. Der Zusammenbruch der Landwirtschaft und Hungersnöte würden folgen.

Lassen Sie uns ernsthaft hoffen, dass gegenwärtigen und zukünftigen Generationen eine solche Katastrophe erspart bleibt. Mit wachsender Weltbevölkerung, Verknappung der Ressourcen und Weiterverbreitung von Atomwaffen kann die Gefahr von militärischen Konflikten wachsen. Lassen Sie uns hoffen, dass den Generationen meiner Enkelkinder und deren Enkelkindern die Katastrophe eines »nuklearen Winters« erspart bleibt und dass Atomarsenale aller Nationen auf dieser Erde vernichtet werden.

Die im Herbst 1997 durch Brandrodungen enstandenen verheerenden **Waldbrände in Indonesien** vernichten mehr als eine Million Hektar Regenwald. Mit Atemschutzmasken versuchen sich die Einwohner gegen die Rauchwolken zu schützen, die weite Teile Südostasiens überziehen. ⇨160

Ich selbst setze meine Hoffnung mehr auf Solarenergie.

August Everding

Welche Chancen hat das Stadttheater Ingolstadt gegen die drei Tenöre?

August Everding war Theaterintendant und Regisseur zahlreicher Opern- und Schauspielinszenierungen an deutschen und internationalen Bühnen. Während der Jahre als Generalintendant der Bayerischen Staatstheater in München, 1982 bis 1993, setzte er sich maßgeblich für die Wiedereröffnung des Münchner Prinzregententheaters ein. Von 1993 bis zu seinem Tod im Januar 1999 war August Everding Staatsintendant und Präsident der neu gegründeten Bayerischen Theaterakademie. ⇨4632

August Everding

31.10.1928 in Bottrop, Westfalen, geboren
26.1.1999 in München gestorben

Studium der Philosophie, Theologie, Germanistik, Theaterwissenschaften in Bonn und München
1959/60 Oberspielleiter und Schauspieldirektor der Münchner Kammerspiele
1963 Intendant der Münchner Kammerspiele
1973 Intendant der Hamburgischen Staatsoper
1977 Intendant der Bayerischen Staatsoper München
1982 Generalintendant der Bayerischen Staatstheater
ab 1993 Staatsintendant und Präsident der Bayerischen Theaterakademie
Opern- und Schauspielinszenierungen an deutschen und internationalen Bühnen
Lehraufträge an Universitäten und Musikhochschulen
Präsident des Deutschen Bühnenvereins
Vorsitzender des Deutschen Kulturrats

Sie fragen nach Visionen! Da darf man auch ein wenig fantasieren.

Es gibt eine ganze Reihe kultureller Konzepte für die Zukunft. Die einen träumen von privatwirtschaftlich finanzierter Kultur à la USA, andere schwören auf Subventionskultur, wieder andere sehen die Zukunft in sich selbst tragender Kommerzkultur. Alle haben ihre bereits funktionierenden Vorbilder und alle sind sie für sich allein genommen nicht ausreichend, eine kulturelle Versorgung der Zukunft zu gewährleisten, vor allem sind sie zu merkantil für eine Vision.

Obwohl der provokante Titel des Beitrags tatsächlich von mir sein könnte, wurde er mir von der Redaktion des Brockhausverlages vorgeschlagen. Ich bin ganz dankbar dafür, denn er enthält bereits – honi soit qui mal y pense – einen Fehler. Richtigerweise müsste es heißen: »Welche Chancen hat das Stadttheater Ingolstadt *neben* den drei Tenören?«

Die beiden Institutionen oder das, wofür sie stehen, treten tatsächlich doch nie in direkte Konkurrenz zueinander – zumindest inhaltlich nicht. Das Schlimme dabei ist, dass viele Menschen genau das glauben. Da wird der Penderecki des Stadttheaters gegen ein »O sole mio!« aufgerechnet und man hat seine kulturellen Hausaufgaben gemacht. Ein folgenschwerer Irrtum, zumal auch viele Kulturpolitiker sich diesem Irrglauben hingeben. Ich schätze jeden der drei Tenöre und gönne ihnen ihren Erfolg. Aber mit einem kulturellen Einmal-Event ist wenig bewirkt. Für Festspiele und Kultur-

Nationaltheater in München: Als langjähriger Generalintendant der Bayerischen Staatstheater verfügte August Everding über einen Etat, der jährlich auf den Bühnen von Oper und Schauspiel zahlreiche national und international beachtete Inszenierungen ermöglichte. ⇒100

wochen putzt man sich einmal im Jahr heraus. Sie dauern nicht lange und stören wenig. Das mögen sich viele wünschen und praktizieren. Event-Kultur kann aber nur ein Additivum in der Kulturarbeit sein. Sie erregt viel Aufsehen und ist dadurch werbewirksam. Leicht finden sich daher auch private Sponsoren, sodass öffentliche Gelder dafür wenig zu fließen haben. Auch das ein Grund, warum Politiker diese Form der Kultur so lieben. Das wird auch in Zukunft so bleiben. Nur darf man dafür nicht andere, unbequemere, weil teurere, weil immer anstößige Formen aufgeben.

»Event-Kultur kann nur ein Additivum in der Kulturarbeit sein.«

Das Stadttheater gehört zu diesen Störenfrieden. Es beschreitet einen dornigen Weg. Es leistet kulturelle Basisarbeit, hat Jahr für Jahr seine Klassiker, die Modernen, das Weihnachtsmärchen und die Sommeroperette im Angebot. Es ist ständig der Kritik von Abonnenten und Schulklassen, von Theaterkennern und Ignoranten, von Kulturpolitikern und Presse ausgesetzt und reagiert darauf. Ein Stadttheater arbeitet und plant kontinuierlich und langfristig. Es leistet Aufbauarbeit, bietet beständig Reibung und erkämpft sich mit seinem Ensemble sein Publikum. Ein Mehrspartenhaus wie Würzburg hat auch mehr als drei Tenöre unter Vertrag. Das ist für den Träger teuer. Aber dafür haben die Jugendlichen ihre ersten kulturellen Kontakte. Die Weihnachtsmärchen und Kinderstücke, die Schulklassiker und Singspiele, später die Modernen und die erste Oper, wir lernen sie fast alle auf den kleinen und mittleren Bühnen kennen, die über ganz Deutschland verteilt sind. Felix Germania! Darum bedeutet der Verlust eines jeden gewachsenen Stadttheaters einen so schmerzhaften Einschnitt, unter Umständen gar den Verlust der kulturellen Grundversorgung. Und darum kämpfe ich für den Erhalt der in Deutschland so einmalig gestreuten Theaterstruktur. Geben wir uns außerdem keiner Täuschung hin: Kein Sponsor, kein Mäzen könnte je das leisten, was die öffentliche Hand für die Kultur tut.

Placido Domingo, José Carreras und Luciano Pavarotti als **»Die drei Tenöre«** beim Abschlusskonzert der Fußballweltmeisterschaft 1994 in Los Angeles. Wenn Sport und Musik eine solche Verbindung eingehen, dann wird das Event als Konzertereignis des Jahres vermarktet. ⇒160

Als ein Forum für kritische und provokante Theaterstücke müssen die Stadttheater erhalten bleiben. **»Fegefeuer in Ingolstadt«**, Marie Luise Fleißers 1926 uraufgeführtes Schauspiel über Jugendliche in der Pubertät, hat Ingolstadt in der Theaterwelt bekannt gemacht. Das Stück, an dem sich bis heute führende junge Regisseure erproben, hat einen festen Platz im Spielplan der deutschen Bühnen (Szenenfoto, Stadttheater Ingolstadt, 1971). ⇨4944

Wie soll es, wie kann es weitergehen auf Deutschlands Bühnen? Zum einen brauchen wir weiterhin unbedingt unsere kommunalen und staatlichen Theater. Die werden finanziell abgesichert sein, müssen aber dafür mehr inhaltlichen Mut beweisen. Die öffentliche Absicherung wird durch mehr Experimente gerechtfertigt werden. Fantasie und Einfallsreichtum wird das Theater auch in Zukunft attraktiv erhalten und der Konkurrenz von Medien und Freizeitindustrie trotzen.

Das Musiktheater wird insgesamt einer Verjüngungskur unterzogen und zeitgenössische Werke finden hoffentlich zunehmende Akzeptanz. Wenn wir heute noch insgesamt zu altgierig, zu sehr der künstlerischen Vergangenheit verhaftet sind, so wird in Zukunft die Neugier als Publikumstugend wieder entdeckt. Das Interesse an Zeitgenössischem hält dem Historischem die Waage und die Risikobereitschaft, sich mit Unbekanntem auseinanderzusetzen, ist wieder überall vorhanden – hoffentlich.

Musicaltheater mit Kongresszentren, Festspielhäuser mit Spielkasinos, Erlebnisparks mit Open-Air-Aufführungen sprießen allerorts aus dem Boden. Dafür wird aber kaum eine öffentliche Mark ausgegeben. Wo Theater und Kultur kommerziell funktionieren, soll es mir recht sein.

Daneben werden wohl auch zunehmend neue Formen interaktiver Computerkultur treten. Die mag ich mir ehrlich gesagt gar nicht so recht vorstellen. Theater beinhaltet für mich die unmittelbare physische Reaktion des Schauspielers auf das Publikum und umgekehrt. Ein zwischengeschaltetes Medium verhindert diese Unmittelbarkeit. Technisch gesehen ist Interaktivität ja schon heute kein Problem mehr. Das Empfinden jedoch wird ein anderes sein. Ob noch genauso tief wie bei direkter Konfrontation?

Technische Innovationen werden zum Bühnenspielzeug der Zukunft: Holographie, Laserprojektion. Die neue Wahrnehmung von Licht und Farbe wird uns zutiefst faszinieren. Vielleicht werden wir auch olfaktorisch beeinflusst. Erregungs- oder Aggressionsdüfte verstärken beabsichtigte Publikumsreaktionen.

» Ein Stadttheater arbeitet und plant kontinuierlich und langfristig. Es leistet Aufbauarbeit, bietet beständig Reibung und erkämpft sich mit seinem Ensemble sein Publikum. «

Festspielaufführungen, wie die Inszenierung von **Hugo von Hofmannsthals »Jedermann«** anlässlich der Salzburger Festspiele 1998, sind nur die glanzvollen Höhepunkte eines Kulturjahres. ⊡→160

Letztlich werden aber die 2000 Jahre alten Theatergesetze, Ethos und Eros des Theaters ihre Gültigkeit behalten.

»Letztlich werden die 2000 Jahre alten Theatergesetze, Ethos und Eros des Theaters ihre Gültigkeit behalten.«

Wie sieht es mit dem Künstlernachwuchs aus? Ich bilde an der Bayerischen Theaterakademie u.a. Opernsänger, Schauspieler, Musicaldarsteller, Lichtdesigner und Regisseure aus. Da ist mir für die Zukunft gar nicht bang. Mit solider Ausbildung und entsprechender Offenheit werden sie allen Anforderungen begegnen können.

Mehr Angst habe ich vor zaudernden Kulturpolitikern und vor ängstlichen Kulturverantwortlichen. Ein Boot in sicheren Gewässern zu manövrieren ist keine Kunst. Wer jedoch die hohe See befährt, wird auf Sirenen und Ungeheuer treffen, wird Scylla und Charybdis umschiffen müssen und immer in Gefahr sein, Schiffbruch zu erleiden. Aber um wie viel abenteuerlicher und spannender ist dieser Weg im Vergleich zum kulturellen Tretbootfahren.

Für die Zukunft wünsche ich mir daher allgemein mehr Neugier und Wagemut und ein unfehlbares Mittel gegen den Konzerthusten.

Ich wünsche mir die Einsicht, dass Leben mit und in der Kultur schon ein kleiner Vorgriff auf das ist, was uns alle – hoffentlich – erwartet: der Himmel.

1996, als andere Theater fusionieren oder schließen mussten, gelang August Everding die Wiedereröffnung des über dreißig Jahre unbespielbaren Jugendstilbaus des **Prinzregententheaters** in München. Mithilfe großzügiger Sponsorengelder steht damit der bayerischen Landeshauptstadt eine weitere attraktive Spielstätte für das Musiktheater zur Verfügung. ⊡→390

Birgit Breuel

Wann wird der Aufbau Ost abgeschlossen sein?

Birgit Breuel ist Generalkommissarin und Geschäftsführerin der Weltausstellung EXPO 2000 in Hannover. Als Präsidentin der Treuhandanstalt in den Jahren 1991 bis 1994 hatte sie mit der Privatisierung der ostdeutschen Unternehmen eine der schwierigsten Aufgaben übernommen, die im Zusammenhang mit der deutschen Einheit zu bewältigen waren. →4588

Schritt für Schritt – Visionen werden Wirklichkeit

Birgit Breuel

1937 in Hamburg geboren
1956–59 Studium der politischen Wissenschaften an den Universitäten Hamburg, Oxford, Genf
1959 Direktionsassistentin im Hamburger Weltwirtschaftsarchiv
1961–62 Direktionsassistentin beim International Report in New York
1970–78 Mitglied der Hamburger Bürgerschaft und CDU-Fraktionssprecherin für Wirtschaft
1978–86 Ministerin für Wirtschaft und Verkehr des Landes Niedersachsen
1986–90 Ministerin der Finanzen des Landes Niedersachsen
1990–91 Mitglied des Vorstandes der Treuhandanstalt
1991–94 Präsidentin der Treuhandanstalt
1995 Generalkommissarin der Weltausstellung EXPO 2000
1997 Generalkommissarin und Geschäftsführerin der Weltausstellung EXPO 2000

Visionen – dieses Wort bedeutet für die meisten Quantensprünge im Denken, Wünsche und Hoffnungen für eine fernere Zukunft. Ich möchte über zwei Visionen sprechen, die ich mit vielen Menschen geteilt habe und teile.

Die eine Vision war und ist der Wunsch und die Hoffnung auf eine Wiedervereinigung in Deutschland. Wie viele andere habe auch ich gehofft, dass vielleicht eines Tages durch langwierige politische Verhandlungen eine friedliche Koexistenz erreicht werden könnte, eines Tages auch ein geeintes Deutschland möglich wäre. Aber das war eher eine Hoffnung für unsere Kinder als für unsere Generation.

Und dann wurde diese Vision Wirklichkeit: durch die friedliche Revolution der ostdeutschen Bürger, ein einmaliger Vorgang in der Geschichte. Das unverhoffte Glück der Einheit hat die Welt bewegt, mit dem schmerzlichen Alltag waren die Menschen in den neuen Bundesländern dann oft allein.

Die Politik musste reagieren. Blitzschnell – denn eine »weiche« Grenze zu erhalten, war bei zwei so unterschiedlichen Wirtschaftssystemen aussichtslos. Die Umwandlung der Planwirtschaft in eine Marktwirtschaft, die Einführung der westdeutschen Steuer- und Sozialsysteme, der Ausbau der Infrastruktur waren dann ganz praktische Aufgaben, denen sich Ost und West mit großem Engagement und in rasantem Tempo widmeten. Sicher hätte dabei nicht alles eins zu eins übernommen werden müssen, und manche Chance, die westdeutschen Regeln und Vorschriften zu modernisieren und zu vereinfachen, wurde verpasst. Der Reformwille des Ostens fand wenig Echo im Westen.

Die notwendigen Reformen werden nun eine von vielen gemeinsamen Aufgaben der nächsten Jahre sein.

Mit den Umwälzungen, die in den ehemaligen Ostblockstaaten folgten, wurde nicht nur der Aufbau Ost, sondern auch die etablierte westdeutsche Gesellschaft vor neue Herausforderungen gestellt. Für Ostdeutschland brachen die angestammten Märkte weg; das entzog den Unternehmen die Basis für eine erfolgreiche, eigenständige Weiterentwicklung.

Für das gemeinsame Deutschland gab es auch keinen Eisernen Vorhang mehr, der es erlaubte, in der weltpolitischen Nische zu verharren oder sich durch Grenzen abzuschotten. Das größer gewordene Deutschland war sofort in die Pflicht genommen, in außenpolitischen Fragen Stellung zu beziehen, wie zur kriegerischen Auseinandersetzung im ehemaligen Jugoslawien.

Bei der Bewältigung dieser existenziellen Herausforderungen für Deutschland konzentrierten wir uns darauf, die Unterschiede in den Systemen von Politik, Wirtschaft und Verwaltung auszuräumen. Weil wir davon ausgingen, dass die Deutschen in West und Ost dasselbe wünschten, dasselbe wollten: Freiheit des Denkens, demokratische Teilhabe, offene Grenzen und menschliche Begegnung.

Wie aber 40 Jahre Trennung und 40 Jahre Leben in zwei verschiedenen gesellschaftlichen Systemen trotz aller gemeinsamen Wünsche und Hoffnungen auf die Mentalität der Menschen wirken, sehen wir erst jetzt, nachdem die Systeme formal weitgehend vereinheitlicht sind.

Zukunftsentwürfe für ein geeintes und gemeinsames Deutschland können deshalb heute nur vor diesem unterschiedlichen Erfahrungshintergrund entstehen.

Der Fall der Mauer, die Währungsunion, die politische Union am 3. Oktober sind nur Grundsteine für ein gemeinsames Haus, an dem wir noch lange bauen werden.

Mir wird oft die Frage gestellt: Wann ist der Aufbau Ost abgeschlossen? Das wird man so gar nicht mehr beantworten können. Weil der Aufbau Ost und der notwendige Wandel West vor denselben globalen Herausforderungen stehen – wenn auch mit unterschiedlichen Voraussetzungen. In diesem Globalisierungsprozess gibt es keine Schonfrist für uns. Dort müssen wir uns gleichzeitig und gemeinsam immer neu positionieren und auch gesellschaftlich entsprechend neu ausrichten.

Unsere europäische Verantwortung und globale Mitsprache können wir nutzen, um eine lebenswerte Umwelt zu erhalten

»Die notwendigen Reformen werden nun eine von vielen gemeinsamen Aufgaben der nächsten Jahre sein.«

⊡→4588

»Der Fall der Mauer, die Währungsunion, die politische Union am 3. Oktober 1990 sind nur Grundsteine für ein gemeinsames Haus, an dem wir noch lange bauen werden.«

Eigenverantwortung steht für mich im Vordergrund. Soziale Absicherung, wirtschaftliche Anreizsysteme und Subventionen sind kein Ersatz für Eigenverantwortung.

und die zu überdenkenden ökonomischen und fiskalischen Systeme weltweit mitzugestalten. Dabei können wir mit unseren reichen unterschiedlichen Erfahrungen aus der jüngeren deutschen Geschichte einen wichtigen Beitrag leisten.

Die Vision ist das Zusammenwachsen im Herzen Europas, als Kulturnation, selbstbewusst und bescheiden zugleich. Was uns in dieser Zeit der Neufindung als Nation eint, ist die kulturelle Erfahrung.

Wie gestalten wir eine nachhaltige Gesellschaft in Deutschland – in Europa – global?

Hier setzt meine zweite Vision für das nächste Jahrhundert an. Nachhaltige Entwicklung – ein Begriff, der aus der Forstwirtschaft kommt und etwas Einfaches aussagt: Rode nicht mehr Wald, als auf natürliche Weise nachwachsen kann.

Am Ende des vorigen Jahrhunderts war man voller Zuversicht, dass im neuen Jahrhundert durch die Weiterentwicklung der Technik das Leben leichter und vergnüglicher werde. Heute wissen wir, dass Technik nicht immer größer und schneller werden kann. Technik muss klüger und nachhaltiger werden.

⇥4588

Unser Jahrhundert hat uns viele schnelle Erfolge gebracht. Die Beseitigung der heute bekannten Folgen wird unvergleichlich längere Zeit fordern. Jede neue Lösung, die wir finden, wirft auch neue Fragen und Probleme auf. Ein Beispiel: Die Atomenergie wurde als die Lösung der Energieprobleme für alle Zeiten und auf der ganzen Welt gesehen. Für eine nachhaltige Beseitigung der Atomabfälle haben wir bis heute keine wirkliche Lösung.

Die Kommunikationsindustrie ist ein weiteres Beispiel für einen geradezu explosiven technischen Fortschritt, dem die gesellschaftliche Entwicklung kaum folgen kann. In den neuen Medien liegen zwar unglaubliche Chancen, aber sie zwingen uns auch, sehr schnell über demokratische Teilhabe und demokratische Regeln nachzudenken, um dieser Entwicklung ein menschliches Antlitz zu geben. Weniger als 5 Prozent der Weltbevölkerung haben Zugang zum Internet. Selbst in Deutschland sind es nicht einmal 10 Prozent. Ist das Technikfeindlichkeit, Geldmangel? Oder ist diese Technik – so wie sie heute ist – einfach den menschlichen Bedürfnissen für eine breite Anwendung noch nicht angepasst?

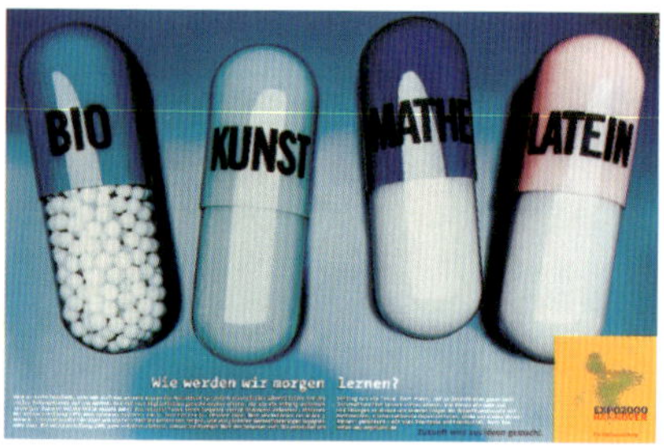

⇥4588

Überholverbot für Ufos, nachwachsende Häuser, eine Brille für Blinde, Flugzeuge, die mit Wasser fliegen – diese Bilder stehen für Utopien, Fantasien und Visionen des nächsten Jahrhunderts. Sie stehen für Fragen und mögliche Antworten zur Zukunft unserer Welt.

Wohin bewegt sich unsere Welt? Können wir überhaupt noch Einfluss nehmen oder überrennt uns die Entwicklung der

Technik, verweigert uns die Natur ihre Dienste? Nach welchen ethischen Vorstellungen und zu welchen Zielen hin wollen wir die Zukunft gestalten?
In diesen Fragen gibt es nicht die eine Antwort, Verbesserungen sind nicht von einem Tag auf den anderen zu bewirken. Der marktwirtschaftliche Suchprozess ist sicher ein wichtiger Motor und deshalb wird ihm auch in der Agenda 21, die 1992 in Rio von mehr als 170 Regierungschefs verabschiedet wurde, eine wichtige Rolle zugewiesen. Politisch muss das durch den Ausbau entsprechender Anreizsysteme und Steuerungssignale unterstützt werden. Viel bedeutsamer ist jedoch die Einbindung aller gesellschaftlichen Gruppen und die Mitwirkung jedes einzelnen Menschen bei der Suche und der Umsetzung von Lösungen für eine nachhaltige Zukunft.
Dabei steht für mich Eigenverantwortung im Vordergrund. Soziale Absicherung, wirtschaftliche Anreizsysteme und Subventionen sind kein Ersatz für Eigenverantwortung. Keine Nation, keine Branche, keine benachteiligte Minderheit hat sich bisher durch stetige und garantierte Subventionen positiv und unabhängig entwickelt. Eine Erkenntnis, die fast alle humanitären Strömungen in eine ganz andere Richtung gelenkt hat: Hilfe zur Selbsthilfe.
Für die Motivation zur persönlichen Mitwirkung an der Gestaltung von Veränderungen soll die Weltausstellung Schaufenster und Impulsgeber sein. Sie will den Menschen Hoffnung und Mut machen, durch eine Fülle von Lösungsbeispielen, wie sie sich im Programm der weltweiten Projekte widerspiegeln, durch thematisch fokussierte Beispiele in den Erlebnislandschaften des Themenparks, durch die Ideen der Nationen in ihren Pavillons, durch die Mitwirkung von Nicht-Regierungsorganisationen. Es ist eine Weltausstellung zum Mitmachen! Für Menschen aus der ganzen Welt. Raus aus dem Elfenbeinturm lautet die Devise!
Wir stehen vor einer Jahrtausendwende – die Gefühle reichen von Angst, Ehrfurcht, Hoffnung bis Euphorie. Diese Zeitenwende ist für viele Menschen Anlass, eine Zäsur vorzunehmen. Wie immer zum Jahreswechsel werden wir die Ereignisse des vergangenen Jahres resümieren und viele gute Vorsätze für das kommende Jahr fassen. Dennoch ist es dieses Mal anders – der Jahrtausendwechsel lässt uns in ganz anderen Dimensionen denken, über unsere alltäglichen Freuden und Nöte, über Ländergrenzen und über Generationen hinweg. Diese besondere Offenheit der Menschen wollen wir mit der Weltausstellung aufgreifen. Das soll ein Fest der Völker werden, an das wir uns alle noch lange erinnern werden, ein Ereignis nach dem uns auch unsere Enkel noch fragen werden.

⇒4588

⇒4588

Die Vision ist das Zusammenwachsen im Herzen Europas, als Kulturnation, selbstbewusst und bescheiden zugleich.

Eckart Ehlers

Bevölkerungsexplosion: Wie viele Menschen trägt die Erde?

Eckart Ehlers befasst sich als Wirtschaftsgeograph mit globalen Umweltfragen, so auch mit der Entwicklung der Weltbevölkerung und den Problemen ihres rasantes Anstiegs. Dabei sieht er als Anforderung der Zukunft vor allem eine ethische Neuorientierung in den reichen Ländern, die nachhaltigen Schutz natürlicher Ressourcen über kurzfristiges Wohlstandsdenken stellt. ⇨ 4634

Eckart Ehlers

1.3.1938 in Duisburg geboren
1958–65 Studium der Geographie, Anglistik und Geologie in Marburg, Southampton, Kiel, Edmonton und Tübingen; **1965** Promotion
1965–70 wissenschaftlicher Assistent am Geographischen Institut der Universität Tübingen, **1970** Habilitation in Tübingen
1970–72 Professur in Gießen
1972–86 Professur in Marburg
seit 1978 zahlreiche Gastprofessuren in Kanada, den USA sowie in Teheran
seit 1986 Professur für Geographie in Bonn, Direktor des Instituts für Wirtschaftsgeographie

Vor etwa 120 Jahren veröffentlichte Leo Tolstoi eine Geschichte mit dem Titel: »Wie viel Erde braucht der Mensch?«. In ihr bricht der landhungrige Bauer Pachom bei dem Versuch, sich eine möglichst große Fläche fruchtbaren Steppenbodens durch Umschreiten zwischen Sonnenaufgang und Sonnenuntergang anzueignen, kurz vor dem Ziel erschöpft tot zusammen.

Längst sind die Zeiten frei verfügbaren Ackerlandes vorbei. Stattdessen: Hungersnöte in Afrika und Asien! Überschwemmungen in Bangladesh! Die Wüsten breiten sich aus! El Niño vernichtet die Ernten in Südamerika! Apokalyptische Bilder menschlichen Elends stehen auf der Tagesordnung eher gelangweilter und indifferenter westlicher Wohlstandsgesellschaften: Nord und Süd, Ost und West scheinen durch »Welten« getrennt. Wohlgemerkt: scheinen!

Das Problem: Hungersnöte und Mangelernährung sind so alt wie die Menschheit selbst. Und ebenso die Frage: Wie viele Menschen trägt – oder wohl besser noch: verträgt – die Erde? Als 1798 ein zunächst anonymer Autor ein Pamphlet mit dem unscheinbaren Titel »An Essay On The Principle Of Population As It Affects The Future Improvement Of Society« veröffentlichte, war dies die Geburtsstunde einer Frage, die bis heute die Gemüter beschäftigt: die zunehmende Diskrepanz zwischen einer explodierenden Bevölkerungszahl und einer begrenzten Ackerfläche. Thomas Robert Malthus, der schon bald als Autor der Streitschrift in

Erscheinung trat und dessen Thesen heute unter dem Begriff des Malthusianismus bekannt sind, argumentierte wie folgt: »Nehmen wir für die Bevölkerung der Welt eine bestimmte Zahl an, zum Beispiel 1000 Millionen, so würde die Vermehrung der Menschheit in der Reihe 1, 2, 4, 8, 16, 32, 64, 128, 256, 512 etc. vor sich gehen, die der Unterhaltsmittel in der Reihe 1, 2, 3, 4, 5, 6, 7, 8, 9, 10 etc. Nach 225 Jahren würde die Bevölkerung zu den Nahrungsmitteln in einem Verhältnis von 512 zu 10 stehen, nach 300 Jahren wie 4096 zu 13, und nach 2000 Jahren wäre es beinahe unmöglich, den Unterschied zu berechnen, obschon der Ernteertrag zu jenem Zeitpunkt zu einer ungeheuren Größe angewachsen wäre ...«

Epidemien, Pest und andere Krankheiten, Hungersnöte, Kriege und andere Verteilungskämpfe um Nahrungsmittel, Unter- und Mangelernährung, das würden – so Malthus – die unausweichlichen Folgen eines unkontrollierten und nicht kontrollierbaren Wachstums der Bevölkerung sein. Sudan, Sahel oder Bangladesh: Sind dieses die Vorboten jener unausweichlich erscheinenden Katastrophe?

Ein Rückblick: Das historische Wachstum der Erdbevölkerung ist bekannt. Seriöse Prognosen gehen von 12 bis 15 Milliarden Menschen aus, die den Planeten Erde am Ende des 21. Jahrhunderts bevölkern und zugleich ein neues Gleichgewicht der Weltbevölkerung signalisieren würden. Tatsache ist, dass sich das unaufhaltsam scheinende Wachstum der Menschheit bis etwa 1700 langsam und stetig, seitdem jedoch in immer schnelleren Schritten vollzogen hat. Dauerte es immerhin Jahrtausende, bis die Menschheit um 1800 ihre erste Milliarde erreicht hatte, so genügten zu deren Verdoppelung nur 130 Jahre. Seit 1930 haben sich Milliardenzuwächse bis zur Gegenwart auf 12 bis 15 Jahre drastisch reduziert.

Der Wirtschafts- und Sozialhistoriker R. P. Sieferle hat kürzlich darauf hingewiesen, dass bis zum Ende des 18. Jahrhunderts die Tragfähigkeit der Erde ausschließlich aus sonnenenergetisch erneuerbaren Ressourcen gespeist wurde. Neben der Erschließung von Landreserven oder der Zucht ertragreicherer Kulturpflanzen und Nutztiere hat vor allem die Entwicklung immer neuer Landnutzungssysteme im präindustriellen Europa das Gleichgewicht zwischen Bevölkerungswachstum und Nahrungsspielraum gewährleistet. Als im 18. und frühen 19. Jahrhundert die Grenzen dieses Wachstums erreicht waren, wurden ernährungsphysiologisch wichtige Nutzpflanzen wie Kartoffeln aus Übersee nach Europa verpflanzt, andererseits aber auch Bevölkerungsüberschüsse »exportiert«. Kolonien in Nord- und Südamerika, Afrika, Asien und Australien wurden zu blühenden Ablegern ihrer übervölkerten Mutter- und Vaterländer.

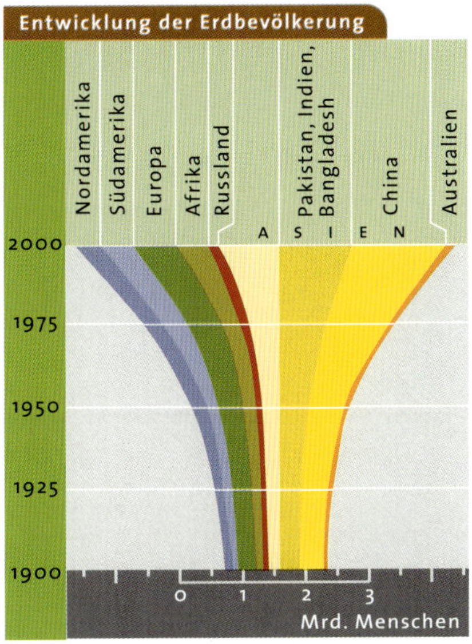

Die Grafik zeigt die geographische **Auffächerung der Weltbevölkerung** zwischen 1900 und 2000. ⇨99997

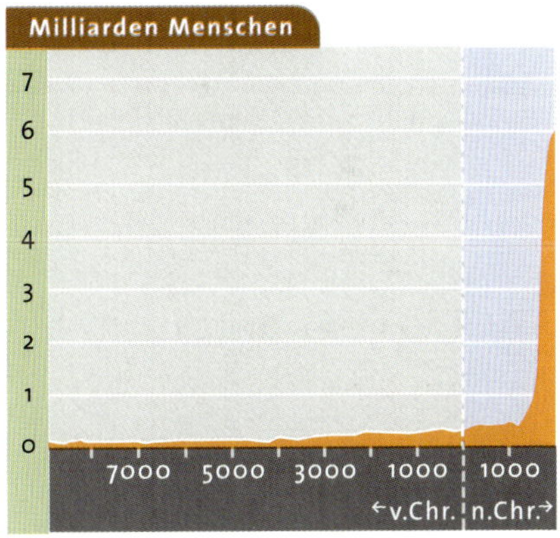

Bis über das Jahr 1000 n. Chr. hinaus blieb die Weltbevölkerung relativ konstant; die Grafik zeigt die **rasante Entwicklung** in den letzten Jahrhunderten, die sich seither ständig beschleunigt. ⇨99997

»Ist was?« ⇨ 318

Mit der industriellen Revolution Ende des 18. Jahrhunderts begann das, was Sieferle zu Recht den Übergang von der nachhaltigen, d.h. auf erneuerbaren Energien basierenden Wirtschaftsweise der Agrargesellschaft zu der der Industriegesellschaft nennt. Diese war und ist ganz entscheidend von fossilen, d.h. nicht erneuerbaren Energieträgern wie Kohle, Erdöl und Erdgas abhängig, die zudem für die zunehmende Verschärfung der globalen Umweltprobleme verantwortlich sind. Industrialisierung bedeutete aber auch erneute Ausweitung der agraren Tragfähigkeit der Erde: Kunstdünger, Pflanzenschutz, Technisierung der Bodenbearbeitung, der Aussaat und Ernte sowie die Züchtung ertragreicher Tier- und Pflanzensorten wurden erst im Gefolge der Industrialisierung möglich und haben zu erheblichen Produktionssteigerungen beigetragen.

Ein Ausblick: Sind die Nahrungsressourcen also beliebig auszuweiten und zu steigern? Sicherlich nicht beliebig, vor allem nicht dort, wo sie am dringendsten benötigt werden. Aber es geht heute nicht mehr um die agrare Tragfähigkeit der Erde. Längst bestimmen andere Kriterien die Überlebensfähigkeit der Menschheit: Mit dem quantitativen Wachstum der Erdbevölkerung, mehr aber noch mit den qualitativ steigenden Anforderungen der reichen Minderheit an die Umwelt nimmt deren Belastung fast exponentiell zu. CO_2 und Nitrate gefährden Luft und Boden, FCKW-Gase vergrößern das Ozonloch. Land- und Süßwasserreserven schrumpfen. Die Fischbestände der Weltmeere nehmen ab. Besonders gravierend – weil schleichend und nahezu unbemerkt – sind die unwiederbringlichen Verluste an pflanzlicher und tierischer Biodiversität, die zum Zusammenbruch ganzer Nahrungsketten und Ökosysteme führen können.

»Das »Raumschiff Erde« hat Schlagseite. Ungleiche Bevölkerungsverteilung und ungleiche Wachstumsraten des Bevölkerungswachstums sind eine Ursache; das große Wohlstandsgefälle zwischen den wenigen Reichen und den dramatisch zuwachsenden Habenichtsen ist die andere ...«

Ein Karikaturist hat diese Situation schon vor langer Zeit in die zynische Skizze mit der Frage »Ist was?« gefasst. Ja, es ist was! Nicht mehr die Nahrungsmittelversorgung, sondern eine gesunde Umwelt, sauberes Wasser und saubere Luft, verbunden mit einer ausreichenden Energieversorgung, werden mehr und mehr das menschenwürdige Überleben der Bevölkerung dieses Planeten bestimmen. Und zur Menschenwürde gehören auch das Recht auf Bildung, Versorgung im Krankheitsfalle, persönliche Sicherheit oder Arbeit.

Visionen 2000 +: Es geht langfristig und dauerhaft nicht an, dass das Wohlstandsgefälle zwischen Nord und Süd, West und Ost nicht nur fortexistiert, sondern sogar noch wächst. Die für den globalen Frieden unabdingbar notwendige Hebung des Lebensstandards auf der Südhemisphäre und in den transitorischen Gesellschaften des Ostens muss und darf nicht konterkariert werden durch einen »parallelen« Anstieg der Bedürfnisse im Westen. Sind wir nicht längst übersättigt, nicht nur mit Nahrungsmitteln? Ist es nicht geradezu pervers, wenn Wissenschaftler heute allen Ernstes fragen: »How much land can ten billion people spare for nature?«

Das »Raumschiff Erde« hat Schlagseite. Ungleiche Bevölkerungsverteilung und ungleiche Wachstumsraten des Bevölkerungswachstums sind eine Ursache; das große Wohlstandsgefälle zwischen den wenigen Reichen und den dramatisch zuwachsenden Habenichtsen ist die andere. Beide können das Raumschiff zum Havaristen machen. Es kann auf Dauer nicht angehen, dass 20 % der Menschheit 80 % der verfügbaren Primärenergie der Erde verbrauchen, dass im Durchschnitt ein Amerikaner so viel Wasser benötigt wie 60 Ägypter, ein Deutscher das Sechzehnfache der Energie verbraucht und die 65fache Menge an CO_2 produziert wie ein Afrikaner. Der »Umweltverbrauch« der vergleichsweise wenigen Reichen ist um ein Vielfaches höher als der der zahlenmäßig weit überlegenen Armen. Darum auch wendet sich die mahnende Frage »Wie viele Menschen trägt die Erde?« mehr an uns Reiche als an das Heer der Unterprivilegierten.

Wir, die Privilegierten, brauchen eine neue Ethik, die nicht nur – über lokale Interessen hinaus – unsere Verantwortung für globale Entwicklungen in Gesellschaft und Umwelt erkennt, sondern durch Verzicht auf egoistische Interessen und auf vermeintlich Unverzichtbares auch dem globalen Gemeinwohl dient.

Wir, die Privilegierten, bedürfen einer neuen Bescheidenheit und der Wiederentdeckung der Einsicht, dass Natur und Umwelt unseres Planeten nicht beliebig ausbeutbar sind, sondern unserer Pflege und eines schonend-nachhaltigen Umgangs bedürfen, zum Wohle künftiger Generationen und zu unserem eigenen.

Wir, die Privilegierten, sollten erkennen, dass materieller Wohlstand nur eine Facette von Glück und Zufriedenheit ist, und vielleicht sogar deren fragwürdigste. Individuen wie Gesellschaften bedürfen natürlicher wie kultureller Geborgenheitsräume. Vielfalt der Natur und der Kulturen gibt es nicht zum Nulltarif. Uns, den Privilegierten, obliegt es, natürliche und kulturelle Diversität zu erhalten und zu fördern.

Wir – jeder Einzelne von uns! – sind es, die darüber entscheiden, ob solche Visionen Wirklichkeiten werden!

Übrigens: Ich vergaß, Tolstois Antwort auf die eingangs gestellte Frage seiner Erzählung zu geben. Sie lautet: »Der Knecht nahm die Hacke, grub Pachom ein Grab, genauso lang wie das Stück Erde, das er mit seinem Körper, von den Füßen bis zum Kopf, bedeckte – sechs Ellen – und scharrte ihn ein.«

Bedenken auch wir: Das letzte Hemd hat keine Taschen!

Der **demographische Sprengsatz** der Zukunft schlummert zu 95 % in der Dritten Welt. ⇨4950

» Wir, die Privilegierten, bedürfen einer neuen Bescheidenheit und der Wiederentdeckung der Einsicht, dass Natur und Umwelt unseres Planeten nicht beliebig ausbeutbar sind … «

Otto Flimm

Mobilität auf vier Rädern – Wie sieht es auf den Straßen der Zukunft aus?

Otto Flimm ist seit 1989 Präsident des ADAC. Im Allgemeinen Deutschen Automobilclub sind etwa 30 Prozent der deutschen Autofahrer organisiert, wodurch dem ADAC eine gewichtige Einflussnahme auf die Verkehrspolitik möglich ist. Kritischen Stimmen, die dem Verband gegenüber geäußert wurden, trat Flimm entgegen, indem er bei seinem Amtsantritt eine »Lobby mit Augenmaß« ankündigte. ⇨874

Otto Flimm

1929 in Brühl/Rheinland geboren
Ausbildung zum Industriekaufmann im elterlichen Betrieb; heute selbstständiger Unternehmer und Besitzer einer Spirituosenfabrik in Brühl
1951 Moto-Cross-Fahrer
1952–54 zweimal deutscher Moto-Cross-Meister in der Klasse bis 500 cm^3
1955–57 aktiver Rallyefahrer
seit 1950 Mitglied im Allgemeinen Deutschen Automobilclub (ADAC)
seit 1973 Erster Vorsitzender des ADAC Nordrhein
1972–89 Erster Vizepräsident des ADAC-Gesamtclubs
seit 1989 Präsident des ADAC
Vorsitzender u. a. des Aufsichtsrates der ADAC Verlag GmbH, der ADAC Schutzbrief AG, der ADAC Reise GmbH
Stellvertretender Präsident der FIA (Fédération Internationale de l'Automobile)
Mentor des Nürburgrings
Mitglied der Gesellschafterversammlung der Gesellschaft zur Hebung der Verkehrssicherheit

2000 Jahre nach Beginn der Zeitrechnung wird uns diese Erde den größten Teil ihrer Geheimnisse preisgegeben haben, wird unser Handlungsspielraum enorm erweitert sein, wird uns aber auch mehr Verantwortung für unser Tun auferlegt. Bevölkerungswachstum, Technikboom und gesellschaftlicher Wandel: Ist der Anspruch an eine größtmögliche Individualität noch zu halten oder müssen wir auf einen niedrigeren Gang zurückschalten? Ich bin überzeugt, dass auch künftig nur dort Chancen wahrgenommen werden können, wo Individualität und Flexibilität sichergestellt sind. Erfolg setzt Mobilität voraus, sowohl im Geiste als auch räumlich. Sie steht für Bewegung, für Fortkommen, für Weiterentwicklung. Mobilität bedarfsgerecht sicherzustellen für jedermann, halte ich deshalb für eine unabdingbare Grundlage in einer sich verändernden Gesellschaft.

Reich an Jahren und an Zeit

Denn glaubt man den Prognosen, dann wird die Bevölkerung in der Bundesrepublik Deutschland von heute 82 Millionen noch auf 84 Millionen wachsen, bevor sie dann stagniert oder sogar leicht sinkt. Deutlich ändern wird sich die Altersverteilung; hier werden die über 60-Jährigen über 30 Prozent ausmachen, während der Anteil der unter 20-Jährigen auf weniger als 20 Prozent zurückfallen wird.
Begleitet wird diese Entwicklung durch Mobilitätszuwächse. Gerade durch den zunehmenden grenzüberschreitenden

Verkehr als Folge des politischen Zusammenschlusses Europas werden sich die Wanderungsbewegungen der Bevölkerung verstärken, sowohl bei der Auswahl der Arbeitsplätze als auch im Freizeitverkehr.
Die Arbeitsmöglichkeiten werden immer weniger in der Produktion und immer mehr im Dienstleistungsbereich zu finden sein. Damit verbunden ist eine höhere Flexibilität der Arbeitnehmer im Bezug auf die Arbeitsstelle wie auch auf den Standort. Der »Lebensarbeitsplatz« wird seltener; die Bevölkerung wird im Laufe ihres Arbeitslebens öfter den Arbeitsplatz, ja den Beruf wechseln. Voraussetzungen dafür sind persönliche Flexibilität und eine hohes Maß an Mobilität. Die räumlichen Entfernungen werden dabei stärker zunehmen als die Zahl der Wege und Fahrten.
Auf der anderen Seite stellen wir heute schon fest, dass mehr Arbeitsproduktivität und veränderte Technologien auch ein Mehr an Freizeit bedeuten. Diese »Freizeitmobilität« wird noch gesteigert durch den wachsenden Anteil der nicht am Arbeitsprozess beteiligten Bevölkerung über 60 Jahre. Daneben deuten die Tendenzen der technischen und gesellschaftlichen Entwicklung auf eine Individualisierung des Verhaltens, der Lebensweise und der Mobilität gerade im Straßenverkehr hin. Was heißt das konkret?

Stauhilfe per Knopfdruck

Sowohl die technische Entwicklung bei den Verkehrsmitteln wie auch bei den Informations- und Lenkungssystemen wird die gewünschte Mobilitätsentwicklung unterstützen. Dabei spielen telematische Techniken im Straßenverkehr eine viel versprechende Rolle; sie versorgen den Verkehrsteilnehmer jederzeit und an jedem Ort mit allen gewünschten Informationen, ob aktuelle Verkehrsnachrichten oder Pannenhilfe am Straßenrand. Bereits heute verringern telematikgesteuerte Verkehrsleitsysteme Staus und Unfälle um 20 bis 40 Prozent und erhöhen damit die Verkehrsleistung der Verkehrswege.
Der veränderte Mobilitätsbedarf wird sich auch in einer größeren Nachfrage nach individuellen Fahrzeugen niederschlagen, der die Hersteller – heute schon – mit einer Vielfalt von Fahrzeugen nachkommen – zum Beispiel mit Kleinwagen, Großraumlimousinen, Stadtautos, aber auch mit Mountainbikes und Inlinern. Die hohe Verkehrsdichte wird Mobilitätserlebnisse nur noch zu bestimmten Zeiten und auf wenigen Strecken vermitteln. Quasi durch die Hintertür werden aber gezielte Angebote des Straßen- und Verkehrsmanagements an der Strecke »Erlebnispausen« schaffen, wie sie mancherorts heute schon angeboten werden. Ich denke

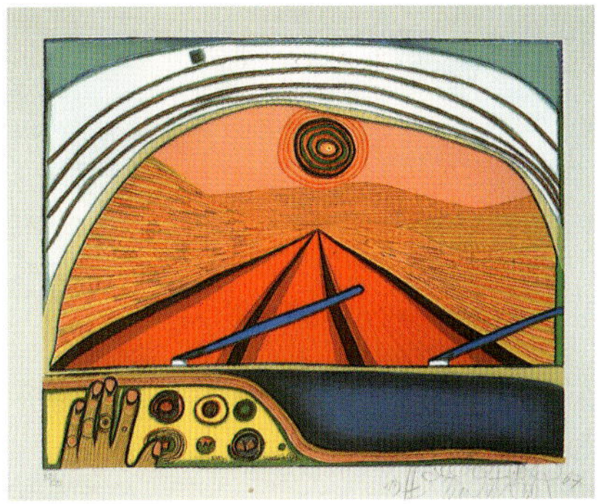

Friedensreich Hundertwasser,
Der endlose Weg zu Dir →874

»Mobilität bedarfsgerecht sicherzustellen für jedermann, halte ich für eine unabdingbare Grundlage in einer sich verändernden Gesellschaft.«

Joseph Beuys →874

»*Sowohl die technische Entwicklung bei den Verkehrsmitteln wie auch bei den Informations- und Lenkungssystemen wird die gewünschte Mobilitätsentwicklung unterstützen.*«

dabei an den Frankenpark, Disneyland oder das Katalanische Dorf in Südfrankreich – alles Anlagen mit Autobahnanschluss. Die technische Entwicklung wird dazu führen, dass der spezifische Energieverbrauch des Einzelfahrzeugs nur noch 50 Prozent des heutigen Bedarfs ausmacht und damit dieselbe Verkehrsleistung bei halbem Energieverbrauch bewältigt werden kann. Mobilität bleibt bezahlbar.

Umweltschutz im Jahr 2030

Bei diesen rasanten technischen Neuerungen ist ein Blick über das Jahr 2030 hinaus gewagt, aber ich bin überzeugt, dass die Individualfahrzeuge dann mit Sicherheit keine Umweltbelastungen nach heutigem Muster mehr hervorbringen. Die Schadstoff- und Lärmprobleme werden technisch gelöst sein, und es werden Fahrzeuge zur Verfügung stehen, die den unterschiedlichen Bedürfnissen besser gerecht werden als die heutigen »Allround«-Pkw.

Durch flexible Finanzierungsmethoden, die sich im heutigen Leasing bereits andeuten, werden sich auch mehr Leute individuell geeignete Fahrzeuge für einen bestimmten Zeitraum beschaffen können. Zum Beispiel ein kleines Stadtfahrzeug für den Wochenendeinkauf oder ein großes Familiengefährt für die Ferienreise. Obwohl damit rein rechnerisch jedem Einwohner mehr als ein Individualfahrzeug zur Verfügung steht, wird sich ein Großteil des zusätzlichen Fahrzeugbestandes nicht im ständigen persönlichen Eigentum der Nutzer befinden.

Wohin mit dem Mehr an Autos? Die Unterbringung des ruhenden Verkehrs entschärft sich durch Neuentwicklungen und neue Möglichkeiten. Die Zunahme für besondere Zwecke speziell konstruierter Fahrzeuge, die nicht täglich vom selben Nutzer beansprucht werden, fördert die Aufbewahrung in speziellen Parksilos, in denen nach Fahrzeugkategorien getrennt Platz sparend geparkt werden kann.

Die Weiterentwicklung neuartiger Kommunikationssysteme wird die aktuelle Auswahl und Bereitstellung der geeigneten Fahrzeuge für den Einzelnen unterstützen. Damit wird sich auch der Druck auf die Bereitstellung eines Parkplatzes am Haus reduzieren. Quartiergaragen und »Lagersilos« an unproblematischer Stelle werden die Folge sein. Die bessere Nutzung der Individualfahrzeuge wird ihre tägliche Betriebszeit steigern und damit den spezifischen Parkplatzbedarf tendenziell verringern.

Max Pfaller, *Gefährdeter Baum* ⇨874

»*Die Vernetzung der Verkehrsmittel – heute schon erklärtes Ziel der Europäischen Union – wird aber auch den Zwang zum Umsteigen und damit die Abstimmung an den Nahtstellen steigern.*«

Die abgebildeten Kunstwerke stammen aus der ADAC-Kunstsammlung *»Spuren«*, die Arbeiten zeitgenössischer Künstler zu den Themen Auto, Verkehr und Umwelt umfasst.

Busse und Bahnen unentbehrlich!

Was den öffentlichen Verkehr der Zukunft angeht, so erwarte ich extrem unterschiedliche Entwicklungen beim Fernverkehr und beim öffentlichen Nahverkehr. Beim Fernverkehr werden sich Schienenverkehrsmittel als Bindeglied zwischen dem Flugzeug und dem Individualverkehrsmittel durchsetzen. Die Vernetzung der Verkehrsmittel – heute schon erklärtes Ziel der Europäischen Union – wird aber auch den Zwang zum Umsteigen und damit die Abstimmung an den Nahtstellen steigern. Unsere heutigen Bahnhöfe und Güterumschlagplätze haben da noch einen gewaltigen Nachholbedarf, nicht nur im Raumangebot und bei der Organisation, sondern auch bei der Kommunikation mit den Partnern und Kunden. Hier werden die höheren Geschwindigkeiten der künftigen Schnellbahnen die ausschlaggebende Rolle spielen. Die Bahn stellt bereits heute die Weichen in diese Richtung. Im Nahverkehr wird eine Bereinigung zwischen den konkurrierenden Systemen Individualverkehr und öffentlicher Verkehr stattgefunden haben. Linien- bzw. schienengebundene Schnellbahnen werden das Rückgrat des Berufsverkehrs bilden, an dem entlang sich die Arbeitsplätze personalintensiver Unternehmen aufreihen.

Die Siedlungs- und Stadtstrukturen werden sich langsam dieser neuen Flexibilität und Mobilität anpassen. Bereits heute zeichnet sich ein steigendes Hotelangebot als »Wohnung auf Zeit« nach amerikanischem Muster ab. Zusätzlich werden kleine Zweitwohnungen mit hohem Bewohnerwechsel die Innenstädte der Zukunft bestimmen. Im Gegensatz dazu wird der Familienwohnsitz an die Peripherie wandern und damit die Reiseweiten steigern. Und nicht zuletzt wird die Telekommunikation diese Trends unterstützen.

Im Güterverkehr wird eine verbesserte – europaweite – Logistik die Probleme des Straßenverkehrs entschärfen. Dazu muss die Zusammenarbeit zwischen Straße, Schiene, Luft und Wasserstraße optimiert werden. Überflüssige Leerfahrten gehören dann der Vergangenheit an.

Die Zukunft wird also individuell, variantenreich und flexibel sein. Die Menschen werden sich bei der Auswahl der Verkehrsmittel je nach Angebot darauf einstellen. Und der Verkehrsteilnehmer der Zukunft? Er kann auch weiterhin von seiner Vernunft und Verantwortung individuell Gebrauch machen. Daran wird sich nichts ändern.

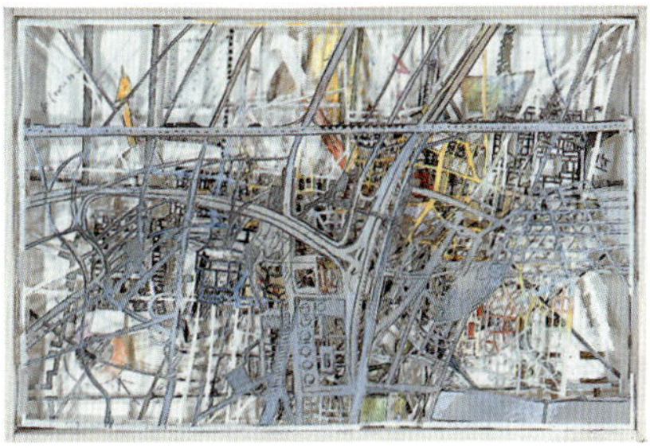

Werner Nöfer, *Landschaft III* ⇨874

Im Güterverkehr wird eine verbesserte – europaweite – Logistik die Probleme des Straßenverkehrs entschärfen. Dazu muss die Zusammenarbeit zwischen Straße, Schiene, Luft und Wasserstraße optimiert werden.

Edward Kienholz, *Sawdy* ⇨874

Ursula Engelen-Kefer

Wie sieht Arbeit im nächsten Jahrtausend aus?

Die promovierte Wirtschaftswissenschaftlerin Ursula Engelen-Kefer, stellvertretende Vorsitzende des Deutschen Gewerkschaftsbundes, ist der Öffentlichkeit vor allem durch Beiträge und Stellungnahmen zur Arbeits-, Sozial- und Industriepolitik bekannt.

⇒ 4615

Ursula Engelen-Kefer

20.6.1943 in Prag geboren
1962–67 Studium der Volkswirtschaft mit Schwerpunkt Sozialpolitik in Köln
1967–79 als freie Journalistin in New York, Berichte über Wirtschafts- und Sozialprobleme in den USA
1979–73 wissenschaftliche Referentin für Arbeitsmarktanalyse und Arbeitsmarktpolitik am Wirtschafts- und Sozialwissenschaftlichen Institut in Düsseldorf
1974 Wahl in den Bundesvorstand des Deutschen Gewerkschaftsbundes (DGB)
1974–80 Leiterin des Referats Internationale Sozialpolitik beim DGB
1980–84 Leiterin der neu gegründeten Abteilung Arbeitsmarktpolitik einschließlich der internationalen Sozialpolitik beim Bundesvorstand des DGB
1984–90 Vizepräsidentin der Bundesanstalt für Arbeit in Nürnberg
seit 1990 stellvertretende Vorsitzende des Deutschen Gewerkschaftsbundes

Visionen 2000. Wie stelle ich mir die Arbeit im nächsten Jahrtausend vor? Sind die Fabriken menschenleer? Erledigen wir das, was zu erledigen ist, von zu Hause aus – über den Bildschirm? Dazu ist keine Prognose erwünscht, meine Vision davon ist gefragt. »Visionen«, so unser Bundespräsident Roman Herzog in seiner stark beachteten und viel zitierten Rede im Berliner Adlon im April letzten Jahres, »Visionen sind nichts anderes als Strategien des Handelns.« Visionen beinhalten damit zweierlei: einmal die Benennung dessen, was sein soll, zum anderen wenigstens eine grobe Skizze davon, wie wir dorthin kommen, wohin wir wollen. Was haben wir zu tun, was auf den Weg zu bringen, wo müssen wir wie was gestalten?

Es bietet sich an, zu klären, was das denn da ist, das es zu gestalten gilt. Was ist Arbeit? Im Grundsatzprogramm der Sozialdemokratischen Partei Deutschlands ist dazu eine doppelte Begriffsbestimmung zu finden. »Arbeit ist nicht nur Existenzbedingung, sondern entscheidende Dimension menschlichen Daseins. Durch Arbeit produzieren die Menschen nicht nur die Mittel und Dienste, die sie zum Leben brauchen, sondern bestimmen auch ihre Lebensumstände.« Ich denke, diese Begriffsbestimmung ist zutreffend. Sie stammt aus dem Jahr 1989, sie bleibt aktuell. Diese Einschätzung hat Konsequenzen. Wenn die Menschen ihre Lebensumstände in und durch die Arbeit bestimmen, dann ist Sorge dafür zu tragen, dass niemand vom Arbeitsprozess

⇨ 100

ausgegrenzt werden darf. Das Recht auf Arbeit muss deshalb wieder auf die Tagesordnung. Dabei ist klar: Eine am Menschenrecht auf Arbeit ausgerichtete Politik wird nicht darauf abzielen, künstlich Erwerbsarbeit zu schaffen. Die Vermarktung aller Lebensbereiche kann nicht Ziel sein. Das Bestreben darf nicht darauf gerichtet sein, alles, was an Familien- und ehrenamtlicher oder freiwilliger Arbeit geleistet wird, zu professionalisieren. Zielsetzung muss vielmehr etwas anderes sein. Es ergibt sich aus dem verbleibenden Teil der zitierten Begriffsbestimmung: Wenn darauf hingewiesen wird, dass Arbeit dazu dient, die zum Leben notwendigen Mittel bereitzustellen, dann wird aus diesem Ziel »Arbeit« das Mittel, der Produktionsfaktor, die Produktionskraft. Daraus ist – logisch zwingend – abzuleiten: Wenn als Folge der Entwicklung der Produktivkräfte der gesellschaftliche Reichtum mit weniger menschlicher Arbeit hergestellt werden kann, dann ist es nicht natürliche Konsequenz, dass zunehmend mehr Menschen ausgegrenzt werden, Armut wächst und Hoffnungslosigkeit Platz greift. Die Produktivität selbst kann dafür nicht verantwortlich sein. Ursächlich dafür ist vielmehr, dass Produktivitätsfortschritte aus sich heraus nicht auch zu gesellschaftlichem Fortschritt führen.

Damit die in der Entwicklung der Produktivkräfte angelegten Möglichkeiten für gesellschaftlichen Fortschritt genutzt werden, ist deshalb eine aktive und offensive Politik gegen die seit Jahren verharrende millionenfache Arbeitslosigkeit unverzichtbar. Nur auf Basis einer erheblich zurückgeführten und perspektivisch gegen null gehenden Arbeitslosenzahl werden Perspektiven für eine menschliche und solidarische Zukunft eröffnet. Auf der Basis einer fortwährenden Arbeitslosigkeit drohen dagegen erreichte Standards für ein menschliches Miteinander der Konkurrenz um existenzsichernde Arbeitsplätze zum Opfer zu fallen.

Wer die Option für eine menschliche und solidarische Zukunft erhalten und stärken will, muss deshalb die Arbeitslosigkeit zurückführen. Die Möglichkeit zur Erwerbsarbeit muss im Prinzip allen offen stehen. In nochmaliger Anlehnung an das Grundsatzprogramm der SPD: Erwerbsarbeit

»Arbeitslosenzahlen in Millionenhöhe sind nicht schicksalhaft. Arbeitslosigkeit kann zurückgeführt werden. Notwendig dazu: eine Politik, die sich am Recht auf Arbeit orientiert.«

⇨ 100

⇨ 390

⇨ 100

Die Utopie von Marx: morgens jagen, mittags fischen, nach dem Essen kritisieren – davor steht die Umsetzung des Rechts auf Arbeit.

ist von zentraler Bedeutung für das Bewusstsein und das Selbstbewusstsein der Menschen. Die Erwerbsarbeit vermittelt Selbstständigkeit und soziale Anerkennung, sie bestimmt Lebensbedingungen und Entfaltungschancen, erleichtert gesellschaftliches und politisches Engagement und sie sichert materielle Unabhängigkeit. Deshalb stellen sich zwei Aufgaben verantwortlicher Politik: Sie muss Arbeit schaffen und Arbeit teilen.

Arbeit schaffen heißt sinnvolle und dauerhafte Beschäftigung auf den nach wie vor gegebenen und zu befriedigenden individuellen und gesellschaftlichen Bedarfsfeldern zu ermöglichen. Solche Bedarfsfelder existieren, sie müssen nicht künstlich erzeugt werden. Zu denken ist hier beispielsweise an unsere Umwelt, an die Neugestaltung der öffentlichen Infrastruktur, an die Gestaltung unseres Verkehrswesens, das sowohl dem Bedürfnis nach individueller Mobilität wie den ökologischen Erfordernissen Rechnung zu tragen hätte, zu denken ist auch an eine Vielzahl von unbefriedigten Tätigkeitsfeldern im Bereich der sozialen Dienstleistungen. Hier überall sind eine Vielzahl von neuen und zusätzliche Feldern zu finden, die durch Erwerbsarbeit zu beackern sind. Hier überall besteht Bedarf an menschlichen Arbeitsleistungen. Daran denken wir, wenn wir davon reden, Arbeit zu schaffen. Aber auch hier gilt: Arbeit zu schaffen, das ist das eine, Arbeit zu teilen das andere.

⇨ 390

Die Frage der Arbeitszeitverkürzung kann als Lackmustest für die Ernsthaftigkeit des Bemühens, Arbeitslosigkeit zu beseitigen, dienen. Wer über das vermeintliche Ende der Arbeit lamentiert, über die unvermeidliche Arbeitslosigkeit fabuliert und sich Arbeitszeitverkürzungen verweigert, ist als Heuchler entlarvt. Dabei sind Arbeitszeitverkürzungen keine defensive Strategie zur Mangelverwaltung, sondern offensive Strategien zur ökologisch sinnvollen und sozial verantwortlichen Nutzung des benannten Produktivitätsfortschritts. Das Teilen von Arbeit ist jedenfalls ein zentrales und notwendiges Moment in einer Offensive gegen die Spaltung. Dabei sind das gesamte Spektrum und alle Formen der Arbeitszeitverkürzungen zu nutzen. Alle Vorschläge zur Verkürzung der Lebensarbeitszeit, zur Wochenarbeitszeitverkürzung, für mehr Teilzeitarbeit sind zu prüfen und umzusetzen. Durch eine differenzierte Handhabung des Einkommensausgleichs können sowohl die Akzeptanz als auch die Durchsetzungschancen für diese Form der Wohlstandsvermehrung erhöht werden.

Zurück zum Anfang: Wie und wo wird im nächsten Jahrtausend gearbeitet werden? So sicher bereits heute absehbar ist, dass sich Arbeit und Arbeitsprozesse verändern werden, Produktionsprozesse weiter automatisiert und flexibilisiert werden, neue Kommunikations- und Steuerungstechnologien einziehen und mithelfen, die Verbreitung neuer Werkstoffe, Verfahren, Produkte und Dienste zu beschleunigen, so unzweifelhaft die Menschen immer mehr Informationen verarbeiten werden und sich auf immer raschere Veränderungen einstellen müssen, so sicher diese neuen Entwicklungen eintreten werden, so richtig bleibt auch, dass diese zum Teil faszinierenden Perspektiven nur entlasten und zum Tragen kommen können, wenn sie im Prinzip allen Menschen offen stehen.

Eine Politik, die sich darum bemüht, für alle die Teilhabe an der Arbeit zu ermöglichen, dies ist meine Vision. Für diese Vision werde ich auch zukünftig arbeiten.

» *Die Arbeit wird vielfältig. Im Laufe eines Berufslebens dürften verschiedene Tätigkeiten ausgeübt werden. Phasen des Lernens werden in das Erwerbsleben integriert werden, lebenslanges Lernen wird zur individuellen und kollektiven Notwendigkeit.* «

Hans Herbert von Arnim

Politische Partizipation im 21. Jahrhundert – Versagt der Parteienstaat?

Hans Herbert von Arnims kritische Auseinandersetzungen mit der Finanzierung der Parteien und Politiker sind erfolgreiche Buchveröffentlichungen. Für mehr direkte Bürgerbeteiligung an Sachentscheidungen fordert von Arnim, häufiger die demokratischen Instrumente Volksbegehren und Volksentscheid einzusetzen. ⇨4887

Hans Herbert von Arnim

1939 in Darmstadt geboren
Studium der Rechts- und Wirtschaftswissenschaften, juristische Staatsexamen, Diplom in Volkswirtschaftslehre und rechtswissenschaftliche Promotion in Heidelberg
1968–78 Leiter des Karl-Bräuer-Instituts des Bundes der Steuerzahler in Wiesbaden
1976 Habilitation für Staats- und Verwaltungsrecht, Finanz- und Steuerrecht an der Universität Regensburg
1978–81 Professor in Marburg
seit 1981 Lehrstuhl für Öffentliches Recht, insbesondere Kommunalrecht und Haushaltsrecht, und Verfassungslehre in Speyer
1993 bis Januar **1996** Mitglied des Verfassungsgerichts Brandenburg
1993–95 Rektor der Deutschen Hochschule für Verwaltungswissenschaften in Speyer

Lange hat der Ost-West-Gegensatz eine unvoreingenommene kritische Diskussion des Parteienstaates im Westen verhindert, war er doch im ideologischen Kampf mit dem Kommunismus immer noch die weit bessere Alternative. Erst mit dem Zusammenbruch des kommunistischen Totalitarismus ist der Weg frei für eine unbefangene Analyse der Mängel des bundesdeutschen Systems, ohne dass man der Kritik noch vorwerfen könnte, sie würde dem Kommunismus in die Hände arbeiten. Es geht vor allem um drei Gefahren: die Auflösung der Gewaltenteilung, die Umkehrung der Richtung der politischen Willensbildung und – damit zusammenhängend – die Entmachtung des Volkes.

Die Politik wird vom Kampf um Macht, Posten und Geld beherrscht. Soweit politischer Wettbewerb herrscht, halten sich die konkurrierenden Kräfte zwar in Schach. Doch in vielen grundlegenden Fragen ist der Wettbewerb erlahmt. Das gilt besonders für solche Bereiche, in denen die Interessen der politischen Klasse in Regierung und Opposition, in Bund und Ländern übereinstimmen:

► das Wahlrecht: Von der Entmachtung der Bürger profitieren fast alle Amtsinhaber. Wenn sie auf vorderen Listenplätzen abgesichert sind, kann ihnen der Wähler nichts mehr anhaben. Selbst wer im Wahlkreis abgewählt wird, kommt dann über die Liste doch noch ins Parlament. Für die Amtsinhaber bleibt es deshalb wichtig, parteiintern möglichst alles in der Hand zu behalten, besonders die Verteilung sicherer Listenplätze und sicherer Wahlkreise, und sich durch die Sperre der parteiinternen Ochsentour unliebsame Konkurrenten vom Leib zu halten. Einer Reform des Wahlrechts in Richtung Mehrheitswahl oder offene Listen würde die Wiederwahlchancen der meisten Amtsinhaber mindern und stößt bei ihnen deshalb auf wenig Begeisterung.

- die staatliche Finanzierung von Parteien, ihrer Funktionäre und Hilfsorganisationen: Die Interessenübereinstimmung zeigt sich bei den üblichen Abstimmungsverfahren in den Parlamenten, bei denen Regierung und Opposition meist am gleichen Strang ziehen und eine offene Diskussion problematischer Punkte vermeiden. Entsprechend hoch sind die (direkten und indirekten) staatlichen Subventionen. Die deutschen Parteien finanzieren sich inzwischen zu mehr als 60 Prozent aus der Staatskasse; bei den Parlamentsfraktionen und den Parteistiftungen, die mit ihren Mutterparteien eng verbunden sind, erreicht die Staatsfinanzierungsquote fast 100 Prozent. Abgeordnete, Minister und sonstige parteiliche Amtsträger werden ohnehin voll aus der Staatskasse bezahlt. In der Politikfinanzierung wird der aufgedunsene Parteienstaat augenfällig. Sie spiegelt die Stärke der Parteien und ist zugleich Mittel, deren Macht immer weiter auszubauen.
- die Ämterpatronage: Parteien besetzen – legitimerweise – Parlamente und Regierungen. Doch bleiben sie dabei nicht stehen, sondern suchen auch die Verwaltung, die Rundfunkanstalten, die Rechtsprechung, die Wissenschaft und andere als parteifrei konzipierte Einrichtungen mit Leuten ihres Vertrauens zu durchsetzen. Das ist nicht nur illegitim, sondern verfassungswidrig. Der Grund, warum nichts Wirksames gegen den massenhaften Verfassungsbruch unternommen wird, liegt darin, dass Regierungs- und Oppositionsparteien die staatlichen Pfründen unter sich aufteilen.

So kommt es – an den wichtigsten Stellen des Systems – zu Gewaltenvereinigung statt Gewaltentrennung. Die politische Klasse entscheidet über die Regeln des Kampfs um Macht, Posten und Geld selbst, wobei sich Regierung und Opposition meist einig sind. Sie entscheidet damit – als einzige Berufsgruppe überhaupt – über die Bedingungen der eigenen Existenz.

Das hat Rückwirkungen auf das Demokratieprinzip: Die politischen Kartelle, die sich über die Fraktionsgrenzen und die verschiedenen Ebenen des föderalistischen Staates hinweg bilden, entmachten die Wähler und schwächen die Kontrolle durch die Öffentlichkeit. Welche Partei man auch immer wählt, alle sind in das Kartell eingebunden. Durch Sperr-

Der NATO-Doppelbeschluss, der die Stationierung amerikanischer Mittelstreckenraketen vorsah, führte 1983 zu – für die Bundesrepublik Deutschland – ungewöhnlich zahlreichen und lautstarken Meinungsäußerungen der Bürger. Eine der größten **Protestaktionen gegen die Nachrüstung** fand am 22. Oktober 1983 in Bonn statt. Demonstranten auf dem Weg zur Abschlusskundgebung im Bonner Hofgarten. →160

» Soll der Bürger eines einheitlichen Deutschlands auch in Zukunft weiter so entmündigt werden, wie dies in der Bundesrepublik bisher der Fall war? «

Wenn alljährlich, wie auch wieder 1998, Politiker und Journalisten auf dem **Bonner Presseball** tanzen, dann bleibt auch beim Vergnügen die »politische Klasse« unter sich. →20

Aus der Willensbildung und Kontrolle von unten nach oben wird – in Verkehrung demokratischer Grundsätze – immer mehr eine Willensbildung und Kontrolle von oben nach unten.

Wenn der Volkswille häufiger durch Volksbegehren und Volksentscheid abgefragt würde, müssten die Bürger in Sachfragen besser informiert sein und **Stammtischdiskussionen** verliefen auf höherem Niveau. ⇒160

Kehrseite der unkontrollierten Macht der politischen Klasse ist die Ohnmacht der Bürger. Die Folgen sind Bürgerferne der Parteien und Parteienverdrossenheit der Bürger.

klauseln im Wahlrecht und mancherlei wettbewerbsverzerrende Maßnahmen, die den etablierten Parteien einen normalerweise uneinholbaren Vorsprung verschaffen, werden Offenheit und Chancengleichheit des politischen Wettbewerbs beeinträchtigt. Die Privilegierung der Etablierten und die Diskriminierung von Newcomern wird noch dadurch verstärkt, dass die etablierten Parteien die (schon geschilderte) staatliche Patronage- und Versorgungsmacht für ihre parteilichen Zwecke instrumentalisieren, indem sie ihre Leute in den Schlüsselstellen der öffentlich-rechtlichen Medien, der Justiz, der Bildungseinrichtungen und der Verwaltung unterbringen.

Diese Diskriminierung betrifft nicht nur politische Parteien als Ganze, sondern auch Kandidaten innerhalb derselben Partei. Die Grundsätze der Offenheit und Chancengleichheit des Wettbewerbs, von deren Aufrechterhaltung alles abhängt, wird nicht nur zulasten neuer und kleiner Parteien massiv verletzt, sondern auch zulasten neuer Kandidaten der alten Parteien. Aus der Willensbildung und Kontrolle von unten nach oben wird – in Verkehrung demokratischer Grundsätze – immer mehr eine Willensbildung und Kontrolle von oben nach unten. Die mangelnde Kontrollierbarkeit der politischen Klasse erleichtert es ihr, ungerechtfertigte Privilegien für sich zu schaffen, was die Verfälschung des politischen Wettbewerbs weiter vertieft.

Kehrseite der unkontrollierten Macht der politischen Klasse ist die Ohnmacht der Bürger. Die Folgen sind Bürgerferne der Parteien und Parteienverdrossenheit der Bürger. Der Wähler entscheidet nicht mehr über Kandidaten, sondern nur noch über die Herrschaftsanteile der verschiedenen Parteien. Er wird also selbst bei Ausübung seines Königrechts in der repräsentativen Demokratie, des Wahlrechts, von den Parteien bevormundet –, und zwar weitaus mehr, als nach den Gegebenheiten der Massendemokratie unvermeidlich wäre: Einfluss auf die Auswahl der Volksvertreter – etwa durch Häufeln der Stimmen auf bestimmte Kandidaten verschiedener Listen – haben die Wähler selbst bei Kommunalwahlen nur in einigen Bundesländern. Die Möglichkeit zu direkten Sachentscheidungen hat das Volk auf Bundesebene ohnehin nicht.

Es gibt gute Gründe, die Diskussion um mehr direkten Einfluss des Volkes heute erneut aufzugreifen: Der extrem antiplebiszitäre Affekt des bundesrepublikanischen Staatsrechts war durch eine Überreaktion auf Weimar geprägt. Neue Untersuchungen zeigen, dass die damaligen Erfahrungen – entgegen verbreiteten Behauptungen – durchaus nicht negativ waren. Hinzu kommt: Die friedliche Revolution in der

DDR, diese historische Tat der Befreiung von einem diktatorischen Regime, war ein direkter Akt des Volkes und hat dieser Äußerungsform einen starken Schub an Legitimation vermittelt. Damit stellt sich heute die Frage um so dringender: Soll der Bürger eines einheitlichen Deutschlands auch in Zukunft weiter so entmündigt werden, wie dies in der Bundesrepublik bisher der Fall war?

Letztlich geht es um die uralte Frage, wie die Mächtigen am Missbrauch gehindert und wie sie dazu veranlasst werden können, ihre Macht im Interesse der Gemeinschaft einzusetzen. Das Verfassungsrecht der Bundesrepublik beruht wesentlich noch auf einer Tradition, welche Parteien in der heutigen Form noch nicht kannte. Das Grundgesetz hat zwar die verfassungsrechtliche Anerkennung der Parteien gebracht, die wirksame Begrenzung ihrer inzwischen ausufernden Macht steht aber noch aus. Das setzt stärkere Bürgerpartizipation und damit auch stärkere Bürgerkontrolle voraus. Es wird darauf ankommen, das ganze System durch Direktwahl der Repräsentanten handlungsfähiger und bürgernäher zu machen und zugleich die Möglichkeiten direktdemokratischer Sachentscheidungen auszubauen.

Einige Lichtblicke sind bereits vorhanden, besonders auf kommunaler Ebene: Die Direktwahl der Bürgermeister und Landräte ist inzwischen fast überall eingeführt. Ausgangspunkt war ein Volksentscheid 1991 in Hessen, bei dem sich 82 Prozent dafür ausgesprochen hatten. Auch Bürgerbegehren und Bürgerentscheid sind inzwischen in allen Gemeinden vorgesehen. Hier hat ein Volksentscheid in Bayern 1995 den Durchbruch bewirkt. Dies wirft zugleich ein Licht auf die Länder, deren Verfassungen inzwischen überall Volksbegehren und Volksentscheide erlauben, mit denen oft auch die Verfassungen geändert werden können. Es gibt also – mittels der direktdemokratischen Instrumente – auf Landesebene einen höchst demokratischen Weg, an den von der politischen Klasse beherrschten Parlamenten vorbei wichtige Strukturreformen durchzusetzen, wenn auch die Voraussetzungen für Volksbegehren und Volksentscheide in vielen Ländern noch abschreckend hoch sind, und die besonders wichtigen Finanzfragen ohnehin ausgeschlossen bleiben. Auf Bundesebene hat die rot-grüne Koalition eine Initiative zur Einführung der ergänzenden Volksgesetzgebung angekündigt. Das macht Mut, auch wenn dazu eine Verfassungsänderung und damit die Zustimmung der Opposition nötig ist.

H. Arnim

Vom 16. bis 29. November 1998 wurden in Rheinland-Pfalz Unterschriften für ein **Volksbegehren zur Wiedereinführung des Buß- und Bettags** gesammelt. Die Bürger machten von ihrem Recht der direkten Mitbestimmung unzureichend Gebrauch: Nur etwa ein Drittel der erforderlichen Stimmen, die notwendig gewesen wären um einen Volksentscheid herbeizuführen, kam zusammen. ⇒160

Es wird darauf ankommen, das ganze System durch Direktwahl der Repräsentanten handlungsfähiger und bürgernäher zu machen und zugleich die Möglichkeiten direktdemokratischer Sachentscheidungen auszubauen.

Ludwig Harig

Wie wird der literarische Herbst 2050 aussehen?

Mit kritischem und humorvollem Blick hat der Schriftsteller Ludwig Harig bei zahlreichen Reisen wie auch als Deidesheimer Turm- und als Mainzer Stadtschreiber Zeitgenössisches kommentiert und glossiert. Als Sprachspieler und fantastischer Kopf legte er sich den Rang eines Luftkutschers zu, sagt aber zugleich nach Jean Paul: »In Luftschiffs-Journalen muss Ordnung sein.« →591

Ludwig Harig

1927 in Sulzbach im Saarland geboren
1933–49 Volksschule, Lehrerbildungsanstalt, Lehrerseminar
1949–59 Assistent d'allemand am Collège Moderne in Lyon
1950–70 Volksschullehrer, seitdem freier Schriftsteller
seit 1955 zuerst experimentelle Poesie, später Romane, Essays, Hörspiele, Übersetzungen aus dem Französischen, zuletzt die autobiografische Romantrilogie:
»Ordnung ist das ganze Leben« (1986)
»Weh dem, der aus der Reihe tanzt« (1990)
»Wer mit den Wölfen heult, wird Wolf« (1996)
zahlreiche Preise:
1987 Hörspielpreis der Kriegsblinden
1987 Heinrich-Böll-Preis
1994 Friedrich-Hölderlin-Preis

Die Kröte im Internet

Im August 1998 schrieb der Brockhaus-Verlag in Mannheim eine Preisfrage aus, deren zugespitzte Formulierung die glattesten Köpfe Europas gehörig aufstachelte. »Wie wird der literarische Herbst 2050 aussehen?«, lautete die Frage kurz und bündig, zielte jedoch mit hintersinniger Absicht auf das Ereignis der Frankfurter Buchmesse, die sich seit Jahrzehnten mehr und mehr vom literarischen Salon zum profitablen Buchmarkt fortentwickelt hat. Es war eine Jahrhundertfrage, vergleichbar nur mit jener der Akademie von Dijon aus dem Jahre 1750, ob der Wiederaufstieg der Wissenschaften und der Künste zur Läuterung der Sitten beigetragen hätte.
Abraham Koschni, ein jüdischer Privatgelehrter aus dem oberschlesischen Postelwitz, entdeckte als Erster den moralischen Beiklang in beiden Fragen; er war sofort entschlossen, mit einer didaktischen Abhandlung dem Pariser Literaten Jean-Jacques Rousseau nachzueifern und Moral einzuklagen. Koschni wandte seine ganze Kraft und Klugheit auf, das Interesse beider Fragen am intellektuellen Sittenverfall gründlich zu untersuchen und darzustellen: Der ethische Grundton sollte sich gegen alle Lockrufe des Marktes behaupten.
Leider ist der Teil seiner Schrift verschollen, der uns hätte Auskunft geben können, wie gewissenhaft sich der Gelehrte mit dieser Kernproblematik künftiger Buchmessen auseinandergesetzt hat; erhalten geblieben sind lediglich

Abraham Koschni, ein jüdischer Privatgelehrter aus dem oberschlesischen Postelwitz, entdeckte als Erster den moralischen Beiklang der Frage.

Bruchstücke seiner Überlegungen zur Kombinationskunst, die er seiner Arbeit zugrunde legen wollte. Noch am Tag vor seinem plötzlichen Herztod hat er mir Aufbau und Argumentationsstruktur im Gespräch erläutert: Die wenigen handgeschriebenen Passagen hätten seinen richtigen Ansatz bestätigt, wäre er dazu gekommen, seine moralischen Bedenken in den kombinatorischen Teil seiner Arbeit einzubeziehen.

Koschni war in den Fünfzigerjahren von Spanien in die Bundesrepublik gekommen, wo ich ihn im Kreis der Stuttgarter Kombinationskünstler kennen und schätzen lernte. In Granada hatte er die »ars combinatoria« des Ramon Lull studiert, ihre ethische Botschaft als Kunst der Wahrheitsfindung durch Ineinandertausch aller Elemente definiert und ihre praktische Ausgestaltung in der »Bibliothek von Babel« des Jorge Luis Borges als ein Verhältnisspiel zwischen Ding und Sprache beschrieben. Seit dem Prager Frühling als Gemeindebibliothekar im polnischen Oberschlesien ansässig, gab er sieben Jahre lang eine Zeitschrift heraus, in der er Autoren zu Wort kommen ließ, deren Arbeiten allesamt um kombinatorische Schreibweisen kreisten. Beim Aufgreifen der Mannheimer Preisfrage schon einundsiebzig Jahre alt, bandscheibengeschädigt vom lebenslangen Sitzen, war er nicht mehr imstande, die Bibliothek von Babel als Demonstrationsobjekt für seinen Entwurf einer künftigen Messehalle originalgetreu nachzubilden. Er beschränkte sich stattdessen darauf, anstelle jener unbestimmten, womöglich unendlichen Anzahl sechseckiger Galerien wenigstens die Funktionen eines Sechsecks zu entwerfen.

Koschnis Denkmodell enthielt alle notwendigen Voraussetzungen, unnötigen Aufwand zu vermeiden. Sein Gedankengang setzte dort an, wo schon der Babeler Bibliothekar aus den unwiderlegbaren Prämissen der Kombinationskunst den Satz gefolgert hatte, »dass die Bibliothek allumfassend ist und dass ihre Regale alle irgend möglichen Kombinationen der über zwanzig orthographischen Zeichen (deren Zahl, wenn auch außerordentlich groß, nicht unendlich ist) verzeichnen sowie alles, was sich irgend ausdrücken lässt: in sämtlichen Sprachen – alles: die Geschichte der Zukunft bis

→3866

⇒3866

ins Einzelne, die Autobiografien der Erzengel, den echten Katalog der Bibliothek und Tausende und Abertausende falscher Kataloge, den Nachweis ihrer Falschheit, den Nachweis der Falschheit des echten Kataloges, das gnostische Evangelium von Basilides, den Kommentar zu diesem Evangelium, den Kommentar zum Kommentar dieses Evangeliums, die wahrheitsgemäße Darstellung deines Todes, die Fassung jedes Buches in sämtlichen Sprachen, die Einschaltungen jedes Buches in allen Büchern.«

Wenn nun diese Bibliothek von Babel alle Bücher der Welt enthalte, folgerte Koschni, so sei es doch konsequent, ein Kombinationsschema zu entwickeln, nach dem jeder Leser sich das von ihm gewünschte Buch nach Wörtern und Sätzen eigenhändig zusammenstellen könnte, ohne gezwungen zu sein, es in den unendlichen Sechseckgalerien dieser Bibliothek suchen zu müssen. Das aber sei nur möglich mithilfe der Permutationstechnik, nach der jedes Element, sei es Buchstabe, Wort oder Satz, so oft miteinander getauscht wird, bis keine neue Vertauschung mehr möglich ist. Nach dieser Methode, führte Koschni seinen Gedankengang fort, entstünden nicht nur Autobiografien von Erzengeln und Darstellungen des Todes, Liebes- und Kriminalromane, Theaterstücke und Gedichte, Sammlungen von erfreulichen Ratgebern und Rapporte von peinlichen Ermittlungen, sondern auch modernistische Textgebilde von seriöser Spielart bis zur reinen Unsinnspoesie. Dafür aber sei nur ein einziges Buch nötig, entschied der jüdische Gelehrte aus Spanien, denn aus einer kompletten Zahlentabelle erschlössen sich alle möglichen Buchstaben- und Wortvertauschungen, wie ja schon Alvarez von Toledo angemerkt habe, als er vorschlug, diesen Band, gesetzt in Corpus neun oder zehn, aus einer unendlichen Anzahl unendlich dünner Blätter zu drucken.

»Ein Buch für alle Bücher!«, rief Koschni aus, und nach einem tiefen Seufzer hauchte er hochbeglückt: »Ein Buch, das die Wahrheit, die Redlichkeit, das gesammelte Salz der Rechtschaffenheit enthalten wird, unter dessen reinigender Wirkung sich die Bitternis des Bösen auflösen muss wie ein Tropfen Gift im Meer!«

*Ein einziges Buch
in Halle 6 der
Frankfurter Buchmesse
des Jahres 2050,
was für ein Gedanke!*

»Ein Buch für alle Bücher!«, rief Koschni aus, und nach einem tiefen Seufzer hauchte er hochbeglückt: »Ein Buch, das die Wahrheit, die Redlichkeit, das gesammelte Salz der Rechtschaffenheit enthalten wird, unter dessen reinigender Wirkung sich die Bitternis des Bösen auflösen muss wie ein Tropfen Gift im Meer!« Bei diesen Worten, zu denen er in seiner Todeseuphorie eine Idee zu hoch gegriffen hatte, schloss er die Augen für immer. Krampfhaft hielten seine Hände einen Band mit Erzählungen von Borges fest; der Krankenschwester gelang es nicht mehr, seinen Zeigefinger zu bewegen, der zwischen den Seiten 154 und 155 eingeklemmt war.

Ein einziges Buch in Halle 6 der Frankfurter Buchmesse des Jahres 2050, was für ein Gedanke! Hätte Abraham Koschni noch eine Weile gelebt, er wäre der Einzige gewesen, seiner Abhandlung das praktische Beispiel folgen zu lassen, um mit dem Leitmodell die Probe aufs Exempel zu machen. Doch es kam alles anders, die Folgen wird man womöglich erst in fünfzig Jahren sehen. Koschnis revolutionärer Diskurs geriet in die Hände von Spezialisten der elektronischen Datenverarbeitung: Sein Buch verschwand im Internet, wo seine tabellarische Zahlen- und Buchstabengestalt demnächst von einer künstlichen Stimme abgelöst werden soll. Eine Kröte wird die Maus ersetzen. Wo die Maus noch über den Bildschirm huschte, das Gesuchte zu finden, wird bald eine Kröte quaken. Sie wird schnarren und knarren, als wäre sie eine echte Kröte, und eines Tages wird man sie auf dem Cover einer CD erblicken. »Alle Bücher dieser Welt von gestern, heute und morgen auf einer CD« wird der Titel lauten. Weil man dieses Audio-Book in jedem Discountladen wird kaufen können, macht es alle künftigen Buchmessen überflüssig.

⇒3866

Regine Hildebrandt

Wie finden wir zu mehr sozialer Gerechtigkeit?

Von Jugend an engagierte sich Regine Hildebrandt für soziale Gerechtigkeit in einer demokratisch organisierten Gesellschaft. Selbst Mutter von drei Kindern und Großmutter, setzt sie sich besonders für die Belange berufstätiger Frauen sowie die Solidarität der Generationen ein und wird von vielen als »Politikerin zum Anfassen« geschätzt. Mit ihrer vielköpfigen Familie praktiziert sie in einem großen Haus bei Berlin das Zusammenleben mehrerer Generationen. ⇨4873

Regine Hildebrandt

26.4.1941 in Berlin geboren
1959–64 Studium der Biologie in Berlin, 1968 Promotion
seit 1961 Chorsängerin der Berliner Domkantorei
1964–90 in leitenden Positionen in der Arzneimittelforschung tätig
1989 Engagement in der Bürgerbewegung »Demokratie Jetzt«, Mitgliedschaft in der Sozialdemokratischen Partei der DDR
1990 April bis August Ministerin für Arbeit und Soziales in der ersten frei gewählten Regierung der DDR; Wahl in den SPD-Bundesvorstand
seit 22.11.1990 Ministerin für Arbeit, Soziales, Gesundheit und Frauen des Landes Brandenburg

Die solidarische Gesellschaft

Als ehemalige DDR-Bürgerin komme ich aus einer Gesellschaft, die im »real existierenden« Sozialismus die Schere zwischen Arm und Reich erheblich minimiert hatte – wenn auch auf niedrigem Niveau. Das hat mein Verständnis von sozialer Gerechtigkeit – bei allem Widerstand gegen das System an sich – maßgeblich geprägt. Und nicht nur meins: Der weitaus größte Teil der Menschen in Ostdeutschland hält soziale Gerechtigkeit und Gleichheit der Menschen für *das* prioritäre Ziel, weit vor persönlicher Freiheit.

Deswegen steigt das Unbehagen, wenn wir bei uns im Land und international sehen, dass steigender Wohlstand mit steigender Verteilungsungerechtigkeit einhergeht. Die USA halten die Spitze: Das höchste Pro-Kopf-Einkommen der Welt von 27 000 Dollar verbindet sich mit der höchsten Armutsquote: 16,5 % (9. Bericht UNDP, 1998). Deutschland kommt mit 10,5 % Armutsquote (nach Schweden 6,8 %, Niederlande 8,2 %) noch am drittbesten dabei weg. Aber geht es nicht besser? Natürlich geht es besser, denn wir sind ja kein armes Land.

Einerseits liegt allein die Geldvermögensbildung der privaten Haushalte in Deutschland bei etwa 5,5 Billionen DM. Wäre dieses Geldvermögen gleichmäßig verteilt, so besäße jeder private Haushalt 143 000 DM. Wohlgemerkt ohne Sachvermögen, wie z.B. Immobilien. Andererseits bezogen in Deutschland Ende 1997 fast drei Millionen Menschen Sozialhilfe, und das sind nur die, die in den amtlichen Statistiken

Die realen **Nettogewinne** der Unternehmen in Deutschland haben sich seit 1980 mehr als verdoppelt, der reale **Nettolohn** je Arbeitnehmer ist dagegen nur um 2,1 % gestiegen (DGB-Berechnung nach Angaben des Statistischen Bundesamtes).

⇒99997

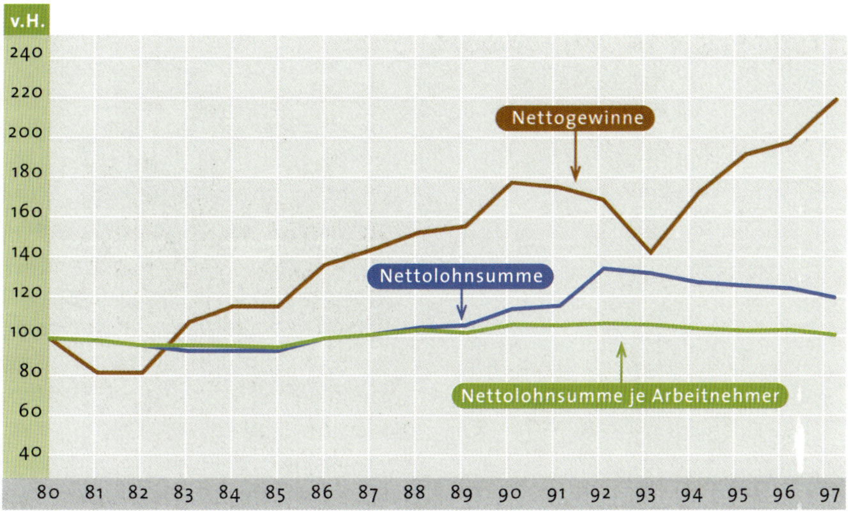

auftauchen. Jedes fünfte Kind in Ostdeutschland lebt von Sozialhilfe.

Einerseits haben sich die realen Nettogewinne der Unternehmen seit 1980 mehr als verdoppelt (+ 119,1 %), andererseits ist der reale Nettolohn je Arbeitnehmer, der die verfügbare Kaufkraft misst, nur um 2,1 % gestiegen. Es ist demnach nicht zu wenig Geld da, es ist nur ungerecht verteilt.

Das größte Übel in unserer Gesellschaft ist die Arbeitslosigkeit – hier liegt hauptsächlich auch die Armut begründet. Ist die Geißel Massenarbeitslosigkeit schicksalsgegeben in der globalisierten Welt Ende des 2. Jahrtausends? Ich bin der festen Überzeugung, sie ist es nicht. Es gilt zum einen, in unserem Land Zukunftstechnologien zu entwickeln, also Produkte und Produktionsverfahren, die umweltverträglich sind und die aufgrund ihrer technologischen Spitzenstellung auch exportfähig sind und daher neue Arbeitsplätze schaffen.

Es gilt zum anderen, die Erwerbsarbeit neu zu verteilen und die Menschen dafür zu begeistern. Die 80-, 60-Stunden-Woche, die 48-Stunden-Woche liegen lange hinter uns. Wir müssen auf die 35-Stunden-Woche, auf die 30- oder 25-Stunden-Woche kommen! Nur ein Beispiel: Eine 35-Stunden-Woche für alle, mehr Teilzeit und Qualifizierungszeiten für Weiterbildung könnten nach Berechnung der IG-Metall rund 1,4 Millionen zusätzliche Arbeitsplätze schaffen.

Dabei ist ein voller Lohnausgleich trotz Produktivitätssteigerung sicher nicht machbar. Aber wenn endlich auch die Frauen – gut qualifiziert wie die Männer – an der Erwerbsarbeit gleichberechtigt beteiligt werden (in Ostdeutschland waren 92 % der Frauen berufstätig!), dann ergeben sich Familieneinkommen, mit denen man sehr gut auskommt.

»*Ist die Geißel Massenarbeitslosigkeit schicksalsgegeben in der globalisierten Welt Ende des 2. Jahrtausends? Ich bin der festen Überzeugung, sie ist es nicht.*«

Die **Arbeit der Zukunft** soll sich aus drei Bereichen zusammensetzen: der Erwerbsarbeit, der Familienarbeit und der ehrenamtlichen Arbeit im Dienst der Allgemeinheit (oben und rechte Seite). ⇨390

»In der Bundesrepublik West hat nach der Wende die Bedeutung von sozialer Gerechtigkeit und Gleichheit in den Umfragen deutlich zugenommen, selbst persönliche Freiheit ist in dem Kontext geringer bewertet worden – ich wittere Morgenluft!«

Ein weiteres Beispiel für eine andere Verteilung der Erwerbsarbeit ist der Abbau von Überstunden. 1995 wurden über 2 Milliarden Überstunden gemacht, rund 60 Stunden pro Arbeitnehmer im Jahr. Würden diese Überstunden nur noch in Freizeit abgegolten, so ergäben sich nach Berechnung der IG-Metall rein rechnerisch rund 1,7 Millionen neue Arbeitsplätze. Natürlich sind das nur rechnerische Werte, aber auch die Hälfte davon wäre ja schon etwas.

Die Erwerbsarbeit soll aber nur ein Teil der anerkannten Arbeit sein. Die Familienarbeit ist der zweite Teil – für Männer und Frauen! Wenn es Schwierigkeiten bei dem Eingewöhnen geben sollte, kann man mit Regelungen nachhelfen, z.B. bezahlte Kindererziehungsjahre nur je zur Hälfte für Mutter und Vater, anderenfalls werden sie nicht gewährt! Der dritte Teil der Arbeit von Männern und Frauen soll schließlich die »ehrenamtliche« Arbeit sein, die unbezahlte Tätigkeit für die Allgemeinheit.

Wichtig ist, dass Männer und Frauen, Junge und Alte, Intellektuelle und Arbeiter einbezogen werden in alle drei Teile des »Arbeitslebens«. Wenn nämlich jeder an allem partizipiert, dann gibt es keine Arbeit erster und zweiter Klasse mehr. Die Erwerbsarbeit schafft die finanzielle Basis, fordert die Menschen in ihren fachlichen Fähigkeiten, schafft Erfolgserlebnisse, Anerkennung. Die Familienarbeit bildet die Sozialkompetenz in der kleinsten Einheit menschlicher Gemeinschaft heraus, die mit Fürsorge, Erziehung, Auseinan-

→100

→100

dersetzung und Einigung im Kleinen die Basis ist für eine funktionierende Gesellschaft. Und die gemeinnützige Arbeit nutzt die Fähigkeiten des Einzelnen ehrenamtlich für die Belange der Gemeinschaft, wie sie sich vor Ort darstellen.

Wichtig ist mir, dass durch diese Dreiteilung der Arbeit für Männer und Frauen der soziale Erfahrungshorizont gründlich erweitert wird – und genau das brauchen wir bei allen Menschen, insbesondere aber bei denen, die Verantwortung tragen.

In der Bundesrepublik West hat nach der Wende die Bedeutung von sozialer Gerechtigkeit und Gleichheit in den Umfragen deutlich zugenommen, selbst persönliche Freiheit ist in dem Kontext geringer bewertet worden – ich wittere Morgenluft!

Ausgehend von unserem Land kann es uns über Europa gelingen, in dem neuen Jahrhundert einen großen Schritt zu sozialer Gerechtigkeit voranzukommen. Die wohlhabenden 20 % der Weltgemeinschaft – und dazu zählt die EU – konsumieren 86 % der Güter, Rohstoffe und Energien. Uns geht es immer noch sehr gut, wenn es deutlich weniger wird!

Packen wirs an!

»Packen wirs an!«

Manfred Bruns

Gleichgeschlechtliche Beziehungen im 21. Jahrhundert – Rosa Zeiten?

Manfred Bruns ist verheiratet, hat drei erwachsene Kinder und lebt heute mit seinem Lebenspartner in Stuttgart. Bruns bekennt sich in der Öffentlichkeit ganz bewusst zu seiner homosexuellen Orientierung. Er hat sich in zahlreichen Aufsätzen und Vorträgen für die Rechte der Homosexuellen und für Menschen mit HIV und Aids engagiert. Er ist einer der Sprecher des »Schwulenverbandes in Deutschland (SDV) e.V.« und arbeitet bei der »Bundesarbeitsgemeinschaft Schwule Juristen« sowie bei der »Bundesarbeitsgemeinschaft schwule und lesbische Paare (SLP)«. ⇾4872

Manfred Bruns,

Jahrgang **1934**, ist verheiratet, hat drei erwachsene Kinder und war bis zu seiner Pensionierung in Sommer **1994** Bundesanwalt beim Bundesgerichtshof in Karlsruhe. Er lebt heute mit seinem Lebenspartner in Stuttgart.
Bruns war Mitglied der Enquete-Kommission »Aids« des Deutschen Bundestages und hat sich dort mit Erfolg für eine menschliche Aids-Politik eingesetzt.

Wenn ich von der Zukunft träume, dann am liebsten so:
Die katholische Pfarrgemeinde St. Peter feiert ihr jährliches Pfarrfest. Dirk und Ralph, der Oberministrant und sein Stellvertreter, betreuen den Grillstand. Als die Kapelle einen nostalgischen Tango anstimmt, unterbrechen sie ihre Arbeit und eilen zur Tanzfläche. Schon bald bildet sich um die beiden ein Kreis von begeisterten Zuschauern. Selbst der Pfarrer bemerkt anerkennend zu seiner Nachbarin: »Was für ein schönes Paar!«
Oder eine andere Szene:
Dirks Familie sitzt am Sonntagmorgen beim Frühstück. Dirk selbst fehlt. Sein Vater und seine Mutter sind ungehalten. Sie haben die ganze Nacht vergeblich auf ihn gewartet.
Als er endlich erscheint, überschütten sie ihn mit Fragen und Vorwürfen: »Wo kommst du her? Warum hast du uns nicht wenigstens angerufen? Wir haben uns solche Sorgen gemacht!«
Dirk schweigt zunächst verlegen, dann erklärt er trotzig: »Ich bin nach der Disco mit Ralph nach Haus gegangen.«
Nach einigem Hin und Her stellt der Vater fest: »Wenn du noch mal das Bedürfnis hast, mit Ralph die Nacht zu verbringen, dann sag uns wenigstens Bescheid. Im Übrigen: Warum bringst du Ralph nicht mal mit, damit wir ihn kennen lernen. Wenn er ein ordentlicher Junge ist, kann er auch bei uns übernachten.«
Warum hänge ich solchen Wunschbildern nach? Das hat etwas mit meiner schwierigen Lebensgeschichte zu tun.

Ich habe, solange ich zurückdenken kann, ausschließlich homosexuell empfunden. Ich erinnere mich deutlich, dass mich zum Beispiel Abbildungen nackter klassischer Götterstatuen in unserem Lateinbuch oder Mitschüler in knappen Badehosen unheimlich fasziniert haben. Aber ich konnte diese Erfahrung nicht benennen.

Homosexualität war zur Zeit meiner Kindheit im »Dritten Reich« ein todeswürdiges Verbrechen und danach in der Adenauer-Zeit weiterhin mit Gefängnis und Zuchthaus bedroht. Die junge Bundesrepublik führte die nationalsozialistische Verfolgung der Homosexuellen bruchlos fort. Man setzte wie zu Zeiten der Nazis alles daran, die Homosexuellen aufzuspüren und »unschädlich« zu machen. Wenn jemand auffiel, durchkämmte man seinen gesamten Bekanntenkreis. Die Strafen für überführte Homosexuelle waren gnadenlos hoch. Die Verurteilung bedeutete für sie zugleich den sozialen Tod.

Es gab deshalb in meiner Umgebung kein sichtbares homosexuelles Paar, das mir hätte Vorbild sein können. Zwar lebten in der Wohnung über uns eine angesehene »Dentistin« und ihre »Freundin«, »die ihr den Haushalt führte«. Aber die beiden wurden nicht als lesbisches Paar wahrgenommen. In meinem streng katholischen, konservativen Elternhaus – mein Vater war Amtsrichter – wäre für ein homosexuelles Kind kein Platz gewesen. So wählte ich – unbewusst – den einzigen möglichen Weg: Ich redete mir ein, dass meine Männerfantasien sich schon legen würden, wenn ich erst »richtigen« Kontakt mit Frauen hätte.

Leider war das nicht so. Im Gegenteil, je länger ich verheiratet war, desto drängender meldete sich meine homosexuelle Veranlagung. Gleichwohl habe ich zwanzig Jahre lang eine »gute« Ehe geführt und mit niemandem über meine Probleme gesprochen, auch nicht mit meiner Frau. Ich wollte sie und meine drei Kinder nicht verlieren und hatte außerdem große Angst um meine bürgerliche Existenz.

Dieser Zustand wurde schließlich so unerträglich, dass ich mit etwa 45 Jahren um meine geistige Gesundheit zu fürchten begann. In dieser Situation kam ich durch Zufall in Kontakt mit einer kirchlichen Selbsthilfegruppe für Homosexuelle. Dort bin ich zum ersten Mal in meinem Leben Menschen begegnet, die dieselben Erfahrungen gemacht und ähnliche Lebenswege hinter sich hatten wie ich. Schon die Möglichkeit, in der Gruppe mit ihnen offen über meine und ihre Probleme sprechen zu können, und das Gefühl, von ihnen verstanden zu werden, waren eine ungeheure Erleichterung für mich.

Aufgrund der zahlreichen Gespräche, die ich dort und in anderen Schwulengruppen mit Betroffenen geführt habe,

» *Die rechtliche und gesellschaftliche Anerkennung schwuler und lesbischer Lebensgemeinschaften ist der wesentliche Schritt in die »Normalität«.* «

Die **Hochzeit eines lesbischen Paares** fand in Deutschland bislang nur im Fernsehen statt. Im August 1992 traute der dänische Pfarrer Larsen das Paar in der SAT-1-Live-Sendung »Einspruch«. →160

1992 stürmten in einer bundesweiten Aktion homosexuelle und lesbische Paare die Standesämter, um für das **Recht auf Heirat** zu kämpfen. Der »Bundesverband Homosexualität e.V.« und der »Schwulenverband in Deutschland e.V.« fordern die rechtliche Anerkennung homosexueller Partnerschaften. ⇨20

»Vielleicht wird dann schon die nächste Generation auf einen schwulen Sohn oder eine lesbische Tochter gelassen reagieren und verwundert auf die vorurteilsgestützten Widerstände zurückblicken, die eine Überwindung der rechtlichen und tatsächlichen Diskriminierung gleichgeschlechtlich orientierter Menschen so lange verhindert haben.«

wurde mir immer klarer, dass es für mich nur eine Lösung geben konnte: mich endlich so anzunehmen, wie mich Gott geschaffen hat, nämlich als homosexuell empfindenden Menschen.

Meine Frau hat diese Entwicklung zum Glück toleriert, sodass ich noch heute zu ihr, meinen Kindern und Enkelkindern einen sehr engen, guten Kontakt habe. Auch habe ich nach meinem Coming-out weder in meinem Beruf noch in meinem gesellschaftlichen Umfeld schwerwiegende Diskriminierungen erfahren. Im Gegenteil, anlässlich meiner Pensionierung im Herbst 1994 hat Bundespräsident Herzog mein »gesellschaftliches und gesellschaftspolitisches Engagement für die Emanzipation und Anerkennung Homosexueller, für den Schutz ihrer Rechte und für die Wahrung der Würde von Menschen, die HIV-positiv oder an Aids erkrankt sind«, durch die Verleihung des Bundesverdienstkreuzes 1. Klasse gewürdigt.

Dieses Engagement hängt mit meinen eingangs erwähnten Fantasien zusammen. Sie waren auch die Fantasien meines ersten Partners, den ich 1985 kennen gelernt habe. Er ist leider nach einer harmlosen Operation im Jahre 1992 ganz unerwartet verstorben. Mein Freund stammte aus einem katholischen Dorf im Banat und hatte bis zu unserer Begegnung ebenfalls ein sehr einsames und ähnlich schwieriges Leben wie ich. Als wir uns kennen lernten, war er schon 65 Jahre alt, 14 Jahre älter als ich. Er hat damals in sein Tagebuch vermerkt: »Der Beginn meines Lebens.«

Mit ihm zusammen habe ich oft dem Gedanken nachgehangen, wie unser Leben wohl verlaufen wäre, wenn wir uns in unserer Jugend so unbefangen hätten kennen lernen können wie Dirk und Ralph. Deshalb habe ich mich damals entschlossen, alles mir Mögliche zu tun, damit sich solche schwierigen Lebensläufe wie die Unseren nicht mehr wiederholen.

Im Rahmen dieses Engagements habe ich zusammen mit zwei Freunden 1987 eine Kampagne für die »Homoehe« gestartet. Die rechtliche und gesellschaftliche Anerkennung schwuler und lesbischer Lebensgemeinschaften, so dachten wir damals und denken wir auch heute noch, ist der wesentliche Schritt in die »Normalität«.

Für diese Forderung haben wir zunächst mehrere Jahre in der Schwulen- und Lesbenbewegung und dann auch in der Öffentlichkeit gestritten. Der erste Durchbruch gelang uns mit der »Aktion Standesamt« im Jahre 1992. Damals stürmten 250 schwule und lesbische Paare die Standesämter, um das Recht auf Heirat zu erkämpfen. Sie sind zwar am Bundesverfassungsgericht gescheitert, aber durch ihre Aktion ist der Öffentlichkeit zum ersten Mal bewusst geworden, mit wie viel Diskriminierungen schwule und lesbische Paare tagtäglich zu kämpfen haben.

Manfred Bruns und sein Lebensgefährte →4872

Seit dieser Aktion hat die Zustimmung der Öffentlichkeit zur so genannten Homoehe immer mehr zugenommen. Nur die bisherige Regierungskoalition hat sich allen Reformbemühungen strikt verweigert. Der bisherige Kanzleramtsminister Friedrich Bohl von der CDU verstieg sich im letzten Wahlkampf sogar zu der Behauptung, wer die grundlegende Bedeutung von Ehe und Familie durch die rechtliche Anerkennung gleichgeschlechtlicher Lebensgemeinschaften einschränke, »zerstört die Lebenskraft unserer Gesellschaft«.

Bohls Aussage war gegen die SPD und Bündnis 90/Die Grünen gerichtet, die sich im Wahlkampf beide für die rechtliche Gleichstellung schwuler und lesbischer Lebensgemeinschaften mit Ehen ausgesprochen haben. Da diese Parteien die neue Regierung stellen werden, besteht Grund zur Hoffnung, dass diese längst überfällige Reform endlich verwirklicht wird.

Vielleicht wird dann schon die nächste Generation auf einen schwulen Sohn oder eine lesbische Tochter so gelassen reagieren wie Dirks Eltern und verwundert auf die vorurteilsgestützten Widerstände zurückblicken, die eine Überwindung der rechtlichen und tatsächlichen Diskriminierung gleichgeschlechtlich orientierter Menschen so lange verhindert haben.

Ich selbst bedauere heute nicht mehr, dass ich so viele Hindernisse überwinden musste, um zu mir selbst zu finden. Ich habe nach dem Tod meines Partners einen neuen Lebensgefährten gefunden, mit dem ich jetzt in Stuttgart so zusammenleben kann, wie ich mir das immer gewünscht habe. Mir geht es deshalb wie dem Schmetterling, der sich an der Sonne und den Blumen erfreut. Er hat sein Raupendasein vergessen.

Matthias Horx

Wird immer mehr Technik die Kultur des 21. Jahrhunderts dominieren?

Matthias Horx ist einer der einflussreichsten Trend- und Zukunftsforscher im deutschsprachigen Raum. Er betreibt ein Zukunftsforschungsinstitut und ist Spiritus Rector der »Future Company«, eines Beratungsnetzwerks für innovative und visionäre Unternehmen. In seinem jüngsten Buch »Das Zukunfts-Manifest« schildert er, wie wir uns auf die Gesellschaft des 21. Jahrhunderts vorbereiten können. →4637

Wenn man mit Menschen, selbst mit klugen Menschen, über die weitere Zukunft diskutiert, geht es im Grunde immer nur um zwei Fantasien. Die erste möchte ich die »Luke-Skywalker-Variante« nennen. Ihre emotionalen Grundlagen wurden in unserer Kindheit gelegt und erzeugen nach wie vor das eigentümliche (vorwiegend männliche) Leuchten, das von Hollywood so geschickt visualisiert wurde. Der junge Held, der gegen die Kräfte der Finsternis im Weltall ankämpft. Der einsame *Commander* auf der Raumschiffbrücke. Das All wimmelt von Monstern, die mit überlegener Technik bekämpft, Völkern, die befriedet, und Prinzessinnen, die befreit werden wollen.

Die zweite Variante trägt ebenfalls religiöse Züge und ist in unserem Kulturkreis so etwas wie Common Sense geworden. Die Rede ist vom Unter- und Niedergang in seinen vielen Varianten. Lässt man eine x-beliebige Schulklasse »Bilder unserer Zukunft« malen, so handeln die meisten von radioaktiven Wüsten, toten Bäumen und verkrebsten Kühen – und was die Schul(d)pädagogik der letzten Jahrzehnte sonst noch eingetrichtert hat. Dass irgend etwas *besser* werden könnte? Nun, für mich und meine Familie vielleicht schon – aber der Rest des Planeten?

Inzwischen dämmert uns, dass der Alarmismus auch nur eine weitere Variante des Lobbyismus war und ist (wer zahlt die horrenden Gelder für die Klimaforschung, wenn nicht das Ozonloch über uns kommt?) und dass mit der Untergangs-

Matthias Horx

Jahrgang **1955**, studierte Soziologie und schlug in den Achtzigerjahren eine journalistische Laufbahn als Redakteur und Autor für die ZEIT, das ZEITmagazin, TEMPO und MERIAN ein. **1992** war er Mitbegründer der Marketing-Beratungsagentur TREND-BÜRO Hamburg. Heute betreibt er ein Zukunftsforschungs-Institut und ist Leiter der Future Company, eines Beratungsnetzwerks für innovative und visionäre Unternehmen.

fantasie im Grunde die eigene Psyche und ihre Nöte gemeint waren. Die wirkliche Zukunft wird irgendwo dazwischen liegen.

Smart Tech – Technik jenseits des simplen »Mehr«. In den Zukunftsvisionen der 60er-Jahre wurde über jede Stadt eine Glaskuppel gezogen (»gegen die Umweltprobleme«) oder das Ganze stracks unter die Erdoberfläche verlegt. Heute heißen die Varianten des Technikrausches in beliebiger Reihenfolge: intelligentes Haus (analysiert den Urin, verändert die Farbe nach Stimmungen), automatische Schlafmaschinen, intelligente Tapeten, Vollbildschirme anstatt Wänden, der Multimedia-Gadget-Computer am Handgelenk, das Wohnzimmer als Cyberstudio usw.

Nicht nur Bill Gates' erste Erfahrungen mit seinem cybertronischen Haushalt in Seattle können uns beim Traum von der allgegenwärtigen Vollautomatik ein wenig nachdenklich werden lassen. Ist es wirklich eine einleuchtende »Vision«, in jedem Zimmer das Licht automatisch an- und ausgehen zu lassen und sofort sein Lieblingsbild auf der Wand erscheinen zu sehen? Wird jeder von uns in naher Zukunft tatsächlich ein Satellitenhandy, einen Cyberraum und ein Partner-Tamagotchi zu Hause haben? Wie viele technischen Gadgets passen noch in unser tägliches Leben, bevor wir vor lauter Fehlfunktionen und Bedienungsanweisungsfrust aus dem Fenster springen?

Technik erhöht Lebenskomplexität. Es gibt Grenzen, jenseits derer Komplexität in pure Nervosität umkippt, weil sie nicht mehr zu integrieren ist. Technostress, Informations-Overflow sind die wahren Seuchen unserer Zeit. Der PC zum Beispiel, der nach den Prognosen der späten 80er-Jahre längst in allen Haushalten stehen sollte, stagniert heute in seinem Mutterland USA bei einem Marktanteil von unter 40 Prozent der Haushalte – weil er für den Rest der Menschheit entweder zu nutzlos oder zu kompliziert oder beides ist. Die Fans des unbedingten technischen Fortschritts versprechen uns nun Computer, mit denen wir sprechen können. Aber löst das das Problem? *Wollen* wir mit Computern sprechen? Das Bildtelefon ist ein Flop, weil es Telefonieren nicht einfacher, sondern umständlicher macht. Flugzeuge sehen nicht ohne Grund heute immer noch so aus wie zu Beginn des Interkontinentalverkehrs; sie sind kaum schneller geworden, nur leiser, komfortabler und sicherer. Es gibt Grenzen und Grenznutzen, wie in der Biologie, so auch im Himmel der Technologien.

Eine zentrale Evolutionslinie von Technik im 21. Jahrhundert wird deshalb in Richtung einer *höheren Unsichtbarkeit und Integration* gehen. Die Devise heißt: Einfachheit, Abrüstung

Wegmarken,

die das 21. von allen anderen Jahrhunderten unterscheiden werden:

- *Irgendwann um das Jahr 2040 herum wird der »meiste Mensch« geboren. In dieser Zeit erlebt die Weltbevölkerung ihren zahlenmäßigen Zenit, bevor sie wieder »seltener« wird. Nein, das wird keine »Bevölkerungsexplosion« sein, wie sie uns die Untergangspharisäer immer wieder prophezeit haben. Nach den neusten Zahlen der UNO ist es wahrscheinlich, dass die Vermehrung unserer Spezies bei 8,5 Milliarden Menschen innehält (heute sind es knapp 6 Milliarden) – und von diesem Zeitpunkt an werden wir wieder seltener.*

Irgendwann in diesem Jahrhundert werden wir – mit an Sicherheit grenzender Wahrscheinlichkeit – wissen, ob wir im Kosmos allein sind oder nicht. Die Suchprogramme der NASA und vieler privater Organisationen nach Zeichen für Zivilisationen auf fernen Planeten nähern sich einer Antwort. Beide Möglichkeiten haben gewaltige Konsequenzen für den Human Spirit. In beiden Fällen sind wir vollständig und existenziell auf uns selbst zurückgeworfen. Die Suche nach außerirdischem Leben wird nicht auf einer Raumschiffbrücke enden. Sie wird sich, wie alle großen Visionen, als eine Art »großer Spiegelung« erweisen, in der wir uns selbst erkennen und – hoffentlich – besser verstehen lernen.

von Funktionen, Eleganz der Bedienung. *Smart and calm technologies*: Dagegen sind unsere heutigen Artefakte mit ihrem antihumanen Verhalten – Klingeln, Piepen, Nichtfunktionieren – einfach primitive Rohlinge. Ein Siemens-Schnurlos-Telefon mit 89 Seiten kryptischer Bedienungsanweisung wird in 50 Jahren als abschreckendes Beispiel für *Terrortechnik des ausgehenden 20. Jahrhunderts* im Museum stehen!

Cloning-Welten. Ein besonderer Schrecken geht von der Gentechnik aus, wenn sie die menschliche Keimbahn kreuzt. In der Tat ist diese Visionsvariante sehr wahrscheinlich: In zehn, zwanzig Jahren wird sich die Reproduktion von unserer altmodischen *wet technology* ablösen. Die Trends sprechen hier eine eindeutige Sprache, und es werden die Frauen sein, die diesen Prozess einfordern. Warum sollte eine Frau, die zwischen 25 und 40 in der Blüte ihrer Karriere ist, für ewig auf den Kinderwunsch verzichten (oder sich in einen unerträglichen Stress stürzen), wenn sie ihre Eizellen einfrieren kann und das Kind, leihweise oder mit eigenem Körper, befruchtet vom Lebenspartner oder einem Spender, ohne erhöhtes Risiko jenseits der 40 austragen kann?

Visionen verlieren ihren Schrecken, wenn man sie konsequent durchdenkt. Denn dann erweisen sie sich als barer Unsinn oder als in die menschliche Sphäre integrierbar. Wäre das alles so schlimm, so dämonisch? Verändert es das Verhältnis zwischen Mutter und Kind? Wahrscheinlich schon: zum Besseren. Die Mütter werden zufriedener, weil sie ihr Leben selbst bestimmt geführt haben, sie haben mehr Zeit, sich um die Kinder zu kümmern, die massiv gestiegene Lebenserwartung kompensiert die geringere Spanne, in der die Kinder ihre Mütter erleben. Die traumatische Erfahrung von Trennung und Scheidung wird seltener, denn mit 40 hat man zumeist eine stabile Lebenspartnerbeziehung (die, wie man weiß, nicht immer mit biologischer Elternschaft identisch sein muss).

Was wäre, um ein anderes Beispiel aus der aktuellen Diskussion zu nehmen, wenn im Jahre 2020 ein weltweites Gesetz das menschliche Klonen regelte? Jeder Erwachsene könnte sich nach eingehender medizinischer und psychologischer Beratung bis zu zweimal klonen lassen. Wie viele Bürger würden von dieser Möglichkeit Gebrauch machen? Wie attraktiv ist es, ein zeitversetztes Ebenbild von sich selbst herzustellen? Müsste es nicht für die narzisstisch strukturierte Persönlichkeit am Ende eine Zumutung sein, einer Kopie von sich selbst zu begegnen? Mit anderen Worten: Vor dem Klonieren müssen wir keine Angst haben, weil es sich nicht durchsetzen wird.

Soziotechnik – die nächste Welle der Innovation. Was ich mit diesen Beispielen anregen will, ist eine *andere Perspektive des utopischen Denkens.* Wir haben uns daran gewöhnt, dass die Zeiger des Fortschritts immer nur den Magnetlinien der Technologie folgen. Aber die menschliche Geschichte ist komplexer. Was uns im 21. Jahrhundert voranbringen wird, werden vor allem *kulturelle und soziale Erfindungen* sein. Ein wichtiger Teil dieser neuen *Soziotechnik* wird sich um unser Verhältnis zur Arbeit drehen. Wir werden neue Lebensformen entwickeln, die uns die Integration von Familie und Beruf besser ermöglichen – Teleworking, ortlose Arbeit, Networking, neue Siedlungsformen mit nachbarschaftlichen Elementen. Hier, in den Schnittstellen individualisierter Familie und den brachialen Zwängen klassischer Karrieren, existiert ein gewaltiger gesellschaftlicher Leidensdruck, will meinen: Lösungsnachfrage! Hier geht das industrielle Zeitalter mit seiner Fabrikdiszplin am sichtbarsten zu Ende.

Die Erfinderlabors des 21. Jahrhunderts liegen mitten im Alltag. Nicht die sagenumwobene Telechirurgie wird die Medizin grundlegend verändern, sondern eine neue, ganzheitliche Sicht auf den menschlichen Körper. Vielleicht werden wir demnächst unsere Kinder heiraten – weil die Individualisierung die Beziehungen zwischen Erwachsenen temporär und brüchig gemacht haben. Wir werden schneller als gedacht eine planetarische Polizei und Gerichtsbarkeit entwickeln, weil kleine Staaten mit Verrückten an der Spitze mit Giftgas oder Atomwaffen hantieren. Nicht das allerneuste Potenzmittel wird unsere Sexualität verbessern, sondern ein anderes, wacheres Verhältnis zum Tod – *das* sind die spannenden Utopien und Systemveränderungen, die wir zu bewältigen und zu realisieren haben.

Welche Gründe aber gäbe es, in dem kommenden Durcheinander grundlegend optimistisch zu sein? Vieles spricht dafür, dass wir, im Zeichen der Globalisierung, der Individualisierung und der Ära des Wissens, vor einer Epoche stehen, die in vielerlei Hinsicht der Renaissance ähnelt. Das hat nichts mit Idealismen zu tun. In der Wissensgesellschaft steigt der ökonomische Wert geistiger Arbeit. Da innovative Intelligenzleistung nur von freien, balancierten Individuen ausgeübt werden kann, wandelt sich der Verwertungszusammenhang: Die Unternehmen und Staaten der Zukunft werden sich vor allem um das »Empowerment« ihrer Bürger, Mitarbeiter, Mitglieder kümmern müssen, wollen sie am globalen Markt überleben.

Horx 2020? ⇨4637

Horx 2040? ⇨4637

Maria Jepsen

Von der Süße des Lebens – Der Mensch dem Menschen das Süßeste?

Maria Jepsen ist die erste evangelisch-lutherische Bischöfin der Welt. Als Vorsitzende des Evangelischen Missionswerks in Deutschland e.V. ist die missionarische Herausforderung der Kirche in einer säkularen Großstadt einer der Themenbereiche, die für sie von großer Bedeutung sind. Andere sind feministische und sozialethische Fragen sowie die interreligiöse Gemeinschaft. ⇨4936

Maria Jepsen

wurde am **19.1.1945** in Bad Segeberg geboren. Sie ist verheiratet und lebte – nach dem Studium der Theologie in Tübingen, Marburg und Kiel sowie nach dem Vikariat in Hamburg – 18 Jahre lang an der schleswig-holsteinischen Westküste als Gemeindepastorin.
1991 wurde sie Pröpstin des Kirchenkreises Hamburg-Harburg und ist **seit 1992** Bischöfin für Hamburg in der Nordelbischen Evangelisch-Lutherischen Kirche. Sie ist Mitglied der Synode und des Rats der Evangelischen Kirche in Deutschland (EKD) und Delegierte der EKD bei der Arbeitsgemeinschaft Christlicher Kirchen in Deutschland e.V.

Fangen wir mit einem Bild an.

Dies Bild von Hugo Simberg ist mir das Bild dieses Jahrhunderts.
Sie tragen einen Engel weg. Kinder tragen einen Engel weg. Er ist verwundet. Sie tragen ihn heraus aus dem Bild. Sie tragen ihn nach links. Gegen die uns vertraute Schreibrichtung, also gegen die Denkrichtung auch. Das heißt: Sie tragen ihn zurück.
Was mit Gott zu tun hat, ist willkürlich verletzt worden. Man sieht den Zorn der Kleinen. Sie tragen ihn zurück, um ihn zu heilen. Man sieht, er ist nicht tot. Irgendwo links, wo sie gegen die Richtung der Zeit hingehen, gegen den Uhrzeigersinn, haben sie eine Werkstatt. Die Gesichter der Kinder sind verletzt wie der Engel. Und von großer Entschlossenheit. Sie werden ihn heilen können?
Ein bitteres Bild, ein süßes Motiv.
Ich frage mich, was links noch alles liegt, was herausgetragen wurde aus unserer Zeit: an Vorstellungen, Gedanken, Gefühlen. An unbrauchbar Gemachtem, für überflüssig Erachtetem, an Beiseitegelegtem. Was rechts ist, wo sie herkommen, wissen wir und haben es täglich vor Augen.

2 Aber was können wir hineintragen, was zurückholen auch? Es muss nichts Neues sein. Der alte Engel tut es auch. Ich kann nicht malen. Aber ich kann mir Gedanken machen, und ich habe Macht über Wörter. Dauernd verändert sich unsere Sprache und wir mit ihr. Ich möchte dem neuen Jahr-

tausend ein Wort schenken. Eines, das uns und unser Leben anrührt. Das Schluss macht mit der schrecklich linearen Weltmeistermentalität des Schnellerhöherweiterbessermehr und all seinen coolen Begriffen. Es ist Zeit für einen Paradigmenwechsel; wir haben ausgebabelt. Es ist Zeit, das Miteinander des gesamtgesellschaftlichen Lebens mit kostbareren Mitteln als nur denen der Ökonomie zu gestalten und die Kräfte der uns innewohnenden Naivität und Sentimentalität zu entfesseln und einwirken zu lassen in das Gesamt unseres Lebens. Gönnen wir auch unserem Verstand mehr Mittel als nur die Vernunft. Richten wir uns neu ein zwischen Tod und Leben. Lasst uns, ich schreibs jetzt, das Schockwort: süß sein! Das ist das, was wir können.
Süß – dies Wort schenke ich dem neuen Jahrtausend.

3 Gottes Urteile sint *suoza,*
so übersetzte Notker Labeo (950–1022) aus dem Lateinischen in den deutschen Sprachgebrauch. Teutonicus, den Deutschen, nannten sie ihn, der so lange die deutschen Wörter drehte und wendete und pflegsam mit ihrer Bedeutung umging, bis sie ihm zur Vermittlung lateinischer Texte taugten. Ein Sprachlehrmeister, von dessen Arbeit unser gesamtes Jahrtausend zehrt. Der also tat zu seiner Jahrtausendwende, was ich wieder tun will zu unserer: Er schenkte uns das Wort süsz. Da war es noch kein Herzkitschwort. Da hatte es noch eine breitere Bedeutung.

4 *Süß*
Flach und missbraucht liegt es da. Ganz weit links im Abgelegten, wo der Engel ist und das, was durch die Jahrhunderte nicht weitergetragen wurde an Begriffen und deren Bedeutung.
Mit süß beschreibt man heute fast nur noch rosa und blau beschleifte Babys in Kinderwagen, Honig und Karamel. Und manche Frauen nennen manche Männer manchmal so. Was denen peinlich ist.
Süß. Das Wort möchte ich gerne zurückholen in den großen Sprachgebrauch, bis ins Politische hinein.
Sodass man einen Minister vor seiner Wiederwahl danach bemessen könne, ob er genug süßen Mut gezeigt habe.
Wie süß war Churchill?

5 *Dulce et decorum est pro patria mori.* Da wars noch ein Männerweltwort und hochpolitisch missbraucht.

6 Seinem Augapfelvolk versprach Gott in Zeiten bitterer Not, es in ein Land zu führen, *da Milch und Honig fließen.* Das war eine heilige Verheißung Gottes.
Und für den glücklichen Tag, nach der Zerstörung des Tempels und der Rückkehr aus dem babylonischen Exil, als das Gesetz Gottes erstmals wieder verlesen wurde, ließ er ganz Eigenartiges anordnen:

Hugo Simberg, *Der verwundete Engel,* 1903 ⇒1599

»Ich möchte dem neuen Jahrtausend ein Wort schenken. Eines, das uns und unser Leben anrührt … Süß – dies Wort schenke ich dem neuen Jahrtausend.«

Geht hin und trinkt süße Getränke und sendet davon auch denen, die nichts bereitet haben; denn dieser Tag ist heilig unserm Herrn (Neh. 8,10).
Das ist der Geschmack des Himmels.
Zu ihrer heiligsten Handlung fordern die Christen mit den Worten auf: *Schmecket und sehet, wie freundlich der Herr ist* (wie *ER* gut ist, übersetzt Martin Buber),
und reichen sich Wein und Brot. Auch die eher schmucklosen, nüchternen Protestanten tun das.
Süße Getränke – wir dürfen erwarten nach allem, im Himmel dann, von der Art etwas gereicht zu bekommen. Das ist mehr als ein stures Gottschauen als Vorstellung höchster, ewiger Seligkeit.

»Wir schulden einander süße Unschuld.«

7 *Iss Schokolade, meine Kleine,*
iss Schokolade! …
Sag dir, dass alle Religionen
nicht mehr lehren können
als die Kunst der Confiserie.

Wie auch immer Fernando Pessoas Álvaro de Campos in seinem »Tabakladen« das gemeint haben mag – und er meint es anders als ich – : Die Kombination von Schokolade und Metaphysik stimmt. Er rückt die Religionen in eine gute gedankliche Umgebung. Ach, und Ionesco lässt irritierend hübsch und absurd daherreden: *Man kann beweisen, dass der soziale Fortschritt besser ist mit Zucker.*

8 *Der Mensch ist dem Menschen das Süßeste.*
Lapidar soll Aristoteles das so behauptet haben.
Also dass das Süße nicht nur in der Natur vorkomme, im Gras und in der Beere, sondern auch in uns selber. Nicht nur im Kind, sondern auch im ausgewachsenen Menschen. Als eine Potenz, eine unserer Möglichkeiten.
Wir schulden einander süße Unschuld.
Suchen wir keine Beweise dafür, liefern wir sie! Das ist das, was wir können.

»Dass das Leben bitter ward, lag immer sehr an uns Menschen …«

9 Jesus sagte einmal: Ihr seid Salz der Erde. Gut. An einem andern Tag sagte ein Poet: Seid Sand im Getriebe. Auch gut. Ich schreibe heute: Seid süß. Immer geht es um die Überwindung der Gleichgültigkeit. Homo homini lupus? Das Bedürfnis nach der Süße des Lebens überlappt die Jahrtausendwende. Der Mensch dem Menschen das Süßeste: Das ist keine süßliche Vision, sondern die Gewissheit meines Herzens.

10 *La dolce vita.*

11 *Je mehr man gottes wort treibt, je süszer es schmeckt* (Petri, 1604).
Es täte uns gut, den Schöpfungsbericht vom Anfang der Bibel einmal anders zu lesen. Es ist keine Blasphemie, auch ihre

Wörter zu drehen und zu wenden.
Stellen wir uns also einmal vor, da stünde:

Und Gott nannte das Trockene Erde, und die Sammlung der Wasser nannte er Meer. Und Gott sah, dass es süß war. …
und alle Vögel, einen jeden nach seiner Art.
Und Gott sah, dass es süß war …
und alles Gewürm, …
dass es süß war …
und sah an alles, was er gemacht hatte, und siehe, es war sehr süß.

Natürlich steht da gut, gut, gut, gut, gut und sehr gut. Aber dies geht eben nicht einher mit dem Klang von richtig und falsch, sondern mit dem Klang von Güte, von kostbar und schön. Kein bitteres Leben schuf Gott.

Dorothee Bachem, *Frau mit Werkzeugen*, 1998 →4942

12 Sauer ist der Teufel mit seinen Anschlägen, sagt Luther. Dass das Leben bitter ward, lag immer sehr an uns Menschen dazwischen. Also, dass es heißen kann:

§ 1 des Lebens
Gott ist süß.

Das hat 1553 Burkhard Waldis schon in seinem Psalter formuliert, als er schrieb: *der herr ist gut, richtig und suez,*
allen die an ihm hangen

Wer das glaubt, muss weniger grübeln. Kann frei denken. Wie man wohl 2553 von Gott sprechen wird?

13 Was Bilder können? Bilder liefern der Sprache ihre Substanz. Das können Bilder.
Darum wieder ein Bild. Doch diesmal kein Engel und keine Kinder, sondern die *Frau mit Werkzeugen* von Dorothee Bachem.
Geisleinweiß steht sie da und ist nicht der Engel der Kinder, der zurückgekommen ist; ist scheinbar ohne Flügel. Eines der Werkzeuge ist die Sprache. Sie steht da an der Schwelle zum 3. Jahrtausend, ein Mensch mit seinen Möglichkeiten.

Die Süße,…
Die brauchen
wir zurück.

14 Ich leihe mir die Sprache von Lars Gustafsson:

In Dunkelheit und Schweigen
nach dem nächtlichen Regen
küsste ich den Ring an deinem Finger
und das galt dem Engel
der immer hinter dir steht
der sich mächtig mit dir bewegt
und der mir erlaubt, bei dir zu sein.

Dass er hier immer sagt in der drittletzten Zeile, ist süß und verlangt keine Begründung. Der Engel ist wieder da.

15 Die Süße, darin liegen die englischen, die geistlichen Fähigkeiten des Menschen. ***Die brauchen wir zurück.***

Ernst Beyeler

Werden wir die Begegnung mit dem originalen Kunstwerk noch brauchen?

Ernst Beyeler hat als Sammler und Galerist von Kunstwerken der klassischen Moderne internationale Bekanntheit erlangt. Im Oktober 1997 eröffnete Beyeler in Riehen bei Basel einen von dem italienischen Architekten Renzo Piano geschaffenen Museumsbau, in dem die Werke der Sammlung der Fondation Beyeler sowie Sonderausstellungen zur Kunst des 20. Jahrhunderts gezeigt werden.

→4783

Ernst Beyeler

1921 in Basel geboren
1940 Studien der Ökonomie und Kunstgeschichte an der Universität Basel
1945 Übernahme des Antiquariats
seit 1951 ununterbrochene Ausstellungstätigkeit mit Schwerpunkt auf klassischer Moderne
1959–65 Ankäufe aus der Sammlung Thompson (Pittsburgh): Werke von Klee, Cézanne, Monet, Picasso u. v. a.
1966 Begegnung mit Picasso
1971 Mitbegründer der internationalen Kunstmesse Art, Basel
1972 Erwerb von rund 100 Ölgemälden, Aquarellen und Zeichnungen Kandinskys, fortan Verwaltung des Nachlasses Kandinskys
1982 Errichtung der Beyeler-Stiftung
1987 Ernennung zum Dr. phil. h. c. der Universität Basel
1994 Baubeginn des Museums in Riehen, wo die Sammlung mit rund 150 Werken der klassischen Moderne sowie der Kunst aus Afrika und Ozeanien untergebracht wird
1997 Eröffnung der Fondation Beyeler in Riehen bei Basel
Herbst 1998 Christo und Jeanne-Claude realisieren das Projekt »Wrapped Trees«

Das Wort »Vision« ist unmittelbar verwandt mit der »visio« der alten Römer, mit »sehen, erscheinen«, mit Sichtbarkeit. Es wurde auch gebraucht für »Idee«. Die großen Werke der Kunst sind – im Wortsinn – »Sichtbarmachung von Ideen«. Ihre Zündkraft ist in vollem Ausmaß nur im Original erfassbar.

In unserer Zeit der maximalen Überhäufung mit optischen Eindrücken könnte leicht die Meinung aufkommen, auf die Originale sei zu verzichten. Denn entweder entsteht Übersättigung, oder man glaubt, die Werke via Fernsehen und Internet genügend zu kennen. Interessanterweise zeigt sich seit einiger Zeit, dass trotz (oder wegen) der Bombardierung mit Bildhaftem aus allen Kanälen der Wunsch nach großen Kunstwerken und deren Anschauung im Original wächst. Wirft man auch der Jugend vor, sie neige als Überreaktion auf hoffnungslose Zustände zu Oberflächlichkeit und seichten Vergnügungen, so beweist doch das lebhafte Interesse großer jugendlicher Kreise für Kunst, dass ein starkes Bedürfnis, ja ein Hunger auf bleibende Werte besteht. In der Unsicherheit der Zeitenwende scheint die Suche nach Vorbildern, nach Mythen, zuzunehmen. Dank leicht zugänglicher Information, womit Kunst ins Haus transportiert wird, werden jedoch die Ansprüche größer, es wird strenger selektioniert. Im krassen Gegensatz dazu steht das knappe Angebot an Meisterwerken, weil der Leihverkehr immer schwieriger wird. Deshalb müssen Museen erfinderisch sein,

sozusagen mit wenig das Wesentliche zu zeigen. Der Sinn für die Botschaft und Ereignishaftigkeit des Originals muss erhalten, ja gestärkt werden durch anregende, geistreiche, besinnliche und vielseitige »Unterhaltung« im besten Sinne. Das heißt: Damit die bildhaft gewordenen Visionen der Kunstwerke nicht in hölderlinscher Ruhe »selig in sich selbst« bleiben, braucht es von der Seite der Vermittler Visionen (bescheidener ausgedrückt »Fantasie«).
In unserem neuen, 1997 eröffneten Museum in Riehen bei Basel wollten wir uns seit Beginn in solch zukunftsweisende Richtung bewegen. Die von Renzo Piano geschaffene Architektur des Hauses ist bereits beispielhaft für unsere »Vision«: die Schaffung einer Symbiose von Kunst, Architektur, Natur. Die bleibende Sammlung umfasst rund 180 Bilder und Skulpturen, die die künstlerischen Aufbrüche der Moderne exemplarisch mit Originalen belegen. Da wir in Bezug auf die Qualität strenge Grenzen ziehen, öffnen wir umso weiter andere Grenzen. Das geschieht in neuartiger Mischung von Gruppen großer Kunst des 20. Jahrhunderts mit ausgewählten afrikanischen und ozeanischen Skulpturen. Die Natur wird einbezogen in der erstmaligen Oberlichtbeleuchtung mit Solarstrommöglichkeiten sowie mit Sichten auf den Park und die weite umliegende Landschaft.
Wechselausstellungen in den angegliederten Räumen sind von der gleichen Grundidee gesteuert: den Zauber des Originals vermitteln und ein Zusammengehen von Kunst und Leben sichtbar machen. Zur Eröffnung zeigten wir eine Ausstellung mit Werken von Jasper Johns, die der Künstler in seinem Atelier zurückbehalten hatte, die also besonders eng mit ihm verbunden sind. Gleichzeitig präsentierten wir die Projekte von Renzo Piano, dem Architekten unseres Museums. Damit wurde deutlich, wie sehr seine auf die jeweilige Situation und Umgebung ausgerichtete Baukunst unseren eigenen Anliegen entspricht.
Die folgende Ausstellung war dreißig Bildern von Wassily Kandinsky aus den entscheidenden Jahren 1908 bis 1914 gewidmet, kombiniert mit sechs Konzerten von Arnold Schönberg und einigen seiner malerischen Arbeiten. Auf diese Weise wurden zwei wesensverwandte Künstler in Epoche machenden Werken zusammengeführt. Bildende Kunst mit verwandter Musik zu verbinden, war auch unsere Absicht anlässlich der ersten Retrospektive von Roy Lichtenstein, ein Jahr nach seinem Tod, mit Konzerten großer Jazzpianisten.
Im Winter 1998/99 sorgt die Ausstellung »Magie der Bäume« in dreifacher Gliederung für weltweites Aufsehen: Christo und Jeanne-Claude verhüllen über 150 Bäume des Museums-

Im Oktober 1997 wurde in Riehen bei Basel der Museumsbau des italienischen Architekten Renzo Piano eröffnet, in dem die Sammlung der **Fondation Beyeler** präsentiert wird und Sonderausstellungen zur Kunst des 20. Jahrhunderts gezeigt werden.
Die abgebildeten Gemälde sind im Besitz der Fondation Beyeler. ⇨4783

Die größten Original-Welt-Kunstwerke … werden weiterhin ihre Anziehungskraft nicht einbüßen.

Wassily Kandinsky, *Improvisation 10*, 1910 ⇨999

Roy Lichtenstein, *Girl with Tear III (Mädchen mit Tränen III)*, 1977
Im Sommer 1998 fand im Museum der Fondation Beyeler eine große Sonderausstellung mit Werken des 1997 verstorbenen Roy Lichtenstein statt. ⇨999

parks, eine wundersame Poesie mit Baum-Skulpturen schaffend. Im Museum sind ausgewählte Werke von Bäumen und Waldbildern von van Gogh bis zur Gegenwart sowie Holzskulpturen aus Afrika und Ozeanien zu sehen. Gleichzeitig zeigen wir Projekte von Greenpeace und WWF. Diese großen internationalen Organisationen treten zum ersten Mal in ihrer Geschichte gemeinsam auf, um ausgedehnte Gebiete von Regenwald im Amazonas zu schützten. Unser Museum soll die erste Station dieser Idee sein. Da es ein erklärtes Ziel der Fondation Beyeler ist, Kunst mit dem Leben, und zwar auch mit dessen existenziellen und essenziellen Problemen zu verbinden, haben wir dieses Projekt sinnvollerweise der Ausstellung der »Bäume« als dritte Veranstaltung angegliedert. Denn wir sind uns bewusst: Was nützt die Kunst, wenn die Luft kaputt ist – um es auf den Punkt zu bringen. Statt also große Theorien und Fantasien über das nächste Jahrtausend vorzuschlagen, wollen wir neue, zukunftsweisende Formen und Projekte sofort realisieren, damit wir genügend Praxis haben, um im neuen Jahrtausend bestehen zu können. Dass es bei den großen und kostspieligen Unternehmungen von Greenpeace und WWF im Kern auch um Behutsamkeit im Umgang mit der Natur geht, schlägt den Bogen zurück zur Kunst, ja, zum Original, das wie kaum etwas anderes den Menschen zur Sorgfalt des »Benutzens« und Schauens sensibilisiert.

Gerade in diesem Sinn glauben wir, dass auch kleinere Ausstellungen wie diejenigen von Jasper Johns und Kandinsky in jeder Beziehung heute die gegebene Form sind. Natürlich werden unsere Tätigkeiten vergleichende Bildbetrachtungen, Vorträge, Pädagogik und Seminare umfassen, immer mit dem Museum und den originalen Werken verbunden.

Christo, *Wrapped Trees (Verhüllte Bäume)*, 1997
Im November 1998 verhüllten Christo und Jeanne-Claude 178 Bäume im Museumspark der Fondation Beyeler. ⇨80348

Henri Rousseau,
Le lion ayant faim se jette sur l'antilope (Der hungrige Löwe stürzt sich auf die Antilope), 1905 ⇨4783

Die größten Original-Welt-Kunstwerke, Schöpfungen wie der »Isenheimer Altar«, die »Sixtinische Kapelle« oder »Guernica«, werden weiterhin ihre Anziehungskraft nicht einbüßen. All das kann man sich zwar, wie gesagt, groß und bequem zu Hause vorführen lassen mit Kommentar und interessanten Entdeckungen, aber das wird nie die gleichen Emotionen auslösen wie der Anblick eines Originals. Und nie wird vor dem Bildschirm eine der schönsten Eigenschaften des Menschen geweckt werden: das Staunen. Im Gegenteil, das Staunen ist zusehends im Abnehmen begriffen. Dass dem so ist, erkannte vor mehr als drei Jahrzehnten der Dichter und Theoretiker des Surrealismus, André Breton. Luis Buñuel hatte Breton an seinem Sterbebett besucht, und der alte »Papst der Surrealisten« nahm die Hand des genialen Filmregisseurs und sagte: »Haben Sie bemerkt, dass niemand mehr staunt?« (Carlos Fuentes in »Frida Kahlo, gemaltes Tagebuch«). Es gehört zu den guten Erlebnissen, wenn wir sehen, dass Besucherinnen und Besucher der Fondation Beyeler vor den Kunstwerken zu staunen beginnen.

»Nie wird vor dem Bildschirm eine der schönsten Eigenschaften des Menschen geweckt werden: das Staunen.«

Wenn Visionen erstarren, verlieren sie ihre visionäre Kraft. Es ist unsere Aufgabe der Zukunft, immer wieder in qualitativ starken Botschaften zu zeigen, wie Werke der Kunst geheimnisvoll mit Geschehnissen der Zeit zusammenhängen können. Schon früher in der Galerie reagierten wir etwa auf die erste Mondlandung mit der Ausstellung »Moon and Space«, in der Künstler in ihren Werken die Raumfahrt vorweggenommen hatten. Die Wirklichkeit wird weiterhin Überraschungen bereit halten. Es wird Aufgabe der Kunstvermittler sein, darauf zu reagieren und dabei die Füße am erdigen Boden und den Kopf im reinen Licht des Visionären zu halten. Dann kann ein lebendiges Museum ein wunderbares Instrument sein, auch im dritten Jahrtausend schöpferische Kräfte anzuregen und die Menschen durch ausgesuchte Bildbotschaften auf eine andere Ebene zu versetzen.

Ernst Beyeler

Paul Kevenhörster

Der schwankende Riese – Wie leistungsfähig bleiben Nippons Kinder?

Der Politikwissenschaftler Paul Kevenhörster ist ein profunder Kenner von Japans Staat und Gesellschaft; zu Gastprofessuren und Forschungsaufenthalten weilte er immer wieder in einem Land, das wie kaum ein anderes die Spannung zwischen Tradition und Moderne aushalten muss. Die Zukunft Japans beurteilt er trotz gegenwärtiger Krisen durchaus optimistisch. ⇨4638

Paul Kevenhörster

1941 in Schwerte/Ruhr geboren
1961–67 Studium der Wirtschaftswissenschaften und Politikwissenschaft an den Universitäten Köln, Bonn, Hamburg, an der Pennsylvania State University (USA) und an der Sophia-Universität Tokio
1965 Diplom-Volkswirt, **1966** Diplom-Kaufmann, **1968** Promotion an der Universität Köln, **1973** Habilitation an der Universität Bonn
1974 Wissenschaftlicher Rat und Professor an der Technischen Universität Braunschweig
1974–82 Ordinarius für Politikwissenschaft in Münster
1982–88 Kurator der Deutschen Stiftung für internationale Entwicklung (DSE) in Berlin
seit 1988 Professor für Politikwissenschaft an der Westfälischen Wilhelms-Universität Münster
1979, 1989 und 1994 Gastprofessuren in Dubrovnik, Nagoya und Tokio
1998 geschäftsführender Direktor des Instituts für Politikwissenschaft der Universität Münster

Hat das »japanische Modell« ausgedient?

Kurz vor der Jahrtausendwende spricht kaum einer noch von der »japanischen Herausforderung«, statt dessen viele von der »japanischen Krankheit«. Der gefeierte fernöstliche Technologiegigant wird von Krankheiten und Krisen geschüttelt. Eine Rekonvaleszenz ist nicht in Sicht. Unübersehbar sind die Krisensymptome: Das Bankensystem ächzt unter der Last fauler Kredite und der Talfahrt von Immobilien- und Aktienwerten, und die Wirtschaft leidet unter der Finanz- und Wachstumskrise in Asien. In dieser Situation zeigt sich die Regierung nur beschränkt handlungsfähig. Die Mittel ihrer Geld- und Konjunkturpolitik sind erschöpft. Ein Konjunkturprogramm nach dem anderen greift nicht wie erwartet. Statt dessen droht eine Deflationsspirale. Konkurse und Skandale häufen sich. Immer mehr Manager und Beamte sehen im Selbstmord den einzigen Ausweg.

Wirtschaftliche Fehlentwicklungen und politische Fehlentscheidungen haben das »japanische Modell« eines asiatischen Konsenskapitalismus entzaubert: Die Banken sitzen auf einem Berg überhöhter, unseriöser Kredite, die Industrieunternehmen müssen Überkapazitäten und Verschuldung abbauen und stehen vor schwierigen Umstellungen, und die Regierung kann die Deregulierung unnötiger Vorschriften des administrativen Protektionismus nur gegen den anhaltenden Widerstand der eigenen Verwaltung durchsetzen, die eben diese Regeln erdacht hat.

So verwundert es nicht, dass Tokio viele Ratschläge erhält. Aber die Ratgeber aus Washington, London, Paris und Brüssel vertreten vor allem eigene Interessen: Japan solle seine Märkte deregulieren und Importe steigern. Kurz: Japan soll seine Außenhandelsüberschüsse abbauen. Aber diese Überschüsse sind auch seit langem ein Zeichen hoher Wachstumskraft der japanischen Exportunternehmen. Außerdem: Zwar hat sich Japan im letzten Jahrzehnt des 20. Jahrhunderts an niedrige Wachstumsraten seines Bruttosozialproduktes gewöhnt, und die Zahl der Konkurse hat bedrohlich zugenommen, aber zugleich weist die Arbeitsmarktstatistik eine Arbeitslosenquote von 4,2 Prozent aus: Würde die Statistik allerdings nach internationalen Standards aufgestellt, würden weit höhere Arbeitslosenzahlen veröffentlicht. Offensichtlich weisen die wirtschaftlichen Krisensymptome auf vielfältige Anpassungsprobleme in Gesellschaft, Politik und Wirtschaft hin. Die japanische Gesellschaft erlebt eine anhaltende Schwächung ihrer traditionell starken Antriebskräfte. Die internationale »Revolution gesellschaftlicher Werte« beim Übergang von der Industrie- zur Dienstleistungsgesellschaft und von der »Arbeitsgesellschaft« zur »Freizeitgesellschaft« geht auch an ihr nicht vorüber: Der Wille nach individueller Selbstverwirklichung stellt die überkommenen Loyalitäten in Betrieb und Familie infrage. Die Arbeitsethik schwächt sich ab, die Freizeitorientierung nimmt zu. Damit werden zugleich Grundlagen wirtschaftlicher und gesellschaftlicher Kreativität abgebaut. Ein weiteres kommt hinzu: Der traditionell hohe Familienzusammenhalt verringert sich. Die Scheidungsraten steigen, und in der vaterlosen Gesellschaft wächst die Jugendkriminalität. Dennoch sollten die Krisensymptome nicht zu grell ausgemalt werden: Im internationalen Maßstab zeichnet sich die japanische Gesellschaft immer noch durch eine hohe Stabilität und relativ niedrige Kriminalitätsraten aus, ferner durch ein stark leistungsfähiges und hoch motiviertes Arbeitskräftepotenzial, eine lernbereite, wissensdurstige Jugend, die bei international vergleichenden Tests mathematischer und naturwissenschaftlicher Kenntnisse stets einen Spitzenplatz einnimmt. Die Gesellschaft macht zwar eine Anpassungskrise durch, aber die Voraussetzungen für neue Dynamik im internationalen Wettbewerb sind nicht ungünstig.

Dagegen wird das Aktionsvermögen der Politik durch zahlreiche Handlungsblockaden behindert. Zwischen politischer Führung, Bürokratie, Verbänden, Medien und Wählerschaft tut sich ein politisches Vakuum auf, die Japaner haben kein Vertrauen in die Handlungsfähigkeit ihrer Politiker und die Leistungskraft der sozialen Sicherung. Die Bürokratie scheint

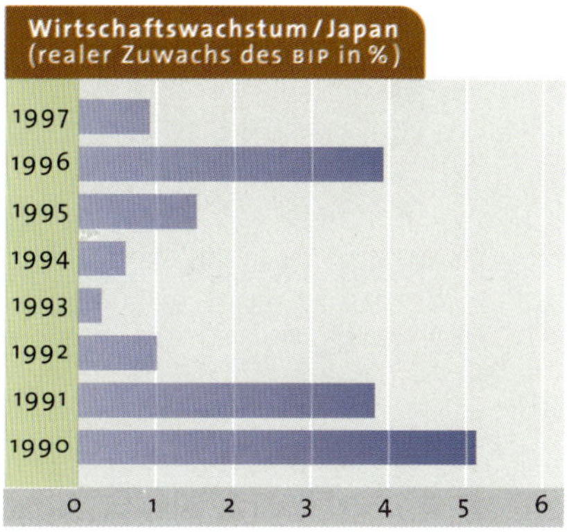

Die Grafik veranschaulicht die Schwankungen des **Wirtschaftswachstums** in Japan seit Beginn der Neunzigerjahre (Quelle: OECD). ⇨99997

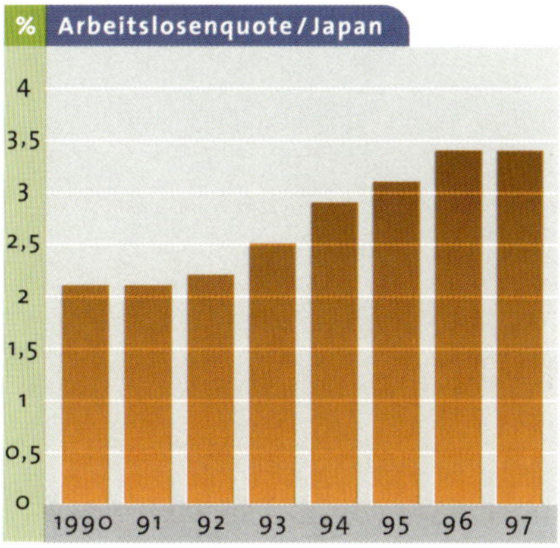

Einen Anstieg, jedoch im internationalen Vergleich immer noch günstige Quoten, zeigt diese Darstellung der **Arbeitslosigkeit** in Japan (Quelle: OECD). Die Angaben schwanken je nach Quelle, und zudem vermutet man eine beträchtliche, in den Statistiken nicht ausgewiesene verdeckte Arbeitslosigkeit. ⇨99997

Zwischen **strenger Traditionsverhaftung und westlicher Freizügigkeit** liegt das Spektrum der Orientierungen, die die japanische Gesellschaft zu integrieren hat: Die Hochzeit des Kronprinzen Naruhito mit einer berufstätigen jungen Frau wurde 1993 mit dem im Schintoismus wurzelnden Hofzeremoniell begangen; unten Jugendliche in einer japanischen Großstadt. →160

→520

»*Trotz aller Schadenfreude an der japanischen Krise in Ost und West …: Der schwankende Riese kann nach der Jahrtausendwende durchaus zu alter Stärke zurückfinden.*«

nach zahlreichen Skandalen wie gelähmt, und das Parteiensystem fasst auch nach der Reform des Wahlrechts, die die Verfilzung von Parteien und Interessengruppen zurückdrängen sollte, immer noch nicht Fuß. Der seit mehr als vier Jahrzehnten dominierenden Liberaldemokratischen Partei steht auch weiterhin keine gleichgewichtige Opposition gegenüber. Die Folge: Handlungsschwächen und Filz können von den Wählern immer noch nicht mit der Androhung eines Machtwechsels sanktioniert werden. Die Regierung hat zwar erkannt, dass sie ihre Führungsverantwortung nur wahrnehmen kann, wenn ihre politische Aufsicht über die Ministerialverwaltung gestärkt und der Aufbau der Verwaltung gestrafft wird. Zudem haben zahlreiche Kommissionen und Verbände anspruchsvolle Reformpläne präsentiert. Doch die Umsetzung dieser Pläne erfordert eine starke, zielorientierte Regierung, und damit schließt sich der Circulus vitiosus politischer Führungsschwäche und bürokratischer Dominanz.

Ebenso wird die Wirtschaft ihre in langen Jahrzehnten gewachsenen Führungsstrukturen überprüfen müssen. Scheinerfolge durch aufgeblähte Aktien- und Immobilienwerte zerplatzen im Zeitalter der Globalisierung wie Seifenblasen. Neue Formen der Personalführung werden in einer Zeit des Wertewandels gefunden werden müssen. Last, but not least: Die Überbrückung der traditionellen, tiefen Kluft zwischen auf Lebenszeit angestellten und teilzeitbeschäftigten Mitarbeitern im »gespaltenen Arbeitsmarkt« fordern neue Wege der Zusammenarbeit zwischen Management und Mitarbeiterschaft, Unternehmen und Gewerkschaften. Noch ist Japan das größte Gläubigerland der Welt, aber seine staatlichen Schulden machen inzwischen einschließlich der Schattenhaushalte etwa 250 Prozent des Bruttoinlandsprodukts aus. Japan braucht daher eine Sanierung der öffentlichen Haushalte und Strukturreformen.

Trotz des vorherrschenden Krisenbewusstseins und der unverhohlenen Schadenfreude an der japanischen Krise in Ost und West, Nord und Süd: Der schwankende Riese kann nach der Jahrtausendwende durchaus zu alter Stärke zurückfinden. Schließlich bleibt die politische Erfolgsbilanz Japans im internationalen Vergleich trotz aller Rückschläge eine gute Grundlage für die weitere Entwicklung: Spitzenwerte bei den Indikatoren Gesundheit, Lebenserwartung, Massenkaufkraft, Bildung und Beschäftigung, eine Expansion der Sozial-, Bildungs- und Umweltschutzprogramme.

Mehr als andere Industriestaaten ist die japanische Politik den Zielen sozialer Stabilität und breiten Massenwohlstands nahe gekommen. Einkommens- und Vermögensverteilung sind egalitärer als in Amerika und Europa, auch wenn der

Immobilienbesitz hiervon nicht erfasst worden ist. Andererseits werden die öffentlichen Infrastrukturleistungen im Verkehrswesen, in der Gesundheitsvorsorge und in der sozialen Sicherung als unzulänglich angesehen. Die Alterssicherung der »alternden Gesellschaft« steht auf tönernen Füßen. Noch immer erreichen aber die privaten Ausgaben für Forschung, Entwicklung und Bildung internationale Spitzenwerte. Schwächen in der Grundlagenforschung und in der staatlichen Forschungsförderung sind ebenso unübersehbar. Die geforderte Verbraucherorientierung der Wirtschaftspolitik ist auf halbem Wege stecken geblieben und hat Bodenreform, Wohnungsbau und Einzelhandel nicht erfasst.

Am Ende des 20. Jahrhunderts sieht sich das japanische Modell der Organisation von Politik, Gesellschaft und Wirtschaft neuen Anforderungen an seine Flexibilität und Innovationskraft gegenüber: Die Regierung wird den administrativen Protektionismus zurückschrauben und die Inlandsmärkte weiter öffnen, Unternehmen und Staat ihre Anstrengungen im Bereich der Technologiepolitik und Grundlagenforschung verbessern, vor allem die notwendigen Reformen von Politik und Verwaltung vorantreiben müssen. Der Weg der Reformen aber bleibt steinig: Im Zeitalter stärkerer globaler Vernetzung hat auch der innenpolitische Druck auf Reformen zugenommen. Doch der politisch instabile Regierungsapparat weist zahlreiche Blockaden auf: das Cliquenwesen der Regierungspartei, die Zersplitterung der Opposition, die hohe personelle Fluktuation unter Regierungsmitgliedern, die Schwerfälligkeit der Ministerien.

Nur wenn das Banken- und Versicherungssystem auf eine neue Grundlage gestellt, die Bankenaufsicht verbessert wird, die Entscheidungsstrukturen im Regierungsapparat durchsichtiger und die Entscheidungsprozeduren beschleunigt werden und die politische Führungsrolle der Regierung gegenüber Verwaltung, Verbänden und Unternehmen gefestigt wird, lassen sich Filz und Handlungsblockaden überwinden. Diese neuen Herausforderungen des internationalen Wettbewerbs und interner Reformen zu bewältigen, heißt: wichtige Grundlagen der Selbstbehauptung im 21. Jahrhundert festigen. Einige der japanischen Erfolgsrezepte werden nach diesen Reformen auch über die Jahrtausendwende hinaus gültig bleiben: ein »schlanker Staat«, eine kompetente Verwaltung, dynamische Exportunternehmen und ein leistungsfähiges, konsensförderndes Beratungssystem von Politik, Wirtschaft und Wissenschaft, vor allem aber: eine lern- und leistungswillige Bevölkerung.

Paul Kevenhörster

Von katastrophalen Einbrüchen war in der jüngeren Vergangenheit das Geschehen an den **asiatischen Börsen** geprägt – ein Händler beobachtet im Herbst 1998 entsetzt das Absacken des Nikkei-Index. →160

» Einige der japanischen Erfolgsrezepte werden … auch über die Jahrtausendwende hinaus gültig bleiben: ein »schlanker Staat«, eine kompetente Verwaltung, dynamische Exportunternehmen und ein leistungsfähiges, konsensförderndes Beratungssystem von Politik, Wirtschaft und Wissenschaft, vor allem aber: eine lern- und leistungswillige Bevölkerung. «

Rudolf Kippenhahn

Die Sterne – Laboratorien der Zukunft?

Der Astronom und Astrophysiker Rudolf Kippenhahn, Mitglied mehrerer wissenschaftlicher Akademien, wandte sich in Büchern wie »Der Stern, von dem wir leben«, »Abenteuer Weltall«, »Atom: Forschung zwischen Faszination und Schrecken«, in denen er die Geheimnisse des Alls sowie die Chancen wie Gefahren der Forschung darstellt, schon immer auch an ein breites Publikum.

⇒4643

Oft werde ich gefragt, wie wir Astronomen denn annehmen können, dass die Naturgesetze, so wie wir sie von unserem winzigen Planeten Erde her kennen, auch in den großen Weiten des Weltalls gültig sind. Können dort draußen, wohin keiner von uns jemals kommen wird, nicht völlig andere Zwänge die Natur beherrschen? Nein, unsere Naturgesetze gelten überall im Weltall, zum Beispiel das Gesetz von der Schwereanziehung der Körper. Die Sonne bindet damit die Erde an sich. Die Erde zwingt mit ihrer Schwerkraft den Mond in seine Umlaufbahn. Das Gesetz der Schwerkraft hat der englische Gelehrte Isaac Newton aus der Bewegung der Planeten gefunden und erkannt, dass es das gleiche ist, das auf der Erde Körper zu Boden fallen lässt. Die Gesetze, nach denen sich verschiedene Stoffe miteinander verbinden, also die Chemie der verschiedenen Materiesorten, haben wir zwar aus Experimenten auf der Erde gelernt, doch die Quantenmechanik, die dieses Geschehen beherrscht, gilt auch in den fernsten Winkeln des Weltalls, denn Licht von dort lässt erkennen, dass die Atome weit draußen den gleichen Gesetzen gehorchen wie die Atome hier auf der Erde.

Im Weltall aber herrschen extreme Bedingungen. In den Sternen ist die Materie so stark verdünnt, dass auf das Fassungsvermögen eines Bierkruges nur ein Atom kommt. Im tiefen Inneren der Sonne herrschen Temperaturen um die zehn Millionen Grad. In irdischen Laboratorien können wir solche Temperaturen nur für Sekunden aufrecht erhalten. In

Rudolf Kippenhahn

1926 in Böhmen geboren
1952 Promotion in Mathematik (Universität Erlangen)
1952–57 Assistent an der Sternwarte Bamberg
1957–65 Max-Planck-Institut für Physik (Göttingen, München)
1965–75 Professur für Astronomie und Astrophysik (Universität Göttingen)
1975–91 Direktor des Max-Planck-Instituts für Astrophysik in Garching bei München
seit 1991 Schriftsteller in Göttingen

den weißen Zwergsternen ist die Materie so dicht gepackt, dass dort eine Tonne in einen Fingerhut passt. In Neutronensternen, wie sie oft bei Sternexplosionen zurückbleiben, ist die Materie noch milliardenfach dichter – weitab von den Materiedichten, die wir in unseren Hochdruck-Laboratorien erzielen.

Damit bietet sich die Möglichkeit, im Weltall die Materie in extremer Verdünnung, unter extremer Verdichtung und bei extremer Temperatur zu studieren. Man spricht schon seit langem vom Weltall als einem gewaltigen Laboratorium, in dem wir die Materie in Zuständen studieren können, die auf der Erde niemals herbeigeführt werden können.

Es begann am Anfang der Zwanzigerjahre. Damals stand schon längst in den Lehrbüchern, dass die Sterne gewaltige Gaskugeln sind, die durch ihre eigene Schwerkraft zusammengehalten werden. Die Astrophysiker wussten auch, dass die Dichte im Mittelpunkt der Sonne etwa bei der zehnfachen Dichte des Bleis liegt und dass dort eine Temperatur von etwas mehr als 10 Millionen Grad herrscht. Dies reicht aus, um den Druck zu erzeugen, der der Schwerkraft das Gleichgewicht hält. Woher aber nimmt die Sonne ihre Energie, mit der sie die Erde seit Jahrmilliarden warm hält? Die Physiker wussten schon, dass in den Atomen ungeheuere Energiemengen verborgen sind. Wenn in der Sonne die Atomkerne des Wasserstoffs zu Kernen des Heliums verschmelzen, dann würde das ausreichen, um die Sonne zehn Milliarden Jahre lang mit unverminderter Stärke strahlen zu lassen. Doch dafür schien die Sonne nicht heiß genug zu sein. Die Atomkerne sind elektrisch positiv geladen und stoßen einander ab. Bei der Temperatur im Zentrum der Sonne reichen ihre Geschwindigkeiten nicht aus, um die Abstoßung zu überwinden. Aber woher hat die Sonne dann ihre Energie? Wenige Jahre später entdeckten die Physiker die Quantenmechanik, die das Verhalten der Atome bestimmt. Sie lehrte, dass es doch die Fusion des Wasserstoffs ist, mit der die Sonne ihre Strahlung bestreitet. Die Energiequelle der Sonne und der anderen Sterne war gefunden. Natürlich haben die Astrophysiker den Physikern nicht den Weg zur Quantenmechanik gewiesen, doch sie haben gezeigt, dass an der damaligen Physik etwas nicht stimmen konnte. Die Sonne hat es an den Tag gebracht: Alle Sterne sind Kernreaktoren. In ihnen sind im Laufe der Zeit nahezu alle chemischen Elemente ausgebrütet worden, auch die Stoffe, aus denen unsere Körper bestehen.

Seit nahezu einem halben Jahrhundert versuchen Physiker und Techniker, einen Reaktor zu bauen, der wie die Sonne Energie aus der Fusion von Atomkernen des Wasserstoffs zu

Selbst in **fernen Sternsystemen,** deren Licht zu uns Milliarden von Jahren unterwegs ist, gelten die gleichen Naturgesetze wie bei uns. ⇨4641

Die Sonne im Licht des Heliums ⇨4672

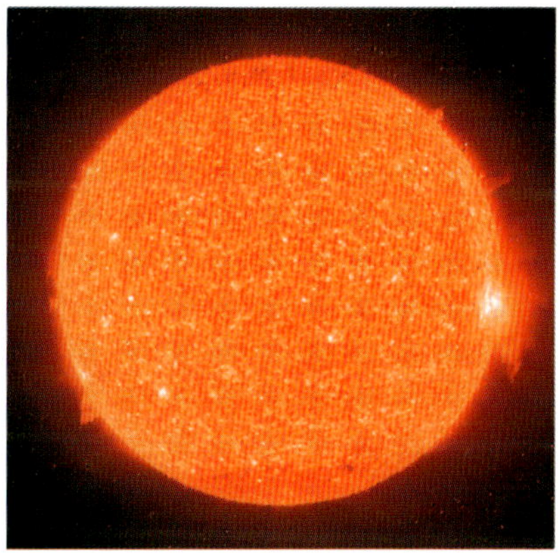

In den Abruzzen wurden jahrelang 30 Tonnen Gallium in einer Tiefe von 1200 Metern den von der Sonne kommenden **Neutrinos** ausgesetzt. ⇒3833

Man spricht schon seit langem vom Weltall als einem gewaltigen Laboratorium, in dem wir die Materie in Zuständen studieren können, die auf der Erde niemals herbeigeführt werden können.

Helium gewinnt. Noch aber ist die Sonne der einzige Fusionsreaktor in unserem Sonnensystem.

Dass wir von der Sonne auch etwas für die irdische Physik lernen können, das lässt auch das »Rätsel der Sonnenneutrinos« vermuten, das kurz vor seiner Lösung steht. Bei den Kernreaktionen im tiefen Inneren der Sonne entsteht eine besondere Art von Teilchen, das *Neutrino*. Es ist schon lange bekannt, trotzdem wissen wir nur wenig von ihm, da es durch nichts von seinem geraden Weg abgelenkt wird. Es kann geradlinig durch den Raum fliegen, ohne in der Materie, die es durchdringt, irgendwelche Spuren zu hinterlassen. Die Materie der Sonne kann die Neutrinos nicht aufhalten. Ungehindert fliegen sie von dort, wo sie entstehen, in den Raum hinaus. Wenn sie nach etwa acht Minuten die Erde erreichen, bietet ihnen auch deren Masse keinen Widerstand. Wenn die Sonnenmodelle der Astrophysiker richtig sind, treffen auf jeden Quadratzentimeter der Erdoberfläche in der Sekunde 66 Milliarden Sonnenneutrinos. Nachts kommen sie von unten her, quer durch den Globus. Wir merken aber nichts von ihnen, nur einige wenige Atomarten, wie Chlor und Gallium, sprechen gelegentlich auf eines der vorbeikommenden Sonnenneutrinos an. Seit vierzig Jahren setzt man Verbindungen dieser chemischen Elemente tonnenweise den Sonnenneutrinos aus, unter Tage, um Störeffekte zu vermeiden. So wurden zum Beispiel in einem Labor in einem durch das Gran-Sasso-Massiv in den Abruzzen führenden Autobahntunnel 30 Tonnen Gallium jahrelang den Sonnenneutrinos ausgesetzt. Man erwartete, dass täglich im Mittel ein Galliumatom von den Neutrinos in ein Atom des Elements Germanium umgewandelt würde. Es waren aber weniger als erwartet. Das bestätigten auch mehrere andere Experimente: Von der Sonne kommen weniger Neutrinos, als die Sonnenmodelle erwarten lassen. Die Experimente wurden wiederholt und verbessert – die Diskrepanz blieb. Die Astrophysiker prüften ihre Sonnenmodelle, verfeinerten

In **Kugelsternhaufen** stehen Hunderttausende bis Millionen von Sternen auf engem Raum zusammen. ⇨2621

sie, verglichen sie mit Schwingungen, welche die Sonne im Fünfminutenrhythmus ausführt. Aus ihnen können sie direkt etwas über die Temperaturen in der Sonne erfahren. Die Schwingungen der Sonne zeigten aber, dass die Modellsonnen in den Computern richtig sind. Noch ist das Rätsel nicht gelöst, doch es scheint, als ob nicht die Sonnenmodelle falsch sind, sondern die bisherigen Vorstellungen der Physiker über das Neutrino. Auch neuere Laborexperimente deuten darauf hin.

Aber nicht nur die Sonne, auch die anderen Sterne können dort helfen, wo die irdische Experimentierkunst versagt. Im Jahre 1954 sagte der englische Astrophysiker Fred Hoyle eine Eigenschaft des Atomkerns des Kohlenstoffs vorher, eine sogenannte *Resonanz*. Die Häufigkeit der im Weltall vorkommenden chemischen Elemente, die im Inneren von Sternen entstanden sind, lässt sich nur erklären, wenn der Atomkern des Kohlenstoffs solch eine Resonanz besitzt. Tatsächlich hat man sie dann später bei Laboratoriumsmessungen gefunden.

Vor einigen Jahren haben Physiker und Astrophysiker der Max-Planck-Gesellschaft eine Eigenschaft des Neutrinos, sein so genanntes *magnetisches Moment,* genauer abgeschätzt, als dies in den modernen Großlaboratorien möglich ist. Die Wissenschaftler erhielten ihr Ergebnis aus dem Vergleich von Sternmodellen im Computer mit den Beobachtungen von Ansammlungen aus Hunderttausenden von Sternen, die in so genannten *Kugelsternhaufen* eng beieinander stehen.

Diese Beispiele bestärken mich in der Vision, was zu Beginn des nächsten Jahrtausends die Astrophysik bestimmen wird: Die Sterne, vor allem die Sonne, werden uns immer mehr als Laboratorien dienen, die uns dort helfen, wo die Kunst des Experimentators auf der Erde versagt.

Rudolf Kippenhahn

»*Die Sterne, vor allem die Sonne, werden uns immer mehr als Laboratorien dienen, die uns dort helfen, wo die Kunst des Experimentators auf der Erde versagt.*«

Alexander Kostinskij

Wie wird aus Vorgestern ein Übermorgen?

Positive menschliche Beziehungen stellt der ukrainische Schriftsteller Alexander Kostinskij voller Wärme und Humor in seinen Märchen dar. Mit ihrer humanistischen Botschaft will er seinen Lesern und besonders künftigen Generationen helfen, Brücken zu schlagen zwischen den Nationalitäten und Religionen. Seine Bücher »… der Wind umarmt mich« (1992) und »Der Hut des Krämers Ephraim« (1997) prägen sich dem Liebhaber jüdischen Humors nachhaltig ein. ⇨4619

Die grüne Katze

Es lebte einmal in einer Stadt ein Mann. Er hieß Daniel. Aber eigentlich nannten ihn alle nur bei seinem Nachnamen. Meistens rief man ihn ›Vorgestern‹. An der Tür seines Hauses stand auf einem Schildchen ›Vorgestern‹.

Daniel Vorgestern war ein trübsinniger Mensch, der selten lächelte. Er kleidete sich ganz in Grau. Grau war seine Mütze und grau waren seine Schuhe, sie hatten dicke, graue Sohlen. Er trug einen grauen Gehrock und sogar seine Krawatte war grau.

Er lebte streng nach bestimmten Regeln.

Er stand immer zur gleichen Zeit auf und ging immer zur gleichen Zeit zu Bett. Nun, damit war er nicht allein. Alle Leute dieser Stadt lebten so und waren sicher, dass ein anderes Leben nicht möglich sei.

Deshalb wunderte sich Daniel Vorgestern umso mehr, als er eines Tages auf dem Rasen im Park eine grüne Katze sah. Das passte überhaupt nicht in seine strengen Regeln und so fragte er:

»Warum sind Sie so grün?«

»Weil es mir gefällt, grün zu sein«, sagte die grüne Katze.

Alexander Kostinskij

wurde am **19.1.1946** als Sohn jüdischer Eltern in Kiew geboren. Sein Studium der Geschichte, Kunstgeschichte und Theaterwissenschaft an der Universität von Kiew schloss er **1976** ab. **Seit 1970** schreibt er Kinderbücher, Theaterstücke und Szenarien, die international Beachtung fanden und unter anderem in Cannes, New York, Lille, Porto und Hiroshima ausgezeichnet wurden. **Seit 1992** lebt der Schriftsteller, der seine Geschichten so wie diese hier bisweilen selbst illustriert, in München.

⇨4619

»Machen Sie alles, was Ihnen gefällt?«

»Natürlich. Wenn es niemanden stört«, antwortete die grüne Katze

Da dachte Daniel Vorgestern: »Wen würde es denn stören, wenn ich das machen würde, wovon ich schon so viele Jahre träume?« – »Niemanden, natürlich«, antwortete er sich selbst, zog seine grauen Schuhe aus und lief barfuß über den grünen Rasen. Und da, an jenem Tag begriff er, dass die Erde warm ist und er fühlte auch, dass sie rund ist.

Er vergaß seine Prinzipien und lief auf dem grünen Rasen herum und abends, als er nach Hause kam, sah er, dass seine Zehen ganz grün waren, und da musste er lächeln.

»Ich bin ja auch grün«, freute er sich und zum ersten Mal in seinem Leben ging er nicht sofort ins Bett, sondern öffnete das Fenster, setzte sich barfuß aufs Fensterbrett und begann die Sterne zu zählen: »einhundertfünfundzwanzig, einhundertsechsundzwanzig, ... eintausendzweihundertachtundvierzig, ...«, zählte er und plötzlich hörte er von der Straße her eine Stimme.

Er sprang vom Fensterbrett und ging an die Haustür, vor der eine Flunder stand.

»Entschuldigen Sie«, wandte sich die Flunder an ihn, »können Sie mir vielleicht sagen, wie ich zum Meer komme? Ich habe schon viele Leute gefragt, aber alle zeigen mir nur den Weg zur Pfanne. Und dahin zieht es mich nicht gerade.«

»Das kann ich verstehen«, stimmte Daniel zu. »Das Meer muss interessant sein. Wenn Sie wollen, führe ich Sie hin. Aber ehrlich gesagt«, gestand er, »war ich noch nie dort.«

Er zog seine grauen Schuhe aus und lief barfuß über den grünen Rasen.

⇨ 4619

»Dann werden wir es zu zweit suchen«, sagte die Flunder und sie machten sich auf den Weg zum Meer.

Der Weg dorthin war bestimmt nicht der kürzeste. Er war aber gerade so, wie ein Weg sein muss, der auf keiner Karte eingetragen ist. Sie folgten den Vögeln und den Winden, gingen über Wiesen und Bäche. Es war eine Reise an den Bergen und den Wolken entlang, mit Löwen und Ameisen, Sonnenuntergängen und dem Morgentau.

»Wir sind da«, sagte Daniel und zeigte auf die grünen Wellen.

»Ja«, sagte die Flunder, »wir sind da«, ließ sich ins Wasser gleiten und schwamm davon.

Sie entfernte sich weiter und weiter und Daniel bekam kein ›Dankeschön‹ zu hören. Aber darüber war er nicht gekränkt.

»Na ja, schwer zu sagen, wer wem danken muss«, dachte er und machte sich auf den Rückweg.

»Dann werden wir es zu zweit suchen«, sagte die Flunder und sie machten sich auf den Weg zum Meer.

Der Weg nach Hause kam Daniel viel kürzer vor als der Weg zum Meer. Vielleicht weil er ein Lied sang.

Er sang davon, wie gut es doch ist, dass es das Meer, die Flunder und den Menschen gibt, und wie schade es doch wäre, wenn es nur das Meer und den Menschen gäbe und keine Flunder. Wer würde dem Menschen denn dann den Weg zum Meer zeigen?

»Und noch schlimmer wäre es«, sang Daniel, »wenn es nur die Flunder und den Menschen gäbe, aber kein Meer. Wohin sollte der Mensch die Flunder denn dann bringen?«

»Aber wie traurig wäre es erst«, seufzte Daniel, »wenn es nur die Flunder gäbe und das Meer, aber keinen Menschen. Wer würde denn dann dieses Lied singen? – Wie ist es doch gut, dass es das Meer, die Flunder und den Menschen gibt.«

⊡4619

So sang er vor sich hin und kam mitten in der Nacht zu Hause an. Er ging durch die Straßen der Stadt und weckte die Einwohner. Sie lehnten sich aus den Fenstern und riefen zornig:

»Was für ein närrisches Lied singt dieser Unbekannte denn da?«

Sie erkannten ihn nicht wieder: Der Regen hatte seine Kleidung verwaschen und die Sonne hatte sie gebleicht, sodass aus dem Grau Weiß geworden war. Daniels dunkle Haare waren so hell wie Kupfer geworden, das Gesicht war durch Wind und Wetter gegerbt und auf seinem Kinn und seinen Wangen wuchs ein rotlockiger Bart.

Als er die Tür zu seinem Haus öffnete, erblickte er das neue Schild ›Übermorgen‹ und freute sich darüber. Er wusste, wer es geschrieben hatte und wunderte sich deshalb auch nicht weiter, als er die Stimme der grünen Katze vernahm.

Sie lag lang, groß und leuchtend auf der Fensterbank.

»War die Flunder zufrieden?«, fragte die grüne Katze und Daniel Übermorgen antwortete:

»Ich denke schon«, und fügte hinzu: »Wollen wir Tee trinken?«

»Gern, aber ich nehme lieber Milch.«

Sie setzten sich aufs Fensterbrett, tranken Milch und Tee und zählten die Sterne.

In dieser Nacht zählten sie einhundertachtundzwanzigtausendeinhundertfünfundvierzig Sterne und Daniel Übermorgen entdeckte für sich ein Geheimnis.

Er hatte verstanden, dass man die Sterne viel besser zu zweit zählt.

Er hatte verstanden,
dass man die Sterne
viel besser
zu zweit zählt.

Aus dem Russischen übersetzt
von Rosemarie Kunisch

Harald zur Hausen

Leben ohne Krankheit – Was wird aus den »Geißeln der Menschheit«?

Harald zur Hausen, einer der anerkanntesten deutschen Krebsforscher, hat bisher 16 internationale und nationale Auszeichnungen erhalten, darunter den Robert-Koch-Preis, der Federation of the European Cancer Societies Clinical Award und den Paul-Ehrlich- und Ludwig-Darmstaedter-Preis. Von 1993 bis 1996 war er auch Präsident der Organisation der Europäischen Krebszentren (OECI). ⇒ 4633

Im amerikanischen Wissenschaftsmagazin »Science« erschien Anfang 1998 ein Bericht, nach dem das Gen für ein bestimmtes Enzym, die so genannte *Telomerase*, wenn es in menschliche Zellen eingebracht und dort zu lang dauernder Aktivität angeregt wird, diese praktisch unsterblich mache und dabei die normale Chromosomenzahl von 46 und die Struktur unserer Erbmerkmalsträger unverändert belässt. Ein aufregender Befund, zumal unsere Zellen – genau so wie wir selber – einem Alterungsprozess unterliegen, in dem unterschiedliche Veränderungen in ihrem Erbgut auftreten und in dem sich Chromosomenstruktur wie auch Chromosomenzahl ändern können.

Die Telomerase – ist sie ein Schlüssel, der unser Alter regelt, der langfristige Jugend verheißt? Oder ist gar diese Entdeckung der Wendepunkt zu einer langfristig alternden Gesellschaft, die sich nicht mehr regenerieren kann, und damit die Eintrittskarte in eine evolutionäre Sackgasse?

Etwa um das Jahr 2010 werden wesentliche Informationen über das Erbgut des Menschen und auch über die Kontrolle von einzelnen Genen und Gengruppen vorliegen. Vor allem werden wir verstehen, warum der Fadenwurm nur etwa vierzig Tage lebt, eine Maus etwa zwei Jahre und der Mensch im Durchschnitt mehr als siebzig Jahre. Wir haben begriffen, wie das Alter genetisch programmiert ist und sehen einen komplexen Regulationsapparat, an dessen Ende allerdings einzelne Enzyme die Steuerung übernehmen. Die Telome-

Harald zur Hausen

wurde am **11.3.1936** in Gelsenkirchen-Buer geboren. Nach dem Studium der Medizin und Promotion arbeitete er in Deutschland und den USA, **1969** habilitierte er sich in Würzburg am Institut für Virologie und folgte **1972** dem Ruf auf den neu gegründeten Lehrstuhl für Klinische Virologie der Universität Erlangen-Nürnberg.
1977 wechselte er auf den Lehrstuhl für Virologie und Hygiene der Universität Freiburg.
1983 wurde er zum wissenschaftlichen Stiftungsvorstand des Deutschen Krebsforschungszentrums in Heidelberg bestellt, wo er seither tätig ist.

rase ist eines davon, das einem komplizierten Regelungsmuster unterliegt. Ihre Aktivität ist im späten Leben praktisch nicht mehr nachweisbar. Sie scheint die Lebensdauer wie eine biologische Uhr zu bestimmen. Sie bewirkt, dass bestimmte sich wiederholende Strukturen an den Erbmerkmalsträgern, den Chromosomen, in ihrer Länge und Wiederholungszahl an den Chromosomenenden erhalten bleiben. Nimmt ihre Aktivität ab, vermindern sich diese Strukturen, die Chromsomenenden verkürzen sich, wobei es zunehmend zu Störungen der Chromosomenvermehrung vor der Zellteilung und zu Genveränderungen (Mutationen) kommt. – Dies ist eine sehr verkürzte und vereinfachte Darstellung der Telomerase-Funktion, sie möge als Exposé für die Zukunftserwartung reichen. Werden wir also länger leben? Resultiert daraus eine »junge« alte Gesellschaft oder ein verlängertes Alterssiechtum? Wir wissen es heute nicht, die sozialen Konsequenzen wären allerdings in jedem Fall enorm.

Für die meisten Menschen sind dies zurzeit keine relevanten Fragestellungen, sie interessieren sich vielmehr für ihre Gesundheit. Wird die vorhersehbare Zukunft uns eine Antwort auf die Frage geben, ob wir etwa dem Krebs, dem Herz-Kreislauf-Tod mit vorausgehenden Beschwerden, der Aidsinfektion, Asthma, Rheuma und vielen anderen Erkrankungen erfolgreich begegnen können? Ist ein Leben ohne Krankheit überhaupt denkbar, werden wir die großen Geißeln der Menschheit – Infektionskrankheiten, Krebs und Herz-Kreislauf-Erkrankungen – in Zukunft wirksam bekämpfen können?

Zweifellos spielen sich zurzeit bedeutsame Entwicklungen ab, die zumindest zu großer Hoffnung Anlass geben: Dies gilt insbesondere für den Krebs und die Herz-Kreislauf-Erkrankungen, wo offenkundig bereits Änderungen unserer Lebensführung das jeweilige Risiko deutlich senken können. Die Abnahme des Zigaretten- und Tabakkonsums wird voraussichtlich in den kommenden Jahren weitergehen und damit das Risiko für beide Erkrankungsarten deutlich senken. Die Erkenntnis, dass der Verzehr von Obst und frischem Gemüse ebenfalls gerade das Krebsrisiko günstig zu beeinflussen vermag, setzt sich zunehmend durch und beeinflusst unsere Ernährung in messbarem Umfang. Versuche, die wirksamen Komponenten aus diesen Nahrungsbestandteilen zu isolieren und sie gezielt zur Krankheitsvorbeugung einzusetzen, werden in Zahl und Umfang ansteigen und vermutlich weiteren Einfluss auf die Verminderung des betreffenden Krankheitsrisikos nehmen. Werden diese Maßnahmen ausreichen, um diesen Erkrankungen ihren Schrecken zu nehmen?

Die Telomerase – ist sie der Schlüssel, der unser Alter regelt, der langfristige Jugend verheißt?

Chromosomen, deren Enden (Telomere) mithilfe von fluoreszierenden Substanzen angefärbt wurden. ⇒ 4633/4714

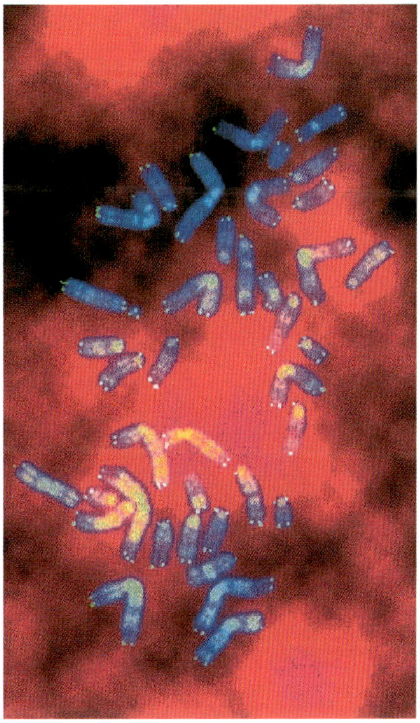

Die Antwort ist sicherlich ein »Nein«. Die Senkung eines Krebsrisikos auf 50 bis 60 % der gegenwärtigen Krebsrate wäre gewiss ein großer Erfolg, es bliebe jedoch nur ein Teilerfolg.
Die Entwicklung von Impfstoffen gegen Krebs erzeugende Viren schreitet zurzeit zügig voran und wird voraussichtlich einen weiteren Beitrag zur Verringerung des Krebsrisikos leisten. Die Frühdiagnostik wird präziser werden und damit werden sich auch Krebsvorstufen besser erfassen lassen. Deren Entfernung trägt zu einer weiteren Reduktion des Krebsrisikos bei. Schließlich sind auch im therapeutischen Bereich Verbesserungen zu erwarten, kombinierte Verfahren in Verbindung von Gentherapie, Immunologie und konventionellen Ansätzen werden wohl langsam, aber doch stetig eine Verbesserung der bestehenden Situation erbringen. Krebs wird allerdings wohl auch im kommenden Jahrhundert nicht zu den völlig ausgerotteten Erkrankungen des Menschen gehören.

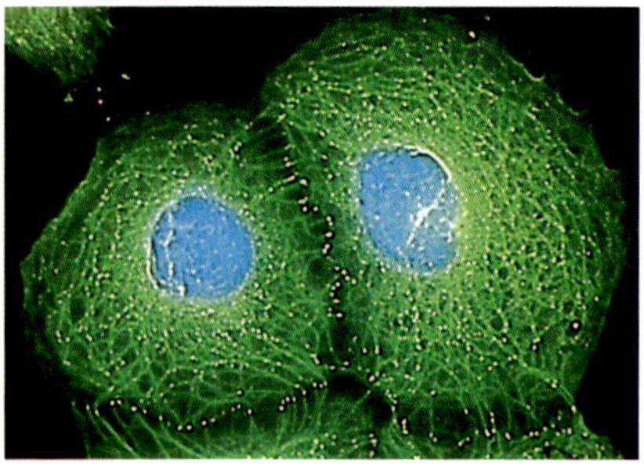

Bestandteile des Zellskeletts (grün) helfen bei der **Diagnose von Krebserkrankungen.** Der Kern der Leberzellen wurde blau eingefärbt. ⇨ 4633/4714

»Krebs wird wohl auch im kommenden Jahrhundert nicht zu den völlig ausgerotteten Erkrankungen des Menschen gehören.«

Wie steht es mit den Infektionskrankheiten, die weltweit die meisten Opfer fordern, etwa Malaria, Tuberkulose, Darminfektionen, Aids und viele andere? Gibt es realistische Aussichten, ihnen im kommenden Jahrhundert erfolgreich zu begegnen? Die Entwicklung von Impfstoffen wird sicherlich einen wichtigen Beitrag leisten, erleichtert durch die Kenntnis der genetischen Struktur dieser Erreger. Man sollte jedoch die Erwartungen hier nicht zu hoch schrauben, wie es schon die über ein Jahrhundert zurückreichenden Bemühungen über die Entwicklung eines wirksamen Tuberkulose-Impfstoffes und die seit mehr als einem Jahrzehnt laufenden Ansätze für einen Aidsimpfstoff zeigen. Ein entscheidendes Problem stellen vor allem Erreger dar, die durch Veränderung ihrer antigenen Strukturen den Abwehrmechanismen ihrer Wirte entkommen können.
Fortschritte sind auch in der Therapie von Infektionskrankheiten zu erwarten: Gerade für virale Infektionen haben sich bereits in den vergangenen Jahren eine Reihe von wirksamen Substanzgruppen auffinden lassen – nach vorausgegangener jahrelanger Stagnation auf diesem Sektor. Resistenzentwicklungen der Erreger lassen diese Behandlungsverfahren zu einem ständigen Wettlauf mit der Bereitstellung neuer Chemotherapeutika werden. Erwarten dürfen wir allerdings, dass etwa die Aidsinfektionen im kommenden Jahrhundert eine ähnliche Rolle spielen werden wie etwa heute die Syphilis oder Gonorrhoe – eine lästige, aber zumindest in ihren Symptomen beherrschbare Erkrankung.
Das große Fragezeichen der kommenden Jahrzehnte besteht in der Möglichkeit des Auftretens »neuer« Infektionen.

Proben der **DNS** vor der Analyse in Trockeneis ⇨ 4633/4713

Bereits das vergangene Jahrhundert hat uns unerwartete Seuchenzüge beschert, Grippeepidemien mit hoher Todesrate, die weltweite Ausbreitung der Aidsinfektionen, eher geographisch begrenzte Ausbrüche von hämorrhagischen Fiebern und von Rinderwahnsinn. Vor diesem Hintergrund muss auch die heute viel diskutierte Übertragung von Tierorganen und tierischen Zellen auf den Menschen gesehen werden – hier kann es zur Anpassung dort vorhandener Erreger an den Menschen, deren Ausbreitung im neuen Wirt und zu schweren Krankheitsbildern kommen. Dabei soll natürlich nicht vergessen werden, dass in den vergangenen Jahrzehnten auch die weit gehende oder komplette Ausrottung von früher weltweiten Seuchen gelang – hier müssen die Pocken und die Kinderlähmung genannt werden. Bei allen Bemühungen um die Eindämmung und sogar Ausrottung von Infektionskrankheiten steigt jedoch durch die zunehmende Bevölkerungsdichte und durch die weltweite Reisetätigkeit das Risiko einer raschen Ausbreitung neuer und möglicherweise besonders gefährlicher Infektionskrankheiten, auf die unsere Gesundheitssysteme sich möglichst einrichten müssen, wenn wir weltweite Katastrophen vermeiden wollen.

Die erfolgreiche Analyse der Bausteinfolge des menschlichen Genoms wird Anfang des kommenden Jahrhunderts abgeschlossen sein. Dies wird neue Perspektiven für Vorbeugung und Therapie bei einer Reihe von Erkrankungen eröffnen, die im Detail zurzeit nicht vorhersehbar sind. Die Telekommunikation wird Ausbildungs- und Behandlungsschritte in unerhörter Weise vereinheitlichen und in ihrer Struktur revolutionieren. Die Diskussion über Klonierungen und über Keimbahneingriffe wird sich vermutlich versachlichen und vor dem Hintergrund realistischer Möglichkeiten zu gesellschaftlicher Übereinkunft führen. Diese und viele andere Bereiche werden sicherlich die Medizin der Zukunft beeinflussen, ein Leben ohne Krankheit wird es jedoch nach menschlichem Ermessen auch nicht zum Ende des kommenden Jahrhunderts geben können. Ich bin mir darüber hinaus sicher, dass dies nicht das wichtigste Problem der Menschheit ist – wir können Erkrankungsrisiken schon dann minimieren, wenn es uns gelingt, das Bevölkerungswachstum zu kontrollieren und die Ökologie unserer Erde einigermaßen im Gleichgewicht zu halten. Hier dürfte die wichtigste Aufgabe für das kommenden Jahrhundert liegen.

»Das große Fragezeichen der kommenden Jahrzehnte besteht in der Möglichkeit des Auftretens »neuer« Infektionen.«

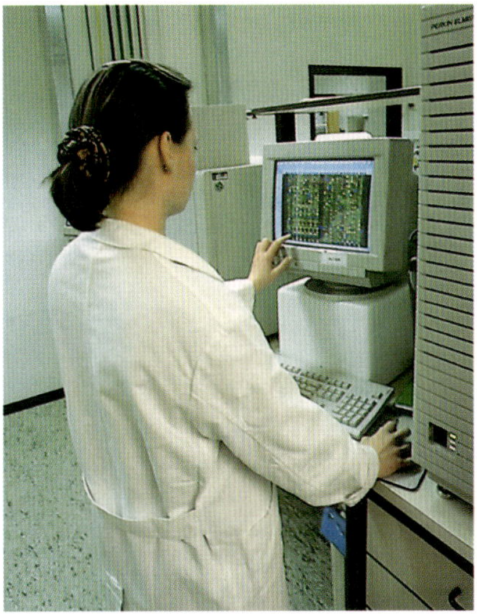

Für die **Analyse der Erbinformation** in größerem Maßstab, wie zum Beispiel im Rahmen des Humangenomprojekts, sind automatisierte Verfahren zur Durchführung und Auswertung der Versuche unabdingbar. ⇒ 4633/4713

»Die erfolgreiche Analyse der Bausteinfolge des menschlichen Genoms wird Anfang des kommenden Jahrhunderts abgeschlossen sein.«

Helmut Kutin

Zwischen Imst und Minsk – Welche Visionen haben Kinder?

Selbst ein SOS-Kinderdorf-Kind, trat Helmut Kutin 1986 die Nachfolge des SOS-Gründers Hermann Gmeiner an. Geist und Idee seines Vorgängers in allen SOS-Einrichtungen rund um den Globus zu erhalten ist ihm Pflicht und tiefes Bedürfnis.

↦ 4674

Welche Visionen zum Anbruch des neuen Jahrtausends hat ein Mensch, der sein Leben vielen allein gelassenen Kindern auf dieser Welt zugewendet hat? Mir fällt spontan dazu ein, was mir die 14-jährige Ratna Khatun in Bangladesh auf eine ähnliche Frage kürzlich geantwortet hat. Sie sagte: »Wenn ich dann noch leben darf, dann wünsche ich mir, dass es nur eine Nation gibt – die Nation der Menschheit, eine Rasse – die Rasse der Menschen, eine Religion – die Humanität, und ein Land – unsere Erde.« Sie fügte hinzu: »Eine Erde, auf der wir alle als Brüder und Schwestern zusammen leben können, in Toleranz und Frieden.«

Nur »Kinderstimme«? Ich mache sie mir gerne zu eigen und fühle mich dabei mit der kleinen Ratna nicht allein. Ich sehe dieses Flehen nach Menschheit, Humanität, Toleranz und Frieden als einen Ruf an die Erwachsenen, dass sie dafür sorgen sollen, ihren Kindern und Jugendlichen eine Zukunft zu richten, in die es sich hoffnungsvoll und freudig hineinleben lässt.

Zukunft beginnt für das Kind daheim, bei Mutter, Geschwistern, kurzum: bei der Familie. Familiengerechtes Aufwachsen ist jedoch nur zu vielen Kindern in dieser Welt versagt. Um sie herum toben Kriege und Stammesfehden, herrschen Hunger und Not, schlägt die Natur mit Sturm und Hochwasser zu. Andernorts haben besondere Lebensbedingungen dazu beigetragen, dass die Familie zerbrochen, zerrüttet ist. Das von all diesen Ereignissen ausgelöste Elend aber trifft

Helmut Kutin

Helmut Kutin wurde **1941** als fünftes Kind eines Rechtsanwalts in Bozen in Südtirol geboren. Nach dem frühen Tod seiner Mutter erkrankte der Vater und konnte die Familie nicht zusammenhalten. Als jüngstes Kind kam Helmut Kutin **1953** in das erste SOS-Kinderdorf nach Imst in Tirol. **1963** legte er die Reifeprüfung ab und begann mit dem Studium der Volkswirtschaft in Innsbruck. **1968** übertrug ihm SOS-Gründer Hermann Gmeiner den Aufbau des ersten vietnamesischen SOS-Kinderdorfs in Saigon. Ab **1971** leitete Kutin als Ostasienexperte mehrere SOS-Kinderdorf-Projekte in dieser Region. **1985** wurde er zum Präsidenten des Dachverbandes SOS-Kinderdorf International gewählt. Seit dem Tode Hermann Gmeiners **1986** ist Kutin besorgt, Geist und Idee seines Vorgängers in allen SOS-Einrichtungen rund um den Globus zu erhalten.

stets zuerst die Menschen, die sich am wenigsten selbst helfen oder daraus befreien können: die Kinder. Wen wundert es, wenn sie unter solchen Verhältnissen nicht mit einem positiven Lebensbild ihre ersten kleinen Schritte ins Leben nehmen können – und wollen. Hier aber setzt die Verpflichtung der Erwachsenen ein. Vision? Utopie? Trugbild?
Für mich jedenfalls hat ein Mensch vorgelebt, dass Hilfe eine Vision im Sinne von Zukunftsperspektive wurde: Hermann Gmeiner. Mit dem vor 50 Jahren in Imst in Tirol erbauten ersten SOS-Kinderdorf hat er den Grundstein für ein mittlerweile über den ganzen Erdball verbreitetes Sozialwerk für die Ärmsten der Armen gelegt. Gmeiners Ruf »Alle Kinder dieser Welt sind unsre Kinder« wurde überall gehört, erzeugte vielfaches Echo, In SOS-Kinderdörfern finden verlassene Kinder eine neues Zuhause.
Gmeiner hat deutlich gemacht, dass mit Taten und nicht nur mit Worten geholfen werden muss. Inzwischen hat sich seine Idee – Mutter, Geschwister, Haus und Dorf – in 131 Ländern durchgesetzt. Dort stehen jetzt 385 SOS-Kinderdörfer mit über 1100 angeschlossenen Sozialeinrichtungen – Kindergärten, Schulen, Ausbildungs- und medizinischen Zentren. Als Nachfolger Gmeiners – er starb 1986 – fühle ich mich verpflichtet, seine Idee, seine Vision ins neue Jahrtausend zu tragen.
Es muss gelingen, allen Kindern unserer Welt Hoffnung auf eine friedvolle Zukunft zu geben. Zu viele Länder dieser Welt sind immer noch betroffen von Kinderelend. Es fehlen die Voraussetzungen dafür, dass jedes Kind in seinem Kulturkreis, in seinem sozialen Gefüge nach besten Möglichkeiten

50 Jahre nach der Gründung von **SOS-Kinderdorf** gibt es in 131 Ländern auf allen Kontinenten 385 SOS-Kinderdörfer und über 1100 ihnen angeschlossene Sozialeinrichtungen. Die Zusatzeinrichtungen stehen auch Kindern aus der Umgebung der SOS-Kinderdörfer zur Verfügung. Allein in den SOS-Kinderdörfern werden 35 000 Kinder ständig betreut; in den Zusatzeinrichtungen sind es mehrere Hunderttausend. In akuten Notlagen wie Naturkatastrophen und Bürgerkriegen ist SOS-Kinderdorf mit Nothilfeprogrammen sofort zu Stelle und hilft.

1949 enstand in Imst (Tirol) auf Initiative Hermann Gmeiners das **erste SOS-Kinderdorf.** Von dort aus nahm die Idee ihren Weg in alle Welt.

⊡→4674

Die Sozialstation des ersten **weißrussischen SOS-Kinderdorfs** nahe der Haupstadt nimmt Kinder auf, die in Kliniken in Minsk wegen ihrer Erkrankungen in der Folge der Reaktorkatastrophe von Tschernobyl behandelt werden. Das 1998 eröffnete Projekt ist zum Vorbild auch für andere Einrichtungen geworden. ⇨4674

»Vielen jungen Menschen müssen die Augen dafür geöffnet werden, dass ihre Zukunft nicht schlecht ist, dass sie Hoffnung und auch Freude bringen kann.«

aufwächst. Es kann und darf aber nicht angehen, dass Millionen von Kindern keine richtige Kindheit erleben dürfen. Es darf nicht sein, dass Millionen von Kindern hungern oder gar verhungern müssen. Dies Not und dieses Elend zu beseitigen darf nicht nur Vision bleiben.

Imst ist für uns nur die Wiege gewesen. Von diesem Tiroler Ort ist ein Signal ausgegangen. Imst wiederholt sich seither auf der ganzen Welt – ob in Saigon oder São Paulo, in Sarajevo oder Byumba oder im jüngsten SOS-Kinderdorf im weißrussischen Minsk, wo tschernobylstrahlengeschädigte Kinder medizinisch betreut werden. Imst ist für uns ein Synonym, ein Zeichen, dass wir uns als Menschen überall auf der Welt für allein gelassene Kinder einsetzen.

Ein Zukunftsbild für diese Welt gewinnt für mich zunehmend Bedeutung: Die Abkehr von Intoleranz und Gewalt. Unterschiede zwischen Völkergruppen, zwischen Religionen und zwischen politischen Systemen sollten nicht mit Gewalt und Waffen ausgetragene werden. Ihre Wortführer sollten sich vielmehr darauf besinnen, Gemeinsamkeiten für die gesamte Welt und vor allem für die Welt der Kinder zum Tragen zu bringen. Eine andere Meinung kann mit Worten, nicht aber mit Waffen ausgefochten werden. Es ist so furchtbar anzusehen, wie Kinder im jüngsten Alter bereits mit Waffen in der Hand zum Töten angeleitet werden. Aus ihnen werden oftmals junge Menschen, die nie mehr ein eigenes positives Weltbild entwickeln können. Denn ihnen ist jung bereits beigebracht worden, die Lösung eines Problems sei nur mit Waffengewalt zu erreichen. Oft werden auch religiöse Aspekte zum Töten verkehrt. Keine Weltreligion steht dafür aber gerade.

Vielen jungen Menschen müssen die Augen dafür geöffnet werden, dass ihre Zukunft nicht schlecht ist, dass sie Hoffnung und auch Freude bringen kann. Daher muss unser Streben für das neue Jahrtausend dazu übergehen, den

Das erste von zwei Kinderdörfern im **westafrikanischen Mali** wurde 1988 in Sanankoroba eröffnet (links). Es hat 13 Familienhäuser, einen Kindergarten und eine Schule. ⇒4674
16 Familienhäuser, eine Keramikwerkstatt und eine Schule, die von 650 Kindern auch aus der Umgebung besucht wird, bilden das seit 1973 bestehende Kinderdorf Sano Thimi (rechts). In **Nepal** gibt es insgesamt sechs SOS-Kinderdörfer. ⇒4674

jungen Menschen wirklich eine Zukunftsperspektive zu schaffen. Sie sollen positiv und mit Freude auf ihre Kindheit, auf ihre Jugend und das spätere Erwachsensein schauen. Wir müssen ihnen eine Arbeitswelt geben, in die sie sich integrieren können. Wir müssen ihnen ein Umfeld mit einer möglichst heilen, bewahrten Umwelt geben, damit ihnen das Leben lebenswert erscheint.

Es wird auf dieser Welt immer Reiche und Arme geben, Schwarze und Weiße. Das ist unsere Welt. Nur sollte es eines Tages gelingen, dass die Spitze des Berges – so wenige oben, so viele unten – sich verflacht, und der dann entstandene runde Hügel der Menschheit insgesamt, ganz besonders aber den Kindern, mehr gerecht wird. Meine Vision für das nächste Jahrtausend ist daher, dass wir nicht mehr nur den armen Schwarzen, den armen Gelben oder armen Lateinamerikaner und den manchmal reichen Europäer oder Amerikaner sehen und sie einander gegenüberstellen. Wir sollten auf dieser Welt dazu kommen, dass sich Menschen aller Rassen, Religionen und Bekenntnisse in die Augen schauen können und in ihnen den Bruder und die Schwester sehen. Andernfalls wird diese Welt einmal sehr, sehr arm.

Und da bin ich nun wieder bei den eingangs zitierten Worten der 14-jährigen Ratna Khatum aus Bangladesh. Dieser »Kindermund« macht also Sinn, er ist kein unreifes Daherplappern. Die Vision von Toleranz und Frieden, Humanität, einer Menschheit ohne Ansehen von Rasse und Religion erlebe ich schon jetzt jeden Tag in unseren SOS-Kinderdörfern. Die Erwachsenen sollten sie sich zum Vorbild nehmen. Ich habe daher die Vision, dass sie eines – hoffentlich nicht mehr fernen – Tages im neuen Jahrhundert sagen werden: »Machen wir es diesen Kindern nach. Sie haben es uns vorgelebt.«

» Die Vision von Toleranz und Frieden, Humanität, einer Menschheit ohne Ansehen von Rasse und Religion erlebe ich schon jetzt jeden Tag in unseren SOS-Kinderdörfern. «

Gabriele Krone-Schmalz

Ein gar nicht nostalgischer Rückblick auf 2000 – Wie werden wir im Jahre 2050 leben?

Gabriele Krone-Schmalz erregte schon in ihrer Zeit bei »Monitor« mitunter den Unwillen von Politikern und Interessenverbänden. Breite Bekanntheit erlangte sie mit ihrer prägnanten wie einfühlsamen Berichterstattung aus Moskau in den Umbruchsjahren 1987–91. Heute beschäftigt sie sich auch mit dem »Neuanfang in Deutschland« sowie der Kulturberichterstattung. ⟶4642

Wer hätte im Jahr 2000 gedacht, dass es so kommen würde?

Und es lässt sich trefflich darüber spekulieren, ob wir den nun endlich beschrittenen erfolgreichen Weg nicht schon viel früher hätten einschlagen sollen. Halten wir uns nicht allzu lange mit der fernen Vergangenheit auf. Aber ein grober Überblick sollte schon sein:

1. Abgeschottete Politzirkel – Parteien und Verbände – widmeten sich ausschließlich der Durchsetzung lautstark vorgetragener Minderheitsinteressen, die demagogisch geschickt als Allgemeinwohl verkauft wurden.

2. Auf die zunehmende Unzufriedenheit – besonders in der jüngeren Generation – reagierten sowohl Regierung als auch Opposition mit Instrumenten der Umverteilung. Steuern und Abgaben betrugen durchschnittlich zwei Drittel des Einkommens, um ständig neue staatliche Förderprogramme auflegen zu können.

3. Immer mehr junge Menschen fühlten sich in unserem System der repräsentativen Demokratie immer weniger repräsentiert, zweifelten schließlich an der Sinnhaftigkeit der Demokratie überhaupt. Ein Großteil verließ das Land, die anderen verweigerten sich oder zogen gewalttätig durch die Straßen.

Gabriele Krone-Schmalz

8.11.1949 in Lam im Bayerischen Wald geboren, aufgewachsen in Köln
1968–74 Studium der Osteuropäischen Geschichte, politischen Wissenschaften und Slawistik
1974 Magister Artium, **1977** Promotion
1976–92 beim Westdeutschen Rundfunk als Volontärin und anschließend als Redakteurin tätig, u.a. bei »Monitor« und der Talkshow »Drei vor Mitternacht«
1980 ARD-Studio New York
1987–91 Moskau-Korrespondentin der ARD
1992–97 Moderation des »Kulturweltspiegels« der ARD
seit 1992 freie Journalistin und Autorin, zahlreiche Buchveröffentlichungen, v.a. über Russland

»2033 stand Deutschland am Rande eines Bürgerkrieges. Es ist einer Reihe glücklicher historischer Umstände zu verdanken, dass diese Katastrophe verhindert werden konnte.«

2033 stand Deutschland am Rande eines Bürgerkrieges. Es ist einer Reihe glücklicher historischer Umstände zu verdanken, dass diese Katastrophe verhindert werden konnte. Eine entscheidende Rolle spielte dabei die Tatsache, dass sich der bereits seit 2006 vehement geforderte Vorschlag endlich durchsetzte, europaweit Verhaltensweisen von Menschen zu studieren und danach Gesetze und Regeln zu machen und nicht umgekehrt: sich erst ideologisch befrachtete Systeme mit entsprechenden Vorschriften auszudenken und danach die Menschen formen zu wollen.

Ohne das selbstlose Engagement einiger Multimillionäre wäre das Projekt allerdings nie zustande gekommen. Sie betrachteten ihren Einsatz als Investition in die Zukunft und waren überzeugt, dass spätestens ihre Kinder und Enkel die Früchte würden ernten können. Die Realität hat sie bestätigt.

Die politische Durchsetzbarkeit der gewonnenen Erkenntnisse wurde nicht zuletzt dadurch erreicht, dass es den bereits erwähnten Privatleuten in einem bestechenden Coup gelang, den öffentlich-rechtlichen Rundfunkanstalten Sendezeit abzukaufen und diese mit Informationsprogrammen zu füllen. Es dauerte nicht lange, und die Quote schnellte in die Höhe. Die Programmmacher schafften die Gratwanderung: bürgernah, weder anbiedernd noch abgehoben; verständlich, weder simplifizierend noch elitär; gründlich, weder langweilig noch oberflächlich.

Losgelöst von Lobbyinteressen wurden beim breiten Themenspektrum Erfolgsmeldungen bevorzugt. Die dazugehörigen Hintergrundberichte analysierten die maßgeblichen Faktoren, um Nachahmer anzuregen. Beispiele: »Wie die Gemeinde XY ihre Verwaltung reformierte.« Oder: »Wie die Belegschaft XY ihr Unternehmen rettete.« Oder: »Wie der Kreis XY Ausländer integriert.«

Auf diese Wiese wurde im besten Sinne Aufklärung betrieben. In einer einzigartigen offensiven Zusammenarbeit zwischen Wissenschaft und Massenmedien gelang es, die Menschen gegen parteipolitisch verkrustete Behauptungen immun zu machen, und es wurde plötzlich »in«, jederzeit seine Meinung angstfrei zu äußern, ohne sie vorher auf »Political Correctness« hin zu überprüfen.

⇨4949

Ohne das selbstlose Engagement einiger Multimillionäre wäre das Projekt allerdings nie zustande gekommen. Sie ... waren überzeugt, dass spätestens ihre Kinder und Enkel die Früchte würden ernten können.

Und so leben wir heute:

Die Parlamente repräsentieren die Vielfalt der Gesellschaft. Durch eine Verdreifachung der Diäten ist es endlich gelungen, über den öffentlichen Dienst hinaus Menschen zum politischen Engagement zu bewegen. Nebenbeschäftigungen müssen offen gelegt werden. Seither kümmern sich die Volksvertreter in erster Linie um ihre Hauptbeschäftigung, und sie sind gezwungen, gegebenenfalls ihr Abstimmungsverhalten zu rechtfertigen. Der Fraktionszwang wurde aufgehoben, und Berufspolitiker gibt es nicht mehr. Wählbar ist man erst nach einer fünfjährigen Berufstätigkeit außerhalb der Politik.

Dank der technischen Möglichkeiten kann jeder Bürger per Tastendruck Meinung äußern. Diese Informationen laufen an einer Stelle auf, die – analog zur Institution der Europäischen Zentralbank – mit unabhängigen Personen besetzt ist, um politischen Missbrauch zu verhindern.

Im zusammenwachsenden Europa sind die Regionen losgelöst von Grenzen ehemaliger Nationalstaaten erstarkt. Baden-Württemberg, Bayern, ein Teil Österreichs und der Schweiz haben zum Beispiel ein Technologiezentrum entwickelt und konkurrieren mit einem Verbund aus Schleswig-Holstein, Teilen Niedersachsens, den Niederlanden, Hamburg und Bremen.

Die komplette Freigabe der Ladenöffnungszeiten hat die Vielfalt im Einzelhandel nicht beeinträchtigt. Es haben sich regional höchst unterschiedliche Modelle herausgebildet. Im Handwerksbereich kann man sich ohne Meisterbrief selbstständig machen, muss dies allerdings öffentlich kennzeichnen.

⇨4949

Flächendeckende Dauersubventionen gehören endgültig der Vergangenheit an. Aus den Steinkohlenzechen sind Museen geworden. Staatliche Hilfen gibt es nur noch vorübergehend und zeitlich eng begrenzt.
Die Sozialversicherungssysteme sind nicht mehr an den Arbeitsplatz gekoppelt.
Jeder Bürger unterliegt zwar einem Rentenversicherungszwang, der sich allerdings nur noch auf eine Basisversorgung bezieht. Mit der Krankenversicherung verhält es sich ähnlich. Individuelle Lebenssituationen lassen sich individuell regeln. Dazu sind die Bürger deshalb in der Lage, weil Löhne und Gehälter brutto ausbezahlt und konsumorientiert besteuert werden. Das heißt: Sparen, Altersvorsorge und Investition bleiben steuerlich unbelastet.
Der soziale Friede ist gewährleistet, da in zäher und mühevoller Kleinarbeit Strukturfehler beseitigt werden konnten. Statt Wohltat für alle gibt es bei uns heute gezielte Hilfe für Bedürftige.

»Dank der technischen Möglichkeiten kann jeder Bürger per Tastendruck Meinung äußern.«

Karl Lehmann

Das 21. Jahrhundert – Zeit für ein Leben des Menschen in Würde und Verantwortung?

Gesprächsbereitschaft hat den Mainzer Bischof Karl Lehmann weit über die katholische Öffentlichkeit hinaus bekannt gemacht. Seine Grundüberzeugung, dass man »sich nicht aus der Diskussion stehlen« könne, erwies sich an Fragen wie der traditionellen Rolle der Geschlechter in der Kirche, dem Zölibat, der Abtreibungsproblematik, dem Asylrecht, dem Umgang mit der Vergangenheit in der ehemaligen DDR und dem sozialen Gefälle in Deutschland und der Welt.

⇨430

Karl Lehmann

16.5.1936 in Sigmaringen als Lehrerssohn geboren
Studium der Philosophie und Theologie in Freiburg, Rom, München und Münster; **1962** Dr. phil., **1967** Dr. theol.
1963 Priesterweihe in Rom durch Kardinal Döpfner
1964–67 wissenschaftlicher Assistent bei Karl Rahner
1968–71 Ordinarius für Dogmatik und Theologische Propädeutik in Mainz, **1971–83** für Dogmatik und Ökumenische Theologie in Freiburg i. Br.
seit 1983 Bischof von Mainz
seit 1986 Vorsitzender (von katholischer Seite) des Ökumenischen Arbeitskreises evangelischer und katholischer Theologen
seit 1987 Vorsitzender der Deutschen Bischofskonferenz
seit 1993 Erster Vizepräsident des Rates der Europäischen Bischofskonferenzen (CCEE)

Gemeinsame Visionen

Das Jahr 2000 wird bestimmt von unserer Zeitrechnung. Sie nimmt Maß an der Menschwerdung Jesu Christi. Sein Auftreten ist zur Achsenzeit Europas und der ganzen Welt geworden. Die prophetische Botschaft Jesu Christi hat immer wieder alle Epochen und Kulturen, Sprachen und Denkmuster durchdrungen und so in eigentümlicher Weise Identität und Innovationskraft bewiesen. Das Jahr 2000 erinnert nicht nur an den Ursprung, sondern auch an diese Verwandlungskraft durch zwei Jahrtausende.

Das Christentum hat immer über sich hinausgeblickt. Seine Visionen gehen von der Mitte des Glaubens aus und sprechen zugleich alle Menschen an. So verbinden sie darum auch die Christen mit den Anhängern anderer Religionen und mit allen Völkern.

Vision: Menschenwürde

Die größte Herausforderung unserer Zeit ist nach wie vor die Achtung vor der Würde jedes einzelnen Menschen. In vielen Ländern wird sie noch immer mit Füßen getreten, werden Menschen gefoltert und willkürlich hingerichtet. Man braucht einen tiefen, unbeugsamen Glauben, um unbeirrt daran festzuhalten: Alle Menschen, ohne auch nur eine Ausnahme, haben dieselbe Würde, die um keinen Preis in der Welt verletzt werden darf. Ich bin überzeugt, dass man auf Dauer diese Auszeichnung des Menschen nur aufrechterhalten kann, wenn man seine Wertüberzeugungen jenseits unserer Bedürfnisse ansiedelt, nämlich in dem, was wir Transzendenz und Gott nennen. Der biblische Gott begründet die Würde des Menschen dadurch, dass jeder Mensch Bild und Gleichnis Gottes ist. Mit dieser Kraft im Rücken lassen wir uns im Kampf für die Menschenrechte nicht entmutigen.

Vision: Gefahrlosere Welt

Die Zeitenwende erinnert uns besonders an den Anfang und das Ende unserer Welt und des menschlichen Lebens. Es ist nicht selbstverständlich, dass wir da sind und bereits viele Risiken dieses Jahrhunderts überlebt haben. In einer Zeit, in der wir einerseits immer mächtiger werden, sind wir andererseits zugleich in der Lage, unsere Erde zerstören zu können. Wir haben heute weniger Angst vor den Atomwaffen, und doch liegt noch viel atomares Material bereit, und große Mengen an Waffen warten auf neue Käufer. ABC-Waffen und tödliche Gifte kommen als Gefahrenpotenziale hinzu.

Vision: Bewahrung der Schöpfung

Aber unser Überleben ist auch durch die schädlichen Nebenwirkungen unserer Zivilisation bedroht. Die Bewahrung der Schöpfung über unsere Generation hinaus muss eine Vision bleiben, die uns in unserer Bequemlichkeit und Nachlässigkeit immer wieder beunruhigt. Wir wissen zwar alle, wie gefährdet unsere Natur ist, aber unser Wille und unser Mut zum Handeln bleiben dahinter oft zurück. Wir stecken immer noch gern den Kopf in den Sand und glauben, dass der böse Spuk von selbst verschwindet, dass Schreckensszenarien für die Zukunft ja doch nicht wahr werden. Tatsächlich aber sind wir aufgefordert, zugunsten der Schöpfung und aller Menschen, der von heute und der von morgen, unseren Lebensstil zu verändern. Dafür ist eine Umkehr notwendig, die dem biblischen Umdenken in nichts nachsteht.

Vision: Machtverzicht

Der Mensch musste in seiner langen Geschichte immer wieder Begrenzungen erleben, nicht zuletzt durch die Macht der Natur, musste sich im stetigen Kampf behaupten gegen wilde Tiere, Kriege und Seuchen. Heute stößt er zwar immer noch an seine Grenzen, aber in vielen Bereichen tritt er auch als fast unumschränkter Herrscher auf, etwa im Umgang mit dem Artenreichtum der Tier- und Pflanzenwelt, in den Eingriffen in das menschliche Leben. Die Macht des Menschen kann uns heute, scheint es, mehr Angst machen als seine Ohnmacht. Doch wir sind in einem Denken befangen, das mit dieser Ambivalenz der Macht nicht recht umgehen kann. Die Vision ist nötig, dass Menschen heute und künftig ihre Menschenwürde und ihr Menschsein nicht durch schrankenloses Erobern und Manipulieren unter Beweis stellen, sondern durch Schonen und Verzichten. Wir tun fast alles, was

Tatsächlich ... sind wir aufgefordert, zugunsten der Schöpfung und **aller Menschen, der von heute und der von morgen,** unseren Lebensstil zu verändern. ⇨430

Die **Bewahrung der Schöpfung** über unsere Generation hinaus muss eine Vision bleiben, die uns in unserer Bequemlichkeit und Nachlässigkeit immer wieder beunruhigt. ⇨430

Die Vision ist nötig, dass Menschen heute und künftig ihre Menschenwürde und ihr Menschsein nicht durch schrankenloses Erobern und Manipulieren unter Beweis stellen, sondern durch Schonen und Verzichten.

Haben wir genug **Fantasie und schöpferische Gestaltungskraft,** um die vielen Menschen, die ihre Arbeitsplätze verlieren, wieder angemessen zu beschäftigen? ⇨430

wir können – wenn es darum geht, unsere Macht zu erproben. Aber können wir auch aufgrund unserer Verantwortung Verzicht leisten auf unsere Macht? Ein Weiser unseres zu Ende gehenden Jahrhunderts hat im Anschluss an eine reiche Tradition gesagt: Der Verzicht nimmt nicht, er gibt.

Vision: Globalisierung

Vieles entscheidet sich künftig darüber, wie wir mit der so genannten Globalisierung umgehen. Wir sehen sie hierzulande zumeist als Bedrohung unseres Wohlstandes. Tatsächlich meint Globalisierung aber einen Prozess, der viele positive Aspekte enthält. Durch die Öffnung der Wirtschaftsräume können manche, die bisher eher im Schatten gelebt haben, auf unseren Märkten mitreden. Dies kann insgesamt den armen und bedrängten Völkern mehr Wohlstand bringen als alle Entwicklungshilfe. Globalisierung kann so ein mächtiger Motor werden zu einer größeren Solidarität und Partizipation der Menschheitsfamilie. Auf dem Weg zu dieser Vision gibt es natürlich auch Gefahren. Aber muss etwa das Fusionsfieber wirklich weiter so angeheizt werden, dass die »Großen«, die Firmenriesen, immer größer werden und viele interessante »Kleine« verschwinden? Für die internationale Wirtschaftswelt gibt es kein Kartellamt. Was tun wir, um echte Konkurrenz zu erhalten? Haben lokale Wirtschaftskreise einen Sinn oder sind sie nur ein romantisches Überbleibsel? Vor allem: Haben wir genug Fantasie und Gestaltungskraft, um die vielen Menschen, die ihre Arbeitsplätze verlieren, wieder angemessen zu beschäftigen? In der Vision »Globalisierung« mischt sich Verheißungsvolles mit Furchterregendem. Aber solcherart Ungewisses gehört zur Vision.

Vision: Soziale Marktwirtschaft

Unsere Gesellschaften leben, zumindest in Europa, von einer sozialen Marktwirtschaft. Dass ein solches System funktioniert, ist keineswegs selbstverständlich. Es ist eine große Spannung auszuhalten zwischen »Markt« und »Sozialem«. Der Wettbewerb bildet den Motor und fördert gewiss auch Innovation. Dieses marktwirtschaftliche System fördert aber nur unser Zusammenleben, wenn es zugleich Kontrolle und Korrektur erfährt. In der Marktwirtschaft bedrohen Konzentration und Missbrauch wirtschaftlicher Macht die Freiheit des Einzelnen. Diejenigen, die nicht am Erwerbsleben teilnehmen können, sind nicht im Blick. Zur gewiss nicht von vornherein unethischen, aber eben doch zur Zügellosigkeit neigenden Freiheit gehört eine Gegensteuerung, die den sozialen Ausgleich sicherstellt. Erst dann gibt es eine wirklich *soziale* Marktwirtschaft. Ich habe manchmal die Sorge, diese verletzliche Synthese neige sich mehr in Richtung einer *reinen* Marktwirtschaft. Um die schöpferische Verbindung von

Freiheit, Ordnung und Verantwortung muss immer wieder neu gerungen werden. Damit dies gelingt, brauchen wir einen größeren Grundkonsens in den Wertüberzeugungen, die von ethischen Mindeststandards über Einrichtungen und Institutionen bis zur Demokratie und zu Ehe und Familie als Lebensformen reichen. Haben wir genügend einigende Kräfte? Sind wir auch bereit, dafür Verzicht zu leisten?

Vision: Wahre Freiheit

Unser Jahrhundert hat erlebt, was Unfreiheit bedeutet. Umso verständlicher ist der Rausch nach Freiheit, der in weiten Teilen unser Leben bestimmt. Viele atmen auf, dass sie von der Warenwelt bis zu den Lebensformen auswählen können. Freilich, der Schein des Grenzenlosen trügt. Es gibt auch viel Uniformität und Zwang in unserer Gesellschaft. Es herrscht im Ganzen eine widersprüchliche Freiheit. Aber Freiheit ist auch nicht Beliebigkeit. Sie ist immer gepaart mit Ordnung, Selbstdisziplin und Autorität. Ich hoffe, dass wir nach dem Rausch und dem Katzenjammer einer Freiheit, die manchmal zur Beliebigkeit verkommt, zu einem neuen Gebrauch wahrer Freiheit gelangen, die auch durchaus mit Einschränkungen leben kann.

Vision: Keine Tabus

Es gibt vieles, was wir verdrängen. Unsere Gesellschaft schließt weitgehend die Augen vor den Lebensrisiken wie Schuld, Leid, Krankheit und Tod. Dafür sind im Notfall die Experten zuständig. Alles spielt sich diskret ab. Aber wir belügen uns, wenn wir diese Grenzsituationen unseres Lebens öffentlich verschweigen. Es gehört zur Annahme unserer Endlichkeit, dass wir auch über unsere Grenzen reden und mit ihnen umgehen lernen. Ich hoffe, dass wir künftig unsere selbst gemachten Tabus entlarven und wieder offen ins Gespräch kommen über das, was uns in unserem Leben infrage stellt und Angst macht.

Vision: Glaube und Kirche

Wenn ich diese Elemente einer Vision überblicke, bin ich davon überzeugt, dass ein menschenwürdiges künftiges Leben viel mehr auf Religion und Glauben angewiesen ist, wie sie in den Glaubensgemeinschaften und Kirchen gelebt werden. Diese Vision eines wachsenden, kirchlich verankerten Glaubens mag im Augenblick angesichts von Kirchenaustritten, der Privatisierung von Religion und einer zunehmenden kirchlich-religiösen Indifferenz unrealistisch, utopisch erscheinen. Aber Visionen leben aus dem Kontrast zum Gegenwärtigen. Sie können sich düsteren Prognosen mit aller Macht und der Zähigkeit der Geduld widersetzen und dem eigenen Denken und Handeln Flügel der Hoffnung verleihen.

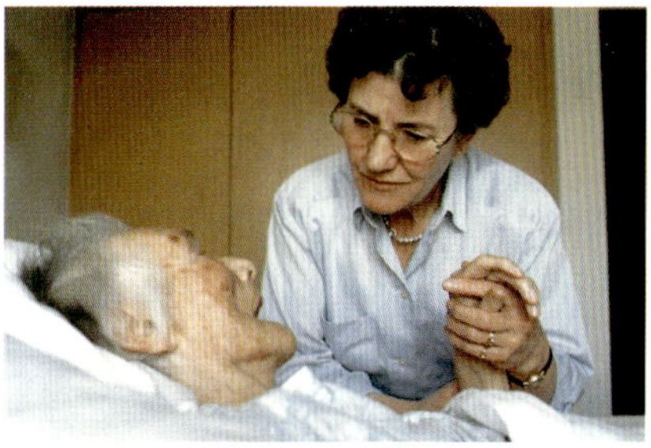

Es gehört zur **Annahme unserer Endlichkeit,** dass wir auch über unsere Grenzen reden und mit ihnen umgehen lernen ⇒430

Visionen ... können sich düsteren Prognosen mit aller Macht und der Zähigkeit der Geduld widersetzen und dem eigenen Denken und Handeln **Flügel der Hoffnung** verleihen; Gemälde von H.G. Bücker. ⇒430

Dagobert Lindlau

Werden Freiheit und Sicherheit im 21. Jahrhundert noch Bürgerrechte sein?

Spätestens mit seinem Bestseller »Der Mob« (1987) über die Ausbreitung der organisierten Kriminalität gelang es dem engagierten Journalisten und Horkheimer-Schüler Dagobert Lindlau, Politiker und Öffentlichkeit auf die davon ausgehenden Gefahren aufmerksam zu machen. Bereits 1981 hatte er mit der ARD-Sendung »Die Bedrohung«, die sich dieses Themas angenommen hatte, Rekordeinschaltquoten erzielt.

⇨4962

Werden die Bürger in 25 oder 50 Jahren mehr gefährdet sein als heute? Wird ihr Besitz mehr bedroht sein und ihr Leben riskanter werden? Werden sie dann zur Beute eines unangreifbaren organisierten Verbrechens oder einer zunehmenden desorganisierten Kriminalität geworden sein? Noch ohnmächtiger gegenüber jugendlicher Gesetzlosigkeit, noch wehrloser dem Übermut der Parteien ausgeliefert und noch mehr ausgebeutet von Interessengruppen? Oder wird sie eine gesichtslose und übermächtige und paratotalitäre Bürokratie unterwerfen?

Werden unsere Kinder und deren Kinder immer noch meinen, dass nur eine sichere Gesellschaft auch eine freie ist oder wird es andere Prioritäten geben? Sind Freiheit *und* Sicherheit dann noch Bürgerrechte?

Leute, die unmittelbar nach dem Ersten Weltkrieg einen noch grausameren zweiten vorhergesagt haben, wurden für verrückt erklärt. Alarmisten sind unglaubwürdig, obwohl selbst ihre düstersten Prognosen mit schöner Regelmäßigkeit von der Realität übertroffen werden. Wer heute prophezeit, dass wir uns demnächst nach der relativen Stabilität des Kalten Kriegs zurücksehnen könnten, gilt als unverbesserlicher Pessimist. Dabei gibt es seit dem Zerfall der UdSSR mehr vagabundierendes atomares Zerstörungspotenzial auf der Welt als je zuvor. Wer noch vor kurzem behauptet hätte, dass die NATO, das mächtigste Sicherheitsbündnis der Erde, keinen Finger rühren wird, wenn mitten in Europa ganze

Dagobert Lindlau

wurde am **11.10.1930** in München geboren und **1944** durch Bombenangriff schwer verletzt und verbrannt. Trotzdem machte er pünktlich Abitur; nach Volontariat bei einer kleinen Zeitung in Oberbayern war er Regieassistent bei der amerikanischen Filmgesellschaft Princess-Pictures (Paramount), nebenher Verfasser von Kurzgeschichten und Student. **1954** dann der erste Auftritt als Fernsehjournalist; diesem folgten Tagesschauberichte, Studiosendungen, Reportagen aus Japan, Amerika, den meisten Krisengebieten der Erde – und wieder nebenher: Filmdialoge, Essays sowie Übersetzungen von Theaterstücken aus dem Amerikanischen. **1986** wurde Lindlau mit dem Adolf-Grimme-Preis für hervorragende Verdienste um das Fernsehen in der Bundesrepublik Deutschland ausgezeichnet.

Landstriche ethnisch gesäubert, Frauen systematisch geschändet, Hunderttausende verstümmelt, gefoltert und ermordet werden, den hätte man ausgelacht.

Die amerikanische Justizministerin Janet Reno und die Direktoren von FBI und CIA haben im April 1994 in seltener Übereinstimmung vor einem Senatsausschuss erklärt, dass die Bedrohung durch das organisierte Verbrechen längst keine Sache der Polizei mehr sei, sondern eine Frage der nationalen Sicherheit. Jährlich würden über 500 Milliarden Dollar kriminelle Profite gewaschen und samt dem kriminellen Einfluss in die legale Wirtschaft gepumpt. Ein Sprecher des US-Außenministeriums fügte hinzu, dass das organisierte Verbrechen die Welt wahrscheinlich gründlicher verändern wird, als das der Kommunismus je konnte. Auf dem Gebiet der früheren UdSSR allein sind über 5000 kriminelle Vereinigungen bekannt. Mafiose Konföderationen, so Senator Kerry, machen jetzt schon ganze Regionen unregierbar und verfügen über Logistik und Kapital, um Massenvernichtungswaffen zu beschaffen und an antidemokratische Interessenten zu verhökern.

Der in der achten Sure (Vers 14) des Korans angeblich geforderte Djihad der Islamisten ist von Usmara ibn Ladin und anderen erklärt. Hinzu kommen Meuchelmörder mit anderen ideologischen oder politischen Motiven. 270 Tote in Lockerbie, 168 Tote in Oklahoma City, 265 Tote in Nairobi und Daressalam. Man kann den Bodycount fortsetzen. In Moskau sind im Kampf gegen das organisierte Verbrechen mehr Polizeibeamte gefallen als in sämtlichen militärischen Friedensinterventionen seit dem Zweiten Weltkrieg.

Die Sicherheit der Bürger scheint in vielen Bereichen zu einer Frage der Werbeetats geworden zu sein. Wenn in einem Jahr besonders viele Passagierflugzeuge abstürzen, stecken die Veranstalter eben mehr Geld in eine Reklame, die Sicherheit verspricht. Das ist immer noch billiger als bessere Flugzeuge und Piloten. Die Kluft zwischen Marketing und Wirklichkeit wird größer. Selbst die Kriminalstatistik ist sicherheitspolitische PR. Wenn Polizisten nur noch Karten spielen, dann sinkt die Zahl der ermittelten Delikte trotz steigender Kriminalität. Die Kriminalstatistik sagt viel über den Arbeitseifer der Polizei aus und nichts über den Umfang der Kriminalität.

Es wäre denkbar, dass die Bürger das soziale Verhalten an völlig neuen Kriterien messen. Eine Mehrheit der Amerikaner wäre schon jetzt damit einverstanden, dass Präsident Bill Clinton selbst dann im Amt bliebe, wenn ihm Meineid und Behinderung der Justiz nachzuweisen wären. Eine Mehrheit der Italiener bewundert Silvio Berlusconi, obwohl er mehrfach wegen Korruption angeklagt und verurteilt wurde. Die

Das organisierte Verbrechen wird die Welt wahrscheinlich gründlicher verändern, als das der Kommunismus je konnte.

In **Kolumbien** reicht die Macht der Drogenkartelle bis in die höchsten Regierungskreise; Politiker, die sich dem organisierten Verbrechen entgegenstellen, müssen um ihr Leben fürchten (im Bild der Schauplatz des Anschlags auf den konservativen Politiker Alvaro Gomez Hurtado, der am 2.11.1995 in Bogotá erschossen wurde). →20

Vorstellung von einer Unterwelt, die unversöhnlich einer intakten Oberwelt gegenüberstünde, scheint ein recht simples Denkmodell zu sein. Von ein paar Hundert in den Osten geschmuggelten Nobelfahrzeugen war ein großer Teil in Wirklichkeit gar nicht gestohlen. Die Besitzer hatten die Autos an die Unterwelt verkauft und als gestohlen gemeldet. Es sind dieselben Bürger, die nach der Todesstrafe schreien, wenn ihnen das Autoradio geklaut wird. Ein Erpresser, der gedroht hat, Babynahrung zu vergiften, entschuldigt sich vor Gericht damit, dass er doch seine Altersversorgung habe sichern müssen. In einer Strafanstalt werden weibliche Justizangestellte monatelang von einem Häftling auf die viehischste Weise vergewaltigt. Als der Richter den Verantwortlichen fragt, warum er denn nicht Alarm geschlagen habe, kriegt er zur Antwort, das hätte ein schlechtes Licht auf den liberalen Strafvollzug geworfen.

Ein Jumbo der amerikanischen Fluggesellschaft PanAm stürzte nach einer Explosion an Bord im Dezember 1988 auf das schottische Dorf **Lockerbie;** das Attentat forderte 270 Menschenleben. Der Tat verdächtig sind zwei libysche Geheimdienstoffiziere, die Libyen bis heute der Gerichtsbarkeit entzieht. ⇒160

Im rechten Lager versimpeln populistische Forderungen die Debatte, im linken trüben wirklichkeitsfremde Utopien den Blick, und die parlamentarischen Gesetzgeber schaffen sich selbst als Leitbilder ab. Riesige Wählergruppen werden mit Subventionen gekauft. Strittige Gesetze werden ungeniert bis nach Wahlen aufgeschoben, damit die Wähler bei der Stimmabgabe keine Konsequenzen aus den gesetzgeberischen Absichten ziehen können. Alles was die Gemüter der Wähler erhitzt, muss nach Meinung der Parteistrategen aus dem Wahlkampf »herausgehalten« werden und schwachsinnigen Parolen Platz machen, obwohl doch gerade das Strittige an der Urne zu entscheiden wäre. Parteischranzen reißen sich unverfroren lukrative Posten in Verwaltung, Justiz, Wissenschaft und Massenmedien unter den Nagel. Sogar die Basis der Demokratie wird ausgehebelt, die Gewaltenteilung. Die Parteien schicken ganz offen Sympathisanten in die höchsten Gerichte, um dann Entscheidungen, die das Parlament zu treffen hätte, dorthin zu delegieren.

» *Mafiose Konföderationen machen jetzt schon ganze Regionen unregierbar.* «

Und die Jugendkriminalität steigt. Sicher spielen mangelnde Perspektiven, mangelnde Vorbilder eine enorme Rolle. Wichtiger ist aber vielleicht, dass wir unsere Kinder zu lange belogen haben. Wir haben ihnen weisgemacht, dass man immer nur tun muss, was einem Spass macht und ihnen verheimlicht, dass es auch lästige Pflichten gibt, die man erfüllen muss, wenn eine Gesellschaft nicht zusammenbrechen soll. Stattdessen haben wir rücksichtslose Selbstverwirklichung gepredigt. Wir reden jungen Menschen ein, dass es so etwas wie einen vollstreckbaren Anspruch auf eine gerechte Welt gibt und unterschlagen, dass wir alle und jeden Tag wieder lernen müssen, die Ungerechtigkeit der Welt zu ertragen, ohne uns dafür an anderen schadlos zu halten.

Noch nie in der Geschichte Mitteleuropas war eine Jugend – selbst am benachteiligten Rand der Gesellschaft – so satt und so verhätschelt wie heute. Noch nie zuvor wurden tödliche Gewalt und asoziales Verhalten so beharrlich mit unerträglicher Benachteiligung entschuldigt. Das Elend junger Menschen in der Dritten Welt sollte das eigentlich verbieten. Ein Vierzehnjähriger wird gefragt, warum er mit drei anderen eine wehrlose alte Frau aus der U-Bahn geprügelt hat und darauf auch noch stolz ist. »Das zeigt, dass man Herz hat«, sagt er und meint, dass er und seine Komplizen nicht von überholten Skrupeln angekränkelt sind.

Schon jetzt haben zu viele Bürger das Gefühl, dass sich Registrierungen, Mikrofonüberwachung, verdachtsunabhängige Kontrollen oder Genkarteien vielleicht gar nicht so sehr gegen die Unterwelt richten, sondern die ersten Vorläufer einer total kontrollierten, total verwalteten Gesellschaft sind. Der gegenüber den kriminellen Kartellen völlig wirkungslose Straftatbestand der Geldwäsche etwa eignet sich nur dazu, die Bürger noch gründlicher mit einem undurchschaubaren Steuersystem zu schröpfen.

Der Terrorismus und andere kriminelle Gruppen scheinen begriffen zu haben, dass wir wehrlos sind. Unter anderem weil wir uns an Regeln gebunden fühlen, die für sie nicht gelten. Ibn Ladin fordert seine Glaubensbrüder im Namen Allahs auf, Amerikaner umzubringen. Wenn die sich wehren, nimmt er das Völkerrecht in Anspruch, das er selbst mit Füßen tritt. Wer sich wehrt, erhebt die Hand gegen Allah. Schließlich hat auch die RAF jede Reaktion auf ihre Mordserien zu faschistischem Unrecht erklärt.

Wir sind stolz auf unseren humanen Strafvollzug. Aber Täter aus Usbekistan oder Albanien betrachten die Haft in unseren Gefängnissen als geschenkte Lebensqualität. »Wenn wir Gewalttäter östlicher Gruppen zum ersten Mal vernehmen«, so ein Ermittler, »erwarten sie, dass wir die Aussagen aus ihnen herausprügeln wie da, wo sie herkommen. Wir bieten ihnen stattdessen einen Stuhl und Zigaretten an, und dann halten sie uns für arme Irre.«

Die Macht des organisierten Verbrechens, die Verflechtung von Ober- und Unterwelt könnten uns bald Maßnahmen und Gesetze abverlangen, gegen die sich eine freie Gesellschaft zu Recht und aus sehr guten Gründen sträubt. Irgendwann könnten sich Rechtsstaaten, könnten sich Politiker und Gesetzgeber unter dem Druck der Wähler gezwungen sehen, unverzichtbare Prinzipien zur Disposition zu stellen. Diese Gefahr halte ich für mindestens so groß wie eine zunehmende Kriminalisierung der Gesellschaft und den Paradigmenwechsel in unserem Zusammenleben.

Taten wie die des 15-jährigen Kipland Kinkel (Mitte), der im Mai 1998 in Springfield (Oregon) zuerst seine Eltern ermordete, dann in seiner Schule zwei Mitschüler erschoss und 23 weitere verletzte, lösen in der Öffentlichkeit von Hilflosigkeit geprägte Diskussionen über die zunehmende **Gewaltbereitschaft Jugendlicher** aus. ⇒160

»Der Terrorismus und andere kriminelle Gruppen scheinen begriffen zu haben, dass wir wehrlos sind.«

Klaus Hänsch

Wird es eine politische Renaissance Europas geben?

Klaus Hänsch über Klaus Hänsch: Schlesier von Geburt (1938), Flensburger durch Schule (1945–60), Berliner durch Studium (1962–68), Pariser aus Neigung (1961–65), Rheinländer durch Beruf (seit 1969) und deutscher Europäer aus Überzeugung und durch Mandat (seit 1979). ⇒4950

Am Ende des 20. Jahrhunderts hat die Europäische Union zwei epochale Entscheidungen getroffen, deren Folgen weit in das 21. hineinragen: Sie wird eine gemeinsame Währung haben und sie wird sich nach Osten erweitern. Beides ist ohne Beispiel in der europäischen Geschichte: Elf unabhängige europäische Nationen, die jahrhundertelang mit Krieg und Verwüstung, Mord und Raub übereinander hergefallen sind, haben ihr eigenes Geld und damit den wohl wichtigsten Teil ihrer Souveränität auf die Europäische Union übertragen – und andere werden folgen. Und zum ersten Mal gibt es die Chance, ganz Europa zu einigen – nicht durch Krieg und Eroberung wie in der Vergangenheit, sondern durch freien Entschluss der Völker.

In der Währungsunion ist die politische Union enthalten wie der Keim im Ei. Der Euro macht die bestehenden Verflechtungen im Binnenmarkt noch intensiver und effektiver, begrenzt die Entscheidungsspielräume in den Haushalten der Mitgliedstaaten und ihrer Regionen und erzwingt eine noch engere Abstimmung der Wirtschafts-, Steuer- und Haushaltspolitik der EU-Mitgliedstaaten. Er wird sich zur zweiten Leitwährung der Welt neben dem Dollar entwickeln und die Union zu einer währungspolitischen Weltmacht machen. Diese Last wird sie nur tragen und diese Chance nur nutzen können, wenn sie ihr währungspolitisches Gewicht durch eine Gemeinsame Außen- und Sicherheitspolitik flankiert. Europa wird weltpolitische Verantwortung übernehmen.

Klaus Hänsch

15.12.1938 in Sprottau (Schlesien) geboren
1962–68 Studium der Politikwissenschaft, Geschichte und Soziologie in Köln, Paris, Berlin
1969–70 Referent beim Beauftragten der Bundesrepublik Deutschland für die kulturellen Angelegenheiten im Rahmen des deutsch-französischen Vertrags
1970–79 Pressereferent und
ab 1977 Fachreferent beim Minister für Wissenschaft und Forschung des Landes Nordrhein-Westfalen
seit 1979 Abgeordneter des Europäischen Parlaments in Straßburg
1994–97 Präsident des Europäischen Parlaments
1989–94 und wieder **seit 1997** stellvertretender Fraktionsvorsitzender der Sozialdemokratischen Parteien im Europäischen Parlament

Die Erweiterung der Union nach Osten hat die gleiche historische Bedeutung wie der Beginn der Westintegration in der Mitte des 20. Jahrhunderts. Die damalige Politikergeneration hatte den Mut und die Weitsicht, den alten Antagonismus zwischen Deutschland und Frankreich in einer Europäischen Gemeinschaft aufzuheben und die Einigung Europas im Westen zu beginnen. Die Generation in der ersten Hälfte des 21. Jahrhunderts wird die gleiche Weisheit und den gleichen Mut beweisen müssen, wenn die Einigung der Völker Europas in einer freiwilligen Organisation des Friedens und der Zusammenarbeit auf dem gesamten Kontinent gelingen soll.

Die Aufnahme der Völker Mittel- und Osteuropas in die Europäische Union wird die Union grundlegend verändern. Sie wird nicht nur um fast ein Drittel ihrer Bevölkerung größer werden und um etwas mehr als ein Drittel ihrer Fläche wachsen, ihr treten auch Völker bei, deren gesellschaftliche Verhaltensweisen und politische Ziele, Gefühlshaushalte, Erfahrungen, Interessen und Wertungen sich tief greifend von denen in den bisherigen Mitgliedstaaten unterscheiden. Zwar hat auch jede der bisherigen Erweiterungen, von sechs Mitgliedstaaten im Jahre 1958 auf fünfzehn im Jahre 1998, die Union verändert, aber nie ist ihr eine neue Qualität in solcher Quantität hinzugefügt worden. Das macht den Weg in die Union länger und steiniger, als es die einen erhoffen und die anderen befürchten, aber er wird vollendet werden.

Wenn die Europäische Union handlungsfähig bleiben will, kann sie sich nicht grenzenlos erweitern. Auch im 21. Jahrhundert werden nicht alle Staaten in Europa dazu gehören. Einige werden es nicht wollen, andere nicht können, dritte nicht dürfen. Europas Grenzen waren immer unbestimmt und fließend – die Europäische Union muss, um nicht zu zerfließen, bestimmte Grenzen haben. Die Zugehörigkeit zu Europa wird durch Geographie und Geschichte, Tradition, Kultur und demokratisch-laizistische Verfassung bestimmt – die Zugehörigkeit zur Europäischen Union ergibt sich auch aus ihrer Aufnahmefähigkeit, und die ist begrenzt. Die Union ist längst mehr als nur ein Bündnis oder ein lockerer Staatenbund. Ein europäischer Staatenverbund, in dem von Kap Sagres bis Kamtschatka und vom Nordkap bis zum Tigris die in Brüssel und Straßburg beschlossenen Gesetze gelten und durchgesetzt werden, ist weder denkbar noch wünschenswert. Die Europäische Union wird geographisch, kulturell und politisch immer weniger sein als das ganze Europa oder sie wird weder europäisch noch eine Union sein. Aber mit den Staaten, die ihr nicht angehören, muss die Union ein differenziertes und flexibles Netzwerk von Kooperations-, Partnerschafts- und Assoziierungsverträgen schaffen, das

»Zum ersten Mal gibt es die Chance, ganz Europa zu einigen – nicht durch Krieg und Eroberung wie in der Vergangenheit, sondern durch freien Entschluss der Völker.«

1958

Belgien

Italien

Deutschland

Luxemburg

Frankreich

Niederlande

1973

Großbritannien

Irland

Dänemark

1981

Griechenland

1986

Portugal

Spanien

1995

Finnland

Österreich

Schweden

1999

eines Tages durch eine »Charta Konföderaler Zusammenarbeit in Europa« gekrönt werden könnte.

Die Einführung des Euro und die Erweiterung nach Osten werfen die Frage nach der politischen Verfassung der EU mit neuer Schärfe auf. Wenn die gemeinsame Währung nicht ins Rutschen kommen und die größere Union mit mehr als 20 Mitgliedstaaten handlungsfähig bleiben soll, müssen die politischen Strukturen der Union neu zugeschnitten und gefestigt werden. Je fester sie sind, desto flexibler können sie sein. Vertiefung und Erweiterung sind kein Gegensatz, sondern die erste ist die Voraussetzung für das Gelingen der zweiten – und die zweite erzwingt die erstere.

Die Europäische Union braucht einen neuen Grundvertrag, der ihr deutlich verstärkte, aber auch klarer begrenzte Zuständigkeiten überträgt. Ihre Entscheidungsverfahren müssen vereinfacht und durchschaubar werden. Je mehr Entscheidungen jenseits der nationalen Grenzen getroffen werden müssen, desto weniger kann ihre demokratische Legitimation allein nationalstaatlich hergestellt werden: Europäische Entscheidungen erfordern auch eine angemessene Mitwirkung des Europäischen Parlaments. Es wird die europäischen Gesetze gemeinsam mit dem Ministerrat beschließen und eine europäische Regierung, die allerdings weiterhin »Kommission« heißen wird, einsetzen und kontrollieren können. Damit wird das Europäische Parlament nicht zum allein und alles entscheidenden Organ der Union, aber es wird gleichberechtigt und gleichgewichtig mit den im Ministerrat vertretenen nationalen Regierungen die europäischen Gesetze beschließen. Demokratisch wird die Union allerdings nur, wenn die Bürgerinnen und Bürger von dem Willen durchdrungen sind, an der Gestaltung der »res publica« teilzunehmen, zu der eben auch die EU gehört.

Die Europäische Union wird kein europäischer Bundesstaat nach der Blaupause der USA oder der Bundesrepublik Deutschland. Sie bleibt eine Union von Mitgliedstaaten, die immer mehr sein werden als nur Bundesländer einer Bundesrepublik Europa. Sie löst die europäischen Völker nicht auf und macht sie nicht zu einem europäischen Volk. Sie schafft keine europäische Sprache. Die nationalen und regionalen Kulturen, Gewohnheiten, Traditionen bleiben erhalten. Die Nationalstaaten werden im gesellschaftlichen und politischen Leben der Bürger weiterhin die wichtigste Rolle spielen. Sie bleiben in ihren nationalen, regionalen und lokalen Bezügen mehr als in den europäischen zu Hause. Aber die Union kann ihre Kräfte bündeln und auf die Herausforderungen der Zukunft richten und an die Stelle des alten Gegeneinander ein neues Miteinander setzen.

Fünfhundert Jahre lang sind die Europäer in die Welt hinausgegangen, jetzt kommt die Welt zu ihnen zurück. Die Vermehrung der Menschen auf der Erde und die wachsende Armut des größeren Teils der Menschheit, Hunger und Seuchen, Umweltzerstörung und Krieg in anderen Teilen der Welt lassen Europa nicht unberührt. Ohne die Bereitschaft und die Fähigkeit der Europäischen Union, globale Verantwortung zu übernehmen, wird sie den Frieden nicht einmal in Europa selbst sichern können. Solange das ökonomische Potenzial Europas in nationaler Prestigekonkurrenz eingesetzt wird, schafft Europa Unruhe und Unsicherheit in der Welt. Von der Zusammenführung der nationalen Ziele und Möglichkeiten zu gemeinsamem Handeln, vom Gelingen der gemeinsamen Außen- und Sicherheitspolitik also, hängt Europas Zukunft ab – und nicht nur die Europas.

Zu Beginn des 20. Jahrhunderts war Europa der politische, wirtschaftliche und geistige Mittelpunkt, bis in die Sechzigerjahre hinein wenigstens noch, negativ oder positiv, der wichtigste Referenzpunkt für die Welt. Am Beginn des 21. Jahrhunderts scheint Europa für den größeren Teil der Menschheit ohne Belang. Der einst unerschütterliche Glaube an die Überlegenheit der europäischen Zivilisation ist verflogen. Aber die Werte, die Europa entwickelt und in die Welt hinausgetragen hat, sind Teil seiner Identität und zugleich universal geworden. Ohne sie würde es zwar noch Menschen im Raum Europa geben, aber keine »Europäer« mehr und auch kein »Europa«.

Die Einigung Europas muss zur Rückbesinnung auf den Primat der Politik auf der Grundlage gemeinsamer Werte führen. Europäisch ist die freie Suche nach mehr Wahrheit. Europäisch ist der Dreiklang von »Freiheit, Gleichheit, Brüderlichkeit«, in dem, nach den Worten von Johannes Paul II., auch christliche Werte mitschwingen. Bei allen Unterschieden im Einzelnen suchen die Europäer immer von neuem nach der einzigartigen, unauflöslichen und gleichgewichtigen Verbindung von wirtschaftlicher Leistung und sozialer Gerechtigkeit, nach dem immer gefährdeten Gleichgewicht zwischen der Freiheit für den Einzelnen und seiner Verantwortung für das Ganze. Die Europäer dürfen nicht mehr wie früher den Platz in der Welt beanspruchen, der anderen zusteht. Sie haben aber das Recht, den ihren zu behaupten. Das wird ihnen nicht in der Idylle nationaler und regionaler Puppenstuben gelingen. Nur die Vereinigung Europas zu einer Union der Staaten und Völker auf der Grundlage europäischer Werte gibt den Europäern die Chance, der Macht der global wirksamen Zwänge ein Stück humanistisch-europäischer Selbstbestimmung entgegenzusetzen.

In der Währungsunion ist die politische Union enthalten wie der Keim im Ei.

nach 2000

Estland

Slowenien

Polen

Ungarn

Tschechische Republik

Zypern

Europaflagge

Theo Mayer-Kuckuk

Warum drängt der Mensch in den Weltraum?

Theo Mayer-Kuckuk ist Kernphysiker und Studenten durch seine Lehrbücher bekannt. Er war Mitglied vieler nationaler und internationaler Beratungsgremien zu Fragen der Forschungspolitik. Mit der bemannten Raumfahrt hat er sich als Außenstehender während seiner Zeit als Präsident der Deutschen Physikalischen Gesellschaft befasst. Wenn er freie Zeit hat, segelt er im eigenen Boot im Mittelmeer. →4948

Theo Mayer-Kuckuk

1927 in Rastatt geboren
1951 Diplom in Physik und
1953 Promotion an der Universität Heidelberg
1960–61 Research Fellow am California Institute of Technology
1962 Habilitation
1964 wissenschaftliches Mitglied am Max-Planck-Institut für Kernphysik in Heidelberg
seit 1965 auswärtiges wissenschaftliches Mitglied
1965–92 ordentlicher Professor an der Universität Bonn
seit 1982 ordentliches Mitglied der Nordrhein-Westfälischen Akademie der Wissenschaften
1984–90 Vizepräsident der Internationalen Union für Reine und Angewandte Physik
1990–92 Präsident der Deutschen Physikalischen Gesellschaft (DPG)
1992–96 Vizepräsident der DPG
seit 1994 wissenschaftlicher Leiter des Magnus-Hauses Berlin (wissenschaftliches Begegnungszentrum der DPG)

Die Erde zu verlassen und zu den Gestirnen zu fliegen, diese Vision ist für den Menschen ziemlich neu – ganz im Gegensatz zum Traum vom Fliegen. Die Sage von Dädalus steht für dieses alte Begehren und die Anschauung des Vogelfluges machte deutlich, dass der Flug des Menschen möglich sein müsse. Die Vorstellung dagegen, dass man die Erde zum Raumflug verlassen könne, wurde erst möglich, als der Aufbau unseres Planetensystems erkannt war. Dieser Idee hat sich alsbald die Fantasie des Dichters bemächtigt. Cyrano de Bergerac lässt den Helden seines Romans »Mondstaaten und Sonnenreiche« (1657) die selbst gestellte Frage, ob er zum Mond aufsteigen könne, beantworten mit dem Satz: »Und warum nicht – Prometheus war einstmals im Himmel, dort das Feuer zu rauben. Bin ich weniger kühn als er?« Diese Herausforderung wirklich anzunehmen blieb allerdings unserer Zeit vorbehalten.

Raumfahrt ist zur Realität geworden. Diese Realität gehört zu den Erfahrungen unseres Zeitalters. Der Vergleich mit den großen Entdeckerfahrten drängt sich auf, die jedermann bewusst gemacht haben, was vorher nur gelehrte Theorie war, nämlich dass die Erde eine umschiffbare Kugel ist. Die Aufarbeitung der Tatsache, dass wir die Erde verlassen können, steht noch aus. Sie wirft eine Fülle von Fragen auf, die es zu präzisieren gilt. Vor allem gilt es zu fragen, wohin die begonnene Reise führt. Das ist indes schwierig. Jedermann weiß, wie beschränkt unsere prognostischen Fähigkeiten sind.

Raumfahrt, darüber herrscht Einigkeit, ist von allergrößter Bedeutung: Sie verfolgt wissenschaftliche, technische, ökonomische und kulturelle Ziele. Allerdings gilt es hier zu unterscheiden zwischen bemannter und unbemannter Raumfahrt. Was wichtig ist für kommerzielle Anwendungen und für wissenschaftliche Erkenntnis, kann heute ganz überwiegend mit unbemannten Raumsonden erledigt werden. Die Anwendungen der Satellitentechnik sind schnell aufgezählt. Es geht um die Nachrichtentechnik, die Wettervorhersage, die Flug- und die Schiffsnavigation, die Überwachung der Erdoberfläche und der Atmosphäre aus ökologischen Gründen sowie die Erdvermessung – alles Dinge, die der Sicherung der menschlichen Lebensgrundlagen dienen. Für die Naturwissenschaften eröffnet der Blick, den Satelliten auf die Erde und den Kosmos erlauben, Zugang zu ganz neuen Erkenntnissen, einerseits über das Planetensystem und die Erde, andererseits über den Aufbau und die Geschichte des gesamten Kosmos, vor allem auch, weil astronomische Beobachtungen bei Wellenlängen möglich werden, die auf der Erdoberfläche nicht zu empfangen sind. Ebenso unbestritten ist die militärische Bedeutung der Raumfahrt. Auch hier spielen die Satelliten die Hauptrolle, bisher jedenfalls. Die hoch entwickelte Überwachungstechnik bietet natürlich auch viele Möglichkeiten zur Abrüstungskontrolle.

Allerdings stoßen wir auch bei der Raumfahrt auf die alte Ambivalenz, die technischer Fortschritt immer gezeigt hat. Sie enthält Verheißung und Bedrohung. Und damit stellt sich die grundsätzliche Frage nach den ethischen Grundlagen der Technik: Was ist uns erlaubt zu tun? Noch ist gute Gelegenheit, gründlich über die Ziele der Raumfahrt nachzudenken und darüber, wohin die Entwicklung strebt. Selbst wenn der Glücksfall eintritt, dass ein friedliches Zeitalter ohne internationale Konflikte bevorsteht, sodass eine militärische Anwendung der Raumfahrt nicht gefordert ist, gibt es Grenzen des Erlaubten. Schon ist zum Beispiel die erdnahe Umgebung mit Zehntausenden von Trümmerstücken gefüllt, die eine zunehmende Gefahr für neue Missionen darstellen. Auch hier entsteht das für heute typische Entsorgungsproblem, an dem die Technik, die es hervorgerufen hat, zu ersticken droht.

Wer indessen unter den Beweggründen für die Raumfahrt nur die deutlich wahrnehmbaren sieht, nämlich den praktischen und wissenschaftlichen Nutzen sowie die politischen und wirtschaftlichen Interessen, greift zu kurz. Dies alles regt nicht die menschliche Fantasie an, wie es die Raumfahrt tut. Sie fasziniert. In Jules Vernes Reise um den Mond wird die

Amerikanische Astronauten warten im Februar 1997 das **Weltraumteleskop Hubble,** das bislang größte optische und Ultraviolett-Teleskop im All. Seit seinem Start 1990 lieferte Hubble weit über 100 000 Einzelbeobachtungen des Planeten- und des Milchstraßensystems sowie von extragalaktischen Sternensystemen. ⇾80662

Noch ist gute Gelegenheit, gründlich über die Ziele der Raumfahrt nachzudenken und darüber, wohin die Entwicklung strebt.

Die russische **Raumstation Mir** (»Frieden«) ist seit 8.2.1987 ständig bemannt. Sie hat ihre ursprünglich geplante Lebensdauer von drei Jahren weit überschritten, und so häuften sich in den letzten Jahren Abnutzungserscheinungen und technische Probleme. ⇒80662

Technik als Kulturleistung?

Modell der geplanten **Internationalen Raumstation** (International Space Station, ISS), an der sich nahezu alle großen Industrienationen der Welt beteiligen. Im Januar 2000 soll die erste Besatzung an Bord gehen. Die ISS soll die Mir ersetzen. ⇒20

Rückkehr der Mondfahrer so beschrieben: »... *die flammende Leidenschaft des Publikums entsprach der Größe des Unternehmens. Menschliche Wesen, die den Erdball verlassen hatten, die von solch einer seltsamen Reise in die Himmelsräume zurückkehrten, durften nicht anders empfangen werden als der Prophet Elias, wenn er wieder zur Erde niedersteigen wird.*« Diese Faszination ist es letzten Endes, die den Raumfahrtunternehmungen den öffentlichen Rückhalt sichert.

Was sind die Quellen dieser Faszination? Ein Schlüsselbegriff ist das Wort von der »Eroberung« des Weltraums. Erobern und Beherrschen sind wirkungsvolle, tief im menschlichen Verhalten verankerte Antriebe. Dazu gehört auch die Lust am Abenteuer und die Bewunderung des tapferen Menschen in gefährlichen Situationen, kurz des Helden. So verbindet sich vieles, das die Faszination der bemannten Raumfahrt ausmacht: Die Beherrschung und Erforschung der Natur, Glanz und Ausstrahlung des technischen Geräts, der Stolz, zu den Grenzen des Erreichbaren vorzudringen und die Bewunderung für die Männer, die diese Expeditionen durchführen. Sie sind Stellvertreter des Menschengeschlechts bei einem ungewöhnlichen Abenteuer, das viele als das Abenteuer ihrer Zeit miterleben wollen.

Wenn man zu späteren Zeiten auf unser Jahrhundert zurückblickt, wird man klarer sehen, welches seine großen kulturellen Leistungen waren. Werden es Philosophie und Künste sein, Literatur, Malerei, Musik? Man darf daran zweifeln. Die kulturelle Kraft scheint sich in anderer Weise manifestiert zu haben, nämlich auf dem Gebiet der Naturwissenschaften und Technik. Technik als Kulturleistung? Wem das befremdlich scheint, der mag bedenken, dass große Monumente, die einer Kulturperiode Ausdruck verliehen, fast immer auch technische Meisterwerke waren. Das sind Zeugnisse einer bewussten und stolzen Verbindung von Ingenieurtechnik und künstlerischem Ausdruck, Symbole der technischen Kultur. Ähnlich kann man die Raumfahrt sehen: Als eine selbstbewusste Leistung technischen Könnens, die einem Grundbefinden unserer Zeit kraftvoll und sichtbar Ausdruck verleiht, als Monument der technischen Kultur. Die Internationale Raumstation ist ein solches Monument.

Es gibt noch eine ganz andere Dimension der Raumfahrt. Sich die Erde als Planeten vorzustellen war für seine Bewohner eine ziemlich abstrakte Denkleistung. Plötzlich können wir unsere Erdkugel in ihrer Schönheit und Gebrechlichkeit von außen betrachten. Auch dies gehört zum kulturellen Aspekt der bemannten Raumfahrt. Es ist erstaunlich, wie wenig er bisher Beachtung gefunden hat. Die Ambivalenz der technischen Unternehmung, von der die Rede war, die Einsamkeit und Gebrechlichkeit des Menschen im All, seine Gefährdung und seine existenzielle Konfrontation mit der Leere, Größe und Kälte des Universums – all das bedürfte der Sensibilität künstlerischer und philosophischer Durchdringung, um es zu erhellen und es auf anderer Ebene als der der Vermittlung purer Fakten bewusst zu machen.

Die bemannte Raumfahrt verlockt Visionäre. Visionen können sich um vieles ranken, um Religiöses, Politisches oder Technisches – vor allem aber können sie zur Konstruktion einer Utopie führen, die zukünftige Güter verheißt gegen Opfer, die jetzt zu erbringen sind. Ein beliebter visionärer Gedanke ist die Besiedlung des Weltraums. Wird die Menschheit einst vom unbewohnbar gewordenen Planeten fliehen und den Weltraum kolonisieren müssen? Die Frage verweist mehr auf die Kostbarkeit und Einmaligkeit unseres Planeten als dass sie ein auch nur im Entferntesten realistisches Ziel der Raumfahrt andeuten könnte. Die Grenze zwischen Wissenschaft und Science-Fiction wird bei solchen Überlegungen leicht überschritten.

Man sollte sich besser an die nüchternen Fakten halten. In unserem Planetensystem kann man sicherlich herumreisen, aber nach zahlreichen unbemannten Missionen kennen wir uns auf den Planeten schon recht gut aus, gut genug jedenfalls, um zu wissen, dass Menschen dort nicht in natürlicher Weise existieren können. Der Weg zum nächsten Stern ist ein bisschen weit, und ob es dort Planeten gibt, wissen wir nicht genau. Um solche Distanzen zu überwinden, bedürfte es eines Raumschiffs, das einen merklichen Bruchteil der Lichtgeschwindigkeit erreichte. Um die relativistische Massenzunahme des zu beschleunigenden Objekts aufzubringen, wäre jedoch ein ungeheuerlicher Energieaufwand nötig. Wenn man zudem bedenkt, dass der Mensch durch biologische Evolution den Bedingungen auf dieser Erde voll angepasst, aber unter Weltraumbedingungen höchst gebrechlich ist, wird klar, dass sich Raumfahrt für alle absehbare Zukunft auf die nächste Erdumgebung beschränken muss.

Die Haupthindernisse für wirklich ausgreifende Unternehmungen sind in der Tat eher biologischer als physikalischer Natur. Die menschliche Lebensdauer ist zu kurz im Vergleich zu den Zeiten, die zur Überwindung kosmischer Distanzen selbst bei hohen Geschwindigkeiten nötig sind. Dazu kommen die anderen körperlichen und psychischen Bedingtheiten des Menschen. Nur eine weitere Vision, eine Horrorvision freilich, könnte Abhilfe schaffen: Der durch die Kunst der Gentechnik angepasste Astronaut.

T. Mayer-Kuckuk

Raumfahrt muss sich für alle absehbare Zukunft auf die nächste Erdumgebung beschränken.

Blick aus der Raumfähre Endeavour: Der amerikanische Astronaut Jerry Ross verkabelt am 7.12.1998 das amerikanische Modul Unity (unten) mit dem russischen Bauteil Sarja (nicht im Bild), die die Grundlagen für die **Internationale Raumstation** ISS bilden. ⇒160

Reinhold Messner

Visionen eines Grenzgängers – Was findet man am Ende der Welt?

Reinhold Messner gehört seit über 30 Jahren zu den erfolgreichsten Bergsteigern der Welt. Er hat bei 3500 Bergfahrten etwa 100 Erstbesteigungen durchgeführt, alle 14 Achttausender bestiegen, zu Fuß die Antarktis, Grönland der Länge nach, Tibet und die Wüste Takla Makan durchquert. ⇨ 4645

Am 20. August 1980 hockte ich ein zweites Mal ganz oben auf dem Mount Everest – allein, 8848 m hoch, in einer menschenfeindlichen Welt. Um mich waberten Monsunnebel und mein Kopf wurde ob des Sauerstoffmangels so taub, dass ich weder klar zu denken noch Freude zu empfinden vermochte. Endlich hatte ich das obere Ende der Welt erreicht, den Höhepunkt meiner Ambitionen und zugleich den Gipfel der Aussichtslosigkeit. Nein, da war keine Genugtuung, kein Hochgefühl, nur das Bewusstsein, dass es höher nicht ging.

War es bis zu dieser Gipfelstunde um das Hinaufkommen gegangen, ging es nun um das Zurückkommen; und erst wieder unten, am Gletscherrand, zwischen den ersten flechtenbewachsenen Felsen, den ersten Insekten in der Luft, dem sprudelnden Schmelzwasser brachen Emotionen aus mir heraus wie Dampf und Lava aus einem Vulkan. Ich weinte und schrie vor Lebensfreude, atmete immer wieder tief durch und die Luft schmeckte nach Frühling und Wärme wie das Wasser nach Lust.

Es war dieses Zurückkommen aus Kälte und Eis, nicht der Sauerstoffmangel, das Ausgesetztsein, das mir in Erinnerung geblieben ist, und das unbeschwerte Laufen ohne jede Absturzgefahr hinterher, trotz aller Müdigkeit. Über die pastellfarbenen Hügelkämme des tibetischen Hochlands, die sich wie Faltenwürfe ausbreiteten, ohne sichtbares Ende nach Norden und Westen und Osten, ging ich tagelang zurück zu den Menschen. Hinter mir lag wie eine große Barriere aus

Reinhold Messner

17.9.1944 in Südtirol als zweites von neun Lehrerkindern geboren
Aufgewachsen unter Bergbauern, entdeckt er früh die Faszination des Kletterns
Abitur, Studium in Padua (Hoch- und Tiefbau), Mathematiklehrer
seit 1971 Bergsteiger, Extremreisender, Autor und Bergbauer
Berufsbezeichnung: Grenzgänger

1980 im Nebel am Gipfel des Mount Everest ⇨4645

Fels und Eis der Himalaja, das Schneeland, eine unbewohnbare Welt, wie ich wusste, nicht für den Menschen gemacht. Nach dem Alleingang am Mount Everest bin ich wieder aufgebrochen und nochmals, trotz aller Sorgen und Ängste, von der jeweils nächsten Reise nicht wieder zurückzukommen – vom Südpol, vom Nordpol, aus dem Inlandeis in Grönland und aus der Wüste Takla Makan. Wäre ich daheim geblieben, ich hätte nicht einmal scheitern können mit meinen Tagträumen wie mitten im Packeis des nördlichen Polarmeers, wo nicht einmal der Boden statisch war, auf dem ich lief.
Was ist es, das mich immer wieder an den Rand dieser Erde treibt? Lust an der Leistung und Neugier, eine Sucht, die nur mit Erfahrungen nach innen zu befriedigen ist und mit der Rückkehr zu den Menschen. Es lohnt sich aber nicht, zweitausend Kilometer weit über das Chaos des zugefrorenen Polarmeers zu laufen – durch die arktische Nacht; über Eisschollen, die mit der Drift wandern; durch Stürme, die alles durcheinander wirbeln und Eispressungen provozieren, mit Eisbarrieren, die den Weg verstellen, sowie Wasserrinnen, die kaum noch zufrieren – Lohn ist kein Maß für so viel Einsatz. Dazu der schwere Proviantschlitten im Kreuz, immerzu diese Kälte, auch 55° unter Null, Hoffnungslosigkeit.
Nein, es lohnt sich nicht, zum Nordpol zu marschieren und wieder zurück, nur um auch den Nordpol erreicht zu haben oder den Ruhm, irgendwo, irgendwie oder irgendwann der Erste gewesen zu sein. Aber für den Moment des Zurückkommens aus Einsamkeit und Einsatz und Endlosigkeit gäbe ich noch einmal alles. Dieser Zustand der Schwebe zwischen Angekommensein und Ausgesetztsein ist es, der jeweils einer zweiten Geburt, einem Neuanfang, einem Dasein entspricht. Er ist wie eine Erleuchtung: Erleichterung und Erkenntnisgewinn zugleich, die Sinnfrage nicht beantwortet, aber aufgehoben, weil gelebt. Entspricht nicht gerade dieses Nicht-fertig-Sein, mit all seiner Offenheit auf Zukünftiges, unserem Menschsein?

» *Ich habe das Leben, das ich führe, nicht geplant. Da ich es nicht für möglich hielt, so zu leben, wie ich heute lebe, habe ich es auch nicht erträumt.* «

1993 in der Wüste Takla Makan ⇨4645

1989/90 am Südpol, in der endlos scheinenden antarktischen Weite ⇨4645

Für den Moment des Zurückkommens aus Einsamkeit und Einsatz und Endlosigkeit gäbe ich noch einmal alles ... Er ist wie eine Erleuchtung: ... die Sinnfrage nicht beantwortet, aber aufgehoben, weil gelebt. Entspricht nicht gerade dieses Nicht-fertig-Sein, mit all seiner Offenheit auf Zukünftiges, unserem Menschsein?

Nein, mich interessieren weder die Geographie noch der Rekord, mich treibt die Vielseitigkeit und die Menschlichkeit des Menschen, seine Unabgeschlossenheit auch und dieser Zustand des Wissens beim Staunen zwischen Gehen und Ahnen. Und wenn ich morgen nicht mehr zum Mount Everest kann oder zum Nordpol, ich werde Mitgestalter bleiben und das Menschlichste im Menschen darlegen mit Bildern, in denen es um etwas mehr geht als um alles oder nichts.

Mich hat nie die Pflicht ausgefüllt, sondern die Verpflichtung, und seit ich dem Alter nach erwachsen bin, war ich es, der sich Menschen, Sachen, Aufgaben wichtig gemacht hat: ganz bestimmte Menschen, diese und keine andere Sache, Aufgaben, die oft nur für mich einen Sinn hatten. Unsere Freiheit liegt auch im Gewichten und im Sinnstiften dadurch, und wer sein Leben je aus der Perspektive des Todes gesehen hat, der weiß, dass es nicht ums Haben oder Gehabthaben geht, sondern ausschließlich darum, was wir tun oder gemacht haben. Dabei ist all das, was ich bis heute getan habe, nichts als Biografie. Sicher, dafür trage ich die Verantwortung, ich stehe dazu, sei es zu den negativen wie zu den positiven Hälften meiner Taten. Das alles steckt in meinem Rucksack und ich habe ihn zu tragen – aber dieses Gestern trägt mich nicht. Was mich trägt, was mich stark macht, was mich

1995 im Packeis am Nordpol ⇨4645

kreativ und jung hält, was mich lebensfroh, positiv denkend, manchmal auch übermütig werden lässt, mehr noch, was mich zu Visionen befähigt, ist das, was ich als Idee in die Zukunft projiziere.

Es sind diese Fluchtpunkte hin zum Möglichen, die nach Ausdruck, Realisation, Aufbruch verlangen. Es sind Realutopien, an denen ich wachse, mich festhalte, in denen ich aufgehe – Tat für Tat, Sache für Sache, Liebe für Liebe. Ich frage mich nicht, wie lange ich noch auf Reisen gehen werde, das Ankommen wird nie ein Endgültiges sein. Solange ich gesund bin und klar denken kann, bin ich unterwegs, als Grenzgänger der Tat und des Geistes. Die Begegnung Menschennatur – Wildnis hat mich fünfzig Jahre lang begeistert, angeregt, ausgefüllt – in der Vertikalen, an den höchsten Bergen der Welt, in der Horizontalen –, sie wird weiterhin im Mittelpunkt meiner Visionen stehen, weil meine Leidenschaft einen Mittelpunkt braucht. Mit dem Jahr 2000 aber beginnt für mich endlich die Darstellung dessen, was ich erfahren, erlitten, ersessen habe – mit jedem Augenblick der Aussichtslosigkeit am Ende der Welt. Es ist gut, sesshaft zu werden mit einer Ahnung, was jenseits der Grenzen des Machbaren liegt. Es wird nun weniger darauf ankommen, ein letztes Tabu vom Dach der Welt zu holen, als jenes Tabu zu respektieren, das uns erst zu Menschen macht: unser Begrenztsein.

Meine Ideen sind zahlreich, sie werden mir nie ausgehen! Die Jahre? Ja! Also lohnt es sich doppelt, Realutopien umzusetzen, mit ein paar Freunden und bis ans Ende der Zeit.

Es ist gut, sesshaft zu werden mit einer Ahnung, was jenseits der Grenzen des Machbaren liegt.

Schloss Juval im Vinschgau, Südtirol, das Reinhold Messner in 13-jähriger Arbeit restauriert und als Museum der Öffentlichkeit zugänglich gemacht hat ⇒4645

Horst W. Opaschowski

»So wollen wir leben!« Worin finden wir das Glück?

Horst W. Opaschowski, der sich mit treffsicheren Thesen zu zukünftigen Entwicklungen einen Namen gemacht hat (so schon 1974 zur Notwendigkeit flexibler Arbeitszeiten), gilt als »Mann der Trends« und als »Visionär mit Augenmaß«. Sein Buch »Deutschland 2010. Wie wir morgen leben« wendet sich auf der Basis empirischer Daten den Lebensgewohnheiten, -bedingungen und -orientierungen der Deutschen nach der Jahrtausendwende zu. ⊡4908

Horst W. Opaschowski

1941 in Beuthen/Oberschlesien geboren
Studium in Köln und Bonn
1968 Promotion zum Dr. phil., wissenschaftlicher Assistent in Siegen
1973 Erarbeitung eines freizeitpolitischen Konzepts für die Bundesregierung
seit 1975 Professor für Erziehungswissenschaft in Hamburg
seit 1979 wissenschaftlicher Leiter des B.A.T. Freizeit-Forschungsinstituts
1992 Berater des Bundeswirtschaftsministeriums bei der Planung der Weltausstellung EXPO 92 in Sevilla
seit 1992 Vorsitzender der Sachverständigenkommission »Arbeit-Freizeit-Technik« im Bundesministerium für Bildung, Wissenschaft, Forschung und Technologie
seit 1996 Mitglied der Bundesjury und des Kuratoriums der Weltausstellung EXPO 2000 in Hannover

Es gab einmal einen weitsichtigen Unternehmer.

Der schickte seine zwei besten Mitarbeiter los, damit sie erkunden sollten, wie lukrativ der »Zukunftsmarkt Senioren« sei. Schon bald kam der erste Mitarbeiter zurück und verkündete mit betrübtem Gesicht: »Chef, die Senioren können Sie vergessen. Die sitzen schon nachmittags vor dem Fernseher und vertreiben sich tagsüber die Zeit mit Hand- und Gartenarbeiten. Ansonsten träumen sie vom Gottesdienstbesuch am Sonntag. Shopping + Cinema, Last Minute + Kulinarik sind Fremdwörter für sie. Beim besten Willen, Chef: An Kukident können wir nun wirklich nichts verdienen.«
Wenige Tage später kam freudestrahlend der zweite Mitarbeiter zurück und rief seinem Chef schon von weitem entgegen: »Lassen Sie uns die Arbeit aufnehmen. Ein riesengroßer Dienstleistungsmarkt tut sich auf. Die ›neuen Alten‹ verlangen nach neuen Sinn- und Serviceangeboten rund um die Uhr: Kontaktbörsen, Bekanntenkreise, Nachbarschaftshilfen, Wohnprojekte, Selbsthilfegruppen, Weiterbildungskurse, Do-it-yourself-Seminare, Internetkontakte, Nebentätigkeitsagenturen und Ehrenämter. Sie wollen lieber ihre Lebensqualität erhöhen als ihren Lebensstandard verbessern. Wo nehmen wir nur die vielen Dienstleister, die Helfer, Kontakter und Berater her?«
Diese Geschichte ist zwar frei erfunden, aber dennoch wahr, weil sie auf objektiven, d.h. empirisch nachweisbaren Daten beruht. Sie verdeutlicht zugleich, wie gesellschaftliche

Wirklichkeiten subjektiv ganz unterschiedlich wahrgenommen und eingeschätzt werden. Beide Mitarbeiter beschreiben eine Wirklichkeit mit zwei Gesichtern. Wer sich mit Zukunftsfragen und insbesondere mit der Erforschung der Zukunft beschäftigt, kann aus dieser Geschichte lernen, dass es nicht nur »eine« Sichtweise und nicht nur »eine« Zukunft gibt. Denn nicht alles, was möglich ist, ist auch realistisch. Und nicht alles, was machbar ist, ist auch wünschbar. Eine sozial verantwortliche Forschung, die in die Zukunft weist, darf nicht nur Antworten auf die Frage geben, wie wir morgen leben werden, sondern muss auch Wege aufzeigen, wie wir morgen leben wollen.

Wie wollen wir eigentlich leben? »Ein gutes Buch, ein paar Freunde, eine Schlafstelle und keine Zahnschmerzen.« Das war die Antwort von Theodor Fontane auf die Frage: Was braucht der Mensch zum Glücklichsein? Zum Glücklichsein auf Erden, so haben die Vereinten Nationen unlängst ermittelt, benötigt der Mensch neben dem Notwendigsten wie Nahrung, Kleidung und Unterkunft ein Radio, ein Fahrrad und eine Kücheneinrichtung. Und die Deutschen nennen auf die Frage, was für das eigene Wohlfühlen am wichtigsten ist, vier Dinge: das »gute Essen und Trinken«, die »netten Nachbarn«, die Unterhaltung beim Fernsehen und – als populärstes Glück – die Urlaubsreise.

Das Glück des Lebens gleicht einem Mosaikbild, das sich aus lauter kleinen Freuden des Lebens, aus Wohlfühlmomenten zusammensetzt. Wer sich wohl fühlt, schwebt einen Moment lang zwischen Himmel und Erde – im Liegestuhl oder beim Fallschirmsprung, beim beruflichen Erfolgserlebnis oder in der Liebesnacht. Solche schönen Augenblicke könnten ewig dauern. Davon träumen wir. So wollen wir leben!

Für die überwiegende Mehrheit der Bevölkerung in Deutschland gibt es derzeit nur noch einen treffenden Begriff zur Beschreibung der gesellschaftlichen Wirklichkeit: Leistungsgesellschaft (60 %). Mit dem Begriff »Leistungsgesellschaft« kann – sehr viel umfassender als bei der Erwerbs-, Arbeits- oder Industriegesellschaft – jede Form von gesellschaftlicher Leistung zum Ausdruck gebracht werden. Die Bevölkerung hat offensichtlich ein Gespür dafür, was im Berufsleben genauso zählt wie im privaten Bereich: Soziale Anerkennung verdient, wer im Leben etwas leistet.

Die elementare Voraussetzung für jede wirtschaftliche Entwicklung liegt doch in der Natur des Menschen, also im menschlichen Bedürfnis, etwas zu leisten. Dieses Bedürfnis nach Leistung ist letztlich die treibende Kraft für jedes wirtschaftliche Wachstum einer Gesellschaft. Das Leistungsmotiv darf dabei nicht mit dem Profitmotiv oder dem

Das **Glück** hat viele Facetten: Ein Großteil der Bundesbürger nennt in diesem Zusammenhang die jährliche Urlaubsreise. ⇒390

Zwar sehen sich die meisten Menschen in die Anforderungen der Leistungsgesellschaft gestellt, doch gehört zu einer befriedigenden Lebensgestaltung unabdingbar auch die **Schaffensfreude.** ⇒100

Zur Vorstellung der Bevölkerung von Lebensqualität gehört auch die **Selbstbestätigung durch Leistungserfahrungen.** ⇨390

In der Zukunft muss Leistung auch im Sinne des **Dienstes an der Gemeinschaft,** des Einsatzes für andere, neu definiert werden. ⇨100

Gelderwerb verwechselt werden. Offen bleibt beim Wandel von der Industrie- zur Leistungsgesellschaft eigentlich nur die Frage: Leistung – wofür? In der Arbeit? Im Sport? Oder im freiwilligen sozialen Engagement? Der Lebenssinn muss im 21. Jahrhundert neu definiert werden: Leben ist dann die Lust zu schaffen. Schaffensfreude (nicht nur Arbeitsfreude) umschreibt das künftige Leistungsoptimum von Menschen, die in ihrem Leben weder über- noch unterfordert werden wollen.

Es bleibt festzuhalten: Der Mensch kann auf Dauer nicht untätig in seinen eigenen vier Wänden verweilen. Er braucht eine Aufgabe. Die Passivität und Untätigkeit des Menschen ist offensichtlich nicht im Plan der Schöpfung vorgesehen. Der Mensch ist eher als gefährdetes Wesen geschaffen, das um sein Überleben kämpfen muss wie andere Lebewesen auch. Aus der Sicht der Evolutionsbiologie ist der Mensch geradezu »auf Anstrengung programmiert« (von Cube), auf den ganzen Einsatz seiner Kräfte. Hingegen führt Lust ohne Anstrengung zu Langeweile oder gar Selbstzerstörung. Daraus folgt: Arbeit ohne Lust und Freizeit ohne Leistung kann der Mensch auf Dauer nicht ertragen. Lernen, Leisten, Leben – das sind die Zielvorstellungen, die die Bevölkerung heute von Lebensqualität hat und die sie als Forderungen an die Zukunft stellt.

Hinter manchem Mangel an Leistungsmotivation verbirgt sich nicht selten ein Mangel an Anerkennung. In die Zukunft projiziert bedeutet dies: Je weniger Leistungsnachweise in der Erwerbswelt möglich sind, desto wichtiger wird es, sich selbst in Leistungen jenseits des Erwerbs zu bestätigen. Denn: Der menschliche Leistungsdrang bleibt ungebrochen. Der Wille zur Leistung scheint uns buchstäblich in die Wiege gelegt worden zu sein. Leistungslust und Lebenslust werden auch im 21. Jahrhundert zusammengehören.

Auf dem Wege zu einer neuen Leistungskultur, in der die Eigenleistung als Merkmal schöpferischer Selbstbestimmung mehr im Mittelpunkt steht, muss über das traditionelle Begriffsumfeld Leistung/Leistungsprinzip/Leistungsgesellschaft neu nachgedacht werden. Die Leistungsdiskussion, die sich jahrzehntelang fast nur im ökonomischen Fahrwasser bewegte, muss um humane und soziale Dimensionen erweitert werden.

In Afrika, so erzählt man, gibt es zwei Arten von Hunger – den kleineren und den größeren. Der kleinere Hunger gilt den Dingen, die das Leben in Gang halten, also den Gütern, den Dienstleistungen und dem Geld, das wir brauchen, um alles bezahlen zu können. Der größere Hunger aber gilt den Antworten auf die Frage »Warum?«, die Erklärungen dafür geben, wozu dieses Leben gut sein soll. Diese Geschichte – von dem irischen Psychologen Charles Handy erzählt – macht anschaulich klar, dass viele Menschen in den westlichen Konsumgesellschaften allzu lange und allzu naiv daran geglaubt haben, dass der Hunger nach Geld und materiellem Wohlstand auch den größeren Hunger nach Sinn stillen und die Menschen zufriedener machen könnte. In Wirklichkeit stellt der Sinn-Hunger nicht einfach nur eine Erweiterung des Geld-Hungers dar, sondern ist etwas völlig anderes.

Auf dem Weg in das dritte Jahrtausend vollzieht sich derzeit ein Wandel vom Wohlstand zum Wohlbefinden. Die Krise der Wohlstandsgesellschaft wird zur mentalen Chance, erneut über Lebensqualität nachzudenken. Insofern tut eine mentale Standortbestimmung Not: Wie wollen wir eigentlich leben? Wie sehen unsere Lebensziele für die Zukunft aus? Unsere Untersuchungen weisen nach: Die Deutschen möchten gern in einer ausgeglichenen Balance zwischen Genuss- und Sozialorientierung leben. Sie wollen in ihrem Leben etwas selber tun, was Sinn hat, und legen zugleich besonderen Wert darauf, im Leben etwas zu leisten und das Leben zu genießen. Bemerkenswert hoch ist aber auch der Wunsch in der Bevölkerung ausgeprägt, anderen helfen zu wollen. Die Hoffnung hat eine Zukunft, wenn es gelingt, dieses große Potenzial an Hilfsbereitschaft in der Bevölkerung zu wecken. Die Gemeinwohlorientierung muss also nicht sterben. Jenseits der Erwerbsgesellschaft gibt es in der Wunschvorstellung der Bevölkerung eine Tätigkeitsgesellschaft, in der das Für-andere-tätig-Sein eine neue Lebenserfüllung verspricht. Die Bevölkerung erwartet von der Zukunft nicht das ganz große Glück. Es sind eher die kleinen Glücksmomente des Lebens in einer entspannten und störungsfreien Atmosphäre: Stimmung, Harmonie, Geborgenheit. So altmodisch es auf den ersten Blick erscheint: Auf die Frage, was heute zum Wohlfühlen im Leben unbedingt dazugehört, nennen die Bundesbürger auf dem Weg in das 21. Jahrhundert als Erstes »Gemütlichkeit und Geborgenheit« (68 %) und als Letztes »Freiheit und Unabhängigkeit« (27 %) – die jungen Leute genauso wie die ältere Generation. Die soziale Geborgenheit ist heute und in Zukunft »der« Garant dafür, dass man unbeschwert leben und sich über manche schönen Augenblicke einfach freuen kann.

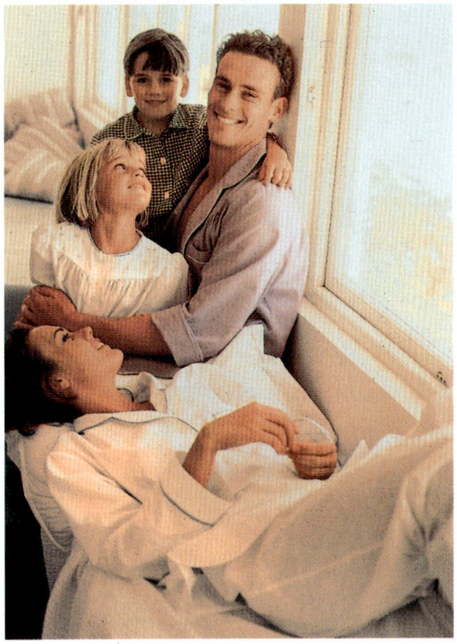

»Gemütlichkeit und Geborgenheit« sind für 68 % der Bundesbürger wichtigste Bestandteile des Wohlbefindens; nur 27 % orientieren sich an »Freiheit und Unabhängigkeit«. ⊡100

» Nahrung, Kleidung, Unterkunft, ein Radio, ein Fahrrad und eine Kücheneinrichtung: die Mindestanforderungen, die die Vereinten Nationen zum Glücklichsein auf Erden anführen. «

Ursula Lehr

Senioren morgen: Stützen der Gesellschaft oder altes Eisen?

Ursula Lehr, Wissenschaftlerin und Politikerin (CDU), übernahm 1986 das neu geschaffene Institut für Gerontologie an der Universität Heidelberg und baute als Gründungsdirektorin das Deutsche Zentrum für Alternsforschung auf. →4646

Ursula Lehr

1930 in Frankfurt am Main geboren
1949–54 Studium der Psychologie, Philosophie, Germanistik, Kunstgeschichte in Frankfurt und Bonn
1954 Promotion zum Dr. phil. (Psychologie)
1955 Diplom in Psychologie
1968 Habilitation in Bonn, Venia legendi für Psychologie
1972–76 Inhaberin des Lehrstuhls für Pädagogik und Pädagogische Psychologie in Köln
1976–86 Lehrstuhl für Psychologie in Bonn
1986 Lehrstuhl für Gerontologie in Heidelberg
seit 1987 Honorarprofessorin in Bonn
1988–91 Bundesministerin für Jugend, Familie, Frauen und Gesundheit sowie erneute Übernahme der Leitung des Instituts für Gerontologie in Heidelberg
1991–94 Mitglied des Deutschen Bundestags
1995 Berufung zur Gründungsdirektorin des Deutschen Zentrums für Alternsforschung in Heidelberg
1996 Präsidentin der Deutschen Gesellschaft für Gerontologie und Geriatrie

Senioren morgen im 21. Jahrhundert werden in einer ganz anderen Welt leben als Senioren zu Beginn des 20. Jahrhunderts. Vor einhundert Jahren betrug der Anteil der über 70-Jährigen 2 % der Bevölkerung Deutschlands, im Jahr 2000 werden es mehr als 12 % sein.

Der 70-Jährige des Jahres 1900 hatte bereits die durchschnittliche Lebenserwartung seines Geburtsjahrganges um 25 Jahre überlebt, der 70-jährige des Jahres 2000 hat dies nur um 12 Jahre. Betrug die durchschnittliche Lebenserwartung für die um 1900 Geborenen 45 Jahre, für die um 1930 geborenen Mädchen 63, für die Jungen 60 Jahre, so beträgt sie in Deutschland für die im Jahre 2000 geborenen Mädchen 80, für die im Jahr 2000 geborenen Jungen 73 Jahre. Die Chance, 100 Jahre und älter zu werden, ist für diese Mädchen und Jungen durchaus realistisch.

Zu Beginn unseres Jahrhunderts waren Senioren und Seniorinnen eine Seltenheit – im Jahre 2000 sind sie eine beachtliche Bevölkerungsgruppe, welche ganze Städte prägt, und im Jahre 2030 wird jeder dritte Bürger Deutschlands das Rentenalter erreicht haben. Hinfälligkeit, Krankheit und Armut kennzeichneten die meisten der Senioren damals. Die des Jahres 2000 sind weitaus gesünder, in einem viel eingeschränkteren Maße hilfs- und pflegebedürftig, selbst wenn sie bereits 85 Jahre und älter sind, und – zumindest in der Mehrzahl – finanziell gut abgesichert. Etwa die Hälfte der Seniorinnen und Senioren lebt im eigenen Haus bzw. der Eigentumswohnung; Söhne und Töchter sind meistens gut versorgt, haben bereits selbst Wohneigentum erworben und sind weder auf die Unterstützung durch ihre Eltern angewiesen noch müssen sie damit rechnen, für die eigenen alten Eltern aufzukommen. Freilich, es gibt auch Ausnahmen, doch die sind gottlob bei den Senioren des Jahres 2000 relativ selten.

Senioren des Jahres 2000 haben – verglichen mit ihren Vorfahren, die einhundert Jahre früher lebten – eine gute Schulausbildung und Berufsausbildung, was für Seniorinnen des Jahres 1900 überhaupt nicht möglich war. Seniorinnen des nächsten Jahrhunderts werden eine hohe berufliche Qualifizierung haben. Senioren des nächsten Jahrhunderts sind zum großen Teil der englischen Sprache mächtig, beherrschen den Computer und surfen im Internet.

Die meisten Senioren des Jahres 1900 lebten in der Familie ihrer Kinder und Enkel, die sehr zahlreich waren. Sie mussten sich oft zu mehreren ein Zimmer teilen, lebten oft in Wohnverhältnissen ohne elektrisch Licht oder fließend Wasser. Die Hausarbeit war unvorstellbar schwer; das Heizen der Wohnung mit enormen Anstrengungen verbunden. Staubsauger, Kühlschrank, Waschmaschine, Spülmaschine fehlten! Von Telefon und FAX-Gerät konnte man nur träumen.

Reisen waren für die meisten Menschen unvorstellbar, besonders solche im eigenen Auto oder gar im Flugzeug.

Die Bedeutung der Familie wird für die älteren Menschen der Zukunft nach wie vor sehr groß sein. Aber die Familien selbst werden kleiner sein. Der Geburtenrückgang in den 60er- und 70er-Jahren führte zu einer großen Anzahl von Familien mit nur wenigen Kindern. Eine Generation weiter bedeutet dies auch weniger Enkelkinder, weniger Nichten und Neffen. Die Möglichkeiten der gegenseitigen Unterstützung in den Familien werden also, wenn man die Zahl der Personen sieht, geringer sein als heute. Andererseits spricht vieles dafür, dass die emotionalen Bindungen enger und stabiler sein werden.

Viele Menschen fürchten das Alter, weil sie glauben, Alter sei mit Krankheit oder gar Pflegebedürftigkeit gleichzusetzen. Dass dies nicht stimmt, hat die moderne gerontologische Forschung hinreichend bewiesen.

Für die Zukunft bin ich – im Gegensatz zu anderen – optimistisch, was den Gesundheitszustand der älteren Bevölkerung angeht. Viele Krankheiten, Mangelerscheinungen und Verletzungen, die man in jungen und mittleren Jahren erlitten hat, führen wieder zu Krankheiten und Behinderungen im Alter. Die jetzige ältere Generation hatte in dieser Beziehung sehr viel mitzumachen. Schlechte Ernährung, die Not der Kriegs- und Nachkriegszeiten, vielleicht Verletzungen im Krieg, bei vielen Vertreibung – das wirkt sich bei einer

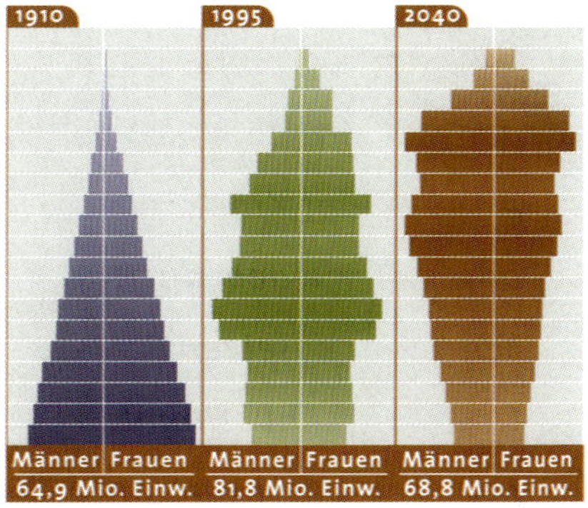

Die Grafik zeigt den Aufbau der **Alterspyramide** in Fünfjahresschritten (Quelle: Statistisches Jahrbuch). →99997

... im Jahr 2030 wird jeder dritte Bürger Deutschlands das Rentenalter erreicht haben.

Vier Generationen – der Älteste hat seinen 103. Geburtstag bereits gefeiert, der Jüngste hat seinen zweiten Geburtstag noch vor sich. →4646

Viele Menschen fürchten das Alter, weil sie glauben, Alter sei mit Krankheit oder gar Pflegebedürftigkeit gleichzusetzen. Dass das nicht stimmt, hat die moderne gerontologische Forschung hinreichend bewiesen.

Immer mehr Menschen wissen, dass Langlebigkeit verpflichtet, und handeln danach.

Die neue ältere Generation: Auch im 7. Lebensjahrzehnt ist der Umgang mit Computern noch erlernbar. ⇨4646

großen Anzahl der jetzt älteren Menschen aus. Die zukünftige ältere Generation wird es in dieser Beziehung besser gehabt haben. Krieg und Nachkriegszeit waren, wenn überhaupt, nur eine Phase in der Kindheit, danach gab es für die meisten ein Leben in immer größerem Wohlstand, bei besserer Ernährung, in besseren Wohnungen und mit besserer medizinischer Versorgung. So ist zu erwarten, dass die Menschen der Zukunft in besserem körperlichem Zustand in die Altersphase eintreten.

Ein Weiteres stimmt mich optimistisch: Immer mehr Menschen achten auf ihre Gesundheit. Sie sind kritischer, was die Nahrungsmittel betrifft. Sie hören mit dem Rauchen auf oder fangen es erst gar nicht an, sie trinken weniger Alkohol, sie treiben mehr Sport. Das gilt leider nicht für alle, aber eben für immer mehr, und dieser Trend wird sich auch in diesem nächsten Jahrhundert mehr und mehr verstärken. In den USA ist es schon mit dieser Art der Vorbeugung gelungen, die Anzahl der Herzinfarkte zu senken. Es gibt auch bei uns Anzeichen dafür, dass die so genannten Zivilisationskrankheiten langsam zurückgedrängt werden können. Immer mehr Menschen wissen, dass Langlebigkeit verpflichtet, und handeln danach: Der Einzelne muss sich bewusst sein, dass er ein langes Leben zu erwarten hat, und er muss das in seinen Kräften Stehende dazu tun, dieses Leben möglichst gesund zu leben.

Noch ein weiterer Punkt: Viele Krankheiten, die im Alter auftreten, können durch gezielte Rehabilitation gebessert oder gar geheilt werden. Behinderung oder Pflegebedürftigkeit brauchen in vielen Fällen nicht einzutreten, in vielen weiteren Fällen können sie gemildert werden. Leider ist das Wissen um diese Rehabiliationsmöglichkeiten noch nicht genügend verbreitet, außerdem gibt es noch zu wenig Rehabilitationseinrichtungen für ältere Menschen. Aber auch hier wird viel getan. Ich hoffe, dass wir in Kürze hier einen entscheidenden Schritt weitergekommen sind.

Dennoch wird eines der Hauptprobleme der Zukunft die Versorgung von kranken und pflegebedürftigen Menschen sein. Es wird immer schwieriger, Menschen zu finden, die die pflegerischen Berufe ausüben. Wir müssen alles dafür tun, damit sich genügend Menschen finden, die diese wichtigen Aufgaben übernehmen.

Alles in allem ist mein Blick auf das Jahr 2000, was die Gesundheit der dann älteren Menschen betrifft, nicht pessimistisch. Es gibt viele Chancen, die ergriffen werden müssen, ohne dass die Probleme verkannt werden dürfen.

Ältere Menschen werden immer aktiver. Viele wollen etwas für sich tun: Sie treiben Sport, sie fahren in Urlaub, sie bilden sich weiter. Immer mehr ältere Menschen engagieren sich aber auch für andere: in der Nachbarschaft, in der Kirchengemeinde, in Parteien, in Vereinen, bei Verbänden. Hier gibt es ungeheuer viele Möglichkeiten. Zu denken ist hier nur an die Aktivitäten der Vereine, die in der Organisation »Alt hilft Jung« zusammengefasst sind. Dort helfen ältere Menschen jüngeren bei der Existenzgründung. Ältere Menschen sind im »Senior-Experten-Service« in Ländern der Dritten Welt tätig. Im Ruhestand lebende Handwerker stellen ihre Fähigkeiten in den Dienst der guten Sache und helfen ohne Bezahlung. Beispiele hierfür gibt es sehr viele.

Ältere Menschen gehören schon jetzt zu den Bevölkerungsgruppen, die sich am stärksten für politische Fragen interessieren. Die 60- bis 70-Jährigen sind, wenn man sich die Wahlbeteiligung anschaut, die fleißigsten Wähler in der Bundesrepublik. Kein Wunder, dass sie in den Parteien und auch außerhalb immer stärker politisch aktiv werden. Ältere von morgen und übermorgen werden in einem noch stärkeren Maße mitreden, mitentscheiden und die Zukunft mitgestalten. Ich glaube, dieser Trend wird in Zukunft noch zunehmen. Ältere Menschen werden aktiver sein für sich, für andere, für die Gesellschaft. Bürgerschaftliches Engagement wird mehr und mehr verbreitet sein. Ältere Menschen wollen ein Miteinander der Generationen und kein Gegeneinander. Das wird auch in Zukunft so sein. So müssen wir schon jetzt die Fragestellung »Was gibt die jüngere Generation der älteren?« erweitern durch die Frage »Was gibt die ältere Generation der jüngeren?«. Die heute vielfach ungenützten Potenziale der älteren Menschen werden – davon bin ich überzeugt – weitaus besser nutzbar für die Allgemeinheit gemacht werden – und zwar nicht auf Druck der Jüngeren, sondern aus der Initiative der Älteren heraus. Das »Gefühl, gebraucht zu werden« steigert die Lebensqualität, hilft der Gesellschaft und erhält jung.

Meine »Visionen« oder besser gesagt meine »Erwartungen« für das nächste Jahrhundert bzw. Jahrtausend sind, was die ältere Generation betrifft, optimistisch. Ich habe keine Angst vor einem höheren Anteil älterer Menschen an der Bevölkerung. Man muss die Probleme, die sich zweifelsohne ergeben, nüchtern einschätzen und realistisch und energisch angehen. Man muss aber auch die Chancen sehen, die eine nicht durch Pflegebedürftigkeit gekennzeichnete, sondern im Großen und Ganzen gesunde, aktive ältere Generation für diese selbst und für alle anderen Mitbürger bedeutet.

»Ältere von morgen und übermorgen werden in einem noch stärkeren Maße mitreden, mitentscheiden und die Zukunft mitgestalten.«

John Glenn, der 1962 als erster amerikanischer Astronaut die Erde umrundete, stellte 1998 einen weiteren Rekord auf: Mit 77 Jahren nahm er vom 29.10. bis 7.11. im Spaceshuttle noch einmal an einem Raumflug teil. ⇨20

Rolf Seelmann-Eggebert

Die Zukunft der Monarchie – Mit dem Hofknicks ins 21. Jahrhundert?

Rolf Seelmann-Eggebert, Chefkorrespondent Fernsehen beim Norddeutschen Rundfunk in Hamburg, ist dem Fernsehpublikum vor allem durch seine Insider-Berichte über europäische Königshäuser, besonders das britische, bekannt. 1990 erhielt er den Order of the British Empire, 1992 wurde er zum Commander of the British Empire ernannt. ⇨4875

Rolf Seelmann-Eggebert

5.2.1937 in Berlin geboren
1956 Abitur am humanistischen Kaiser-Wilhelm-Gymnasium Hannover, danach Studium der Soziologie, Ethnologie und des Völkerrechts an den Universitäten Bristol, München, Hamburg und Göttingen
1963 Generalsekretär der III. Europäischen Rektorenkonferenz Göttingen
1964–68 Leiter der Reportageabteilung NDR Hannover
1968–71 Hörfunkkorrespondent der ARD in Westafrika mit Sitz in Abidjan
1971–77 Fernsehkorrespondent der ARD für Afrika mit Sitz in Nairobi
1978–81 Fernsehkorrespondent der ARD in London
1982–89 Programmdirektor Fernsehen und
seit 1990 Chefkorrespondent Fernsehen des NDR

Keine Frage: Diana, die Princess of Wales, war eine bemerkenswerte Persönlichkeit. Wenn sie einen Saal betrat, zog sie mit ihrer attraktiven Erscheinung automatisch alle Blicke auf sich. In ihrer Ehe hat sie nie klein beigegeben, eher im Gegenteil. Das wiederum hat ihr die Bewunderung vieler Leidensgefährtinnen eingetragen, die sich von ihren Männern verkannt und ungeliebt fühlten. Trotz ihres oft hektischen Alltags war sie immer bemüht, ihren beiden Söhnen eine gute Mutter zu sein. Und sie hat in die Tat umgesetzt, was viele sich immer nur vornehmen und am Ende doch nicht schaffen: Sie hat sich um Unterprivilegierte, um Randgruppen der Gesellschaft gekümmert, egal, ob es sich um Aidskranke oder Obdachlose, um Minenopfer oder Arbeitslose handelte.

Aber sie wäre nie zur meistfotografierten Frau der Welt avanciert und nie hätten sich bei ihrem Tod 1997 Menschen rund um den Erdball zu einer Trauergemeinde ohne Beispiel vereint, wäre sie durch ihre Heirat 1981 nicht auch Mitglied eines Königshauses geworden. Als Frau des britischen Thronfolgers hatte sie eine Position inne, die sie deutlich aus dem Kreis der nur Reichen und Schönen und Einflussreichen hervorhob. Und selbst als ihr bei der Scheidung der königliche Titel abhanden kam, blieb ihr der Glanz, den Zepter und Krone offenbar verleihen, schon durch die Tatsache erhalten, dass ihr ja die natürliche Rolle, die Mutter des künftigen Königs zu sein, niemand streitig machen konnte.

Links: Durch ihre Verlobung mit dem britischen Thronfolger 1981 rückte die 19-jährige Kindergärtnerin Diana Frances Spencer ins Rampenlicht, viele fühlten sich an das **Märchen von Aschenputtel** erinnert. ⇒020
Rechts: Obwohl bekannt war, dass jeder seit geraumer Zeit eigene Wege ging, erregte die Trennung des einstigen **Traumpaares Charles und Diana** überall auf der Welt die Gemüter. ⇒020

Was an dem Traumpaar von ehedem besonders faszinierend war, ist die Tatsache, dass »Charles & Di« eben nicht nur über lange Jahre hinweg die Titelstory schlechthin im eigenen Land und im Commonwealth waren. Auch Länder, die sich in der Regel besonders republikanisch geben wie z.B. die USA, lagen den beiden zu Füßen. Als sie Ende 1985 Washington besuchten, hatten Nancy und Ronald Reagan um die 80 Gäste zu einem Dinner eingeladen, das sie zu Ehren des Prinzenpaares im Weißen Haus gaben. Amerikanische Zeitungen wussten damals zu berichten, dass auffällig viele Angehörige der so genannten Society plötzlich mit unbekanntem Ziel verreist waren, um sich nicht selbst eingestehen zu müssen, zu diesem Ereignis des Jahres keine Einladung erhalten zu haben.
Sicher verkörperten Charles und Diana in ihren guten Tagen uralte Wünsche des Menschengeschlechts: Der Prinz im Märchen, der seine Prinzessin gefunden hat. Der Traum von ewiger Jugend. Der Status, der durch keinen Schatz der Erde zu erlangen ist. Die Sehnsucht nach Kontinuität in einer Welt, die sich so rasch wandelt. Und auch die Sehnsucht nach Vorbildern, an denen man sich orientieren kann.
Obgleich dieses Märchen, wie wir alle wissen, kein Happy End hatte und viele deshalb meinten, gleich auch das Ende der Monarchie im Vereinigten Königreich heraufbeschwören zu können, bestehen diese uralten Wunschvorstellungen fort. Nur so ist es zu erklären, dass alle zehn regierenden Häuser in Europa bei der eigenen Bevölkerung eine Zustimmung finden, von der politische Parteien nur träumen können. Nur so ist es zu erklären, dass Medien in allen Kontinenten sich episch breit darüber auslassen, wenn im fernen Europa ein Thronfolger unter den Schönen seines Standes noch immer nicht fündig geworden ist oder ein Prinzesschen mehr Bein gezeigt hat als schicklich.

»*Alle zehn regierenden Häuser in Europa finden bei der eigenen Bevölkerung eine Zustimmung, von der politische Parteien nur träumen können.*«

Nach ihrer Hochzeit am 4.10.1997 fahren die **spanische Königstochter** Cristina und der Bürgerliche Iñaki Urdangarin durch ein Spalier jubelnder Einwohner Barcelonas. ⇨020

»Unter diesen Umständen muss man nicht über prophetische Gaben verfügen, um den Monarchien Europas eine zuverlässige Zukunft bis weit ins 21. Jahrhundert vorauszusagen.«

Die überaus beliebte **niederländische Königin Beatrix** (Mitte, begleitet vom spanischen König Juan Carlos und seiner Frau Sophia) feierte im Januar 1998 mit Mitgliedern aller europäischen Königshäuser ihren 60. Geburtstag. ⇨020

Unter diesen Umständen muss man nicht über prophetische Gaben verfügen, um den Monarchien Europas eine zuverlässige Zukunft bis weit ins 21. Jahrhundert vorauszusagen. Königshäuser wie das dänische, das niederländische, das norwegische haben als Symbole des Widerstandes im Zweiten Weltkrieg ihr Ansehen in der Bevölkerung befestigen können. König Baudouin hat nach der unglücklichen Rolle, die sein Vater während der deutschen Besetzung Belgiens gespielt hatte, Krone und Volk wieder versöhnen können. König Juan Carlos gelang es mit seinem entschiedenen Eingreifen, den Putsch vom 23. Februar 1981 zu beenden und sich damit von dem Stigma zu befreien, ein König von Francos Gnaden zusein. Und für sie alle gilt, dass ihre Mitwirkung am politischen Prozess durch die Verfassungen heutzutage so weit reduziert ist, dass sie in dieser Beziehung – wenn überhaupt – nur in sehr wenigen Fällen Anlass zu Kritik geben können. Denn selbst Äußerungen, die als politisch ausgelegt werden könnten, sind in der Regel mit der Regierung abgestimmt, die dann auch die Verantwortung dafür trägt.

Nie zuvor sind Europas Thronfolger so gut auf das künftige Amt vorbereitet gewesen wie heute, zur Jahrhundertwende. Sie haben durch die Bank öffentliche Schulen besucht, mithin Tuchfühlung gehabt mit vielen Altersgefährten aller Stände, im Unterschied zur Elterngeneration, die oft noch von Privaterziehern im stillen Kämmerlein unterrichtet worden ist. Sie haben ein abgeschlossenes Studium absolviert oder sind im Begriff, dies zu tun. Sie haben schon in jungen Jahren Teile der Welt gesehen, die ihre Großeltern nie betreten haben. Und sie müssen sich bewusst sein, dass in unserer Leistungsgesellschaft auch von ihnen Leistung erwartet wird. Insofern werden sie alle, viel stärker als ihre Vorgänger, »Monarchen auf Bewährung« sein.

Als die Briten nach dem Unfall in Paris um die Princess of Wales trauerten, gab es in der Geschichte des Hauses Windsor einen Augenblick, in dem es merkwürdig weit entfernt von der Gefühlslage der Nation zu sein schien. Obgleich die Trauer auch hysterische Züge trug, meinten viele Zeitungen damals, die königliche Familie gehöre in einer solchen Stunde nach London und nicht nach Balmoral im fernen Schottland. Großbritanniens Premierminister Tony Blair hat dann hinter den Kulissen Schadensbegrenzung betrieben und dafür gesorgt, dass die Schranken eines überholten Protokolls weggeräumt wurden. Dieser Mondernisierungsprozess hält an, wobei es eine Ironie des Schicksals ist, dass die von London einst abschätzig als »Fahrradmonarchien« qualifizierten Königshäuser des Kontinents nunmehr Vorbildfunktion für die Windsors haben könnten nach dem

Motto: »So viel Volksnähe wie möglich, so viel Distanz wie nötig.«
In den meisten Monarchien verlangt es die Tradition nach wie vor, dass man sein Amt lebenslang bekleidet. Das passt letztlich genauso wenig in unsere Zeit wie die in vielen Häusern bereits korrigierte Thronfolgeregel, nach der Söhne grundsätzlich Vorrang haben vor erstgeborenen Töchtern. Das Beispiel der Niederlande, wo schon Königin Wilhelmina und danach König Juliana ihr Zepter »mit warmer Hand«, wie man so sagt, an die Tochter weitergereicht haben, sollte Schule machen. Denn wenn der Thronerbe alt und erfahren genug ist, gibt es eigentlich keinen vernünftigen Grund, dass der Amtsinhaber, oft von Krankheit geschwächt, ausharrt, bis endlich der Ruf ertönt: »Der König ist tot – es lebe der König!«
Zwar argumentieren die Dynastien gerne, dass sich ein Monarch eben von jedem anderen Menschen dadurch unterscheidet, dass er nicht in Pension geht, sondern seine Pflicht bis zum letzten Atemzug erfüllt. Aber das niederländische Beispiel spricht gegen ein solches mystisches Selbstverständnis. Die Krone hat in Holland nichts an Glanz und Popularität eingebüßt, weil eine abgedankte Königin ihr Rentnerdasein genießt wie jedermann sonst auch. Eher im Gegenteil.
Es war Ägyptens letzter König Faruk, der Seinesgleichen prophezeite: »Fünf Königshäuser werden das Jahrhundertende überleben: Die Häuser Karo, Cœur, Pique und Treff sowie das Haus Windsor«. Heute wissen wir, dass Faruk, sein eigenes Schicksal vor Augen, in seinem Urteil ein bisschen zu pessimistisch war. Andererseits ist mit einer Renaissance von Monarchien wohl auch nicht mehr zu rechnen, weder in Ägypten noch in den Staaten des ehemaligen Ostblocks, wie rot auch immer der Teppich sein mag, den Monarchisten in Russland, Rumänien, Bulgarien oder Albanien Mitgliedern ihrer ehemals regierenden Familien ausrollen. Denn letztlich ist die Monarchie in Europa am Ende des 20. Jahrhunderts natürlich doch ein Anachronismus, liebenswert, solange sie so tief verwurzelt, politisch mehr oder weniger machtlos und in ihrer persönlichen Erscheinung vorbildlich ist wie in den Häusern, die trotz des politischen Wandels überlebt haben. Aber die Monarchie einem Lande neu überzustülpen – das könnte allenfalls ein Operettenregime hervorbringen wie weiland das des selbst ernannten Kaisers von Zentralafrika Jean Bedel Bokassa, der seinen Uniformrock mit so vielen Orden beschwerte, dass er darüber stolperte. Der Spuk hielt auch nicht lange an.

Zumindest in der Gegenwart ist er angesagt – selbst die frühere »Eiserne Lady« und heutige Baroness Thatcher übt sich im **Hofknicks**, wenn sie mit ihrer Königin zusammentrifft. ⇨020

»*Letztlich ist die Monarchie in Europa am Ende des 20. Jahrhunderts natürlich doch ein Anachronismus.*«

Dirk Sager

Ist Russland noch zu retten?

Dirk Sager ist der Öffentlichkeit durch seine langjährige Arbeit als ZDF-Korrespondent in Moskau als intimer Kenner Russlands bekannt. Seine Berichterstattung beleuchtet eindringlich und mitfühlend die großen Probleme dieses Landes und den schwierigen Alltag seiner Menschen. ⇒4889

An Visionären hat es diesem Land nie gemangelt.

Schon die Religion hatte ihm eine besondere Rolle auf dem Weg durch die Zeiten gegeben. Russland – das einzig wirklich gottergebene Land auf Erden und deshalb von diesem Gott belohnt mit einer Rolle, die es über alle anderen Länder erhebt. In der Rückschau betrachtet, fügt sich der Weg durch die Jahrhunderte eher in das Buch Hiob. Unbarmherzig ereilte eine Heimsuchung nach der anderen das Land.

In Russland haben viele Generationen gelernt, mit Katastrophen zu leben – wie in keinem anderen Land abendländischer Zivilisation. Und jeder, der antrat beim Umbruch von einer Epoche zur folgenden und dabei versprach, die Menschen endlich zum Glück zu führen, leitete sie in eine andere Sackgasse. Die Revolutionäre von 1917 versprachen den Weg aus dem mittelalterlichen Feudalismus in eine Moderne, die zum Leitbild für die ganze Welt werden würde. Die Menschen bekamen nicht die Gelegenheit, ihre traumatischen Erfahrungen dieses Jahrhunderts zu begreifen, da trieb die Entwicklung sie in den nächsten Abgrund. Diesmal war der Anspruch der Regierenden bescheidener, den Bürgern sollte das gleiche Leben beschieden sein wie in den westlichen Demokratien. Sie übernahmen dazu die Bezeichnungen, die das Muster westlichen Lebensstils prägen sollten, aber sie erwiesen sich als Muster ohne Wert.

Viel Ballast tragen die Menschen mit in das nächste Jahrtausend. Wie Blei hängt es an ihren Füßen, dass sie wieder

Dirk Sager

13.8.1940 in Hamburg geboren
1966–68 nach Studium der Amerikanistik, Politischen Wissenschaften und Publizistik an der FU Berlin Redakteur beim Rundfunksender RIAS
1968–74 Redakteur der ZDF-Sendereihen »drüben« und »Kennzeichen D«
1974–78 ZDF-Korrespondent in der DDR
1978–80 ZDF-Korrespondent in Moskau
1984–90 Leiter von »Kennzeichen D«
1997–98 Leiter des ZDF-Landesstudios Brandenburg
1990–97 und wieder
seit 1998 Korrespondent in Moskau

Betrügern aufgesessen sind. Die Herrschenden blieben der Tradition des Landes treu, nach der die Obrigkeit dem Volk mit wenig Fürsorge, schon gar nicht mit Liebe, aber dafür oft mit Missachtung begegnet. Das Bizarre der Situation aber lag darin, dass die jungen Politiker, viel weniger geprägt vom Leben im Sozialismus, in ihrem Gehabe den alten, die den größeren Teil ihres politischen Aufstiegs jener Ideologie verdankten, nicht nachstanden. Zwar pflegten sie nun ein anderes Vokabular und sprachen von neuen Regeln, aber sie exekutierten sie in einer Weise, als gelte es wiederum, das Land nach bolschewistischer Art untertan zu machen.

Gesprochen wurde von Marktwirtschaft, aber gespielt wurde das Stück vom Raub des Volksvermögens, der Bodenschätze und der Hoffnung der Menschen, die der Einführung des neuen Wirtschaftssystems einst gutgläubig zugejubelt hatten. Mit dem Wort Demokratie wurde das Regierungssystem bezeichnet, und es war doch nichts anderes als die Fortsetzung des sowjetischen Systems, nur dass diesmal der Generalsekretär noch nicht einmal von einem Politbüro oder Zentralkomitee kontrolliert wurde.

So lange war an der Schwelle zum neuen Jahrtausend die Zeit der Herrschaft einer Partei noch nicht vergangen, als dass sich die Menschen danach zurücksehnten. Aber von dem, was ihnen für die Zukunft versprochen worden war, konnten sie sich nur noch abwenden. Die Marktwirtschaft sollte den Menschen endlich die Möglichkeit geben, ein würdiges Leben in Selbstverantwortung zu führen. Es sei nun auch erlaubt, was sieben Jahrzehnte als Verbrechen galt – Wohlstand zu erwerben und zu genießen, wenn die unternehmerischen Fähigkeiten großen Gewinn eintrügen. Aber von denen, die im Wohlstand lebten, hatte keiner eine Eisenbahnlinie über den Kontinent gebaut oder mit Findigkeit neue Produkte ersonnen, die auf dem heimatlichen oder internationalem Markt reißenden Absatz fanden. Die russischen Häuser an der Côte d'Azur, die Konten auf ausländischen Banken hatten ihren Unterfang in Günstlingswirtschaft und Betrug an einfachen Menschen.

Die Herrschenden gefielen sich in Großmannssucht und Prunk. Sie ließen sich kaufen von denen, die sie zu Reichtum gebracht hatten, bis alle Macht und Herrlichkeit in einem Scherbenhaufen endeten. Dabei hatten ihnen die westlichen Demokratien lange applaudiert. Deren Regierende waren zwar demokratisch gewählt, aber das bewahrte auch sie nicht vor Opportunismus und Kurzsichtigkeit. Sie duldeten einen teuren und mörderischen Krieg, den Russlands Präsident in Tschetschenien führen ließ. Sie schreckten nicht einmal auf, als der Verteidigungsminister erklärte, seine

» Viel Ballast tragen die Menschen mit in das nächste Jahrtausend. Wie Blei hängt es an ihren Füßen, dass sie wieder Betrügern aufgesessen sind. «

Die **Revolutionäre von 1917** versprachen den Weg aus dem mittelalterlichen Feudalismus in eine Moderne, die zum Leitbild für die ganze Welt werden würde (*Die Erstürmung des Winterpalastes*, Gemälde von Alexander Alexandrowitsch Osmerkin, 1927). ⇒50

Der **Putschversuch** von Nationalkommunisten, die sich im Weißen Haus in Moskau verschanzt hatten, wurde am 4.10.1993 blutig niedergeschlagen. →20

achtzehnjährigen Soldaten würden in Grosnyj mit einem Lächeln im Gesicht sterben. Zumal die Deutschen taten sich hervor. Sie stützten den Krieg führenden Präsidenten, als der in innenpolitische Nöte geriet, mit einem Kredit von vier Milliarden Mark, um seine Wiederwahl zu sichern. Das blieb im Volk nicht unbemerkt, und es fragte sich verunsichert, welche Glaubwürdigkeit denn das westliche Wertesystem und seine Repräsentanten habe.

Am Ende des 20. Jahrhunderts hatte nicht nur die Ideologie des Sozialismus ihre Glaubwürdigkeit verloren, auch das, was danach gepriesen worden war, hatte nur neues Unheil gebracht. In Tobolsk, einer kleinen Stadt im Ural – und nicht nur dort – wurden die Toten nicht aus dem städtischen Leichenhaus abgeholt, weil die Familien kein Geld mehr hatten, ihnen ein Grab zu bereiten. Wie einst zur Zeit der Leibeigenschaft, die erst – und das nur formal – 1861 zu Ende gegangen war, mussten sie wieder lernen, sich von den Kartoffeln zu ernähren, die sie auf kleinen Feldern am Stadtrand angebaut hatten. Ihre Ersparnisse waren innerhalb von sieben Jahren gleich zweimal durch Inflation vernichtet worden.

Die westlichen Politiker hatten, nachdem sie aus dem Kalten Krieg als Sieger hervorgegangen waren, den Blick für das Notwendige verloren und lebten dem Opportunismus der Stunde von Wahl zu Wiederwahl. Und ihre jeweiligen Opponenten erwiesen sich kaum umsichtiger. In Deutschland fanden zu jener Zeit Wahlen statt, und die Opposition nutzte die Krise Russlands zur Kritik am Kanzler. Der habe zu viel Zeit mit dem Präsidenten verbracht und anderen Politikern in Moskau zu wenig Beachtung geschenkt. Sie selbst aber, die die Nachfolge der langjährigen Kanzlerherrschaft antreten wollten, hatten mit gar keinem in Moskau gesprochen. Ein Konzept für den Umgang mit Russland, wie ihre großen Vorväter es unter dem Namen »Ostpolitik« entwickelt hatten, ist ihnen der Mühe nicht wert gewesen – ohne Gespür für die Geschichte, in die sie doch so gerne eingehen wollten. Fast schien es, als seien sie dorthin zurückgefallen, woher sie gekommen waren, in ihre Provinz. Russland war nur beachtet worden, als es als »Welt des Bösen« galt, als kriegsbedrohende Gefahr.

Wie gefährlich Russland werden könnte, erkannten nur wenige im Westen, weil sie dem selbst kreierten Bild einer vertrauenswürdigen russischen Führung glaubten. Die meisten ließen sich von den goldenen Fassaden Moskaus blenden und entbehrten in den traurigen Geschichten aus der Provinz die erwünschte optimistische Botschaft. Zu uninteressiert waren sie auch, um sich mit den Untergangsszenarien zu beschäftigen, die russische Visionäre beschrie-

Während viele Russen ein Dasein am Rande des Existenzminimums fristen, genießen die **neuen Reichen** ihr Leben (Szene aus einem Moskauer Nachtklub). →20

ben hatten: Von Zonen des Landes, die wegen ihrer hochgradigen Verseuchung mit Plutonium zu betreten verboten seien, oder von Städten und Dörfern, die dem Verfall preisgegeben waren. Selbst als die Wirtschaftskrise Russland überrollte, rechneten westliche Experten vor, es bestehe keine Gefahr für den Rest der Welt, denn Russlands Anteil am Welthandel betrage nur ein Prozent. Sie bedachten nicht, dass das Elend in Russland auch jene betraf, die Atomkraftwerke oder stillgelegte Atom-U-Boote mit immer aktiven Reaktoren zu kontrollierten hatten.

Es war nicht nur das Plutoniums, das in Seen und Flüssen, in Erdreich und Grundwasser seine vernichtende Wirkung behielt. Nach den Enttäuschungen und dem Leid des 20. Jahrhunderts drang ein Gift anderer Art auch in die Seelen der Heranwachsenden ein. Sie hatten erlebt, dass mit ehrlicher Hände Arbeit ein Leben nicht zu machen sei. Sie hatten den Vater in trunkener Verzweiflung entfliehen sehen und die Mutter im vergeblichen Bemühen zu erhalten, was in Russland stets als hohes Gut galt, die Familie. Nun aber wandten die Kinder sich dem Überlebenskampf zu, in dem es keine Regeln mehr gab.

Sie waren aufgewachsen in einer Welt, die buchstäblich in Trümmer fiel. Die Plattenbauten der sozialistischen Zeit waren nicht wert, Häuser genannt zu werden. Die stinkenden, zerbröselnden Häuser boten sich an als Kulisse für ein Endzeitszenario. Die Heranwachsenden kleideten sich schwarz und glaubten, nur mit Gewalt sei ein besseres Leben zu erzwingen. Manche hatten schon vor der Jahrhundertwende eine rechtsradikale Welle der Brutalität kommen sehen. Zu ihnen gehörte ein heiliger Engel, der in seiner Armeezeit den Glauben an kluge Obrigkeit verloren hatte, weil die ihn immer wieder, nachdem die Politik versagt hatte, zu blutigen Einsätzen befohlen hatte. Gerade er, dem man diese Rolle zuschrieb, wollte nicht der Diktator werden, der Russlands Geschichte um ein weiteres Kapitel von Willkürherrschaft bereichert. Gerade er, der nicht den Eliten der Hauptstadt entstammte, sondern in seinem Leben die menschliche Grausamkeit im Krieg und das Leid in den Provinzen erfahren hatte, bot sich für einen Neuanfang an.

Von den folgenden Ereignissen zu berichten hieße, die Geschichte zu einem Märchen zu versüßen oder in apokalyptischen Bildern zu beschreiben. Wer unter den Zeitgenossen hätte an der Wende zum 20. Jahrhundert den Weg der Deutschen vorhersehen können. Die Ansätze für das, was später geschah, waren gegeben. Nicht anders ist es auch in Russland. Im Jahr 2050 wird man sehen, was blieb von den Lehren der Vorfahren.

Ein schweres Erbe für Russland sind die großen durch Chemikalien oder Plutonium **verseuchten Gebiete.** Der abgebildete See bei Dscherschinsk, 400 Kilometer östlich von Moskau, gilt als der im höchsten Grade vergiftete der Welt. ⇒20

Nach den Enttäuschungen und dem Leid des 20. Jahrhunderts drang ein Gift auch in die Seelen der Heranwachsenden ein.

Jil Sander

Tragbar oder unerträglich – Meine Frühjahrskollektion 2025?

»Pureness, Qualität, Innovation.« Dies ist das Leitmotiv der Designerin Jil Sander, die ihr Konzept einmal so umschrieb: »Ich mache Mode für die Frau, die sich avantgardistisch lässig kleidet, sich aber dennoch nicht verkleidet fühlen will.« Die permanente Optimierung der Qualität der Stoffe und die Entwicklung neuer Materialien ist ihr ein besonderes Anliegen. Seit Ende der 70er-Jahre steht der Name Jil Sander auch für Kosmetika, und 1997 stellte sie erstmals auch eine komplette eigene Herrenkollektion vor. ⇨4751

Frühjahr 2025: weit entfernt für die Mode, weit entfernt für mich. Aber wir sind bereits unterwegs.

Unerträgliches wird es immer geben; auch in Zukunft wird es mir nur unerträglich sein. Und das Tragbare wird 2025 auch nur das Tragbare sein. Eine Frühjahrskollektion 2025 sollte ganz und gar schön sein. Allerdings wird die Zukunft eine Schönheit bereithalten, die wir heute noch nicht kennen können.

In der Mode wird alles zum Jetzt. Würde man heute versuchen, die Zukunft ins Spiel zu bringen, so würde sie im Jetzt aufgehen. Wer heute versuchen würde, die Mode von morgen zu machen, wäre so etwas wie ein Nostalgiker nach vorne. Das ist praktisch nicht möglich.

Ein Blick voraus würde uns die Mode von 2025 vielleicht als unerträglich erscheinen lassen. Aber so ein Blick wäre töricht. Man kann Mode nur in ihrem Zeitkontext erfassen.

Die Mode lebt von den unterschiedlichsten Begegnungen. Sie hat einen Sinn dafür, sogar das Unwahrscheinliche zu treffen. Die gesellschaftliche und kulturelle Entwicklung beeinflusst ihren Ausdruck ebenso wie die Erfindungsgabe ihres Designers. Allerdings ist er es, der die Einflüsse steuert und Begegnungen begünstigt oder abwehrt. Ein Designer, der keine Vision hat, keine Leidenschaft für einen bestimmten Ausdruck, kann nicht präzise sein. Meine Frühjahrskollektion

Jil Sander

27.11.1943 in Wesselburen (Dithmarschen) geboren
1963 Berufsstart als Modejournalistin, freie Stilistin und Stoffentwicklerin
1968 Eröffnung ihrer ersten Boutique
1973 Vorstellung der ersten eigenen Kollektion für Damenoberbekleidung
1978 Die Zeitschrift »High Fashion« zählt Jil Sander zu den zwölf besten Designern der Welt
1983 Expansion nach Italien und in die USA; Gastprofessur an der Hochschule für angewandte Kunst in Wien
1985 Couturier-Preis Paris
1989 Die Jil Sander AG geht an die Börse
1996 Fashion Group Award

⇒4840

2025 wird ganz klar mit dem zu tun haben, was heute schon grundgelegt ist. Aber sie ist offen für Begegnungen. Kompatible Begegnungen.
Modische Utopien, fantastische Planspiele sind kurzlebiger als pointierte Zeitgemäßheit. Utopien landen in Archiven. Zeitgemäße Kleidungsstücke hingegen haben wirkliches utopisches Potenzial. Mit ihnen kommt man weiter.
Vielleicht wird sich die Mode in einem Vierteljahrhundert Kräfte angeeignet haben, die wir ihr heute noch nicht zutrauen. Vielleicht wird aus der Annäherung von Kunst und Mode etwas, das sich den heutigen Kategorien entzieht?

Das Subversive in der Mode wird immer über sich hinausgehen und zu Schönheit werden. Bis diese Schönheit zum allgemeinen Diskurs gehört und beinahe unsichtbar wird. Aber erstaunlicherweise behalten manche Teile ihren anfänglichen Zauber und eine verklärte subversive Kraft – eine Schönheit eben, die in der Zukunft auftauchen wird wie ein Wegweiser.
Die Verbindung unterschiedlicher Mode-Diskurse darf man nicht als plumpes Zusammenwerfen verstehen. Was zusammenkommt, kann eine Art von Implosion bewirken, die etwas freilegt, das als das Neue bezeichnet werden kann.
Klarheit und Stringenz bilden das Kraftfeld für eine moderne Schönheit, in der Emotionales gleichberechtigt ist.

»Das Subversive in der Mode wird immer über sich hinausgehen und zu Schönheit werden.«

⇨4840

Auch im Jahre 2025 wird weniger mehr sein. Opulenz findet in der Qualität des Materials statt. Allerdings wissen wir noch nicht, welchen Materials.
In der Innovation der Materialien liegt ein ästhetisches Potenzial, welches die Mode der Zukunft maßgeblich bestimmen wird.
Proportion und Form: Der Mensch ist wohl nicht das Maß aller Dinge, aber das Maß aller Kleidung wird er bleiben.
Meine Mode ist offen für die Zukunft, weil sie sich hier und jetzt abspielt.
Die Kleidung der Zukunft wird vermutlich noch mehr als schon heute darüber aussagen, wie man sich in der Welt bewegen will, als darüber, als wer man gelten möchte.
Die Mode beeinflusst uns als soziale Wesen; insofern trägt sie Verantwortung. Die Mode regt zu neuen individuellen Schritten an; insofern ist sie provokativ.
Sich wahllos zu kleiden wäre ein unerreichbarer Snobismus.
In Zukunft werden die modischen Unterscheidungsmerkmale weniger den sozialen Status anzeigen als mehr über das Befinden in der Welt aussagen. Beides fällt natürlich irgendwie zusammen. Aber nicht restlos.
Nicht jeder kann alles anziehen. Fremde Federn werden auch übermorgen niemanden schmücken.
Der Wunsch ist ein Faden, der den Stoff durchzieht, aus dem die Mode ist.
Modernistische Exaktheit ist der Rahmen, innerhalb dessen experimentiert wird. Willkürliche Ideenhaftigkeit und grenzenloses Fantasieren werden am Stil der Zukunft keinen Anteil haben.

Selbst wenn die Mode vorhätte, sich aus der Mode zu bringen, würde sie sich damit nicht außer Kraft setzen. Ihre Abdankung wäre eine modische Attitüde.

Sollte man einem Modedesigner ein Alterswerk zuerkennen, dann möchte ich das klassische Ideal erreichen:
Klarheit. Noch mehr Klarheit.

»*Klarheit und Stringenz bilden das Kraftfeld für eine moderne Schönheit, in der Emotionales gleichberechtigt ist.*«

→4840

Georg Schwede

Global 200: Wird es uns gelingen, das Netzwerk des Lebens auf der Erde zu erhalten?

Georg Schwede, promovierter Biologe, repräsentiert die Umweltstiftung WWF-Deutschland unter anderem im Asiatisch-Pazifischen Programm und im Programmkomitee des WWF (World Wide Fund For Nature). Seit 1995 ist er auch Mitglied des Expertenausschusses »Zukunftsfähige Entwicklung« der Association for Advanced Training in Science and Research. ⇨4877

Georg Schwede

12.7.1958 in Gütersloh geboren
1985 Staatsexamen in Biologie an der Universität Bielefeld
1985–89 Promotionsstipendiat am Conservation and Research Center der Smithsonian Institution in Front Royal, Virginia
1989 Promotion an der Universität Bielefeld
1989–91 wissenschaftlicher Mitarbeiter an der Universität Kiel
1991–93 Leiter des National Wildlife Research Center in Taif, Saudi-Arabien
1993–95 Abteilungsleiter Naturschutz des WWF-Deutschland
1995–98 Vorsitzender des Europaprogramms des WWF-International
seit 1995 Geschäftsführer des WWF-Deutschland

An der Schwelle zum nächsten Jahrtausend

nähern wir uns dem Ende eines Jahrhunderts, das durch einen bisher noch nie registrierten Rückgang der biologischen Vielfalt – des Reichtums an Millionen von Tieren und Pflanzen, an genetischen Informationen, die diese enthalten, und an komplexen Lebensgemeinschaften, die sie zu lebenden Ökosystemen aufbauen – gekennzeichnet ist. Mit der gleichen atemberaubenden Geschwindigkeit, mit der sich die Erweiterung des menschlichen Wissens und der technologische Fortschritt vollziehen, zerstören wir die biologische Vielfalt, die diesen Planeten einzigartig im Sonnensystem, ja vielleicht im Universum macht und die die Grundlage der weiteren Existenz unserer eigenen Art bildet.

Das Netzwerk des Lebens

Es wäre ein folgenschwerer Irrtum zu glauben, dass technologische Fortschritte unsere Abhängigkeit von der biologischen Vielfalt erheblich ändern könnten. Zu stark hängen unsere Nahrung, Gesundheit, unser Wohlbefinden und unsere Freude am Leben von den fundamentalen biologischen Systemen und Prozessen ab. Wann immer wir vom Schutz der Umwelt sprechen, vom Gleichgewicht in der Natur, das es zu bewahren gilt, von der Reinhaltung der Luft oder Gewässer: Überall ist eine Vielzahl von Tieren und Pflanzen beteiligt. Sie sind die Schaltstellen aller Lebensfunktionen. Zwischen Tieren, Pflanzen und ihrer Umwelt haben sich über

Jahrmillionen komplexe Wechselwirkungen entwickelt, die zur Bildung umfassender, in sich kohärenter Struktur- und Funktionseinheiten, der Ökosysteme, führten. Schon das Verschwinden einer Art kann diese fein aufeinander abgestimmten Wechselwirkungen so gravierend stören, dass am Ende die Funktion eines ganzen Ökosystems gefährdet wird. Und so wie Ökosysteme nur in enger Verbundenheit mit allen ihren Tier- und Pflanzenarten funktionieren, kann die einzelne Art im Verbund nur existieren, solange das eigene Ökosystem im Zusammenspiel mit anderen Ökosystemen seine Aufgaben für die gesamte Biosphäre der Erde erbringt.
Ökosysteme fungieren wie die Zahnräder eines weltumspannenden Getriebes, indem sie ganz spezielle Funktionen innerhalb der Biosphäre erfüllen. Hierzu gehört unter anderem die spezifische Zusammensetzung der Atmosphäre, die Leben überhaupt erst ermöglicht. Da sich alle Arten unter diesen relativ stabilen Lebensbedingungen entwickelt haben, sind sie ihrer spezifischen Umwelt in der Regel optimal angepasst und damit auch auf sie angewiesen. Das bedeutet: Eine grundlegende Voraussetzung für die Existenz und weitere Evolution aller Arten wie auch für die zukünftigen Lebensbedingungen und Perspektiven unserer Kinder ist der Erhalt der verschiedenen Ökosysteme.

» *Mit der gleichen atemberaubenden Geschwindigkeit, mit der sich die Erweiterung des menschlichen Wissens und der technologische Fortschritt vollziehen, zerstören wir die biologische Vielfalt.* «

Rückgang der biologischen Vielfalt

Insbesondere in den letzten fünf Jahrzehnten sind eine Vielzahl natürlicher Ökosysteme und ihre Leistungen durch falsches menschliches Handeln sowie den immensen Druck einer wachsenden Weltbevölkerung schwer geschädigt oder gänzlich zerstört worden. So verzeichnen wir heute weltweit die höchste je gemessene Entwaldungsrate: Jedes Jahr verlieren wir eine Waldfläche von der vierfachen Größe der Schweiz. Aber auch Feuchtgebiete, Korallenriffe, Küsten, Savannen und Steppen verschwinden mit zuvor nie beobachteter Geschwindigkeit. Mit der Zerstörung von ganzen Ökosystemen hat ein Artenschwund eingesetzt, der um das Tausendfache höher ist als im natürlichen Evolutionsprozess. Täglich sterben etwa 70 Tier- und Pflanzenarten aus. Mit jeder Art, jedem geschädigten Ökosystem verlieren wir ein Stück des Netzwerkes, das auch uns hält. Gleichzeitig verändern wir in noch nie dagewesener Geschwindigkeit die globalen Lebensbedingungen durch die Überfischung der Weltmeere, die Umweltverschmutzung, die Zerstörung der Ozonschicht und die Veränderung des Klimas. Wir haben einen Teufelskreis verschiedener Rückkopplungen in Gang gesetzt: Wir sägen nicht nur an einer Seite des Astes, auf dem wir sitzen, wir zünden ihn auch am anderen Ende noch an!

Jede Minute geht eine **Waldfläche** von der Größe von 35 Fußballfeldern verloren, in einem Jahr die vierfache Fläche der Schweiz. ⇒4877

Täglich sterben etwa 70 Tier- und Pflanzenarten aus.

Was ist zu tun?

Vor diesem Besorgnis erregenden Hintergrund lautet eine der entscheidenden Fragen für das nächste Jahrtausend: Was muss getan werden, welche Strategien, welche Schwerpunkte müssen umgesetzt werden, um die einzigartige biologische Vielfalt auf unserem Planeten und damit die natürlichen Lebensgrundlagen der Menschheit zu bewahren?
Im Rahmen seiner »Living Planet Campaign« hat der WWF zur Beantwortung dieser Fragen ein umfassendes Konzept entwickelt: Bewahrung eines repräsentativen Netzwerkes der wichtigsten Ökosysteme dieser Erde, der »Global 200«.

Das Konzept

Im Gegensatz zu früheren Ansätzen, die vor allem den Artenreichtum als Maßstab für biologische Vielfalt anlegten und sich daher insbesondere auf den Erhalt der tropischen Regenwälder konzentrierten, die Lebensfülle in marinen und aquatischen Gebieten aber vernachlässigten, verfolgt der WWF mit dem Konzept der »Global 200« das Ziel, die ganze Bandbreite der verschiedenen, wenn auch artenärmeren Ökosysteme wie Steppen, Wüsten oder die Tundren und Wälder der nördlichen Breiten zu erhalten. Denn als Lebensräume, die sich unter extremen Umweltbedingungen entwickelt haben, repräsentieren auch sie außergewöhnliche oder sogar einzigartige Beispiele der biologischen Vielfalt. Zur Identifikation der »Global 200« wurden nach neuesten wissenschaftlichen Erkenntnissen die 232 terrestrischen, aquatischen und marinen Regionen bestimmt und kartographisch dokumentiert, die das gesamte Spektrum der Ökosysteme repräsentieren und damit den überwiegenden Teil der biologischen Vielfalt charakterisieren. Der endgültigen Auswahl gingen jahrelange wissenschaftliche Untersuchungen und Analysen voraus. Es galt, aus der Fülle der weltweiten Ökosysteme diejenigen zu definieren, die die größte Bandbreite der biologischen Vielfalt auf unserer Erde repräsentieren.
Zu den »Global 200« gehören weltbekannte Ökosysteme wie der Galapagos-Archipel, das Große Barriereriff, die Wälder am Fuß der Anden im Einzugsbereich des Amazonas, die tierreichen Savannen Afrikas oder die Regenwälder von Borneo, Neuguinea und des Kongobeckens. Andere Regionen sind weit weniger bekannt, aber ebenso bedeutend: zum Beispiel die Feucht- und Trockenwälder Neukaledoniens, die vielfältigsten Riffe der Erde in der malayischen Sulusee oder die pazifischen Regenwälder Chiles, Kanadas und der USA.

Noch beherbergt die **Halbinsel Kamtschatka** eine Population von 12 000 bis 15 000 Bären. Sie gehören nach den Kodiakbären zu den größten der Welt. ⇨4879

Rote Landkrabbe auf Borneo ⇨4876

Schwerpunktprogramm für die Zukunft

Angesichts der globalen Ausmaße der Umweltzerstörung wird die Zeit zu knapp, um alles zu retten. Aus dieser Erkenntnis hat der WWF mit der Weltkarte der »Global 200« ein globales Schwerpunktprogramm für die Bewahrung der biologischen Vielfalt definiert, das es mit höchster Anstrengung und unter Beteiligung aller umzusetzen gilt. Denn während die wirtschaftliche und technische Vernetzung der Welt in atemberaubendem Tempo fortschreitet, darf gleichzeitig das biologische Netzwerk nicht reißen!

Der Erfolg dieses visionären und ambitionierten Ansatzes wird maßgeblich davon abhängen, ob es dem WWF gelingt, Regierungen, Entwicklungsbanken, Industrieunternehmen, die lokale Bevölkerung in den jeweiligen Regionen und viele seiner Mitglieder und Förderer von diesem Vorhaben zu überzeugen und sie zum Mitmachen anzuregen. Denn nur durch Partnerschaften, strategische Allianzen sowie die notwendige finanzielle und politische Unterstützung wird es gelingen, entsprechende Schritte zur Bewahrung der biologischen Vielfalt in jeder der 232 Regionen einzuleiten. Im Rahmen der »Living Planet Campaign« fordert der WWF deshalb zum aktiven Handeln auf, um die Schwelle zum nächsten Jahrtausend zur Wende im Umgang der Menschheit mit der Natur werden zu lassen, deren integraler Bestandteil sie ist.

Jeder kann zu dieser Wende beitragen – »durch ein Geschenk an die Erde«. Regierungen können der Erde neue Naturschutzgebiete und Nationalparke oder die Verabschiedung und Durchsetzung von Natur- und Umweltschutzgesetzen zum Geschenk machen und damit dem Vorbild der Mongolei, Georgiens und anderer Länder folgen, die in den letzten zwei Jahren ein Gebiet von der vierfachen Größe Schwedens zusätzlich unter Schutz gestellt haben. Wirtschaftsunternehmen können durch zusätzliche Verpflichtungen zum Schutz des Klimas und der schonenden Nutzung der natürlichen Ressourcen zur nachhaltigen Entwicklung beitragen. Und jeder Einzelne ist schließlich aufgerufen, durch umweltbewusste Änderungen in seinen Lebens- und Konsumgewohnheiten der Erde etwas von dem zurückzugeben, was er tagtäglich von ihr empfängt.

Es liegt in den Händen der jetzigen Generation, unser Handeln und unsere Entscheidungen in den nächsten Jahren so auszurichten, dass wir unseren Kindern einen lebenden Planeten hinterlassen.

Korallenriffe im **Indopazifik** gehören zu den artenreichsten Lebensräumen der Weltmeere. →4878

Die »Living Planet Campaign« des WWF: Bewahrung eines repräsentativen Netzwerkes der wichtigsten Ökosysteme dieser Erde, der »Global 200«.

Die Nomaden in der **Ostmongolei** nutzen die weltweit größten intakten Steppen- und Graslandschaften noch im Einklang mit der Natur. →4877

Florian Langenscheidt

Das Internet: Utopie oder Big Brother?

Florian Langenscheidt, Verleger und Publizist, engagiert sich nicht nur im Rahmen der angestammten Branche für Innovation und Zukunftsperspektiven, sondern ist auch Initiator und Vorstandsvorsitzender der Organisation »Children for a Better World«, Präsidiumsmitglied des WWF und Leiter der Arbeitsgemeinschaft Grundlagen im Initiativkreis Zukunft beim Bundespräsidenten. →4629

Florian Langenscheidt

7.3.1955 in Berlin geboren
Studium der Germanistik, des Journalismus und der Philosophie in München
1982 Promotion, weitere Studien an der Harvard University
1985 Master of Business Administration an INSEAD Fontainebleau (Frankreich)
seit 1988 Vorstandsmitglied Bibliographisches Institut & F.A. Brockhaus AG, Mannheim
Mitglied des Verlegerausschusses im Börsenverein des Deutschen Buchhandels und Branchensprecher Elektronisches Publizieren
Buchautor (u.a. »Glück mit Kindern«) und Fernsehmoderator (»Münchner Runde«)

Am Beginn des dritten Jahrtausends ist die gesamte Medienwelt in einem Umbruch, vergleichbar den Einführungsphasen des Buchdrucks, des Telefons und des Fernsehens. Wie jede Umbruchperiode ist auch die aktuelle von Übertreibung und Überhitzung geprägt, aber durch die Hektik hindurch wird eine Vision erkennbar, die unser aller Leben verändern wird: Jeder Mensch an jedem Ort und zu jeder Zeit wird sich in ein gigantisches Netzwerk einklinken können, in dem er mit allen anderen Menschen kommunizieren kann und aus dem er sich interaktiv und auf seinen eigenen Bedarf zugeschnitten jede Art von Daten in jeder medialen Form – sei es Text, Bild, Musik oder Film – holen kann.
Der metaphorische Schlüsselbegriff hinter dieser Vision ist der »Information Superhighway«. Das technische Pendant zu diesem gesellschaftspolitischen Konzept ist das Internet. Darunter verstehen wir die Verbindung von PCs durch Modem und Telefonleitung. Aus dem einsamen Rechner am Schreibtisch wird das Fenster zur Welt. Seinen Ursprung hat dieses geniale System in militärischen Erwägungen der USA: Was würde passieren, wenn eine Bombe auf New York fiele – wäre die gesamte inneramerikanische Kommunikation ausgeschaltet? Also verfiel man auf das weltumspannende Telefonnetz als vorgegebene Infrastruktur und gab jedem Datenpaket die Fähigkeit, sich seinen Weg von A nach B frei zu suchen, wann immer irgendwo Leitungen kaputt wären oder Datenstaus den Weg behinderten. Eine Zeit lang war das

Internet dann ideales Austauschmedium für Universitäten und Forschungseinrichtungen, und jetzt sind schon weit über 100 Millionen Menschen, Unternehmen und Institutionen damit weltumspannend verbunden. In ein paar Jahren werden es wohl eine Milliarde sein ...
Für die einen ist das Internet die Umsetzung demokratischer und marktwirtschaftlicher Ideale im Medienkosmos, da sich jede Nutzerin und jeder Nutzer eine Homepage einrichten und damit jegliche Art von Information oder Dienstleistung ohne Zensur und Vorauswahl anbieten kann. Politiker und Parteien können sich jederzeit und überall ohne Zugeständnisse an die Fernsehdramaturgie ihren Wählern und Wählerinnen präsentieren, Preise werden global transparent, Weiterbildung und lebenslanges Lernen an jedem PC möglich. Für die anderen ist es gesetzlose Anarchie, da chaotisch und unstrukturiert im Charakter und ohne Normen und Kontrolle gegen unsägliche Missbräuche wie etwa Kinderpornographie oder Verbreitung von nazistischen Parolen.
Aus Nutzersicht lässt sich der Information Superhighway in der Kategorie des »Nicht mehr« definieren. Ich muss nicht mehr ins Reisebüro, denn ich kann die Reise online mit hervorragender visueller Information über Reiseziel und Hotel direkt vom Wohnzimmer aus buchen. Ich muss nicht mehr in die Bibliothek, um ein Buch auszuleihen, sondern hole mir das mich interessierende Kapitel direkt online auf den Bildschirm. Ich brauche bestimmte lästige Geschäftsreisen nicht mehr anzutreten, denn es gibt Teleconferencing. Ich muss nicht mehr in die schmuddelige Videothek, um mir einen Film zu holen, denn es gibt Video-Jukeboxes, in denen ich mir Filme nach Bedarf auf den Fernseher holen kann. Ich muss nicht mehr zur Bankfiliale, da ich von zu Hause aus überweisen und Einblick in mein Konto nehmen kann. Ich brauche bestimmte kurze, funktionale Briefe nicht mehr zu schreiben, in den Umschlag zu stecken und zu frankieren, denn es gibt E-Mail. Ich muss nicht mehr stundenlang Immobilienanzeigen durchschauen, obwohl mich nur eine helle Dreizimmerwohnung am Prenzlauer Berg bis DM 1000 monatlich interessiert, sondern gebe die drei Parameter als Suchbefehle in das entsprechende Internetangebot meiner Zeitung und kriege in einer Minute die entsprechenden Wohnungsangebote aufgelistet. Und, und, und ...
Die Möglichkeiten sind atemberaubend, und in der positiven Vision wird unser Alltag entlastet werden von zahlreichen lästigen Alltagsfunktionen; wir werden mehr Zeit finden für wichtige soziale Kontakte und Aktivitäten. Bill Gates sagt es auf eine sehr einfache Weise: Wo immer er eine Schlange sehe, denke er, dies könne ein Computer einfacher erledigen.

» Aus dem einsamen Rechner am Schreibtisch wird das Fenster zur Welt. «

Petrus Wandrey, *Personal Identity*, 1994

⇨4765

Was also steht mediengeschichtlich zu erwarten? Ein komplementäres Nebeneinander ...: das oft Gebrauchte und längere Texte offline, das Aktuelle und ... Recherchen online.

Petrus Wandrey, *Ancestress*, 1992 ⇨4765

Und wer steht schon gern in Schlangen? Und kann ich mir Butter und Cornflakes nicht wirklich leichter im virtuellen Supermarkt auf meinem Bildschirm bestellen, als umständlich ins Auto zu springen? Die positiven Folgen für betroffene Unternehmen sind enorm: kein Ladenschluss, keine teuren Mieten, keine Porti, kein Papier, keine Umweltbelastung ...

Manche Medienmacher munkeln schon, so genannte »Offline«-Medien wie Zeitungen, Zeitschriften oder Bücher hätten keine Zukunft mehr angesichts der Möglichkeiten des Information Superhighway, auf dem ich mir alle Information, Interaktion, Bildung und Unterhaltung von zu Hause aus beschaffen kann. Das ist schwer zu glauben. Zu umwerfend sind die sinnlichen Qualitäten von Printwerken, zu überzeugend ihre Vorteile im alltäglichen Leben und zu lieb gewonnen ihre gewohnten Funktionen. Und: Je mehr Teilnehmer sich immer komplexere Datenpakete online holen, desto unerträglicher werden – selbst bei verbesserten Datenübertragungsmöglichkeiten – die Netzüberlastung und die entsprechenden Wartezeiten. Das lässt ungebrochenen Bedarf an ständig verfügbaren, gedruckten Offlineprodukten erkennen. Das Fernsehen sollte angeblich die Publikumszeitschriften kaputtmachen, und was ist am Ende des Jahrhunderts das größte Segment der »Offline«-Zeitschriften? Das der Fernsehzeitschriften!

Auch darf man nicht vergessen, dass Menschen gern schenken – und virtuelle Onlinedienste lassen sich nun mal nicht gut überreichen. Was also steht mediengeschichtlich zu erwarten? Ein komplementäres Nebeneinander und sicher eine Fülle sinnvoller Kombinationsprodukte: das oft Gebrauchte und längere Texte offline, das Aktuelle und Ergebnisse von Recherchen in großen Datenbanken online.

Wenn der Information Superhighway mit der hier nur angedeuteten Fülle von Dienstleistungen und Wissensangeboten allerdings den Weg von der Vision zur massenmedialen Wirklichkeit bewältigen soll (woran ich keinen Zweifel habe), müssen die von den Menschen wahrgenommenen Risiken offensiv angegangen werden. Der Hauptfokus richtet sich hierbei auf folgende Gefahren, deren gesellschaftliche Auswirkungen in der Tat gravierend sein könnten:

- arbeitsmarktpolitische Folgen,
- die Entstehung des »gläsernen Menschen« durch absolute Transparenz der Nutzung,
- Verstärkung des Trends zur Selbstbezogenheit,
- Jugendschutz vor pornographischen Angeboten aller Art,
- Überhandnahme der sekundären Realität und damit einhergehend Verlust der direkten Auseinandersetzung mit der Wirklichkeit,

- »Increasing Knowledgegap« (d.h., dass sich die ohnehin schon intensiven Mediennutzer hier schnell an die Spitze setzen werden und der Abstand zur Masse der Menschen eher größer wird als kleiner),
- Sicherheitsfragen von der elektronischen Unterschrift über Virenübertragung bis zu Datenschutz und digitalem Geld.

Eines ist für mich klar: Der Information Superhighway kann vieles erleichtern und beschleunigen, aber er wird nie das Reisen, die Romantik, die Begegnung, die Sinnlichkeit, die Gefühle und unser aller prall gelebtes Leben ersetzen. Das Salz auf der Haut, die Fischsuppe im Sonnenuntergang, der sportliche Triumph, der Flirt am Treppenabsatz – all das wollen und werden wir nie aufgeben! Oder wie an einem Sommertag im ausgehenden zweiten Jahrtausend in einer süddeutschen Zeitung zu lesen war: »Auf Dauer kann den Netsurfern dieser Welt auch kaum verborgen bleiben, dass sie nach stundenlangem Surfen weder Sonne noch Wind noch Wasser und schon gar nicht den Geschmack von Freiheit und Abenteuer abbekommen, sondern nur 1001-mal mit der Maus geklickt haben.«

Mein Fazit: Das Internet ist weder Allheilmittel noch Allzweckwaffe. Aber es ist kein Zufall, dass sich seine globale Verbreitung in den letzten Jahren des zweiten Jahrtausends schneller vollzog als die jedes anderen Mediums bisher. Es ist auf dem Weg zum Massenmedium, da es ein enorm breites Spektrum menschlicher Bedürfnisse befriedigt und seinen Nutzern und Nutzerinnen schlicht und einfach das Leben erleichtert. Ob ich das Wetter morgen am Urlaubsort wissen möchte oder den aktuellen Kurs meiner Aktien, ob ich mit wissenschaftlichen Kollegen in Australien kurz eine Frage klären oder in Riesendatenmengen weltweit recherchieren möchte – das Internet schenkt der Menschheit all diese Optionen. Dankbar werden sie von Unternehmern und Nobelpreisträgern, Hausfrauen und Studenten, Journalisten und Schülern in seltener Einmütigkeit und Globalität wahrgenommen. Wenn sie es mögen, werden sich unsere Söhne und Töchter aus dem Dschungel und vom Motorboot aus mit wasserdichten, lichtunempfindlichen und leichten Flachbildschirmen per Satellit ins Netz einklinken können; und wenn sie es selbstbestimmt und klug tun, werden sie Freiheit, Spontanität und Wissen gewinnen und der Welt in ihrer ganzen Schönheit und Komplexität noch stärker verbunden sein als wir Jahrtausendwendler.

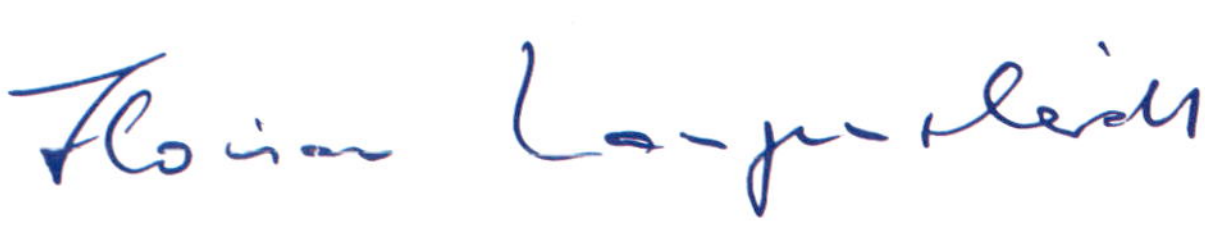

»Der Information Superhighway kann vieles erleichtern und beschleunigen, aber er wird nie das Reisen, die Romantik ... und unser aller prall gelebtes Leben ersetzen.«

Petrus Wandrey, *Ancestor*, 1992 ⇨4765

Ron Sommer

Die Informationsgesellschaft des 21. Jahrhunderts – Chancen in einer vernetzten Welt?

Ron Sommer, Sohn eines Russen und einer Ungarin, hat mit seinem Amtsantritt bei der Deutschen Telekom AG die Aufgabe übernommen, das Unternehmen zu einem modernen, international konkurrenzfähigen Konzern zu formen, der sich im harten Wettbewerb mit den privaten Anbietern behaupten kann. →4625

Ron Sommer

1949 in Haifa geboren, aufgewachsen in Wien, Studium der Mathematik an der dortigen Universität und **1971** promoviert. Die berufliche Karriere begann **1974** beim Nixdorf-Konzern. **1980** trat Sommer als Geschäftsführer der deutschen Tochtergesellschaft in den Elektronikkonzern Sony ein und wurde **1986** Vorsitzender der Geschäftsführung von Sony Deutschland. **1990** wechselte er als Präsident und Chief Operating Officer zu Sony USA, **1993** übernahm er in gleicher Position die Führung von Sony Europa. Seit **1995** ist er Vorstandsvorsitzender der Deutschen Telekom AG.

So viele Überraschungen das kommende Jahrhundert auch für uns bereithalten wird, eines zeichnet sich bereits heute in aller Deutlichkeit ab: Es wird eine Ära der Telekommunikation sein. Die Informationsgesellschaft, die die Industriegesellschaft klassischer Prägung abzulösen beginnt, wird vor allem eine Telekommunikationsgesellschaft sein. Weltumspannende Netze und immer intelligentere Telekommunikationsdienste ermöglichen den Zugriff auf Informationen und den Informationsfluss an nahezu jeden Ort.

Schon jetzt verfügen die globalen Telekommunikationsnetzwerke und -dienstleistungen über eine enorme Leistungsstärke. Das Internet, weltweit verfügbare Mobilfunkverbindungen, Satellitenkommunikation, Glasfasernetze, multimediale Onlinedienste, Videokonferenzen über Kontinente hinweg – dies sind nur einige wenige Aspekte, die die heutigen Möglichkeiten der Telekommunikation beschreiben. Diese schnellen Informationsverbindungen sind ein wesentlicher Motor der Globalisierung in der Wirtschaft. Denn dank der Telekommunikation lassen sich Entwicklung, Produktion und Vermarktung von Produkten und Dienstleistungen in einem arbeitsteiligen Prozess rund um den Globus organisieren. Auch im privaten Bereich sind für uns mobile Kommunikation, intelligente Telefondienstleistungen, der Internetzugriff oder das Telebanking längst zur Selbstverständlichkeit geworden.

Trotzdem: Wir stehen bei der Entwicklung der Telekommunikation zu einem entscheidenden Instrument zur Verbesserung gesellschaftlicher und ökonomischer Prozesse erst am Beginn. Die Telekommunikation wird – vorangetrieben durch die Innovationskraft der Unternehmen in dieser Schlüsselbranche – Nutzungsmöglichkeiten eröffnen, die uns heute noch wie die Beschreibung aus einem Sciencefictionroman erscheinen. Der Kreativität und der Fantasie sind kaum Grenzen gesetzt.

Zu den Anwendungsbereichen, in denen Telekommunikation eine bedeutende Rolle spielen wird, gehört zweifellos die Medizin. Der medizinische Fortschritt vollzieht sich in rasantem Tempo. Der einzelne Arzt steht vor der Aufgabe, aus einem wachsenden Wissenspool zum Wohle seiner Patienten die optimalen Informationen herauszufiltern. Dabei unterstützen werden ihn die Anwendungsmöglichkeiten der Telemedizin. Mit dem schnellen Zugriff auf multimediale Medizindatenbanken wird der Arzt in die Lage versetzt, die gesuchten Informationen, etwa zu neuen Medikamenten oder Behandlungsmethoden, innerhalb kurzer Zeit zu recherchieren. Bei der Behandlung schwieriger oder seltener Krankheiten wird der Arzt über Videokonferenz- und Multimediaverbindungen auf das Wissen hoch spezialisierter Mediziner zurückgreifen und so seinen Patienten eine Betreuung auf dem neuesten Stand bieten können.

Die Bedeutung der Telekommunikation für die Medizin des 21. Jahrhunderts reicht noch weiter. Heute sind im Verlauf einer Behandlung teure und belastende Mehrfachuntersuchungen von Patienten die Regel. Der Grund dafür ist der fehlende Zugriff aller an der Behandlung beteiligten Mediziner auf Informationen zum Patienten, zum Krankheitsverlauf sowie zu etwaigen früheren Erkrankungen und Behandlungen. Digitale Patientenakten, in denen diese Informationen hinterlegt sind, werden für die Mediziner der Zukunft selbstverständlich sein. Dass dabei den hohen Anforderungen des Datenschutzes Rechnung getragen werden muss, versteht sich von selbst. Das Entscheidende: Beim Einsatz der Telekommunikation als Instrument zur Optimierung der medizinischen Behandlungsprozesse steht der Patient und damit der Mensch im Vordergrund.

Die Möglichkeiten der Telekommunikation werden in der Arbeitswelt zu einer grundlegenden Veränderung der vorhandenen Strukturen führen. Ein wachsender Teil der Menschen wird die Telekommunikation nutzen, um zumindest Teile der Arbeit von zu Hause aus oder in wohnortnahen Telebüros in der Nähe des Wohnortes zu erledigen. Videokonferenzen und Bildtelefonate zur Problemklärung, das

»Die Informationsgesellschaft, die die Industriegesellschaft klassischer Prägung abzulösen beginnt, wird vor allem eine Telekommunikationsgesellschaft sein.«

Im **Forschungsprojekt BERMED** erproben Mediziner eine Software, die Krankenhäuser über das ISDN-Netz miteinander verbindet. Der behandelnde Arzt tauscht seine Daten und Untersuchungsergebnisse direkt mit dem Kollegen aus und erspart dem Patienten Mehrfachuntersuchungen. ⇨4625

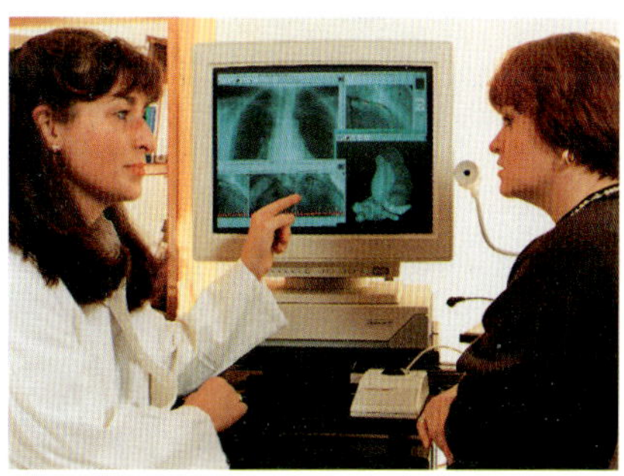

Studenten, Berufseinsteiger und Profis werden in **Global Learning,** dem neuen Telelearning-Dienst von T-Online, mit Cabs (Computer aided business simulation) zu Chefs eines internationalen virtuellen Automobilkonzerns, das sie in unterschiedlichen Situationen erfolgreich führen müssen. ⇨4625

Ich habe keinen Zweifel: Die Arbeitsformen der Zukunft werden Telekooperation und Telearbeit sein.

Bei **Online-Sprachkursen** drückt die Schülerin nach ihrem individuellen Stundenplan die Schulbank in einem virtuellen Klassenzimmer und lädt sich Lektionen aus dem Netz auf ihren Computer. Tutoren betreuen die Kurse online, stellen Aufgaben per E-Mail und korrigieren die eingerichteten Übungen. ⇨4625

gemeinsame Bearbeiten von Dokumenten oder Konstruktionsentwürfen am Bildschirm, der schnelle Informationstransfer zu den Projektpartnern – all dies wird die Arbeitswelt von morgen prägen.

Ich habe keinen Zweifel: Die Arbeitsformen der Zukunft werden Telekooperation und Telearbeit sein. Die Pendlerströme werden durch die unterschiedlichen Formen des Teleworking wesentlich entzerrt. Gleichzeitig steigt die Produktivität der Arbeitsteams, weil die Unternehmen für unterschiedliche Projektaufgaben über leistungsstarke Telekommunikationsverbindungen flexibel das Know-how von Mitarbeitern und externen Spezialisten zusammenführen können. Am Ende dieser Entwicklung stehen virtuelle Unternehmen, die ihre Aktivitäten auf Telekommunikationsnetze und maßgeschneiderte Telekommunikationsdienstleistungen stützen.

Es liegt auf der Hand, dass auch das Bildungswesen auf den Wandel von der Industrie- zur Informationsgesellschaft reagieren muss. Der Umgang mit der Informations- und Telekommunikationstechnik und die konsequente Nutzung der verfügbaren Informationen werden zu Schlüsselqualifikationen in der Informationsgesellschaft – und diese Qualifikationen müssen in Schulen, Hochschulen und in der beruflichen Aus- und Weiterbildung vermittelt werden. Mit der Initiative »Schulen ans Netz« hat die Deutsche Telekom einen wichtigen Anstoß für den Einsatz von Computer und Telekommunikation in den Schulen geleistet. Diesen Impuls gilt es in zukunftsgerichtete Bildungskonzepte umzusetzen. Bildung ist die Vermittlung von Informationen, und die Telekommunikation erschließt immer vielfältigere und attraktivere Informationsquellen, die gezielt in den Bildungsbereich integriert werden müssen. Für das lebenslange Lernen im 21. Jahrhundert wird der Informationszugriff etwa über das Internet so selbstverständlich sein wie für die heutigen Schülergenerationen der Blick ins Schulbuch.

Mit ihrer wachsenden Leistungsfähigkeit wird die Telekommunikation weitere Anwendungsfelder erschließen und dabei wesentliche Grundlagen für das Leben im 21. Jahrhundert schaffen. Die Mobilität, die für unsere Gesellschaft von existenzieller Bedeutung ist, wird nur durch den gezielten Einsatz der Informations- und Telekommunikationstechnik zur Steuerung der Verkehrsflüsse zu gewährleisten sein. Die Fahrzeuge der Zukunft werden standardmäßig mit Systemen ausgerüstet sein, die über Mobilfunkverbindungen permanent in Kontakt mit hoch leistungsfähigen Zentralen für die Verkehrssteuerung stehen. Mit verkehrsabhängigen Routenempfehlungen und weiteren Informationen rund um die Fahrt – Alternativstrecken sowie einer Vielzahl von Dienstleistungen – wird der vernetzte Bordcomputer im Auto zu einem unverzichtbaren Baustein für die mobile Gesellschaft.

Die weitere Entwicklung ist vorgezeichnet: Die Informations- und Telekommunikationstechnik wird immer stärker in die Abläufe im privaten und betrieblichen Bereich integriert. Intelligente Gebäudetechnik wird mit moderner Telekommunikation verknüpft sein und neben einem hohen Wohnkomfort auch für den optimalen Einsatz von natürlichen Ressourcen sorgen. Grundlegend verändern wird sich auch die Mediennutzung. Zwar werden auch künftig Fernsehprogramme in der heute üblichen Weise ausgestrahlt und von den Zuschauern passiv konsumiert. Doch daneben treten neue Formen des Fernsehens, die interaktive Nutzer ansprechen. Diese neuen TV-Varianten werden zum Beispiel die gezielte Zusammenstellung von individuellen Programmpaketen mit bestimmten Inhalteschwerpunkten ermöglichen.

Direkt aus den Programmangeboten heraus werden sich Verbindungen ins Internet knüpfen lassen. So können als Ergänzung zu den Fernsehsendungen zusätzliche multimediale Informationsangebote abgerufen werden. Die Verschmelzung von Telekommunikation und Medienbranche, von Onlinekommunikation, Fernseher und Computer, von Unterhaltungs- und Informationsanwendungen ist damit längst nicht abgeschlossen. Wie in jedem Haus der Sicherungskasten für die Stromversorgung installiert ist, wird in Zukunft eine Art Medien- und Telekommunikationsserver zur Standardausstattung der Haustechnik gehören. Über diesen kleinen Computer werden sämtliche Informations- und Kommunikationsverbindungen des Haushalts gesteuert. Meldet sich während einer Fernsehsendung dann ein Bekannter am Bildtelefon, dann kann man ihn mit der Fernbedienung ganz einfach in ein Fenster im Bildschirm einblenden.

Solche Anwendungen finden nicht in einer fernen Zukunft statt. Der Startschuss für die Ära der Telekommunikation ist längst gefallen. Informationen werden zum entscheidenden Rohstoff des 21. Jahrhunderts. Mit modernen Telekommunikationsdiensten erhalten immer mehr Menschen den Zugriff auf diesen Rohstoff der Informationsgesellschaft. Auf der Basis der globalen Telekommunikationsnetze entstehen globale Märkte und neue Arbeitsformen in den weltweiten Wirtschaftskreisläufen. Für die Organisation des Gemeinwesens erhält die Telekommunikation eine immer größere Bedeutung. Und auch für die Lebensqualität jedes Einzelnen wird die Telekommunikation zum wichtigen Baustein. Sie wird – daran gibt es keinen Zweifel – die Schlüsseltechnologie des 21. Jahrhunderts sein, die uns vor neue Herausforderungen stellt und die uns neue Chancen eröffnet.

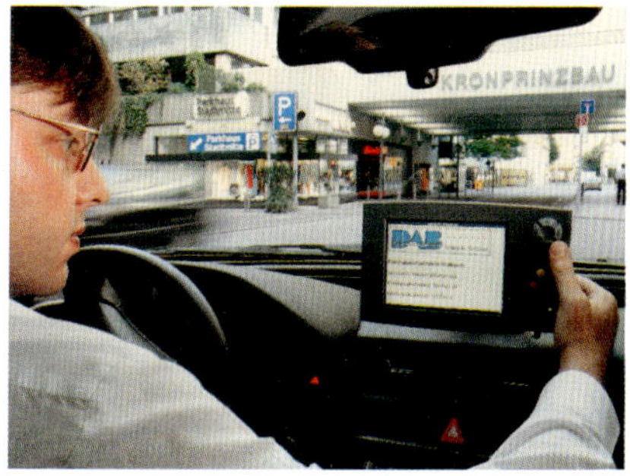

Die Kennzeichen von **DAB** (Digital Audio Broadcasting) sind der brillante Empfang von Hörfunkprogrammen, visuelle Informationen rund ums Programm sowie Verbraucherdienste in Form von Texten, Grafiken und Bildern. Diese Informationen werden auf einem kleinen LCD-Bildschirm abgebildet. ⇨4625

»Informationen werden zum entscheidenden Rohstoff des 21. Jahrhunderts.«

Hanna Suchocka

Kann wirtschaftliche Expansion geschichtliche Lasten wettmachen?

Die polnische Verfassungsrechtlerin und Politikerin Hanna Suchocka, 1992–93 Ministerpräsidentin ihres Landes, setzt sich für den Ausgleich zwischen Polen und Deutschen, für den Abbau von Mentalitätsbarrieren und die Überwindung gegenseitiger Voreingenommenheit ein.

⇨4799

Hanna Suchocka

3.4.1946 in Pleszew bei Posen geboren
1975 Promotion an der Adam-Mickiewicz-Universität in Posen, dort
bis 1990 Dozentin für Verfassungsrecht
1980–85 Abgeordnete der Demokratischen Partei im Sejm
seit 1980 Mitglied der Solidarność
seit 1989 Abgeordnete im Sejm in der Fraktion der Freiheitsunion, Mitglied des Auswärtigen Ausschusses und des Verfassungsausschusses der Nationalversammlung
seit 1991 Mitglied der polnischen Delegation für die Parlamentarische Versammlung des Europarats
1992–93 Ministerpräsidentin
seit 1994 Professorin an der Päpstlichen Akademie der Sozialwissenschaften in Rom
seit Oktober 1997 Justizministerin und Generalstaatsanwältin der Republik Polen

Der historische Prozess, den die Ereignisse von 1989 im östlichen Teil Europas einleiteten, hat besonders in Polen neue Perspektiven der Beziehungen zu Deutschland eröffnet und eine Neudefinition der polnischen Rolle und Position notwendig gemacht. Daher war es eines der wichtigsten Ziele der polnischen Außenpolitik, eine neue Formel für die Beziehungen zu Deutschland zu finden. Schon seit den ersten Jahren des neuen Polens setzen sich die führenden Politiker nachhaltig dafür ein, negative Stereotype, Vorurteile und Fremdenhass, das Erbe der menschlichen Tragödien früherer Jahre, zu überwinden. Ich wage daher zu behaupten, dass die deutsch-polnischen Beziehungen des Jahres 2000 die in den Neunzigerjahren begonnenen Prozesse fortführen werden, sowohl in Bezug auf wirtschaftliche und politische Fragen als auch im Hinblick auf Veränderungsprozesse des gesellschaftlichen Bewusstseins. Für die Länder unserer Region wird Deutschland einer der wichtigsten wirtschaftlichen und außenpolitischen Partner bleiben. In Polen steht außer Frage, dass unsere Beziehungen zu Deutschland seit Jahrzehnten nicht besser gewesen sind. Wichtige symbolische Gesten der Versöhnung aus jüngster Zeit tragen heute Früchte: der Brief der polnischen Bischöfe, die damit zu Vorreitern im langwierigen Prozess der Normalisierung wurden; die Messe in Kreisau, an der Bundeskanzler Helmut Kohl und Ministerpräsident Tadeusz Mazowiecki teilnahmen; die Reden von Bundespräsident Herzog in Warschau und Außenminister

Bartoszewski vor dem Deutschen Bundestag. Der endgültige Fall des Eisernen Vorhangs, die Öffnung der Grenzen und die Einleitung wirtschaftlicher Reformen in Polen trugen auf natürliche Weise dazu bei, dass die Kontakte zwischen unseren zwei Nachbarländern stetig zunahmen. Die deutsch-polnischen Verträge – der deutsch-polnische Grenzvertrag vom 14. November 1990 und das deutsch-polnische Abkommen über gute Nachbarschaft und freundschaftliche Zusammenarbeit – stellten einen Umbruch in den Beziehungen zwischen unseren Staaten dar. Dieser Umbruch ist aber auch in einem weiteren Kontext zu sehen: Deutschland und Polen gehören demselben europäischen Kulturkreis an, und die Qualität ihrer Beziehungen wirkt sich entscheidend auf die Atmosphäre in ganz Europa aus.

Nach Angaben des polnischen Wirtschaftsministeriums nahmen deutsche Unternehmen Ende 1997 die zweite Stelle unter den ausländischen Investoren ein. Umgekehrt ist Polen Deutschlands wichtigster Handelspartner in Mittel- und Osteuropa. Die Belebung der wirtschaftlichen Zusammenarbeit und damit auch der persönlichen Kontakte hat das Deutschlandbild in Polen, das in der kommunistischen Propaganda eher als Feindbild aufgebaut worden war, entscheidend verändert. Wird es uns gelingen, Ängste und Stereotype auf beiden Seiten vollständig abzubauen? Finden die Versöhnungsbestrebungen der politischen Eliten nachhaltigen Rückhalt in der Gesellschaft? Könnte die europäische Integration zur Quelle potenzieller neuer Konflikte werden? Antworten auf alle diese Fragen müssen wir an der Schwelle zum neuen Jahrhundert finden, denn sie werden die Visionen für das kommende Jahrtausend entscheidend mitbestimmen. Wir müssen die 1990 vom polnischen Außenminister Skubiszewski geprägte Formel von der deutsch-polnischen Interessengemeinschaft ernst nehmen. Wenn es gelingt, sie im gesellschaftlichen Bewusstsein zu verankern, wird dies eine entscheidende qualitative Veränderung in unseren Beziehungen bedeuten. Die Umsetzung dieser Idee zeigt sich besonders deutlich in der deutschen Unterstützung für das polnische Streben nach Mitgliedschaft in NATO und EU. Deutschland hat sich als wichtiger Verbündeter bei unseren Bemühungen um Verständnis und Akzeptanz für unser Interesse an einer Integration in die europäischen Institutionen erwiesen.

Es bleibt jedoch die Kehrseite dieser positiven Veränderungen: Meinungsumfragen bestätigen, dass alte Vorurteile und Ängste weiter leben und nicht ohne weiteres zu überwinden sind. Soziologische Untersuchungen unter polnischen Unternehmern, die Handelskontakte zu deutschen

In Polen steht außer Frage, dass unsere Beziehungen zu Deutschland seit Jahrzehnten nicht besser gewesen sind.

Auf politischer Ebene haben **die bilateralen Aussöhnungsbestrebungen** bereits Früchte getragen. Bei ihrem Besuch in Bonn 1992 sicherte Bundeskanzler Kohl der polnischen Ministerpräsidentin Hanna Suchocka zu, den Wunsch Polens nach einem EU-Beitritt aktiv zu unterstützen. ⊳160

Seit Ende 1995 ist die gesamte deutsch-polnische Grenzregion in **Euroregionen** zusammengefasst, der Grenzverkehr hat stark zugenommen. ⇒160

Die deutsche Sicht der Polen ist beunruhigend: Polen finden sich am unteren Ende des »Sympathie-Barometers«; ihnen werden entschieden mehr negative als positive Eigenschaften zugeschrieben.

Partnern unterhalten, belegen: Deutsche werden als diejenigen wahrgenommen, die auf andere »hinunterschauen« und ihnen ihre »Bedingungen aufzwingen«. Die Polen dagegen seien mit Minderwertigkeitskomplexen behaftet, wiesen angstgeprägte Verhaltensweisen auf, reagierten bei Verhandlungen nachgiebig oder auch aggressiv. Auch die deutsche Sicht der Polen ist beunruhigend: Polen finden sich am unteren Ende des »Sympathie-Barometers«; ihnen werden entschieden mehr negative als positive Eigenschaften zugeschrieben. Dies lässt sich selbstverständlich dadurch erklären, dass das Image eines Landes meist von mobilen Bevölkerungsgruppen geprägt wird, die nicht immer einen guten Eindruck hinterlassen (im polnischen Fall überwiegend fliegende Händler, Asylbewerber, Saisonarbeiter oder auch Kriminelle). In meiner Vision des Jahres 2000 würde es mich sehr freuen, wenn die Popularität der Harald-Schmidt-Sendungen zurückginge.

In der Diskussion über die Osterweiterung der EU werden auf polnischer Seite Befürchtungen laut, der wirtschaftlich stärkere Partner könnte sich die ganze Region »unterordnen«, sodass es zu einem »Ausverkauf« unseres Landes kommen könnte. Die Frage des freien Erwerbs von Immobilien durch Deutsche müssen wir sehr behutsam angehen, besonders in den Gebieten, die Polen nach dem Zweiten Weltkrieg infolge der Grenzverschiebung zugesprochen wurden. Mehrfach habe ich darauf hingewiesen, dass diese Frage zu einem der schwerwiegendsten Probleme in den neuen deutsch-polnischen Beziehungen werden könnte. Das Ausmaß möglicher negativer Folgen ist heute noch nicht genau zu überblicken. Um dieses Problem zu lösen, sind Zeit und Ruhe nötig, umso mehr, als hier auf deutscher wie auf polnischer Seite eine Generation unmittelbar betroffen ist, die Zwangsaussiedlung und -vertreibung noch am eigenen Leibe erlebt hat. In Deutschland macht man sich kaum klar, dass auch zahlreiche Polen das Schicksal von Vertriebenen erlitten. Vor dem Hintergrund der einseitigen Wahrnehmung dieses Problems durch die Vertriebenenverbände und des nur geringen Interesses an der Diskussion über Vertreibung in Polen wird verständlich, warum die Resolution des Bundestags solche Unruhe hervorrief und die Glaubwürdigkeit der Erklärungen der Bundesregierung infrage stellte. Hierzu möchte ich nur wiederholen, dass wir nicht nachlassen dürfen in unseren Bemühungen, institutionelle Lösungen zu finden, die in der freien und offenen Welt allgemein akzeptiert werden.

Im Rahmen der Vorbereitungen auf unseren EU-Beitritt ist es umso wichtiger, alle Schritte einzuleiten, die die althergebrachte Fremdenfeindlichkeit minimalisieren und die Überzeugung stärken, dass die europäische Integration keine Teilung Europas in neue Einflusszonen bedeutet. In früheren Überlegungen habe ich ausgeführt, dass das Konzept einer Zusammenarbeit im so genannten Weimarer Dreieck für Deutschland die Möglichkeit eröffnet, eine stabilisierende »Brückenrolle« wahrzunehmen. Hier finden wir eine geeignete Plattform, um über Herausforderungen und Perspektiven einer neuen Konstellation in den internationalen Beziehungen in Mittel- und Osteuropa zu diskutieren.

Der bekannte polnische Soziologe und Historiker Jerzy Jedlicki schrieb in seinen Untersuchungen zum Entstehungsprozess gesellschaftlichen Bewusstseins: »Damit sich zwischenmenschliche Bindungen herausbilden, genügt es nicht, dass sie das Gleiche erleben ... Sie müssen es auch in der gleichen Weise erleben. Hängt unsere Erfahrung nicht davon ab, wo wir zu dieser Zeit waren und wer wir damals waren? ... Sogar wenn wir dasselbe in derselben Weise erlebt haben, können wir daraus für uns ganz verschiedene persönliche Konsequenzen ziehen ...« Diese Ausführungen geben außerordentlich treffend den komplexen Charakter der deutsch-polnischen Beziehungen wieder. Beide Völker, die direkt nebeneinander lebten und in hohem Maße ihre jeweilige historische Wirklichkeit gegenseitig prägten, nahmen das Gros der historischen Ereignisse aus völlig gegensätzlicher Perspektive wahr – als Gewinner bzw. Verlierer, als Henker bzw. Opfer. Am Ende des 20. Jahrhunderts eröffnet sich uns die seltene Chance, Bindungen aufzubauen und zu nachbarschaftlicher Normalität zurückzukehren. Hier soll nicht vergessen werden, auf die uneigennützige, umfassende Hilfeleistung der deutschen Bevölkerung während der Flutkatastrophe 1997 hinzuweisen. Dank der Aktivitäten von Regierungsorganisationen, Stiftungen und Wohlfahrtsverbänden können sich Polen und Deutsche miteinander treffen, diskutieren, Freundschaften anknüpfen und ein neues Image ohne das »fatale Verhängnis der Feindseligkeit« aufbauen, wie es Professor A. Stomma in seinem gleichnamigen Buch nachdrücklich beschrieben hat. Eine Rheinfahrt oder ein Skiurlaub in Bayern ist kein irreales, exotisches Abenteuer mehr, genauso wenig wie eine Reise nach Masuren oder ins Riesengebirge alte Wunden aufreißen muss. Die heutige Generation steht vor der mühseligen, ganz und gar nicht idyllischen Aufgabe, sich den Herausforderungen eines vereinigten Europas zu stellen.

»Die heutige Generation steht vor der mühseligen, ganz und gar nicht idyllischen Aufgabe, sich den Herausforderungen eines vereinigten Europas zu stellen.«

An den grenzübergreifenden Instituten der **Europa-Universität Viadrina** (Frankfurt/Oder) und der Adam-Mickiewicz-Universität (Posen) studieren rund 1000 junge Polen und Deutsche gemeinsam. →160

Carel ter Haar

Niederländer und Deutsche – auch im 21. Jahrhundert noch nah und fern zugleich?

Carel ter Haar ist Professor für Niederlandistik an der Universität München und einflussreicher Vermittler zwischen niederländischer und deutscher Kultur. Als Herausgeber zahlreicher Übersetzungen niederländischer Literatur ist er an dem Erfolg beteiligt, den die Autoren des Nachbarlandes seit einigen Jahren in Deutschland haben. ⇨5175

Der niederländische Schriftsteller Harry Mulisch sprach 1990 von einem Hass-Liebe-Verhältnis zwischen Deutschland und den Niederlanden und verwendete dazu das Bild von zwei Eheleuten, die mit den Rücken gegeneinander stehen. Er meinte damit die Ambivalenz zwischen äußerer Nähe und innerer Ferne, die das Verhältnis zwischen beiden Ländern bestimmt.

Vordergründig scheint es sich dabei von niederländischer Seite nur zu oft um recht unklare und irrationale Ansichten zu handeln, die nicht frei sind von einer gewissen Beliebigkeit, die sich gleichsam in Schubladen befinden, dort ruhen oder je nach Bedarf und Gelegenheit abrufbar sind. Sie wurzeln nicht nur in der unmittelbaren Vergangenheit, sondern sind vielmehr Ausdruck eines gewissen Unterlegenheitsgefühls dem großen und scheinbar immer größer und bedeutender werdenden Nachbarn gegenüber. Während die offizielle niederländische Regierungspolitik von Anfang an auf die Integration der Bundesrepublik in das westliche Bündnissystem zielte und man die bundesdeutsche Regierung bei diesen Integrationsbemühungen, abgesehen von einigen DDR-freundlichen Sticheleien, nachdrücklich unterstützte, entwickelte sich in der niederländischen öffentlichen Meinung, und zwar besonders bei den Intellektuellen, eine eher kritische Haltung, die ziemlich unreflektiert das bundesrepublikanische Establishment ablehnte, oppositionelle Literatur und das System infrage stellende Bewegungen hin-

Carel ter Haar

13.5.1938 in Alkmaar (Niederlande) geboren
Studium der Germanistik und Geschichte in Amsterdam und Trier
1974 Promotion, **1991** Habilitation
seit 1971 Forschungs- und Lehrtätigkeit an den Universitäten Trier, Frankfurt am Main, Regensburg und München
seit 1982 zuständig für die Niederländische Philologie am Institut für Deutsche Philologie der Ludwig-Maximilians-Universität München
seit 1994 Vorstandsmitglied für das deutsche Sprachgebiet im Internationalen Verein für Niederlandistik
1997 Ernennung zum Professor

gegen begrüßte. Negative Umfrageergebnisse und von manchen Medien zu Schicksalskämpfen hochstilisierte Sportveranstaltungen scheinen das Negativbild von Deutschland und den Deutschen zu bestätigen. Dass sich daneben eine auch im Rivalisieren selbstverständliche Normalität zwischen beiden Ländern und Völkern eingestellt hat, scheint uninteressant zu sein oder übersehen zu werden. Diese beschränkte sich freilich nicht nur auf Politik oder Wirtschaft, sondern betraf durchaus eine darüber hinausgehende emotionale Ebene, wie sich aus der Anteilnahme und der Begeisterung der Niederländer für die Ereignisse im November 1989 zeigte. Ungetrübt waren sie allerdings nicht.

In der Vielzahl von Veröffentlichungen, die anlässlich der Wende 1989/90 auch in den Niederlanden erschienen sind, fällt ein schmaler, im September 1990 publizierter Band auf, in dem Journalistikstudenten der Universität Nimwegen eine Reihe prominenter Niederländer, die Kriegs- und Nachkriegszeit erlebt haben, über ihre Erfahrungen und über ihre Erwartungen im Hinblick auf die bevorstehende deutsche Wiedervereinigung befragen. Die Statements sind eher verhalten, die meisten Befragten drücken sich zurückhaltend und stark rationalisierend aus, einige äußern sich direkt ablehnend, von einer Euphorie ist auf jeden Fall keine Rede. Der Band verknüpft die unmittelbaren Ereignisse der Wende mit dem Gedenken an den deutschen Angriff auf die Niederlande und die sich anschließende Besatzungszeit fünfzig Jahre zuvor. Die Vergangenheit schien das damalige Heute wieder einmal eingeholt zu haben, was recht charakteristisch war für die Ernüchterung ein halbes Jahr nach dem Fall der Mauer. Der Herausgeber des Bandes, der Nimwegener Niederlandist Wam de Moor, notiert in seinem Vorwort, dass er in der Nacht vom 9. zum 10. November 1989 in der Euphorie jenes Augenblicks keinen Unterschied zwischen sich selber und den Deutschen mehr spürte, was bis dahin nie der Fall gewesen sei. Er stand damit nicht allein, es gab einen regelrechten niederländischen »Mauertourismus«. De Moor stellt jedoch gleichzeitig fest, dass diese Stimmung nach einem halben Jahr gekippt war.

Dieses Schwanken ist symptomatisch für die Ambivalenz, die es in den Niederlanden, besonders auch bei den Intellektuellen, im Verhältnis zu Deutschland gibt. Insofern erstaunt es nicht, dass der Verleger für sein letztlich auf Verständigung zielendes Buch eine Umschlagzeichnung wählte, die exakt dem traditionellen Vorurteilsmuster entspricht. Es ist eine Strandburg abgebildet, in der ein Schild aufgestellt ist, auf dem in deutscher Sprache »besetzt« steht. Am Eingang stehen ein kleiner Junge in Lederhosen und ein Mädchen in

Harry Mulisch: Der niederländische Schriftsteller mit belgischer Mutter und österreichischem Vater ist gemeinsam mit Cees Nooteboom erfolgreicher und vom deutschen Publikum hoch geschätzter niederländischer Autor. ⇨5143

Unverbesserlich? Es fällt schwer, auf vertraute Bilder zu verzichten. Das eigentlich auf Verständigung zwischen Deutschen und Niederländern zielende Buch des niederländischen Autors Wam de Moor erhielt einen Umschlag, der der anhaltenden Ambivalenz im Verhältnis der Nachbarn doch wieder Ausdruck gibt. ⊡→5216

Der Maler, Schriftsteller, Musiker und Schauspieler **Armando** wurde auch in Deutschland mit Märchenerzählungen bekannt. ⊡→4975

einem schwarz-rot-gelben Kleid, die beide ihre Sandschaufeln als Waffen in Kampfhaltung hochhalten und martialisch hineinmarschieren. Der Titel des Buches lautet *Duitsers!?* (Deutsche!?), auch hier ist die Ambivalenz unverkennbar. Der Band scheint also kaum etwas Neues zu bringen und nur an Bisheriges anzuknüpfen, wäre da nicht das Nachwort, in dem der Verfasser, ein am Projekt beteiligter Journalistikstudent, darauf hinweist, dass es sich um die Erinnerung der älteren Generation handelt. Die Vergangenheit sei zwar plötzlich wieder aufgetaucht, habe aber eine ganz andere Funktion, indem sie in ihren Auswirkungen für die Zukunft der jüngeren Generation entscheidend werde. Dieser Ansatz zu einer pragmatischen, an den Bedürfnissen der Gegenwart orientierten Geschichtsbetrachtung dürfte für die Meinungsbildung und die Rezeption deutscher Entwicklungen über das Jahr 2000 hinaus bestimmend sein.

Neu ist auch, dass sich in den Niederlanden nach 1990 ein neues Selbstbewusstsein – und zwar nicht nur Deutschland gegenüber – entwickelte. Die Zeiten der »holländischen Krankheit« sind vorbei. Die wirtschaftlichen Erfolge, die Reduzierung der Arbeitslosigkeit, das international sehr beachtete und auch anerkannte »Poldermodell«, aber auch die in manchen Bereichen sicher nicht unangefochtenen sozialen Modelle, etwa in der Drogenpolitik, oder die erfolgreichen internationalen Karrieren mancher Künstlerinnen und Künstler werden nur zu gerne und nicht ohne Stolz registriert. Moderne niederländische Kunst, das Kunsthandwerk, Musik, Entertainment und besonders auch die moderne niederländische Literatur finden inzwischen weltweite Beachtung. Die Werke von Harry Mulisch oder Cees Nooteboom, die inzwischen jeweils in mehr als zwanzig Sprachen übersetzt sind, oder von Autorinnen und Autoren wie Margriet de Moor, Maarten 't Hart und Adri van der Heijden sind auch dem literarisch interessierten Leser in Deutschland vertraut. Das niederländische Kinder- und Jugendbuch spielt schon seit Jahrzehnten eine wichtige Rolle in den deutschen Verlagsprogrammen.

Das Gebiet, das Jacob Grimm 1846 aus deutscher Sicht sinngemäß noch als ›unsere Schwachstelle im Nordwesten‹ bezeichnet hatte, hat sich nach über hundertfünfzig Jahren von diesem hartnäckigem Image als Appendix Deutschlands, dessen Kultur höchstens im 17. Jahrhundert von Bedeutung gewesen und dessen Sprache nur ein Ableger des

Zukunftsvision: Deutsche und Niederländer erobern den Weltraum. Gemeinsam, aber jeder für sich. 5176

Deutschen sei, endgültig befreit. Umgekehrt hat das Interesse für die Niederlande und für die niederländische Sprache international stark zugenommen. An mehr als 250 Universitäten auf der ganzen Welt wird das Niederländische als Studienfach angeboten, allein schon in Deutschland ist es als Fach an vier Universitäten mit regulären Lehrstühlen vertreten. Aber auch anderswo, etwa an den Volkshochschulen, finden Niederländischkurse regen Zuspruch.

Dass Deutschland und die Deutschen als direkter Nachbar bzw. Nachbarn auch nach dem Jahr 2000 eine besondere Rolle spielen werden, ist selbstverständlich. Im politischen und wirtschaftlichen Bereich stehen Koordination und Zusammenarbeit im vereinten Europa von vornherein außer Frage. Auf geistigem und kulturellem Gebiet kommt es darauf an, sich in der jeweiligen Eigenart sehen zu wollen und ein gegenseitiges, substanzielles Interesse zu entwickeln. Der Regionalismus, der sich parallel zur europäischen Einigung zunehmend etabliert hat, spielt beim neuen Selbstbewusstsein der Niederländer mit Sicherheit eine Rolle. Es ist für ein relativ kleines Land und ein kleines Kulturgebiet – etwa 20 Millionen Menschen sprechen Niederländisch – eine Überlebensnotwendigkeit, gerade auch im Hinblick auf die großen Nachbarn, eigenständige kulturelle und geistige Präsenz zu zeigen.

Nur im offenen Austausch, in der wechselseitigen Bereitschaft, auf den europäischen Partner einzugehen, und mit einem wachen Auge für moderne Entwicklungen und für die Zeichen der Zeit wird neben der wachsenden sozialen und wirtschaftlichen Integration in Europa auch eine auf der jeweiligen Eigenständigkeit beruhende geistig-kulturelle möglich sein. Der Regionalismus in positivem Sinne kann, wenn er durch Offenheit geprägt ist, dazu einen entscheidenden Beitrag leisten. Wenn der offene Blick fehlt, verkommt er zu Provinzialismus, in dem Beschränktheit und Ausgrenzung dominieren.

Dass von niederländischer Seite dabei große Hoffnungen auf einen entsprechenden deutschen Beitrag gesetzt werden, ist trotz des ambivalenten Verhältnisses zwischen dem großen und dem kleinen Nachbarn selbstverständlich. Es ist zu hoffen, dass die Eheleute, um das Eingangsbild von Harry Mulisch wieder aufzugreifen, gleichsam als Vision 2000 unter Beibehaltung ihrer Eigenheiten und Eigentümlichkeiten einander die Blicke zuwenden werden.

»*Mit einem wachen Auge für die Zeichen der Zeit wird neben der wachsenden sozialen und wirtschaftlichen Integration in Europa auch eine auf der jeweiligen Eigenständigkeit beruhende geistig-kulturelle möglich sein.*«

Barbara Sichtermann

999 Kanäle und überall das Gleiche – Wird sich die Gemeinde vom Fernsehen abwenden?

Barbara Sichtermann war langjährige Fernsehkritikerin der ZEIT und lebt heute als freie Publizistin in Berlin. »Fernsehen« hieß ihre 1994 erschienene kritische Betrachtung des Massenmediums, in der sie auch zahlreiche Vorurteile bekämpfte. ⇨4766

Barbara Sichtermann

wird **1943** in Erfurt geboren, wächst in Kiel auf. Nach dem Abitur Besuch einer Schauspielschule, danach Theaterpraxis in Bochum und Dortmund. **1968** Wechsel nach Berlin, dort später Aufnahme eines Studiums der Sozialwissenschaften und Volkswirtschaftslehre. Diplom **1974.** Wechsel nach Hannover zu ihrem späteren Mann Peter Brückner. **1978** kommt der gemeinsame Sohn Simon zur Welt. **1982,** nach dem Tod von Brückner, Rückkehr nach Berlin. Seit **1978** Tätigkeit als freie Publizistin und Schriftstellerin.

Auch Medien sind Gewohnheitssache.

Die erste Tageszeitung wurde noch von hinten bis vorne durchstudiert, dem Radio in seiner Anfangszeit stumm und begeistert gelauscht. Die ersten Fernsehapparate erhielten einen Ehrenplatz im Wohnzimmer, und die Familie saß fasziniert davor. Wie anders ist das heute! Das Gerät wird wegwerfend Glotze genannt, und auf die ungeteilte Aufmerksamkeit seiner Nutzer kann es sich, einmal eingeschaltet, keineswegs verlassen. Und so wie Zeitungspapier zum Ausstopfen nasser Schuhe und zum Einwickeln von Tiefkühlkost benutzt wird, lässt man den Fernseher im Hintergrund summen, ohne hinzusehen, und genießt das beruhigende Gefühl, dass irgendjemand sich um den Zustand der Welt kümmert. Was dem Radio nach Heraufkunft der Television zustieß, droht jetzt dem Fernsehen: Es steigt herab zum Tagesbegleitmedium.

Das bedeutet nicht unbedingt den völligen Verlust an Einfluss, aber eine Einbuße an Status. Fernsehen wird unwesentlicher – es wird geguckt, aber nicht mehr bestaunt. Dafür ist die Gewohnheit nicht der einzige Grund. Ein zweiter, ebenso harter ist die Kommerzialisierung des Mediums. In den USA, wo Fernsehen von Anfang an durch Werbung finanziert wurde, ist die Kiste schon lange eine flimmernde Nebensache; hierzulande geht es mit dem Abstieg jetzt erst richtig los. Die ständigen Unterbrechungen durch die Reklameblöcke fragmentieren die Wahrnehmung und unterbinden

Familie Beuys vor dem Fernseher ⇨5166

die Konzentration, der Fernsehkonsum wird oberflächlicher. Die »Lagerfeuerfunktion«, das pure Vorhandensein einer Licht- und Geräuschquelle, das Gefühl des Mit-der-Welt-verbunden-Seins, das sie vermittelt – das wird wichtiger als das Programm.

Das tendenzielle Überangebot, welches die 999 Kanäle des digitalen Zeitalters bereithalten, entwertet das Fernsehen noch einmal. Knappheit erzeugt Interesse, Überfluss führt zu Überdruss. Zwar genießt der Konsument die Qual der Wahl, aber er legt sich auch gern fest – wo allzu viel an ihn herangetragen wird, reagiert er mit Abwehr. Aus den Hunderten von Kanälen wird der Fernsehnutzer der Zukunft ein halbes Dutzend auswählen, auf die er immer wieder zurückkommt und die er als »seine« Sender den anderen vorzieht. Die Anbieter ihrerseits werden viel für die Seher-Sender-Bindung tun: mit unverwechselbaren Logos, Trailern, musikalischen Kennmarken und Moderatorenpersönlichkeiten – auf dem Imagemarkt wird es Vielfalt geben. Aber im Programm?

Werden da nicht alle Anbieter dasselbe präsentieren: Shows, Talks, Musik und Serien und, weils sein muss, auch ein bisschen Info? Werden sich die Angleichungsprozesse, die sich während des letzten Jahrzehnts zwischen Privatsendern und öffentlich-rechtlichen Anstalten vollzogen haben, nicht radikalisieren?

Ja und nein. Dass die gebührenfinanzierten Sender in Deutschland ein bisschen Pep und Leichtigkeit von der privaten Konkurrenz übernommen haben, ist zu begrüßen. Die Anpassung ans offenbar für unstillbar gehaltene Unterhaltungsbedürfnis des Publikums ist dann aber wieder ärgerlich. Leute, die Hintergrundberichte und sorgfältig recherchierte Dokumentationen sehen wollen, sind keine Minderheit, und es ist schwer nachvollziehbar, warum dieses breite zahlende Publikum bis Mitternacht aufbleiben muss, um auf seine Kosten zu kommen. Immerhin gibt es noch

»*Fernsehen wird unwesentlicher – es wird geguckt, aber nicht mehr bestaunt.*«

»*Das tendenzielle Überangebot, welches die 999 Kanäle des digitalen Zeitalters bereithalten, entwertet das Fernsehen noch einmal. Knappheit erzeugt Interesse, Überfluss führt zu Überdruss.*«

Nam June Paik, *Australopithecus Man*, 1991.
Städtische Kunsthalle Mannheim ⇨5165 / 80176

anspruchsvolle Sendungen im Fernsehen, auch auf dem Unterhaltungssektor; die Zeit, in der es so aussah, als wollten die Kommerzsender das Gesamtprogramm auf ein Tittytainment-Niveau herunterzerren, ist vorbei. Inzwischen lernen die Privaten von den Öffentlich-Rechtlichen: wie man seriöse Nachrichtensendungen baut, wie man einen wertbeständigen Fernsehjournalismus ermutigt und wie man Mehrteiler und Familienserien mit Handschrift und Charakter entwirft. Anpassungsprozesse also gibt es nach beiden Seiten. Aber heißt das nicht am Ende, dass das Programm insgesamt homogener, einheitlicher, letztlich ununterscheidbar wird?
Für das große Mittelfeld in Sachen Information und Unterhaltung, das ein breites, heterogenes Publikum bedienen soll, trifft das zu. Bei welchem Sender man die Nachrichten des Tages schaut, wird bald nicht mehr entscheidend sein, da das Angebot quer durch die Kanäle ähnlicher wird. Auf der anderen Seite aber sind die Sender gezwungen, ihr Programm auszudifferenzieren, um Zielgruppen, darunter auch Minderheiten, anzusprechen, zu gewinnen und zu binden und so ihrem Produkt ein besonderes Profil zu verleihen. Es gibt ja längst Spartenfernsehen, wo Leute mit Sonderinteressen sich aufgehoben fühlen: Nachrichten- und Börsenschienen, Kinder- und Frauenkanäle. Auch Sender, die Vollprogramm fahren, werden sich genötigt sehen, den Opernfreund, den Geschäftsmann, die Jugend oder die Bildungshungrigen gezielt anzusprechen, um sich neue Zuschauerschichten zu erschließen; hier wird die Konkurrenz die Innovation befördern, und es wird immer etwas »los« sein, ungewöhnliche Formate werden neben exotischen Themen die Neugier der Nutzer reizen.
Dass sich die Gemeinde abwendet, steht also nicht zu erwarten – allerdings dürfte die Zeit, die täglich im Durchschnitt für den Fernsehkonsum zur Verfügung steht (zweieinhalb Stunden) kaum noch wachsen, was bedeutet, dass der Markt eng bleibt und neu hinzutretende Konkurrenten es immer schwerer haben werden. Am Ende wird eine Zahl von Programm-Machern übrig bleiben, die deutlich unter 999 liegt. Die Nutzer werden auf das Überangebot mit Fokussierung ihrer Aufmerksamkeit auf »ihre« Sender reagieren, was den

» *Darin wird vielleicht die größte Veränderung liegen, die das Überangebot zeitigt: dass wir alle zu wahllosen Gelegenheitsguckern werden.* «

Fernsehen wird unwesentlicher, aber es behält eine Position der Quelle der Unterhaltung und der Meinungsbildung.

Markt auf der Nachfrageseite sozusagen natürlich begrenzt. Den Werbeabteilungen der Konsumgüterindustrie bleibt nichts anderes übrig, als sich auf das Verhalten der Endabnehmer einzustellen: Schon jetzt wird die Werbung im Fernsehen oft als Ärgernis empfunden, was den Zwecken der Firmen zuwiderläuft. Sie können ihre Präsenz auf der Mattscheibe nicht noch weiter ausdehnen. Schon jetzt haben sie ja erreicht, dass die Zuschauer nur noch mit einem Auge hinsehen und sich dem Fernsehen nicht mehr gebannt überlassen, sondern mit Hausarbeit, Familiengesprächen, Essen und Schlafen vereinbaren. Es gibt eine Grenze der Belästigung durch Werbung, jenseits derer die vor allem in Deutschland qualitätsbewussten Zuschauer lieber verzichten und den Ausknopf betätigen.

Fernsehen wird unwesentlicher, aber es behält eine Position als Quelle der Unterhaltung und der Meinungsbildung. Allerdings wird es in beiden Funktionen nicht mehr so überschätzt werden wie in seiner Frühzeit, sondern nüchterner als Stimme unter anderen erlebt. Man wird es nebenbei zur Kenntnis nehmen, so wie man nebenbei im Auto Radio hört oder nebenbei in der U-Bahn Zeitung liest. Aber genauso, wie man irgendwann doch einem Interview im Radio atemlos lauscht oder sich eine Glosse aus der Zeitung ausschneidet, weil sie einen ganz besonders überzeugt oder ärgert, wird man auch von Zeit zu Zeit begeistert vor dem Fernseher sitzen, weil da ein Feature oder ein Film läuft, der einem etwas Neues bringt. Aber solche Sternstunden werden die Ausnahme sein, und der Zufall wird stärker an ihrem Zustandekommen mitwirken als früher. Denn wer studiert heute noch ausführlich das Wochenprogramm, wer wird es bei Hunderten von Programmen tun? Darin wird vielleicht die größte Veränderung liegen, die das Überangebot zeitigt: dass wir alle zu wahllosen Gelegenheitsguckern werden. Es sei denn, dieser Nachteil wird von einem speziellen und individuellen Vorsortierer-Service ausgeglichen.

Nam June Paik, *Buddha*, 1989. Zentrum für Kunst- und Medientechnologie, Karlsruhe ⇒938 / 5165 / 5167

Bassam Tibi

Der Islam und die Welt 2000: Zwischen toleranter Religion und ideologischem Islamismus?

Bassam Tibi, Sozialwissenschaftler, Historiker, Philosoph und Mitbegründer der arabischen Organisation für Menschenrechte, ist durch eine Vielzahl von Fernsehbeiträgen, Kommentaren und Artikeln in der Presse sowie durch seine Buchveröffentlichungen bekannt. ⇨4635

Bassam Tibi

wurde **1944** in Damaskus geboren, wo er auch seine Schulbildung erhielt. Das Studium (Sozialwissenschaften, Geschichte und Philosophie) absolvierte er in Frankfurt am Main, wo er auch promoviert wurde. Nach der Habilitation in Hamburg übernahm er **1973** in Göttingen den Lehrstuhl für Internationale Beziehungen, **1988–93** parallel dazu auch die entsprechende Professur in Harvard, wo er erneut seit September **1998** tätig ist. **1997** wurde er vom American Biographical Institute zum »Man of the Year« nominiert und gewählt.

Terroranschläge auf amerikanische Botschaften in Afrika, Mord an Touristen in Ägypten, tagtägliche Gewalt gegen Zivilisten in Algerien, in Afghanistan und weltweit Verletzungen von Menschenrechten – im Namen Allahs und unter dem Mantel des Islam. Ist das wirklich das wahre Gesicht dieser neben Christentum und Judentum dritten abrahamitischen Religion im Übergang zum Jahre 2000? Ist der Islam die »Religion des Schwertes« und bedeutet das: mit Feuer und Schwert in das 21. Jahrhundert? Oder sind diese Gewalttaten auf das Konto des Islamismus zu verbuchen und somit nicht dem Islam als einer Weltreligion anzulasten, die Toleranz lehrt und sie als religiöse Pflicht vorschreibt? Was ist der Unterschied zwischen Islam und Islamismus? Ist der Islamismus die islamische Spielart des religiösen Fundamentalismus? Oder stimmt es, dass es im Islam keinen Fundamentalismus gibt, weil dies ein christliches Phänomen ist?

Der Islam unterscheidet sich vom Christentum dadurch, dass er seine Verbreitung in den ersten zwei Jahrhunderten nach der islamischen Religionsstiftung mit Kriegen vorangetrieben hat. Die Muslime nennen diese Kriege »Futuhat/Öffnungen« (d.h. Öffnung der Welt für den Islam); sie wurden mittels des Djihad geführt. Christen und Europäer übersetzen das Wort Djihad mit Gewaltanwendung und Krieg, also ähnlich wie heutige Islamisten dies in ihrem Verständnis tun. Dennoch ist es falsch, Djihad mit »heiliger Krieg« zu übersetzen, weil Djihad laut Koran »Anstrengung« (nicht »Gewaltanwendung«) bedeutet. Redlicherweise muss eingeräumt werden, dass Djihad Gewaltanwendung einschließt; dennoch ist er nicht mit ihr identisch. Die Islamisten, die religiöse Fundamentalisten sind, verstehen unter Djihad ausschließlich den gewaltsamen Kampf als Instrument für die Durchsetzung ihrer politischen Ziele; sie legitimieren ihre Gewaltanwendung islamisch. Welche Version des Islam wird im Übergang zum Jahre 2000 siegen, Islam und Toleranz oder Islamismus, Terror und Gewaltanwendung?

Der Islamismus ist eine Spielart des religiösen Fundamentalismus, welcher ein globales Phänomen ist. Es gibt einen christlichen, jüdischen und auch hinduistischen Fundamentalismus. Fundamentalisten aller Schriftreligionen sind gegen die Trennung zwischen Religion und Politik, die die kulturelle Moderne mit sich gebracht hat, und wollen sie durch Desäkularisierung ideologisch umkehren. Doch tritt diese Politisierung der Religion und ihr Protest gegen die Moderne besonders deutlich in der Welt des Islam zutage. Der Islamismus ist gegen die Säkularität als eine aus dem Westen eingeführte Lebensform und auch gegen ihre Ordnungsvorstellungen gerichtet. Entsäkularisierung beinhaltet also die Ablehnung alles Westlichen, das Bestreben nach einer Entwestlichung der Welt. Der Gegenentwurf der Fundamentalisten zu den säkularen Ordnungen auf nationaler und internationaler Ebene ist daher die Vorstellung von einem Gottesstaat. Der neuarabische Begriff von der »Hakimiyyat Allah / Gottesherrschaft« ist eine Erfindung der Islamisten und kommt im Koran nicht vor.

Im Arabischen ist »Usuliyya/Fundamentalismus« ein in den Schlagzeilen der Presse tagtäglich anzutreffender Begriff. Andere Begriffe zur Bezeichnung des Phänomens im Nahen Osten sind »al-Islam al-Siyasi/der politische Islam« oder »al-Islamawiyya/Islamismus«. Diese Begriffe dienen dazu, die Ideologie des Islamismus vom Islam zu unterscheiden. Der Islam ist 14 Jahrhunderte alt, der islamische Fundamentalismus hingegen eine zeithistorische Erscheinung der zweiten Hälfte des 20. Jahrhunderts; er ist allerdings keine vorübergehende Zeiterscheinung.

Wie in anderen Fundamentalismen ist das Phänomen auch im Islam nicht einheitlich. In der Mittelmeerregion beispielsweise ist der algerische Fundamentalismus ganz anders als der türkische, ja selbst innerhalb Algeriens sind die Fundamentalisten des FIS (Front Islamique du Salut) nicht gleichzusetzen mit den Terroristen der GIA (Groupe Islamique Armée). Diese Differenzierung führt zu der Erörterung des Verhältnisses der Fundamentalisten zur Demokratie und zur Gewalt. Im Prinzip befürworten alle Islamisten die Gewalt-

Ägyptische Demonstranten verurteilen auf einer Kundgebung das **Attentat vor dem Tempel der Hatschepsut** westlich von Luxor, bei dem Mitglieder der extremistischen Gruppierung »Islamische Gemeinschaft« am 17. November 1997 67 Menschen, darunter viele Touristen, ermordeten. ⇨160

Der Islamismus ist eine Spielart des religiösen Fundamentalismus, welcher ein globales Phänomen ist. Es gibt einen christlichen, jüdischen und auch hinduistischen Fundamentalismus.

Im August 1997 verüben islamistische Terroristen das bislang schrecklichste **Massaker** des Bürgerkriegs **in Algerien:** Sie erstechen, erschlagen, erschießen oder verbrennen in einem Dorf südlich von Algier 300 Menschen, meist Frauen und Kinder. Zerstörte Häuser bleiben als stumme Zeugen zurück. ⇨160

Der in Köln lebende Führer des 1984 gegründeten extremistischen Verbands der Islamischen Vereine und Gemeinden, der Türke Metin Kaplan, predigt den **bewaffneten Kampf** als Mittel zur Weltherrschaft des Islam. ⇨20

anwendung, dennoch neigen einige Richtungen zur Anpassung und Langzeitwirkung in den Institutionen.

Durch eine liberale Interpretation könnten Demokratie und Islam in Einklang gebracht werden, aber Islamismus und Demokratie passen wie Feuer und Wasser zueinander. Leider müssen wir der Tatsache ins Auge blicken, dass der religiöse Fundamentalismus die Hauptströmung der Opposition in den meisten islamischen Ländern darstellt. Von zentraler Bedeutung ist es, die Terroristen unter den Fundamentalisten – auch polizeilich – zu bekämpfen, aber diejenigen unter ihnen, die zu friedlicher politischer Arbeit gewillt sind, in die politischen Institutionen einzubinden. Wir dürfen aber nicht vergessen, dass Demokratie in jedem Fall an Werte wie individuelle Freiheit, Pluralismus und Trennung zwischen Religion und Politik gebunden ist. In diesem Sinne ist der Einsatz für eine institutionelle Einbindung der Fundamentalisten nicht mit der Übergabe der Macht an sie gleichzusetzen. Wenn Demokratie nur eine Majoritätsentscheidung ohne inhaltliche Wertvorstellungen wäre, dann müsste man folgerichtig die legale Eroberung der Macht durch die NS-Verbrecher als demokratischen Vorgang qualifizieren – was man jedoch auf keinen Fall tun kann.

Arabische Regierungen, vor allem Ägypten, werfen den westlichen Staaten Doppelmoral vor, d.h. Verdammung des Fundamentalismus bei gleichzeitiger Gewährung von Asyl an Islamisten und ihre Führer. Es hat zum Beispiel im Sommer des Jahres 1997 in London Bemühungen zur Gründung einer »Islamischen Internationalen« gegeben, die die britische Regierung auf Druck aus der Welt des Islam untersagte; aber dennoch gibt es in London die Zentrale, die »Internationale der Islamisten«. Wie ernst ist sie zu nehmen? Warum ist sie in London, nicht in einer islamischen Stadt?

Fundamentalisten sind untereinander zerstritten und fallen ihrer eigenen Intoleranz zum Opfer. Algerien, Afghanistan und Ägypten bieten die besten Beispiele dafür. Besonders in Algerien fällt auf, dass Fundamentalisten den Kampf gegen »die Feinde Gottes«, also gegen den Westen und seine islamischen Verbündeten, proklamieren, aber keine Westler (diese sind außerhalb ihrer Reichweite), sondern vorwiegend muslimische Frauen und Kinder ihrer muslimischen Gegner töten, die zuvor als »Kuffar/Ungläubige« verfemt werden, um den Mord an ihnen religiös zu legitimieren. Die Zahlen belegen es: Opfer der Islamisten sind vorwiegend Muslime.

Die bisherige Darstellung soll jedoch keine Entwarnung für den Westen bedeuten. Die Fundamentalisten sind zwar bisher meist nicht in der Lage, die Macht in ihren Ländern zu erobern, stellen aber einen erheblichen Destabilisierungsfaktor dar. Fundamentalisten fischen in trüben Gewässern. Friedenspolitik ist die geeignete Waffe gegen die Gewalt der Islamisten. Der Golfkrieg eröffnete die Perspektive für einen gesamtregionalen Frieden im Zentrum der Welt des Islam, also auch mit Israel. Es folgten die Friedensverhandlungen von Madrid und Oslo. Aber seit der Wahl von Benjamin Netanjahu zum israelischen Premier und seit seiner Torpedierung des Oslo-Friedenskompromisses ist Jerusalem wieder das Schlagwort bei der Gewaltanwendung. Die Gruppe, die die Verantwortung für die Anschläge auf die amerikanischen Botschaften in Nairobi und Daressalam im August 1998 auf sich nahm, nennt sich »Armee zur Befreiung der islamischen heiligen Stätten«. In Jerusalem befindet sich die al-Aksa-Moschee, der drittheiligste Schrein der Muslime.

In der islamischen Welt besteht heute Einstimmigkeit darüber, dass der Westen nichts gegen Israels Nukleararsenale und sein Unterlaufen internationaler Vereinbarungen sowie UNO-Resolutionen tut, aber auf der anderen Seite zum Handeln entschlossen gegen islamische Länder wie den Irak oder Pakistan auftritt, wenn diese ebenfalls versuchen, in den Besitz von Nuklearwaffen zu kommen. Das liefert den Fundamentalisten die nötigen Argumente. Jedes islamische Land, das sich in die Nähe einer solchen westlichen Politik begibt, riskiert Unruhen und Destabilisierung der Macht, ja sogar die Existenz seiner Herrscher.

Was kann der Westen in dieser verfahrenen Situation tun? Das ist eine schwer zu beantwortende Frage. Leichter zu beantworten ist die Frage, was er nicht tun sollte: nichts, was die Fundamentalisten stärkt. Keine Politik, die die antiwestliche Orientierung stärkt, und vor allem aufhören, Fundamentalisten als politisch Verfolgte mit Asylrecht und Sozialhilfe ungewollt zu fördern. Experten wissen, dass fundamentalistische Bewegungen ihre Logistik heute in Westeuropa, nicht in der Welt des Islam haben. Europäische Regierungen gehen mit diesem Phänomen formaljuristisch, nicht politisch um. Islamisten verstehen es gut, Gesetze für sich in Anspruch zu nehmen und gegen die Demokratie umzukehren. Gegenüber dem Islam sollte Toleranz geltend gemacht, gegen den Islamismus aber mit einer wehrhaften Demokratie mobilgemacht werden, wenn der Westen sich nicht als Nährboden für das Gedeihen des Fundamentalismus anbieten will.

Mit **Necmettin Erbakan** (Mitte), dem Gründer der islamisch-fundamentalistischen Wohlfahrtspartei, erhielt die Republik **Türkei** im Juli 1996 erstmals einen **islamistisch orientierten Ministerpräsidenten.** ⇒276

»*Gegenüber dem Islam sollte Toleranz geltend gemacht, gegen den Islamismus aber mit einer wehrhaften Demokratie mobilgemacht werden.*«

Albert Speer

Zwischen Frankfurt und Shanghai – Wie sieht die Stadt der Zukunft aus?

Albert Speer ist Architekt und Stadtplaner. Derzeitige Hauptarbeitsfelder sind die Masterplanung für die EXPO 2000 Hannover und strategische Planungen für die Bahn-21-Projekte für Frankfurt am Main, Mannheim, Magdeburg und München sowie Planungen für die Flughäfen Frankfurt am Main, Berlin-Schönefeld und Abuja/Nigeria. Einen Modellstadtteil für ca. 30 000 Menschen entwickelt Speer für die Stadt Shanghai. ⇨4798

Albert Speer

1934 in Berlin geboren
1952 Schreinerlehre
1960 Diplom in Architektur, Technische Hochschule München
1964 Gründung des Büros Albert Speer & Partner GmbH in Frankfurt am Main
1966 Deutscher Architektennachwuchspreis (DEUBAU Essen)
1972–97 Professur am Lehrstuhl für Stadt- und Regionalplanung der Universität Kaiserslautern
seit 1970 Mitglied der Deutschen Akademie für Städtebau und Landesplanung
seit 1974 Berater der Stadt Frankfurt am Main: City-Leitplan, Museumsuferkonzept, Bahn 21
1978–80 und **1988–90** Dekan des Fachbereichs Architektur, Raum- und Umweltplanung und Bauingenieurwesen
1979–84 Planung und Realisierung der Diplomatenstadt Riyadh in Saudi-Arabien
1994 Gründung der Professor-Albert-Speer-Stiftung in Frankfurt am Main
1998–99 Stadtsanierung in Shanghai
1996–2000 Mitglied des Gestaltkreises der EXPO 2000 Hannover

Stadtbausysteme für das 21. Jahrhundert

Die europäische Stadt ist am Ende des 20. Jahrhunderts das erfolgreiche Modell sozialen menschlichen Zusammenlebens, das Zentrum von Kultur, Wirtschaft, Wissenschaft, Kunst und Kommunikation. Dieses Idealbild einer Stadt ist auch im 21. Jahrhundert Vorbild für die Entwicklung in anderen Kontinenten, obwohl die Rahmenbedingungen nicht übertragbar sind. Die Weltbevölkerung wächst jährlich um 100 Millionen Menschen. Die Stadtentwicklung im 21. Jahrhundert in Asien, Afrika und Südamerika geht in ganz anderen räumlichen Dimensionen und einer bisher unbekannten Geschwindigkeit vor sich.

Aufgrund der anhaltenden und dynamischen Urbanisierungsprozesse werden künftig in Agglomerationen und Mega-Städten die zentralen Fragen der globalen Siedlungsentwicklung zu lösen sein. Nach Schätzungen der Vereinten Nationen werden bis zum Jahr 2000 über die Hälfte und bis 2030 über 80 Prozent der Weltbevölkerung in Städten leben, 25 Prozent der Weltbevölkerung in Metropolen mit über 4 Millionen Einwohnern.

Nachhaltige Lösungen für die soziale und technische Infrastruktur in den Wachstumsregionen und Metropolen der Dritten Welt zu entwickeln, zu erproben und anzuwenden, ist die zentrale gesellschaftliche Aufgabe am Beginn des 21. Jahrhunderts. Die Agenda 21 des UN-Umweltgipfels von Rio 1992 und die Habitat-Konferenz von Istanbul 1996 haben

Das Hochhaus der **EisenbahnImmobilien Management GmbH** (EIM) auf dem Gelände der Bundesbahndirektion in Frankfurt am Main ist das neueste und vorläufig höchste Hochhaus im Güterplatzbereich in Frankfurt, das von der Albert Speer & Partner GmbH entwickelt wurde. Das im Grundriss linsenförmige Hochhaus von 365 Metern wird innovative technische, ökologische und nutzungsspezifische Ansätze verwirklichen (Computerbild). ⇒4798

hierfür umfangreiche theoretische Vorgaben gemacht, die bisher nirgends konsequent umgesetzt worden sind.
Die »modernen« europäischen Stadttheorien von 1920 bis 1950, die in der Charta von Athen zusammengefasst sind und die die Trennung der Funktionen Arbeiten, Wohnen und Freizeit als Ziele propagiert hatten, haben sich als Fehlentwicklungen herausgestellt und sind von Stadtvorstellungen mit Nutzungsmischungen und humanen Dichten abgelöst worden. Die Stadt der kurzen Wege ist das neue Planungsziel. Die europäische Stadt des 21. Jahrhunderts wächst nicht mehr nach außen. Es werden die Flächen recycelt, die jetzt ungenutzt im wirtschaftlichen Kreislauf ihre Funktion verloren haben: Industriebrachen, Bahnflächen, Militäranlagen, Güterbahnhöfe, Depots. Hier sind in jeder europäischen Metropole große Potenziale vorhanden, die durch ihre Nutzung und durch eine weitere Verdichtung in den Städten zur angestrebten ökologischen Stadt führen. Der Landschaftsraum wird aufgewertet und als Regiopark erhalten.
Städte wie Frankfurt als europäische Finanzmetropole sind zu 90 Prozent gebaut, verändern ständig ihre Substanz und nutzen Entwicklungsspielräume, zum Beispiel den nicht mehr betriebsnotwendigen Güterbahnhof oder Bahnflächen, die durch die Tieflage des Hauptbahnhofes, seine Veränderung zum Durchgangsbahnhof und die Untertunnelung der Innenstadt nach Osten im Jahr 2020 frei werden.
Die Notwendigkeit Ressourcen zu sparen, die Umwelt zu entlasten und Kosten zu minimieren, zwingt zu Konzeptionen, die nur in der Vernetzung ihre volle Wirkung entfalten. Dies hat Konsequenzen auf die anzuwendenden Technologien, die Organisationsstrukturen in der Implementierung auf die Gebührenpolitik und die Schaffung der richtigen wirtschaftspolitischen Rahmenbedingungen. Es ist deshalb sinnvoll, die Themen Städtebau, Architektur, Landschaftsplanung, Wasserver- und -entsorgung, Müll, Energie und Verkehr nicht mehr isoliert zu optimieren, sondern zu einem Netzwerk

Nachhaltige Lösungen für die soziale und technische Infrastruktur in den Wachstumsregionen und Metropolen der Dritten Welt zu entwickeln, zu erproben und anzuwenden, ist die zentrale gesellschaftliche Aufgabe am Beginn des 21. Jahrhunderts.

Modellfoto Chongqing: Das abgebildete Beispiel zeigt die Anwendung eines nachhaltigen Stadtentwicklungssystems in einem neuen Stadtbereich der Millionenstadt Chongqing am Oberlauf des Yang-Tse-Flusses. Chongqing ist Provinzhauptstadt für 30 Millionen Menschen am Oberlauf des Yang-Tse-Flusses. Das geplante Stadtviertel enthält Regierungs-, Kultur-, Wissenschafts- und Verwaltungsfunktionen. Daneben entstehen vier mischgenutzte Stadtquartiere mit Banken, Hotels, Dienstleistungen, Gewerbe und einem zwischen 30 und 70 Prozent schwankenden Anteil an unterschiedlichen Wohnformen. Das Stadtviertel ist über ein Netz von begehbaren Infrastrukturkanälen erschlossen und bündelt alle Ressourcen auf eine optimale Weise. Das System erfordert den Konsens über die generelle Entwicklung und bietet Freiraum für eine vielfältige und unterschiedliche Architektur der einzelnen Gebäude. ⇨4798

zusammenzufassen, das nachhaltig die Stärken und Vorteile der einzelnen Systeme miteinander verbindet und optimal nutzt.

In den Metropolen und Mega-Citys der Dritten Welt sind neue Stadtbausysteme notwendig, die die Erfahrungen der europäischen Stadt einbringen und die geschichtlichen, klimatischen, kulturellen und religiösen Erfahrungen des Landes berücksichtigen. Es sind auf höchstem technischen Niveau wirtschaftlich machbare, nachhaltige Netzwerke zu planen und zu bauen, die in den Wachstumsregionen und Metropolen der Dritten Welt zur Umwelterhaltung, -gestaltung und zur Verbesserung des Lebensstandards beitragen. Damit werden die Ziele der Agenda 21 umgesetzt und erreichbar.

Diese Gedanken sind die Grundlage für ein von der Albert Speer & Partner GmbH und Fichtner entwickeltes ökologisches Stadtbausystem, das für China geplant ist. Im Jahr 2030 werden diese Ansätze in Shanghai, Chongqing und anderen chinesischen Städten Realität sein in modular erbauten Stadtquartieren, geplant mit einem Haupterschließungsraster von ca. 400 mal 400 Meter. Dies überträgt Maßeinheiten alter chinesischer Städte, die alle orthogonal aufgebaut waren. Die alte chinesische Maßeinheit Li entspräche etwa 400 Meter. Es entstehen so Stadtquartiere, die vom Fahrverkehr frei, dem Fußgänger und Radfahrer vorbehalten sind. Ladenstraßen, eine alte chinesische Tradition, führen ins Innere. Den Mittelpunkt bildet ein Stadtteilpark, wie in alten Stadtquartieren. Neu ist die Flexibilität der Bebauung

Landscape Concept: Ein Stadtteilpark bildet den Mittelpunkt der Stadtquartiere, die von der Albert Speer & Partner GmbH im Rahmen des ökologischen Stadtbausystems für die chinesischen Städte Shanghai und Chongqing geplant werden.

⇒4798

und die urbane Dichte mit sechs bis acht Geschossen. Die Nutzungen sind nach außen Dienstleistungen und Gewerbe und im Quartierinnern überwiegend Wohnen. Die Gebäude nutzen Solarenergie und natürliche klimatische Gegebenheiten. Die Baustoffe sind ökologisch, überwiegend natürlich und recycelbar. Das Infrastrukturnetzwerk ist so gesteuert, dass jede Ressource optimal eingesetzt ist. So entsteht ein Kreislauf, der kaum noch Emissionen produziert. Kommunikationsnetze ermöglichen Telearbeitsplätze und reduzieren den Verkehr auf das Notwendige. Der öffentliche Verkehr wird mit Elektrobussen bewältigt. Die durch Car-Sharing viel genutzten Autos werden aus automatisierten Parkregalen abgeholt und dort wieder abgegeben. Die optimale Verknüpfung aller umweltrelevanten Aspekte führt auch zu einem wirtschaftlich funktionierenden Netzwerk.

Die Stadt der kurzen Wege ist das neue Planungsziel.

Es werden humane Lebensbedingungen geschaffen. Die nachhaltige Stadt der kurzen Wege und eine stabile Nutzungsmischung werden erreicht. Die Wiederherstellung eines ökologischen Gleichgewichts ist ebenso Ziel, wie Kosten zu minimieren. Dies kann nur gesamtwirtschaftlich unter Einbeziehung von Bau- und Betriebskosten über einen längeren Zeitraum funktionieren. Das ökologische Stadtbausystem kann für jede Stadtsituation auf denselben Prinzipien aufbauend individuell und neu entwickelt werden.

Antje Vollmer

Die Rückkehr des Dalai-Lama – Eine tibetische Lösung?

Die »leidenschaftliche Parlamentarierin« Antje Vollmer ist eine der profiliertesten und meistbeachteten politischen Persönlichkeiten der Partei Bündnis 90 / Die Grünen. Für ihren Einsatz für die Menschenrechte erhielt sie unter anderem die Carl-von-Ossietzky-Medaille 1989. ⇨4641

Antje Vollmer

1943 in Lübbecke (Westfalen) geboren
1962–68 Studium der evangelischen Theologie und Diplompädagogik in Berlin, Heidelberg, Tübingen und Paris
1973 Promotion in Kirchengeschichte
1972–75 Pastorin in einem Teampfarramt in Berlin-Wedding
1976–82 Dozentin an der Evangelischen Heimvolkshochschule in Bethel bei Bielefeld
1983–90 Mitglied der Bundestagsfraktion Die Grünen, teilweise als Fraktionssprecherin
1991–94 überwiegend als Publizistin tätig; außerdem Mitarbeit in einer Epilepsieklinik in Bethel
seit 1994 erneut Bundestagsabgeordnete und Vizepräsidentin des Deutschen Bundestags

Lhasa im Jahre 2004. Der 69-jährige Mönch Tenzin Gyatso ist im Potala-Palast in intensive Meditation vertieft. Er ist nicht irgendeiner unter den Tausenden von Mönchen, die ihr Leben dem Buddhismus gewidmet haben. Der betende Mönch ist die 14. Inkarnation des Dalai-Lama, das geistliche Oberhaupt des tibetischen Volkes. Nach über 40-jährigem Exil in Indien ist er vor wenigen Jahren zurückgekehrt in sein Land, hat seine Rolle als religiöser Führer der friedlichen Glaubensgemeinschaft im Hochland von Tibet wieder eingenommen.

Was war geschehen? Wie hatte es gelingen können, dass nach jahrzehntelanger Unterdrückung der tibetischen Kultur und des Exils für Tausende von Tibetern doch eine friedliche Lösung und einen Weg zurück in die Heimat im Himalaja gefunden wurde?

Noch in den 90er-Jahren des letzten Jahrhunderts war die Lage sehr kompliziert und eine Lösung schien in weite Ferne zu rücken:

Auf der einen Seite faszinierte die buddhistische Religion zunehmend die sensibilisierten Schichten der westlichen Industriegesellschaften. Auf diejenigen, welche Modernisierung eher als den Verlust ethischer Werte, als ökologische Zerstörung und Reizüberflutung buchstabierten denn als den Glauben an universelle Machbarkeit durch Menschenhand, übte der Buddhismus eine starke Anziehungskraft aus. Ganz besonders seine tibetische Form mit ihrem durch naturreligiöse Einflüsse gespeisten Respekt vor allem Leben,

dem Streben nach dem Nirwana als bedürfnis- und wunschlosem Zustand sprach die fortschrittsmüden Europäer an. Auch hegten viele Menschen der westlichen Welt Respekt vor der intellektuellen und religiösen Leistung des Dalai-Lama. Er führte einen gewaltfreien Freiheitskampf für sein unterdrücktes Land und schaffte es zugleich, die weit verstreute Exilgemeinde politisch zusammenzuhalten und den Tibetern im eigenen Lande als Personifizierung ihrer Hoffnung auf ein freies, in seiner traditionellen Kultur lebendes Tibet zu dienen. Dies beeindruckte die Menschen.
Auf der anderen Seite schienen die politischen Erfolgsaussichten, die dem Friedensnobelpreisträger mit diesem beharrlichen Festhalten an der Gewaltfreiheit beschieden waren, lange Zeit umgekehrt proportional zu der weltweiten Sympathie, die der friedliche Kampf um die Rettung des historischen Tibet auslöste. Wo lukrative Geschäfte mit dem wirtschaftlich erwachenden Riesenreich China lockten, wo es noch schier unerschöpfliche Märkte zu erobern galt, wo nicht, wie in vergleichbaren Krisenregionen, eine Vielzahl terroristischer Anschläge den Druck zum Handeln diktierten, dort wäre auch folgende Fortschreibung der Geschichte Tibets möglich gewesen:

Bei seinem Besuch in Deutschland im Mai 1995 hängt der Dalai-Lama Antje Vollmer einen Khatakh um. Der traditionelle tibetische weiße Schal wird als **Ausdruck der Wertschätzung** überreicht. ⇒160

Das Denkbare

Die chinesische Regierung hätte gelassen den Tod des 14. Dalai-Lama im Exil abwarten können. Sie hätte die Ernennung einer 15. Reinkarnation durch die tibetischen Mönchsklöster verhindern können und im Übrigen auf Zeit gespielt: Sie hätte darauf gehofft, dass die junge Generation von Tibetern, die selbst gar kein Leben mehr unter ihrem geistlichen Oberhaupt kennen gelernt hatte, die chinesisch sozialisiert und erzogen wurde, den Weg aller jungen Leute gehen würde und sich von den Insignien der modernen Welt faszinieren und verführen ließe.
Auf der anderen Seite begannen die jungen Tibeter im Exil, enttäuscht von der Erfolglosigkeit des friedlichen Weges, andere Strategien zu erwägen. Sie wurden sehr unruhig, im Jahre 1998 organisierten sie einen Hungerstreik mit weltweiten Unterstützungskomitees. Selbst der Dalai-Lama vermochte es nicht, sie von diesem Weg abzuhalten.
Eine Zeit lang, Mitte der 1990er-Jahre, stand zu befürchten, dass diese düstere Variante die wahrscheinlichste sei.

» Viele Menschen in der westlichen Welt hegten Respekt vor der intellektuellen und religiösen Leistung des Dalai-Lama, der einen gewaltfreien Freiheitskampf für sein unterdrücktes Land führte und die personifizierte Hoffnung für die Exilgemeinde wie für die Tibeter im eigenen Land war. «

Die Vision

Vor dem Hintergrund einer drohenden Zuspitzung der Tibetfrage durch die Möglichkeit eines Rückfalls in fundamentalistische Gewalt, der auch wichtige Personen aus der Nähe des

Immer wieder begehren Tibeter, vor allem Mönche und Nonnen, gegen die **Repressionen der chinesischen Besatzungsmacht** auf. Die Sicherheitskräfte unterdrücken jede Demonstration mit harter Hand. ⇒160

Der Lamaismus wird durch die **Klöster** getragen (im Bild das Kloster Drepung); sie sind die Zentren des religiösen Lebens und des politischen Widerstands gegen China. ⇒160

Dalai-Lama zum Opfer fielen, gelang es schließlich doch, eine Lösung auf dem Verhandlungswege zu finden. Das war am Vorabend der Jahrhundertwende, initiiert von Unterhändlern der UNO. Dabei konnten diese Diplomaten viel aus den Fehlern lernen, die die Europäer gemacht hatten, als sie viel zu spät bei der Bosnien- und der Kosovokrise eingriffen.

China legte großen Wert darauf, endlich aus der jahrzehntelangen Isolation herauszukommen, in die sie das Zeitalter des Sozialismus gebracht hatte. Nach einer Phase der Liberalisierung des Wirtschaftssystems wurden erste Versuche unternommen, auf lokaler Ebene parteiunabhängige Kandidaten zu wählen und auch Grundlagen eines verlässlichen Rechtssystems aufzubauen. Die internationale Gemeinschaft ermutigte China nach der Rückkehr Hongkongs zum chinesischen Staatenverband, nun auch ihre Haltung zur Tibetfrage zu überdenken. Der Dalai-Lama müsse, so die dringende Aufforderung an China, nach Lhasa als religiöses Oberhaupt zurückkehren können, die gezielt unterdrückte tibetische Intelligenz müsse in Tibet ohne Repression frei ihre Sprache, Kultur und Wissenschaft pflegen können. Damit war die Voraussetzung dafür geschaffen, dass die traditionelle tibetische Kultur mit der von den Chinesen ins Land gebrachten Modernisierung in eine Auseinandersetzung und einen Integrationsprozess gebracht werden konnte, nachdem diese beiden Lebenswelten 40 Jahre lang von beiden Seiten wie antagonistische Gegensätze behandelt worden waren. Die uneingeschränkte Freiheit der Religionsausübung, die Toleranz gegenüber einer jahrhundertealten und tief verwurzelten Spiritualität konnte allmählich wachsen, nachdem eine klare Trennung zwischen religiösen und politischen Funktionen von der internationalen Gemeinschaft vorgeschlagen worden war. Gleichzeitig mit dieser Akzeptanz der religiösen Grundüberzeugungen der Tibeter und deren Orientierung auf ihr geistliches Oberhaupt wurde auch die religiöse Freiheit der anderen Glaubensrichtungen in China erweitert.

Neben dieser Überzeugungsarbeit, die besonders auf die chinesische Regierung zielte, musste das Bemühen stehen, die tibetische Seite für eine Verhandlungslösung zu gewinnen, die dieser nicht wenige schmerzhafte Verzichte abverlangte.

Zum einen musste sich die exiltibetische Gemeinde der realistischen Einsicht beugen, dass die von ihr angestrebte politische und religiöse Autonomie und Selbstbestimmung nur für den Siedlungsraum zu erreichen war, der bereits bis 1950 einen unabhängigen Staat dargestellt hatte. Sie musste also die Verfolgung einer Wiederherstellung von Großtibet aufgeben, wie es einmal existiert hatte. Der Dalai-Lama selbst war – im Bewusstsein der ihm nur begrenzt verblei-

benden Zeit und der Gefahren für die historische Kultur seines Volkes, wenn bis zu seinem Tod keine haltbare Lösung erzielt worden war – zu diesem politischen Einlenken bereit.
Der zweite Verzicht drohte vor allem einem Teil der Exiltibeter. 40 Jahre als Vertriebene im Exil, als Beschützer und Diener Seiner Heiligkeit, als Mahner des Weltgewissens, als Bewahrer des eigentlichen, »des wahren« tibetischen Buddhismus – solche Schicksale schaffen Identitäten, deren Verlust bei einem plötzlichen Ende schwerer wiegen kann als der noch so unermüdlich angestrebte politische Erfolg. Es gab eine Exilregierung, es gab ein Exilparlament, was sollte aus diesen werden? Und was wurde aus den Exilanten selbst, die neue Existenzen in Indien, in Europa, in Amerika aufgebaut hatten? Abgeschnitten von der Entwicklung ihres eigenen Landes waren sie alt geworden. Ihre Kinder hatten sich an andere Kulturen angepasst, und viele waren nicht vorbereitet auf die harten Existenzbedingungen in ihrer Heimat. Nun galt es, zurückzukehren in ein Land, das sich geändert hatte. Es verlangte den Exiltibetern enorme Neuorientierungen ab. Nicht alle wollten zurückkehren, manche Familie geriet dadurch in enorme innere Spannungen. Sowohl aus dem Verständnis von solchen innerhalb eines Menschenlebens kaum zu lösenden Identitätsbrüchen als auch aus grundsätzlicher demokratischer Überzeugung hatte sich der Dalai-Lama bereits vor seiner Rückkehr nach Lhasa dafür ausgesprochen, eine demokratisch gewählte tibetische Provinzregierung und Verwaltung zu zwei Dritteln aus solchen Tibetern zu bilden, die in Tibet gelebt hatten.
Nachdem das mit internationaler Vermittlung zustande gekommene Tibetabkommen, das die freie Religionsausübung garantierte und einen Übergangszeitraum von zehn Jahren für die lokalen und regionalen kommunalen Wahlen vorsah, unterzeichnet war, kehrte Tenzin Gyatso im Dezember 1999 zurück nach Lhasa. Als Gottkaiser war er ins Exil gezogen, als einfacher Bürger der autonomen Region Tibet kehrte er zurück. Eine politische Funktion übt er seitdem nicht mehr aus. Seine Wirkung war dennoch unbeschreiblich. Sie bestand darin, dass etwas wahr geworden war, auf das Generationen von Tibetern gehofft, aber am Ende immer weniger geglaubt hatten. So wurde seine Rückkehr zu einem Tag von großer symbolischer Kraft. Weil die Rückkehr des Dalai-Lama so unspektakulär und alltäglich endete, gerade deswegen fassten auch die Chinesen Vertrauen in den Prozess der demokratischen Entwicklung ihres ganzen Landes. Dieser Prozess dauert immer noch an.

Antje Vollmer

» *Als Gottkaiser war er ins Exil gezogen, als einfacher Bürger der autonomen Region Tibet kehrte er zurück.* «

Ein alter Lama sitzt vor dem Tempel Johhang. ⇨160

Wolfgang Wahlster

Künstliche Intelligenz: Werden Computer zu intelligenten Assistenten für jedermann?

Wolfgang Wahlster, Leiter des größten wirtschaftsnahen Forschungszentrums für Künstliche Intelligenz in Europa, ist einer der führenden internationalen Experten auf diesem Gebiet. Für seine Innovationen im Bereich der Sprachtechnologie wurde er mehrfach mit internationalen Preisen ausgezeichnet. Gleichzeitig Universitätsprofessor und Geschäftsführer eines Auftragsforschungsunternehmens, versucht er Spitzenforschung rasch in die kommerzielle Anwendung umzusetzen. ⇒5100

Wolfgang Wahlster

1953 in Saarbrücken geboren
1977 Diplom in Informatik, Universität Hamburg, **1981** Promotion ebendort
seit 1983 Lehrstuhl für Künstliche Intelligenz an der Universität des Saarlandes
seit 1985 Vorstandsmitglied der Sonderforschungsbereiche 314 und 378 der Deutschen Forschungsgemeinschaft
1987 Gastprofessor an der University of California, Berkeley
1991–93 Präsident des Weltverbandes für Künstliche Intelligenz IJCAI Inc.
seit 1996 Vorsitzender der Geschäftsführung des Deutschen Forschungszentrums für Künstliche Intelligenz GmbH, Kaiserslautern und Saarbrücken
seit 1997 Präsident des Europäischen Verbandes für Künstliche Intelligenz ECCAI
1998 Ehrendoktor der Universität Linköping (Schweden)

Computerprogramme müssen in der nächsten Dekade hauptsächlich aus zwei Gründen noch intelligenter werden: damit sie besser verstehen, was der Mensch von ihnen will, und damit sie sich umgekehrt dem Menschen einfacher verständlich machen. Unsere Vision ist, dass jedermann, der heute zu Hause oder unterwegs ein Fernsehgerät, ein Radio oder ein Telefon nutzt, künftig eine Technik, die all diese Funktionen mit einer Vielzahl von anderen nützlichen Informatikdiensten vereint, mit der gleichen Selbstverständlichkeit völlig intuitiv bedienen kann.

Eine der wichtigsten Herausforderungen für die zukünftige Wissensgesellschaft ist daher die Schaffung intelligenter Technologien für die Mensch-Technik-Interaktion, die den natürlichen Kommunikationsstil von Techniklaien akzeptieren, einen intuitiven Dialog mit der Technik unterstützen und damit Hemmschwellen bei der Nutzung von Hochtechnologie abbauen. Da elektronische Interaktion ein integraler Bestandteil des täglichen Lebens, der Arbeit und der Erziehung sein wird, könnten sonst rasch erhebliche Nachteile für Bevölkerungskreise entstehen, die nicht in der Lage sind, diese Technologien für sich zu nutzen.

Die nächste Generation von Bedienoberflächen für Computer wird daher nicht mehr von der Bürometapher mit elektronischem Schreibtisch, verschiedenen Ordnern und Papierkorb dominiert, sondern sie wird wesentlich von der Vorstellung eines persönlichen digitalen Assistenten bestimmt sein, der als virtuelle Person Aufträge des Benutzers entgegennimmt und ihn in möglichst vielen Situationen im Alltag und Berufsleben intelligent unterstützt. Solche Systeme werden in Anlehnung an die Mechanisierung physischer Arbeit durch Roboter oft auch als Softbots (für Software-Roboter) oder Software-Agenten bezeichnet. Die umständliche Eingabe über Tastatur und Maus wird gleichzeitig immer mehr von Spracheingabe über Mikrofon verdrängt, die mit der digital erfassten Gestik und Mimik des Benutzers kombiniert wird. Man sagt und zeigt dem Softbot einfach, was er tun soll. Die sprachgesteuerten Softbots kennen sich auf den Datenautobahnen des Internets bestens aus und führen ihren Nutzer quasi als Privatchauffeure entsprechend seinen individuellen Wünschen schnell zum Ziel. Softbots arbeiten im Gegensatz zu den heutigen Suchmaschinen auf dem Internet nach der Devise »Weniger ist mehr«. Sie filtern Information intelligent aus dem World Wide Web (WWW) heraus und fassen passende Dokumente individuell auf den Wissenshintergrund des Nutzers abgestimmt zusammen. Die Software-Agenten können zu Informationsmaklern zwischen weltweiten Anbietern von Information, Waren und Dienstleistungen auf der einen und den Konsumenten und Käufern auf der anderen Seite werden.

Automatische Preisvergleiche sind beispielsweise ein Hauptmerkmal von Teleshopping-Assistenten, die man sich als elektronische Schnäppchenjäger vorstellen kann, weil sie das Internet systematisch nach dem günstigsten aktuellen Angebot für ein gewünschtes Produkt durchsuchen, das in einem der weltweiten virtuellen Kaufhäuser angeboten wird. Im Bereich des elektronischen Handels werden solche Software-Agenten aber auch neue Dienstleistungen durch automatische Konfigurierung verschiedener Einzelangebote beispielsweise zu einem optimal auf den Kunden abgestimmten Reisepaket mit Flug, Transfer, Hotel und Exkursionen realisieren und damit als persönliche Reiseberater im Sinne eines One-to-One-Marketing wirken. Durch die intelligente Adaption der elektronischen Verkaufsagenten an den jeweiligen Kunden wird trotz globalen Vertriebs im Internethandel letztlich eine individuelle Kundenorientierung wie beim »Tante-Emma-Laden« realisierbar. Internetdienste zur Sprachübersetzung werden es sogar möglich machen, in der eigenen Muttersprache auf Angebote im WWW zuzugreifen, die dort ursprünglich in einer dem Nutzer völlig unbekannten Fremdsprache eingespeist wurden.

Im Auftrag des Benutzers können solche Softbots durch maschinelle Lernverfahren auch die riesigen Dokumentbestände im WWW analysieren und neues Wissen daraus

»Computerprogramme müssen in der nächsten Dekade ... noch intelligenter werden: damit sie besser verstehen, was der Mensch von ihnen will, und damit sie sich umgekehrt dem Menschen einfacher verständlich machen.«

Software-Agenten
Komfortable »Software-Agenten« werden es auch dem technischen Laien ermöglichen, intuitiv und selbstverständlich mit der Computeroberfläche in Gestalt eines digitalen Assistenten zu kommunizieren. Diese Software-Agenten werden in der komplexen Fülle des Angebots im World Wide Web als Makler zwischen dem Konsumenten und dem Anbieter von Informationen, Waren und Dienstleistungen fungieren. Ihre Unterstützung wird im Filtern und Vermitteln von Informationen bestehen, in Assistenz beim Teleshopping oder Telemarketing, sie werden Übersetzungshilfe leisten, Daten analysieren und zur Wissensgewinnung beitragen.

Da Wissen meist sprachlich repräsentiert ist, wird die Sprachtechnologie zu einer der Schlüsseltechnologien der Wissensgesellschaft. Ohne die maschinelle Analyse von Sprache wird ... vernünftiges Wissensmanagement nicht mehr realisierbar sein ...

ableiten. Da Wissen meist sprachlich repräsentiert ist, wird die Sprachtechnologie zu einer der Schlüsseltechnologien der Wissensgesellschaft. Ohne die maschinelle Analyse von Sprache wird in Zukunft ein vernünftiges Wissensmanagement nicht mehr realisierbar sein, da die Explosion an digital verfügbaren Medienobjekten die systematische Suche, Extraktion und Bündelung von entscheidungsrelevanter Information für einen Menschen allein unmöglich macht.

Mit den ersten Massenprodukten der Sprachtechnologie ist es heute schon möglich, über Mikrofon direkt in ein Textverarbeitungsprogramm zu sprechen und nur noch wie bei der Korrektur von Fehlern eines geschriebenen Textentwurfs nach einem klassischen Diktat zum Schluss eventuell schriftliche Verbesserungen vorzunehmen. Solche Diktiersysteme verstehen allerdings noch nicht die Textbedeutung, sondern versuchen lediglich, die akustische Spracheingabe in Text umzusetzen.

Bei künftigen Computersystemen wird Sprachtechnologie ein integraler Bestandteil schon auf der Ebene des Betriebssystems sein. Routineanrufe werden immer mehr von Sprachdialogsystemen beantwortet, viele Funktionen der Unterhaltungs- und Kommunikationselektronik werden durch Alltagssprache gesteuert werden, und Verstehensfehler werden dabei nicht mehr häufiger als bei der zwischenmenschlichen Kommunikation auftreten.

Die nächste Stufe der Sprachtechnologie wird auch das Dolmetschen von Ferngesprächen in bestimmten Gesprächssituationen ermöglichen. Es wird möglich sein, unterwegs von einem Handy aus Verbindung mit einem Dialogpartner aufzunehmen, dessen Sprache man nicht versteht. Das Dolmetschsystem analysiert und übersetzt das Ferngespräch so, dass jeder Gesprächsteilnehmer jeweils von einer synthetischen, aber dem Dialogpartner ähnlichen Stimme in seiner Muttersprache hört, was der andere Sprecher gesagt hat. Da Übersetzen Sprachverstehen voraussetzt, muss das Dolmetschsystem nicht nur die einzelnen Wortbedeutungen in den beiden Sprachen kennen, sondern auch Wissen über den Gesprächsgegenstand haben. So muss das Dolmetschsystem bei der Übersetzung von Deutsch nach Englisch z.B. erkennen, dass das deutsche Wort »nächste« je nach Kontext bei zeitlichem Bezug mit »next« und bei räumlichem Bezug mit »nearest« übersetzt werden sollte.

Für eingeschränkte Dialoganwendungen wird mithilfe der Kombination von Sprachtechnologie mit Künstlicher Intelligenz das Dolmetschen als Mehrwertdienst in der Telekommunikation möglich. Da es diesen Systemen aber an Allgemeinwissen fehlt, bleiben solche Dolmetschsysteme in

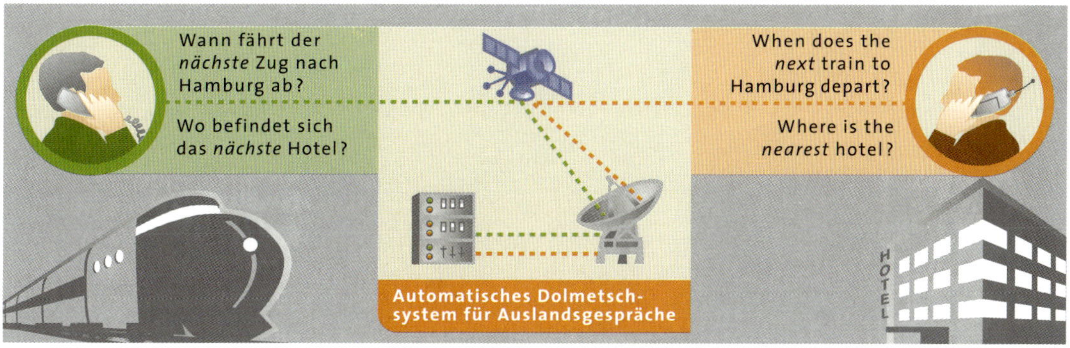

Sprachtechnologie ist eine der Schlüsseltechnologien der Zukunft: Es wird mittels ausgereifter Dolmetschsysteme möglich werden, via Handy mit einem Gesprächspartner zu kommunizieren, dessen Sprache man selbst gar nicht spricht. ⇒99997

naher Zukunft zunächst auf bestimmte Anwendungsbereiche wie Terminabsprache, Reiseplanung sowie Bestell- und Auskunftsvorgänge beschränkt. Diese Systeme werden auch automatisch erkennen können, ob jemand am Telefon z.B. deutsch, englisch oder japanisch spricht. Der eigentlichen Spracherkennung wird also eine Sprachenidentifizierung vorangeschaltet. Nach wenigen gehörten Wörtern eines Sprechers entscheidet das System treffsicher, um welche Sprache es sich handelt. Dann werden automatisch die entsprechenden Module zur Erkennung, Analyse und Übersetzung der identifizierten Eingabesprache ausgewählt und gestartet.

Da das Dolmetschsystem das gesamte Gespräch inhaltlich verfolgt, kann es als weitere Dienstleitung auch schriftliche Verlaufs- und Ergebnisprotokolle erzeugen. Man kann sich als konkrete Vision vorstellen, nach einem Ferngespräch mit einem Geschäftspartner von seinem digitalen Assistenten zu verlangen, dass den Gesprächspartnern eine Mitschrift oder Zusammenfassung des geführten Gespräches per Fax oder Internet zugeschickt wird. Man braucht das Protokoll nur noch zu unterschreiben und hat dann z.B. eine internationale Geschäftsvereinbarung bereits über Telefon abgeschlossen.

Wir dürfen allerdings bei allen sich abzeichnenden Durchbrüchen in der Sprachtechnologie und Künstlichen Intelligenz nicht erwarten, dass Computerprogramme die menschliche Sprache mit allen ihren Bedeutungsnuancen verstehen und übersetzen können, da ihnen letztlich der Erfahrungshintergrund menschlichen Lebens fehlt, der weit über die reine Informationsverarbeitung hinausgeht. Liebesbriefe, Gedichte und Romane können und sollen nicht automatisch geschrieben, analysiert oder übersetzt werden, sondern Sprachtechnologie und Künstliche Intelligenz beschränken sich auf den instrumentellen Charakter von Sprechen und Denken in technischen und organisatorischen Prozessen.

»*Liebesbriefe, Gedichte und Romane können und sollen nicht automatisch geschrieben, analysiert oder übersetzt werden, sondern Sprachtechnologie und Künstliche Intelligenz beschränken sich auf den instrumentellen Charakter von Sprechen und Denken …*«

Beate Weber

Zukunftsgestaltung beginnt vor der Haustür – Vor welchen Aufgaben stehen die Kommunen im 21. Jahrhundert?

Beate Weber ist seit 1990 Oberbürgermeisterin von Heidelberg. Entsprechend ihrem Grundsatz »obrigkeitsstaatliche Züge passen nicht zu einem Dienstleistungsbetrieb, der vom Geld der Bürger lebt« bemüht sie sich seither um Bürgernähe, Effizienz und Flexibilität; Kommunalpolitik im Sinne des Prinzips der Nachhaltigkeit und Frauenfragen stehen im Mittelpunkt ihrer Arbeit. ⇒4907

Beate Weber

12.12.1943 in Reichenberg/Riesengebirge geboren, aufgewachsen in Heidelberg
1963–68 Studium an der Universität und an der Pädagogischen Hochschule Heidelberg
1968–79 Lehrerin an einer Grund- und Hauptschule und an der Internationalen Gesamtschule in Heidelberg, Beratungslehrerin
1975–85 Stadträtin in Heidelberg
1979–90 Mitglied des Europäischen Parlaments
1979–84 stellvertretende Vorsitzende, **1984–89** Vorsitzende des Ausschusses für Umweltfragen, Gesundheit und Verbraucherschutz
seit 1990 Oberbürgermeisterin der Stadt Heidelberg
1993–96 Mitglied der »Independent Commission on Population and Quality of life« UNDP, UNESCO
seit 1997 Präsidentin der Deutschen Sektion des Internationalen Instituts für Verwaltungswissenschaften

Zukunft der Stadt – Stadt der Zukunft

In den Städten bündeln sich weltweit Krisen: Bevölkerungswachstum, Verslumung, Armut, Umweltverschmutzung, Kriminalität oder Verkehrskollaps sind nur einige der Themen, die global zu beobachten sind. Dagegen scheinen die Sorgen in unseren deutschen Städten und Gemeinden bescheiden. Der Handlungsdruck aber ist auch bei uns hoch. Arbeitslosigkeit und ökonomischer Strukturwandel, Jugendliche ohne Perspektive, Veränderungen der Sozial- und Altersstruktur, Obdachlosigkeit, Umwelt- und Gesundheitsschäden, Überlastung der Verkehrsinfrastruktur, Zersiedelung, Finanzkrise, Politikverdrossenheit, europaweite Standortkonkurrenz und Einzelhandelssterben – all dies steht auf der Tagesordnung der deutschen Kommunalpolitik an der Schwelle zum neuen Jahrtausend, und alte Lösungsmuster erweisen sich als nicht mehr leistungsfähig. Aber überall wachsen die Chancen zur Veränderung, denn Städte können handeln.
Die Agenda 21 ist eine Vision, zu der uns die UN-Konferenz in Rio 1992 eine Handlungsanleitung gegeben hat: einen Fahrplan für die Gestaltung der Zukunft der Erde, in der die Menschen in allen Teilen der Welt, in den Städten wie auf dem Land, ihre Grundbedürfnisse befriedigen und ihren Lebensstandard verbessern können und in der ein größerer Schutz und eine bessere Bewirtschaftung der Ökosysteme gewährleistet sind.

Kommunalpolitik hat Verantwortung für die **Zukunft** der ganzen Erde. ⇨4907

Der Ausgangspunkt: Globale Bedrohungen wie der Treibhauseffekt sind schon in ihrer Entstehung nicht monokausal und sie verursachen massive ökologische, ökonomische und soziale Probleme. Komplexe Herausforderungen sind nur mit komplexen Gegenstrategien zu bewältigen. Das bietet die Agenda 21 mit ihrem Leitbild der nachhaltigen Entwicklung und ihren Handlungsvorschlägen. Und diese sind auch zeitgemäßer Auftrag für eine zukunftsfähige und global verantwortete Kommunalpolitik in Deutschland. Auftrag von Rio an alle Gemeinden ist es, mit den Bürgerinnen und Bürgern lokale Handlungsprogramme für eine nachhaltige Entwicklung zu entwerfen und die Umsetzung gemeinsam anzugehen, damit aus der Nutzung des zusammengeführten Wissens die Verbindung von ökonomischem, ökologischem wie sozialem Auftrag gelingt.
Die Vision einer sozial gerechten, wirtschaftlich erfolgreichen und Ressourcen schonenden Weltpolitik kann nur Wirklichkeit werden, wenn die Bedürfnisse der Gegenwart erfüllt werden, ohne zu riskieren, dass künftige Generationen die ihren nicht befriedigen können.
Politik und Verwaltung in den Städten kommt damit eine Schlüsselrolle zu. Denn dort beginnen viele Probleme. Stadtpolitik hat Einfluss auf gesellschaftliches Zusammenleben, sozialen Frieden, Schutz oder Belastung der natürlichen Reserven unseres Planeten, sauberes Wasser, reine Luft oder unbelasteten Boden und entscheidet damit über globale Wirkungen. Mängel in der Sacharbeit und Kundenferne der kommunalen Dienstleistung können sogar die Grundlage des gesellschaftlichen und staatlichen Zusammenhalts gefährden.
Ein Ziel zukunftsgewandter Kommunalpolitik muss es sein, mit offener und effizienter Verwaltungsarbeit die Identifikation mit dem Gemeinwesen zu verbessern. Auch deshalb ist die Agenda 21 ein Glücksfall. Sie ist nicht nur Impuls für den kommunalen Umweltschutz, sie verschafft den Blick »über den Gartenzaun«, in dem Entwicklungs- und Friedenspolitik in den kommunalen Zusammenhang gestellt werden. Auch die Mitwirkung der Bürgerinnen und Bürger erfährt eine Belebung. Menschen, die mitgestalten und sich mit ihrer Stadt identifizieren können, zeigen mehr Gemeinsinn

»Visionen brauchen Fahrpläne.«

Ernst Bloch

Konsequenter Umweltschutz hilft, **Lebensqualität** in den Städten zu bewahren; Neckarwiese in Heidelberg. ⇨4910

»Viele kleine Leute an vielen kleinen Orten, die viele kleine Dinge tun, werden das Gesicht der Welt verändern.«

Afrikanisches Sprichwort

und eigenes Engagement. Dann können vorbeugende Jugendpolitik in sozialen Brennpunkten, aktivierende Altenpolitik und vorausschauende Wirtschaftsförderung in einem neuen demokratischen Konsens gestaltet werden und die Zukunftsfähigkeit der Städte unterstützen.

Effiziente öffentliche Dienstleistung, die ihre soziale, ökonomische und ökologische Verantwortung ernst nimmt, ergänzt um gewachsenes bürgerschaftliches Engagement sollten am Ende des Erneuerungsprozesses der Städte stehen. Dann werden sie auch im 21. Jahrhundert ihren gesellschaftlichen Auftrag erfüllen. Für Heidelberg haben wir diese Vision in unserem Stadtentwicklungsplan auf die Begriffe »sozial verantwortlich, umweltverträglich und wirtschaftlich erfolgreich« festgelegt. Die Ziele stehen gleichwertig nebeneinander und wir gehen damit den Weg einer nachhaltigen Entwicklung. Dies setzt voraus, dass die finanzielle Handlungsfähigkeit der Städte gewahrt bleibt, dass sich in einer offenen Diskussions- und Dialogkultur die Bürgerschaft aktiv am politischen Geschehen beteiligt, dass die Chancen einer selbst bestimmten vielfältigen Lebensführung, soweit sie sozial verantwortlich und ökologisch verträglich ist, für alle Bürgerinnen und Bürger verbessert werden und dass die Beanspruchung der natürlichen Ressourcen vermindert wird.

Unser Weg in Heidelberg wird gestaltet von einer Verwaltung, die bürgernah-dezentral in Bürgerämtern ihre Leistungen anbietet, die wirtschaftlich arbeitet, die Kindergärten und Hortplätze bereitstellt, die Freiräume, Unterstützung und Ausbildung für Jugendliche bietet und die die Mitwirkung von Älteren und Frauen aktiv sucht. Wir bauen auf den engen Dialog mit der Wirtschaft und konkrete Kooperation, z.B. in der Beschleunigung von Verfahren für umweltgerechte Betriebe, in der Beratung für energetische Altbausanierung zusammen mit den Handwerksinnungen oder beim Stoffrestekreislauf in Industriegebieten. Gerade für die Verbindung von Ökonomie und Ökologie gibt die Agenda 21 wichtige Impulse.

Heidelberg schreitet auf dem Weg in das nächste Jahrtausend im Umwelt- und Klimaschutz voran, und wir bauen auf wachsendes Interesse der Bürgerinnen und Bürger an den Beteiligungsangeboten der Verwaltung. Ob beim runden Tisch zur Straßenbahnplanung, der Stadt- und Stadtteilplanung mit Frauen, der Jugendbefragung oder offenen Diskussionen zur Erarbeitung von Stadtentwicklungsplan und Tourismusleitbild: Die Menschen stellen ihren Sachverstand und ihre Interessen dem Dialog mit der Verwaltung und mit anderen.

Nachhaltiger Lebensstil gibt Antworten auch zu den Fragen des Stadtverkehrs. ⇨4910

Bürgerorientierung ist besonders dann fruchtbar, wenn sie klar strukturiert, zeitlich begrenzt und mit einer deutlichen Zielvorgabe versehen wird. Dann trägt sie sowohl dazu bei zum eigenen Handeln anzuregen als auch kommunale Entscheidungen inhaltlich zu verbessern.

Kooperationsprojekte in vielen Bereichen der Politik verändern aber auch die Rolle der Verwaltung. Sie wird zur Anstoßgeberin und gibt Hilfestellung für bürgerschaftliches Engagement, oder sie ist Moderatorin, die Initiativen und Organisationen im Dialog verbindet. Public-Private-Partnership und Kommunitarismus sind Stichworte für erfreuliche Entwicklungen in den Städten und Gemeinden, die deutlich zeigen, dass sich die Haltung in der Bürgerschaft zugunsten von mehr Eigeninitiative verschieben kann.

Mehr Demokratie zu wagen bleibt eine Herausforderung und ein beständiger Lernprozess für die Verwaltung und für die Öffentlichkeit, auch für die Medien – schon deshalb, weil es in unserer politischen Kultur kaum eingeübt ist, die Meinung anderer gelten zu lassen, sogar von ihr zu lernen und einen toleranten Dialog zu führen. Es erfordert auch für eine Verwaltung Mut und Schulung, wirklich offen in Veranstaltungen zu gehen.

Ziele dieser neuen Beteiligungskultur im Sinne der Agenda 21 sind zum einen die bessere inhaltliche Bewältigung der gegenwärtigen Aufgaben und zum anderen die Hoffnung, dass so Entscheidungen zustande kommen, die auch für kommende Generationen tragfähig sind.

Gestärktes bürgerschaftliches Engagement und effektiv und bürgernah arbeitende Verwaltungen müssen zusammenwirken und sich ihrer globalen Verantwortung stellen. Das ist meine Vision für Zukunftsfähigkeit und mehr Lebensqualität in den Städten im nächsten Jahrtausend. Das ergibt die »Stadt der Zukunft«.

Die alte Universitätsstadt Heidelberg wurde 1996 zur **»Umwelthauptstadt Deutschlands«** gewählt. ⇨100

Lothar Späth

Was sichert den Standort Deutschland?

Als Ministerpräsident Baden-Württembergs entwickelte Lothar Späth zahlreiche Projekte auf technologie- und kulturpolitischem Gebiet. 1991 stellte er sich einer der schwierigsten Aufgaben des Aufbaus Ost und übernahm die Leitung der maroden JENOPTIK GmbH. Er sanierte das Unternehmen, überführte es in eine Aktiengesellschaft und ging im Juni 1998 damit erfolgreich an die Börse. ⇨4886

Eine Vision für die Wirtschaft im Jahr 2000

und danach kann keine rein wirtschaftliche Vision sein. Sie muss vielmehr die künftige Rolle der Wirtschaft in Staat und Gesellschaft thematisieren und erforderlichenfalls neu definieren. Dazu ist zunächst zu fragen, was die Wirtschaft zu leisten vermag oder, noch grundsätzlicher, welche Funktion ihr überhaupt zukommt.

Zu berücksichtigen ist dabei einerseits der wachsende Einfluss wirtschaftlicher Sachverhalte und Akteure auf andere Handlungsfelder. Unternehmen und Kapitalmärkte treiben den Prozess der Globalisierung maßgeblich voran, ihr Einfluss auf die Geschicke der Welt ist augenscheinlich im Steigen begriffen. Andererseits lässt die hohe und weiter steigende Arbeitslosigkeit in Deutschland und den meisten EU-Staaten das Vertrauen vieler Menschen in die Triebkräfte der Wirtschaft und die heilsame Wirkung der »unsichtbaren Hand« schwinden. Ist nicht die Globalisierung als weltweite Entfesselung der Kapitalinteressen wesentliche Ursache für die verschlechterte Beschäftigungslage? Geben nicht eher zu viele Freiheiten denn zu wenige der Wirtschaft die Möglichkeit, sich durch Kapital- und Standortflucht aus der gesellschaftlichen Verantwortung zu stehlen? Hat nicht der Shareholdervalue die Rücksichtnahme auf Werte des Gemeinwohls verdrängt?

Eine Vision für die Wirtschaft der kommenden Dekade muss sich diesen Kontroversen stellen. Sie muss anerkennen, dass

Lothar Späth

16.11.1937 in Sigmaringen geboren
1960–70 nach Abschluss der Ausbildung für die öffentliche Verwaltung Beamter, Beigeordneter für das Finanzwesen und Bürgermeister der Stadt Bietigheim-Bissingen
1968–91 Mitglied des Landtags von Baden-Württemberg
1970–78 Tätigkeit in der Privatwirtschaft, Mitglied verschiedener Aufsichts- und Beiräte
1972–78 Vorsitzender der CDU-Fraktion im Landtag von Baden-Württemberg
1978 Innenminister des Landes Baden-Württemberg
1978–91 Ministerpräsident des Landes Baden-Württemberg
1979–91 Vorsitzender der CDU Baden-Württemberg, danach Ehrenvorsitzender
1981–89 stellvertretender Vorsitzender der CDU Deutschlands
1987–90 Bevollmächtigter der Bundesrepublik Deutschland für kulturelle Angelegenheiten im Rahmen des Vertrags über die deutsch-französische Zusammenarbeit
1991 Übernahme der Leitung der JENOPTIK GmbH in Jena
seit 1996 Vorsitzender des Vorstands der JENOPTIK AG

es keine einfachen Botschaften zu verkünden gibt. Das Vertrauen der Menschen in die Leistungskraft unserer Wirtschaft muss zurückgewonnen werden. Dazu reicht der Verweis auf ökonomische Lehrbuchmodelle nicht aus. Vielmehr muss ein glaubwürdiges Leitbild für Wirtschaft und Gesellschaft im 21. Jahrhundert vermittelt werden. Die soziale Marktwirtschaft, wie sie von Ludwig Erhard und Alfred Müller-Armack entwickelt und vertreten wurde, war ein solches Leitbild. Seine Prinzipien beginnen uns heute, angesichts der Krise des Wohlfahrtsstaates, der Schwierigkeiten beim Aufbau in den neuen Bundesländern und der Herausforderung einer neuen Weltmarktordnung, merkwürdig aktuell anzumuten. Was die Väter der sozialen Marktwirtschaft angesichts ähnlicher Aufgaben zu ihrer Zeit anboten, war weder ein kapitalistisches Idealmodell noch ein Umverteilungssystem unter Duldung marktwirtschaftlicher Elemente. Es war und ist ein Ineinandergreifen von wirtschaftlicher und gesellschaftlicher Sphäre auf der Grundlage gemeinsamer Werte. »Wohlstand für alle« kann nur in einem gesellschaftlichen Umfeld gedeihen, in dem Werte wie Leistung, Eigenverantwortung und Freiheit von allen anerkannt sind. Auf Grundlage dieses Konsenses müssen sich Wirtschaft und Gesellschaft je nach ihren eigenen Gesetzmäßigkeiten entfalten können.

Welche Rolle kommt dabei aber der Politik und der öffentlichen Hand zu? Soll der Staat sich wieder auf seine reinen Ordnungsfunktionen zurückziehen? Sind die sozialen Sicherungssysteme Ballast, den man sich nur in wirtschaftlich guten Zeiten leisten kann? Solch absurden Auffassungen würde sich kein Unternehmer anschließen. Der moderne Leistungsstaat ist längst eine Funktionsvoraussetzung für unsere hoch entwickelte Wirtschaft. Das Zusammenspiel von wirtschaftlichem Leistungswettbewerb und sozialem Ausgleich bildet das Herzstück der sozialen Marktwirtschaft. Die wohlfahrtsstaatlichen Auswüchse sind beileibe kein Grund, dieses Modell als gescheitert zu betrachten. Sie bieten aber berechtigten Anlass zu der Frage, ob die beiden Seiten der sozialen Friedensgleichung noch im rechten Verhältnis zueinander stehen. Die Globalisierung zwingt uns zu einem umfassenden Gesellschaftsumbau, den wir bewältigen wollen, ohne das Wertesystem infrage zu stellen. Bill Clinton mag Recht haben mit dem Ausspruch: »Jede Nation ist wie ein großes Unternehmen.« Kein Unternehmen kann jedoch auf Dauer ohne eine eigene Identität und eigene, sinnstiftende Werte für seine Mitarbeiter erfolgreich sein.

Ich bin überzeugt, dass sich auf Grundlage geteilter Werte ein neuer Konsens herbeiführen lässt. Dem muss eine breite

Ludwig Erhard, der Vater der sozialen Marktwirtschaft, wurde 1963 mit einer Medaille geehrt. ⇨700

Die Globalisierung zwingt uns zu einem umfassenden Gesellschaftsumbau, den wir bewältigen wollen, ohne das Wertesystem infrage zu stellen.

Nicht der hedonistische Materialismus einer Gesellschaft staatlich abgesicherter Individualisten macht unser Land lebenswert, sondern die echte, private Solidarität.

»Die Tafeln in Deutschland«, eine private Hilfsorganisation auf Freiwilligenbasis, sammeln seit über zehn Jahren überschüssige Lebensmittel von Großküchen, Supermärkten und Bäckereien und verteilen sie an Bedürftige. 1997 wurde in Jena das erste »Tafel-Haus« eingeweiht. ⇨160

öffentliche Auseinandersetzung über unser Werteverständnis vorausgehen. Der Slogan »Wohlstand für alle« wurde nicht in der Absicht geprägt, maximalen materiellen Erfolg zum Götzen unserer Gesellschaft zu machen. Nicht ein möglichst hohes Einkommen, sondern eine möglichst hohe Zahl von Einkommensbeziehern muss darum die Maxime des Handelns für die Tarifpartner lauten. Nicht ein Höchstmaß an kollektiven Leistungen, sondern an Dispositionsfreiheit des Einzelnen muss die staatliche Steuer- und Abgabenpolitik bestimmen. Nicht die Regulierung immer weiterer Lebensbereiche schafft Sicherheit in einer dynamischen Welt, sondern die Leistungsbereitschaft aller, die sich dem Wettbewerb in Wirtschaft, Staat und Gesellschaft stellen.

Es reicht dabei nicht, nur wirtschaftliche Antworten auf die Herausforderungen unserer Zeit zu geben. Wir müssen ebenso geistige und kulturelle Antworten finden. Die soziale Marktwirtschaft stellt eine solche Antwort dar. Wer nicht das rein konkurrenzkapitalistische Modell à la USA will, muss sich auf die Wertgrundlagen des erhardschen Ansatzes besinnen. Das erfordert jedoch den Abschied von selbstgefälliger Wohlstandsmaximierung als Staatsziel. Nicht der hedonistische Materialismus einer Gesellschaft staatlich abgesicherter Individualisten macht unser Land lebenswert, sondern die echte, private Solidarität. Gerade darin sehe ich einen auch unter wirtschaftlichen Gesichtspunkten wichtigen Ansatz für die Gestaltung der Zukunft, auf den ich abschließend eingehen will.

Bereits heute wird in der Bundesrepublik mehr unbezahlte als bezahlte Arbeit geleistet. Insgesamt kommen auf 60 Milliarden Stunden Erwerbsarbeit 95,5 Milliarden Stunden unbezahlte Arbeit, vor allem im Haushalt und bei der Kinderbetreuung. Es gibt ferner ein funktionierendes Netzwerk der Nachbarschaftshilfe, in dem konkrete Verantwortungsarbeit geleistet wird. Die Minderbewertung dieser Art von Arbeit gegenüber der Erwerbsarbeit muss überwunden werden. Bei aller öffentlichen Debatte über die Arbeit, die uns angeblich ausgeht, wurde kaum zur Kenntnis genommen, dass der Non-Profit-Sektor in Deutschland die größten Arbeitsplatzzuwächse zu verzeichnen hat.

Kirchliche, staatliche und halbstaatliche Organisationen sind im sozialen, kulturellen, künstlerischen und Bildungsbereich aktiv und lassen so die neue Kultur- und Dienstleistungsgesellschaft entstehen. Auch Stiftungen erfreuen sich immer größerer Beliebtheit in Deutschland. Eine Gesellschaft, in der viele Menschen in der Erwerbsarbeit keinen Platz mehr finden und gleichzeitig zahlreiche soziale und humane Dienste verloren zu gehen drohen, weil sie nicht mehr bezahlbar sind, schreit förmlich danach, ganz gezielt über Non-Profit-Organisationen befriedigende Aufgaben gegen Kostenerstattung oder geringes Entgelt zu schaffen. Auf Grundlage dieser neuen sozialen Kultur der Zuwendung könnte ein Versorgungsarbeitsmarkt, z.B. mit Kombilohn und anderen Anreizelementen, geschaffen werden, in dem der Einzelne für die Gemeinschaft und diese für ihn Leistungen erbringt. Gefördert wird dies durch die wachsende Spendenbereitschaft und das Mäzenatentum, das durch ein weniger konfiskatorisches Steuersystem noch erheblich gesteigert werden könnte. Die Möglichkeit, selbst durch Spenden, Patenschaften und konkrete Zuwendungen etwas zu bewirken, würde nach meiner Überzeugung mehr bewirken als das jetzige System, in dem das Geld ohne Einflussmöglichkeit beim Staat abgeliefert werden muss. So kann eine neue Kultur einer freien und sich sozial verpflichtet fühlenden Gesellschaft entstehen oder – um den zeitgemäßen Begriff zu verwenden – eine Bürgergesellschaft. Gelingen kann dies allerdings nur mit weniger Staat und mehr Angeboten an die Vermögenden zur »intelligenten Reichtumsvernichtung«. Diese Überlegungen sind auch vor dem Hintergrund zu sehen, dass der traditionelle Arbeitsmarkt künftig nicht mehr in der Lage sein wird, ausreichend Beschäftigung hervorzubringen. Neue Arbeitsplätze werden nicht in der Industrie entstehen, die mit immer weniger Menschen ihre hoch technisierten Produkte herstellt. Ebenso kommen die Dienstleistungsorganisationen wie Banken und Versicherungen durch die moderne Informationstechnologie mit immer weniger Beschäftigten aus. Der Staat als Arbeitgeber wird schließlich ebenfalls in weiten Teilen ausfallen. All das zeigt, dass neue Arbeitsplätze vorwiegend im Dienstleistungs- und im Non-Profit-Sektor geschaffen werden können. Die Menschen werden mehr Selbstverantwortung in neuen Formen sozialer und kultureller Betätigung übernehmen müssen. Neue Arbeitsformen, flexible Beschäftigungsmodelle sowie eine neue Kultur der Selbstständigkeit werden dafür sorgen, dass die Grenzen zwischen Erwerbs- und Verantwortungsarbeit durchlässig werden. Damit entsteht die Chance, dass unsere Gesellschaft wieder stärker zusammenwächst, nicht nur materiell, sondern mental, nicht nur symbolisch, sondern praktisch erfahrbar. Einer solchen Gesellschaft muss um ihre Zukunft – auch auf wirtschaftlichem Gebiet – nicht bange sein.

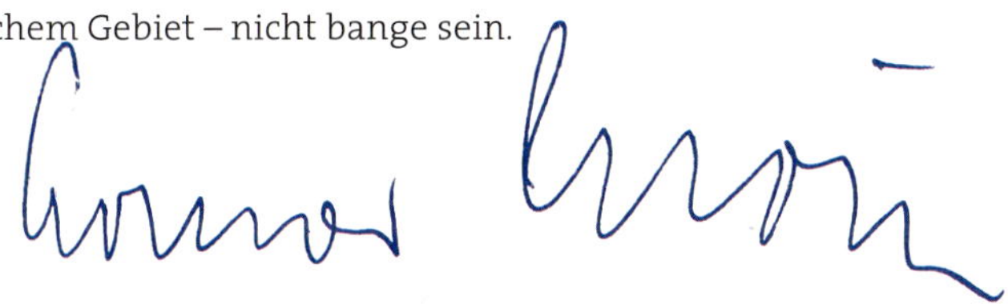

Ein Beispiel für das Wirken von Stiftungen ist der 1994 begonnene Wiederaufbau der 1945 zerstörten **Dresdener Frauenkirche;** die Finanzierung der auf 250 Millionen DM geschätzten Kosten wurde durch private Spenden und die Gründung einer entsprechenden öffentlich-rechtlichen Stiftung gesichert. ⇒483

» Die Menschen werden mehr Selbstverantwortung in neuen Formen sozialer und kultureller Betätigung übernehmen müssen. «

Carl-Jochen Winter

Erneuerbare Energien: Führt der Weg in die zweite solare Zivilisation?

Carl-Jochen Winter ist Ingenieur und Energieforscher; er war Mitglied der Klima-Enquetekommission des 12. Deutschen Bundestages »Schutz der Erdatmosphäre«. Er lehrt an der Universität Stuttgart und führt ein Unternehmen für Energiewissenschaft und -technik in Überlingen. ⇨ 4124

Carl-Jochen Winter

1934 in Berlin geboren
1958 Diplom in Maschinenbau, TH Darmstadt
1966 Promotion
1966–76 leitender Angestellter u. a. bei der Dornier GmbH
1983 Honorarprofessor an der Universität Stuttgart
1976–91 Vorstandsmitglied Deutsche Forschungsanstalt für Luft- und Raumfahrt
1988–92 Vorstandsmitglied Zentrum für Sonnenenergie und Wasserstoffforschung Baden-Württemberg
seit 1989 stellvertretender Vorstandsvorsitzender Forum für Zukunftsenergien, Bonn
seit 1990 geschäftsführender Gesellschafter ENERGON Carl-Jochen Winter GmbH, Überlingen

Nie nutzte der Mensch nur eine Energieform, nie verdrängte eine jeweils neue die alten, der Energiehunger der wachsenden Menschheit brauchte sie alle: Bis ins 18. Jahrhundert waren es ausschließlich erneuerbare Energien, bevor mit der industriellen Ausbeutung der ersten Kohlengrube und James Watts Dampfmaschine in England die Industrialisierung der Welt und damit der Weg begann, die Nutzung von Erneuerbarem durch die Versorgung mit Erschöpflichem zu verdrängen. Das 19. Jahrhundert war das Jahrhundert der Kohlen, gegen sein Ende ergänzt durch Erdöl, das den Beginn der Automobilisierung der Welt markierte und das 20. Jahrhundert zu seinem werden ließ; es ist erst ein halbes Jahrhundert her, dass in Europa Erdgas und Kernspaltungsenergie hinzukamen; jetzt, an der Wende zum 21. Jahrhundert, gilt das Interesse drei weiteren Energien, bevor – vielleicht – die Kernfusion den Energiemix komplettieren wird: rationelle Energiewandlung und -anwendung, physikalisch keine Energien, aber in ihrem riesigen Potenzial Energie gleichkommend, dann acht erneuerbare Energien – Sonnenstrahlung, Umgebungswärme, Wind, Wasserkraft, Biomasse, Erdwärme, Gezeiten und Meeresenergie –, schließlich ihr chemischer Energieträger Wasserstoff, der für Speicherbarkeit und Transportierbarkeit sorgen muss.

Heute decken die fossilen Energien Kohlen, Öl, Erdgas den Hauptteil der Weltnachfrage nach Primärenergierohstoffen (87 %), 7 % kommen von der Kernspaltungsenergie, 6 % von den erneuerbaren Energien. Sie aber sollen künftig dominieren. Wie realistisch ist diese Vision?

Drei prinzipiell unterschiedliche Zeitspannen kennzeichnen das Energiesystem der Menschheit: Die erste solare Zivilisation begann, als der Mensch die Erde betrat; sie versorgte zuletzt eine Milliarde Menschen. Die fossile Energieära schloss sich an, im 20. Jahrhundert ergänzt durch Kernspaltungsenergie; jetzt sind es fast 6 Milliarden Menschen. Ressourcen und bekannte Reserven in der Erdkruste mit den voraussichtlichen Verbräuchen ins Verhältnis gesetzt, ergibt Reichweiten für Öl und Gas von 50 bis 100 Jahren, für Kohlen von wenigen Hundert Jahren. Im Rückblick wird die fossile Ära mit vielleicht 500 Jahren nicht mehr als ein Zwischenspiel vor der zweiten solaren Zivilisation gewesen sein, die jetzt aber 8, 10, gar 12 Milliarden Menschen versorgen muss!

Die fossile Energieära ist energierohstoffgeführt, solare Zivilisationen sind technikgeführt. Ihre Primärenergien sind freie Güter. Fragen an den – fehlenden – Energierohstoff, auch ökologische Fragen, stellen sich nicht, die Technik der Energiewandlung und -anwendung (Sonnenkollektor, Photovoltaikpanel, Wasser-, Sonnenkraftwerk usw.) ist ein und alles. Es sind die Techniken der Energiewandlung, die im Wettbewerb stehen, nicht die Rohstoffe und die aus ihnen abgeleiteten Energieträger. Alles, was mit dem Energierohstoff zu tun hat, geht dem Ende zu, die Bergwerke, Öl- und Gasfelder, Tankerflotten, Raffinerien – gottlob auch die von ihnen ausgehenden Umwelt- und Klimaschäden. Die Technik für Energiewandlung und -anwendung wird dominieren.

Die Frage nach dem Potenzial der erneuerbaren Energien stellt sich nicht. Jedes Land der Erde verfügt über die eine oder andere Art. 10 000- bis 15 000-mal mehr wird angeboten, als dem derzeitigen Weltverbrauch entspricht. Es ist aber ein Trugschluss zu glauben, die zweite solare Zivilisation könne mit den technischen Anlagen der fossilen Energieära gebaut werden; dazu sind sie viel zu ineffizient. Denn auch nach 250 Jahren industrieller Energiegeschichte hat es selbst eine der effizienteren Energiewirtschaften, diejenige Deutschlands, auf keinen höheren nationalen Energienutzungsgrad als etwa 30 % gebracht. 70 % der eingesetzten Energierohstoffe werden nicht in Energiedienstleistungen umgewandelt, sondern in Verluste. Es heißt, die Welt sei nur 10 bis 20 % effizient – bitter zu sagen! Hier setzten rationelle Energiewandlung und -anwendung an, beide mit dem Ziel, aus weniger Primärenergierohstoffen mehr Energiedienstleistungen zu machen. Sie sind das ausschließliche Ziel aller Energiewirtschaft. Und: Jede nicht nachgefragte Kilowattstunde

»Im Rückblick wird die fossile Ära mit vielleicht 500 Jahren nicht mehr als ein Zwischenspiel vor der zweiten solaren Zivilisation gewesen sein.«

Solarthermische **Parabolrinnenkraftwerke** mit 350 Megawatt sind in der kalifornischen Mojave-Wüste in Betrieb und speisen unter Wettbewerbsbedingungen Strom ins Netz ein. ⇒ 4675

In der Wüste Andalusiens wurde das **europäische Solarforschungszentrum** errichtet. Alle solaren Energiewandlungstechniken werden getestet: thermische Kraftwerke, photovoltaische Anlagen sowie Anlagen der Solarchemie.

⊳4125

Energiedienstleistung vermeidet, am Anfang der Kette 3 Kilowattstunden an Primärenergierohstoffen bereitstellen zu müssen (Deutschland), in der Welt gar 5 bis 10! Die Energierohstoffströme werden schrumpfen müssen, der Schlüssel ist wieder ausschließlich technisches Wissen: Niedrigenergiehäuser, welche mit 30 bis 40 Kilowattstunden pro Quadratmeter Wohnfläche und Jahr wohlig warm sind, einem Zehntel dessen, was dem Gebäudebestand entspricht; 3-l/100-km-Automobile, die, mit Wasserstoff-/Luft-Brennstoffzellen an Bord, sogar schadstofffrei sind; nicht zuletzt der innovatorische Sektoraltrend, der die energieintensiven Grundstoff- und verarbeitenden Industrien hinter sich lässt und in Industrieländern auf 80 % energieextensive Dienstleistungen zustrebt.

Die Klima-Enquete des 12. Deutschen Bundestages »Schutz der Erdatmosphäre« konstatierte, Deutschland sei auch mit der Hälfte des Primärenergierohstoffbedarfs zu »betreiben«, ohne Einbuße an Wohlfahrt. Für die klimaökologisch verantwortbare nationale Energiewirtschaft empfahl die Kommission, bis zum Zeitraum 2020 bis 2050 diese Zielmarken anzustreben: Verdopplung des nationalen Energienutzungsgrads von 30 auf 60 %, Halbierung der Kohlenstoffintensität, Reduzierung der fossilen Energien und Ausweitung der heimischen erneuerbaren Energien auf jeweils 25 %, Deckung des verbleibenden Bedarfs durch den Import von erneuerbaren Energien und/oder Kernenergie. Die letzten drei dieser Empfehlungen haben mit der steigenden Bedeutung des Energieträgers Wasserstoff zu tun. Des Menschen Energiesystem ist ein zur Umwelt hin offenes System. Es entnimmt Erschöpfliches aus der Erdkruste und gibt es, vielfältig chemisch – in der Kerntechnik auch nuklear – umgewandelt, in die Geosphäre zurück, unausweichlich mit Belastung der Umwelt verbunden.

Anders ein Solar-Wasserstoff-Energie-System: Mithilfe erneuerbarer Energie wird Wasser in Wasserstoff und Sauerstoff gespalten, die unter Energieabgabe im Wärmemarkt, im Strommarkt sowie in Transport und Verkehr wieder zu Wasser rekombinieren. Anders als das fossil-nukleare System erfüllt das Solar-Wasserstoff-System die Bedingungen der Nachhaltigkeit, nämlich erneuerbare Ressourcen allenfalls im Maße ihrer Erneuerbarkeitsrate zu nutzen, nichterneuerbare im Maße der Entwicklungsrate ihrer erneuerbaren Substitute.

Energie braucht jedoch Zeit. Energietypische Zeiten und Zeiten der Entscheidungsfindung in parlamentarischen Ordnungen passen nicht zusammen. Hier Lebensdauern von

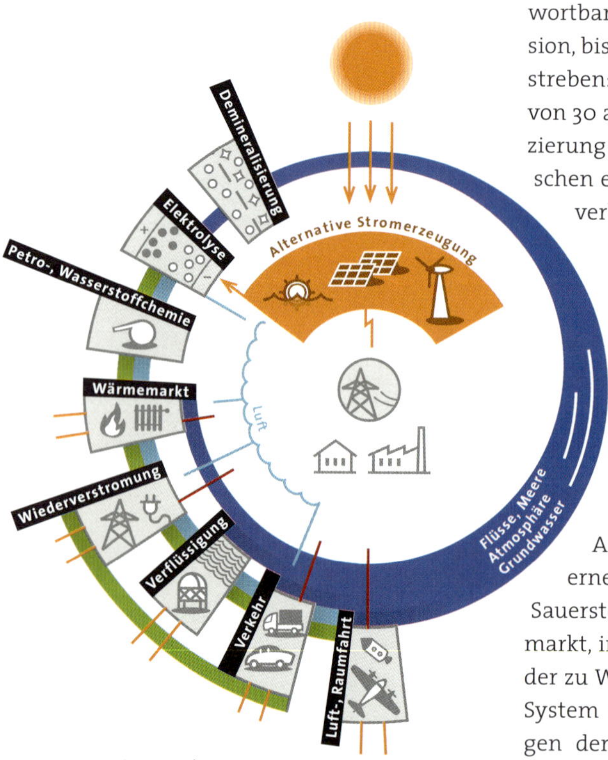

In einem solaren Wasser-/Wasserstoffkreislauf kann der Mensch einen **geschlossenen Stoffkreislauf** aufbauen: Wasser aus dem Wasserhaushalt der Erde, Wasser nach Spaltung mithilfe von erneuerbarer Energie in Wasserstoff und Sauerstoff und anschließender Rekombination qualitativ und quantitativ unverändert in ihn zurück.

⊳99997

Energiewandlern – Gebäude, Kraftwerke, Flugzeuge – sowie Entwicklungszeiten neuer Ernergiewandler – Sonnenkraftwerke, Niedrigenergiehäuser, Solar-Wasserstoff-Systeme – von Jahrzehnten bis halben Jahrhunderten, dort Legislaturen von wenigen Jahren. Nicht zu Ende gedachte Entscheidungen bergen die Gefahr der Unumkehrbarkeit und verletzen das Kriterium der Nachhaltigkeit. Mit Verweildauern von Kohlendioxid und Distickstoffoxid in der Atmosphäre von 100 bis 200 Jahren sowie einer Halbwertszeit von Plutonium 239 von 24 000 Jahren hat der Mensch bereits zwei (Quasi-) Unumkehrbarkeiten riskiert. Erneuerbare Energien, rationelle Energiewandlung und -anwendung sowie Wasserstoff kennen keine Unumkehrbarkeiten, der Mensch kann sie jederzeit wieder aufgeben, wenn er denn will.

»Nicht zu Ende gedachte Entscheidungen verletzen das Kriterium der Nachhaltigkeit.«

Die Achillesferse liegt bei den Kosten – zumindest im Übergang von der fossilen Ära in die zweite solare Zivilisation. Jede energietechnische Maßnahme zu mehr Effizienz oder Erneuerbarkeit wird so lange von billigen Energierohstoffen zugedeckt werden, wie Kostenvergleichbarkeit nicht besteht. Zwei Schritte versprechen Überwindung: kostengerechte Massenfertigung und Internalisierung aller nicht kalkulierten externen Kosten. Entzerrung des kostenverzerrten Marktes wird der solaren Zivilisation auf die Sprünge helfen.

Werden die erneuerbaren Energien die Energiezukunft bestimmen? Die Zukunft hat längst begonnen: Erneuerbarkeit bringt Unerschöpflichkeit ins Spiel, unabwendbare Energieentwertung (physikalisch: Entropiezuwachs) wird durch solare Neubewertung immer sogleich kompensiert, das kennen fossile/nukleare Energien prinzipiell nicht. Stoffarmut bis hin zu Stofflosigkeit entlastet Umwelt und Klima. Höchst effiziente Energienutzung am Ende der Energiewandlungskette wird wichtiger werden als Energierohstoffversorgung an ihrem Anfang: Ende gut, alles gut! Rationelle Energiewandlung und -anwendung, die Nutzung heimischer erneuerbarer Energien stärken die Energieautarkie eines jeden Landes. Die Handelsbilanz eines traditionell vom Energieimport abhängigen Landes – Deutschland importiert ca. $^2/_3$ seines Bedarfs! – wird entlastet.

Die Nutzung erneuerbarer Energien ist die Grundvoraussetzung für Nachhaltigkeit im Energiesektor. Nachhaltigkeit wird zu dem Paradigma der Energiezukunft werden: erneuerbare Ressourcen nur im Maße ihrer Erneuerbarkeitsrate zu nutzen, nichterneuerbare nur im Maße der Entwicklungsrate ihrer erneuerbaren Substitute.

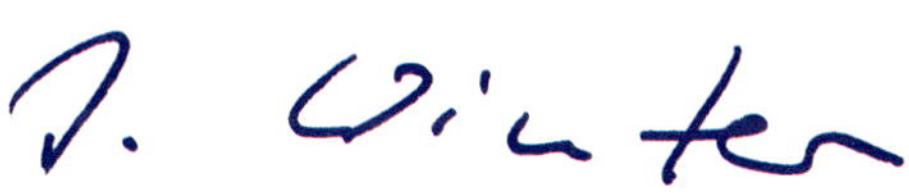

Das bislang größte **Solarturmkraftwerk** hat eine Leistung von 10 Megawatt und steht in der kalifornischen Mojave-Wüste. Dem Sonnengang nachgeführte Heliostate konzentrieren die Strahlungsenergie der Sonne in einem Absorber auf der Spitze eines Turms, wo sie in Wärmeenergie umgewandelt wird. ⇨4675

Eckart Witzigmann

Geschmacksverlust oder kulinarische Gesellschaft?

Eckart Witzigmann, Deutschlands erster Drei-Sterne-Koch, wurde 1991 vom damaligen französischen Kulturminister Jack Lang für seine hohen kulinarischen Leistungen und sein Engagement für die französische Kochkunst mit dem Orden »Chevalier des Arts et Lettres« ausgezeichnet. 1994 kürte ihn das Gourmetmagazin »Gault Millau« zum »Koch des Jahrhunderts«. ⇨4964

Sterben den Restaurants die guten Gäste weg?

Das ist eine Frage, die sich immer mehr ehrgeizige und anspruchsvolle Gastronomen angesichts schütter besetzter Mittagstische und auch am Abend immer seltener zu hundert Prozent ausgebuchter Restaurants stellen. Nach der großen Gastro-Euphorie hat sich unter vielen meiner Kollegen Katzenjammer breit gemacht. »Das Fast Food nimmt uns immer mehr Gäste weg«, klagen sie. »Immer weniger Gäste wollen oder können sich eine Küche, die mit erstklassigen Produkten in exzellenter Zubereitung arbeitet, leisten.«

Gottlob teilt nicht jeder meiner Kollegen diesen Pessimismus. Hoffnung machte mir beispielsweise erst unlängst ein österreichischer Kochkollege, der mit einigem Recht auf die »Generation der Erben« hofft. Die alten Pioniere, meist sparsame Leute, weichen einer lebenslustigen jungen Generation, die vom Hedonismus des ausgehenden Jahrtausends geprägt ist. Das könnte selbstverständlich auch der Spitzengastronomie nützen. Vorausgesetzt natürlich, dass sich diese Generation von »jungen Erben« dort wohl fühlt.

Ich habe daran allerdings so meine Zweifel. Denn mit den Altvorderen stirbt zusehends auch der Schlemmer alten Stils aus. Die neue Generation isst wesentlich ernährungs- und figurbewusster und trinkt viel, viel weniger Alkohol. Die Getränkeumsätze, mit denen man früher selbstverständlich rechnen konnte, werden in der Gastronomie also zunehmend fehlen. Außerdem sucht diese Generation vorwiegend

Eckart Witzigmann

4.7.1941 in Badgastein (Österreich) geboren
1971–78 nach Lehr- und Wanderjahren (unter anderem bei den Gebrüdern Haeberlin in Illhaeusern im Elsass) Chefkoch im »Tantris« in München
1978 Eröffnung des eigenen Restaurants »Aubergine« in München
1979 erstmals drei Michelin-Sterne (seither jährlich erneuert)
seit 1997 auf Mallorca, wo er das Restaurant »Ca's Puers« in Sóller als gastronomischer Berater betreut

einen Lokaltypus auf, in dem sie sich wohl fühlt, und der ist meist nicht mit dem Gourmetlokal traditionellen Stils identisch. Oft handelt es sich eher um so genannte Fun-Places etwa von jener im Englischen als »casual« bezeichneten Art, wie Wolfgang Puck das in den USA vorzeigt oder Sir Terence Conran in London, auch wenn diese Modelle, wie die Erfahrung mittlerweile zeigt, mit Sicherheit nicht eins zu eins auf Deutschland übertragbar sind. Restaurants mit vierhundert und mehr Gedecken mögen sich im Big Apple oder in Soho drei- bis viermal am Tag füllen, aber gewiss nicht in München, Hamburg oder Berlin.
Dennoch werden solche Konzepte, wenngleich in veränderter Form, auch bei uns zunehmend kopiert werden, etwa dort, wo es um gastronomische Nebenerwerbsquellen wie das Merchandising geht. Gleichzeitig wird die strenge Kostenrechnung in der Gastronomie immer wichtiger, und die Zeiten, in denen die Top-Betriebe wie noch vor zehn, zwanzig Jahren vor allem vom Idealismus ihrer Betreiber gelebt haben, sind wohl ein für alle Mal vorbei.

Der Hamburger hat zwar die ganze Welt erobert, aber eine echte Alternative zum Genuss, den ein kulinarisches Menü bereitet, wird er wohl nie werden. →100

Vorstandskasinos statt Restaurants?

Gleichzeitig wird es gerade in der Spitzengastronomie immer schwieriger, auch ökonomisch erfolgreich zu sein. Man denke nur einmal an all die Vorstandskasinos, über die in Deutschland heute schon jede Bank und jeder Großkonzern verfügt. Was da von angestellten Exspitzenköchen in abgetrennten Separees der Vorstandsetagen für das Direktorium und dessen Geschäftspartner aufgetischt wird, hat früher einmal im Restaurant stattgefunden. Aber damals waren Geschäftsessen im Gegensatz zu heute noch voll steuerabzugsfähig.
Ein zweiter Trend – und gleichzeitig ein Problem für Gastronomen – ist die Hobbykochwelle. Immer mehr Gäste der Spitzengastronomie probieren, was sie dort fast spielerisch erlernt haben, lieber am eigenen Herd aus. An Anschauungsmaterial dafür fehlt es ja dank Kochbüchern und Gourmetmagazinen keineswegs. Außerdem wissen die Weinkenner genau über die Kalkulation von Spitzenweinen aus Bordeaux, Burgund oder Kalifornien Bescheid. Sie wissen also auch, dass ein für 300 DM im Lokal kredenzter Wein vielleicht nur 100 DM kostet, wenn man ihn beim Händler erwirbt. Also kaufen sie lieber drei statt einer Flasche Wein oder trinken lieber Château Pichon Lalande daheim statt einen Cru Bourgeois im Lokal.
Wenn sich Restaurants leeren, kann das freilich nicht nur an äußeren Faktoren liegen, sondern muss wohl auch mit der Gastronomie selbst zu tun haben. Das beginnt bereits bei der Ausbildung. Ein Kellner, der heute noch den Kellnerberuf

Die Currywurst – eine Gourmetmahlzeit? →520

Wenn sich Restaurants leeren, kann das nicht nur an äußeren Faktoren liegen, sondern muss wohl auch mit der Gastronomie selbst zu tun haben.

erlernt, muss sich in der Tat wie ein Dummkopf fühlen. Jeder, ob gelernt oder nicht, kann heute Kellner sein, und bei den Köchen wird es sich schon in naher Zukunft kaum anders verhalten. Der ausgebildete Cuisinier ist nämlich von Tag zu Tag weniger gefragt. Früher musste jeder Koch über die Anatomie der verwendeten Tiere Bescheid wissen, er musste ein Stück Wildbret aus der Schale lösen und Wildgeflügel rupfen können, er musste die Frische eines Fasans an Schnabel und Sporen erkennen, und er musste wissen, wie man einen guten Schmorbraten korrekt zubereitet. Heute bekommt man selbst in der professionellen Gastronomie immer mehr zerteilte, zugeputzte und abgepackte Rohprodukte zur Verarbeitung. Auch ein erstklassiger Produktkenner kann somit nicht mehr bestimmen, ob der Fasan frisch war, weil er nur noch die Brust und nicht mehr das ganze Tier sieht. Das für den Geschmack so bedeutende Abhängenlassen von Wild im Fellkleid ist sowieso gesetzlich verboten. Und geschmort wird heute, wenn überhaupt, nur noch in vereinzelten Betrieben, weil diese Technik durch Convenience-Food zunehmend überflüssig wird.

Köche oder Chirurgen?

Der Koch der Zukunft wird mit jenem von heute – oder muss man schon sagen von gestern? – aus all diesen Gründen kaum noch vergleichbar sein. Wenn das seit 1999 verbindliche HCCP-Konzept der Europäischen Union normative Gesetzeskraft erhält, wird er wohl mit Handschuhen sowie Mundschutz arbeiten und sich von einem Chirurgen nur noch dadurch unterscheiden, dass er kein Nylonkäppchen, sondern eine Kochmütze trägt. Er wird immer weniger am Herd stehen, und an seine Geschmacksnerven werden keine besonderen Anforderungen mehr gestellt werden. Dafür wird er ein technisch gut ausgebildeter Mann sein, der mit Gerätschaften umzugehen weiß und überdies über ein enormes bürokratisches Know-how verfügt, da seine Arbeit fast ausschließlich in der Organisation von systematisierten Abläufen bestehen wird. Die Convenience-Industrie, die laufend neue Technologien wie etwa das Arbeitszeit sparende Sous-vide-Verfahren auf den Markt bringt, macht ausgebildete Köche und Patissiers zunehmend überflüssig.

Der Fasan als solcher ist nicht nur schön, sondern auch wohlschmeckend. ⇒520

Das Ende der Kochkultur?

Natürlich gibt es Hoffnung, wenn wir uns daran machen, etwas gegen den drohenden Geschmacksverlust zu unternehmen. Dabei muss man vor allem beim Produzenten beginnen. Wenn erst einmal jeder Käse pasteurisiert sein wird, dann wird auch niemand mehr wissen, um wie viel besser Rohmilchkäse tatsächlich schmeckt. Ähnliches gilt auch für genbehandelte Lebensmittel, Massentierhaltung und das so genannte Designerfood ganz im Allgemeinen. Doch es gibt gottlob auch zahlreiche Initiativen, die Hoffnung machen. Ich denke da an die Slow-Food-Bewegung oder die Euro-Toques, bei denen ich die Ehre habe, zu den Gründungsmitgliedern zu zählen. Deren Grundmaximen – Qualitätsbewusstsein, Produktwahrheit, Primat von Saison, Regionalität und Eigengeschmack, strikte Ablehnung chemischer, genetischer oder kochtechnischer Veränderungen durch Geschmacksverstärker sowie umweltgerechte Ernährung – teile ich, selbst wenn sie manchmal vielleicht auch etwas zu dogmatisch formuliert sind, voll inhaltlich. Hoffnung besteht aber auch, wenn es gelingt, die ernährungswissenschaftlichen Erkenntnisse der modernen Medizin richtig umzusetzen.

Wir müssen uns einfach wieder klar darüber werden, was alles verloren geht, wenn wir unsere angestammten Gerichte, Kochtechniken und Esssitten zugunsten einer internationalen Systemgastronomie und Fast-Food-Küche aufgeben. Dazu bedarf es neben einer Optimierung der Ausbildung von Köchen und Kellnern auch der einschlägigen Forschung auf kulturwissenschaftlichem Gebiet, zu der etwa die Erfassung vom Aussterben bedrohter Gerichte und Kochtechniken zählt. Mir schwebt dafür eine kulinarische Akademie mit interdisziplinärem Lehrplan unter ständiger Einbindung von Gastköchen vor, für die die öffentliche Hand auch Stipendien vergibt. Das Resultat dieser Bemühungen sollte sein, dass der Koch wieder wird, was er schon einmal war, nämlich eine komplett ausgebildete Fachkraft. Nur dann wird es gelingen, dass man vor der Leistung der Spitzenköche wieder jenen Respekt wie in den 70er- und frühen 80er-Jahren hat und dass dieser Respekt auch den mittlerweile fast schon ein wenig in Verruf geratenen »Gourmettempeln« entgegengebracht wird.

Eine zukunftsvisionäre Alternative zu Frischwaren wird die im Weltraum mögliche Produktion von Frischkonzentraten sein. Dabei werden nach gentechnologischen Kriterien in fertigen Behältern Frischwaren ohne Beiwerk, wie Schale, Haut, Blätter, Äste, Stängel, z.B. reines, frisches Tomatenmus, produziert. So wird es möglich sein, in Restaurationen des Weltraumes Frischware nach modernsten Kriterien zu produzieren und einzusetzen.

Ein Fest für die Sinne: frisches Obst und Gemüse auf dem Markt ⊡→100

»Mir schwebt eine kulinarische Akademie mit interdisziplinärem Lehrplan unter ständiger Einbindung von Gastköchen vor.«

Markus Lüpertz

Jugend und Alter – Veränderung und Vollendung?

Markus Lüpertz, einer der auch international renommiertesten deutschen Maler der Gegenwart, befasst sich in seinen oft monumentalen Werken mit Themen aus der deutschen Geschichte, der Kunstgeschichte und vor allem der Mythologie. Karl Ruhrberg bezeichnete den Stil seiner »dithyrambischen Malerei« als gekennzeichnet »von der vitalen Kraft der zupackenden Malerfaust«. Lüpertz über Lüpertz: »... findet euch ab mit mir/ es geht kein Weg vorbei/ es gibt kein Mittel gegen mich.« ⊡→4990

Alt sich fühlen
Vor dem Sein
Totenglöckchen klingeln fein
Jung sich denken
Das ist möglich
Für die anderen unerträglich
Kläglich singt der graue Star
Kaufe Jugend gegen bar
Klar
Nur deine Eigenliebe
Die dich wappnet
Die dich wehrt
Biegt schon um die
Liebeslaube
Gevatter Hein
Auf dürrem Pferd

Markus Lüpertz

25. 4. 1941 in Liberec (Reichenberg)/ Böhmen geboren
ab 1948 Jugend in Rheydt am Niederrhein
1956–61 Studium an der Werkkunstschule Krefeld; Arbeit im Kohlebergbau unter Tage; Studium an der Kunstakademie Düsseldorf
seit 1962 freischaffender Künstler; Beginn der »dithyrambischen Malerei«
1970 Preis der Villa Romana, Aufenthalt in Florenz
1973 erste große Retrospektive, Kunsthalle Baden-Baden
1976–86 Professor an der Staatlichen Akademie der Bildenden Künste in Karlsruhe
seit 1986 Professor an der Staatlichen Kunstakademie Düsseldorf, **seit 1988** deren Rektor
zahlreiche Ausstellungen und Preise im In- und Ausland; Gedichtveröffentlichungen, Bühnenbilder, Werke für öffentliche Gebäude

Über das Alter (eine Vision)

Was ist neu?

Etwas nie Dagewesenes!

Etwas nie Dagewesenes?

Etwas für mich nie Dagewesenes?

Anders:

Neu ist etwas immer Dagewesenes als nie da gewesen

zu sehen.

Eine dem Daseienden gegenüber

unabhängige Unschuld.

Unschuld aus Vergesslichkeit?

Unschuld aus Unschuld?

Fragwürdig.

Unschuld aus Strategie?

Vielleicht.

Unschuld aus Ignoranz?

Anstrebenswert.

Unschuld aus Strategie (selbstbewusst),

Unschuld als Behauptung?

Ist!

Unschuldig sein, um nicht abgelenkt zu werden?

Was lenkt ab?

Wissen?

Unwissenheit?

Nein, die stört nur.

Ist Wissen Grenze?

Begrenztes Wissen?

Besser wissen, alles wissen?

Die Kapazität des Wissens hängt

von der Kapazität des Allgemeinwissens ab.

Weiß Dein Gegenüber wenig,

weißt Du mehr.

Unterscheide Wissen von Begreifen.

Wissen, das alle wissen,

wird durch Begreifen qualifiziert

Muss man Wissen begreifen?

Begreift man, wenn man weiß?

Oder begreift man, wenn man erlebt?

Das Erlebnis einer Reise:

Fördert dies das Wissen?

Weiß man, wenn man die Tageszeit weiß, etwas?

Ist Wissen die erste Behauptung einer Ahnung?

Ahnt man Wissen?

Weiß man um Ahnungen?

Oder ahnt man nur?

Es gibt Ahnende und Wissende.

Macht Wissen weise?

Machen Ahnungen weise?

Schließt Weisheit, schließt Vorahnung Unschuld aus?

Kinder sind nicht unschuldig.

Erst wenn sie begreifen, dass ihre Hilflosigkeit

eine Rundumversorgung garantiert,

spielen sie die Unschuld.

Weise kommt nicht von Wissen,

sondern von »auf diese Weise«.

Unschuld vergisst.

Das Tier hat keine Erinnerung,

kennt keine Rache (sagt man).

Woher weiß man das?

Es reicht anscheinend, wenn man es behauptet.

Meistens reicht eine Behauptung.

Ich behaupte, also ich bin.

Ich behaupte, ich bin unschuldig.

Ich behaupte, ich bin weise.

Ich behaupte, ich weiß.

Ich weiß, ich bin alt.

Ich weiß, ich bin jung.

Ich weiß, ich bin schön.

Ich weiß, ich bin genial.

Ist Unschuld erstrebenswert oder nur arrogant?

Arrogante Unschuld kann altern.

Unschuld ignoriert Erfahrung.

Erfahrung ist bürgerlich.

Unterscheide zwischen erfahren und lernen.

Erfahrung ist begrenzt,

nachvollziehbar, beweisbar.

Erfahrung ist Anpassung.

Lernen ist ein ewiger Prozess.

Erfahrung ist politisch.

Politik ist immer das Ende von Lernen.

Politik ist immer ein Kompromiss.

Politik ist immer der Verlust von Unschuld.

Politik ist immer Schuld.

Die heutige Zeit ist politisch, darum ist sie alles schuld.

Die Zeit, die ist schuld.

Früher hatte die Religion Schuld.

Ganz früher war die Politik unschuldig,

denn sie war grausam

oder nur notwendig.

Dann hatte die Religion Schuld,

sie hatte Wissen und

hasste die Jugend und

erfand die Pädagogik.

Es herrschte das Alter.

Jugend war nur Bewegung,

Alter war Zeit.

In diesen Zeiten war Altsein die Zukunft,

die Ewigkeit.

Jugend lediglich Gegenwart.

Damals dauerte Altsein lang,

Jugend verging im Fluge.

Dann erfand die Politik,

die die Religion abschaffte,
die Jugend.
Das Ideal Jugend,
das Ewig-jung-Sein.
Jungsein als Synonym für Veränderung,
und die Politik liebt die Veränderung,
aber nur als Programm.
Die Politik erfand die lange Zeit der Jugend.
Die Politik schaffte die Pädagogik ab
und erfand die Manipulation.
Je jünger, umso williger.
Je länger jung, umso länger verführbar.
Jugend als politisches Programm.
Dieses Programm gebiert die Kindergartenpolitik
der heutigen Sozialparteien.
Gebiert eine Jugend ohne Poesie,
wird die lange Zeit der Jugend,
des Jungseins
durch ständige Geräusche über die Zeit gezogen.
Altsein aber ist in dieser Strategie
nur ein sabberndes, störendes Problem,
und die Entsorgung dieser Existenzen
eine etwas unangenehme Tatsache.
Die Emanzipation schaffte die Familie ab
und damit auch das Altwerden.
Die Emanzipation weiß nichts von Versorgen,
sondern nur von Rechten.
Außerdem ist das Altsein belastet.
Belastet mit Vergangenheit,
belastet mit gemachten Fehlern,
belastet mit versauten Kindern,
belastet mit Wegschauen, Verdrängen, Vergessen.
Belastet mit Morden,
gebrochenen Ästen, gefällten Bäumen,
vergifteten Blumen, enttäuschten Wünschen.
Nur ein Alter mit Autorität wird gerne alt.
Macht ist der Spaß des Alters.
Altsein lohnt nur,
wenn man Recht hat.
Lohnt nur, wenn die Jugend lernt,
das Rechthaben der Alten zu ertragen.
Dann ist Alter Vollendung.
Dieses Altsein, diese Vollendung
verlangt Strategien.
In einer Welt der Diktatur der Jugend
ist Altsein Untergrund, Terrorismus.
Ein Krieg, ein Generationenkrieg,
den das Alter gewinnen will und muss!

Hildegard Hamm-Brücher

Die Zivilgesellschaft – Utopie oder Chance?

Hildegard Hamm-Brücher, die »große alte Dame der F.D.P.«, wurde 1946 von Theodor Heuss während eines Interviews für die Politik gewonnen. Ihre wiederholt bewiesene innere Unabhängigkeit brachte ihr Kritk ein, aber in noch weit größerem Maße Zustimmung in der Öffentlichkeit und über die Parteigrenzen hinweg. ⇒160

»Ich bin überzeugt, dass wir weder einen Rechtsstaat noch eine Demokratie bauen werden,

wenn wir nicht rechtzeitig ... einen menschlichen, sittlichen, geistigen und kulturellen Staat bauen«, formulierte 1992 Václav Havel sein Credo, das angesichts der politischen und gesellschaftlichen Herausforderungen, vor denen wir stehen, angesichts der so genannten Globalisierung aller technologischen, wissenschaftlichen und wirtschaftlichen Entwicklungen samt den Folgen für die Zukunft unserer Demokratien notwendiger denn je ist. Es mehren sich nämlich die Anzeichen dafür, dass unsere bisher intakte sozialpolitisch abgesicherte Marktwirtschaft und Arbeitswelt aus den Fugen gerät, dass unsere tradierten Bildungs- und Ausbildungssysteme den technologisch-wissenschaftlichen Veränderungen nicht mehr gewachsen sind, dass unsere sozialen Netze den wachsenden Anforderungen und Kosten nicht mehr standhalten, dass unsere gesellschaftlichen Werteordnungen und Bindekräfte (ersatzlos?) dahinschwinden und unsere von Anspruchsdenken und Ellenbogenmentalität angekränkelten Bürgergesellschaften nachwachsenden Generationen wenig Ansporn zu demokratischer Partizipation vermitteln. Dies ist kein Horrorszenario, das sind Tatsachen und Sachverhalte, wie sie von Wissenschaftlern und Experten durchdacht und eindringlich vorgetragen werden. Das aktuelle Szenario unserer Demokratie-Malaisen könnte ich mit weiteren Hiobsfakten verdüstern, z.B. mit den Gefahren der

Hildegard Hamm-Brücher

11.5.1921 in Essen geboren
1939–45 Studium der Chemie und Promotion in München
1945–48 wissenschaftliche Redakteurin der »Neuen Zeitung« in München
1949–50 Stipendiatin an der Harvard University (USA)
1950–66 und 1972–76 Mitglied des Bayerischen Landtags
1964 Gründerin der Theodor-Heuss-Stiftung, bis heute deren Vorsitzende
1967–72 Staatssekretärin im Hessischen Kultusministerium
1969–72 Staatssekretärin im Bundesministerium für Bildung und Wissenschaft
1976–82 Staatsministerin im Auswärtigen Amt
1976–90 Mitglied des Bundestags
1994 Kandidatin für das Amt des Bundespräsidenten

Es mehren sich die Anzeichen dafür, dass unsere bisher intakte sozialpolitisch abgesicherte Marktwirtschaft und Arbeitswelt aus den Fugen gerät.

(Des)informationsüberflutung und der sittlich-moralischen Dammbrüche, verursacht durch immer skrupelloser und sensationsgieriger konkurrierende elektronische und Printmedien, oder mit den Folgen der Politik(er)verdrossenheit für das schwindende Demokratieverständnis, vor allem für junge, positive Vorbilder entbehrende Menschen. Überall läuten die Alarmglocken, und deshalb kommt es entscheidend darauf an, neue politische und gesellschaftliche Strategien zu entwickeln.

Hierzu thesenartig einige Überlegungen:

- Eine erfolgreiche, global eingebundene Wirtschaft kann im eigenen Interesse auf eine aktive, eigenständige, in sich stabile, das heißt sozial integrierende Gesellschaft nicht verzichten. Deshalb muss die Politik dafür Sorge tragen, dass auch unter den Bedingungen der Globalisierung eine vom Bürger als gerecht empfundene Ordnung von materiellen und sozialen Lebenschancen gewährleistet ist, eventuell neu begründet werden muss.
- In diesem politisch neu abgesteckten Rahmen müssen sich gesellschaftliche Freiräume für neue Formen der Hilfe zur Selbst- und Nächstenhilfe, also zur Solidarität, entwickeln und erproben können.

Dass solcherlei zusätzliche gesellschaftliche Tätigkeitsfelder durchaus keine unrealistische Utopie sind, zeigen ermutigende Beispiele, die sich zwar oft nicht mehr in überkommenen festen Bindungen an Organisationen, Gewerkschaften oder anderen Institutionen vollziehen, sondern – oft gegen unsägliche bürokratische Widerstände – in informellen, zeitlich befristeten Allianzen. Die Menschen engagieren sich zugunsten sozialer, bürger- und menschenrechtlicher, ökologischer oder ganz einfach gemeinwohlorientierter Anliegen (z.B. in sozialen Diensten, bei kooperativen Gemeinschaftsaufgaben, bei ökologischen Projekten, bei Schulangelegenheiten usw.). Ich bin überzeugt, dass dieser Weg uns das Ziel weist.

Um auf ihm weiterzukommen, müssen wir allerdings freiwillige soziale Selbstverpflichtungen und das damit verbundene »Ehrenamt« gesellschaftlich aufwerten und anerkennen. Damit kann nicht nur gezielter geholfen, sondern auch ein höherer sozial integrierender Wirkungsgrad erzielt und damit personale Solidarität begründet werden – oft mehr als durch nach Tarif bezahlte Zuwendungen.

Es mehren sich die Anzeichen dafür, dass unsere sozialen Netze des wachsenden Anforderungen und Kosten nicht mehr standhalten. Die Zahl der **Obdachlosen** steigt stetig. ⇒160

Gemeinwesen benötigen auch dringend **»Sozialkapital«:** Ein Mitarbeiter des Mobilen Sozialen Hilfsdienstes des Deutschen Paritätischen Wohlfahrtsverbandes in Bonn erledigt die Hausarbeit für eine gehbehinderte alte Frau. Neben den Hilfeleistungen spielt der gute zwischenmenschliche Kontakt eine wichtige Rolle. ⊡1797

Postmoderne Gemeinwesen benötigen zu ihrer Erhaltung – abgesehen vom Geld- und Humankapital – dringend auch »Sozialkapital«, das durch neue Netzwerke aufgebracht werden und wachsen kann. Ohne Zufuhr dieses »Kapitals« (also ohne bürgerliches Engagement) könnten Demokratie und Marktwirtschaft ins Wanken geraten. Zur Aufbringung und Mehrung des Sozialkapitals können Selbsthilfeorganisationen aller Art ebenso beitragen wie der Teilzeiteinsatz Einzelner (neben Beruf und Privatleben) in Organisationen mit sozialen, ökologischen, kulturellen oder auch politischen Zielen. Zusätzlich können ältere und jüngere Menschen damit brachliegende Talente und Fähigkeiten erproben, die Bürgergesellschaft kann sich zum Pfeiler und Stützpunkt einer revitalisierten Demokratie entwickeln.

» Der Grundstein für eine verantwortungsfähige und verantwortungsbereite Bürgergesellschaft muss in der Schule gelegt werden. «

Mehr als einmal habe ich erlebt, dass demokratische Prinzipien durch solcherlei Engagement für die Gesellschaft nützlich und für den Bürger sinnvoll sind. Ob sich daraus auch neue Bürgerrechte entwickeln, z.B. in Form von Bürgerbegehren bis Bürgerentscheiden, ist noch nicht abzusehen. Konkrete Schritte in diese Richtung würde ich sehr begrüßen.

- Die dritte Herausforderung betrifft Schule und Erziehung im Zeitalter der Globalisierung. Hier ist entscheidend, dass Erziehung zur Demokratie nicht über die Köpfe junger Menschen hinweg geschieht. Sie sollen sowohl Lernende als auch Handelnde sein, ihre Interessen, Ideen und Initiativen, auch ihre Konflikte und negativen Erfahrungen sollen in der schulischen Praxis vorkommen. Drei Bedingungen müssen hierzu erfüllt sein:
- Schule muss Lernort für Demokratie werden.
- Schüler müssen von früh auf zu jungen Bürgern heranwachsen, indem sie Strukturen unseres demokratischen Gemeinwesens kennen und verstehen lernen.
- Schließlich sollen sie dazu motiviert werden, im eigenen Umfeld an seiner Gestaltung teilzuhaben.

Genügen unsere tradierten Bildungs- und Ausbildungssysteme den technologisch-wissenschaftlichen Veränderungen noch? – Ende 1997 gehen in Deutschland Tausende von Schülern und Studenten auf die Straßen, um gegen die **schlechten Ausbildungsstandards** in Schulen und Hochschulen zu protestieren. →160

Der Grundstein für eine verantwortungsfähige und verantwortungsbereite Bürgergesellschaft muss also in der Schule gelegt werden!

Für eine demokratische Zivilgesellschaft der Zukunft, an der möglichst viele Bürgerinnen und Bürger partizipieren, sind deshalb folgende Voraussetzungen zu schaffen:

- Politiker und Bürger, das heißt wir alle, müssen dazu beitragen, unsere Demokratien nicht nur als Parteienherrschaft zu definieren und damit einzugrenzen; wir müssen sie vielmehr gleichgewichtig als eine Partizipationsgemeinschaft weiter entwickeln und erproben.
- Die Existenz und Wirksamkeit einer demokratischen Zivilgesellschaft ist so lange eine Utopie, als Bürgerinnen und Bürger daran nicht aktiv und verantwortungsbewusst Anteil nehmen. Die passive Zuschauerdemokratie ist ihr Ende.
- Die Bürgergesellschaft ist eine Chance, wenn sich immer mehr Menschen für öffentliche Angelegenheiten des Allgemeinwohls engagieren und wenn dieses Engagement eingebettet ist in den Kreislauf unserer demokratischen Staats- und Lebensform. Dann erfüllt sich die Vision der 1848er-Bürgerrechtler, die vor 150 Jahren aufbrachen, das Leben und das Zusammenleben zu vermenschlichen.
- Qualität und Stabilität der Demokratie hängen nicht allein von ihrer offiziellen Selbstdefinition in Verfassungstexten und Gesetzesvorlagen ab, so unverzichtbar sie als »Identitätsausweis« sind, sie hängen auch nicht allein von der politischen Kompetenz von Mandats- und Amtsträgern ab, so nötig dies ist. Letztlich steht und fällt die Demokratie mit dem durch Anschauung und Engagement (manchmal auch emotional) gewonnenen Bild, das sich der Bürger selbst von den Stärken und Schwächen, von den Wünschbarkeiten und Möglichkeiten der Demokratie macht und von der Bereitschaft aller Beteiligten und Betroffenen, an ihrer Verbesserung ad personam mitzuwirken. Dann, erst dann und nur dann werden unsere freiheitlichen Demokratien ein für alle Mal zukunftsfähig sein.

Dr. Hildegard Hamm-Brücher

»*Die Bürgergesellschaft ist eine Chance, wenn sich immer mehr Menschen für öffentliche Angelegenheiten des Allgemeinwohls engagieren und wenn dieses Engagement eingebettet ist in den Kreislauf unserer demokratischen Staats- und Lebensform.*«

Michael Günter

»No future« – Wie finden Jugendliche im 21. Jahrhundert ihren Platz?

Michael Günter ist Kinder- und Jugendpsychiater sowie Psychoanalytiker. Er forscht und lehrt als Privatdozent an der Universität Tübingen. Michael Günter ist verheiratet und hat drei Kinder im Alter von zehn, vier und zwei Jahren. →4650

Michael Günter

27.3.1957 in Balingen geboren
1974–82 Studium der Medizin, der Kunstgeschichte und der Empirischen Kulturwissenschaft an den Universitäten Tübingen und Wien
1976–77 Arbeit als Bildhauer in Weiden/Schwarzwald
1983–88 Weiterbildung zum Facharzt
1988 Promotion, Oberarzt an der Universitätsklinik Tübingen
seit 1995 leitender Oberarzt der Abteilung Psychiatrie und Psychotherapie im Kindes- und Jugendalter der Universität Tübingen
1998 Habilitation für das Fach Kinder- und Jugendpsychiatrie und Psychotherapie an der Universität Tübingen

Bekanntlich war es schon im alten Griechenland üblich, dass die Älteren den Verfall der Sitten bei der Jugend beklagten, die zunehmende Unmoral anprangerten und angesichts einer solchen Jugend eine düstere Prognose für die Zukunft stellten, sollte es nicht gelingen, die Jugend durch bessere Erziehung wieder zu den althergebrachten Konventionen zurückzuführen. »No future« ist also zunächst einmal ein Begriff, der uns Ältere umtreibt. Sind nicht wir es, die ängstlich und etwas ratlos die raschen Veränderungen der Gesellschaft betrachten? »No future« wäre so gesehen eine Haltung, die die Verantwortlichen in Politik und Gesellschaft bei sich selbst nicht wahrnehmen wollen und durch lautes Getöne von Zukunftsentwürfen überspielen, eine innere Angst, derer sie sich zu entledigen suchen, indem sie sie auf die heutige Jugend projizieren. Dies alles, um nicht bemerken zu müssen, wie schal, wie inhaltsleer viele der Entwürfe geworden sind, wie sehr alte und neue Hoffnungen teils enttäuscht wurden, teils durch ihre konkrete Umsetzung viel von ihrem einstigen Glanz eingebüßt haben. Die Jugend war schon immer das Projektionsfeld der Hoffnungen und Ängste der Gesellschaft.

Während in so genannten »kalten Kulturen«, den heutzutage praktisch nicht mehr existenten Stammeskulturen, Initiationsriten dazu dienten, gesellschaftliche Veränderung zu verhindern, um das althergebrachte Gefüge zu bewahren, kommt der Jugend in den heutigen, so genannten »heißen

Kulturen« die Aufgabe zu, den gesellschaftlichen Wandel voranzutreiben. Paradoxerweise wird dies, wenn es realiter geschieht, von der Gesellschaft kaum wahrgenommen, oder bestenfalls als negativ angesehen: Die Verwilderung der Sitten, die Verletzung gesellschaftlicher Normen wird als störend empfunden, und der Ruf nach mehr Disziplin, gar nach polizeilichen Maßnahmen, ertönt häufig schnell. Wahrgenommen und industriell vermarktet wird dagegen der Mythos der Innovationskraft der Jugend. Jugendliche Subkultur wird nach einer relativ kurzen Periode der gesellschaftlichen Ächtung in adaptierter Form rasch zum »Dernier Cri«, ist »in«, »cool«, »hip« oder wie die sich rasch ablösenden Begriffe der Jugendsprache heißen mögen.

Jugendliche befinden sich daher in einem extremen Spannungsfeld gesellschaftlicher Erwartungen. Sie sind unausgesprochen diejenigen, die den technischen Fortschritt bewältigen helfen sollen, indem sie gesellschaftlichen Wandel erzwingen, aber bitte so, dass nichts wirklich infrage gestellt wird. Insofern betrachten wir die Jugend immer mit Ambivalenz. Wir Menschen sind – wie Sigmund Freud ausführte – trotz unserer gegenteiligen Beteuerungen immer auch Feinde der Kultur, da die Kultur, in unserem Zusammenhang speziell die Normen des menschlichen Zusammenlebens in der Gesellschaft, uns zwar Sicherheit, Bequemlichkeit und Genuss bietet, uns dafür aber Triebverzicht, Verzicht auf unmittelbare Befriedigung unserer Bedürfnisse auferlegt. Diese Ambivalenz gegenüber den Forderungen und Werten der Kultur projizieren wir gerne auf die Jugendlichen: Sie seien diejenigen, sagt man warnend und doch voller Neid, die ihren Bedürfnissen freien Lauf ließen, die ungezügelt seien und keine Grenzen akzeptieren würden. Die Emotionalität und Unvernunft der öffentlichen Diskussion über die Gewalttätigkeit und Kriminalität der heutigen Jugend ist eines von vielen Beispielen für diese Art von Projektion eigener Wünsche und Ängste auf »die Jugend«.

Damit soll nicht in Abrede gestellt werden, dass wir es auch mit realen gesellschaftlichen Problemen zu tun haben. Auch die Jugendlichen selbst betrachten die gesellschaftlichen Institutionen und die Personen, die sie verkörpern, allen voran die Eltern, als Repräsentanten der sozialen Normen, mit gemischten Gefühlen. Sie ringen um eine eigene Identität in Abgrenzung von den Erwachsenen, und sie benötigen doch auch deren Anerkennung. Die Aufgabe von uns Erwachsenen wäre es, die Jugendlichen in einer entscheidenden Phase der Herausbildung ihrer Persönlichkeit, der Identitätsbildung als »Zoon politikon«, der Bildung eigener Werte und Normen und der Stabilisierung eines gesunden Selbstwert-

»No future« ist also zunächst einmal ein Begriff, der uns Ältere umtreibt. Sind nicht wir es, die ängstlich und etwas ratlos die raschen Veränderungen der Gesellschaft betrachten?

⇨4650

Die Aufgabe von uns Erwachsenen wäre es, die Jugendlichen in einer entscheidenden Phase der Herausbildung ihrer Persönlichkeit, der Identitätsbildung als »Zoon politikon«, der Bildung eigener Werte und Normen und der Stabilisierung eines gesunden Selbstwertempfindens zu unterstützen.

Mitglieder der Jugendorganisationen des DGB demonstrieren gegen die **Lehrstellenmisere.**

⇒160

Zu entwickeln sind Konzepte hinsichtlich neuer Ansätze der Gestaltung sozialer Beziehungen, der Eröffnung neuer Räume der Mitwirkung – und nicht neuer Spielwiesen – für Jugendliche.

empfindens zu unterstützen. Dies kann nicht nur Aufgabe der Familie sein. Vielmehr ist dies, wie der Ethnopsychoanalytiker Mario Erdheim darlegte, vor allem eine Aufgabe der Gesellschaft insgesamt, wenn man ernst nimmt, dass in der Adoleszenz eine Ablösung von der Familie stattfinden muss. Zunächst findet diese Entwicklung im Rahmen der Orientierung an der »Peergroup«, an der Gruppe der Gleichaltrigen, Gleichgesinnten, wenn man so will im Rahmen der jugendlichen Subkulturen, statt. Aber die Kulturen der Jugendlichen konstituieren sich in der Gesellschaft, beeinflusst von den herrschenden Lebensverhältnissen und in Abgrenzung von ihnen. Das heißt, es bedarf der schwierigen Gratwanderung, den Jugendlichen reale Teilhabe an der Gestaltung der Lebensverhältnisse zu ermöglichen, ohne zugleich ihre Fähigkeit zur Opposition beschneiden zu wollen.

Die gegenwärtige Perspektivlosigkeit der Politik in dieser wichtigen Frage erscheint bedrückend: Trotz des Geredes von »Zukunftsfähigkeit« fehlen Ansätze einer kreativen Jugendpolitik sowie Konzepte zur Bekämpfung der Jugendarbeitslosigkeit in Europa. Arbeitslosigkeit in dieser entscheidenden Lebensphase enthält die Botschaft: »Dich brauchen wir nicht in der Gesellschaft«, heißt Ausschluss von gesellschaftlicher Anerkennung und Partizipation. Die Gefahr ist groß, dass Jugendliche sich mit dieser Botschaft identifizieren, sie in ihr Selbstbild übernehmen und eine »negative Identität« ausbilden, was in vielen Fällen zu einer dauerhaften Schädigung der sozialen Fähigkeiten und des eigenen Selbstwerterlebens führt. Wir produzieren in Teilen eine »Lostgeneration«. Dies ist eine gesellschaftliche und ökonomische Hypothek, die wir in den nächsten Jahrzehnten werden zurückzahlen müssen.

Einfallslosigkeit herrscht in der Bildungspolitik, was vielleicht noch schlimmer ist als die finanziellen Kürzungen im Bildungswesen unter den Bedingungen verschärfter internationaler Konkurrenz und kurzfristiger Renditeerwartungen. Für Schule, berufliche Bildung und Hochschulen wären innovative Konzepte dringlich, die neben dem klassischen Bildungsideal und der Vermittlung beruflich verwertbaren Wissens vor allem die zentrale Rolle des Kulturauftrages im weitesten Sinne – klassisch des Erziehungsauftrages –, der Befähigung junger Menschen zur Auseinandersetzung mit der Gesellschaft und zur Einflussnahme auf die Lebensverhältnisse neu reflektieren. Hier müssten Partizipationsmöglichkeiten kreativ entwickelt werden. Stattdessen werden Jugendliche und junge Erwachsene durch immer längere Ausbildungszeiten immer länger in einer Position der Abhängigkeit und der künstlichen »Unreife« festgehalten.

Zu entwickeln sind auch Konzepte hinsichtlich neuer Ansätze der Gestaltung sozialer Beziehungen, der Eröffnung neuer Räume der Mitwirkung – und nicht neuer Spielwiesen – für Jugendliche. Auch dies ist ein Desiderat angesichts der immer größeren Mobilität in unserer Gesellschaft und angesichts der damit verknüpften raschen Veränderung sozialer Bezugssysteme. Um nicht missverstanden zu werden: Auch hier hilft kein rückwärts gewandtes Betrauern des Verlustes der ach so trauten Dorfgemeinschaft – die oft genug soziale Kontrolle in unerträglicher Enge ausübte –, sondern es bedarf für die Lösung dieser Probleme aller Kreativität, derer wir in der Gesellschaft fähig sind.

Ein solches Projekt kann nicht ohne ein Einbeziehen der jeweils jüngeren Generation, ohne ein genaues Zuhören und Registrieren ihrer oft laut und lärmend, vielleicht auch anklagend oder resigniert und sicherlich nicht ausgewogen vorgebrachten Fragen Erfolg haben. Aber wir benötigen die Unangepasstheit des Denkens, die Infragestellung der Werte und die verkürzte Radikalität neuer Äußerungsformen, wie sie Jugendliche entwickeln, um wirklich zukunftsfähig zu werden. Wer weiß jedoch, ob wir unsere pubertäre Unausgewogenheit soweit reaktivieren können, dass wir fähig werden wegzukommen von der Fixierung auf den Zirkel aus technischem und ökonomischem Fortschritt und der Kritik daran, um unseren Blick auf die notwendigen gesellschaftlichen Veränderungen zu lenken. Wir können nur hoffen, dass uns die Mischung aus durchaus verständlicher Faszination durch die technologische Entwicklung und tiefen Ängsten vor ihr nicht dazu treibt, immer stärker unsere Fantasie an althergebrachte gesellschaftliche Verhältnisse zu heften und das goldene Zeitalter technisch in der Zukunft und gesellschaftlich in der Vergangenheit zu suchen. Dies wäre ein Entwurf, in dem Jugend im 21. Jahrhundert keinen realen Platz in der Gesellschaft mehr hätte. Demgegenüber wäre eine Position, mit der sich die Jugend identifizieren kann, eine, die von Walter Benjamin beschrieben wurde: »Der Begriff des Fortschritts ist in der Idee der Katastrophe zu fundieren. Dass es ›so weiter‹ geht, ist die Katastrophe. Sie ist nicht das jeweils Bevorstehende, sondern das jeweils Gegebene.« Aber: »Die Rettung hält sich an den kleinen Sprung in der kontinuierlichen Katastrophe.« Vielleicht können wir dafür offen sein, wenn unsere Jugend diesen Sprung, diese Risse in unserer gesellschaftlichen Wirklichkeit wahrnimmt und daraus neue Entwürfe entstehen.

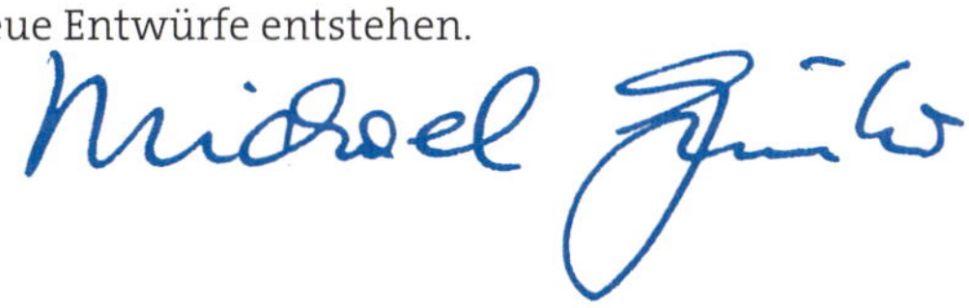

Einmal im Jahr versammeln sich in Berlin rund eine Million Jugendliche zur **Loveparade.** Der Rave der Technofans stand 1998 unter dem Motto »One World, one Future – Eine Welt, eine Zukunft«. ⇒160

» *Es bedarf der schwierigen Gratwanderung, den Jugendlichen reale Teilhabe an der Gestaltung der Lebensverhältnisse zu ermöglichen, ohne zugleich ihre Fähigkeit zur Opposition beschneiden zu wollen.* «

Hans Maier

Welche Zukunft – und wie viel Zukunft – hat die Verantwortung?

Hans Maier, ehemaliger bayerischer Kultusminister, Professor an der Ludwig-Maximilians-Universität in München, befasst sich hauptberuflich mit religiösen und kulturwissenschaftlichen Fragen. Im Nebenberuf ist er Organist. ⇒4657

Gefüge öffentlicher Verantwortung haben sich historisch aus drei Traditionen gebildet: einer griechisch-römischen, einer christlichen, einer neuzeitlichen. Thesenhaft gesprochen: Die Antike entwickelte den Gedanken bürgerlicher Hingabe an den Staat. Das Christentum machte politisches Handeln rechenschaftspflichtig vor Gott und dem Gewissen. Die Moderne zergliederte die Macht und schuf kontrollierbare Verantwortungsbereiche.

Jede der geschilderten Traditionen hat Entscheidendes zur Entstehung politischer Verantwortlichkeit beigetragen. Jede bedarf aber auch der Ergänzung, der Korrektur durch die andere. Für die antike Überlieferung ist das ganz deutlich: Trifft die Identifikation von Staat und Bürger einen Nerv des Politischen – Ehrgeiz und Wille zur öffentlichen Wirksamkeit, Freude an der Macht, aber auch am Amt, Selbsterweiterung durch Selbstentäußerung, »Heimfall ans Allgemeine« (J. Burckhardt) –, so ist solcher Antrieb immer auch in Gefahr, in Personenkult, Egomanie, Tyrannis umzuschlagen. Solchem Naturstand des Politischen gegenüber ist christliche Gewissensschärfung ein unentbehrlicher Widerpart. Aber auch sie kann ins Problematische entgleiten, in Weltflucht, Risikoscheu, Abtretung der Entscheidungen an andere, in Spiritualismus und Klerikalisierung – ganz abgesehen davon, dass ihr Vollzug im Unsichtbaren bleibt. Dass auch die neuzeitlichen Mechanismen der Gewaltenteilung trotz ihrer wohltätigen Wirkung im Alltag keinen absoluten Schutz in

Hans Maier

1931 in Freiburg im Breisgau geboren
1957 Promotion in Geschichte
1962 Habilitation in Politischer Wissenschaft
1962–87 ordentlicher Professor für Politische Wissenschaft an der Universität München
1970–86 bayerischer Staatsminister für Unterricht und Kultus
1976–88 Präsident des Zentralkomitees der deutschen Katholiken
seit 1988 Inhaber des Guardini-Lehrstuhls für Christliche Weltanschauung, Religions- und Kulturtheorie an der Universität München

Krisenzeiten darstellen, dafür bietet unser Jahrhundert viele Beispiele. Entscheidungsfreude im Ungewissen kann durch Übernormierung geschwächt werden; Normtreue kann die Risiken einebnen, die mit Politik nun einmal verbunden sind; der politische »Unternehmer« wird zum ausführenden Organ, das nur noch Teilverantwortungen kennt.
Welche Zukunft – und wie viel Zukunft – hat die Verantwortung in unseren Zeiten? Welche Prognosen sind zu stellen, welche Therapien anzuraten? Ich will mich auf wenige Thesen beschränken.

Die Antike entwickelte den Gedanken bürgerlicher Hingabe an den Staat.

1. Zum antiken Erbe: Kaum entbehrlich erscheinen mir auch in Zukunft die Formen spontaner psychischer Identifikation von Bürger und Polis, Bürger und Staat. Sie bieten den Naturstoff, aus dem alle Politik lebt, die Antriebsenergie, die nötig ist, um Widerstände zu überwinden, Entbehrungen auszuhalten, Enttäuschungen zu bestehen. Mag dieser Naturstoff später christlich geformt und verfassungsstaatlich gehegt werden – er muss vorhanden sein, damit Politik als Verantwortung für ein Allgemeines entstehen kann. Die Leidenschaft für den Staat, die das Ich überwindet, muss im Ich selbst gründen; das Persönliche darf in der Hingabe nicht verschwinden, es muss größer werden, dauernder. Handeln im Ungewissen ist das Risiko des Politikers. Dass er es eingeht, macht seine spezifische Ehre aus. Diese Ehre darf ihm nicht genommen werden, auch nicht unter dem Vorwand vermeintlicher Sicherung des Gemeinwohls. Sonst wird er zur Marionette, zum sicherungssüchtigen Opportunisten, sonst geht er wirkliche Verantwortung nicht ein.
In einer unserer Zeit und ihrem Fühlen näheren Sprache hat Theodor Heuss jene psychische Voraussetzung der Politik umschrieben als »Produktivität des Behagens«. Er hat damit behutsam darauf hingewiesen, dass sich auch in modernen Zeiten Politik nicht im Zustand permanenter Selbstzerknirschung und -kasteiung betreiben lässt. Gewiss darf der Handelnde nicht gewissenlos sein – Goethes griechisch empfundenes Wort gilt nicht für christliche Zeiten, noch weniger für verfassungsstaatliche Rahmenbedingungen der Politik. Aber der Politiker darf, ja muss gelegentlich mit gutem Gewissen handeln und handeln können. Ein Stück Affirmation gehört zur Politik wie zum Leben überhaupt. »Was ist, kann nicht wahr sein« (Ernst Bloch) ist kein Satz der Politik, sondern der akademischen Politikferne.
Ob Verantwortung eine Zukunft hat, ob sich die Beziehung zwischen Bürger und Staat wieder herstellt und festigt – das hängt nach meiner Überzeugung davon ab, ob wir fähig sind,

Der Philosoph **Sokrates** (um 470–399 v. Chr.) vertrat die Auffassung, dass Unrechttun verwerflich und schändlich sei. ⇨80430

Marcus Tullius Cicero (106–43 v. Chr.) legte seine Gedanken zur Ethik unter anderem in den Schriften »Über die Maßstäbe des Guten und des Bösen« und »Über die Pflichten« nieder. ⇨50

den Handelnden guten Gewissens handeln zu lassen. Kontrollieren soll man ihn gewiss, auch ihn sorgsam betrachten, den Prozeduren von Approbation und Reprobation unterwerfen – einverstanden. Doch man sollte ihn, wie den Sportler in der Arena, nicht nur mit zweifelnden Gedanken begleiten, sondern gelegentlich auch ermutigen und anfeuern. Man sollte ihm seine Ehre, seine Chance zur Bewährung lassen. Es ist eine Bewährungsprobe für unsere politische Kultur, ob Handeln in Verantwortung und Risikobereitschaft noch möglich ist oder ob es untergeht im Klima einer neidigen Voyeursmoral.

2. Über die Zukunft der Verantwortung entscheiden aber auch die christlichen Überlieferungen. Sie sind heute durchaus wirksam, wenn auch in einer gewissen Verengung auf formal-psychologische Hemmungsmechanismen. Eine erweiterte, die Politik entlastende und freisetzende Wirksamkeit jener Überlieferungen könnte ich mir in zwei Richtungen vorstellen: Einmal in stärkeren Materialisierungen und Aktualisierungen jener Lehren (über den engeren Bereich christlicher Soziallehren hinaus), zum anderen in einer persönlichen seelsorglichen Zuwendung zum Politiker, welche über die Grenzfälle des überlieferten Wächter- und Richteramtes (also über ein Modell theologischer »Eingriffsverwaltung«) hinausgeht.

In der heutigen Situation genügt es nicht mehr, dass die Kirchen die Politik von allen Seiten mit einem »Es ist dir nicht erlaubt!« umstellen, aber kein Wort darüber verlieren, was denn nun in einer gegebenen Situation erlaubt, ja geboten sein könnte. Gewiss können kirchliche Sprüche heute keine Bannsprüche mehr sein; müssen sie aber deswegen nur Einsprüche und Widersprüche sein? Dann hätten sie keine Gestaltungskraft. Mir scheint, dass in den Kirchen seelsorgepsychologisch vielfach noch ein Bild von Politik nachwirkt, das zumindest in der westlichen, rechtsstaatlichen, demokratischen Welt kaum mehr anzutreffen ist – Politik als Magma ordnungsloser Kräfte, das durch kirchliches Rechtsgebot erst kanalisiert werden müsse; Politiker als hemmungslose Kraftnaturen, denen die Kirche erst einmal ihr domestizierendes »non licet« entgegenzusetzen habe.

Die Wirklichkeit ist aber anders. Wichtiger als Domestikation scheinen mir heute Zuspruch und Ermunterung zu sein. Beim Durchschnitt heutiger Poltiker gilt es eher, Ichschwäche zu kompensieren als Kraftüberschüsse zu regulieren. Den nervös-bescheidenen, um Zustimmung bemühten, rechts- und parteistaatlich gebändigten Politiker von heute von der

» *Das Christentum machte politisches Handeln rechenschaftspflichtig vor Gott und dem Gewissen.* «

Der Kirchenlehrer des christlichen Altertums **Aurelius Augustinus** (354–430) beeinflusste wesentlich den Staatsbegriff der abendländischen Kirche und wirkte bis in die Neuzeit fort. ⇨50

Mit dem englischen Philosophen **John Locke** (1632–1704) bekam die Diskussion um Politik, Moral und Gesellschaft moderne Züge. Seine Ideen fanden Eingang in die Verfassungen zahlreicher demokratischer Staaten. ⇨50

Charles de Secondat, Baron de la Brède et de **Montesquieu** (1689–1755), entwarf in seinem Werk »Vom Geist der Gesetze« den modernen Gedanken der Gewaltenteilung. ⇨50

Immanuel Kants (1724–1804) kategorischer Imperativ: »Handle so, dass die Maxime deines Handelns jederzeit zugleich als Prinzip einer allgemeinen Gesetzgebung gelten könnte.« ⇨50

Zinne des kirchlichen Wächteramtes anzuherrschen, als sei er Attila oder Napoleon – das geht an der Sache, an der seelsorglichen wie politischen Situation gründlich vorbei.

3. Endlich die verfassungs- und verwaltungsstaatliche Seite der Verantwortung. Auch hier scheinen mir Mobilisierungen von Traditionen, Veränderungen von Einstellungen, neue Konzeptionen möglich und nötig zu sein. Niklas Luhmann hat gezeigt, dass sich mit wachsener Komplexität der Gesellschaft reale Verantwortung vorwiegend unten, an den Toren des Systems, verdichtet, während die politische Verantwortlichkeit oben vielfach zur Fiktion wird. Populäre Erwartung und öffentliche Meinung verfahren jedoch entgegengesetzt: Sie inszenieren die an der Spitze des Systems Stehenden zu Allwissend-Verantwortlichen (und sei es nur alten Sündenbockritualen zuliebe), während die realen Verantwortungsleistungen der Verwaltung im töricht-bequemen Verdikt über »die Bürokratie« untergehen.
Ähnlich steht es mit der Spannung von Spezialisierung und Verantwortlichkeit: Die allgemeine Erwartung rechnet noch immer mit integrierten, personalisierten Verantwortlichkeiten, obwohl diese im praktischen Vollzug oft schon an den Klippen der Arbeitsteilung scheitern. Oder die Problematik von Kollegialentscheidungen: Der durch sie herbeigeführte Verlust an unmittelbarer Zurechenbarkeit wird heute vielfach beklagt; aber wer ist bereit, die alte Befehlsstruktur direkter Weisungen, die Formen persönlich verantwortlicher Machtausübung in der Öffentlichkeit zu verteidigen?
Diese Andeutungen sollen eines zeigen: dass die Zukunft der Verantwortung nicht von blinden Zufällen, sondern von unseren eigenen Bemühungen abhängt. Ich bin sicher: Verantwortung wird auch künftig wahrgenommen werden, wenn sie nicht durch unzumutbare Auflagen der Nichtverantwortlichen behindert wird. Daher gilt es zunächst einmal, den Bewegungsspielraum der Politik zu sichern oder ihn, wo er verloren ging, neu zu öffnen. Erst wenn handeln kann, wer handeln will, werden Engagement und Bürgerverantwortung wieder zunehmen – und erst dann wird der Bürger im Staat wieder seinen Staat erkennen.

»*Die Moderne zergliederte die Macht und schuf kontrollierbare Verantwortungsbereiche.*«

Seit **Max Weber** (1864–1920) wird unter Verantwortungsethik ein Diskurs verstanden, der den moralischen Wert von Entscheidungen oder Handlungen an der Qualität der Güterabwägung und der angemessenen Beachtung der möglichen Folgen misst. →110

Der Jesuit **Oswald von Nell-Breuning** (1890–1991) schuf durch seine wissenschaftlichen Arbeiten wesentliche Grundlagen der katholischen Soziallehre und prägte ihre Entwicklung über Jahrzehnte hinweg. →160

Hans Jonas (1903–1993) gab dem kategorischen Imperativ eine neue Form: »Handle so, dass die Wirkungen deiner Handlung verträglich sind mit der Permanenz echten menschlichen Lebens auf Erden.« →160

Henrik Bork

Wie wird China im 21. Jahrhundert aussehen?

Henrik Bork lebte und arbeitete vier Jahre im China Deng Xiaopings als Zeitungskorrespondent. Sein Interesse galt vor allem den Menschen, die er bei seinen vielen Reisen durch das Land traf – Kinder und Alte, Bauern und Arbeiter, Schriftsteller und Gemüsehändler; er sah den neuen Wohlstand, aber auch die Armut, unter der noch immer hundert Millionen Chinesen leiden. ⇒ 4624

Henrik Bork

20.12.1962 in Paderborn geboren
1983–90 Studium der Sinologie und der Kommunikationswissenschaften in München und Paris
1986–87 Studienaufenthalt und Studium der chinesischen Oper an der Central Academy of Drama in Peking
seit 1988 freier Mitarbeiter bei Zeitungen, Zeitschriften und beim Hörfunk
1990–91 Besuch der Hamburger Journalistenschule
1992–95 in Peking Chinakorrespondent für deutsche Tageszeitungen
Dezember 1995 Ausweisung aus China wegen kritischer Berichterstattung
seit 1997 in Tokio Japankorrespondent für deutsche Zeitungen

Neulich hatte ich einen merkwürdigen Traum.

Ich ging in Peking spazieren und kam am Platz des Himmlischen Friedens vorbei. Alte Männer in weißen, kurzärmeligen Hemden ließen an langen Schnüren rote, grüne und lilafarbene Drachen durch den blauen Himmel sausen. Kleine Mädchen und Jungen gafften mit offenen Mündern in die Luft und quittierten den Drachentanz mit schrillen Rufen, die wie »hao« oder »bang« klangen.

Der Platz war viel grüner, als ich ihn in Erinnerung hatte. Die Alten und die Kinder liefen barfuß über einen leicht ungepflegten Rasen. Nirgends warnten Verbotsschilder vor dem Betreten der Fläche, wie das in chinesischen Parks so oft zu sehen war. In der Mitte des Platzes, etwa auf halber Strecke zwischen dem Mao-Mausoleum und dem Tiananmen, saß ein alter Mann auf einer Treppenstufe aus weißem Marmor. Mit der linken Hand hielt er einen Vogelkäfig aus Bambus in die Luft, den er sanft hin- und herschaukelte. Hinter ihm erhob sich eine abstrakte Steinplastik, an der eine bronzene Plakette befestigt war. Ich konnte die Inschrift nur teilweise lesen. »Für die Opfer vom 4. Juni 1989« stand in der ersten Zeile und darunter irgendwas von »unsere Helden«.

Ich fragte den alten Mann, warum er den Vogelkäfig hin- und herschaukelte. Tat er das, damit seine Singdrossel ihre Krallen trainieren konnte, oder um ihr die Illusion vom Fliegen zu vermitteln? Er blickte mich lange ungläubig an, als ob ich eine allzu dumme Frage gestellt hätte. Schon wollte ich irritiert weitergehen. Da antwortete mir der Alte plötzlich in breitem Pekinger Dialekt. »Ich schaukele meinen Käfig, weil die anderen ihre Käfige genauso schaukeln.« Als wollte sie ihre Zustimmung bekunden, machte die Singdrossel einen kurzen Knicks und kackte auf den Käfigboden.

»In China wird sich nie etwas ändern«, dachte ich, während ich weiterschlenderte. Gerade in diesem Moment sah ich ein neues Haus, das anstelle der alten Bank of China auf dem Platz des Himmlischen Friedens errichtet worden war. Es war ein getreuer Nachbau des Potala-Palastes in Lhasa. An der Stirnmauer, die sich nach oben hin immer weiter verjüngte, stand in tibetischen und chinesischen Schriftzeichen »Der Botschafter des tibetischen Königreiches«.

Neben dem Eingang zu diesem Potala-Verschnitt hing ein verglaster Holzkasten, in dem vergilbte Zeitungsausschnitte zu bewundern waren. Auf einem Foto war ein Mönch zu sehen, der breit grinsend einem noch breiter grinsenden Chinesen die rechte Hand auf den Scheitel presste. »Der Dalai-Lama segnet bei seinem ersten Staatsbesuch im demokratischen China unseren geliebten Präsidenten Wei Jingsheng« stand darunter. Wei Jingsheng chinesischer Präsident? War das nicht der Dissident, dem in mehr als 18 Jahren im Gulag und in Isolationshaft fast alle Zähne ausgefallen waren? Den die chinesische Regierung ernsthaft hinrichten wollte, dann aber doch ins Exil in die USA abgeschoben hatte? Tatsächlich wirkte sein Lächeln auf dem Foto ein wenig künstlicher als das des Dalai-Lama.

Erst jetzt merkte ich, dass ich die Straße vor der tibetischen Botschaft überquert hatte, ohne von einem wild hupenden, gelben »Miandi«-Taxi bedroht zu werden. »Warum fahren hier gar keine Autos mehr?«, fragte ich den Wachposten neben dem Botschaftstor. »Sie waren wohl schon lange nicht mehr in China?«, fragte der zurück und kratzte sich etwas verlegen am Hinterkopf. »Das stimmt«, brummte ich. »Unsere neue Umweltministerin Dai Qing hat Volkswagen

Neulich hatte ich einen merkwürdigen Traum. Ich ging in Peking spazieren und kam am Platz des Himmlischen Friedens vorbei.

Gerade in diesem Moment sah ich ein neues Haus, das auf dem Platz des Himmlischen Friedens errichtet worden war. Es war ein getreuer Nachbau des **Potala-Palastes** in Lhasa.

⇨ 100+2667

Wei Jingsheng **chinesischer Präsident?** War das nicht der Dissident,... den die chinesische Regierung ernsthaft hinrichten wollte, dann aber doch ins Exil in die USA abgeschoben hatte? ⇨4624

und all die anderen gierigen Autokonzerne aus dem Land geworfen und Peking zur autofreien Zone erklärt«, sagte der Wachmann. »Was meinen Sie denn, warum hier die Luft so gut ist.« Dann spuckte er in gekonntem Bogen hinter die Verankerung seines Sonnenschirmes, ohne mich dabei aus den Augen zu lassen.

Allmählich wurde ich neugierig und beschloss, etwas zu tun, was ich sonst auf Reisen oder im Urlaub strikt vermied. Ich wollte eine Tageszeitung lesen. Auf der gegenüberliegenden Seite des Platzes, neben dem Museum, stand ein Kiosk. Als ich am Eingang des Museums vorbeikam, fiel mein Blick auf ein Plakat. Es warb für eine Fotoausstellung über die Folgen des »indisch-chinesischen Atomkrieges«. Für den kommenden Monat war eine »japanisch-chinesische Gemeinschaftsausstellung über das Massaker von Nanking« angekündigt.

Die Zeitungsverkäuferin legte unwillig ihre angebissene, tropfende Wassermelonenscheibe zur Seite und reichte mir ein Exemplar des Pekinger Abendblattes. Der Aufmacher der ersten Seite verkündete, dass die Sprengung des Drei-Schluchten-Dammes im Jangtsekiang am Tag zuvor geglückt sei. Nun solle bald mit dem Ausbaggern des über Hunderte von Kilometern versandeten Flussbettes begonnen werden. Das Abendblatt war offenbar regierungsnah, denn es erinnerte in seinem Kommentar daran, wie die jetzige Umweltministerin »in der Zeit des Kommunismus« wegen ihrer Opposition gegen den Bau des Dammes im Gefängnis gesessen hatte.

»Unsere neue Umweltministerin Dai Qing hat Volkswagen und all die anderen gierigen Autokonzerne aus dem Land geworfen und Peking zur autofreien Zone erklärt.«

Andere Artikel beschäftigten sich mit den Spätfolgen der chinesischen Wiedervereinigung, dem zweiten Bauabschnitt des unterirdischen Flughafens im Zentrum von Schanghai und einem Finanzpaket über 200 Milliarden Yuan, mit dem die chinesische Regierung der in Not geratenen US-Regierung zu Hilfe eilen wollte. In einem Kasten stand ein Porträt des neuen Arbeitsministers Han Dongfang, der als ehemaliger Untergrundgewerkschafter »unter der kommunistischen Herrschaft« mehrere Jahre im Gefängnis und im Hongkonger Exil verbracht hatte. Er kündigte an, dass er künftig »mit aller Härte« gegen illegale Streiks vorgehen wolle. Ein anderer Artikel berichtete, das Klonen der letzten Pandas sei so erfolgreich gewesen, dass in der Provinz Sichuan Hunderte von marodierenden Pandabären zum Abschuss freigegeben werden mussten. Am interessantesten aber fand ich einen Bericht im Sportteil, in dem die chinesische Fußballnationalmannschaft zur Verteidigung ihres Worldcup-Titels angefeuert wurde.

»Sind Sie das, oder sind Sie das nicht, Onkel Bao!«, schrie mir da plötzlich jemand ins Ohr. »Ich werd verrückt! Ich werd

Die Dachziegel der **Verbotenen Stadt** leuchteten im Orange der allmählich hinter den Westbergen versinkenden Sonne. ⇨50

verrückt!« Ich erkannte den groß gewachsenen Mann sofort, obwohl ich sein Gesicht das letzte Mal gesehen hatte, als er noch ein Dreikäsehoch gewesen war. Es war Jin Xueqiao, den ich in den Taihang-Bergen der Provinz Hebei getroffen hatte. Damals hatte er gerade die Grundschule verlassen müssen, weil sein Vater die umgerechnet zehn Mark für das jährliche Schulgeld nicht aufbringen konnte. Er hatte in der Hoffnung, sich das Schulgeld selbst verdienen zu können, Skorpione gesammelt und an einen Medizinfabrikanten verhökert.

»Wie geht es Ihnen?«, fragte ich. »Danke, ich kann nicht klagen«, sagte er. Er erzählte, dass er mithilfe von Spenden doch noch die Grundschule absolviert und später an der Qinghua-Universität Kernphysik studiert hatte. »Entschuldigen Sie mich jetzt bitte, ich muss meinen Broker in New York anrufen«, sagte Herr Jin und begann in ein feuerzeuggroßes Satellitentelefon zu sprechen. »Scheint ihm wirklich ganz gut zu gehen«, dachte ich. Als Journalist, der für deutsche Zeitungen arbeitete, konnte ich mir weder ein Satellitentelefon leisten, noch hätte ich jemals Grund gehabt, einen Aktienhändler in New York anzurufen.

Inzwischen hatte sich die Abenddämmerung auf den Platz geschlichen. Die Dachziegel der Verbotenen Stadt leuchteten im Orange der allmählich hinter den Westbergen versinkenden Sonne. Der alte Mann mit dem Vogelkäfig war verschwunden. Die Zeitungsverkäuferin fegte die Melonenkerne zusammen, die sie im Laufe eines langen Arbeitstages vor sich auf die Erde gespuckt hatte. Ich legte mich neben zwei Studenten auf den Rasen und verschränkte die Arme unter dem Kopf. Noch immer kreisten einzelne Drachen am Himmel. Ich hatte überhaupt keine Lust aufzuwachen.

»*Ich hatte überhaupt keine Lust aufzuwachen.*«

Wolfgang Franz

Arbeit für alle – Wie viel Arbeitslosigkeit verträgt eine Gesellschaft?

Der Volkswirt Wolfgang Franz war einer der »fünf Weisen«, die jährlich ein Gutachten über die gesamtwirtschaftliche Entwicklung vorlegen. Er leitet das Zentrum für Europäische Wirtschaftsforschung in Mannheim. ⊡4555

An der Schwelle zum nächsten Jahrtausend blicken die Menschen mit Sorgen in die Zukunft, weil die Perspektiven für den Arbeitsmarkt eher entmutigend aussehen. Seit mehr als zwanzig Jahren herrscht in Westdeutschland eine steigende und sich verhärtende Arbeitslosigkeit, und diese erschreckende Entwicklung wird noch durch die massive Unterbeschäftigung in Ostdeutschland übertroffen. Eine durchgreifende Besserung scheint nicht in Sicht, vielmehr wird allenthalben die Wirkungslosigkeit angeblich »alter Rezepte« beklagt. Zukunft ohne Arbeit – Arbeit ohne Zukunft?

Zurück in die Zukunft: Welche Perspektiven hätte ein Ökonom vor tausend Jahren seinen Zuhörern bieten können, wenn ihm die gleiche Frage gestellt worden wäre? Er hätte bei hinreichend guten Qualitäten als Prognostiker vorausgesehen, dass für Jahrhunderte ein beachtlicher Teil der Erwerbsbevölkerung ohne regelmäßige Arbeit sein und ein kümmerliches Dasein fristen würde – als Tagelöhner, Bettler und Vagabunden durch das Land ziehend, gnadenlos verfolgt durch eine Oberschicht, die nicht davor zurückschreckte, schon Mundraub mit dem Strick zu ahnden oder militärische Konflikte zu inszenieren, um möglichst viel »streunendes«, d.h. erwerbsloses Volk loszuwerden (M. Miegel). Wenn unser Ökonom ein besonders exzellenter Prognostiker gewesen wäre, dann hätte er vielleicht vorhersagen können, dass es im 20. Jahrhundert im Westen Deutschlands rund 15 Jahre

Wolfgang Franz

1944 in Nassau/Lahn geboren
1970 Diplom in Volkswirtschaftslehre an der Universität Mannheim
1974 Promotion
1981 Habilitation
1984–97 Professuren an den Universitäten Stuttgart und Konstanz
1994–99 Mitglied des Sachverständigenrats zur Begutachtung der gesamtwirtschaftlichen Entwicklung der Bundesrepublik Deutschland
seit 1997 wissenschaftlicher Direktor des Zentrums für Europäische Wirtschaftsforschung (ZEW) Mannheim und an der dortigen Universität Professor für Volkswirtschaftslehre

(1960 bis 1973) Vollbeschäftigung geben würde (sieht man einmal von den Kriegsjahren ab).

So betrachtet war Vollbeschäftigung eher die Ausnahme und mehr oder weniger hohe Arbeitslosigkeit die Regel. Dass damit das Problem der derzeitigen Unterbeschäftigung nicht relativiert werden soll und darf, ergibt sich nicht nur aufgrund der damit einhergehenden sozialen Konflikte. Da es möglich war, Vollbeschäftigung zu erreichen, stellt sich vielmehr die Frage, was getan werden muss, um diesem Ziel wieder näher zu kommen. Oder bleibt die kurze Phase der Vollbeschäftigung wirklich nur eine Episode, muss die Gesellschaft die Last einer beträchtlichen Arbeitslosigkeit tragen – und wenn, wie?

Die Arbeitslosigkeit bei uns ist zum größten Teil hausgemacht.

Die Antwort darauf hängt davon ab, wie wir in Deutschland mit den Herausforderungen der Internationalisierung der Wirtschaft fertig werden. Der internationale Standortwettbewerb stellt an der Schwelle zum nächsten Jahrtausend die neue große Herausforderung dar – mit allen Chancen, aber auch mit einigen Risiken. Die Globalisierung der Märkte wird vielfach nicht nur für unsere Beschäftigungsprobleme verantwortlich gemacht, sondern auch als die Bedrohung für zukünftige Erwerbschancen angesehen. Das stimmt nur zum Teil. Die Arbeitslosigkeit bei uns ist zum größten Teil hausgemacht und zwar – wenn Vollbeschäftigung zu erreichen das Ziel allen Handelns war – aufgrund von mannigfachem Fehlverhalten vieler am Wirtschaftsprozess Beteiligten, sei dies nun in der Ordnungspolitik, der Finanzpolitik, der Sozialpolitik oder der Lohnpolitik. Daran ist der internationale Wettbewerb nicht schuld, wohl aber legt er diese Unzulänglichkeiten rücksichtslos offen: Den Konkurrenten in den aufholenden Ländern interessiert deutsches Wehklagen und Besitzstandsdenken nicht, er will und kann seine komparativen Vorteile voll durchsetzen. Weder wird er sich auf internationalen Schutzabkommen zur Sicherung des deutschen Wohlstands einlassen, noch kann durch protektionistische Maßnahmen oder eine Subventionierung der Anpassungszwang gemindert werden. Der Protektionismus – so er denn überhaupt durchsetzbar wäre – bewirkt, dass hinterher alle Volkswirtschaften Wohlstandseinbußen hinnehmen müssen, und es gibt keinen Fall, wo eine Subventionierung einem niedergehenden Wirtschaftszweig in Deutschland wirklich und auf Dauer geholfen hätte, wie die Landwirtschaft, der Steinkohlenbergbau, die Werftindustrie und die Textilindustrie in beklemmender Weise belegen.

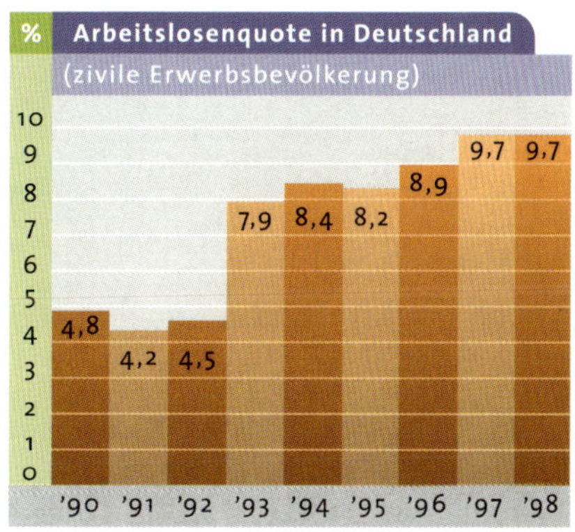

⊡99997

Besteht die Bedrohung durch den internationalen Wettbewerb demnach zu Recht? Ist das der »Terror des Ökonomischen« (V. Forrester)? Zunächst muss in Erinnerung gerufen

Der internationale Standortwettbewerb stellt an der Schwelle zum nächsten Jahrtausend die neue große Herausforderung dar – mit allen Chancen, aber auch mit einigen Risiken.

werden, dass Westdeutschland in der Vergangenheit ganz erheblich vom zunehmenden internationalen Handel Nutzen gezogen hat, worauf schon die Klagen vieler Handelspartner über die (seinerzeitigen) hohen Leistungsbilanzüberschüsse hindeuten. Rund ein Drittel aller Arbeitsplätze hängt in Deutschland vom Export ab. Diese Wohlstandsmehrung kann sich fortsetzen, denn der internationale Handel ist kein Nullsummenspiel, bei dem der eine nur etwas gewinnt, wenn der andere entsprechend verliert. Im Gegenteil: Die Globalisierung der Märkte führt dazu, dass neue Märkte – vor allem in den aufholenden Volkswirtschaften – entstehen. Damit ergeben sich für Arbeitnehmer in Deutschland zusätzliche Arbeitsplätze als Folge von neuen Absatzmärkten für inländische Unternehmen. Im Zuge des Aufholprozesses in den sich entwickelnden Ländern steigt dort ebenfalls das Anspruchsniveau im Hinblick auf Entlohnung, Sozialleistungen und Freizeit, wenn auch möglicherweise nicht auf das deutsche Niveau. Insoweit ist die Sorge deutscher Arbeitnehmer unberechtigt, weil von der Erfahrung widerlegt, die Arbeitsentgelte und Sozialleistungen in Deutschland würden im Rahmen der Globalisierung auf die Standards in Südostasien herunterkonkurriert.

Zur Bedrohung wird das Zusammenwachsen der Weltwirtschaft für diejenigen, die sich nicht anpassen wollen oder können, deshalb besteht andererseits die Sorge vieler Menschen zu Recht. Die Anpassungsprozesse sind für die Politik wie auch für die Arbeitnehmer unbequem, zum Teil schmerzlich, etwa wenn die Reallöhne sinken, wie dies in den letzten Jahren in einigen Ländern zu beobachten war. Niemand verlangt von den Arbeitnehmern, dass sie dieser Perspektive freudig ins Auge sehen, wohl aber, dass sie – wenn auch zähneknirschend – Einsicht in die Notwendigkeiten zeigen. So gesehen schreibt hier ein »Terrorist des Ökonomischen«. Aber wie das Beispiel der USA zeigt, trägt eine Reallohnzurückhaltung entscheidend zu mehr Beschäftigung bei. Das Arbeitsvolumen ist eben keine fest vorgegebene Größe, die es lediglich umzuverteilen gilt, wie das viele Befürworter von Handelshemmnissen »zum Schutz« inländischer Arbeitsplätze, aber auch Protagonisten einer erzwungenen Arbeitszeitverkürzung fälschlicherweise unterstellen, sondern es ist steigerbar, andere Länder machen uns das vor.

Gleichwohl muss vor Vollbeschäftigungsutopien gewarnt werden, es gibt zweifellos eindeutige Verlierer im globalen Wettbewerb, vor allem bei gering qualifizierter Arbeit. Im Bereich international transportfähiger Produkte können gering qualifizierte Arbeitnehmer angesichts vergleichsweise hoher Lohnkosten bei uns dem internationalen Wettbewerb

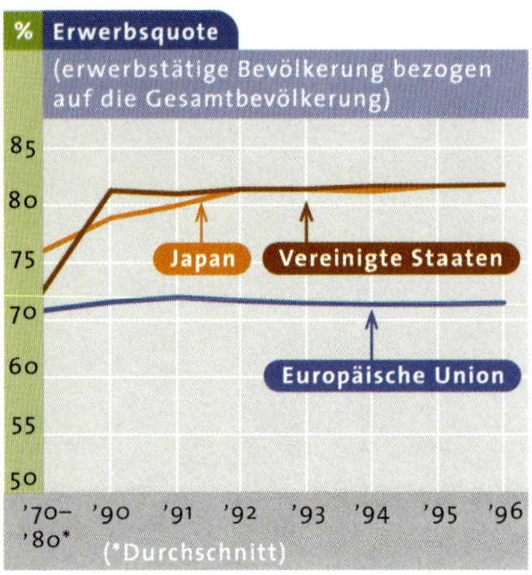

⇒99997

kaum standhalten, und es ist unklar, ob im Dienstleistungssektor hierzulande genügend Arbeitsplätze für einfache Tätigkeiten geschaffen werden können. Gewiss: Eine (Weiter-) Qualifizierung stellt den besten, wenn auch keinen umfassenden Schutz gegen Arbeitslosigkeit dar. Aber: Das hilft den jetzt arbeitslosen gering qualifizierten (älteren) Personen nicht viel, und nicht jeder Arbeitnehmer kann hinreichend qualifiziert werden.

Mithin wird auf absehbare Zeit nicht für alle Arbeit vorhanden sein, nicht für alle bereits heute arbeitslosen Anbieter einfacher Arbeit und künftig nicht für jeden Arbeitnehmer, der sich – warum auch immer – nicht qualifizieren kann. Sie sind die wirklichen Verlierer. Soweit sie ohne eigenes Verschulden arbeitslos sind, verdienen sie unsere Solidarität. Was kann die Gesellschaft für die »wirklichen« Verlierer tun?

Letztlich läuft es darauf hinaus, dass die Gewinner des internationalen Wettbewerbs die wirklichen Verlierer kompensieren, das heißt am Wohlstandszuwachs teilhaben lassen. Denn festzuhalten bleibt: Bei Einsicht in die erforderliche Flexibilität – und bei erfolgreicher Reformierung vieler institutioneller Regelungen im Sinne einer Deregulierung – wird die weitaus überwiegende Anzahl der Arbeitnehmer in Deutschland zu den Gewinnern gehören, und es ist nicht unrealistisch, Wohlstandszuwächse aufgrund der Intensivierung des internationalen Handels zu erwarten, vermutlich nicht für alle Beschäftigte, aber für sehr viele. Die Unterstützung der wirklichen Verlierer durch ein effizientes, zielgruppenorientiertes Sozialsystem mindert die materiellen Konsequenzen; den Verlust aufgrund des Gefühls, in dieser Gesellschaft nicht gebraucht zu werden, kann sie nicht kompensieren.

Visionen sind vor allem Zukunftsentwürfe, in diesem Fall zur Jahrtausendwende. Wie wird ein Leser in tausend Jahren – so es ihn denn gibt – diese Zeilen beurteilen? Wird er den hier vorgetragenen Optimismus bestätigen, nämlich dass die Chancen der Globalisierung sich insgesamt gesehen positiv auf die Beschäftigung ausgewirkt haben werden, weil sich alle Beteiligten den Herausforderungen des internationalen Wettbewerbs gestellt haben, wenn auch zunächst zögerlich? Wird er bescheinigen können, dass es dieser Gesellschaft, wie hier vermutet, gelungen sein wird, den sozialen Ausgleich für die wirklichen Verlierer herzustellen, vielleicht nicht nur rein materiell? Wird er belegen können, dass im nächsten Jahrtausend zwar nicht für alle Arbeit vorhanden war, aber für die weitaus überwiegende Anzahl von Arbeitnehmern? Das hoffe ich doch sehr.

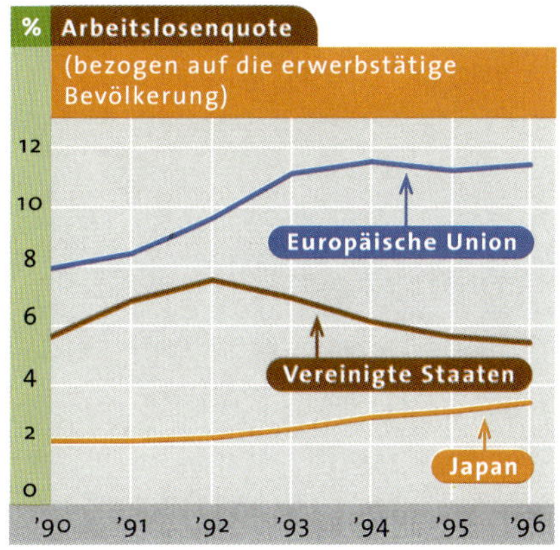

⊡→99997

Bei Einsicht in die erforderliche Flexibilität – und bei erfolgreicher Reformierung vieler institutioneller Regelungen im Sinne einer Deregulierung – wird die weitaus überwiegende Anzahl der Arbeitnehmer in Deutschland zu den Gewinnern gehören.

Cem Özdemir

Kann der Bundeskanzler 2040 Ömer heißen?

Der gelernte Erzieher und Sozialpädagoge Cem Özdemir, der nach zweijährigen Bemühungen mit 18 Jahren die deutsche Staatsbürgerschaft erhielt, ist der erste Vertreter der in Deutschland geborenen zweiten Einwanderergeneration im Deutschen Bundestag. ⇨1234

Bei der zukünftigen Betrachtung der Gesellschaft

stellt sich nicht die Frage, ob der Bundeskanzler im Jahr 2040 Ömer heißen kann, er muss vielmehr Ömer heißen.

Die Situation

Die demographische und soziale Entwicklung der Bundesrepublik erzwingt förmlich ein Überdenken der jetzigen Situation. Über 7 Millionen »Ausländer« leben derzeit in der Bundesrepublik. Das macht etwas unter 10 % an der Gesamtbevölkerung aus. Bei der nachwachsenden Generation sieht es in vielen Großstädten schon anders aus. Bei Kindern und Jugendlichen von Migranten oder aus binationalen Ehen liegt der Anteil schon bei 20 %. Werden die Aussiedler – de jure Deutsche, aber de facto Zuwanderer – noch hinzugerechnet, so beträgt die Zahl bereits ca. 30 %. Die meisten Eltern dieser »Migrantenkinder« haben einen Beitrag zum Wiederaufbau Deutschlands und auch zur Wiedervereinigung geleistet. Mittlerweile geht es, wie die Zahlen zeigen, um die Kindeskinder der ersten Generation, deren Muttersprache Deutsch ist und die die Herkunftsländer ihrer Großeltern höchstens vom Urlaub her kennen.

Der wirtschaftliche Aspekt

Statt sie, aber auch andere, die zu uns kommen, auszugrenzen, sollten wir in Zukunft noch stärker versuchen, ihre Fähigkeiten zu nutzen. Durch ihre Kenntnisse über die jewei-

Cem Özdemir

wurde am **21.12.1965** als Sohn türkischer Einwanderer im schwäbischen Bad Urach geboren. Während seiner Ausbildung arbeitete er als Journalist, Erzieher sowie als Politik- und Kulturreferent. **1981** trat er der Partei Die Grünen (seit 1993: Bündnis 90/Die Grünen) bei. **1994** wurde Özdemir als erster Vertreter der »neuen Inländer« in den Deutschen Bundestag gewählt, wo er einwanderungspolitischer Sprecher seiner Fraktion, Mitglied im Innenausschuss und außerdem stellvertretender Vorsitzender der deutsch-türkischen und der deutsch-griechischen Parlamentariergruppe ist. **1996** erhielt er den Theodor-Heuss-Preis.

ligen Herkunftsländer bzw. derer der Eltern und Großeltern können sie von großer Bedeutung für die Wirtschaft, insbesondere für den Außenhandel, werden. In den klassischen Einwanderungsländern wie den USA, Kanada und Australien wird die interkulturelle Sensibilität dieser Migranten schon längst positiv genutzt und gefördert. Sie arbeiten in Außenministerien, in Wirtschaftsministerien, in global agierenden Unternehmen oder in solchen, die es werden wollen. Die Wirtschaft sucht immer mehr den Global Player mit internationalen Kompetenzen, der kulturell bedingte Probleme bei Kooperationen erkennt. Es gilt »global thinking and local acting«. Denn was in der einen Kultur als überzeugend und sachkompetent angesehen wird, kann in einer anderen als Arroganz und Desinteresse ausgelegt werden. Umgekehrt können Eigenschaften wie Schwäche und Selbstkritik in anderen Kulturen sympathisch wirken, sogar als Voraussetzung zur Erreichung des gemeinsamen Zieles dienen. In der Wirtschaft heißt es jetzt schon: Derjenige, der heutzutage stolz zwei Sprachen (Muttersprache + Englisch) spricht, wird als der Analphabet von Morgen gelten!

»Die Toleranz sollte eigentlich nur eine vorübergehende Gesinnung sein: Sie muss zur Anerkennung führen. Dulden heißt beleidigen. Die wahre Liberalität ist Anerkennung.«

J. W. v. Goethe

Internationale Beispiele

In Australien beispielsweise findet ein Integrationsförderprogramm statt, das eine Loyalität zum Land und eine Respektierung der Gesetze schafft, das Sprachkurse zum Abbau von Sprachbarrieren einrichtet und schließlich die unterschiedlichen Kulturen Australiens dem Einwanderer näher bringt. Gleichzeitig wird die Sprache des Herkunftslandes weiterhin gefördert und das Ausleben der Kultur nicht als Hindernis gesehen, solange diese mit der australischen Verfassung in Einklang steht. Interkulturelle Kompetenzen sind also erwünscht und werden gefördert.

Um die Integration weiter voranzutreiben, helfen auch Antidiskriminierungsgesetze wie in Nordamerika, die den Migranten schützen, der sich auf diese Weise frei entfalten und die neue Heimat so zu seiner Heimat machen kann.

Natürlich haben die Konzepte dieser Länder auch ihre Schwächen. Natürlich haben diese Nationen eine andere historische Entwicklung als die Bundesrepublik oder gar Europa. Es geht nicht darum, alles blind zu übernehmen, sondern das herauszufiltern, was die eigene Gesellschaft weiterentwickelt und ergänzt. Was nicht ohne weiteres übertragbar zu sein scheint, aber von großer Wichtigkeit für ein Miteinander ist, sollte so bearbeitet werden, dass es schließlich übertragbar wird. Dieses ergibt das Neue, praktisch ein maßgeschneidertes Konzept für die Gesellschaft von Morgen, wobei bereits heute damit begonnen werden muss.

Schulklassen mit einem **hohen Ausländeranteil** gehören seit Jahren zum Alltag in Deutschland. ⇒160

Beim dritten **»Karneval der Kulturen«** in Berlin feierten im Mai 1998 Vertreter von 60 Nationen und rund 200 000 Menschen auf den Straßen des Stadtbezirks Kreuzberg. ⇨160

Ziel und Mittel

Unser Ziel ist es, interkulturelle und die damit verbundene soziale Kompetenz der Individuen auszubauen. Die Psychologie spricht in diesem Zusammenhang von der Erweiterung der kognitiven, linguistischen und sozialen Fähigkeit eines Individuums. Nur wenn wir voneinander lernen, uns gegenseitig respektieren, unsere zum Teil unterschiedlichen Kulturen zusammenfügen und so zu etwas Neuem kommen, das wir alle als Heimat bezeichnen können, wäre die innere Einheit vollzogen und der Weg zur europäischen Integration geebnet. Nur dann würde keiner mehr fragen, ob der Bundeskanzler Ömer oder Ayse, Bernd oder Martina, Luka oder Maria heißt.

Das Mittel für solch eine interkulturelle Gesellschaft ist und bleibt die gesetzliche Integration, eine doppelte Staatsbürgerschaft, also ein Einwanderungsgesetz. In Deutschland gilt noch das Blutsrecht, was für die Nachbarn, Partner und Freunde unverständlich ist. Wer in Deutschland geboren wird, muss automatisch einen deutschen Pass erhalten, um nicht schon von Geburt an gesetzlich ausgegrenzt zu werden. Wir müssen wegkommen vom »droit du sang« hin zum »droit du sol«. Mittel- und kurzfristig müsste eine für die Bundesrepublik geltende Gesetzgebung geschaffen werden. Langfristig muss aber an einer europäischen Lösung gearbeitet werden.

»Unser Ziel ist es, interkulturelle und die damit verbundene soziale Kompetenz der Individuen auszubauen.«

Anfangsstadium Multikulturalismus

Zurzeit besteht in der Bundesrepublik trotz Ausländerfeindlichkeit, trotz sozialer Ausgrenzung und trotz überwiegend deutscher Stadtbilder eine multikulturelle Gesellschaft. Diese multikulturelle Gesellschaft, die in den Siebziger- und Achtzigerjahren und zum Teil bis heute als Ziel, als das Nonplusultra des Miteinander beschrieben wurde, war und ist der Streitpunkt zwischen Befürwortern und Gegnern einer Integrationspolitik. Auf der einen Seite stehen die so genannten »Ausländerfeindlichen«, die Menschen nach unterschiedlichen Kulturen beurteilen und meinen, diese seien nicht kompatibel mit der »deutschen Kultur«. Auf der anderen Seite befinden sich die eher »Ausländerfreundlichen«, die ebenfalls Menschen in unterschiedliche Kulturen einordnen, dieses allerdings positiv bewerten und als Vielfalt sehen (wobei von diesen Leuten italienisch oder Döner Kebab essen etc. schon als kulturelle Vielfalt angesehen wird). Beide begreifen Multikulturalität als Endzustand, zu dem hingearbeitet werden oder der verhindert werden sollte. Sie sprechen von »anderen Kulturen«. Sie ordnen Menschen in Volksgruppen ein. Sie kreieren »Kulturgefängnisse«! Dabei werden den Menschen die Möglichkeit genommen, sich weiterzuentwickeln, über ihr kulturelles Umfeld hinaus zu denken, andere Kulturen aufzusaugen, ihre eigene Identität unabhängig von Kulturen zu entfalten.

Die interkulturelle Gesellschaft als Zukunftsmodell

Für ein Zukunftsmodell kann Multikulturalismus nur ein Anfangsstadium sein. Ein Stadium, in dem die Kulturen zwar einander respektieren, aber nebeneinander her leben. Das Endziel muss eine interkulturelle Gesellschaft sein, in der sich die Individuen frei von kulturellen Zwängen aus jeder Kultur das nehmen, was für ihre eigene Persönlichkeitsentwicklung notwendig ist.

Der Weg vom Multikulturalismus zur interkulturellen Gesellschaft ist mit vielen kleinen Schritten verbunden. Ein erster Schritt ist die Änderung des Staatsbürgerrechts, damit auch die Anerkennung der doppelten Staatsbürgerschaft. Sie würde den hier lebenden Migranten bzw. Migrantenkindern helfen sich zu integrieren, indem sie aktiv politisch teilhaben, ihre Rechte einfordern können und somit politisch nicht mehr missbraucht werden. Des Weiteren muss jedes der in Deutschland geborenen Kinder automatisch den deutschen Pass bekommen, damit es nicht von vorne herein zu einer Ausgrenzung kommt und das Kind weiß, dass es hier immer willkommen ist. Das Ganze muss mit einem Einwanderungsgesetz gekoppelt werden, welches die Zuwanderung nach sozialen, aber auch ökonomischen Gesichtspunkten regelt. Somit verliert die Einwanderung den weit verbreiteten Eindruck der »Illegalität«, eine gesetzliche bzw. rechtliche Integration wäre vollzogen. Seitens der Einwanderer muss die Bereitschaft vorhanden sein, sich den neuen Gegebenheiten anzupassen ohne sich selbst aufzugeben. Sie müssen sich eigene Strukturen aufbauen, um sich so auch aus der Umklammerung des Herkunftslandes zu lösen. Das Erlernen der deutschen Sprache und das Respektieren des Grundgesetzes sind weitere hilfreiche Schritte bzw. Pflichten, die Einwanderer bewältigen müssen.

Man hätte es nun mit gleichberechtigten Partnern zu tun, die sich gegenseitig respektieren und die voneinander lernen können. Der interkulturellen Gesellschaft stünde nichts mehr im Wege, und Ömer könnte im Jahre 2040 tatsächlich als Bundeskanzler kandidieren und vielleicht kommt es dann eines Tages soweit, dass Ömer für das Präsidentenamt der »Vereinigten Staaten von Europa« kandidiert.

Eine **Straße in Berlin:** Türkische Familien und Läden prägen das Bild ganzer Stadtteile, so in Kreuzberg, Neukölln und Wedding. ↪140

> *Das Mittel für solch eine interkulturelle Gesellschaft ist und bleibt die gesetzliche Integration ...*

Friedrich-Wilhelm Wellmer

Wie lange reichen unsere Rohstoffvorräte noch?

Friedrich-Wilhelm Wellmer beschäftigt sich nicht nur wissenschaftlich mit der Erforschung von Rohstoffvorkommen, sondern war als Manager weltweit bei Explorationsprojekten tätig. Im Sinne der nachhaltigen Entwicklung plädiert er für innovativen und schonenden Umgang mit den zur Verfügung stehenden Ressourcen und vertraut dabei auf die menschliche Kreativität. ⇒4651

Friedrich-Wilhelm Wellmer

23.6.1940 in Lübeck geboren
1962–70 Studium der Geologie und des Bergbaus in Berlin und Clausthal, wissenschaftlicher Assistent in Clausthal, **1970** Promotion
1970–73 Assistent der Metallgesellschaft AG in Frankfurt am Main, Exploration auf Buntmetalle und Rohstoffe weltweit
1973–79 Tätigkeit als Exploration Manager in Kanada
1979–82 Referent für Mineralische Rohstoffe im Bundeswirtschaftsministerium
1982–86 Tätigkeit als Explorationsdirektor in Australien
1987–96 Leiter der Abteilung Wirtschaftsgeologie, Internationale Zusammenarbeit der Bundesanstalt für Geowissenschaften und Rohstoffe in Hannover
seit 1992 Honorarprofessor an der TU Berlin
seit 1.11.1996 Präsident der Bundesanstalt für Geowissenschaften und Rohstoffe und des Niedersächsischen Landesamtes für Bodenforschung in Hannover

Bei der »statistischen Lebensdauer der Rohstoffreserven« (bekannte Reserven geteilt durch den Verbrauch), die zurzeit bei Erdöl 44 Jahre, bei Zink 20 Jahre, bei Blei 22 Jahre und bei Kupfer 28 Jahre beträgt, wird mancher erschrecken. Heißt dies wirklich, dass es im Jahre 2043 kein Erdöl und damit vielleicht auch kein Benzin fürs Auto mehr geben wird, im Jahre 2018 kein Zink und damit keinen billigen Rostschutz für Autokarosserien? Alarmiert und neugierig geworden, forscht man weiter und stellt fest, dass vor 25 Jahren die Lebensdauer der Zinkreserven nicht etwa 25+20=45 Jahre war, sondern nur 30 Jahre, oder die Reichweite der Erdölreserven vor 40 Jahren 41 Jahre betrug, praktisch wie heute, der Verbrauch jedoch in diesen 40 Jahren sogar um das Vierfache angestiegen ist.

Bei der Kennziffer »statistische Lebensdauer der Reserven« ist natürlich nicht der Verbrauch im Nenner das Problem, sondern der Zähler mit den derzeit bekannten Reserven. Den Verbrauch kennt man aus den aktuellen Wirtschaftsstatistiken genau. Die derzeit bekannten Reserven sind dagegen immer nur eine Momentaufnahme in einem sich dynamisch entwickelnden System. Sie sind die Summe aller weltweiten Explorationsergebnisse.

Die Zahlen sind natürlich beeinflusst von der Explorationsintensität der Rohstofffirmen, offenbaren aber im Wesentlichen Unterschiede in der Lagerstättengeologie und der statistischen Größenverteilung der Lagerstätten einzelner

Rohstoffe. Außerdem sind sie sehr vom Preisniveau beeinflusst. Steigen die Preise, können die Grenzen der Bauwürdigkeit gesenkt, d.h. Erze mit niedrigeren Gehalten gewinnbringend abgebaut werden. Die Vorräte steigen. Die Vorratsveränderungen bei einer linearen Gehaltsveränderung erfolgen in der Regel nicht linear und überproportional. Beim Studium von etwa 270 Kupferlagerstätten weltweit stellte sich z.B. heraus, dass bei einer Halbierung des Kupfergehaltes von 2% auf 1% die Vorräte sich nicht verdoppeln, sondern verdreifachen. Für die Frage zukünftiger Verfügbarkeit von Rohstoffen ist somit der Informationswert der statistischen Kennziffer »Lebensdauer der Vorräte« gering. Die Unterschiede zwischen den Kennziffern der einzelnen Rohstoffe besagen lediglich, dass es bei Rohstoffen mit niedrigen Lebensdauerkennziffern wie Blei oder Zink größerer Innovationen und Anstrengungen in der Exploration bedarf als bei solchen mit hohen Kennziffern, etwa Chromit, Phosphat oder Kali mit Lebensdauern von 100 und mehr Jahren, um das Gleichgewicht zwischen Reserven und Verbrauch zu halten.

Für die Frage zukünftiger Verfügbarkeit von Rohstoffen ist der Informationswert der statistischen Kennziffer »Lebensdauer der Vorräte« gering.

Wir können jedoch die Lebensdauerkennziffer nicht völlig beiseite lassen, denn Rohstoffvorkommen sind endlich. Wir müssen allerdings zunächst einmal die Rohstoffe abtrennen, die tatsächlich praktisch unbegrenzt zur Verfügung stehen: z.B. das Leichtmetall Magnesium, das auch heute schon aus Meerwasser gewonnen wird, oder der Düngerrohstoff Kali, den man potenziell auch hieraus gewinnen könnte. Zu den geologisch unbegrenzbaren Rohstoffen gehören auf dem Lande auch die Massenrohstoffe, die wir zum Bauen brauchen, Sande, Kies usw.

Die anderen Rohstoffe treten in diskreten Lagerstätten auf und müssen logischerweise irgend eine Grenze haben. Tatsächlich gibt es aber in dem dynamischen Gleichgewicht zwischen Reserven und Verbrauch über die Zeit betrachtet bisher noch keine Indikation, dass es bei irgend einem Rohstoff zu einer Erschöpfung in der mittleren Zukunft kommen wird – mit einer Ausnahme: Erdöl aus konventionellen Lagerstätten. Seine Bildungsbedingungen und die Größenverteilung der Lagerstätten machen Erdöl zum Sonderfall, sodass heute recht gut abgeschätzt werden kann: Zwischen 2010 und 2020 werden 50% des konventionellen Erdöls gefördert worden sein. Eine Fördersteigerung ist dann nicht mehr möglich; es kommt zu einem Förderabfall bei konventionellem Öl. Fördersteigerungen sind nur dann möglich, wenn die Preise steigen und auch unkonventionelle Ressourcen wie Schweröl-, Teersand- oder Ölschiefervorkommen genutzt werden können.

Tatsächlich gibt es … bisher noch keine Indikation, dass es bei irgend einem Rohstoff mittelfristig zu einer Erschöpfung kommen wird – mit einer Ausnahme: Erdöl aus konventionellen Lagerstätten.

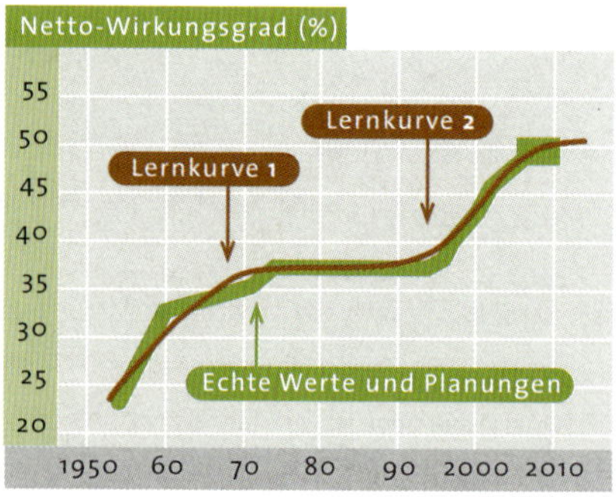

Netto-Wirkungsgrade von Braunkohlenkraftwerken: Zwei aneinander anschließende s-förmige Lernkurven stellen Innovationsschübe dar. Der flache Teil markiert die Anlaufschwierigkeiten bei der Realisierung einer Innovation, der steile Anstieg den Fortschritt des Lernens. Danach verflacht sich die Kurve, die Möglichkeiten der Innovation sind ausgeschöpft; ein neuer »Durchbruch« ist erforderlich (Daten DEBRIV und Rheinbraun AG). ⇨99997

Richtfunkantenne zur Nachrichtenübermittlung in einem Dorf in Tansania. Das Stadium der Übermittlung von Telefongesprächen mit Kupferkabeln ist also übersprungen worden. ⇨4651

Betrachten wir jetzt die anderen Rohstoffe und durchdenken erst einmal grundsätzlich, warum und wozu wir die Rohstoffe brauchen. Wir kommen zu dem Schluss, dass wir ihre Funktionen benötigen: die Leitfähigkeit des Kupfers für Stromkabel, den niedrigen Schmelzpunkt von Zinn für Lote oder die Zugfestigkeit des Stahls in einem Stahlseil. Somit ist die richtige Frage nicht: »Wie lange reichen die Rohstoffe?«, sondern: »Wie lange finden wir mit den uns zur Verfügung stehenden Mitteln Lösungen für die Funktionen von Rohstoffen?« Damit ist die immer neue Entdeckung von Primärlagerstätten nur ein Weg zur Deckung der Funktionen. Andere Wege sind: Sekundärrohstoffe immer wieder zu nutzen, also das Recycling zu verbessern, oder die Substitution eines Rohstoffes durch einen anderen (wie Stahl in Brücken oder Türmen durch Stahlbeton) oder der immer sparsamere Einsatz von Rohstoffen oder völlig neue technische Lösungen. Früher waren die Telefonkabel aus Kupfer. Sie wurden durch Glasfiberkabel ersetzt. Man kann die Nachrichten auch über Richtfunkantennen übermitteln oder über Satelliten. Jede Lösung hat ein völlig anderes Rohstoffprofil.

Der Antrieb, neue Lösungen für Rohstofffunktionen zu finden, ist immer der Preis der Rohstoffe, das wichtigste Hilfsmittel dabei die menschliche Kreativität. Das Potenzial, neue Lösungen zu entdecken, wird immer wieder unterschätzt. Mitte der Siebzigerjahre wurde beispielsweise in einer Studie der Bundesregierung über das Ausfallrisiko bei 31 Rohstoffen Kobalt als äußerst sensibler Rohstoff mit nur sehr geringem Substitutionspotenzial eingestuft. Dann bewirkte die Shabakrise 1978 (Zaire ist der größte Kobaltproduzent der Welt) eine Kobaltknappheit mit einer enormen Preissteigerung. Plötzlich gab es neue Entwicklungen, z.B. von Ferriten, die Kobalt in Permanentmagneten ersetzten.

Wenn wir auch mit der schöpferischen Fähigkeit des Menschen, neue Lösungen für die Funktionen der Rohstoffe zu finden, generell optimistisch in das nächste Jahrtausend gehen können, so seien doch noch einige konkrete Entwicklungen aufgezeigt, die schon heute erkennbar sind:

- Die Verfügbarkeit von Lösungen heißt nicht, dass die Rohstoffe nicht signifikant teurer werden können. Das ist ja, wie oben dargestellt, der Mechanismus, der die Vorratsbasis vergrößert und dem Menschen den Ansporn gibt, nach neuen Lösungen zu suchen.
- Im Gegensatz zur landläufigen Meinung werden zurzeit immer reichere Lagerstätten abgebaut. Dieser Trend wird sich sicherlich bald umkehren, sodass auch wieder ärmere Lagerstätten aufgeschlossen werden müssen. So könnte dieser Aspekt ebenfalls zu einer echten Erhöhung der

Für den vor rund 110 Jahren vollendeten Pariser Eiffelturm wurden ca. **7000 t Stahl** benötigt. Eine Frankfurter Ingenieurfirma errechnete, dass man heute aufgrund der besseren Stahllegierungen mit ca. 2000 t auskommen würde. Und wie viel würden morgen reichen? (Titelblatt der Zeitschrift »Geowissenschaft«, 2, 14. Jg. 1996). ⇨4970

Rohstoffpreise führen – die realen Preise (d.h. Inflationseffekte sind herausgerechnet) sind seit Ende des Ersten Weltkrieges in fast allen Fällen entweder gleich geblieben oder gar gesunken.

► Die Zuwachsraten bei den Rohstoffverbräuchen werden weiter sinken trotz hoher Wirtschaftswachstumsraten in den Schwellen- und einigen Entwicklungsländern. Immer wieder werden die Zuwächse bei den Rohstoffverbräuchen linear extrapoliert und damit für die Zukunft viel zu hoch angesetzt. Bis Mitte der Siebzigerjahre wurde z.B. von den besten Experten für Nickel ein Wachstum vorhergesagt, nach dem der Nickelverbrauch heute bei über 2 Millionen Tonnen liegen müsste. Tatsächlich liegt er etwa bei der Hälfte. Schwellen- und Entwicklungsländer überspringen rohstoffintensive Stadien unserer Entwicklung und übernehmen gleich die fortgeschrittenste Technologie der Industrieländer.

► Die Kreislaufwirtschaft wird nicht nur bei uns, sondern auch in anderen Ländern perfektioniert, sodass die Recyclingraten steigen werden. Geringer wird auch das so genannte Downgrading, das nicht nur beim Recycling von Kunststoffen sowie Steine- und Erdenrohstoffen auftritt, sondern auch bei Metallen mit vielen Legierungen, z.B. Aluminium oder Nickel.

► Weitere Innovationsschübe werden folgen, die zu entscheidenden Verbesserungen der Rohstoffeffizienz führen werden. Hierzu werden viele Faktoren beitragen wie die Verbesserung des Stoffflussmanagements, bessere Legierungen und Werkstoffe oder die Miniaturisierung von Bauteilen.

Unser Problem bei Prognosen ist, dass wir im Grunde nur linear extrapolieren können. Die Zukunftsentwicklungen sind aber so nicht linear, dass sie sich damit nicht fassen lassen. Um den Philosophen Karl Popper zu zitieren: »Wir mögen ja alles Mögliche über die Zukunft wissen. Etliches wissen wir auch recht gut ... Nur eines können wir prinzipiell nicht wissen, nämlich was wir künftig wissen werden. Denn sonst wüssten wir es bereits jetzt.«

Nicht Pessimismus aufgrund der Lebensdauerkennziffern ist also angesagt, sondern Optimismus aufgrund des Kreativpotenzials des Menschen.

F.-W. Wellmer

»Nicht Pessimismus aufgrund der Lebensdauerkennziffern ist angesagt, sondern Optimismus aufgrund des Kreativpotenzials des Menschen.«

Joachim Treusch

Was wünschen Sie der Forschung in Deutschland am Beginn des 21. Jahrhunderts?

Joachim Treusch ist theoretischer Physiker und Wissenschaftsmanager. Er leitet als Vorstandsvorsitzender das Forschungszentrum Jülich. 1995 führte er die Arbeitsgemeinschaft der Großforschungseinrichtungen zur Hermann von Helmholtz-Gemeinschaft Deutscher Forschungszentren zusammen. Ein Anliegen ist ihm die Überwindung von Grenzen: zwischen Fächern, Institutionen, Nationen und Generationen, aber auch zwischen den »two cultures«. ⇨4762

Globalisierung und Wissensgesellschaft: Herausforderungen für die Forschung

Alle Welt redet am Ende des 20. Jahrhunderts von Globalisierung und Wissensgesellschaft. Dabei sind materieller Überfluss und Mangel ebenso wie Wissen und Information in dieser Welt höchst ungleich verteilt: Entsorgungsprobleme im reichen Norden, Versorgungsprobleme im armen Süden. Das 21. Jahrhundert muss einem Ausgleich dieser Spannung gewidmet werden. Einen wesentlichen Beitrag hierzu können und müssen Bildung und Forschung liefern. Das deutsche Bildungs- und Forschungssystem in seiner strukturellen Vielfalt und mit seinem vom humboldtschen Ideal geprägten Qualitätsanspruch scheint hervorragend für diese komplexe Zukunftsaufgabe gerüstet. Gefordert sind vor allem Kreativität und Offenheit für eine Zusammenarbeit über fachliche, institutionelle und nationale Grenzen hinweg.

Deshalb wünsche ich uns allen, und damit insbesondere der Forschung: ...

Joachim Treusch

1940 in Dortmund geboren
1965 Promotion in Physik nach Studium in Berlin und Marburg
1969 Habilitation in Marburg
1970 Professur an der Universität Frankfurt
1971 Lehrstuhl für theoretische Physik an der Universität Dortmund
1984–86 Präsident der Deutschen Physikalischen Gesellschaft
1987 Vorstandsmitglied der Kernforschungsanlage Jülich
seit 1990 Vorstandsvorsitzender des Forschungszentrums Jülich
1993–97 Vorsitzender der Hermann von Helmholtz-Gemeinschaft Deutscher Forschungszentren
1995–96 Präsident der Gesellschaft Deutscher Naturforscher und Ärzte

... *Neugier und die Fähigkeit des Staunens*

Er wunderte sich, dass den Katzen gerade an der Stelle zwei Löcher in den Pelz geschnitten wären, wo sie die Augen hätten.

Georg Christoph Lichtenberg (1742–1799)

... *nüchterne Urteilskraft*

Dass in den Kirchen gepredigt wird, macht deswegen die Blitzableiter auf ihnen nicht unnötig.

Georg Christoph Lichtenberg

... *Liebe zur Wissenschaft*

Wenn ich die Genealogie der Dame Wissenschaft recht kenne, so ist die Unwissenheit ihre ältere Schwester, und ist denn das etwas so Himmelschreiendes, die ältere Schwester zu nehmen, wenn einem die jüngere auch zu Befehl steht? Von allen denen, die sie gekannt haben, habe ich gehört, dass die ältere ihre eigenen Reize habe, dass sie ein fettes gutes Mädchen sei, die eben deswegen, weil sie mehr schläft als wacht, eine vortreffliche Gattin abgibt.

Georg Christoph Lichtenberg

... *Mut zur Anwendung*

»Das Wissen allein ist aber nicht der Zweck des Menschen auf der Erde. Obgleich die Wissenschaften die feinsten Kräfte des menschlichen Gehirns erwecken und ausbilden, so wird doch derjenige keine rechte Ausfüllung seines Daseins auf Erden finden, welcher nur studiert, um zu wissen. [...] Nur das Handeln gibt dem Manne ein würdiges Dasein; also entweder die praktische Anwendung des Gewussten oder die Vermehrung der Wissenschaft selbst muss sein Ziel sein. Denn auch das Letztere ist ein Handeln für den Fortschritt der Menschheit«.

Hermann von Helmholtz (1821–1894)

... *Mut zur Geduld*

Es gibt kein größeres Hindernis des Fortgangs in den Wissenschaften, als das Verlangen, den Erfolg davon zu früh verspüren zu wollen. Dieses ist munteren Charakteren sehr eigen; darum leisten sie auch selten viel.

Georg Christoph Lichtenberg

... *Mut zum Wandel*

Das Wiedersehen

Ein Mann, der Herrn K. lange nicht gesehen hatte, begrüßte ihn mit den Worten: »Sie haben sich gar nicht verändert.«
»Oh!«, sagte Herr K. und erbleichte.

Bertolt Brecht (1898–1956)

... *Mut zur Autonomie*

[Herr Keuner und die Flut]

Herr Keuner ging durch ein Tal, als er plötzlich bemerkte, dass seine Füße in Wasser gingen. Da erkannte er, dass sein Tal in Wirklichkeit ein Meeresarm war und dass die Zeit der Flut herannahte. Er blieb sofort stehen, um sich nach einem Kahn umzusehen, und solange er auf einen Kahn hoffte, blieb er stehen. Als aber kein Kahn in Sicht kam, gab er diese Hoffnung auf und hoffte, dass das Wasser nicht mehr steigen möchte. Erst als ihm das Wasser bis ans Knie ging, gab er auch diese Hoffnung auf und schwamm. Er hatte erkannt, dass er selber ein Kahn war.

Bertolt Brecht

... Kraft zur Transparenz

Zäzilie soll die Fenster putzen,
sich selbst zum Gram, jedoch dem
Haus zum Nutzen.
Durch meine Fenster muss man,
spricht die Frau,
so durchsehn können, dass man nicht
genau
erkennen kann, ob dieser Fenster Glas
Glas oder bloße Luft ist. Merk dir das.
Zäzilie ringt mit allen Menschen-
Waffen ...
Doch Ähnlichkeit mit Luft ist nicht zu
schaffen.
Zuletzt ermannt sie sich mit einem
Schrei –
und schlägt die Fenster allesamt
entzwei!
Dann säubert sie die Rahmen von den
Resten,
und ohne Zweifel ist es so am besten.
Sogar die Dame spricht zunächst
verdutzt:
So hat Zäzilie ja noch nie geputzt.
Doch alsobald ersieht man, was
geschehn,
und sagt einstimmig: Diese Magd
muss gehn.

Christian Morgenstern (1871–1914)

... gute Ratgeber

Seltsamer Spazierritt

Ein Mann reitet auf seinem Esel nach Hause und lässt seinen Buben zu Fuß nebenher laufen. Kommt ein Wanderer und sagt: »Das ist nicht recht, Vater, dass Ihr reitet und lasst Euren Sohn laufen; Ihr habt stärkere Glieder.« Da stieg der Vater vom Esel herab und ließ den Sohn reiten. Kommt wieder ein Wandersmann und sagt: »Das ist nicht recht, Bursche, dass Du reitest und lässest deinen Vater zu Fuß gehen. Du hast jüngere Beine.«
Da saßen beide auf und ritten eine Strecke. Kommt ein dritter Wandersmann und sagt: »Was ist das für ein Unverstand: zwei Kerle auf einem schwachen Tier; sollte man nicht einen Stock nehmen und euch beide hinabjagen?« Da stiegen beide ab und gingen selbdritt zu Fuß, rechts und links der Vater und Sohn, und in der Mitte der Esel. Kommt ein vierter Wandersmann und sagt: »Ihr seid drei kuriose Gestalten. Ists nicht genug, wenn zwei zu Fuß gehen? Gehts nicht leichter, wenn einer von euch reitet?« Da band der Vater dem Esel die vorderen Beine zusammen, und der Sohn band ihm die hinteren Beine zusammen, sie zogen einen starken Baumpfahl durch, der an der Straße stand, und trugen den Esel auf der Achsel heim.
So weit kanns kommen, wenn man es allen Leuten will recht machen.

Johann Peter Hebel (1760–1826)

... kluge Geldgeber

Man lacht, und mit Recht, über den Versuch jenes Menschen, der seinem Pferde das Fressen abgewöhnen wollte. Es starb aber – leider! – grade an dem Tage, da die größte Hoffnung war, ihm die Kunst endlich beizubringen.

Georg Christoph Lichtenberg

... interessierte Partner

Der Sperling und das Känguru

In seinem Zaun das Känguru –
es hockt und guckt dem Sperling zu.
Der Sperling sitzt auf dem Gebäude –
doch ohne sonderliche Freude.
Vielmehr, er fühlt, den Kopf geduckt,
wie ihn das Känguru beguckt.
Der Sperling sträubt den Federflaus –
die Sache ist auch gar zu kraus.
Ihm ist, als ob er kaum noch säße ...
Wenn nun das Känguru ihn fräße?!
Doch dieses dreht nach einer Stunde
den Kopf, aus irgendeinem Grunde,
vielleicht auch ohne tiefern Sinn,
nach einer andern Richtung hin.

Christian Morgenstern

... weise Politiker

Das Geschenk der Feen

Zu der Wiege eines jungen Prinzen, der in der Folge einer der größten Regenten seines Landes ward, traten zwei wohltätige Feen.
Ich schenke diesem meinem Liebling, sagte die eine, den scharfsichtigen Blick des Adlers, dem in seinem weiten Reiche auch die kleinste Mücke nicht entgeht.
Das Geschenk ist schön, unterbrach sie die zweite Fee. Der Prinz wird ein einsichtsvoller Monarch werden. Aber der Adler besitzt nicht allein Scharfsichtigkeit, die kleinsten Mücken zu bemerken; er besitzt auch die edle Verachtung, ihnen nicht nachzujagen. Und diese nehme der Prinz von mir zum Geschenk!
Ich danke dir, Schwester, für diese weise Einschränkung, versetzte die erste Fee. Es ist wahr; viele würden weit größere Könige gewesen sein, wenn sie sich weniger mit ihrem durchdringenden Verstande bis zu den kleinsten Angelegenheiten hätten erniedrigen wollen.

Gotthold Ephraim Lessing (1729–1781)

... und schließlich den Willen, eine lebenswerte Zukunft dieser zerrissenen Welt aktiv mitzugestalten.

wirklich schön

einfachheit macht das komplizierte
schön, who knows
kompliziertheit macht das einfache
schön, who knows
einfach kompliziert sein ist vielleicht
weniger schön
einfach einfach sein ist vielleicht auch
nicht so schön
vielleicht verlangt das komplizierte
nach einer einfachen darstellung, um
schön zu sein
so wie vielleicht das einfache, um schön
zu sein
nach einer komplizierten darstellung
verlangt
jedenfalls haben manche das einfache
lieber
als das komplizierte
und andere das komplizierte
lieber als das einfache
wenn dann das einfache das kompli-
zierte ist
haben die die das einfache lieber haben
das komplizierte lieber
und wenn das komplizierte das einfache
ist
haben die die das komplizierte lieber
haben das einfache lieber
so haben vielleicht alle alles gern, aber
keinesfalls
sollte einer den anderen wegen seiner
vorliebe schelten,
sondern ihn gelten lassen
und sich selber auch, das allein
wäre dann erst wirklich schön.

Ernst Jandl (geb. 1925)

Friedrich Schorlemmer

Eine Deutschland-vision 2000: Übernahme oder Befreiung?

Friedrich Schorlemmer unterstützte aktiv die Bewegung »Schwerter zu Pflugscharen« und die Herausbildung der Bürgerbewegung in der DDR. Seit dem »Kopfüber in die Ordnung der Bundesrepublik« setzt er sich für Nachdenklichkeit von Ost- und Westdeutschen im Umgang miteinander und für die Einbindung der Rollenfindung des neuen Deutschland in den Gesamtprozess der europäischen Einigung ein. ⇒4779

Friedrich Schorlemmer

16.5.1944 in Wittenberge/Elbe als Pfarrerssohn geboren
Seit dem 14. Lebensjahr von der Stasi bespitzelt; vom Abitur ausgeschlossen
1962 Wehrdienstverweigerung, Abitur an einer Volkshochschule nachgeholt
1962–67 Studium der evangelischen Theologie in Halle, **1970** als Pfarrer ordiniert
1971–78 Studentenpfarrer in Merseburg
1978 Dozent am Predigerseminar sowie Prediger an der Schlosskirche zu Wittenberg
seit etwa 1980 Unterstützung der Bewegung »Schwerter zu Pflugscharen«
1989 Mitbegründer des »Demokratischen Aufbruchs«; Auszeichnung mit der Carl-von-Ossietzky-Medaille der Internationalen Liga für Menschenrechte (zusammen mit Antje Vollmer)
1990 Wechsel zur SPD
seit 1992 theologischer Studienleiter der Evangelischen Akademie Sachsen-Anhalt in Wittenberg
1993 Friedenspreis des Deutschen Buchhandels

Die letztlich unerwartet gekommene Einheit Deutschlands wurde zu wenig als Chance zur Reform des nun neu vereinten Deutschland genutzt, sondern sie wurde zur puren Bestätigung der behäbig gewordenen Bundesrepublik, die in der zusammengebrochenen DDR ihren kurzzeitigen »Jungbrunnen« fand. Erinnerung tut Not: Vierzig Jahre Trennung sind als Folge des von Deutschland ausgegangenen Weltkrieges und der Selbstüberhebung der Deutschen zu begreifen. Die unterschiedlichen Wege, die die Deutschen gingen, gingen sie unter dem Kuratell der Siegermächte. Die Visionen des neu vereinten Deutschland werden sich nur dann erfüllen, wenn die Deutschen selbst sich der reichen Traditionen ihrer Geschichte erinnern, sie pflegen und weiterentwickeln. Deutschland, das sind nicht nur die DDR und die Bundesrepublik von 1945 bis 1990: Das sind deutsche Geschichte und Kultur, die die Menschen auch während der Trennung geprägt haben. Aber dieses Deutschland trägt ebenso die Last der Verbrechen von Hitler, Goebbels und Eichmann. Es bleibt die Frage nach der bleibenden Verantwortungsgemeinschaft aller Deutschen. Nur wenn wir uns redlich erinnern und die nachwirkende Schuld nicht verdrängen, werden wir auch Visionen finden, die uns tragen.

Das Grundgesetz der Bundesrepublik Deutschland hatte im Art. 146 das Provisorium der Bundesrepublik beschrieben. Die Ordnung der Bundesrepublik Deutschland war für eine im Falle der Vereinigung vom ganzen deutschen Volk zu ver-

Zu einem neuen Deutschland würde es gut passen, wenn wir den schwarzen Bundesadler ins Museum für deutsche Geschichte trügen und auf unserer schwarz-rot-goldenen Fahne in Großformat auf einem Linnentuch das Symbol **»Schwerter zu Pflugscharen«** erschiene. ⊡4779

abschiedende Verfassung offen gehalten worden. Dieser Auftrag blieb infolge der Schnelligkeit der Vereinigung und der puren Selbstbestätigung des Systems Bundesrepublik – bis auf kleinere Korrekturen – unerfüllt. Parlamentarische Mehrheiten »erledigten« das. Dies ist ein lang wirkender Schaden für unsere Demokratie geworden. Auch der Versuch, eine gemeinsame neue Hymne zu finden, wurde durch ein Machtwort von Bundespräsident und Kanzler erledigt. Die brechtsche Kinderhymne zu dieser neuen Hymne zu wählen, und zwar mit haydnscher Melodie, blieb ein letztes Signal aus dem Osten. Man wollte damit die neue Qualität eines vereinigten Deutschland ausdrücken. Vergeblich.

Genauso blieb man völlig stumm gegenüber den Vorschlägen vieler Ostdeutscher, den 9. Oktober zum Tag der deutschen Einheit zu erklären. Stattdessen ging der Streit um den belasteten wie ambivalenten 9. November, bis man schließlich zu dem formalen Datum 3. Oktober kam, das emotional kaum etwas bedeutet. Ein Volk braucht jedoch emotional besetzte Daten, deren es sich ohne Scham erinnern kann. Mit dem 9. Oktober wäre an den gewaltlosen Aufbruch der gebückten und geduckten Menschen nach 40 Jahren SED-Alleinherrschaft in die Freiheit erinnert worden. Dieser Aufbruch war völlig frei von nationalistischen, chauvinistischen oder selbstüberhebenden Tendenzen und Tönen gewesen. Die lange gefügig gemachten Menschen waren plötzlich bereit, ihr Geschick in die eigene Hand zu nehmen und dabei auch ihr Leben zu riskieren, ohne das Leben anderer zu gefährden. Der Anschluss an die Bundesrepublik war fortan vor allem ökonomisch bedingt. In der DDR wurde alles anders; die Bundesrepublik hingegen blieb zunächst, wie sie gewesen war.

Welche Zukunftsbilder wären für ein geeintes Deutschland tauglich? In der Kinderhymne Bertolt Brechts stecken realutopische und visionäre Inhalte eines so selbstbewussten wie bescheidenen Deutschland. Brechts Zeilen fordern dazu heraus, politisch das Zusammenwachsen zu reflektieren und nicht in überkommenen Klischees oder gar Feindbildern zu beharren. Wo sonst Stolz, Kraft, Siegesdaten, überhaupt das

Kinderhymne
von
Bertolt Brecht

Anmut sparet nicht noch Mühe,
Leidenschaft nicht noch Verstand,
dass ein gutes Deutschland blühe
wie ein andres gutes Land.

Dass die Völker nicht erbleichen
wie vor einer Räuberin,
sondern ihre Hände reichen
uns wie andern Völkern hin.

Und nicht über und nicht unter
andern Völkern wolln wir sein
von der See bis zu den Alpen,
von der Oder bis zum Rhein.
Und weil wir dies Land verbessern,
lieben und beschirmen wirs.
Und das liebste mags uns scheinen,
so wie andern Völkern ihrs.

Pathetisch-Heldische in den Hymnen der Nationen dominiert, spricht Brecht von Anmut und Mühe, die man nicht sparen möge. Er verzichtet auf jegliche nationale Überhebung. Leichtigkeit und Anstrengung zugleich können dieses große Land in der Mitte Europas ausstrahlungsfähig wie anziehend machen. Diese schlichten Zeilen nehmen das Erbe des Lernens auf, erneuern keinen Siegermythos, sondern enthalten die Erinnerung an eine Niederlage – zusammen mit einem Zukunftsversprechen. Die Hoffnung, dass das eigene erblühe, wird mit der Hoffnung für das Blühen auch der anderen Länder verbunden. Brecht geht von der Verbesserungsbedürftigkeit und -fähigkeit des Landes aus, von einer Liebe zum eigenen Land, die das Beschirmen dessen, was zum Menschen gehört, einschließt. Das Besondere des eigenen Landes wird so geschätzt wie das Besondere des Lebens in anderen Ländern. Das wäre eine Nationalhymne, die das Internationale einschließt! Diese Zeilen trennen sich von allem, was für Selbstüberhebung ausnutzbar oder missbrauchbar wäre. Sie stellt weder den kalten Verstand noch die heiße Leidenschaft in den Mittelpunkt, sondern leidenschaftlichen Verstand und verstandesgeleitete Leidenschaft. Wenn wir Deutschen uns darauf einigen könnten, die brechtsche Kinderhymne mit wachem Verstand und ganzem Herzen zu der unseren zu machen, hätte aller deutschnationalistische Spuk ein Ende und wir würden nicht nur »von oben« ein europäisches Land in der Mitte Europas, sondern aus dem innersten Entschlusse seiner Bürger, die anderen Völkern ihre Hände reichen, wie sie uns ihre Hände reichen. Zeilen, die positiv beschreiben, was Freundschaft heißen kann und was Hilfe bedeutet. Weder Herren noch Knechte sein wollen, wird nur in der liberalen Demokratie gelingen können.

⇒4779

Die Liebe ist an die Freiheit gebunden. Anmut lässt sich nicht befehlen. Wo man sie hat, entfaltet sie sich. Eine Hymne kann zum Kristallisationspunkt dafür werden, dass die Bürger eines Landes sich ihre Geschichte aneignen, indem sie auch ihre Gefährdungen, ihre Versuchung und ihr Versagen eingestehen. Erfüllte und enttäuschte Hoffnungen, zerbrochene Illusionen und folgenreiche Täuschungen kann man leichter anerkennen, wenn man die Zuversicht hat, dass das ganze Land erneut zum Blühen gebracht werden kann, ohne das Gras des Vergessens über den Gräbern wachsen zu lassen. »... dass ein gutes Deutschland blühe«, meint mehr als »blühende Landschaften«; es meint politisch ein blühendes Gemeinwesen, es schließt das Aufblühen von Kultur und Natur ein, das der wirtschaftlichen Blüte gerade nicht widerspricht. Die Kulturnation Deutschland bleibt auf diese Weise

Das **zivile Deutschland** bewähre sich in der Weltgemeinschaft als eine politische und ökonomische Kraft, die mit Fantasie, Kompetenz und Entschlossenheit hilft, dass überall Frieden, Brot und Freiheit das Leben bestimmen. ⇒4779

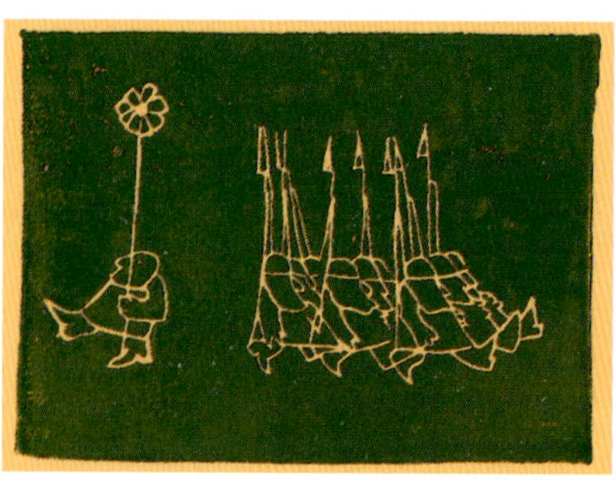

eine Verantwortungsgemeinschaft. Sie ist ein kulturgeschichtliches Kleinod, wenn Stätten der Geschichte mehr als touristische Attraktionen sind, wenn sie sich als Lebensorte präsentieren. Die Literatur und die Kunst überhaupt gehören zu dem Reichtum eines Landes, den es zu beschirmen, zu bewahren und weiterzuführen lohnt. In der Kunst beider Länder und aus Deutschlands Geschichte ist die Fülle der Reflexionen und Visionen aufzuheben, die die historischen Grenzen wie das Uneinigsein überschreiten.

Und schließlich haben wir Deutschen diese wunderbare Muttersprache, die genauso der einfühlsamen Pflege bedarf, wie sie unermüdlich unterwegs bleibt zum anderen. »Sprache / abgehetzt / mit dem müden Mund / auf dem endlosen Weg / zum Hause des Nachbarn.« Dies schrieb Johannes Bobrowski. Unterwegs zum unmittelbaren Hausnachbarn, zum Wohnungsnachbarn und zum Nachbarn, der weit von mir weg wohnt oder gar eine andere Sprache spricht, aus einer anderen Geschichte kommt. Und auch ihm ist zu helfen, dass ihm in seinem Mutterlande Leben so möglich bleibt, dass er es lieben kann.

Meine Vision des vereinigten Deutschland ist es, dass wir gute Gastgeber für Bedrängte und Verjagte bleiben und dem Obdachlosen ein Haus, dem Hungernden Brot und Kleidung anbieten und den Verfolgten einen Raum der Freiheit erleben lassen. Ein Deutschland, das der Ausländerfeindlichkeit weiter Raum ließe, würde sich schließlich selber wieder in den Ruin treiben. Ohne sozialpolitische Katastrophen und ohne einen neuen Großfeldversuch hat das vereinigte Deutschland seinen Weg in Freiheit und Solidarität zu suchen. Es muss nicht alles wegwerfen, was an Solidarität ohne Freiheit in der DDR gewachsen war, und wird das überwinden können, was an Freiheit ohne Solidarität in der BRD, an Verwerfungen produziert wurde und wird. Wo wir Deutschen uns selbst vertrauen, so wachsam wie gelassen, so selbstbewusst wie bescheiden bleiben, habe ich keine Sorge um unser vielfältiges Deutschland in einem füreinander aufgeschlossenen Europa. Schließlich: Hatte Deutschland in unserem Jahrhundert einen herausgehobenen Namen durch die angezettelten Weltkriege, so kann es im kommenden Jahrtausend einen Namen bekommen durch angenommene Weltverantwortung, einbringend die Begabungen seiner Menschen in das Konzert der Vereinten Nationen.

Wir Deutschen können und wir wollen nicht mehr **allein in dieser Welt** leben, aber wir können unseren Reichtum auch nicht mehr erhalten, wenn andere weiter in Armut fallen.

⊡→4779

Jean-Christophe Ammann

Museum der Zukunft – Musentempel oder Marktplatz?

Jean-Christophe Ammann ist Leiter des Museums für Moderne Kunst in Frankfurt am Main. Sein Interesse als Museumsleiter und Ausstellungskurator gilt besonders der Vermittlung zeitgenössischer Kunst, die sein Haus in häufigem »Szenenwechsel« präsentiert. 1995 veröffentlichte er die Dokumentation eines Symposiums zur Kulturfinanzierung. [→5173

Jean-Christophe Ammann

1939 in Berlin geboren
1966 Abschluss des Studiums der Kunstgeschichte, christlichen Archäologie und deutschen Literatur an der Universität Fribourg (Schweiz) mit der Promotion über Louis Moillet
1967/68 Assistent an der Kunsthalle Bern und kunstkritische Tätigkeit
1968–77 Leiter des Kunstmuseums Luzern
1972 Mitorganisator der documenta 5 in Kassel
1978–88 Leiter der Kunsthalle Basel
seit 1989 Leiter des Museums für Moderne Kunst, Frankfurt am Main
seit 1992 Lehrbeauftragter der Universitäten Frankfurt am Main und Gießen
1995 Kommissar des Deutschen Pavillons der Biennale Venedig

Kunst & Kommerz

Die Rezession in den frühen 90er-Jahren, die Öffnung der Grenzen für den freien Kapitalfluss, sprich: Globalisierung, führte vielerorts zu einem Kollaps der Kommunen. Die Wirtschaft überrollte zusehends die Politik. Damit begann der Kampf um die bisher so großzügig staatlich geförderte Kultur, denn der »Sparschock für die Städte« (so der Pforzheimer Oberbürgermeister Joachim Becker 1993) musste sich unweigerlich als Erstes in den Kulturetats auswirken. Das Sponsoring trat ins Zentrum der Diskussion. Erst 1997 wurden bundesweit Kultur- und Sportsponsoring gleichgesetzt. Vorher konnte ein Finanzamt selbstherrlich die Verbindung eines Produktes bzw. seines Herstellers mit einer kulturellen Institution als relevant oder irrelevant für Letztere beurteilen. Im Fall der Irrelevanz wurde auf die Spende verwiesen. Sponsoring jedoch beruht auf einer Gegenleistung des Gesponserten und kann vonseiten des Sponsors als Betriebsausgabe abgeschrieben werden. Ein Spender muss sich nicht »outen«, er kann, im Gegensatz zum Sponsor, ungenannt bleiben. Das ist das Spannende an »Kunst und Kommerz«, weil das Unternehmen öffentlich für etwas einsteht. Natürlich stellt sich sofort die Frage nach der Einflussnahme. Sie ist leicht zu beantworten: In der Palette von eigenen Vorstellungen und Vorschlägen wird sich das Unternehmen entscheiden, ohne jegliche Einflussnahme, denn proportional zur Einflussnahme verringert sich die Vermittlungsintensität

des Gesponserten. Daran kann einem Unternehmen nicht gelegen sein. Mit anderen Worten: Es ist einfach, bei vorhandenen Mitteln eine Ausstellung von Picasso, Matisse, Magritte oder Schiele zu sponsern, weil diese Künstler heute allgemein akzeptiert sind. Im Fall der Künstlerförderung jedoch, die sehr viel weniger Mittel beansprucht, will ein Unternehmen sich der Kreativität in der Gegenwart öffnen.
Berührungsängste sind stets eine Form des Selbstschutzes. Sie sind kontraproduktiv. Deshalb befürworte ich das Modell der Public-private-Partnership. Wenn heute ein neues Museum geplant wird, stellt sich diese Frage von selbst. Es hängt von der Intelligenz der Planung ab, einen Bau so zu gestalten, dass der kommerziell genutzte Teil in keiner Weise mit dem Museum kollidiert, weder in der Erscheinungsqualität noch in der ausstellungsspezifischen Charakteristik. Die Mieten aus dem kommerziell genutzten Teil tragen dazu bei, die Betriebskosten des Museums zu senken. Voraussetzung für eine effiziente Betriebsführung ist allerdings die Aufhebung des kameralistischen Systems. Die Rede ist von einer alles verschlingenden Stadt- oder Staatskasse, die das Sparen deshalb obsolet macht, weil jeder am Ende des Jahres die noch zur Verfügung stehenden Gelder ausgeben wird. Damit im Zusammenhang steht auch die Notwendigkeit der Kompatibilität von Haushaltsposten. Für den Außenstehenden mag dies unverständlich klingen, weil ihm die Rigidität einer staatlichen oder städtischen Haushaltsbürokratie nicht einsichtig ist. Alle Einnahmen kommunaler oder landeseigener Museen müssen von Jahr zu Jahr übertragen werden können und dürfen nicht durch Verringerung oder gar Streichung von Ausstellungs- und Ankaufsetats bestraft werden.
Eines ist sicher: Die unerbittlichen Sparmaßnahmen haben die Museen gezwungen, sich zu öffnen. Ist eine Dinnerparty gegen Entgelt im schönsten Saal des Museums etwas Despektierliches? Natürlich soll diese im Zusammenhang mit einer Führung geschehen, damit die Gäste wissen, dass die Werke, die sie umgeben, Teil der abendlichen Tischgesellschaft sind. Meint ein Sponsor, er müsse auch noch in der Ausstellung selbst präsent sein, irrt er sich, denn seine plakative Präsenz wird unvermeidlich zum Bumerang. Dass Ausstellungen berühmter Künstler als »touristische Attraktion« verkauft werden, stört mich überhaupt nicht, denn die Menschen entdecken die Kunst dieses oder eines vergangenen Jahrhunderts in einer Weise, wie dies vorher noch nie zu beobachten war. Mehrheitlich haben wir das Staunen verlernt. Wir staunen im Fernsehen ob dem »Tor des Monats«, aber ich habe noch nie so viele staunende Menschen gesehen

Eingangshalle des **Museums für Moderne Kunst,** Frankfurt am Main 5172

Die unerbittlichen Sparmaßnahmen haben die Museen gezwungen, sich zu öffnen. Ich befürworte das Modell der Public-private-Partnership.

Museum mit Schlagsahne: **»moha«-Aktion** an der Außenfassade des Museums für Moderne Kunst in Frankfurt am Main ⇨5171

Dass Unternehmen Kunst in ihre Häuser integrieren, spricht für die Unternehmer und nicht gegen die Kunst.

wie in Ausstellungen anerkannter Meister. Manchmal gehe ich durch solche Ausstellungen nur, um mir die Gesichter anzuschauen.

Umgekehrt sieht man in Ausstellungen von Gegenwartskunst oft ratlose, manchmal auch verärgerte Gesichter. Halten wir fest: Jede Kunst war zu jeder Zeit ihres Entstehens erklärungsbedürftig. Dass es Museen für Gegenwartskunst gibt, ist eine Erfindung der letzten 20 Jahre. Eine in der Tat großartige Erfindung, denn weshalb soll ich viele Jahrzehnte warten, um die Produkte eines einstmals jungen oder jüngeren Künstlers als herausragend beurteilen zu können? Der Erklärungsbedarf von Gegenwartskunst kann nur durch Vermittlung kompensiert werden. Deshalb machen wir in unserem Museum über 1000 Führungen im Jahr. Die Menschen wollen die Gegenwartskunst kennen lernen, weil sie bestrebt sind, sich Erkenntnisse über das Denken von Gegenwart im Sinne des Schaffens von Welt anzueignen. Künstler vermitteln Sicht- und Denkschneisen im Sinne von Modellen, die nicht 1:1 übertragbar sind, deren Erkenntnisse aber sehr wohl extrapoliert werden können.

Im Kontext der Forderung nach Innovation sind alle angesprochen. Insofern sind Kunst und Wirtschaft keine feindlichen Lager. Es ist jedoch unumgänglich, Aufgabenbereiche deutlich voneinander zu trennen. Dass Unternehmen Kunst in ihre Häuser integrieren, spricht für die Unternehmer und nicht gegen die Kunst. Oft hört man, dass die Werke damit der Öffentlichkeit entzogen würden. Ich bin anderer Meinung, denn die vielen Mitarbeiter werden in den Prozess der Meinungsbildung einbezogen. Sie, die vielleicht nie ein Museum der Gegenwartskunst besucht haben, verspüren die Neugier, mehr darüber zu erfahren. Führungen im eigenen Hause, gemeinsame Besuche mit Führungen in Museen fördern die Bereitschaft, sich dem Fremden, Unbekannten zu nähern. Kommerzialisierung ereignet sich dann, wenn sich die Kunst missbrauchen lässt.

Die Kunst ist so alt wie der denkende Mensch. Sie ist dem Menschen eigen. Unter diesem Gesichtspunkt ist die Kontaminierung von Kunst durch Medien und der Medien durch die Kunst ein Phänomen der Ästhetisierung unserer Gesellschaft. Ich würde sagen: ein Oberflächenphänomen, das weder die Kunst noch den Künstler in seinem Kernbereich auch nur annähernd infrage stellt. Dass eine junge Künstlergeneration, die mit den Medien aufgewachsen ist, diese auch als bildnerische Sprache einsetzt, versteht sich von selbst. Jedoch muss das Emphatische, das die so genannten neuen Medien auf ihrem Siegeskurs begleitet, auf Inhaltlichkeit überprüft werden. Da zeigt sich vielerorts Dürftigkeit, die durchaus verständlich ist, weil der technische und zeitliche Aufwand enorm ist und die inhärenten Möglichkeiten zuerst einmal erforscht werden müssen. Dennoch ergeben sich gerade hier Schnittstellen zwischen Kunst und Werbung, weil die Werbung Bilder schafft, die sich mit Bildern im künstlerischen Bereich überschneiden können (und umgekehrt).

Einen eklatanten Fall von Kunst und Werbung hat Oliviero Toscani für Benetton geschaffen, als er gezielt Reportagefotografien mit dem grünweißen Logo »United Colors of Benetton« versah. Aus meiner Sicht wurden diese gigantischen Plakate in Deutschland völlig zu Unrecht verboten. Wir haben im Museum für Moderne Kunst in Frankfurt diese Plakate in drei über sechs Monate dauernden Perioden im Leseraum von Siah Armajani im Sinne eines »anschaulichen Lesematerials« gezeigt. Toscani hat mit diesen Plakaten Geschichte geschrieben. Durch die intelligente Auswahl der Motive (Kriege, Katastrophen, Krankheiten, Ausgegrenzte, Flüchtlinge, Armut) hat er auf etwas für uns alle Verbindliches, Existenzielles hingewiesen. Dass dies, quer durch die Kontinente, über eine global agierende Bekleidungsfirma geschah, fanden viele Menschen abstoßend. Jedoch haben sie offensichtlich die Allgegenwart der uns täglich konditionierenden Werbung verdrängt. Sie konnten die unerhörte Stärke der Bilder nur als Ausdruck einer zynischen Instrumentalisierung empfinden. Da keine Zeitung, kein Fernsehkanal ohne Werbung existieren kann, hat Toscani schlicht und einfach Bild und Firmenlogo kurzgeschlossen, hat uns deutlich gemacht, dass wir ohne Werbung die täglichen Nachrichten und Hiobsbotschaften aus nahen und fernen Ländern gar nicht zur Kenntnis nehmen könnten. Das Benetton-Logo steht stellvertretend für Werbung überhaupt. Toscani wollte den Stellenwert von Werbung in unserer heutigen Gesellschaft dramatisch über herausragende Bilder deutlich machen.

Benetton-Werbung »Flut«: Die Verbindung spektakulärer Fotografien von Kriegen und Katastrophen mit dem Benetton-Logo hat weltweit Aufmerksamkeit erregt sowie dem Bekleidungsunternehmen deutliche Kritik zuteil werden lassen. Das Museum für Moderne Kunst in Frankfurt zeigte die Plakate mehrere Monate lang. ⇒5180

»Kunst und Kommerz« ist ein Gerücht, von den Auswüchsen abgesehen. Wer immer nur die Auswüchse sieht, lamentiert über das halb leere Glas Wasser. Ich denke, wir sollten über das halb volle reden. Und noch etwas: Die Auswüchse gehen auf das Konto von Dummheit und Inkompetenz. Die Erfolge zeugen von gegenseitigem Respekt, von Sensibilität und Intuition des mündigen Menschen, wo auch immer er sich hingezogen fühlt.

Micha Brumlik

Wie wird das künftige deutsche Judentum aussehen?

Micha Brumlik, Mitglied der jüdischen Gemeinde in Frankfurt am Main, beschäftigt sich in vielen Buchpublikationen mit der Situation der Juden in Deutschland. Im Hochschulbereich sind seine Arbeitsgebiete Theorie sozialer Arbeit, Theorie abweichenden Verhaltens, Erziehungs- und Religionsphilosophie. ⇨5101

Nach dem Zweiten Weltkrieg ist in Deutschland, der Vernichtung und der Vertreibung zum Trotz, eine neue, eine neuartige jüdische Gemeinschaft entstanden.

Sie hat mit den in den Jahren 1933–1945 ermordeten und aus Deutschland vertriebenen Juden – die zu vier Fünfteln seit Jahrhunderten ansässige deutsche und zu einem Fünftel seit Beginn des Jahrhunderts eingewanderte osteuropäische Juden waren – nichts mehr oder nur wenig zu tun. Diese jüdische Gemeinschaft, die sich mehrheitlich nicht als eine Gemeinschaft deutscher Juden, sondern von Juden in Deutschland versteht, ist nicht die Erbin von Heinrich Heine und Max Liebermann, von Walter Benjamin und Samson Raphael Hirsch. Sie kann und will die Tradition der von Nationalsozialisten zerstörten »deutsch-jüdischen Symbiose«, sofern es sie denn jemals gab, nicht wieder beleben.

Die Gemeinschaften der Juden, die sich nach 1945 gründeten, bestanden in ihrer Mehrzahl aus Displaced Persons (DPs), aus osteuropäischen Überlebenden der nationalsozialistischen Vernichtungslager sowie wenigen zurückgekehrten deutschen Juden. Später kamen kleinere Gruppen von rumänischen, ungarischen, tschechoslowakischen, polnischen, iranischen und israelischen Juden hinzu, die nach Deutschland immigrierten. Mit dem Fall des Eisernen Vorhangs und dem Ende der Sowjetunion setzte eine neue Zuwanderung ein, die bis heute die Anzahl der in Deutschland lebenden Juden schon verdoppelt hat. Nimmt man die unbestätigten Zahlen von weiteren 130 000 bei den deutschen Konsulaten in

Micha Brumlik

1947 in Davos geboren. Abitur **1967** in Frankfurt am Main, **1968–73** Studium der Philosophie, Pädagogik, Psychologie und Soziologie in Jerusalem und Frankfurt am Main, Promotion **1977** im Fach Philosophie mit einer Arbeit über Kant. Nach Assistentenzeit in Göttingen und Mainz
1973–77 Erstprofessur für Erziehungswissenschaft in Hamburg,
seit 1981 Professor für Erziehungswissenschaft an der Universität Heidelberg.
Seit 1989 Stadtverordneter der Grünen in Frankfurt am Main. Mitherausgeber von »Babylon – Beiträge zur jüdischen Gegenwart«.

Russland gemeldeten Ausreisewilligen ernst und rechnet zudem eine stärkere Verjüngung und steigende Geburtenhäufigkeit in jüdischen Familien hoch, lässt sich ohne Übertreibung behaupten, dass die Anzahl der in Deutschland lebenden Juden nach der Jahrtausendwende mehr als 100 000 Menschen betragen wird.

Damit wird diese jüdische Gemeinschaft – klammert man Großbritannien aus – nach Frankreich die zweitgrößte in West- und Mitteleuropa sein. Damit wird die jüdische Minderheit in Deutschland immer noch zu den kleinsten Minderheiten gehören; im Vergleich etwa mit Muslimen oder ethnischen Minoritäten von Arbeitsimmigranten bleiben die Juden eine Quantité négligeable. In politisch-symbolischer Hinsicht dürfte sich das schon bisher bemerkbare Missverhältnis von quantitativer Bedeutungslosigkeit und symbolischer Funktion in sein Gegenteil verkehren.

Der vermeintliche Einfluss der jüdischen Minderheit nach dem Krieg war niemals ein Einfluss aus eigener Macht, sondern stets eine von den Regierungen konzertierte Chance, die je nach politischer Lage eingeschränkt werden konnte. Der von den Juden in Deutschland einhellig kritisierte Plan des Kanzlers Kohl, 1985 in Bitburg Gräber zu ehren, auf den auch SS-Runen standen, wurde ohne jede Rücksicht realisiert: ein drastischer Beweis für die reale Machtlosigkeit der in Deutschland lebenden Juden.

Daran wird eine quantitative Zunahme der sich pluralisierenden und ausdifferenzierenden jüdischen Gemeinschaft nichts ändern.

Folgende Trends lassen sich beobachten und einen vorsichtigen Ausblick auf die Formen des Judentums bis zur Mitte des nächsten Jahrhunderts wagen:

1. Entgegen allen Prognosen, dass sich jüdisches Leben auf wenige Großstädte beschränken wird, haben sich in den letzten Jahren zahlreiche neue Gemeinden in der Provinz gegründet bzw. sind ältere kleinere Gemeinden in ihrem Bestand zunächst gesichert. Neue Gemeinden sind entstanden, die sogar in einigen Fällen den alteingesessenen Institutionen Konkurrenz machen.

2. Keineswegs sind es aber nur junge Familien, die aus Russland einwandern, – und nicht alle, die einwandern, werden Mitglied in einer jüdischen Gemeinde – sondern auch auffällig viele Menschen, die am Ende ihrer Erwerbsbiografie stehen. Trotzdem sind die Einwanderer insgesamt in manchen Gemeinden deutlich jünger als der Durchschnitt der Alteingesessenen. Die jüdische Immigration aus Russland, sofern sie in den Gemeinden bleibt, wird also in den nächsten Jahren deren Antlitz stärker bestimmen.

Modell der neuen **Dresdener Synagoge.** Am 60. Jahrestag der Pogromnacht (9.11.1998) wurde im Rahmen eines Festakts der erste Spatenstich für die Synagoge ausgeführt, die auf dem Grundriss des alten jüdischen Gotteshauses von Gottfried Semper entsteht. ⇒160

Thoravorlesung anlässlich der **Bar-Mizwa-Feier** eines jungen Juden in der Synagoge ⇒160

In einer ganzen Reihe von Gemeinden haben sich im Sinne des US-amerikanischen Judentums konservative und reformbezogene Gottesdienstgruppen ausgebildet.

Gottesdienst in der rekonstruierten Synagoge der jüdischen Gemeinde in Leipzig ⇒160

3. Zweifellos haben acht Jahrzehnte bürokratischer und atheistischer Art das religiöse Bewusstsein und die religiösen Kenntnisse der russischen Juden verkümmern lassen. Die Judenfeindschaft der ehemaligen Sowjetunion hat das Selbstverständnis dieser Menschen als Juden sehr erschwert, zu dem nicht zuletzt die Festlegung einer jüdischen Nationalität gehörte, die – anders als die Halacha – nicht matrilinear, sondern patrilinear bestimmt war. Die Festlegung einer Nationalität, die nur mit Benachteiligungen verbunden war, führte bei nicht wenigen russischen Juden zu einem Gefühl des Stigmatisiertseins. Anders als die Nachkriegsgemeinschaft der Juden in Deutschland sind die russisch-jüdischen Einwanderer freilich weniger von der Erfahrung der Massenvernichtung geprägt und bringen Deutschland daher eine minder gebrochene Haltung entgegen.

4. Der geographischen Ausdifferenzierung und ethnischen Spaltung in den Gemeinden – »Russen« und »andere« – entspricht eine auf den Bevölkerungsdurchschnitt der Bundesrepublik bezogene immer deutlicher ausgeprägte Struktur des Bildungsstandes. Während die erste Generation aufgrund ihrer Herkunft und ob ihrer durch die Verfolgung zerstörten Biografien einen sehr niedrigen Bildungsstand aufwies, schlugen und schlagen immer mehr Kinder der zweiten und dritten Generation hochwertige akademische Bildungsgänge ein. Trotz aller Diskriminierung im Bildungswesen der ehemaligen Sowjetunion strengten sich deren jüdische Bürger beim Erwerb höherer und akademischer Abschlüsse besonders an – eine Motivation, die sie etwa im Unterschied zu deutschsprachigen Aussiedlern in Deutschland beibehalten.

5. Die höhere Bildung kommt Jungen und Mädchen zugute, was in Verbindung mit einer Entwicklung, die auf eine allgemeine Gleichstellung der Frauen drängt, eine Veränderung der traditionellen jüdischen Frauenrolle mit sich bringt.

6. Es wäre indes verfehlt, diese Entwicklungen allesamt der russischen Einwanderung zuzurechnen. Neben dieser hat es in den letzten zehn Jahren Zu- und Rückwanderungsbewegungen gegeben, die weitgehend unberücksichtigt blieben. Damit seien erstens die oft mit nicht jüdischen Partnern verheirateten in Deutschland lebenden vierzig bis fünfzig Jahre alten US-Amerikaner angesprochen, die ihr religiöses Leben meist im Rahmen der inzwischen weitgehend abgezogenen religiösen Institutionen der US-Armee führten. Damit seien Rückwandererfamilien deutsch-jüdischer Herkunft vor allem aus Israel und Lateinamerika erwähnt. Dabei bleiben noch unberücksichtigt israelische Juden nicht deutscher Herkunft, die aus Studien- oder kommerziellen Gründen in Deutschland bleiben, sowie einzelne Gruppen, etwa die in

Hamburg lebenden iranischen Juden. Damit ist drittens die zunehmend größere Zahl derer gemeint, die – obwohl formal »nur« von einem jüdischen Vater abstammend oder gar getauft – sich der jüdischen Vergangenheit ihrer Familien bewusst werden und sich auf den Weg einer Rückkehr begeben, d.h. unter Bezug auf die Vergangenheit ihrer Familie durch rabbinische Statusfeststellung oder Konversion förmlich zu Juden oder Jüdinnen werden.

7. Auch die Anzahl der Konversionswilligen, die aus rein existenziellen Gründen bzw. aus Liebe zu einem jüdischen Partner konvertieren möchten, scheint deutlich zuzunehmen. Hier verstärkt das Vorkommen eines akademisch gebildeten »judaisierenden Milieus« (M. Bodemann) die Konversionsbereitschaft Einzelner.

Diese Trends werden massive Auswirkungen auf das Institutionensystem und die religiöse Alltagskultur der hiesigen Gemeinschaft haben. In einer ganzen Reihe von Gemeinden haben sich im Sinne des US-amerikanischen Judentums konservative und reformbezogene Gottesdienstgruppen ausgebildet und damit das übernommen, was etwa in der jüdischen Gemeinde zu Berlin seit dem Neubeginn in den 40er-Jahren üblich war. Es konnte angesichts der beschriebenen Veränderungen nicht ausbleiben, dass zunehmend mehr Frauen die traditionell patriarchalische Struktur des jüdischen Kultus infrage stellten und – wie in den USA – auf eine egalitäre Beteiligung in den Gottesdiensten drängten. Immerhin amtiert in Braunschweig und Oldenburg seit einigen Jahren eine Rabbinerin. Damit hat unter dem Vorzeichen des Feminismus die in Deutschland gegründete Tradition des liberalen Judentums eine überraschende Fortsetzung und Renaissance gefunden. Zudem konnte nicht ausbleiben, dass der Wunsch nach einem Verständnis der Gebete und einer zeitgemäßen effektiven Erhebung im Gottesdienst sowohl zur Aufnahme einzelner auf Deutsch gesagter Gebete sowie zum Einsatz von Musikinstrumenten führten. Die jüdische Gemeinschaft der künftigen »Berliner Republik«, einer Einwanderungsgesellschaft, wird nicht mehr automatisch mit den Gemeinden und ihren Dachverbänden gleichgesetzt werden können.

Das künftige Judentum in Deutschland wird bunter, unübersichtlicher und damit in seiner Gesamtheit selbstbewusster sowie für politische Zwecke aller Art immer weniger nutzbar sein. Vom oftmals instrumentalisierten Symbol eines erneuerten Deutschland wandelt es sich zu einer kleinen, aber geschichtsbewussten und in sich vielfältigen Minderheit, von der noch ein erheblicher Beitrag zur Formung einer erneuerten, multikulturellen deutschen Nation zu erwarten ist.

Zunehmend mehr Frauen stellten die traditionell patriarchalische Struktur des jüdischen Kultus in Frage und drängten auf eine egalitäre Beteiligung in den Gottesdiensten.

Die in Deutschland gegründete Tradition des liberalen Judentums hat mit der Einsetzung einer **Rabbinerin** ihre Fortsetzung und Renaissance gefunden. ⇨5193

Erhard Eppler

Gibt es eine Wiederkehr der Politik?

Kurt Sontheimer schrieb 1996 über Erhard Eppler: »Sein politischer Lebenslauf ... gehört in die Geschichte der Bundesrepublik. Er repräsentiert eine andere, etwas abgewandte Seite dieser Geschichte, die nur am Rande zum Zuge kam, aber gleichwohl daran erinnert, dass das Verlangen nach dem Besseren, Menschlicheren und Wahrhaftigeren in der Geschichte der Bundesrepublik seinen berechtigten Platz findet.« ⇒4648

Erhard Eppler

9.12.1926 in Ulm geboren
1943–45 Kriegsdienst
1951 Abschluss des Studiums der Germanistik und der Geschichte mit Promotion
1953–61 Schuldienst
1961–76 Mitglied des Deutschen Bundestags
1968–74 Bundesminister für wirtschaftliche Zusammenarbeit
1970–92 Mitglied des Bundesvorstands der SPD
1973–89 Mitglied des SPD-Präsidiums (ausgenommen 1982–84)
1973–81 Landesvorsitzender der SPD in Baden-Württemberg
1973–92 Vorsitzender der Grundwertekommission der SPD
1976–82 Mitglied des Landtags in Baden-Württemberg
1976–80 Vorsitzender der SPD-Bundestagsfraktion
1981–83 und **1989–92** Präsident des Deutschen Evangelischen Kirchentags

Das ablaufende Jahrhundert hat totalitäre Herrschaft erlebt, gegenüber der sich die restaurierten Monarchien des 19. Jahrhunderts harmlos ausnehmen. Der fanatische Wille weniger, manchmal eines Einzigen, drang bis in die letzten Fugen der Gesellschaft ein und erdrückte schließlich auch alles, was Politik ausmacht: den Diskurs, den Streit zwischen gegensätzlichen Interessen und Wertungen, die herkömmlichen Prozeduren der Entscheidung. Im Kommunismus sollte sogar der Markt durch die Politik ersetzt werden. Das Politbüro entschied, was und wie viel für wen zu produzieren sei.

Kein Wunder, dass am Ende des 20. Jahrhunderts der Kurs der Politik an der Börse menschlicher Aktivitäten in dem Maße sinkt, wie die Aktienkurse steigen. Jetzt soll der Markt die Politik ersetzen. Politik ist gerade noch dazu gut, dem Markt Raum zu schaffen, Hemmnisse abzubauen, Regulierungen aufzuheben. Politik wickelt sich selbst ab, damit die Wirtschaft sich entfalten und vor allem wachsen kann. Was bleibt, sind emsige Leute in Parlamenten und Regierungen, die unentwegt damit beschäftigt sind, »Probleme« zu »lösen«, ohne darauf zu achten, dass ihre »Lösungen« anderswo immer neue »Probleme« schaffen.

Anders als im 19. Jahrhundert kommen heute Politiker mit ihren Reden und Gesten in die Wohnzimmer, und wer sich vor der Fernsehkamera souverän zu benehmen weiß, hat schon halb gewonnen. Aber was bewirken all die Akteure, deren Eitelkeit täglich durch einen Betrieb gesteigert wird, bei dem es mehr um das Scheinen als um das Sein, mehr um den Eindruck als um die Botschaft geht? Weil es meist sehr wenig ist, tut sich eine Kluft auf zwischen Wort und Tat, Theorie und Praxis, Reden und Handeln. Weil die Menschen diese Kluft bemerken oder doch erspüren, erwarten sie immer weniger von der Politik. Und je weniger sie erwarten, desto hinfälliger werden die Kräfte, die sich mit dem Zerbröseln der Politik nicht abfinden wollen.

Die Wissenschaft hat für all dies ihre Erklärungen. Unsere Gesellschaften seien eben »unübersichtlicher« geworden, zu unübersichtlich für klare Ziele, Richtungen und Entscheidungen. Sie haben sich in »Systeme« »ausdifferenziert«, von denen jedes, abgeschottet von allen anderen, sich nach eigenen Gesetzen entwickle, daher von außerhalb, auch von der Politik, nicht beeinflussbar sei. Und schließlich – und das lässt sich kaum bestreiten: Wenn das Kapital weltweit, global agieren, sich bewegen, sich vermehren, sich verflüchtigen kann, sind die Nationalstaaten ziemlich hilflos.

Viele beobachten das Versickern der Politik ohne Bedauern: War es nicht die Politik, die uns in Katastrophen geführt hat? War Politik nicht schon immer ein schmutziges Geschäft? Sind wir nicht umso glücklicher, je weniger sie uns behelligt? Mag sie absterben, die Zivilgesellschaft weiß sich schon selbst zu helfen.

Natürlich ist eine vitale Zivilgesellschaft auch politisch. Demokratie ist eine politische Veranstaltung. In der Demokratie soll durch Wahlen und Abstimmungen erreicht werden, dass nach den Wünschen und Wertungen der Mehrheit verfahren wird. Diese Wünsche und Wertungen sind ebenso politisch wie die Prozeduren, die ihnen Geltung verschaffen.

Nur: Was ist Politik? Politik, zumindest demokratische Politik, saugt ihre Kraft aus dem Willen von Menschen, so und nicht anders zu leben. In demokratischer Politik streiten Menschen, die notwendig verschieden werten, darüber, wie sie leben wollen und wie nicht. Wenn die meisten entschlossen

Viele beobachten das Versickern der Politik ohne Bedauern: War es nicht die Politik, die uns in die Katastrophen geführt hat?

Demokratie ist eine politische Veranstaltung.

»Sub-Politik«: Aktivisten von **Greenpeace** blockieren im Januar 1997 das umstrittene Kernkraftwerk Krümmel in Niedersachsen, um einen geplanten Atommülltransport in die britische Wiederaufbereitungsanlage Sellafield zu verhindern. ⇨160

»Sub-Politik«: Mitglieder von **Amnesty International** protestieren in Hamburg anlässlich des neunten Jahrestags der Niederschlagung der chinesischen Demokratiebewegung am 3. Juni 1998 gegen die weit verbreitete Verletzung der Menschenrechte. ⇒160

Bei Bürgerversammlungen, Plebisziten und **Kommunalwahlen** haben die Gemeindemitglieder die Möglichkeit, ihre Interessen nachdrücklich deutlich zu machen. Drei Sorbinnen in ihrer Tracht geben bei den Gemeindewahlen in Brandenburg ihre Stimmen ab. ⇒160

sind, niemals als rechtlose Staatsknechte zu leben, haben die Verfassungen einiges festgelegt, was immer und für alle gilt: die Bürgerrechte und die Verfahrensregeln, die dafür sorgen, dass niemand diese Rechte antasten kann. Aber sonst entscheidet die Mehrheit – oder der Kompromiss. Wenn die Frage, wie Menschen leben wollen – oder sollen – , aus dem Raum des Politischen auswandert, nur noch der Markt darüber entscheidet, läuft Politik leer. Es hat keinen Sinn, zwischen Parteien zu wählen, wenn keine von ihnen Einfluss darauf hat, wie wir leben werden. Demokratie ohne Politik gibt es nicht, jedenfalls nicht lange. Im Zweifel brechen Rechtsradikale in das politische Vakuum ein. Sie wissen sehr genau, wie wir zu leben haben, oft sogar, wer leben darf und wer nicht.

Wenn in der Politik zum Ausdruck kommt, wie Menschen leben und wie sie auf keinen Fall leben wollen, dann ist Politik nicht auszurotten. Wird sie an der einen Stelle ausgetrieben, schleicht sie sich an einer anderen wieder ein. Ulrich Beck hat auf die »Sub-Politik« verwiesen, die fernab von Parlamenten und Regierungen betrieben wird, von Greenpeace oder Amnesty International. Sie haben ganz unmittelbar damit zu tun, wie Menschen definitiv nicht leben wollen. Aber gerade die Aktivisten der Zivilgesellschaft wissen: Sie können Gesetzgebung und Regierung nicht ersetzen. Sie können ihnen Beine machen, sie in eine Richtung drängen, aber nicht an ihre Stelle treten. Auch Millionen von Mitgliedern ökologischer Initiativen können eine ökologische Steuerreform nicht dekretieren. Aber sie können dafür sorgen, dass Mehrheiten dafür in die Parlamente gewählt werden. Auch eine pluralistische, »ausdifferenzierte« Gesellschaft braucht Gesetze, will regiert sein.

Die Ebene des Staates, die den Wünschen und dem Zorn der Bürger am nächsten ist, sind die Gemeinden. Eine zähe Legende besagt, Politik gehöre nicht aufs Rathaus. In Wahrheit ist Politik nirgends weniger zu vermeiden als dort. Wo eine Umgehungsstraße oder ein Einkaufszentrum auf der grünen Wiese zur Diskussion stehen, melden sich von selbst Bürgerinnen und Bürger, die keinen Zweifel daran lassen, wie sie leben wollen und wie auf keinen Fall. Da kommen Interessen ins Spiel, Wertungen, ja sogar Gesellschaftsentwürfe und Weltbilder. Was verstehen die einen und die anderen unter einer lebenswerten Stadt, unter Urbanität? Wer heute, auch bei den überregionalen Zeitungen, die Lokalteile liest, findet dort oft mehr Politik als da, wo diese eigentlich abzuhandeln wäre.

In den Gemeinden wird heute darüber gestritten, wie wir uns mit Energie versorgen wollen, welche Verkehrssysteme wir uns leisten können, wo und wie wir einkaufen wollen, wie wir unsere Kinder vor Unfällen und Verbrechen, die Alten vor Isolierung bewahren können. In den Gemeinden finden Diskurse statt, in Bürgerversammlungen und Leserbriefen, in Podiumsdiskussionen und Leitartikeln, und wo das Plebiszit in der Gemeindeordnung vorgesehen ist, werden solche Diskurse oft abgeschlossen durch eine Abstimmung der Betroffenen. Hat sich die Politik zum Überwintern in die Kommunen zurückgezogen? Vielleicht, aber nicht für lange. Seit in Asien erkennbar geworden ist, was mit Märkten passieren kann, wenn man sie sich selbst überlässt, dämmert es auch in der Wirtschaft, dass Politik kein vermeidbares Übel, sondern auch eine Basis für alles Wirtschaften ist. Wo nicht die Politik der Wirtschaft den Rahmen zimmert, sondern die Wirtschaft der Politik vorschreiben will, wo sie sich – möglichst folgenlos – tummeln darf, lebt auch die Wirtschaft gefährlich.

Die Wiederkehr der Politik braucht allerdings auch Umdenken bei denen, die in Parteien, Parlamenten und Regierungen zu entscheiden haben. Wo die einen – eine kleine Minderheit – schlaue Strategiepapiere aushecken, welche die anderen – die große Mehrheit – lächelnd beiseite legen und weiterwursteln, findet keine Politik statt. In der Kluft zwischen Reden und Tun, Theorie und Praxis muss Demokratie verhungern. Eine Wahl hat nur Sinn, wenn die Bürgerinnen und Bürger sich darauf verlassen können, dass die Parteien sich in die Richtung bewegen, die ihre Programme oder Beschlüsse angeben. Erst das Durchwursteln plus Machtmanagement, garniert mit hehren Sonntagsreden, führt zu der Unübersichtlichkeit, auf die sich Politiker berufen. Politik mag ohne Utopie auskommen, aber nicht ohne Entwürfe, an denen sich die Handelnden ebenso orientieren können wie die Beobachter oder die Wähler.

Demokratie ist nur möglich, wenn die Wählenden einigermaßen wissen, was die zu Wählenden tun wollen, in welche Richtung sie sich bewegen. Wenn allen klar geworden ist, sogar den Verantwortlichen in den Medien, dass mit der Politik auch die Demokratie verdorrt, dass uns am Ende der Demokratie nicht die totale Freiheit, sondern irgendeine Form von Diktatur erwartet, könnte die Politik wiederkehren.

Nach einem Jahrhundert, das alles ausprobiert hat, vom Totalitarismus bis zur Ersetzung der Politik durch den Markt, hoffe ich auf ein Jahrhundert, das sich endlich darüber klar wird, was Sache der Politik ist und was nicht, was Politik zu leisten und wovon sie die Finger zu lassen hat. Erfahrungen haben wir genug.

Politikerverdrossenheit greift um sich, wenn die Menschen die Kluft zwischen Wort und Tat, Theorie und Praxis, Reden und Handeln bemerken und daher immer weniger erwarten.

↳160

Am Ende der Demokratie erwartet uns nicht die totale Freiheit, sondern irgendeine Form der Diktatur.

Hansruedi Müller

Sommerferien 2010 – Wie schön wird es im Engadin noch sein?

Als Freizeit- und Tourismusforscher sieht Hansruedi Müller auch die negativen Auswirkungen der durch immer kürzer werdende Arbeitszeiten immer größer werdenden Ansprüche der Menschen an das Freizeitangebot. Seine Veröffentlichungen »Alpsegen Alptraum« (1986), »Freizeit und Tourismus – Eine Einführung« (1991) und »Schweizer und ihre Freizeit« (1997) befassen sich mit diesen Themen. ⇨4623

Hansruedi Müller

1947 in Buchs, Kanton Sankt Gallen, geboren
1963 Stationslehre bei den Schweizerischen Bundesbahnen
1976 berufsbegleitende Fernmaturität
1981 Abschluss des Ökonomiestudiums an der Universität Bern
1984 Promotion zum Dr. rer. pol.
1986 Veröffentlichung »Alpsegen Alptraum« gemeinsam mit Jost Krippendorf
seit 1989 Professur und Leiter des Forschungsinstituts für Freizeit und Tourismus (FIF) der Universität Bern
1991 Veröffentlichung »Freizeit und Tourismus – Eine Einführung«
1997 Veröffentlichung »Schweizer und ihre Freizeit«

Sie sind eingeladen zu einer Zeitreise ins Jahr 2010, zu einer Ballonfahrt*) über ein visionäres Oberengadin, also jenes Alpental mit St. Moritz im Zentrum, das sich nicht ganz unbescheiden »Top of the world« nennt. Ich bitte Sie, in den Korb einzusteigen, abzuheben, Ballast wie Statistiken, Bilanzen und Bedenken abzuwerfen und frei wie ein Vogel in die Zukunft hineinzugleiten. Nur vergessen Sie nicht, Ihre Fantasie mitzunehmen.

Der Wind treibt uns über Maloja, den Silsersee entlang in Richtung St. Moritz. Bei der sanften Talfahrt trauen wir unseren Augen nicht: Die alte Landstraße, kaum ausgebaut, noch wie vor 20 Jahren, ist praktisch leer. Dies ist die Folge von Luftverschmutzung und Klimaveränderung, die sich in den letzten Jahren manifest bemerkbar machten. Das Wetter spielte verrückt und der Wald serbelte immer mehr. Lawinenverbauungen und Aufforstungen konnten nicht mehr verhindern, dass die ausgelösten Rüfen, Muren und Lawinen große Risiken mit sich brachten. Sie blockierten im ganzen Alpenraum den Verkehr, stauten Flüsse zurück und verursachten Überschwemmungen.

**) Zukunftsvisionen in der Art von Ballonfahrten sind eine Idee der Münchner Tourismusprofessorin Felizitas Romeiss-Stracke*

Um der chaotischen Verkehrsverhältnisse Herr zu werden, entschloss sich die EU (die Schweiz wurde übrigens kürzlich zur Mitgliedschaft gezwungen) schon im Jahr 2005, rigoros eine Politik der regionalen Versorgungsnetze durchzusetzen. Das war einfacher gewesen als gedacht, weil schon seit den 90er-Jahren eigentlich jeder und jede wusste, dass es so nicht weitergehen konnte, wenn es weitergehen sollte. Nicht einmal die Automobilindustrie opponierte, weil sie schon seit ein paar Jahren auf die Entwicklung intelligenterer Transportsysteme umstieg.

Wir nähern uns bereits dem Ende des Silsersees. Vor uns liegt die Silserebene mit dem einzigartigen Flachmoor, noch immer unverbaut. Die alte Verbindungsstraße von Sils-Baselgia nach Sils-Maria wurde nach der Eröffnung des unterirdischen Parkhauses vorerst gesperrt und anschließend renaturiert. Sils-Maria ist bis ins Fextal hinein vollständig verkehrsbefreit. Zwar ist es von hier oben nicht auszumachen, doch ist bekannt, dass die Pferdekutschen größer, leichter und bequemer geworden sind. Das Tempo aber ist das alte.

Auf der rechten Seite erkennen wir die Talstation der Furtschellasbahn. Noch immer steht sie einsam auf der grünen Matte, umgeben von einem großen, aber immerhin begrünten Parkplatz. Man macht sich heute sogar Gedanken, die Furtschellasbahn ganz stillzulegen und sie abzubrechen, denn Sils hat sich im Winter ganz auf den Langlauf-, Eistanz- und Eissurfsport mit seinen vielfältigen Variationen spezialisiert. Auf das riesige Überbauungsvorhaben »Cuncas« verzichtete man, weil man damals selber einsah, dass das 1400-Betten-Projekt weder ins Dorfbild noch zum Zeitgeist passte. Nach der Annahme der Initiative »Contra Cuncas« wurde die ganze Fläche ausgezont. Dies war der Beginn eines Umdenkprozesses. Zwar wurden die Initianten vorerst noch als Spinner bezeichnet, doch reifte die Einsicht, dass Sils mit seiner Umgebung prädestiniert war, statt der Erschließung nach altem Muster ein beispielhaftes ökologisches Konzept zu versuchen. Der »Wiederentdeckung der Langsamkeit« – so steht es heute im Prospekt – werde ein großer Stellenwert eingeräumt. Vor beinahe zehn Jahren konnte hier auch der heute so populäre Meditationsweg eingeweiht werden, auf dem man sich während den Ferien im Zen-Walking übt, diesem »Zeitlupengehen« mit etwa 70 bis 100 Metern pro Stunde.

Wir gleiten langsam talabwärts und sind entzückt über das bunte Treiben auf dem Silvaplanersee. Hunderte von bunten Segeln sind der Beweis, dass dieser See zum neigungstouristischen Surfermekka der Schweiz wurde. Den oft überfüllten

»Schon seit den 90er-Jahren wusste eigentlich jeder und jede, dass es so nicht weitergehen konnte, wenn es weitergehen sollte.«

Ein Blick vom Furtschellas über den Silsersee zum Malojapass ⇾4623

Die Silserebene mit Sils ⇾4623

Es reifte die Einsicht, statt der Erschließung nach altem Muster ein beispielhaftes ökologisches Konzept zu versuchen.

Campingplatz am Dorfrand von Silvaplana hat man durch eine verdichtete Bungalowsiedlung ersetzt, damit auch den Sportlern im Winter eine preisgünstige und behagliche Unterkunft geboten werden kann.
Soeben werden wir vom steifen Malojawind erfasst, der uns zügig nach St. Moritz treibt. Aus der Höhe können wir die Elektromobile mit ihren bunten Farben, die bei den Gästen große Popularität erlangt haben, sehr schön beobachten. Im Zusammenhang mit den alpinen Weltmeisterschaften 2003 suchte man nach mutigen Verkehrslösungen. Ein großzügiges Parkhaus im Berg beruhigte das Zentrum von St. Moritz und machte es auch für Sommerferien wieder attraktiv.
Überhaupt prägten die alpinen Weltmeisterschaften die Entwicklung im Oberengadin stark. Beispielsweise verbindet ein Rundkurs-Monorail St. Moritz mit Silvaplana – Sils – Surley – Pontresina – Samedan und Celerina. Dieser mutige Schritt steigerte die touristische Attraktion entscheidend und verknüpfte die gesamte Region stärker miteinander. Das Destinationsmanagement wurde ausgeweitet: Das Engadin wird heute als Einheit vermarktet und gilt als stärkster Global Player der Schweiz.
Auf der linken Seite zieht ein riesiges Schauspiel unsere Aufmerksamkeit in Bann: Die Corviglissima, das Intensiv-Skizentrum des Oberengadins. Generell fahren heute nicht mehr so viele Menschen Ski wie noch vor 15 Jahren, aber einige Unentwegte gibt es noch immer. Ihnen wird hier in der Corviglissima alles geboten, was moderne Skisportler wünschen. Der Seilbahnzugang erfolgt auf Förderbändern, die Lifte wurden komfortabler gemacht und die Pisten perfektioniert. Die Lawinengefahr wurde mit Betonmauern eingeschränkt, der Schneemangel durch Kunstschneeberieselung behoben und die Erosion durch einen widerstandsfähigen Untergrund gestoppt. Die riesige Rutschbahn kann im Winter auf Eis und im Sommer auf Wasser benutzt werden und gilt als populärste Innovation.
Der Wind erlaubt uns leider nicht, einen Blick auf Celerina zu werfen. Schade, denn man hätte aus der Luft beobachten können, dass der erneut gestiegene Nachfragedruck auf Zweitwohnungen und Ferienhäuser diesem Ort große Mühe bereitet. Die typischen Elemente der Engadiner Architektur wichen einem im ganzen Alpenraum grassierenden Lederhosen-Ferienhausstil. Die ästhetische Verschandelung ist offensichtlich. Der einzige Hoffnungsschimmer ist ein junger Architekt, der sich auf Renovationen alter Engadinerhäuser spezialisierte. Er fand nach der Verleihung des »Goldenen Engadiners« vor vier Jahren immer größere Beachtung. Übrigens: Die goldenen, silbernen und bronzenen »Engadiner«

Skipistenplanierungen mit Erosionsschäden

⇨ 4623

werden jährlich für die nachhaltigsten touristischen Innovationen in Berggebieten verliehen. So hat sich das Engadin einen zusätzlichen, weltweit bekannten Namen geschaffen.
Wir nähern uns Pontresina. Hier passierte Erstaunliches. Mit der Eröffnung des Monorails und der in Nachbardörfern sichtbar gewordenen Gefahr einer totalen Verhäuselung leitete man eine ganz neue Politik ein. Schlüssel dieser Neuorientierung bildete das Begegnungs- und Kongresszentrum »Rondo« sowie die verkehrsbefreite Flanierzone. Pontresina verschrieb sich unter dem Motto »Wo Körper, Geist und Seele glücklich sind« dem Wellness-Tourismus. Vor allem die Lufttherapie, deren Wirkungen insbesondere auf Jungsenioren aus den Städten vom ortsansässigen »Forschungsinstitut für Lufttherapie« wissenschaftlich vertieft wird, ist sehr beliebt.
Gemächlich klettern wir den Berninapass hinauf. Unter uns erkennen wir einen vom bekannten Designer Colani kreierten Panorama-Solarbus, der Ausflügler auf den Pass bringt. Die Bernina-Hochalpenstraße wurde schon vor beinahe zehn Jahren für den Privatverkehr gesperrt. Diese Maßnahme reduzierte den immer lästiger gewordenen Passantenverkehr und erhöhte die Wertschöpfung der Ausflügler maßgeblich.
Wir nähern uns dem Lago Bianco und landen sanft neben der neuen Staumauer, die uns vorher stark geblendet hat. Sie wurde vollständig mit ultraeffizienten Solarzellen abgedeckt. Oben auf der Staumauer brachte man unzählige Düsen an, um zusätzlich den Berninawind zu nutzen. Das kombinierte Sonnen-Wind-Wasser-Kraftwerk liefert heute die achtfache Menge Elektrizität als noch vor 15 Jahren, als man noch auf die Atomkraft setzte.
Wir steigen aus und sind nicht ganz unglücklich, wieder festen Boden, das Hier und Jetzt, unter unseren Füßen zu haben. War sie reizvoll, die Ballonfahrt über das visionäre Engadin 2010? Welche Bilder oder Projekte sollten verwirklicht, welche verhindert werden: das entschleunigte Sils, die denaturierte Corviglissima, das unterirdische Parkhaus von St. Moritz, der futuristische Monorail, die hässliche Verhäuselung, der »Goldene Engadiner«, das animierte Wellness-Zentrum, das Engadin-Destinations-Management?
Es war nicht das Ziel dieser Ballonfahrt, eine wahrscheinliche Zukunft zu erraten, sondern Anstöße zu vermitteln, um eine wünschbare Zukunft wahrscheinlich zu machen.

Flora der Graubündner Alpen ⇒ 4623

Das Engadin wird heute als Einheit vermarktet und gilt als stärkster Global Player der Schweiz.

Adriana Hölszky

Immer wieder fremd und doch nicht heimatlos, immer zu Hause und doch permanent in Bewegung, auf Wanderschaft: Diese Utopie leuchtet in den Werken der Komponistin Adriana Hölszky auf. In ihrem szenischen Konzertstück »Der Aufstieg der Titanic« (1997) kombiniert sie Textfragmente aus Werken von Goethe, Novalis, Lessing, Celan, Fried, Jandl, Gomringer und anderen in neuem Zusammenhang als an die Oberfläche des Werks steigendes »Bergungsgut«. Die Durchdringung von Scheinheiterkeit und Tod bleibt in jedem Augenblick spürbar.
Adriana Hölszky war seit ihrer Kindheit Widersprüchen ausgesetzt, die sie in ihrer künstlerischen Fantasie mehr und mehr zu integrieren wusste: Stadt und Land, mitteleuropäische Musiktradition und Folklore Osteuropas, Sprache und Klang, Klang und Stille. In der künstlerischen Gestaltung eignet sie sich Wirklichkeit an, und jeder ist aufgerufen, wie sie Wirklichkeit selbst immer wieder neu zu erleben, zu deuten und zu schaffen. ⊡→700

Adriana Hölszky

30.6.1953 als Rumäniendeutsche in Bukarest geboren
1959–69 Klavierstudien am Musiklyzeum Bukarest
1961 erste Kompositionen
1972–75 Kompositionsstudium an der Musikhochschule Ciprian Porumbescu in Bukarest
1976 Übersiedlung in die Bundesrepublik Deutschland
1977–80 Kompositionsstudium an der Musikhochschule Stuttgart, Konzerttätigkeit als Pianistin (Klaviertrio)
seit 1978 zahlreiche internationale Preise und Auszeichnungen
1980–98 Lehrtätigkeit an der Musikhochschule Stuttgart
1988 Uraufführung ihrer Oper »Bremer Freiheit« bei der ersten Münchner Biennale für zeitgenössisches Musiktheater
1995 Oper »Die Wände« nach Jean Genet im Rahmen der Wiener Festwochen uraufgeführt
seit 1997 Professorin für Komposition an der Hochschule für Musik und Theater in Rostock
Werke von Adriana Hölszky wurden bei vielen Musikfestivals im In- und Ausland aufgeführt

⊡→5179

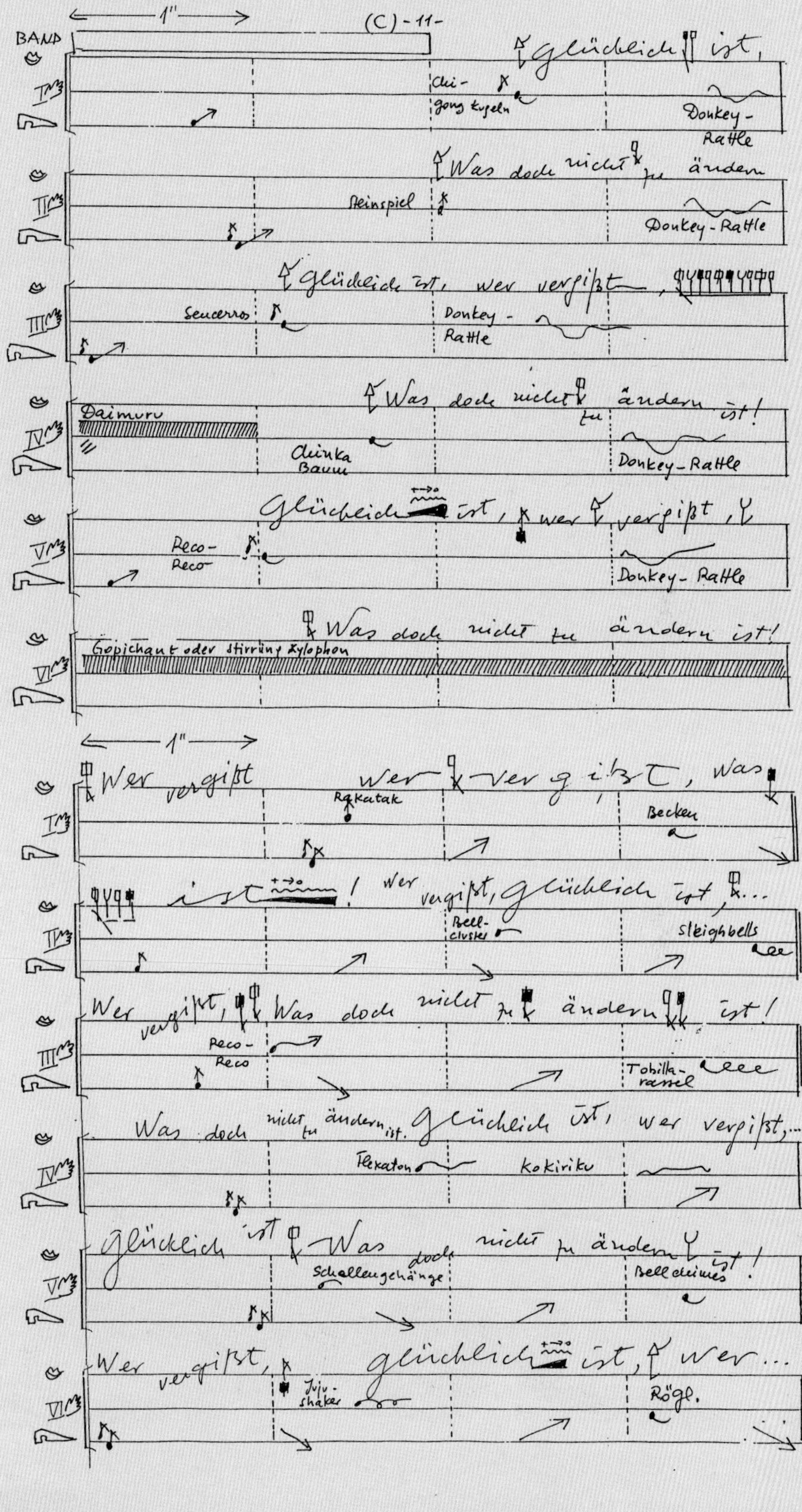
1"
(C) - 11 -
BAND
glücklich ist,
Chi-gong Kugeln
Donkey-Rattle
Was doch nicht zu ändern
Steinspiel
Donkey-Rattle
glücklich ist, wer vergißt,
Sencerros
Donkey-Rattle
Was doch nicht zu ändern ist!
Daimuru
Chinka Baum
Donkey-Rattle
glücklich ist, wer vergißt,
Reco-Reco
Donkey-Rattle
Was doch nicht zu ändern ist!
Gopichant oder stirring Xylophon
1"
Wer vergißt wer vergißt, was
Rakatak
Becken
ist! wer vergißt, glücklich ist,...
Bell-cluster
sleighbells
Wer vergißt, Was doch nicht zu ändern ist!
Reco-Reco
Tobilla-rassel
Was doch nicht zu ändern ist. glücklich ist, wer vergißt,...
Flexaton
kokiriku
glücklich ist Was doch nicht zu ändern ist!
Schellengehänge
Bellchimes
Wer vergißt, glücklich ist, wer...
Juju-shaker
Rögl.

⇒5194

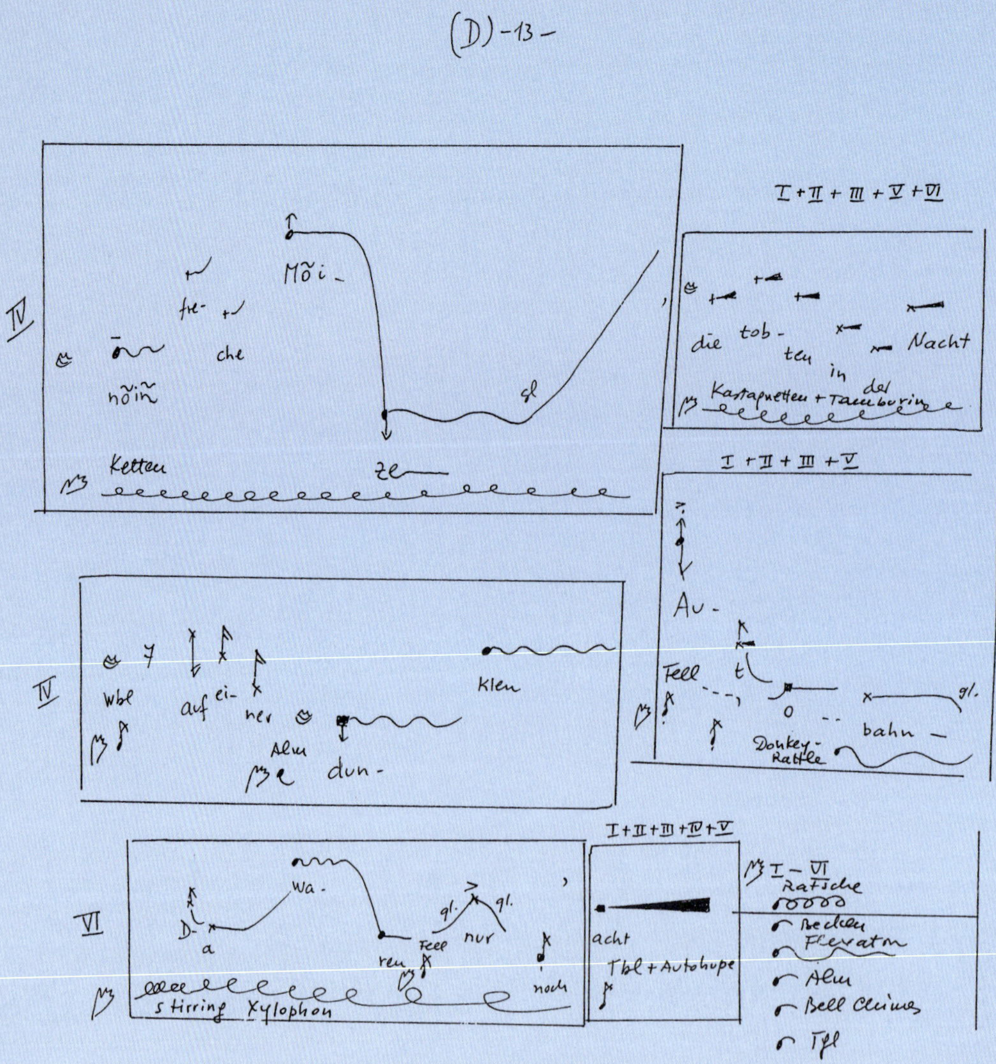
(D) -13-
IV
Möi-
fre-
che
Ketten
gl
I+II+III+V+VI
die
tob-
ten
in
der
Nacht
Kastagnetten + Tamburin
I+II+III+V
Au-
Fell
o
bahn
gl.
Donkey-Rattle
IV
wbe
auf
ei-
ner
Alm
dun-
klen
VI
Wa-
D-
a
ren
Fell
gl.
nur
noch
Stirring Xylophon
I+II+III+IV+V
acht
Tbl + Autohupe
I – VI
Ratsche
Becken
Alm
Bell Chimes

⇨5194

⇨5218

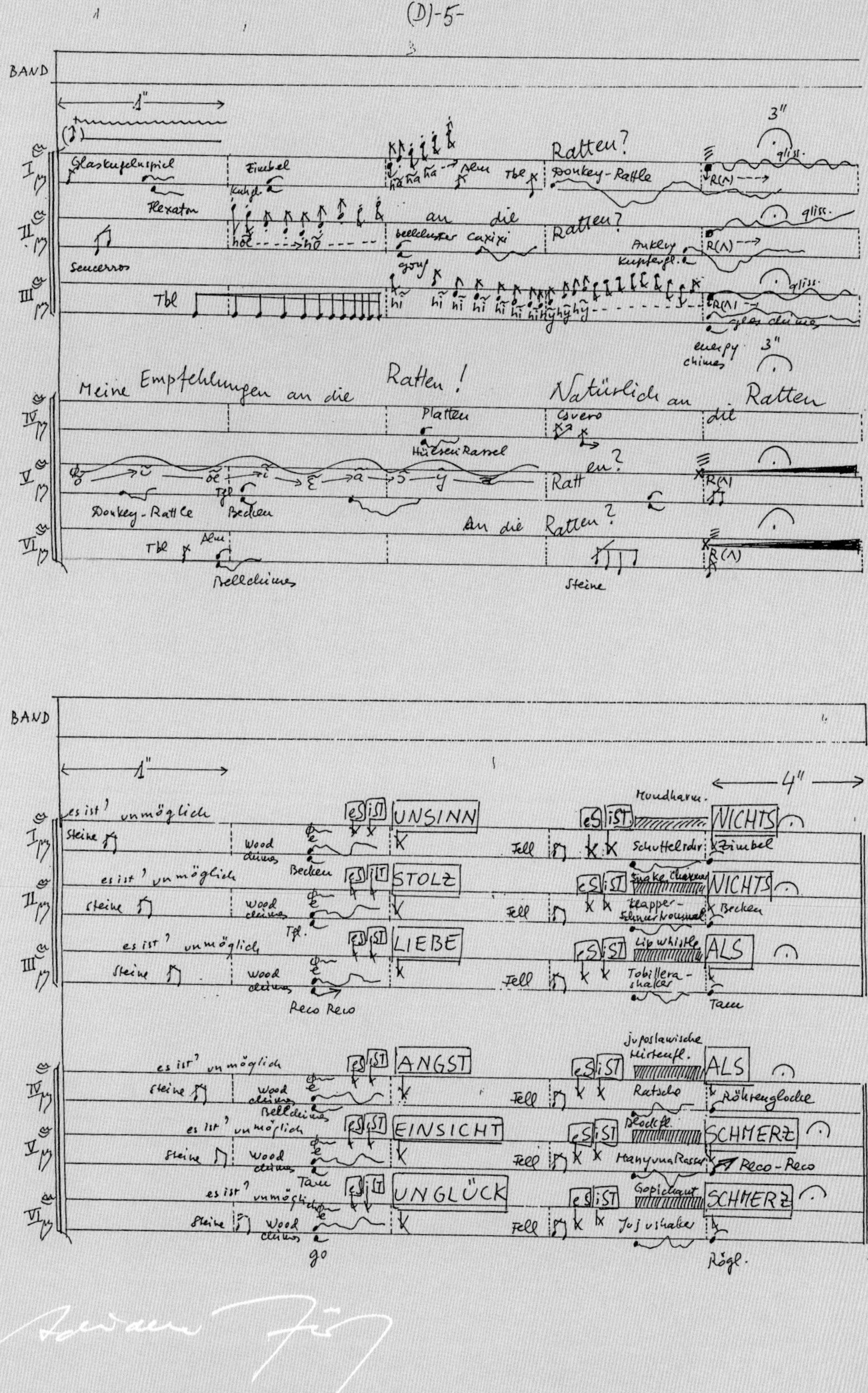
(D)-5-
BAND
Glaskugelnspiel
Flexaton
Sencerros
Tbl
Ratten?
Donkey-Rattle
an die Ratten?
glass chimes
Meine Empfehlungen an die Ratten!
Natürlich an die Ratten
Platten
Hülsen-Rassel
Donkey-Rattle
Becken
An die Ratten?
Bellchimes
Steine
es ist' unmöglich
Wood chimes
Reco Reco
UNSINN
STOLZ
LIEBE
ANGST
EINSICHT
UNGLÜCK
NICHTS
ALS
SCHMERZ
Fell
Lip whistle
Röhrenglocke
Reco-Reco

⇨5194

Dieter Nohlen

Liegt die Zukunft der Demokratie in der Dritten Welt?

Der Politologe Dieter Nohlen, der auch als Berater für die Vereinten Nationen tätig war, veröffentlichte unter anderem das achtbändige »Handbuch der Dritten Welt« (zusammen mit Franz Nuscheler, 3. Auflage 1992–94), sechsbändiges Pipers »Wörterbuch zur Politik« (1983–87) und das siebenbändige »Lexikon der Politik« (1992–98). 1991 erhielt er den Max-Planck-Forschungspreis. ⇒4793

Dieter Nohlen

1939 in Oberhausen geboren
1960–66 Studium der Politischen Wissenschaft, Geschichte und Romanistik an den Universitäten Köln, Montpellier und Heidelberg
1967 Promotion an der Universität Heidelberg
1969–72 Repräsentant der Konrad-Adenauer-Stiftung in Santiago de Chile
1973 Habilitation an der Universität Tübingen
seit 1974 Professor für Politische Wissenschaft an der Universität Heidelberg
1989–90 Berater der Vereinten Nationen bei der Durchführung der Wahlen in Nicaragua

Spätestens seit Immanuel Kants Schrift »Zum ewigen Frieden« ist die Demokratie in der abendländischen Tradition politischen Denkens zu einer Staatsform avanciert, die es universal zu verwirklichen gilt. Demokratien halten Frieden nach innen und außen. Die individuellen Freiheitsrechte und Menschenrechte werden gewährleistet. Entwicklungspolitisch betrachtet sind Demokratien – entgegen eingefleischten entwicklungstheoretischen Lehrsätzen – keineswegs weniger leistungsfähig als autoritäre Regime. Die Partizipation der Bevölkerung am Entwicklungsprozess hat sich sogar als unabdingbar für dessen dauerhaften Erfolg herausgestellt. Demokratie, Frieden, Entwicklung – diese Ziele verbinden sich zur Vision einer besseren Welt.

In den letzten beiden Jahrzehnten wurde die westliche Welt Zeuge einer beispiellosen Ausbreitung von freien Wahlen und politischem Wettbewerb in anderen Erdteilen, gekrönt vom Zusammenbruch der sozialistischen Systeme. Die Übergänge zur Demokratie in Lateinamerika, etlichen afrikanischen und einigen asiatischen Ländern brachten nicht nur zahlreiche Beobachter dazu, den Sieg der Demokratie zu verkünden, sondern riefen auch die Vereinten Nationen und andere internationale Organisationen in einem nie gekannten Ausmaß auf den Plan, etwa wenn es darum ging, finanzielle und personelle Hilfe zur Durchführung von freien und fairen Wahlen in den Ländern der Dritten Welt zu leisten. Seit jedoch die erste Euphorie verflogen ist, geraten die Probleme der jungen Demokratien immer stärker ins Blickfeld. Es sind Probleme, die als derart gravierend eingestuft werden, dass man innerhalb weniger Jahre von einem Interpretationsextrem ins andere zu fallen droht. Nun wird betont, dass die Demokratie ein Produkt der westlichen Kultur ist, das nur begrenzt exportierbar sei. Die Argumentation, auf die sich diese skeptische Sichtweise stützt, ist in der Tat gewichtig: Da die wesentlichen sozioökonomischen, soziokulturellen, rechtsstaatlichen und andere Voraussetzungen in den Ländern des Südens nicht gegeben sind, konnte die Demokratie zwar als politisches Institutionensystem importiert werden, jedoch nach westlichen Maßstäben nur äußerst defizitär funktionieren, was wiederum die Überlebensfähigkeit der formaldemokratischen Herrschaftsform selbst beeinträchtigt. Haben wir es in den Ländern der Dritten Welt also nur mit »importierten«, »instabilen«, »defekten«, »blockierten« und ähnlichen Demokratien zu tun? Hat die Demokratie ohne Adjektiv trotz allen missionarischen Eifers in der Dritten Welt keine Zukunft?

Wenn man auf diese Fragen eine plausible Antwort jenseits von überschwänglicher Euphorie oder fatalistischer Resignation geben will, sind zwei grundsätzliche Vorüberlegungen notwendig. Die erste betrifft den Gegenstandsbereich unserer spekulativen Betrachtung: Hier muss berücksichtigt werden, dass man es bei der »außerwestlichen« Gesellschaftsstruktur, die sich angeblich hemmend auf die Demokratieentwicklung auswirkt, in Wirklichkeit mit einem breiten Spektrum unterschiedlichster Faktoren zu tun hat, die zudem innerhalb der Dritten Welt extrem variieren. So besteht etwa Lateinamerika aus Ländern, die sich der westlichen Kultur zurechnen, ein mittleres Einkommen haben und mehrheitlich über eigene historische Erfahrungen mit der Demokratie verfügen; darin und in anderer Hinsicht sind sie den Industriestaaten ähnlicher als den Entwicklungsländern in Asien und Afrika. Die zweite Überlegung zielt auf die Perspektive, aus der die Entwicklungschancen der Demokratie beurteilt werden sollen. Dabei erscheint es sinnvoll, eine strukturorientierte mit einer prozessorientierten Sichtweise zu verbinden: Während Erstere auf die grundsätzlichen Diskrepanzen zwischen der formal-institutionellen Demokratie und den jeweiligen soziopolitischen Kontextbedingungen aufmerksam macht, verhilft die Letztere dazu, das Verhältnis von demokratischer Herrschaftsform und »außerwestlicher« Gesellschaftsform nicht als prinzipiell inkompatibel zu sehen. Unter diesem zweiten Blickwinkel ist Demokratisierung ein historischer Prozess, der nicht notwen-

Der Westminister-Palast, die Houses of Parliament, Sitz von Ober- und Unterhaus (House of Lords und House of Commons), gilt als **Hort der parlamentarischen Demokratie.** ⇒160

Das 1995 von 14 Ländern gegründete internationale **Institut für Demokratie und Wahlberatung** (IDEA) mit Sitz in Stockholm (im Vordergrund) unterstützt Staaten mit Rat und Tat beim Aufbau demokratischer Institutionen. ⇨5177

»Die unüberwindlichsten Grenzen für eine Universalisierung der Demokratie sind religiös-kultureller Natur.«

digerweise evolutionär-teleologisch verläuft und dementsprechend nicht frei ist von Rückschlägen.
Dies vorausgeschickt seien einige wenige Kernprobleme genannt, die auch künftig das Spannungsverhältnis von gesellschaftlichen Grundstrukturen und demokratischen Institutionensystemen in den Ländern des Südens prägen werden.

1. Die unüberwindlichsten Grenzen für eine Universalisierung der Demokratie sind religiös-kultureller Natur. In Gesellschaften, in denen das Religiöse vom Kulturellen nicht getrennt ist, kann sich Demokratie nur schwer entfalten. Große Hindernisse für die Einführung der Demokratie bestehen auch in multiethnischen Gesellschaften, in denen die Volksgruppen hochgradig politisiert und polarisiert (worden) sind. Jüngste Erfahrungen in Afrika scheinen zu belegen, dass kompetitive Wahlen Konflikte anheizen. Demokratische Verfahren für sich allein sind anscheinend nicht unter allen Bedingungen opportun. Vielmehr muss zuvor gewährleistet sein, dass die Austragung politischer Konflikte ohne Gefahr für Leib und Leben möglich ist. Zentralamerika bildet ein Beispiel dafür, wie freie und faire Wahlen unter Bürgerkriegsbedingungen wesentlich zur Beilegung eines bewaffneten Konflikts beitragen können.

2. Die extreme soziale Ungleichheit in den Entwicklungsländern zieht sehr ungleiche politische Beteiligungschancen nach sich. Hier bleibt politische Macht auch unter der Demokratie in der Regel auf wenige gesellschaftliche Gruppen konzentriert. Dieses Machtgefälle schlägt sich relativ ungebrochen in den politischen Entscheidungen über die Verteilung öffentlicher Güter nieder. Umgekehrt sollte aber ebenso hervorgehoben werden, dass Armut und soziale Ungleichheit nicht durch die Demokratie verursacht wurden und ihr folglich auch nicht anzulasten sind.

3. Aufgrund der Tatsache, dass sich in den Ländern des Südens die mit der Beteiligung an Wahlen definierte Dimension der Demokratie früher entwickelt hat als jene der verfassungsrechtlich verbrieften Freiheitsrechte, funktionieren Gewaltenteilung und Rechtsstaat häufig nicht. Gewalt ist vielerorts nach wie vor die Münze, mit der gesellschaftliche Rechnungen beglichen werden. Man beginnt, von illiberalen Demokratien zu sprechen, ein treffender Terminus, der jedoch nicht zu einem Stereotyp politischer Systeme der Dritten Welt gemacht werden sollte. Es kommt darauf an, die Demokratien des Südens auch in dieser Hinsicht als Entwicklungsdemokratien, als »Work in Progress« zu begreifen und den Wandel kritisch anzuregen und wahrzunehmen.

4. Die Demokratien der Dritten Welt stehen vor schwierigen wirtschaftlichen und gesellschaftlichen Transformationen, die sich als Folge des notwendigen Wandels der Entwicklungsstrategie (etwa von importsubstituierender Industrialisierung zur neoliberalen Weltmarktintegration) vollziehen. Bereits die Politik der Strukturanpassung zur Überwindung der Verschuldungskrise hat politische Entscheidungen erforderlich gemacht, die nur schwerlich demokratisch zu legitimieren waren. Hochgradig demokratisch integrierte Systeme, die am ehesten dem westlichen Modell der Demokratie entsprechen, haben sich am schwersten getan, die neue Politikorientierung durchzusetzen.

Angesichts der skizzierten strukturellen Probleme ist es illusorisch anzunehmen, die Demokratien des Südens würden das gleiche Gepräge haben können wie die Demokratien der Industrieländer. Die Entdeckung der qualitativen Unterschiede sollte indes die Horizonte nicht verdüstern.

Insgesamt muss die Zukunft der Demokratie in der Dritten Welt als ein zweifacher Prozess gesehen werden: einerseits als Ausbreitung der Demokratie im Sinne der Erhöhung der Zahl formaldemokratischer Herrschaftssysteme in der Welt und andererseits als Vertiefung der Demokratie im Sinne ihrer Etablierung als Lebensform. Die große »Demokratisierungswelle« im ersteren Sinne ist vorüber. Die Ausbreitung der Demokratie wird sich fortsetzen, aber zunächst nicht in dem Ausmaß wie in der jüngeren Vergangenheit. In den Weltregionen, in denen sich die Demokratie noch ausbreiten könnte, also in Afrika und Asien, wird der zunächst ebenso häufige Rückfall in Diktaturen die Demokratisierungsbilanz beeinträchtigen. Daher scheint in den nächsten Jahrzehnten eher die Vertiefung der Demokratie auf der Tagesordnung der Geschichte zu stehen. Dies ist weniger spektakulär, aber für die Zukunft der Demokratie in der Welt von letztlich größerer Bedeutung. Denn die Demokratie muss sich als fähig erweisen, die sich kontinuierlich neu stellenden Probleme der Gesellschaften zu lösen. Und die liegen nun mal hauptsächlich in den Ländern der Dritten Welt.

Beide Dimensionen der Demokratieentwicklung erfordern das Engagement aller gesellschaftlichen Kräfte, auch und gerade der Intellektuellen, die sich lieber mit der Demokratie der Zukunft beschäftigen als mit der Zukunft der Demokratie. Diese liegt in der Dritten Welt – in ihrer dortigen Ausbreitung, Vertiefung und Bewährung. Die internationale Gemeinschaft tut gut daran, in ihren Anstrengungen, die Demokratie weltweit zu fördern, nicht nachzulassen. Frieden und Entwicklung hängen davon ab.

Friedensnobelpreisträger Nelson Mandela ist die Symbolgestalt des **demokratischen Aufbruchs** in Afrika. 27 Jahre lang war er politischer Gefangener des südafrikanischen Apartheidregimes, 1994 ging er aus den ersten allgemeinen, freien und demokratischen Wahlen als Präsident hervor. ⊡160

» Die Vertiefung der Demokratie ist im Vergleich zur Ausbreitung der Demokratie weniger spektakulär, aber für die Zukunft der Demokratie in der Welt von letztlich größerer Bedeutung. «

Matthias Prinz

Die Zukunft des Sensationsjournalismus – Werden die Persönlichkeitsrechte gewahrt bleiben?

Matthias Prinz ist vor allem durch Prozesse gegen verschiedene Blätter der Boulevardpresse bekannt geworden, die er im Namen prominenter Persönlichkeiten wie Prinzessin Caroline von Monaco führte. Außerdem berät und vertritt Prinz eine Reihe deutscher Wirtschaftsunternehmen in Medienfragen. ↪2555

Matthias Prinz

27.8.1956 in Berlin geboren
1980 erstes juristisches Staatsexamen in Hamburg
1983 Master of Laws (LL.M.) an der Harvard Law School
1984 Zulassung zur Anwaltschaft in New York
1985 zweites juristisches Staatsexamen, Promotion in Hamburg
seit 1985 Rechtsanwalt in Hamburg

Im Dezember 1996 wurde gegen Michael Born beim Landgericht Koblenz verhandelt, weil er in mindestens 21 Fällen gefälschte TV-Berichte produziert und verkauft hatte. Bemerkenswert ist die kriminelle Energie, mit der Born Geschichten erfand, in Szene setzte und vermarktete, bemerkenswert aber auch die Naivität und Fahrlässigkeit, mit der die Sender seine Beiträge akzeptierten. – Im April 1998 druckten Oggi, Paris Match, Bunte und Gala eine Fotomontage als Titelbild. Sie ließen eine Person zwischen Prinzessin Caroline von Monaco und Prinz Ernst August von Hannover aus einem Foto herausmontieren und rückten die beiden Hauptdarsteller aneinander, sodass es aussah, als lege die Prinzessin dem Prinzen die Hand auf die Schulter. Bemerkenswerte Medienkultur: Zwei Chefredakteure in Deutschland, ein Chefredakteur in Italien und ein Chefredakteur in Frankreich entschließen sich, ein Foto zu verfälschen, um ihren Lesern etwas vorzugaukeln und damit Auflage zu machen. – Im Sommer 1998 entbrannte eine Diskussion über Nachmittagstalkshows im deutschen Fernsehen, nachdem sich ein Talkgast hinter einem Paravent verborgen zum regelmäßigen Geschlechtsverkehr mit Pferden bekannt hatte. Als kurz darauf eine 15-Jährige nur mühsam davon abgehalten werden konnte, im Nachmittagsprogramm zu dem Thema »Ich bin 15 und brauche täglich einen F...« aufzutreten, forderte die Öffentlichkeit gesetzliche Regeln, und der Verband privater Rundfunk- und Telekommunikation e.V. (VPRT) versuchte, dem Gesetzgeber durch Selbstkontrolle zuvorzukommen. Bisher ergebnislos, denn auch Wochen nach Verabschiedung dieser Verhaltensgrundsätze konnte man Themen wie »Bärbel Schäfer sucht Deutschlands schärfste Dicke«, »Wer bi ist, hat beides« (Ilona Christen) oder »Ich bin eine schmutzige Hausfrau« (Sonja um 13:00 Uhr) im Fernsehprogramm finden.

Was zeigen uns diese Beispiele?

Der Medienkonsument ist vor (auch vorsätzlichen) Verfälschungen und unwahrer Berichterstattung nie sicher. Die menschliche Würde und das Persönlichkeitsrecht werden von manchen Medien bedenkenlos geopfert, wenn es denn Geld bringt. Solange die Talkgäste ihr Intimleben freiwillig offenbaren und die Zuschauer ahnen, dass ihnen auch mal Fälschungen serviert werden, ist dies ja vielleicht alles noch nicht so schlimm. Aber nun kommen Internet und die digitalen Bildbearbeitungsmöglichkeiten.

Der Clinton-Lewinsky-Skandal hat deutlich gemacht, mit welcher Schnelligkeit und Reichweite auch intimste Vorgänge im Internet weltweit verbreitet werden können. Jedermann wird künftig in der Lage sein, sich täglich aktuell seine eigene elektronische Klatschzeitung zusammenstellen zu lassen, auch aus Quellen unbekannter Herkunft. Kein Detail aus dem Privat- und Intimleben einer Person, das einmal in irgendeiner Form elektronisch erfasst worden ist, bleibt verborgen: Computerdatenbanken vergessen nicht.

Um Indiskretion in die digitale Öffentlichkeit zu heben, bedarf es nicht der inquisitorischen Befugnisse eines Sonderermittlers Starr. Auch dafür bietet der Lewinsky-Skandal ein anschauliches Beispiel: Der »Internetenthüller« Matt Drudge hatte lange vor Einleitung des offiziellen Untersuchungsverfahrens in stetiger Folge Gerüchte, Spekulationen und neue Theorien über vermeintliche sexuelle Eskapaden des Präsidenten veröffentlicht. Obwohl seine Quellen ungeklärt blieben, haben zahlreiche Journalisten weltweit die Information aus seiner Enthüllungshomepage (»Drudge-Report«) ohne nähere Verifizierung aufgegriffen und damit publizistisch aufgewertet.

Jedermann kann ohne Kostenaufwand via Internet weltweit beliebige Inhalte publizieren, nicht nur Matt Drudge. Erste Nachahmer finden sich bereits: Mediendienste berichteten im November 1998 über einen Anbieter, der zunächst von Österreich aus eine Plattform anbieten will, um über das Internet jedermann die Möglichkeit zu geben, Gerüchte aus Wirtschaft und Politik zu verbreiten – ohne Rücksicht auf den Wahrheitsgehalt nach dem Motto »Geschwindigkeit geht vor Gründlichkeit«. Falls Klagen überhand nehmen, soll der

Der Journalist **Michael Born** (links) wurde im Dezember 1996 zu vier Jahren Haft verurteilt, weil er von 1990 bis 1995 verschiedenen Fernsehsendern 21 (zum Teil dilettantisch) gefälschte Reportagen geliefert hatte. Das Gericht kritisierte aber auch die mangelnde Sorgfalt der betroffenen Fernsehredaktionen bei der Überprüfung des Materials. ⇒20

» Der Medienkonsument ist vor (auch vorsätzlichen) Verfälschungen und unwahrer Berichterstattung nie sicher. «

Das offizielle Hochzeitsbild von **Prinzessin Caroline von Monaco** und **Prinz Ernst August von Hannover,** die im Januar 1999 unter größter Geheimhaltung geheiratet hatten. Beide befinden sich ständig auf der Flucht vor Paparazzi. ⇨160

»Der Konsument muss lernen, dass er gegenüber Medieninformationen misstrauisch sein muss.«

Das Verhältnis von **Monica Lewinsky** und **Präsident Clinton** wurde ohne Rücksicht auf die Intimsphäre der Betroffenen in den Medien bis ins peinlichste Detail geschildert. ⇨160

Server ins Ausland verlagert werden. Während man sich bisher gegen unwahre oder sonst verletzende Berichterstattung wenigstens mit gerichtlicher Hilfe zur Wehr setzen konnte, wird dies bei ambulanten Informationsdiensten, die sich hinter dubiosen Gesellschaften aus Bananenrepubliken verstecken, künftig schwierig.

Rechtliche Hilflosigkeit und düstere Vision?

Persönlich oder politisch motivierte Hetzkampagnen, Enthüllungsstorys oder Verleumdungen stoßen häufig nur auf eine geringe Akzeptanz der Öffenlichkeit, weil ihnen ihr Charakter allzu deutlich anzusehen ist. Problematisch werden solche Kampagnen erst dann, wenn sie von den etablierten Massenmedien aufgegriffen werden. Dann verbürgt sich die Glaubwürdigkeit, die der Medienkonsument seiner Tageszeitung oder seinem Lieblingssender zubilligt, für die Richtigkeit der Berichterstattung. Es stellen sich daher in Zukunft entscheidende Aufgaben für die Medienerziehung und die Medienaufklärung. Der Konsument muss lernen, dass er gegenüber Medieninformationen misstrauisch sein muss, dass nicht alles Gold ist, was glänzt, und er seinen Augen nicht trauen darf. Dies nicht zuletzt, weil die Möglichkeiten digitaler Bildbearbeitung in Zukunft zu Fälschungen führen werden, die wir uns noch gar nicht vorstellen können.

Die klassischen Fälle des Sensationsjournalismus, der mit Unwahrheiten, Indiskretionen oder Beleidigungen in Persönlichkeitsrechte eingreift, sind kommerziell motiviert. Verlage und Sender, die solche Inhalte verbreiten, errechnen sich damit einen hohen Publikumserfolg.

Wer auf Kosten anderer Menschen Kasse machen will, wird dies zukünftig nur unterlassen, wenn auch er spürbar zur Kasse gebeten wird. Die Gerichte haben dies in den letzten Jahren erkannt und die Entschädigung in Medienverfahren merklich erhöht. Es wird die Aufgabe der Gerichte und des Gesetzgebers sein, die rechtlichen Voraussetzungen zu schaffen, auch bei Onlineverletzungen Ansprüche realisierbar zu machen. Erforderlich sind hierzu angesichts der Globalität der Datennetze internationale Regelungen, einfache Verfahrensvorschriften und klare Verantwortlichkeiten. Auch das Internet wird zunehmend kommerziell genutzt, nicht nur in Form des »electronic commerce«. Jeder Verlag hat inzwischen ein Onlinependant seiner Publikationen eingerichtet. Diese Angebote, die voraussichtlich auch künftig weitgehend kostenlos abgerufen werden können, finanzieren sich vor allem aus Werbeeinblendungen. Werbeeinnahmen im Internet sind ebenso wie in den bisherigen Medien von der Anzahl der Rezipienten abhängig. Hierin besteht eine Parallelität zur Dynamik in der Sensationspresse: Der

Kampf um Auflage und Quote, der sich auch hier auf die Werbepreise auswirkt und damit den Gewinn des Verlegers/Senders bestimmt, hat dazu geführt, dass immer reißerischere, indiskretere und auch falsche Beiträge publiziert werden. Bei werbefinanzierten Internetangeboten wird diese Entwicklung ähnlich sein. Der Konsument kann einen Beitrag zur Besserung leisten, indem er Informationsfälschung als schwer wiegenden Qualitätsmangel des Produkts begreift und Glaubwürdigkeit, Verlässlichkeit und sorgfältige Informationsrecherche belohnt. Die Werbewirtschaft weiß längst, dass Glaubwürdigkeit des Mediums auch den Werbeaussagen besondere Glaubwürdigkeit verleiht, und zahlt daher beispielsweise mehr für eine Werbung im Spiegel als für eine Werbung in Konkurrenzblättern. So könnte der Markt künftig einen Beitrag zu größerer Wahrhaftigkeit in Medienberichterstattung leisten.

Rechtliche Mittel sind immer nur Reaktion. Die Akzeptanz der Rezipienten gegenüber dem Medium ist die andere Seite. Und so ist es eine wesentliche Aufgabe, allen Nutzern klar zu machen, dass die journalistische Qualität und damit der Wahrheitsgehalt von Onlinemeldungen im Internet weniger ausgeprägt ist als in bisherigen Printmedien. Man darf zukünftig noch weniger als jetzt alles glauben, was man liest und sieht. In den USA wird über die Glaubwürdigkeit der Berichterstattung schon heute intensiv diskutiert. Viele Printmedien haben einen Ombudsmann, der die Berichterstattung des eigenen Hauses teilweise sogar öffentlich kritisieren darf. Es gibt eine medienethische Nabelschau, die sich einerseits fragt, ob man für Geld wirklich alles machen und alles veröffentlichen darf und andererseits Informationsfälschung öffentlich kritisiert. Als eine unabhängige Kommission 1998 feststellte, dass der amerikanische Fernsehsender CNN einen gefälschten Filmbeitrag ausgestrahlt hatte, und die Kommission vermutete, dass weltweit noch sehr viel mehr gefälschte Dokumentationen mit bezahlten Statisten ausgestrahlt würden, berichtete CNN selbst ausführlich über die Kommission und ihre Erkenntnisse.

Eine ähnlich selbstkritische Mediendiskussion gab es (kurzfristig) im Zusammenhang mit dem Tod der Prinzessin von Wales auch in Europa, aber sie ist wieder verstummt. Man kann nur hoffen, dass das amerikanische Beispiel auch hier Schule macht und die Medien nicht nur an wirtschaftlichen Erfolg denken, sondern auch entsprechend selbstkritisch über ihre gesellschaftliche Verantwortung nachdenken.

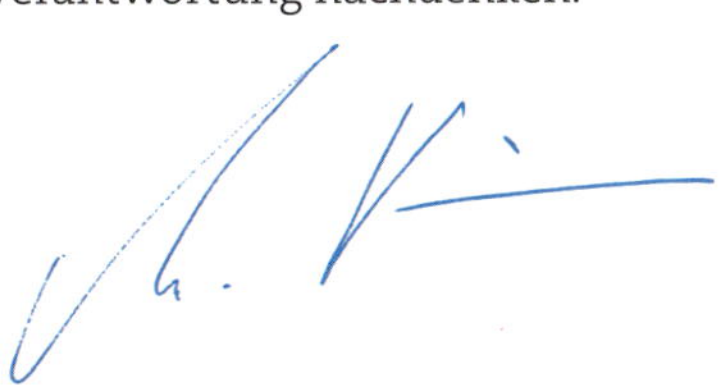

»Der Konsument kann einen Beitrag zur Besserung leisten, indem er Informationsfälschung als schwer wiegenden Qualitätsmangel des Produkts begreift und Glaubwürdigkeit, Verlässlichkeit und sorgfältige Informationsrecherche belohnt.«

Die Talkmasterin Margarete Schreinemakers (links) lastete ihre Schwierigkeiten mit den deutschen Finanzbehörden dem damaligen Bundesfinanzminister Theo Waigel persönlich an, weil sie dessen erster Frau Karin in der Scheidungsphase in ihrer Sendung Raum für ihre Darstellung der Dinge geboten habe.
Als sie ihre **Steueraffäre zum Thema ihrer Talkshow** machte, verfügte der Fernsehsender das Aus von »Schreinemakers live«. ⇒160

Norbert Haug

Formel 1 im Jahr 2000 und danach – Mit heißem Reifen in die Zukunft?

Autos und Rennwagen haben Norbert Haug zeit seines Lebens begleitet – oder er sie. Seine Begeisterung für alles, was Motor und Räder hat, steuerte ihn als Redakteur zum Motor-Presse-Verlag nach Stuttgart. 1990 wechselte er die Seiten und ist seither verantwortlich für die Motorsport-Aktivitäten bei Mercedes-Benz (DaimlerChrysler AG). Unter seiner Leitung fuhr der Rennstall an die Spitze des internationalen Motorsports. ⇨5102

Es wird härter werden in der Formel 1, noch härter und ganz bestimmt noch spannender.

Norbert Haug

1952 in Pforzheim geboren
1975 nach Zeitungsvolontariat Redakteur der Fachzeitschrift »sport auto«
1976–85 Ressortleiter Sport der Zeitschrift »auto motor und sport«
1985–88 Chefredakteur bei »sport auto«
1988–90 stellvertretender Chefredakteur bei »auto motor und sport«
seit 1.10.1990 Motorsport-Chef bei Mercedes-Benz (heute DaimlerChrysler AG); unter seiner Leitung
1992, 1994 und 1995 Gewinn der Deutschen Tourenwagen-Meisterschaft
1994 Gewinn der »500 Meilen von Indianapolis«
1995 Partnerschaft mit McLaren; Gewinn der Internationalen Tourenwagen-Meisterschaft
1998 Gewinn der Formel-1-Fahrer- und Konstrukteurs-Weltmeisterschaft

Nach der Saison 1998 sollte man meinen, das ginge gar nicht, aber es wird gehen. Die Formel 1 der kommenden Jahre besitzt alles Potenzial, noch populärer und noch glanzvoller zu werden. Neue Wettbewerber wie BMW und Honda folgen dem Weg, den Ferrari, Ford, Mercedes-Benz, Peugeot und Renault in den letzten Jahren gegangen sind und der die Erfolgreichsten unter ihnen mit weltweiter Publizität und breiter Anerkennung belohnt hat.

Die Formel 1 hat sich zum weltweiten TV-Sport Nummer eins entwickelt, und es sieht nicht danach aus, dass die eingeschlagene Erfolgskurve ihre Ideallinie verlassen wird. Allein in Deutschland sahen 1998 durchschnittlich über neun Millionen Livezuschauer bei RTL jeden Grand Prix, fast doppelt so viele wie noch 1995. Der Sprung von 1997 auf 1998 war enorm, insgesamt wurden zum Thema Formel 1 während der 16 Rennen umfassenden Saison allein in Deutschland mehr als 4,3 Milliarden Zuschauerkontakte bilanziert, weltweit waren es gar über 60 Milliarden. Die Gesamtsendedauer wurde in Deutschland um 45 Prozent gesteigert, von 165 Stunden im Jahre 1997 auf 239 im Jahre 1998.

Das Zahlenwerk ist ein notwendiges Warm-up, um die Bedeutung und den Wirkungsgrad der Formel 1 im richtigen Blickwinkel zu sehen. Nur aus ihm kann der Blick in die

Links: Die schnellsten Männer der Welt posieren fürs Jahresfoto. →5102
Rechts: Digital-TV – die Zukunft hat begonnen. →5102

Zukunft gewagt werden. Digitale TV-Übertragungstechnik wird steigende Beachtung finden. Das Ende der Neunzigerjahre erlebte den Startschuss dieser Technik, bei der der DF1-Zuschauer in Deutschland individuell die zu betrachtende Szenerie oder das gewünschte Informationstableau zu Hause auswählen kann. Noch ist die Verbreitung und Nutzung dieses reichhaltigen Grand-Prix-Menüs zahlenmäßig klein, das Potenzial für die Zukunft erscheint indes umso größer. Der Zuschauer wird bei dieser Übertragungstechnik zum Mitmachen animiert und fühlt sich so in das Geschehen integriert. Möglich, dass statt Decoder künftig über »Pay-per-View« (Gebührenerhebung pro gesehener Sendung) abgerechnet wird, ein Grand Prix mit sämtlichen Menü-Wahlmöglichkeiten wird aber immer noch weniger kosten als ein Kinobesuch, und je mehr Gäste in eine Röhre schauen, umso günstiger fällt die Rechnung im Sinne von »Pay-per-Viewer« aus. Unwahrscheinlich aus heutiger Sicht erscheint indes, dass die Formel 1 ausschließlich auf diesem Weg zu sehen sein wird; die oben aufgeführten Quoten werden auf lange Sicht nur von großen Sendern erreicht werden, und die Zahl der Zuschauerkontakte ist für jeden Hersteller und Sponsor der Gradmesser für den Gewinn, den er aus seiner Investition zieht.

Auf der technischen Seite wird die Formel 1 auch im 21. Jahrhundert den Kurs in Richtung Abrüstung weiterfahren. Die Zäsur im Reglement vor der Saison 1998 war die radikalste innerhalb der letzten 15 Jahre, und sie brachte lediglich zuwege, dass bereits Mitte der Saison 1998 wieder Rundenzeiten wie ein Jahr zuvor gefahren wurden. Dabei hatten die Regelmacher der FIA die Spurweite der Formel-1-Fahrzeuge um 20 (!) Zentimeter beschnitten und den bislang profillosen Slicks drei Rillen vorne und vier hinten verordnet, was die Aufstandsfläche der Reifen um fast 20 Prozent reduzierte. Die Formel-1-Techniker und die Reifenindustrie hatten einen

Neu seit 1998: Rillen in den Reifen →5102

Oben: Datenübertragung per Funk bei jedem Team →5102
Rechts: Schaltzentrale Digital-TV →5102

Quantensprung innerhalb einer halben Saison geschafft. Sämtliche Experten – auch jene, die anschließend die Fahrzeuge bauten – hatten es nicht für möglich gehalten, dass mit Fahrzeugen, die den derart beschnittenen Regeln entsprachen, auch nur annähernd so schnell gefahren werden würde wie mit jenen des Jahrgangs 1997. Der harte Wettbewerb belehrte alle eines Besseren, und es war wohl die faszinierendste Erkenntnis der Saison, welch immense Beschleunigung der harte Konkurrenzkampf, in diesem Fall zwischen Ferrari und McLaren-Mercedes, zwischen Goodyear und Bridgestone, zu produzieren in der Lage war. Vielleicht war die Saison 1998 diesbezüglich eine Messlatte für viele Jahre, denn nachdem sich Goodyear am Ende der Saison aus der Formel 1 zurückgezogen hat, wird Bridgestone voraussichtlich für die nächsten Jahre der einzige Reifenhersteller in der Königsdisziplin des Motorsports sein.

Nach dem Ende des »Reifenkriegs« fehlt ein wesentlicher Bestandteil der Jagd nach immer schnelleren Rundenzeiten: Während die Kontrahenten Ferrari/Goodyear und McLaren-Mercedes/Bridgestone sich in der letzten Saison fortlaufend zu neuen Bestleistungen anspornten, wird nun mit dem Einheitsreifenmaterial eine treibende Wettbewerbskomponente wegfallen. Limitierte Testtage sollen ein Übriges tun. Während die Topteams noch 1998 an über 100 Testtagen über 40 000 Kilometer testeten, sollen fortan laut Wunsch von Reifenausrüster Bridgestone maximal 50 Testtage erlaubt sein. Die internationale Motorsportbehörde FIA (Fédération Internationale de l'Automobile) will dieses Momentum nutzen und die Teams überzeugen, dass nach dem Rückgang des Testaufwands mehr Rennen gefahren werden sollen, wobei es wahrscheinlich erscheint, dass innerhalb des nächsten halben Jahrzehnts statt der für 1999 geplanten 17 Grands Prix alsbald deren 20 auf dem Kalender stehen werden. Strategischer Plan ist es dabei, wieder in den USA vertreten zu sein,

Einziger Reifenlieferant ab 1999: Bridgestone →5102

Links: Konzentration vor der Qualifikationsrunde
Oben: Datenanalyse

⇨5102

und zwar erstmals seit 1991 im Jahr 2000 auf der Traditionsrennstrecke von Indianapolis. China und andere asiatische Länder (Malaysia) sollen erschlossen werden. Viel genanntes Wunschziel für einen Grand Prix ist auch Moskau.

Die ersten Jahre des neuen Jahrhunderts werden demnach eine Ausdehnung des derzeitigen Spielkalenders erleben, und zwar mit der Priorität, Länder zu besuchen, die sich im wirtschaftlichen Aufwind befinden und die mit einem Formel-1-Gastspiel weltweite Aufmerksamkeit wecken wollen. Australien hat in den letzten drei Jahren mit der Ausrichtung des Auftakt-Grand-Prix einer jeden Saison in Melbourne gezeigt, welche Wirkung auf diese Art zu erzielen ist.

Was wir von der Formel 1 des 21. Jahrhunderts nicht erwarten sollten, sind Auseinandersetzungen nach dem »Big-Brother–is-watching-you«-Prinzip, ferngesteuerte Rennen, bei denen Drahtzieher im Hintergrund den Ausgang schon festlegen, bevor sich überhaupt ein Rad gedreht hat. Gerüchte vermeldeten diese Art von Steuerung bereits in der Vergangenheit, aber dies wird die Formel 1 auch in Zukunft nicht bieten können. Sie wird auch im 21. Jahrhundert bleiben, was sie seit ihrer Existenz 1950 ist: Hochleistungssport – im wahrsten Sinne des Wortes – zwischen Start- und Zielflagge, Business, Präsentation und Marketingwerkzeug vor und nach den Rennen – eine Mischung, wie sie in dieser Konsequenz im Sport bislang einzigartig ist.

Grand Prix Australien 1998

⇨5102

Heidi Schüller

Höher –

schneller –

weiter?

Gesünder –

älter –

glücklicher?

Die frühere Leichtathletin, Ärztin, Fernsehmoderatorin und freiberufliche Journalistin Heidi Schüller schreibt auch Sachbücher. Mit »Die Gesundmacher« (1993), »Die Alterslüge. Für einen neuen Generationenvertrag« (1995) und »Wir Zukunftsdiebe« (1997) löste sie heftige Debatten aus. ⇨4802

Wohin die Reise geht im nächsten Jahrtausend –

ja, das möchten wir wissen!? In der **Medizin,** in der **Technik,** den **Medien** oder im **Sport?** Wird alles nur verrückter, exzessiver, faszinierender oder führt es uns wirklich weiter?

Der Fortschritt der **medizinischen Technologien** wird sich rasant entwickeln. Die Diagnostik in der Medizin wird immer besser werden. Aber hält die heilende Therapie damit noch Schritt? Da sind Zweifel angebracht.

Wir wissen sicher in Zukunft noch früher als heute, woran wir erkranken können oder werden. Wir können alles vermessen, beschreiben, sehen. Aber macht uns das glücklicher? Mich nicht, andere vielleicht. Was nutzt uns all das Wissen? Was ist, wenn die entdeckte Krankheit ohnehin (noch) nicht heilbar ist? Werden wir dann zu versicherungstechnischen Risiken und vielleicht abgestraft? Die Crux der verbesserten Diagnostik ist die potenzielle Selektion. Man sollte das im Auge behalten.

Die Therapie wird sicher noch facettenreicher und spezifizierter. Vor allem wird sie immer früher beginnen. Sie sollte nicht mit Heilung verwechselt werden, oft bleibt es ein weiterer teurer Behandlungsversuch.

Wir werden vermutlich älter, aber nur als behandlungsbedürftige Dauerpatienten-Konsumenten und nicht etwa als Gesunde. Das ist die Kehrseite der Medaille. Eine Mega-Gesundheits-Konsumbranche wird uns doch nicht freiwillig in die Diagnose- und Therapiefreiheit entlassen. Das ent-

Heidi Schüller

15.6.1950 in Passau geboren

Medizin:

1968–75 Studium der Medizin in Köln und Staatsexamen

1976 Approbation und Promotion »magna cum laude«, danach wissenschaftliche Angestellte in der Kinderkardiologie und Pathologie, Ausbildung zur Fachärztin für Anästhesie und Intensivmedizin, zuletzt als leitende Oberärztin an der Universitätsklinik Köln

1985 Aufgabe dieses Berufs

Sport:

1968 als Fünfkämpferin Deutsche Jugendmeisterin im 80-Meter-Hürdenlauf

1972 Deutsche Meisterin über 100 Meter Hürden

1972 Sprecherin des Olympischen Eids bei den Olympischen Spielen in München

Journalismus:

1990 Moderatorin von »Talk im Turm«

seit 1993 Buchautorin

spräche nicht dem Zeitgeist und schon gar nicht dem berechtigten Anliegen der Gesundheitsindustrie. Sie verdienen an Krankheit, nicht an Gesundheit. Das muss klar sein! Sozialromantik ist hier fehl am Platz. Und auch die öffentlichen Sozialkonzerne sind doch längst zu einflussreichen Arbeitsbeschaffungszentralen für loyale Parteisoldaten und eine spezifische Parteienklientel geworden; links wie rechts. Schließlich hängen auch hier längst Millionen Arbeitsplätze im Sozialbereich daran. Wirkliche Genesung, Heilung und Eigenverantwortung der Bürger, das hieße ja drohende Ressourcenverknappung, Mittelkürzung und Stellenabbau im System! Doch es wird kommen, irgendwann, schon weil im europäischen Kontext eine Anpassung erfolgt.

Im ersten Jahrzehnt des neuen Jahrtausends muss der Sozialstaat umgekrempelt sein, sonst scheitern wir am Sozialen noch schneller als an der Ökonomie. Ein neues Sozialverständnis muss effizient den Bedürftigen helfen und nicht selbst neuen Bedarf produzieren. Die deutschen Sozialstandards sind international nicht konkurrenzfähig und viel zu oft kontraproduktiv.

Solange wir Krankheit fördern und nicht Gesundheit, wahllose Therapie und nicht abschließende Heilung, Passivität statt Aktivität, Versorgungsmentalität statt eigenverantwortliches Handeln – solange dürfen wir uns über Defizite in den Sozialsystemen nicht wundern. Die Ansprüche an den Staat stehen in keinem Verhältnis zur seiner Leistungsbereitschaft und -fähigkeit.

Wer soll die Schieflage bezahlen? Bei den Krankenversicherungen, bei den Renten und Pensionen? »Die Jüngeren finanzieren die Älteren«, heißt es im Generationenvertrag. Klingt gut! Aber – können sie das? Nein! Auf diesem Niveau? Für alle? Nein und nochmals nein. Das kollektive Älterwerden ist ein gesamtgesellschaftliches Problem. Die Jungen können diese Belastung nicht alleine schultern.

Wir werden uns noch wundern! Spätestens von den Jahren 2015 bis 2030 an wird es eng. Dann zeigt der klassische Generationenvertrag endgültig seine Finanzierungsgrenzen. Hier tickt eine Zeitbombe.

Wir werden die Ansprüche an Kollektivsysteme zurückfahren und mehr Leistungsbereitschaft abfordern müssen. Das gilt für die Besitzstandwahrer wie für den Teil der Jugend, der sich in den Nischen eines überbordenden Sozialstaats eine weltenferne Idylle eingerichtet hat. Wir werden uns an andere Standards gewöhnen müssen. Die Rundumversorgung privilegierter Gruppen zulasten der »working few«, darf es bald nach der Jahrtausendwende nicht mehr geben.

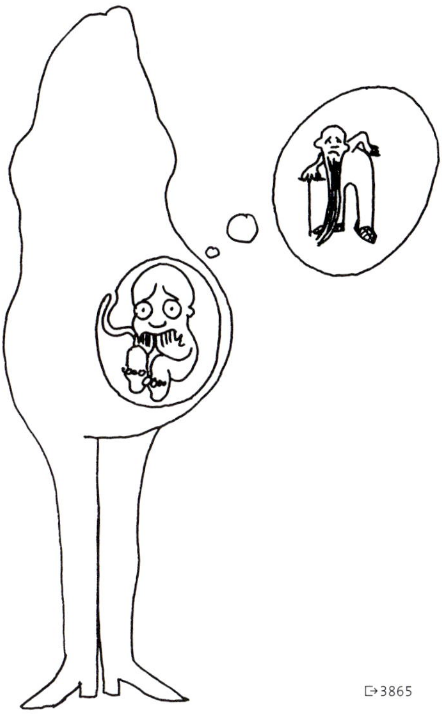

⇒3865

»Was bringt es dem Individuum, schon im Mutterleib zu wissen, woran es voraussichtlich später leidet?«

⇒3865

Was bringt die Genforschung? Das Genom wird bald entschlüsselt sein. Dann beginnt ein neues Zeitalter. Vieles wird möglich, nicht alles darf sein! Können wir dann vielleicht Alterungsprozesse verzögern? Wenn wir Leben verlängern können, können wir es dann nicht auch elegant verkürzen? Warum nicht? Wer garantiert das?
Welche Rolle spielen die **Medien?** Informieren sie neutral? Taten sie das je? Kontrollieren sie noch effizient die Politik? Und sind die Medien selbst noch kontrollierbar? Nein, realistischerweise muss man sagen, nein. Sie sind längst Teil der Inszenierung. Eher Motor als Medium. Sie haben eine Eigendynamik gewonnen, die heute schon nicht kontrollierbar ist, geschweige denn in Zukunft. Aus den Milchstraßen von (Des-)Informationsmüll die relevanten Nachrichten herauszufiltern, das können nur noch wenige. Die Informationsflut intelligent zu vernetzen, das bleibt ein Privileg einzelner hoch begabter Spezialisten. Auf sie muss sich unser ganzes Augenmerk richten. Sie schaffen die Wertschöpfung von morgen .
Aber die klassischen Medien haben auch eine soziale Funktion, insbesondere das Fernsehen. Es entwickelt sich zunehmend zu einem Instrument der politischen Sedierung und Ablenkung. Als willkommene Zeittotschläger halten die Medien all die Massen unterforderter und unbeschäftigter Menschen bei Laune, notfalls auch mit Gaga-TV.
Mit **Sport,** Filmen, Quasselshows und simulierten Lebenswelten ersetzen sie zunehmend die eigenen Aktivitäten all derer, die nichts zu tun haben oder denen das nötige Kleingeld fehlt. Das »Mehr« an Freizeit und Lebenszeit als Folge verlängerter Renten- und Pensionsdauer und der sinkenden Erwerbsmöglichkeiten muss auf Teufel komm raus mit Inhalten gefüllt werden. Das geht auf Kosten des Niveaus.

» Das kollektive Älterwerden ist ein gesamtgesellschaftliches Problem. Die Jungen können diese Belastung nicht alleine schultern. «

Gerade der Fernsehsport mit gigantischen Masseninszenierungen wie Fußball eignet sich als perfektes Erlebnissurrogat. Hier tobt noch das pralle Leben! Hier haben Wut und Enttäuschung, Nationalstolz und Aggression, aber auch Mitleiden, Hoffen und Bangen noch ihren gesellschaftlich akzeptierten Freiraum. Vielleicht sucht und findet hier eine bequeme vergreiste Gesellschaft endlich die Vitalität und Unversehrtheit der Jugend, nach der sie individuell so lechzt. Die Heroen und die Kultstars der Sportszene simulieren das Leben perfekt: Sie fighten, tricksen, siegen oder verlieren. Sie machen so auch die eigene »Looser«-Biografie erträglich.
Die Kommerzialisierung der vermarktbaren Sportarten wird fortschreiten, der politische Einfluss der großen internationalen Massenverbände wie FIFA und IOC auch. Vielleicht infiltrieren sie langsam die politischen internationalen

Instanzen. Mächtiger, denn finanzstärker sind sie ohnehin, und ihre Kontakte und einflussreichen Verbindungsleute sitzen weltweit. Ihr Produkt ist genial und ohne Sprachbarrieren vermarktbar und in den Medien haben sie mächtige Verbündete. Als Global Player der ersten Stunde sind sie effizienter und pragmatischer als die ritualisierte Politik und Diplomatie. Schon heute halten sie Hof am Rande ihrer internationalen Meetings wie Weltmeisterschaften oder Olympischen Spielen, und die Mächtigen der Welt lassen sich nicht zweimal bitten.

Das Kapital und die politische Macht sind weltweit in Händen der älteren Generation. Die Jungen haben nur das Wissen und die Kompetenz in Forschung und Computertechnologie, vielleicht noch den direkteren Zugang zu den Medien in dieses ungleiche Rennen einzubringen. Einige wenige von ihnen haben den Schlüssel zur Zukunft in der Hand. Hoffentlich haben wir ihnen genug Humanismus, Herzensbildung und Verantwortungsgefühl für das Ganze mit auf den Weg gegeben, sonst gnade uns Gott!

Aber wir haben keine Wahl: Die Zukunft war immer jung und dynamisch – und nicht alt, bequem und angstbesetzt.

Wie hilfreich die Medien dabei sein werden, bleibt abzuwarten. Vielleicht hindern sie uns auch zunehmend, das Wichtige vom Unwichtigen zu unterscheiden. Wir sollten vor lauter »Action« und Medienfaszination nicht verpassen, in der Realität termingerecht zu handeln. Die große Aufgabe zu Beginn des nächsten Jahrtausends wird sein, den wachsenden Konflikt zwischen privater Infantilisierung und gesellschaftlicher Vergreisung aufzulösen.

Wir werden sicher viele weitere spektakuläre Innovationen, Rekorde und technologische Perfektion auf allen Gebieten im nächsten Jahrtausend erleben. Der Fortschritt lässt sich nicht aufhalten! Selbst wenn sich einige Individuen verweigern: Die unruhigen Geister bestimmen den Takt der Zukunft.

Doch sie haben kein Monopol auf kritiklose Autonomie. Das kommerzielle Diktat ihrer Finanziers und Protagonisten ersetzt nicht die notwendige Wertediskussion. Jeder Fortschritt muss sich der Risiko-Nutzen-Debatte stellen, sonst führt er sich selbst ad absurdum.

Die Gratwanderung zwischen Machbarem und Sinnvollem, zwischen kollektiver Paranoia und einer individuell lebenswerten Existenz – das bleibt eine gemeinschaftlich zu lösende Aufgabe für die ganze Gesellschaft.

⊡→3865

»Fernsehen entwickelt sich zunehmend zu einem Instrument der politischen Sedierung und Ablenkung.«

»Die Zukunft ist immer jung und dynamisch – und nicht alt, bequem und angstbesetzt.«

⊡→3865

Peter Schmidt

Was gefällt der übernächsten Generation?

Der Designer Peter Schmidt arbeitet seit 1972 in eigenen Studios mit den Schwerpunkten Corporate Design, Verpackung, Kosmetik, Bücher, Zeitschriften, Architektur unter anderem für Hugo Boss, die Bundeswehr, Estée Lauder und Procter & Gamble. 1994 entwarf er sein erstes Bühnenbild für die Hamburgische Staatsoper, 1996 führte er Regie und gestaltete das Bühnenbild für die Oper »Wilhelm Tell« in Putbus auf Rügen. →4795

Design enthält stets eine gewisse Komponente des Outings.

Nein, es geht dabei nicht um pikante Vorlieben irgendeiner Person, sondern vielmehr darum, dass Design die Facetten des kulturellen, politischen und ökonomischen Gesamthintergrundes einer Gesellschaft beleuchtet, vor dem sich die Form der Gegenstände materialisiert. Die Genese des Tafelmessers zum Beispiel legt da beredtes Zeugnis ab: Ob Fisch-, Obst-, Butter- oder Dessertmesser – jedes einzelne Objekt ist die jeweilige Manifestation gewachsener Sitten und Bräuche in einer hoch differenzierten Esskultur.

In vorindustrieller Zeit veränderten sich die Rituale des Gebrauchens von Gegenständen über lange Zeiträume hinweg nur langsam. Gegenstandsfunktionen und -formen stellten sozusagen die entäußerte innere soziale Natur des Menschen dar. Erst nach der Etablierung neuer Werte nahmen diese auch Einfluss auf die formale Gestaltung der Gebrauchsobjekte: Als der gesellschaftliche Konsens es beim Essen irgendwann als »unfein« erachtete, sich zum Mundabwischen eines Jackenärmels oder der Tischdecke zu bedienen, machte die Serviette Karriere. Der Mensch prägte die Mittel.

Aber das war einmal …

Die industrielle Revolution verdrehte das allmählich gewachsene Verhältnis von Gegenstandsform und gesellschaftlicher Erfahrungsgeschichte beinahe in sein Gegenteil. Für die

Peter Schmidt

10.12.1937 in Bayreuth geboren
3-jährige Lehre als Lithograph in Bayreuth
Studium an der Werkkunstschule in Kassel, 8 Semester
4 Jahre Grafiker bei Schwarzkopf in Hamburg
4 Jahre Art Director, Creative Director und in der Geschäftsleitung bei Verclas & Böltz Werbeagentur, Hamburg
seit 1972 eigene Design-Studios

industrielle Wahrnehmung wurden gegenstandsgebundene Funktionen und Gestaltzusammenhänge bedeutsam, die es vormals nicht gab und die sich von den alten Formen des sozialen Miteinanders entkoppelten. In zunehmendem Maße prägten die neuen Mittel den Menschen; es steht mittlerweile die Frage zur Diskussion, inwiefern die Mittel heute den Menschen sogar beherrschen, und ob dies überhaupt als eine wünschenswerte Entwicklung anzusehen ist.
Mit der aufkommenden Industriekultur setzte eine neue Selbstwahrnehmung der Menschen über die von ihnen en masse produzierten Gegenstände ein. In diese Phase der »elektrischen Revolution«, also die Zeit zu Beginn des 20. Jahrhunderts, als der Elektromotor Produkte und Produktionen zu verschlanken begann, fiel auch die Tradition der industriellen Sachlichkeit. Sie war und ist das Verdienst von Peter Behrens, dem Erfinder der Rationalitätsfigur des Designers als Entwurfsspezialisten für die Großindustrie. In diesem neuen Selbstverständnis wurden die Objekte aus ihrem evolutionär gewachsenen kulturellen Kontext herausgelöst und auf ein neues Podest gestellt: In einer Welt der Produkte wurde das Design selbst zu einem Produkt.
Das kulturelle Paradigma der produktrationalen Sachlichkeit des Designs konnte sich über 80 Jahre hinweg behaupten und in mehreren Zyklen immer wieder erneuern (wertvolle Anstöße für Designinterpretationen lieferte zwischen 1955 und 1968 die Hochschule für Gestaltung Ulm, die in der deutschen Nachkriegsindustriegeschichte die Tradition des Bauhauses fortentwickelte und zu Beginn der Epoche der Automation und des Massenkomforts einen zeitgemäßen Begriff von Design realisierte).
Im digitalen Zeitalter jedoch gerät das bis dahin dem Design scheinbar eingeschriebene Prinzip von »form follows function« allmählich ins Wanken. Während zum Beispiel ein elektrischer Schalter oder eine Dampfmaschine in ihrem Gebrauch generell noch vorstellbar waren, entziehen sich die Funktionsprinzipien eines Mikroprozessors für den Menschen jeder sinnlich-räumlichen Erfahrung – der Funktionsbegriff entfernt bzw. entfremdet sich zusehends von der menschlichen Vorstellung. Da ist ein unscheinbares, extrem kleines, schwarzes Kästchen, das eine Menge kann – der Chip. Im Vergleich dazu wirkt die vergleichsweise klobige Tastatur im Grunde nur noch wie ein mitleidiger Tribut an den nur allzu unvollkommenen Bediener Mensch.

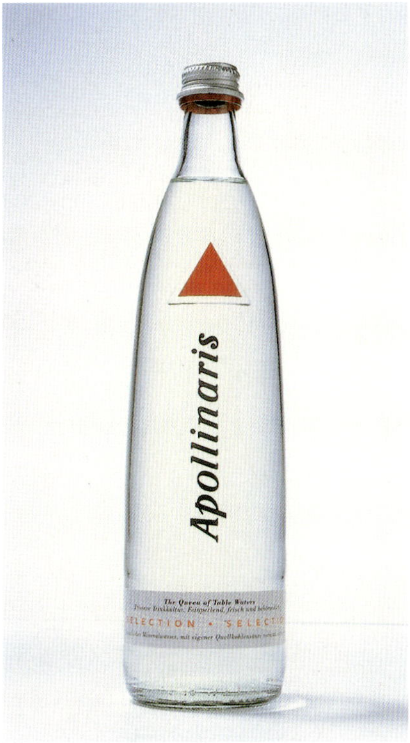

→4795

⇨4795

Bundeswehr
Wir sind da.

> *Es hat den Anschein, als markiere die Postmoderne eine tatsächlich entscheidende Wende im Design: die Zerspaltung von Form und Funktion.*

⇨4795

Es hat den Anschein, als markiere die Postmoderne eine tatsächlich entscheidende Wende im Design: die Zerspaltung von Form und Funktion. Wie rührend nostalgisch kommt es einem da vor, wenn man einen modernen Computer anschaltet und darauf einen digitalen Notizblock oder virtuelle Post-it-Haftzettel vorfindet. Auch der Begriff des so genannten Note-»Books« verweist in dieselbe nostalgische Richtung. Wir greifen zu vertrauten Metaphern, um uns in der neuen digitalen Welt heimisch zu fühlen. Das Design verschiebt seinen Aktionsradius und befasst sich zunehmend mit der Gestaltung von Benutzeroberflächen.

Der Designer allerdings steht nun wieder dort, wo er bereits am Anfang des Jahrhunderts stand: Er gestaltet beschwichtigende Hüllen für eine Technik, deren Funktionsweise sich dem Menschen sinnlich nicht mehr mitteilt – die ehedem körperhafte Hülle schrumpft weitgehend auf die grafische Zweidimensionalität des Bildschirms oder verwandelt sich mittels spezieller Datenbrillen in virtuelle Welten. Angesichts der weiterhin zu erwartenden technischen Entwicklung drängt sich einem die Frage auf, ob sich mit dem Aufkommen einer körperlosen virtuellen Welt das Ende der klassischen Designgeschichte ankündigt, wie wir sie bisher kannten.

Der Philosoph Paul Virilio beschwor aufgrund der beschleunigten Technikentwicklung sogar die Vision herauf, in der sich die Homines technici dank virtueller Welten in eine »liegende« Gesellschaft verwandeln. Wo die Menschen sich auf ihren Computersofas fläzten und das Haus gar nicht mehr zu verlassen bräuchten, da sie ja jederzeit via virtueller Welten miteinander in Kontakt treten könnten. Überhaupt würde demnach der menschliche Körper eine physische Transformation in eine Art Sofawesen durchlaufen, weil der Körper außer zur Bedienung des Computers und zur Fortpflanzung im Grunde überflüssig würde ...

Wo immer man heute über Design liest oder redet, scheint unterschwellig notorischer Optimismus vorzuherrschen: dass Design die Formbarkeit unserer Lebenswelten in demselben Maße verspräche wie der ökonomische Erfolg. Die Welt sei prima, solange alles nur schön durchgestaltet ist. Wirklich?

Der heute fast allgegenwärtige Designglaube suggeriert den Konsumenten vordergründige Beruhigung, während sich unter der Oberfläche eine Angst breit macht, die beinahe schon mittelalterliche Züge trägt. Vor dem Hintergrund der bedrohlichen, ungelösten global-sozialen Fragen und dem Bewusstsein der allgemeinen Unsicherheit kurz vor dem Ende des Jahrtausends dämmert vielen die Erkenntnis, dass die Probleme sich am schön designten Bildschirm kaum lösen lassen werden: Zum Beispiel Fragen zur gerechten Verteilung der irdischen Ressourcen, zur Versöhnung des Menschen mit der von ihm geschändeten Natur oder zur Bewältigung unvermeidbarer Naturkatastrophen.

Das Design von übermorgen – falls es dann in der uns bekannten Form noch existiert – wird, sofern es beständig sein soll, geprägt sein müssen von den Hausaufgaben, die wir den uns nachfolgenden Generationen mit auf ihren Weg geben.

Die Parole von der versklavten Natur (»Macht Euch die Erde untertan!«) hat den Menschen vergleichsweise weit gebracht. Doch mit dieser Auffassung stehen die Menschen nun am Scheideweg. Es bieten sich zwei logische Alternativen an: Entweder a) die irdische Natur restlos auszubeuten, in der Hoffnung, dass es der technische Fortschritt den Menschen ermöglicht, eines fernen Tages auf andere Planeten auszuweichen – oder b) umzudenken und die lebendige Natur als mindestens gleichberechtigten Partner anzuerkennen. Der Mensch als ein Teil der Natur wäre gut beraten, sein anmaßendes Selbstverständnis in aller Bescheidenheit neu zu überdenken.

Das zukünftige Design könnte demnach Natur, Technik und den Menschen miteinander in Harmonie bringen. Wie das funktionieren soll, können wir uns heute freilich ebenso wenig vorstellen wie noch vor 50 Jahren eine Reise zum Mond. Aber nicht von der Technik oder vom Design dürfen wir die Lösungen erwarten, sondern einzig und allein von den Menschen.

Ein Grund zum Umdenken? Ja. Ein Grund zum Pessimismus? Nein. Denn wohl das Beste an der Not war und ist immer noch: Sie macht uns ziemlich erfinderisch.

Hamburg

⇨4795

»*Das zukünftige Design könnte demnach Natur, Technik und den Menschen in Harmonie bringen.*«

Theo Stemmler

Universitäten – Wird es sie nach 2000 noch geben?

Theo Stemmler ist Sprach- und Literaturwissenschaftler; er lehrt Englische Philologie an den Universitäten Mannheim und Heidelberg. Oft genug verlässt er den Elfenbeinturm der Wissenschaft und schreibt vor allem Kulturhistorisches und Sprachkritisches für ein größeres Publikum: Nietzsches »fröhliche Wissenschaft« nimmt er ernst. Keinen Spaß versteht er, wenn die Reduktion der Universität zu einer Berufsschule droht. ⇨2763

Über den Morbus utilitaris: Fabelhafter Bericht an eine Akademie

Herr Präsident, hohe Mitglieder der Akademie!

Sie erweisen mir die Ehre, mich aufzufordern, der Akademie einen Bericht über meine klinischen Forschungen zu einer bislang unbekannten Krankheit einzureichen. Dieser Bitte komme ich heute nach.

Bereits seit einigen Jahren registrieren wir das gehäufte Auftreten einer vorher in unserer Republik nicht beobachteten Krankheit. Epidemiologisch ist sie eindeutig zu beurteilen. Sie befällt keineswegs alle Gruppen der Bevölkerung, sondern tritt ausschließlich im akademischen Bereich auf: Dort ist sie inzwischen endemisch. Das Leiden sucht sich seine Opfer unter Hochschullehrern: alten und jungen, Männern und (falls vorkommend) Frauen. Es ist nicht meldepflichtig, da es nur in dieser kleinen, leicht zu übersehenden gesellschaftlichen Gruppe auftritt. Die Anlegung eines amtlichen Katasters erscheint daher zurzeit nicht erforderlich.

Die Symptome dieser Krankheit sind auch für medizinische Laien leicht erkennbar, wenngleich von uneinheitlicher Ausprägung. Wir haben es meist mit drei Erscheinungsformen zu tun, die bei aller Unterschiedlichkeit einen gemeinsamen Befund aufweisen: den von der Norm abweichenden – entweder frequenten oder seltenen – Pulsschlag. Bevor ich die Symptomatik im Einzelnen beschreibe, sind einige Bemerkungen zur Ätiologie dieser Krankheit angebracht.

Theo Stemmler

1936 in Köln geboren
Studium der Anglistik, Romanistik, der skandinavischen Sprachen und des Indonesischen in Bonn, Paris und Straßburg
1967 Habilitation
seit 1968 Ordinarius für Englische Philologie an der Universität Mannheim, zusätzlich
seit 1997 Lehrauftrag an der Universität Heidelberg
Mitglied des PEN-Clubs
Neben wissenschaftlichen Beiträgen Publikationen wie »Kleine Geschichte des Tennisspiels«, »Stemmlers kleine Stil-Lehre«, »Kleine Geschichte des Fußballspiels«; mehrere Gedichtbände; Essays, Glossen und Satiren in zahlreichen Zeitungen und Zeitschriften

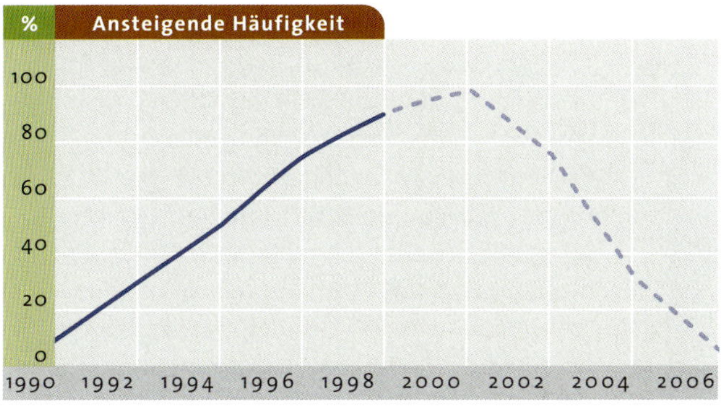

1. Morbus utilitaris: Den alarmierenden Zuwachs der Erkrankung in universitären Kreisen belegt diese Grafik – Experten sagen jedoch für das kommende Jahrtausend einen Rückgang voraus. Ob das Anlass zur Freude geben kann, sei dahingestellt. ↪99997

Wie aus der Anamnese der Leidenden hervorgeht, löst in allen Fällen ein Stressor die Krankheit aus: die gebetsmühlenartig vorgeklapperte Forderung der Politiker an die Professoren, endlich nützlich zu werden, Ballast abzuwerfen, ihrem Götzen Wilhelm von Humboldt abzuschwören und auf das Latinum zu verzichten – auf allgemeine Bildung sowieso. Es liegt nahe, das durch dieses Ansinnen verursachte Leiden als *Morbus utilitaris* zu bezeichnen (Grafik 1).

Es handelt sich also um eine psychosomatisch bedingte Erkrankung, die – wie alle derartigen Leiden – nur schwer therapierbar ist; eine bakterielle Infektion durch die an Fachhochschulen weit verbreiteten Praktikokken ist eher unwahrscheinlich. Die erwähnte Ausfächerung der Symptome wird durch die Ätiologie verständlich: Jede zur Nützlichkeit aufgeforderte Fakultät, ja jeder einzelne um Praxisnähe gebetene Professor reagiert auf diese Belastung anders.

In einer ersten Fallgruppe konnten wir den Cannon-Reflex beobachten: Die vom Stress Getroffenen stellen sich tot – es kommt zu einer kataleptischen Starre. Doch die reflektorische Bewegungslosigkeit täuscht über die Labilität des physiologischen Befindens hinweg. Dieses ist durch Pulsbeschleunigung, Adrenalinausschüttung und andere typische Merkmale einer Notfallreaktion gekennzeichnet. Mit anderen Worten (die Kollegen von der Zoologie mögen mir den Vergleich gestatten): Das im Anblick der Schlange vor Schreck erstarrte Kaninchen ist im Inneren angstvoll bewegt, unternimmt aber nichts, um dem Zugriff zu entfliehen – in der vergeblichen Hoffnung, dass das gefährliche Gegenüber in Gestalt eines professionellen (oder auch professoralen) Hochschulpolitikers irgendwann verschwindet.

Eine zweite Gruppe lässt eine starke Verlangsamung des Pulsschlags – Bradykardie also – erkennen, wie man sie konstitutionell bei Vagotonikern und Krokodilen findet. Bei diesen Fällen handelt es sich um (wiederum sei ein zoologischer Exkurs erlaubt) ausgesprochene Dickhäuter, die so tun, als wenn sie den utilitaristischen Appell gar nicht gehört hät-

»Wie aus der Anamnese der Leidenden hervorgeht, löst in allen Fällen ein Stressor die Krankheit aus: die gebetsmühlenartig vorgeklapperte Forderung der Politiker an die Professoren, endlich nützlich zu werden, ihrem Götzen Wilhelm von Humboldt abzuschwören …«

Universität als Hort des Geistes und der Forschung? Humboldt-Universität Berlin →1238

ten. Sie bewegen sich mit Kräfte sparend geringem Grundumsatz so im träge dahinfließenden akademischen Strom, wie sie das schon immer gewohnt waren. Um Politiker, die laut rufend und drohend am Ufer stehen, kümmern sie sich nicht: Deren Worte – und fiskalische Dumdumgeschosse – prallen an ihrem durch lange Selektion verdickten Panzer ab.

Trotz ihrer oft geschlossenen Augen sind sie hellwach: Ihre Passivität ist Schläue – Mimikry. Im richtigen Moment schlägt ein von ihnen mehrheitlich beauftragter Artgenosse (einem Rektor oder Dekan vergleichbar) seine Zähne in das Opfer, das sich zu weit in den Herrschaftsbereich der Krokodile gewagt hat. Während der vorlaute politische Rufer am Rande der akademischen Wüste von der Ober-Echse verschlungen wird, vergießt deren Stellvertreter Krokodilstränen und hält eine Leichenrede, in der die Ideale der humboldtschen Universität und die Freiheit von Forschung und Lehre vorkommen. Danach kehrt am Strom wieder völlige Ruhe ein. Bei dieser Gruppe erweist sich also die Bradykardie nicht als Symptom einer Krankheit, sondern als Indikator und Garant unverwüstlicher Gesundheit – Krokodile werden über hundert Jahre alt. Ohne genetische Eingriffe wird sich da wohl nichts ändern.

Betrachten wir nun die dritte Kategorie der universitär Auffälligen. Diese reagieren auf die Stress auslösenden politischen Zurufe und Drohgebärden mit heftig beschleunigtem Puls, wie er auch bei einer herkömmlichen Tachykardie beobachtet wird. Doch zeigen sich bei ihnen weitere Symptome, die sich zu einem Syndrom bündeln und auf eine akute Krise hindeuten: Hyperventilation, gerötete Wangen, übermäßige Transpiration, hektische Motorik, erhöhte Körpertemperatur, Hypertonie sowie eine spezielle Form der Aphasie, bei der das deutsche Sprachvermögen ausfällt und durch das englische ersetzt wird. Diese am sichtbarsten unter dem *Morbus utilitaris* Leidenden fallen durch fiebrige Betriebsamkeit auf, deren Pseudosymptomatik einer Scheinschwangerschaft durchaus vergleichbar ist.

Diese Fallgruppe wird nicht kontinuierlich von Geschäftigkeit heimgesucht, sondern oft nur semesterweise – in Schüben, wie sie von der Malaria her bekannt sind: Während solcher Phasen sondern die Betroffenen ein Projekt nach dem anderen ab. Ihre Therapierung ist besonders schwierig, da sie sich immer wieder kollektiv neu erregen – ja, es sind sogar Fälle von gemeinsamer akademischer Selbstverstümmelung bekannt geworden, die zwar an den Kirchenvater Origenes

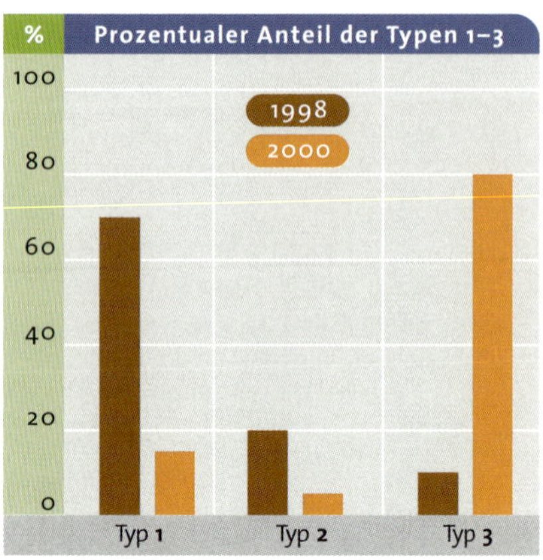

2. Veränderungen im Krankheitsbild: Die scheintoten Kaninchen und die trägen Krokodile, die heute noch die Mehrzahl der Erkrankten ausmachen, werden gegenüber den aktionistischen Hyperventilierern zurückgehen. Man entscheide selbst, welche Patienten einem lieber sind. →99997

erinnern, jedoch keinerlei religiösen Hintergrund haben. Die Therapie wird zusätzlich dadurch erschwert, dass sich häufig am Krankenbett Politiker einfinden und den Daniederliegenden einreden, sie seien im Kern gesund – oder gar: kerngesund. Und es könne nicht genug nützliche Projekte geben, auch wenn die meisten im Papierkorb landeten. Es ist beobachtet worden, dass die am *Morbus utilitaris* Leidenden dieser dritten Fallgruppe nach derartigen Appellen in einem euphorischen Schub ihre ohnehin auffällige Hektik noch steigern und neue Nützlichkeitsvorschläge konzipieren, obwohl die alten den ministeriellen Reißwolf noch gar nicht erreicht haben.

Universität als Berufsschule? Gründung der Privatuniversität Bruchsal ⇨1480

Den betroffenen Gruppen einen Rat zu erteilen fällt schwer: Die Kaninchen und Krokodile brauchen keinen – und die Hypermotoriker wollen keinen. Jedenfalls wäre im Sinne Galens den Politikern zukünftig eine vorsichtigere Dosierung des von ihnen verabreichten Stressors »Nützlichkeit« zu empfehlen. Auch auf drohende fiskalische Gebärden sollten sie verzichten: Vielleicht fänden ihre von Natur aus schreckhaften Adressaten sehr bald zu einer normalen Pulsfrequenz zurück – die Kaninchen wären nicht mehr scheintot, die Krokodile weniger träge und die Aufgeregten etwas gelassener. Doch erscheint mir zweifelhaft, ob die Nützlichkeitsapostel von den hohen Dosierungen ihrer Modedroge abgehen werden. Alle epidemiologischen Parameter deuten jedenfalls darauf hin, dass bis zum Jahre 2000 (Grafik 2) die Gruppe der reformatorischen Hypermotoriker am stärksten zunehmen und die Zahl der anderen dem *Morbus utilitaris* Ausgesetzten weit hinter sich lassen wird.

Falls diese Prognose zutrifft, sollte man in zukünftigen epidemiologischen Beschreibungen dieser Krankheit den Begriff »Universität« streichen und durch »Höhere Berufsschule« ersetzen: Vor lauter Nützlichkeit wird die Universität unnütz werden. An den postuniversitären Ausbildungsanstalten der Zukunft wird der Stressor Nützlichkeit keine pathologischen Zustände mehr auslösen, sondern (in der Wirkung einem angenehm betäubenden Endomorphin vergleichbar) starke Glücksgefühle hervorrufen. Mit anderen Worten: Im nächsten Jahrhundert wird der *Morbus utilitaris* der Vergangenheit angehören.

Ich danke Ihnen, hohe Mitglieder der Akademie, für Ihre Aufmerksamkeit.

»*Falls diese Prognose zutrifft, sollte man … den Begriff »Universität« streichen und durch »Höhere Berufsschule« ersetzen: Vor lauter Nützlichkeit wird die Universität unnütz werden.*«

Lo Spirito del Lago

Dove va l'arte nel duemila?

All'Isola Bella!

Wohin geht die Kunst im Jahr 2000?
Auf die Isola Bella!

Lo Spirito del Lago, gegründet 1996 von Birgit Kahle, Peter Gilles und Giampiero Zanzi (künstlerischer Beirat von »Lo Spirito del Lago e.V.«), ist ein Kunstprojekt mit dem Ziel der Präsentation und Förderung internationaler zeitgenössischer Kunst auf der Isola Bella im Borromäischen Golf des Lago Maggiore.
Die Isola Bella wurde bereits zu Beginn des 17. Jahrhunderts zu einem barocken Gesamtkunstwerk umgestaltet – eine Vision des Grafen Carlo III. Borromeo und ihre architektonische Umsetzung durch berühmte Baumeister (Crivelli, Richini) dieser Epoche. Palast und Terrassengärten geben der Insel die Form eines überdimensionalen Schiffes. In den historischen Mauern der Isola Bella existiert ein Kunstlaboratorium. Zwischen Barock und Kitsch, zwischen Pathos und Banalität manifestiert sich eine besondere künstlerische Ausdrucksform. Die Aura der Isola Bella erzeugt ein Engagement des Künstlers, welches über die Auseinandersetzung mit den bekannten Ausstellungsorten wie auch über das Arbeiten im Atelier hinausweist.
In der bisherigen Realisierungsphase hat sich der Wunsch bestätigt, dass die eingeladenen Teilnehmer neue Konzepte entwickeln, ihr künstlerisches Denken anders formulieren sollten. So geht eine plastische Arbeit formal wie inhaltlich eine Symbiose ein mit der Geschichtsträchtigkeit eines alten Hauses und den Legenden seiner Bewohner. So verbindet klassische Ölmalerei die Tradition barocker

Birgit Kahle (*1957), die vorwiegend mit dem Medium der Fotografie arbeitet, und Peter Gilles (*1953; links), dessen Werk zeichnerisch bearbeitete Körperabdrücke aus Eigenblut sowie Aktionen umfasst, sind zusammen mit dem Italiener Giampiero Zanzi die Gründer des Projekts auf der Isola Bella. Das Bild zeigt sie mit Fürst Giberto Borromeo Arese vor dem Palazzo Borromeo auf der Insel. ⇨4845

Deckengemälde mit der Konfrontation aktueller persönlicher Beziehungen. So verschieben sich Wahrnehmungsrealitäten durch aktionistische Inventionen in einem Hotelzimmer, dessen ehemalige Bestimmung sich atmosphärisch erhalten hat.

1997 fand die erste Präsentation von zeitgenössischer Kunst unter dem Thema »l'occhio nudo« (»Das nackte Auge«) mit sieben Künstlern aus fünf Ländern statt. 1998 reagierten diese und vier weitere Künstler aus nun sieben Nationen auf die besondere Situation der Isola Bella zum Thema »amore e dolore« (»Liebe und Schmerz«). Ausstellungsorte sind die ehemaligen Gastzimmer eines Hotels der Jahrhundertwende, ein ursprünglich erhaltenes Fischerhaus des sechzehnten Jahrhunderts sowie die Gassen der Insel. Die teilnehmenden Künstler setzten sich schon während der laufenden Ausstellung 1998 mit dem Thema des nächsten Jahres 1999 (»il mistero delle donne«, »Das Geheimnis der Frauen«) an anderen Plätzen auf der Insel auseinander.

Für die Zukunft ist angestrebt, jedes Jahr drei bis vier weitere Künstler zur Konfrontation mit der Isola Bella einzuladen, um eine sich immer wieder neu formulierende Verschmelzung von Geschichtlichkeit und Gegenwart, von historischen und visionären Ideen zu erlangen, sodass die barocke Hülle dieser Insel eines Tages gefüllt sein wird mit ...

Lo Spirito Del Lago

Die Rauminstallationen 1998: »amore e dolore« (»Liebe und Schmerz«)

Giampiero Zanzi

s Palavrakis

Apostolos Palavrakis

Ferdinando Greco

Peter Gilles

Peter Gilles (Detail)

Enrique Asensi

Milo Sacchi

Milo Sacchi (Detail)

:ail)

Birgit Kahle

Birgit K ail)

Jack Sal

Ingeborg Lüscher

Oliver Jordan

Jan van Munster

⊡→4845

Oliver Maria Schmitt

Die Zukunft des Humors – Was werden wir (noch) zu lachen haben?

Oliver Maria Schmitt ist Autor und selbst ernannter Humorexperte. Er kennt sich nach eigenem Bekunden »super« in allem aus und verdingt sich derzeit als Chefredakteur des »endgültigen« Satiremagazins »Titanic«. Er lehrte an der Universität Tübingen und führt ein Einmannunternehmen, um zu überleben. ⇨4873

Es gibt auch gute Nachrichten: Um die Zukunft des Humors, des Deutschen zumal, brauchen wir uns keine Sorgen zu machen. Komisch und lächerlich ist so allerhand und einiges, und nichts deutet darauf hin, dass es nach dem 1. 1. 2000 weniger werden würde. Im Gegenteil – schon das neue Jahrtausend beginnt mit einem Witz!

Begeistert warnen Experten schon jetzt vor dem »Millenium-Bug«, einem Computerrechenfehler, der explosionsartig am 1. Januar 2000 um null Uhr null und null Sekunden alle elektronischen Rechner, Schalter und Prozessoren aufgrund des Jahreszahlensprungs von 99 nach 00 zum Entgleisen bringen wird. Herrlich! Millionen Menschen werden in ihren Fahrstühlen stecken bleiben, in Banktresore gesperrte Derivate, Pfandbriefe und Kommunalobligationen werden sich elektronisch in Luft auflösen und evaluieren, der internationale Flugverkehr wird erlahmen, Dachdecker herabstürzen und entzweigehn, und in Milliarden Kühlschränken wird unwahrscheinlich viel Milch sauer. Rohstoff für Fantastilliarden neuer Witze.

Schon seit geraumer Zeit kicherts im Gebälk der Republik. Eine neue, zu allem wüst entschlossene Generation von Komikern und Humoristen ist angetreten, um den Witzstandort Deutschland fit für das nächste Jahrtausend zu lachen. Nachdem die Ära Adenauer endlich abgesessen und die Ära Flowerpower allmählich auch vergessen ist, krempeln teutsche Mädels und Purschen die Ärmel ihrer

Oliver Maria Schmitt

1968 in Heilbronn/Neckar geboren
1983 Lagerleiter »Inneres« im Sommerzeltlager der KSJ Heilbronn
1988 Kandidatur zur Landtagswahl Baden-Württemberg
1990 Kandidatur zur Wahl des Oberbürgermeisters in Heilbronn
1991 Diplom in Maschinenbau, TH Darmstadt
1993 Gag-Autor für Thomas Gottschalks »Late Night Show«
1995 Chefredakteur des Satiremagazins »Titanic«

Auf der internationalen **Witzmesse IWI '74** erregten vor allem brandneue Bäcker- und Häschenwitze mit absurden Pointen die Aufmerksamkeit japanischer Marktbeobachter. ⇨4810

H&M-Leibchen hoch und machen sich frohen Mutes an ihr Tagessoll im Scherzbergwerk.
Es geht voran. In allen Bereichen der Pointen verarbeitenden Industrie wird gehämmert und genagelt, gefeilt und geforscht. Bilanzen sprechen Bände, werden frisiert und zeigen steil nach oben. Wird hier ein angejahrter Österreicher- oder Ostfriesenwitz zum Blondinenkracher getunt, wird dort ein politkabarettistisches Wortspiel aus der Hans-Scheibner-Ära von Fachleuten noch mal auf Lachstärke untersucht – warum nur fand das jemals jemand lustig? Erfahrene Fernsehsketchautoren schreiben sich kaltblütig der geringstmöglichen Fallhöhe entgegen, und irgendeiner schauts sogar an; keiner kann klagen, der Ablachhandel blüht.
Auch international tut sich einiges. Auf dem Sektor des Recyclings wurden bislang nicht für möglich gehaltene Fortschritte erzielt. So hat etwa der britische Komiker Rowan Atkinson (»Mr. Bean«) schlüssig bewiesen, dass man mit nur einer einzigen Grimasse ca. 4000 verschiedene Pointen und ebenso viele Sketch-Episoden von zuverlässig gleich bleibender Qualität herstellen kann. In Russland arbeitet man verbissen an Witzen, die ganz ohne Alkohol auskommen sollen – bislang leider ohne Erfolg. Belgische Pointenhersteller wiederum wollen sich demnächst einen Kalauer patentieren lassen, der endlich einmal nicht auf Kosten von Kindern geht. Und in Lachkreisen verspricht man sich in Zukunft einiges vom immer noch unterschätzten multiethnischen Witz (»Ein Engländer, ein Bayer und ein Neger sitzen in einem Flugzeug«), der im Zuge der paneuropäischen Nivellierung ganz neue Bedeutung gewinnen könnte.
Was sich in den 60ern mit Heinz Erhardt und Herbert Hisel zart ankündigte, in den 70ern mit Otto Waalkes und Insterburg & Co. fortsetzte, in den 80ern gewaltig sich ausbreitete und schließlich zu dem vom Privatfernsehen der Neunzigerjahre entfesselten »Comedy-Boom« (R. Carrell) führte, ist noch längst nicht an die Grenzen des Möglichen gelangt. Wenn auch die des Erträglichen längst erreicht sind.
Es ist einem ja schon eher zum Weinen, Heulen und Zähneklappern zumut, wenn einen unvorbereitet der Anblick von Lemuren wie Boning, Appelt, von Sinnen usw. ereilt, egal in welchem Quatsch- oder sonst wie Comedy-Club sie sich auch gerade herumtreiben mögen.

Witzrekorde

(nach Schmitt)

Hätten Sie's gewusst?

Der bislang *kürzeste gemessene Witz* der Deutschen Sprache hat genau 23 Anschläge und geht so: »Kommt ne Frau beim Arzt.« Der *längste* bislang gemessene war hingegen die Amtszeit Helmut Kohls, die fast 16 Jahre dauerte. Der *älteste* Witz der Welt hat einen vier Meter langen Bart und befindet sich im Besitz von Radio Eriwan, der *neueste* wird Ihnen präsentiert von RTL und Bitburger. Ein Witz durchschnittlicher Qualität kostet in der Herstellung *weniger* als ein Witz überdurchschnittlicher Qualität, das mag *vielleicht* einiges erklären.

Diese erschütternde Originalfotografie belegt in Verbindung mit der Textzeile das gleich bleibend **hohe Niveau** der Deutschen Humor- und Satireproduktion. ⇨4810

Sind indes, drehen wir den Spieß mal um, die anderen erträglicher? Die ewig ehrlichen Ernstler, die Bedenkenträger, Sinnstifter, Mahner und Querdenker? Die gewaltig mit dem Kopf wackeln und die Nation dorfschulmeisterlich zum gemeinsamen »Ruck« anhalten? Die so lange schon quer denken, dass sie es längs gar nicht mehr können? Die ihre lau badende Gefolgschaft gerne »ein Stück weit« (B. Engholm) zum gemeinsamen »Träumen« anstiften (A. Heller) oder, noch bescheidener, zur Rettung der »Gesamtmenschheit« und Erlösung derselben durch weltethische Talmiprojekte aufrufen, wie es ein Tübinger Theolog nicht minder gerne macht? Wer sind da eigentlich die wahren Protagonisten und Geschäftsführer der gesamtmenschheitlichen Infantilisierung und Verblödung? Das sind so Fragen.

Sehen wir's jedoch lieber positiv, im Grunde ham wir das ja auch alles verdient. Denn sind wir Deutsche nicht, wie Nietzsche schon mutmaßte, zutiefst »ironische Thiere«? Durchaus entgegen der landläufigen Meinung ist nämlich gerade das Deutsche ein »Volk von Humoristen« (J. Habermas), das sich für einen geharnischten Lacher noch nie zu schade war – selbst wenn's auf eigene Kosten ging. Wer ohne mit der Wimper zu zucken zwei Weltkriege vom Zaun bricht,

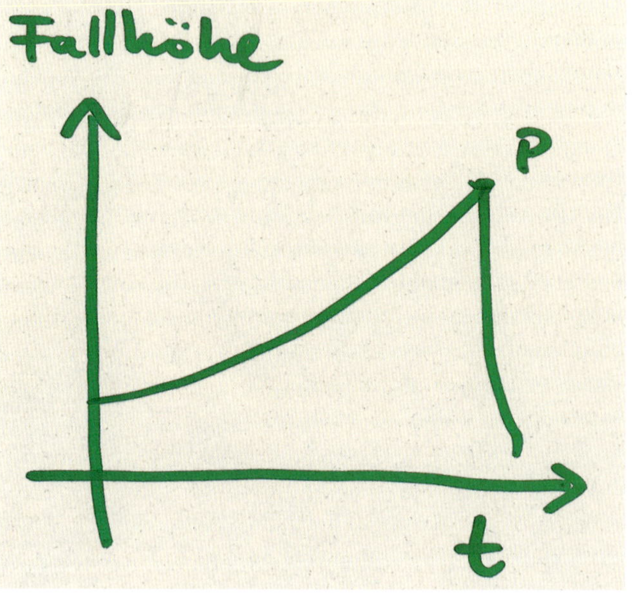

Idealer Witzverlauf nach Gernhardt/Bernstein/Waechter (1962): Während des Erzählens bzw. Anschauens nimmt die Fallhöhe maximal zu, bis die Pointe P den Absturz auf Zwerchfellniveau (»Lachen«) auslöst. ⇨4810

Hannover, heimliche Hauptstadt des Humorstandorts Deutschland im Jahr 2000 ⇒520

ohne auch nur einen einzigen davon zu gewinnen, der muss schon ein recht sonniges, ja unerschütterlich heiteres Gemüt haben.

Und wenn man's noch positiver sehen will, dann hat die Komik ja auch gelegentlich ihre ganz komischen Seiten. Schließlich gab es auch schon in grauer Unzeit einen Wolfgang Neuss so sicher wie einen Heino Jaeger, und noch immer trösten und erfreuen uns die hochkomischen Romane von Eckhard Henscheid, die Gedichte von Robert Gernhardt, die Cartoons von Rattelschneck und die gar nicht immer so komisch gemeinten Aufsätze und Kolumnen von Max Goldt. Und, damit das keinesfalls vergessen wird: die eigenartige und oft reizend komische Musik eines Helge Schneider.

Sollen wir uns da beschweren, neidvoll auf die Kanäle ausländischer TV-Apparate glotzen und behaupten, dass die Komik der Deutschen Disziplin nicht sei und wir sowieso alle keinen Grund zum Lachen hätten? Quatsch mit Soße!

Prophezeiungen sind lächerlich, daher soll hier eine gemacht sein: Das Jahr 2000 wird in seiner ganzen Pracht und Herrlichkeit ein *Annus ridiculus*. Uns erwarten überflüssige Feiern, mächtige Peinlichkeiten und eitle Selbstbejubelungen ohne Ende. Und allen voran bittet der Humorstandort Deutschland die Welt zum größten Witz des anhebenden neuen Jahrtausends – zur Expo 2000.

Na wer sagts denn!

» *Das Jahr 2000 wird in seiner ganzen Pracht und Herrlichkeit ein* Annus ridiculus. «

Gerhard Vollmer

Ist die Wissenschaft am Ende?

Der Naturwissenschaftler und Philosoph Gerhard Vollmer legte bislang sechs Bücher vor: »Evolutionäre Erkenntnistheorie« (1975), »Was können wir wissen?« (2 Bände, 1985/1986), »Wissenschaftstheorie im Einsatz« (1993), »Auf der Suche nach der Ordnung« (1995) und »Biophilosophie« (1995). ⇨4862

1996 erscheint in Amerika ein Buch »The end of science« (deutsch verwässert zu »Die Grenzen des Wissens«). Der Autor, John Horgan, ist Wissenschaftsjournalist beim Scientific American. Wegen des Buches muss er dort seinen Hut nehmen. Was hat er Schlimmes getan? Er behauptet, die Wissenschaft sei am Ende. Das wurde schon oft behauptet; bisher hat es nie gestimmt.

Wie könnte Wissenschaft zu einem Ende kommen?

- Geldmangel: Vielleicht ist einmal kein Geld mehr da, vielleicht setzt die Gesellschaft auch nur andere Prioritäten.
- Abnehmender Ertrag (diminishing return): Obwohl die Gesellschaft noch Geld gibt, ist der Ertrag immer geringer, nicht nur relativ, sondern absolut. Als Erträge können dabei neue Erkenntnisse oder neue praktische Anwendungen gelten.
- Unfähigkeit: Trotz vorhandener Mittel reichen unsere Geisteskräfte nicht aus, die Tiefenstruktur der Welt im Großen, im Kleinen oder im Komplizierten zu erfassen.
- Der Fluch des Erfolgs: Die wichtigsten Probleme werden gelöst. Es gibt nichts mehr zu erforschen.

Gibt es Anzeichen für ein Ende der Wissenschaft?

Theorien werden zwar weiter entworfen; viele sind aber in der Erfahrung nur schwer zu prüfen. Wie steht es mit den praktischen Anwendungen? Die Kernphysik lieferte

Gerhard Vollmer

1943 in Speyer geboren
1963–68 studiert Mathematik, Physik, Chemie in München, Berlin, Freiburg
1971 Promotion in theoretischer Physik
1967–73 auch das noch: Philosophie
1971–72 Research Associate an der McGill University, Montreal
1974 Promotion in Philosophie
seit 1975 lehrt Philosophie an den Universitäten Hannover, Gießen, Braunschweig

noch den Kernreaktor, die Kernspaltungsbombe, zahlreiche medizinische Behandlungsmethoden; auch die Kernfusion verspricht großen Nutzen für die Energieversorgung. Was aber hat die Elementarteilchenphysik Praktisches hervorgebracht? Was hat die bemannte Weltraumfahrt genützt? Selbst die viel gepriesene Teflonpfanne war schon vorher käuflich, sogar unter diesem Namen. Was bringen Kosmologie und Astrophysik? Ein tragbares Röntgengerät ist eine dürftige Ausbeute.

Die Chemie hat in der Quantenphysik ihre Grundlage gefunden. Die Liste der chemischen Elemente wird nur noch mühsam erweitert; dabei sind die neuen Elemente so kurzlebig, dass sie keine praktische Bedeutung erlangen.

Die Biologie ist sogar in zweierlei Hinsicht zu ihren Grundlagen vorgestoßen: Einerseits hat Darwins Evolutionstheorie sie zu einer einheitlichen Wissenschaft gemacht. Andererseits hat die Molekularbiologie 1953 durch Watson und Crick den Anschluss an Biochemie und Chemie gefunden.

Ein Hinweis ganz anderer Art findet sich in der Kosmologie. Im frühen Kosmos, im »Urknall«, treffen Großes und Kleines zusammen; damals waren allenfalls Elementarteilchen stabil, und was geschah, war durch sie bestimmt. Dieses Zusammentreffen von Kosmologie und Elementarteilchenphysik spricht dafür, dass für diese Forschungsrichtungen das Ende erreicht sein könnte.

Aber könnte die Welt nicht doch viel größer sein? Sie könnte, doch haben wir bislang keine positiven Hinweise auf Parallelwelten oder einen ungleich größeren Kosmos. Auch nicht auf Bausteine unterhalb der Quarks und der Leptonen. Hauptmotiv, nach einer tieferen Ebene zu suchen, war bisher immer die Vielfalt: Die vielen Stoffe sollten aus wenigen Elementen zusammengesetzt sein; dann sollte es auch nur wenige Atomsorten geben. Die vielen Atome, die man schließlich fand, sollten aus wenigen Elementarteilchen bestehen, die vielen Elementarteilchen aus wenigen Quarks und Leptonen. Quarks und Leptonen hat man bisher tatsächlich nicht viele gefunden. Bisher spricht nichts dagegen, sie als punktförmig anzusehen; auch das ist ein Hinweis auf ihre Strukturlosigkeit, Unteilbarkeit, Elementarität.

Meine Prognose

Selbst wenn über den Kosmos als Ganzes und über Elementarteilchen nicht mehr viel herauszufinden sein sollte, ist die Wissenschaft keineswegs am Ende. Neben dem besonders Großen und dem besonders Kleinen gibt es noch eine weitere Forschungsrichtung: das Komplizierte.

Julius Frontinus (40–103), begabter römischer Militäringenieur:

»Ideen in der Militärtechnik sind nicht mehr zu erwarten. Weitere Vorschläge werde ich ignorieren.«

Augustin-Louis Cauchy (1789–1857), genialer französischer Mathematiker, im Jahre 1811:

»Die Mathematik ist im Wesentlichen abgeschlossen.«

Danach schreibt er selbst noch über 800 richtungweisende mathematische Abhandlungen!

Philipp von Jolly, Physikprofessor, 1875 zu dem Rat suchenden Abiturienten Max Planck:

»In der Physik gibt es nichts Neues mehr zu entdecken.«

Planck lässt sich nicht abschrecken; 1900 findet er das Wirkungsquantum, das die Quantenphysik einleitet.

Albert Michelson (1852–1931), ebenfalls Physiker, in einer Rede 1894:

»Die meisten grundlegenden Prinzipien sind fest verankert; weitere Fortschritte sind nur noch bei den Anwendungen zu erwarten.«

Die Wissenschaften vom Komplizierten werden noch lange blühen. Dieser Fortschritt wird gebraucht, um zehn Milliarden oder mehr Menschen zu ernähren und mit Rohstoffen, Energie, Frischwasser zu versorgen, sie zu informieren, auszubilden, zu bilden, Krankheiten zu verhindern oder zu heilen. Weiterer Fortschritt ist nötig und möglich. Gewiss, ohne Wissenschaft, Technik und Medizin gäbe es so viele Menschen gar nicht. Das kann man jedoch der Wissenschaft nicht zum Vorwurf machen, höchstens, dass manche Versprechen nicht eingelöst werden konnten.

In jeder Wissenschaft kann man mehrere Forschungsrichtungen unterscheiden: Erstens die Suche nach den Grundlagen, zweitens die Bewältigung der vorhandenen Vielfalt, drittens die Herstellung neuer, künstlicher Systeme, viertens praktische Anwendungen. Die Suche nach Grundlagen ist natürlich eine endliche Aufgabe. Diese Aufgabe ist erfüllt, wenn ein zuverlässiger Anschluss an die nächsttiefere Schicht erreicht ist. Das ist der Chemie und der Biologie gelungen. Eine der vier Forschungsaufgaben ist damit entfallen. Trotzdem gibt es im Hinblick auf die verbleibenden Richtungen noch beliebig viel zu tun.

Elemente:
vermutet von Empedokles im 5. Jh. v. Chr.,
gefunden seit Lavoisier 1789,
Periodensystem von Mendelejew/Meyer 1869

Atome: vermutet seit dem Altertum;
Existenz seit Dalton ab 1803,
Maxwell und Boltzmann ab 1866,
Einstein 1905;
ihre Größe van der Waals 1881

Atomkerne: Rutherford 1911

Elementarteilchen:
Proton 1919, Neutron 1932,
Positron 1932, Neutrino 1931/1956

Quarks: Gell-Mann 1962

......???......

Was ist eine Jahrhundertwissenschaft?

Als die führende Wissenschaft des 20. Jahrhunderts galt lange die Physik. Sieht man genauer hin, wird man sagen dürfen, dass die Physik nur in der ersten Hälfte führend war. Tatsächlich: Zu Beginn des Jahrhunderts entdeckt Max Planck das Wirkungsquantum und wird damit »ganz gegen seinen Willen« zum Revolutionär. In den Jahren danach erlebt die Physik mit Relativitäts- und Quantentheorie die größten Umwälzungen ihrer Geschichte. Diese Glanzzeit endet mit dem Zweiten Weltkrieg und damit nicht nur mit dem Kernreaktor, sondern auch mit der Atombombe. In einem Zeitraum von knapp 50 Jahren hat die Physik ihre größten, aber auch ihre fragwürdigsten Erfolge erzielt. Die Physiker haben damit ihre Unschuld verloren.

Die führende Wissenschaft der zweiten Hälfte unseres Jahrhunderts ist die Biologie. Am Anfang stehen wieder Epoche machende Entdeckungen: 1953 finden Watson und Crick die Doppelhelix; danach dauert es nur vierzehn Jahre, bis der genetische Code entziffert ist. Die Anwendungen lassen nicht auf sich warten. Die Biologie gerät in ihre synthetische Phase. So ist es wohl nicht übertrieben, wenn ein Autor 1972 den »Ausbruch des biologischen Zeitalters« feststellt. Aber auch die Probleme bleiben nicht aus. Plötzlich können wir so viel mehr als früher, dass es schwierig ist zu entscheiden, was wir mit diesem Können anfangen wollen, sollen, dürfen.

Aus diesen Beispielen können wir eine Antwort auf unsere Frage gewinnen. Eine Jahrhundertwissenschaft ist eine wissenschaftliche Disziplin, die über einen längeren Zeitraum – wenigstens einige Jahrzehnte – wissenschaftliche und öffentliche Aufmerksamkeit auf sich zieht dadurch, dass sie ► erfolgreich zu ihren eigenen Grundlagen vorstößt, ► mit diesen und auf ihnen aufbauend neue, »revolutionäre« Erkenntnisse gewinnt, ► diese in praktische Anwendungen umsetzt, ► dabei ganz neue Systeme – Teilchen, Stoffe, Zustände, Prozesse – herstellt, ► also Natur konstruiert und umkonstruiert, aber ► eben dadurch auch an die Grenze des Erlaubten stößt, ► diese Grenze vielleicht sogar überschreitet.

Welches ist die nächste Jahrhundertwissenschaft?

Es wird die Neurobiologie sein. Tatsächlich sieht es so aus, als ob in den Neurowissenschaften ein Durchbruch zu den Grundlagen bevorstünde. Eine erfolgreiche Hirnforschung erfüllt alle Bedingungen, die wir an eine Jahrhundertwissenschaft stellen: Sie würde nicht nur neue Einsichten bringen, sondern auch viele praktische Anwendungen zulassen. Sie würde neuronale Systeme nicht nur durchschauen, sondern auch verändern, vielleicht heilen. Denkbar wären sogar Systeme, die es in der Natur bisher nicht gibt. Nach Kern-, Informations- und Gentechnik steht uns dann eine Neurotechnik ins Haus. Solche Möglichkeiten werden die Frage, ob wir dürfen, was wir können, noch drängender machen.

Eine erfolgreiche Neurobiologie wird das Wissenschaftsgefüge verändern. Die Grenze zwischen Natur- und Geisteswissenschaften wird, falls es sie je gab, ein weiteres Mal durchbrochen. Typisch menschliche Leistungen – Sprechen, Erkennen, Denken, Bewerten, Urteilen – werden zu Gegenständen der Neurobiologie, also allgemein der Biologie. Das Humanum, bisher den Geisteswissenschaften, den »humanities«, vorbehalten, rückt damit in den Blick, vielleicht sogar in den Griff der Naturwissenschaften.

Auch philosophische Probleme wie das der Willensfreiheit oder das Leib-Seele-Problem, bisher ungelöst und augenscheinlich unlösbar, könnten der empirischen Forschung zugänglich gemacht, könnten womöglich gelöst werden. Die Folgen für unser Welt- und Menschenbild sind zum Teil abzusehen: Die Neurowissenschaften werden uns weitere Kränkungen zufügen. Der dualistisch verstandene Geist oder die unsterbliche Seele werden noch mehr in Wohnungsnot geraten; vor allem aber dürfte sich die Willensfreiheit, auf die wir uns so viel einbilden, als Illusion erweisen.

Wie groß ist die Welt?

Ptolemäus (um 100): 20 000 Erdradien, also rund 100 Millionen Kilometer

Kepler (1598): 1 Billion Kilometer

Newton (1687): 20 Billionen Kilometer

Bessel (1838): mindestens 100 Lichtjahre

Kapteyn (1906): 55 000 Lichtjahre

Shapley (1918): 100 000 Lichtjahre

Hubble (1924): einige Milliarden Lichtjahre

Baade (1952): 5 Milliarden Lichtjahre

Sandage (1970): 10 Milliarden Lichtjahre

Quasare (2000): 15 Milliarden Lichtjahre

Wie alt ist die Welt?

die Bibel (um 1600): 6000 Jahre

Buffon (1750): 75 000 Jahre

Lord Kelvin (1846): 100 Millionen Jahre

Lyell (1833): 240 Millionen Jahre

Galaxienflucht
Hubble (1929): 2 Milliarden Jahre

Baade (1952): 5 Milliarden Jahre

Sandage (1970): 10 Milliarden Jahre

Elementhäufigkeit: 10–15 Milliarden Jahre

Kugelhaufen: 10–15 Milliarden Jahre

Quasare: 15 Milliarden Jahre

Felix Tretter

Wie werden die Menschen im 21. Jahrhundert mit der Sucht umgehen?

Entzugstherapien bei Abhängigkeitskranken sowie computerunterstütztes kognitives Training bei psychisch Kranken sind die Hauptarbeitsgebiete des Nervenarztes Felix Tretter. Daneben beschäftigt Tretter sich mit Grundfragen zu Sucht und Umweltmedizin, die er unter den Buchtiteln »Ökologie der Sucht« und »Umweltbelastungen und Ängste« veröffentlichte. ⊡→4659

Felix Tretter

4.3.1949 in Villach (Österreich) geboren
1969–80 Studium der Psychologie, Soziologie und Humanmedizin in Wien und München
1972–79 wissenschaftlicher Mitarbeiter in der Hirnforschung am Max-Planck-Institut für Psychiatrie München
seit 1981 Lehrbeauftragter für Klinische Psychologie und Medizinische Psychologie an der Universität München
1981–92 ärztliche Tätigkeit in der Psychiatrie, Abteilungsarzt für Suchtkrankheiten
1992 ärztlicher Leiter der Suchtabteilung des Bezirkskrankenhauses Haar
Vorstandsmitglied der Bayerischen Akademie für Suchtfragen
Vorstandsmitglied der Bayerischen Gesellschaft für Psychotherapeutische Medizin

Das Phänomen Rausch Zu allen Zeiten und in allen Kulturen hat es den organisierten Konsum von psychoaktiven Stoffen (Rauschmitteln) gegeben. Sie haben das Konsumziel, das *Bewusstsein quantitativ und qualitativ* zu verändern. Es geht um eine »andere«, vom Alltag abweichende Welt. Nicht nur Chemikalien dienen dazu, sondern auch physikalisch-technische Instrumente wie beispielsweise computergesteuerte Illusionsgeneratoren im akustischen, optischen bzw. multimedialen Bereich: Der Rausch ist gewissermaßen ein Wirbel der Sinne oder deren Beruhigung, egal ob dies auf der Achterbahn, durch drei Maßkrüge Bier oder durch Medientechniken der virtuellen Realität entsteht.

Die soziale Funktion des Rauschmittelkonsums, eine gemeinsame Erfahrung einer »anderen Welt« zu machen, wird in Zukunft abnehmen. Der Konsum wird zunehmend individuell und im Privaten ablaufen, wie es die Entwicklung des Ecstasy-Konsums bei Jugendlichen zeigt. In der Alltagswelt wird berauschtes Verhalten eher verpönt sein. Andererseits wird es in manchen Kulturen vielleicht Erlebnisparks geben, in denen der organisierte und kontrollierte Rauschmittelexzess stattfinden kann. Auf diese Weise wird das Oktoberfest viele Kopien haben. Interessant wird die Übernahme dieses Trinkrituals in Asien und Afrika sein. Dort trifft die alkoholexzesstolerante europäische christliche Kultur mit der meditativ alkoholvermeidenden cannabistoleranten Kultur des Islam zusammen.

Liberale Gesellschaftsformationen werden es jedem erlauben, sich den Rausch zu gönnen, den er will. In strengen Gesellschaftsordnungen wird der restriktive Umgang mit Rauschmitteln die Oberhand gewinnen und den Rauschmittelkonsum ächten oder gar bestrafen. Bei totalitären Verhältnissen werden Rauschmittelkonsumenten wahrscheinlich sogar per Todesstrafe eliminiert oder »nur« gentechnisch modifiziert werden.

»Liberale Gesellschaftsformationen werden es jedem erlauben, sich den Rausch zu gönnen, den er will.«

Es geht daher in Zukunft darum, Rauschtechniken, die sozial- und gesundheitsverträglich sind, zu entwickeln und zu verbreiten. Dabei ist eher an Psychotechniken (z.B. Meditation) oder an Computeranimationen zu denken.

Das Phänomen Sucht Unter Sucht kann man eine besonders exzessive Bindung an ein Verhalten oder an ein Objekt (z.B. Rauschmittel) verstehen. In jeder Kultur werden fünf bis zehn Prozent der Konsumenten von kulturell tolerierten Rauschmitteln auf diese Rauschmittel süchtig, also psychisch oder sogar körperlich abhängig, sie zentrieren ihr Leben zunehmend selbstzerstörerisch auf den Konsum dieser Stoffe. So wird es auch im 21. Jahrhundert in vielen Kulturen einen deutlichen Anteil an Menschen mit bekannten und neuen (Computer-)Süchten geben.

»Bei totalitären Verhältnissen werden Rauschmittelkonsumenten wahrscheinlich sogar per Todesstrafe eliminiert oder »nur« gentechnisch modifiziert werden.«

Die Drogen Die medizinische Forschung wird weiterhin vor allem im Bereich der Psychiatrie für verschiedene Störungen Pharmaka zur Therapie bereitstellen. Die heutigen Psychopharmaka wirken gewissermaßen »synapsenmechanisch«, das heißt, sie setzen an Übertragungsstellen zwischen zwei Nerven an (Synapsen), beispielsweise an den Rezeptoren der Nervenzellen: Sie blockieren oder aktivieren sie und können so die Informationsübertragung steigern (Stimulanzien) oder mindern (Beruhigungsmittel). Die zukünftigen Medikamente werden auf der Gen-Ebene ansetzen und die Produktion der molekularen Elemente der Schaltstellen der Nervenzellen ändern. Diese Medikamente werden von Elite-Gruppen der Industrieländer missbraucht werden.

In nächster Zeit wird Cannabis immer mehr mit Alkohol konkurrieren, vor allem Cannabistabletten, die es jetzt schon als Hilfe bei Krebspatienten gibt, können eine neue Standarddroge werden. Generell werden Tabletten die ultimativen Rauschmittel sein. Cannabiskonsum wird dann schwerer kontrollierbar sein und toleriert werden müssen, da nicht Millionen von Menschen bestraft werden können. Amphetamine werden in neuen Kombinationen zur Verfügung stehen, Antidepressiva zusätzlich ein Standardinstrument zur Stimmungsregulation werden.

Biologische Faktoren Weit hinein in den biomolekularen Mikrokosmos liegen uns bereits Erkenntnisse über die neuro-

Antidepressiva werden zusätzlich ein Standardinstrument zur Stimmungsregulation werden.

biologische Steuerung unseres Verhaltens vor. Genetische Risikofaktoren, die die Entwicklung von süchtigem Verhalten beeinflussen, werden in den nächsten Jahren genauer erkannt werden. Es wird möglich sein, die zuständigen Gen-Orte zu inaktivieren oder gar so zu verändern, dass sie in Hinsicht auf eine Suchtentwicklung ungefährlich sind. Auch werden zur Therapie neuartige selektive Eingriffe in das Gehirn möglich, etwa indem komplexe Moleküle von Transportproteinen zu den Gehirnorten transportiert werden, wo sie den chemischen Signalen von gestörten Zellen folgen, dort eingeschleust werden und schließlich molekulare Reparaturen an den Gen-Orten durchführen. Somit wird sowohl im Hinblick auf die Früherkennung suchtgefährdeter Individuen wie auch bei der Heilung Suchtkranker ein hochpotentes biomolekulares Instrumentarium der Intervention zur Verfügung stehen.

Soziale Faktoren Das Verhältnis der Gesellschaft zu psychoaktiven Substanzen ist Basis für die schädliche Wirkung. Zu viel Toleranz wie bei »legalen« Drogen (z.B. Nikotin) führt zu einer Belastung der Volksgesundheit, zu viel Repression wie bei »illegalen« Drogen führt zu einer sozialen Verelendung. Die gesellschaftlichen Entwicklungen haben andererseits eine zunehmende Eigendynamik, die an sich bereits ein Stressfaktor der Gegenwart ist, insofern bei den Menschen das Gefühl entsteht, die Prozesse nicht mehr steuern zu können. Allgemein ist die gegenwärtige Lebenslage der einzelnen Menschen von einer Überkomplexität gekennzeichnet, die eher das Bedürfnis nach Beruhigung auslöst. Die andauernde Vielfalt kann aber auch nach einiger Zeit zu einer Langeweile führen, die wiederum das Bedürfnis nach Stimulation hervorruft, etwa durch Drogen.

Heute noch als illegal eingestufte Drogen könnten bald unter ärztlicher Aufsicht verabreicht werden.

Psychische Faktoren Das Funktionieren der Psyche ist trotz der Fortschritte der Hirnforschung nach wie vor in vielen Bereichen rätselhaft. Die Psyche ist die Schnittstelle zwischen Biologie und Sozialem. Sie ist Produkt des Gehirns, trägt die Inhalte der Gesellschaft und reagiert auf sie. Die psychische Verfassung wird also von drei Faktoren bestimmt: von den biologischen Voraussetzungen, von den sozialen Verhältnissen und von der Lerngeschichte, die letztlich wieder als Produkt der beiden erstgenannten Faktoren begreifbar ist. Die allgemeine soziale Situation führt bei den Menschen zu einem Gefühl der Wirkungslosigkeit und einer zwar latenten, aber starken existenziellen Bedrohung, mit der Folge, dass der Glaube an sich selbst das Wichtigste ist. Selbstvertrauen, oder genauer: Selbstwirksamkeitsgefühl, wird also zum Schlüsselgefühl für Gegenwart und Zukunft. Selbstvertrauen wird wichtiger als Urvertrauen. Drogen können dieses Gefühl erzeugen. Nur die Verbindung von Selbstregulationskompetenz und Vertrauen in die Solidarität der sozialen Umwelt ergeben ein balanciertes Beziehungsgefüge mit Autonomie und Verbindlichkeit, das als Basis für eine in Zukunft suchtfreie Gesellschaft gelten kann.

Therapietechniken Grundsätzlich bestimmt der gesellschaftliche Konsens die Therapietechnik. Wenn jetzt noch das Abstinenzziel dominiert, dann ist eine Gesellschaft denkbar, die, falls es ihr technologisch noch nicht möglich ist, die Sucht gentechnologisch zu stoppen, den ärztlich kontrollierten Konsum von psychoaktiven Stoffen zulässt. Heute noch als illegal eingestufte Drogen könnten dann unter ärztlicher Aufsicht verabreicht werden. Es könnte technisch möglich sein, direkt in das Gehirn Kanülen einzubauen, um z.B. effektivere Behandlungen mit Ersatzstoffen wie Methadon (Substitutionsbehandlung) oder mit Heroin durchzuführen.

In einer Gesellschaft, die nach ökonomischen Effizienzkriterien politisch gesteuert wird, würde die Kosten-Nutzen-Frage der Therapie und auch der gesamte Umgang mit dem Drogenproblem anders betrachtet werden: Die Kontrollkosten der illegalen Drogen sind um das Fünffache höher als die Therapiekosten. So wäre die ärztlich kontrollierte Drogenabgabe in bestimmten Phasen der Abhängigkeit volkswirtschaftlich betrachtet eine kosteneffektivere Therapie.

Auch werden die Krankenversicherungen von Konsumenten psychoaktiver Substanzen höhere Beiträge verlangen und die Folgeschäden aus dem regulären Leistungskatalog ausgrenzen. Die Unterschätzung der Menschen, was ihr persönliches Suchtpotenzial betrifft, könnte dann in eine Situation der Unmöglichkeit einer Behandlung führen. Das wäre gerade bei Menschen, die zunächst als harmlos erscheinende, aber dennoch abhängig machende Substanzen einnehmen, von fatalen Folgen, da sie nur auf eigene Kosten behandelt werden könnten.

Fazit Für die Prognose, welche Suchtprobleme wir in naher Zukunft haben werden, ist ein umfassender Blick auf die verschiedenen Bedingungsfaktoren nötig. Es ist abzusehen, dass wir mehr von den biologischen Faktoren der Sucht verstehen und sie auch effektiv beeinflussen können. Dennoch werden auch die gesellschaftliche Situation und Interessen das Suchtphänomen beeinflussen. Vor allem neue Psychopharmaka werden neue Suchtstoffe sein. Es ist daher wichtig, dass mit entsprechender Übersicht die zukünftige Suchtpolitik gestaltet wird und dass bei gesamtgesellschaftlichen Veränderungen die Auswirkungen auf die Bedingungen der Sucht stärker als bisher beachtet werden.

Horst Günter Koch,
Meer des Vergessens

⇨4670

»Selbstvertrauen, oder genauer: Selbstwirksamkeitsgefühl, wird zum Schlüsselgefühl für Gegenwart und Zukunft. Selbstvertrauen wird wichtiger als Urvertrauen. Drogen können dieses Gefühl erzeugen …«

Peter Cerwenka

Wissenschaft zwischen Prognostik und Prophetie – Warum glauben wir, was wir glauben?

Peter Cerwenka, von Hause aus Bau- und Wirtschaftsingenieur, widmet sich in der Hauptsache der Verkehrsplanung und Verkehrssystemforschung, die er an der Technischen Universität Wien am Institut für Verkehrssystemplanung lehrt. Er ist nach eigener Aussage trotz zunehmender Bürokratie immer noch voller Neugier und Zweifel.

⇨ 4721/4628

Peter Cerwenka

hat am **6.2.1942** in Graz das martialische Dunkel der Welt erblickt
1965 Diplom in Bauingenieurwesen und
1971 Diplom in Wirtschaftsingenieurwesen an der TH Graz
1968 Promotion ebendort
1974 Verleihung der Lehrbefähigung für das Fach »Verkehrsplanung und Verkehrstechnik« an der TH Darmstadt, 1979 an der TU Wien
1979–91 verkehrswissenschaftliche Politikberatungstätigkeit bei der PROGNOS AG in Basel
seit 1992 Vorstand des Instituts für Verkehrssystemplanung der TU Wien

Nostradamus – ja, mit ihm kann man stilgerecht und erwartungstreu dieses Thema anpacken. Im Gegensatz zu den Legionen an Marktschreiern der Menschheitsgeschichte in Sachen Zukunft kann man ihn nicht so ohne weiteres als Scharlatan abtun. Immerhin genoss er als Arzt und auf mancherlei Wissensgebieten Beschlagener hohes Ansehen weit über sein Geburtsland Frankreich hinaus.

Nostradamus also (1503 bis 1566). Was hier an ihm von Interesse ist, das sind seine berühmten, in zehn Centurien enthaltenen vierzeiligen Prophezeiungen. Wenn man diese Vierzeiler unbefangen und ohne Zuhilfenahme eines der unzähligen Kommentare liest, so versteht ein mit normaler Allgemeinbildung ausgestatteter Mensch zunächst fast gar nichts. Solche »dunklen«, kryptischen Texte sind erfahrungsgemäß das Lustobjekt von Heerscharen umtriebiger Deuter. So auch hier, und gerade anlässlich der bevorstehenden Jahrtausendwende erlebt das einträgliche Nostradamus-Deutungsgeschäft eine neue Hochkonjunktur. In seinem berühmten Brief vom 27. Juni 1558 an König Heinrich II. von Frankreich schreibt Nostradamus, dass er seine von seinen Ahnen ererbte Begabung der natürlichen Intuition mit eingehenden Berechnungen verbunden habe. Letztere hat er freilich vorsichtshalber mit ins Grab genommen. Darüber hinaus dürfte der weit gereiste, kluge und gebildete Nostradamus sehr wohl um die deutungseinschränkende Wirkung von Zahlen, insbesondere von Jahreszahlen, gewusst haben, denn in all seinen knapp tausend Vierzeilern (die siebente Centurie ist unvollständig) kommen gerade nicht einmal ganze zehn explizit benannte Jahreszahlen vor. Diese wenigen Jahreszahlangaben sind aus unserer Sicht bereits Schnee von gestern – mit einer Ausnahme, und auf dieses Objekt stürzt sich nun verständlicherweise die ganze Wucht der Deutungsbegierde. Genau dieser eine Vierzeiler (der 72. der zehnten Centurie) sei nun für weitere Überlegungen herausgegriffen, wobei ich eine möglichst wortgetreue Übersetzung wähle, um nicht selbst in den Verruf des Deutens zu geraten:

»Im Jahre tausendneunhundertneunundneunzig,
im siebenten Monat,
wird vom Himmel ein großer Schreckenskönig kommen,
den großen König von Angoulême aufzuerwecken,
vor und nach Mars mit Glück zu regieren.«

Zu dieser Prophezeiung gesellt sich nun eine nicht alltägliche planetarische Konstellation, nämlich eine am 11. August 1999 stattfindende (korrekter ausgedrückt: eine für dieses Datum prognostizierte) Sonnenfinsternis. Nun ist der August zwar der achte und nicht der siebente Monat des Kalenderjahres, aber da bald nach dem Tode von Nostradamus der zu seiner Zeit noch gültige julianische Kalender durch den heute gültigen gregorianischen abgelöst wurde, der bis dato zu einer Einschiebung von dreizehn Tagen geführt hat, so erkennt man, dass der 11. August 1999 nach dem julianischen Kalender tatsächlich gerade noch in den Juli fiele.

Nostradamus' Prophezeiung im Verein mit der Prognose der Sonnenfinsternis hat nun zu wilden, insbesondere natürlich apokalyptischen Deutungsfantasien angeregt. Warum aber werden die meisten aufgeklärten Menschen von heute dazu neigen, die Prognose der besagten Sonnenfinsternis als zweifelsfrei zuverlässig zu akzeptieren, hingegen die zitierte apokalyptische Vision des Nostradamus nachdrücklich zu bezweifeln? Nun, die Prognose von Sonnenfinsternissen beruht auf vollständig erkannten Kausalitäten, die in unzähligen Messungen überprüft und ausnahmslos bestätigt wurden, sie ist also »wissenschaftlich abgesichert«. Bei der Prophezeiung der Ankunft eines großen Schreckenskönigs vom Himmel verfügen wir hingegen über keinerlei überprüfbare Theorien, über keinerlei Beobachtungen, über keinerlei Erfahrungen. Selbstverständlich ist dieses Ereignis auch nicht vollends auszuschließen. Wir können lediglich in Demut die Begrenztheit unserer intersubjektiv vermittelbaren Kenntnisse eingestehen und sagen: Wir können darüber nichts wissen und daher auch nichts Verbindliches aussagen.

Kausalität! Dieser fundamentale Begriff ist bereits gefallen. Aber was ist das? Heerscharen von Wissenschaftlern und

Hymne an die postmoderne Planung

Was schert mich Zahl,
was Dimension!
Was wirklich ist, das weiß
ich schon.
Wozu das Forschen nach
Befunden,
Da doch fast alle sind
erfunden.

Und außerdem: Befunde
sind vergänglich,
Was heute kurz, gilt
morgen schon als
länglich.
In diesem Sinn ertönen
die Parolen,
Die Planern letzte Skrupel
nehmen sollen.

Die Welt mit harten
Fakten zu erfassen,
Das soll man tunlichst
lieber bleiben lassen.
Statt dessen, so uns
manch' Experte lehrte,
Zählt nur noch eins:
der Wandel aller Werte.

Vergessen ist das Was,
es gilt nur noch
das Wie.
Wer's nicht begreift,
der taugt auch nicht
zur Prophetie.
Nicht länger gilt es,
Wirklichkeit von
Wunsch zu trennen,
Im Gegenteil,
der Wunsch muss
Wirklichkeit bekennen.

Dies steht bereits seit
langem in der Bibel.
Dort gilt es allgemein
als großes Übel,
Wenn man glaubt,
dass der Prophet
zum Berg hin geht,
Anstatt, umgekehrt,
der Berg
hin zum Prophet.

Philosophen haben sich im Verlaufe der Menschheitsgeschichte mit Kausalität herumgeschlagen. Ich will mich hier ganz unkonventionell an diesen Begriff herantasten, nämlich mit einer kleinen Parodie aus der Ära des Kalten Krieges (entnommen der Wochenzeitung »Die Zeit« vom 6. April 1950, S. 10); diese Parodie trägt die Überschrift »Wissenschaft«:

Der sowjetische Gelehrte Mitschurin liest an der Moskauer Universität über Insekten. »Ich habe hier einen Floh«, sagt er zu den Hörern, »er sitzt auf meiner rechten Hand. Ich befehle ihm jetzt, auf meine linke Hand zu springen. Der Floh gehorcht, wie Sie sehen, meine Genossen. Ich wiederhole den Versuch, und der Floh gehorcht abermals. Jetzt beseitige ich die Beine des Flohs und befehle ihm, wieder zu springen. Sie sehen jetzt, dass der Floh nicht mehr springt. Damit, meine Genossen, ist der wissenschafliche Beweis erbracht, dass ein Floh, dessen Beine man entfernt, taub wird ...«

Schlicht und vereinfacht bedeutet Kausalität also das unausweichliche Eintreten einer Wirkung infolge einer vorhandenen oder herbeigeführten Ursache. Sehr zu unterscheiden von dem eindeutig kausalen »infolge« ist das temporale »nach«. Denn ach, wie viele Irrtümer und Trugschlüsse beruhen auf der Verwechslung von kausal und temporal! Zwar ist das »nach« notwendige, aber leider noch keineswegs hinreichende Bedingung für das »infolge«.

Kommen wir zurück zur Sonnenfinsternis. Hier liegt ein Idealfall, ja geradezu ein Glücksfall von Kausalität vor: Wir haben es hier genau genommen nur mit einer einzigen Kausalität, nämlich der Gravitation, zu tun, die sich überdies in unveränderlichen, mathematisch formulierbaren Gesetzmäßigkeiten (den Planetengesetzen) rechenbar konkretisieren lässt. Dieser Idealfall von Kausalität ist bedauerlicherweise außerordentlich selten und überdies meist von geringer praktischer Relevanz. Für die allermeisten Prognosen, die uns potenziellen Endzeitgefährten auf den Nägeln brennen, dürfen wir leider einen solchen Komfort an »deterministischer Monokausalität« nicht erwarten. Der breite Fächer der »Härteskala« an Prognosen lässt sich in folgender kleiner Systematisierung veranschaulichen:

- Den höchsten Kausalitätskomfort weisen deterministische Prognosen auf. Sie sind durch einige wenige, umfassend bekannte und berechenbare Kausalitäten ausgezeichnet (z.B. Prognose einer Sonnenfinsternis).
- Einen schon deutlich geringeren Zuverlässigkeitsgrad weisen Prognosen von stochastischen Prozessen auf. Hier kennt man nur unscharfe Kausalitäten, und in der Regel handelt es sich auch um eine Vielzahl davon (z.B. kurzfristige Wetterprognose).

- Aus wissenschaftlicher Sicht unprognostizierbar sind im Allgemeinen chaotische Prozesse. Sie sind durch eine Vielzahl von teilweise unbekannten Kausalitäten, aber auch dadurch charakterisiert, dass es durch kleinste Entwicklungsabweichungen in durchaus auf bekannten Gesetzmäßigkeiten beruhenden Prozessen zu nicht kalkulierbaren sprunghaften Änderungen und spontanen Verzweigungen kommen kann (z.B. langfristige Wetterprognose).
- Ein Sonderfall sind Vorhersagen, deren Prognoseobjekt – im Gegensatz zu den bisher genannten Fällen – zumindest teilweise menschlichen Entscheidungen (von Individuen oder Gruppen), menschlicher Willensbildung oder menschlichen Wertzuweisungen unterliegt. Solche Prognosen dürfen nur dann und insoweit den Anspruch der Wissenschaftlichkeit erheben, wenn alle zugrunde gelegten Voraussetzungen und Annahmen benannt werden (z.B. langfristige Goldpreisprognose, aber auch Wahlprognosen).

Es wäre töricht, engstirnig und vermessen zugleich, über diese grobe Liste an Prognosen hinaus nichts an zukunftsgestaltenden Wirkmächten, nichts an Weissagungen gelten zu lassen und von vornherein verächtlich auf alle jene zu blicken, die – wie vielleicht Nostradamus – über Zusatzbegabungen verfügen, die uns Normalsterblichen versagt sind. Denn zweifelsfrei gibt es – mit Hamlet gesprochen – mehr Dinge zwischen Himmel und Erde, als unsere Schulweisheit sich träumen lässt. Aber wir können über ihre Gestaltungskräfte nichts Verbindliches und Nachprüfbares aussagen. Diese Dinge unterliegen nicht (zum Teil vielleicht noch nicht) unserem Erkenntniszugang. Wir können darüber nur spekulieren, wir können darüber verbissene Deutungswettkämpfe veranstalten, können mit ihnen Ängste schüren oder aber virtuelle Paradiese inszenieren. Aber erklären und damit planmäßig uns dienstbar machen können wir sie nicht. Damit muss ihnen aber auch das heiß begehrte (und bis zum Überdruss missbrauchte) Gütesiegel »wissenschaftlich« versagt bleiben und auch energisch verwehrt werden. Unstrittig dürfte dessen ungeachtet sein, dass die Zukunft so offen bleibt, wie sie es schon immer war.

Auf die Einstiegsmetapher abschließend wieder zurückkommend, bin ich davon überzeugt, dass es am 11. August 1999 eine Sonnenfinsternis und keinen Weltuntergang geben wird. Meine daraus ableitbare Vision für das neue Jahrtausend liegt in der Hoffnung, dass im Ensemble von Macht, Mythos und Vernunft Letztere wieder eine Aufwertung erfährt. Sagte ich jedoch den Weltuntergang voraus und er fände nicht statt, könnte mir meine »Hymne an die postmoderne Planung« als Ausrede dienen.

Und auch
Bertolt Brecht
erkannte froh:
»Die Verhältnisse,
sie sind nicht so.«
Wie sie sind
und was die Welt
zusammenhält,
Hat uns freilich
niemand noch
so recht erzählt.

Und so bleibt
uns allen stets
als Trostes Hort
Lediglich das
gute alte
Goethe-Wort:
»Seltsam ist
Propheten Lied;
Doppelt seltsam,
was geschieht.«

Ernst Ulrich von Weizsäcker

Raubbauökonomie oder nachhaltige Entwicklung – Schlau statt GAU?

Ernst Ulrich von Weizsäcker war 1989 zusammen mit der damaligen norwegischen Ministerpräsidentin Gro Harlem-Brundtland erster Preisträger des italienischen Premio De Natura und erhielt 1996 die Duke-of-Edinburgh-Medaille der internationalen Umweltstiftung WWF (World Wide Fund For Nature). ⇒4624

Ernst Ulrich von Weizsäcker

1939 in Zürich geboren
1965 Physikdiplom in Hamburg
1969 Promotion in Biologie an der Universität Freiburg
1969–72 wissenschaftlicher Referent der Evangelischen Studiengemeinschaft Heidelberg
1972–75 ordentlicher Professor für Interdisziplinäre Biologie an der Universität Essen
1975–80 Präsident der Gesamthochschule Kassel
1981–84 Direktor am Zentrum für Wissenschaft und Technik im Dienste der Entwicklung bei den Vereinten Nationen
1984–91 Direktor des Instituts für Europäische Umweltpolitik in Bonn
seit 1. 4. 1991 Präsident des Wuppertal Instituts für Klima, Umwelt, Energie im Wissenschaftszentrum Nordrhein-Westfalen
seit 1991 Mitglied des Club of Rome
seit 1997 Mitglied des Präsidiums des Deutschen Evangelischen Kirchentags

Visionen 2000? Das Jahr 2000 ist morgen.

Bis dahin ändert sich nichts Wesentliches, darf man vermuten. Visionen bezieht man vernünftigerweise auf das ganze vor uns liegende Jahrhundert.

Doch hierfür brauchen wir zunächst eine Gegenwartsbestimmung. Die Gegenwart ist von einem *säkularen Bruch* bestimmt, dessen Ausmaß uns noch gar nicht voll im Bewusstsein ist. Ich meine den Bruch von 1990, den Sieg der Marktwirtschaft und die alsbald mit nicht dagewesener Kraft einsetzende Globalisierung.

Viele wissen gar nicht mehr, dass das Wort Globalisierung vor 1990 – zumindest in seiner heutigen Bedeutung – noch gar nicht existierte. Der Grund ist einfach: Vor 1990 stand das internationale Kapital noch unter dem Zwang, sich mit den demokratischen Mehrheiten in den Nationalstaaten auf Kompromisse zwischen den Armen und den Reichen zu einigen. Denn solange es den Sozialismus zumindest als hypothetische Alternative gab, war die Gefahr eines Abdriftens der Nationalstaaten gegeben. Nun aber, seit 1990, hat der Systemwettbewerb den Sozialismus aussortiert – übrigens zu Recht; er war zweifellos das schlechtere System.

Jetzt haben wir bezüglich der Systeme eine *Monopol*situation. In dieser hat sich der Sieger sehr rasch sehr weit von seinen früheren Kompromisstugenden entfernt. Der Sieger benimmt sich auf einmal, wie es Monopolisten laut Lehrbuch tun. Er langt zu. Er sahnt ab. Er lehnt Kompromisse

ab. Zwar gibt es auf der *niederen* Systemebene einen Wettbewerb, schärfer als je zuvor, aber auf dieser Ebene gilt nur noch eine Spielregel: die Maximierung der Kapitalrendite.
Die Kapitalrendite ist bei *einer* Aktivität praktisch immer am höchsten: beim schlichten Raubbau. Und so ist es nicht verwunderlich, dass der Raubbau seit 1990 weltweit kräftig an Tempo zugelegt hat. Insbesondere der Wettbewerb um niedrige Energie-, Rohstoff- und Landpreise hat sich stark beschleunigt. Der Raubbau an der Natur ist erschreckend:

- Täglich sterben etwa zwanzig Tier- oder Pflanzenarten weltweit aus.
- Jede Sekunde werden an die tausend Tonnen Treibhausgase in die Atmosphäre geblasen; eine irreversible Veränderung des Klimas bahnt sich an.
- Jede Sekunde gehen rund tausend Tonnen Mutterboden durch Erosion verloren.
- Öl und Gas werden *gleichzeitig* immer billiger und immer knapper. In einer funktionierenden Ökonomie dürfte das gar nicht passieren, aber die globalisierte Raubbauökonomie ist eben nicht vernünftig.

Soviel zur Gegenwartsanalyse. Jede Trendfortschreibung im Sinne der weiteren Durchsetzung der globalen, deregulierten Marktwirtschaft führt zu einer haltlosen Verschlechterung der Umweltsituation bis zu einem Punkt, wo die weltweiten Knappheiten zu plötzlichen, spekulativ verstärkten Preisexplosionen mit der Folge massenhaft verbreiteter Verelendung und entsprechenden politischen Explosionen führen können. Das wäre der ökologisch-zivilisatorische GAU, der größte anzunehmende Unfall.
Das visionär-optimistische Kontrastprogramm hierzu ist die *nachhaltige Entwicklung*. Aber wie kommen wir zu dieser?
Im Zentrum meiner Antwort steht das Schlagwort vom *Faktor Vier*. Wir können aus einem Fass Öl, einer Tonne Erdreich, einem Kubikmeter Wasser, einer Kilowattstunde gut und gerne das Vierfache an Wohlstand gegenüber heute herausholen. Damit lassen sich weltweit der Wohlstand verdoppeln und *gleichzeitig* der Naturverbrauch halbieren. Wir müssen es nur wollen. Und wir müssen die hierdurch bezeichnete *Neuausrichtung des zivilisatorisch-technischen Fortschritts* auch rentabel machen. Heute ist sie das nicht.
Das Faktor-Vier-Drehbuch habe ich zusammen mit dem amerikanischen Effizienz-Guru Amory Lovins und seiner Frau Hunter geschrieben[1]. Es wurde als Bericht an den Club of Rome publiziert und inzwischen in viele Weltsprachen übersetzt. Darin schildern wir als erstes fünfzig praktische Beispiele für eine Vervierfachung der *Ressourcenproduktivität*.

Seit 1990 hat der Raubbau weltweit kräftig an Tempo zugelegt. Insbesondere der Wettbewerb um niedrige Energie-, Rohstoff- und Landpreise hat sich stark beschleunigt.

Das Bild des sterbenden **Aralsees** in Zentralasien dokumentiert eindrucksvoll, welche Ausmaße die Umweltzerstörung zum Teil bereits angenommen hat. ⇒422

Das visionär-optimistische Kontrastprogramm ist die nachhaltige Entwicklung. Das Schlagwort ist dabei Faktor Vier.

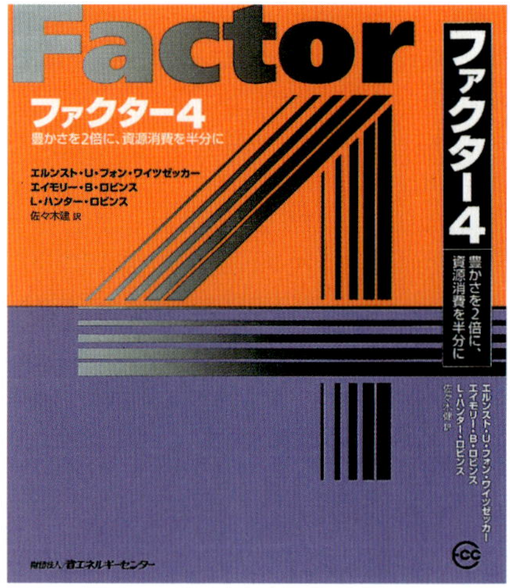

Die 1997 im Sho Energy Verlag erschienene japanische Ausgabe von »**Faktor Vier.** Doppelter Wohlstand – halbierter Naturverbrauch«, ein Bericht des Club of Rome, den der Autor gemeinsam mit Amory B. und L. Hunter Lovins verfasst hat. →4722

Ein paar Beispiele:

► das Wohn- und Institutsgebäude der Lovins, 2200 m ü. M. in Eis und Schnee, aber ohne zentrale Heizungs- und Stromversorgung;

► das »Passivhaus« mit einem Zehntel des Heizölbedarfs und einem Viertel des Strombedarfs, welches mittlerweile in Deutschland zu Kosten gebaut werden kann, die sich nicht mehr von normalen Wohnbauten unterscheiden;

► Hypercar, das Auto, das weniger als 2 Liter Diesel pro 100 Kilometer braucht;

► der Erdbeerjoghurt, der bloß noch 1000 statt 8000 Kilometer Transportwege induziert;

► die Papierfabrik, die den Wasserverbrauch von 18 auf 1,5 Liter pro Kilogramm Papier vermindert hat;

► das Lösemittel-Leasing, das fast einen Faktor 100 an Material spart;

► die Videokonferenz, die viele geschäftliche Flugreisen überflüssig macht;

► die Luftkühlung, die mit einem Viertel des Stroms auskommt – wegen der zigtausend Neubauten in den rasant wachsenden Metropolen des Südens der vielleicht wichtigste Beitrag zur Vermeidung unnötiger Kraftwerke.

Die uns allen vertraute industrielle Revolution seit 1850 war im Wesentlichen die Geschichte der Erhöhung der Arbeitsproduktivität.

Die uns allen vertraute industrielle Revolution seit 1850 war im Wesentlichen die Geschichte der *Erhöhung der Arbeitsproduktivität*. Diese ist in den letzten 150 Jahren in den Industrieländern mehr als verzwanzigfacht worden. Jetzt, im Zeichen struktureller Arbeitslosigkeit (weltweit haben wir heute bereits etwa 800 Millionen Arbeitslose[2]) ist sie ein wenig übers Ziel hinaus geschossen. Knapp ist heute nicht

Das Rocky Mountain Institute, Wohn- und Arbeitsgebäude des amerikanischen »Effizienz-Gurus« Amory Lovins und seiner Frau Hunter, kommt trotz seiner Lage in 2200 Metern Höhe **ohne zentrale Heizungs- und Stromversorgung** aus. ⊡4624

die Arbeit, sondern die Natur. Kilowattstunden, Kubikmeter Wasser und Erde und Fässer Öl produktiver zu nutzen, entspricht viel eher dem globalen Bedarf. Die neue Melodie des technischen Fortschritts müsste also die Erhöhung der Ressourcenproduktivität sein. In vierzig Jahren vielleicht um einen Faktor vier, in hundert Jahren um einen Faktor zwanzig. Technisch ist das möglich.

Doch unter den heutigen Marktbedingungen hat diese gute Vision keine Chance. Unter dem Gesichtpunkt der Kapitalrendite ist das Wegrationalisieren von Arbeit heute fast durchweg rentabler als das Wegrationalisieren von Energie und Stoffumsätzen. Bürokratische Staatseingriffe zur Durchsetzung der Ressourceneffizienz sind wenig ratsam, weil sie als Wettbewerbsnachteil wirken können. In Zeiten der globalen Marktwirtschaft müssen Staatseingriffe unbürokratischer, allgemeiner sein. Sie sollten bloß das Preisniveau der Produktionsfaktoren beeinflussen.

Damit sind wir bei dem heiklen Thema der Steuer- und Subventionspolitik. Heute werden jährlich 700 Milliarden Dollar Subventionen für Energie, Wasserverbrauch, Pkw-Verkehr und Landwirtschaft ausgegeben[3]. Und die Steuer- und Abgabensysteme der Welt machen die Bruttoarbeitskosten oft doppelt so teuer wie die Nettolöhne. Eine *große ökologische Finanzreform* ist überfällig, und zwar weltweit. Wie die skandinavischen Staaten zeigen, kann man ohne Schaden für Wirtschaft und Arbeitsplätze ohne weiteres im nationalen Alleingang schon einmal anfangen.

»Die neue Melodie des technischen Fortschritts müsste die Erhöhung der Ressourcenproduktivität sein.«

1 Weizsäcker, Ernst Ulrich von, Amory Lovins und Hunter Lovins. 1995; (aktualisierte Taschenbuchausgabe 1997). Faktor Vier. Doppelter Wohlstand – halbierter Naturverbrauch. Droemer-Knaur-Verlag, München.

2 Rifkin, Jeremy. 1995. Das Ende der Arbeit. Campus, Frankfurt.

3 de Moor, André und Peter Calamai. 1997. Subsidising Unsustainable Development; Undermining the Earth with Public Funds. Earth Council, Toronto.

Michael Salewski

Die Science-Fiction blickt ins 3. Jahrtausend: No future?

Der Historiker und Fregattenkapitän der Reserve Michael Salewski beschäftigt sich wissenschaftlich vor allem mit der deutschen Geschichte des 19. und 20. Jahrhunderts, vor allem der Marine-, Militär- und Geistesgeschichte. Sein Buch »Zeitgeist und Zeitmaschine« untersucht das Verhältnis von Science-Fiction und Geschichte, von Zukunftserwartungen und ihrem kulturgeschichtlichen Hintergrund. ⇨4963

In die Zukunft zu reisen, das wusste schon der namenlose Zeitreisende von 1895, ist gefährlich. Umso wichtiger sind ein paar Fahrpläne, will man aus der Zukunft wieder heil herauskommen. Solche Reisebeschreibungen der Zukunft gibt es massenhaft, sie laufen unter dem Kürzel »Science-Fiction« (SF). Da sie in dem Maße veralten, in dem die Zeit voranschreitet, lässt sich leicht klären, ob sie etwas getaugt haben. So ganz sicher war sich die SF des frühen 20. Jahrhunderts nicht. Während Bellamy, Verne, Kellermann und viele andere das Paradies auf Erden schon greifbar nahe glaubten, kamen anderen Zukunftspropheten erhebliche Zweifel – so Bulwer-Lytton, Kurd Laßwitz. H.G. Wells war der prominenteste unter ihnen. Heute erscheint sein »Krieg der Welten« von 1898 als kongeniale Vision für das 20. Jahrhundert, sein »Dr. Moreau« als die Vorwegnahme des geklonten Menschen, sein »Luftkrieg« als Antizipation von Dresden und Hiroshima. »Menschen Göttern gleich?« War das nicht doch ironisch gemeint?

Schon unmittelbar nach dem Ersten Weltkrieg war es mit den »positiven« Utopien vorbei. Dieser Krieg hatte wie ein Schock gewirkt, fortan sieht die Zukunft düster aus. Die SF unternimmt in den Zwanziger- bis Vierzigerjahren so manchen Stoßtrupp in eine Zukunft, die nun schon weit über das 20. Jahrhundert hinausreicht. Gerade auch, wenn sie sich im späten 20. Jahrhundert umsieht. Der beklemmendste Blick stammt von George Orwell. »1984« ist ja nicht der Endpunkt

Michael Salewski

2.1.1938 in Königsberg/Pr. geboren
Studium der Geschichte, Romanistik und Philosophie in Saarbrücken, Besançon und Bonn
1964 Promotion
1970 Habilitation für Mittelalterliche und Neuere Geschichte
1971 Professur in Bonn
seit 1980 Ordinarius für Neueste Geschichte in Kiel
Vorsitzender der Ranke-Gesellschaft, Vorstandsmitglied der Gesellschaft für Geistesgeschichte

George Orwells Zukunftsprojektion **»1984«** reicht weit ins 21. Jahrhundert hinein, und er konnte sich diese Zukunft kaum anders vorstellen als totalitär (Szenenfoto aus der Verfilmung von Michael Anderson, 1955/56). ⇨390

der Entwicklung, sondern der Anfang. Das totalitäre System reicht weit ins nächste Jahrhundert, vielleicht hört es gar nicht mehr auf. Nur auf den ersten Blick scheint dieses 21. Jahrhundert freundlicher zu sein, betrachtet man es mit den Augen von Aldous Huxley. Die »schöne neue Welt«– ist sie wirklich schön? Als das Buch erschien, 1932, hat das jeder Leser mit Emphase geleugnet – heute, fast siebzig Jahre später, ist die Antwort nicht mehr so klar. Vielleicht ist sie ja wirklich schön, die neue Welt – das hat seinen Grund.

Bevor man zu ihm vordringt, muss man an jene Zukunftsvisionen aus den Zwanziger- und Dreißigerjahren erinnern, deren Aktualität geradezu atemberaubend geworden ist: Jewgenij Samjatin entwarf den Totalitarismus des 20. Jahrhunderts, Karel Capek das atomare Inferno. Das Ende der Menschheit rückte heran – und immer stärker in den Mittelpunkt aller Zukunftsvisionen, schon vor dem Zweiten Weltkrieg. Der aber schien auch die düstersten Menetekel der Vorkriegszeit zu bestätigen, und die Explosion der ersten Atombombe wurde für alle Science-Fiction zum buchstäblich strahlenden Ausgangspunkt der menschlichen Endzeit. Aldous Huxley malte sie sich in »Ape and Essence« ebenso aus wie Sterling E. Lanier in »Hieros Journey« oder Walther Miller in »A Canticle for Leibowitz«. In den Fünfzigerjahren gab die SF der menschlichen Zukunft kaum noch eine Chance. Erst der Existenzialismus, dann das Ende der Existenz. Die Zukunft war abgeschnitten, das Ende des 21. Jahrhunderts glaubte niemand mehr zu erreichen, zumal seit Mitte der Fünfzigerjahre der 3. Weltkrieg täglich vor der Tür stand – ein Atomkrieg, notabene.

Wenn die SF für die Menschheit keinen Pfifferling mehr gab, so lag dies nicht allein an den Geistern aus der Flasche, nicht am promethischen Irrwitz, schon gar nicht an irgend einem göttlichen oder ungöttlichen »Schicksal«, sondern immer nur an den Menschen selbst. So ist er eben, der Mensch, dass er einen Selbstzerstörungsmechanismus in sich trägt, und im Kollektiv ist er auch nicht besser. Wenn sich die Science-Fiction des 20. Jahrhunderts – von Wells bis William Gibson – in einem Punkt einig ist, dann in dem, dass der Mensch a priori unfähig ist, sich politisch und gesellschaftlich demokratisch zu organisieren. Alle Zukunft wird undemokratisch, totalitär, diktatorisch sein. Das ist nicht Reflex der totalitären Jahrzehnte des 20. Jahrhunderts, sondern genauso des an-

»Wenn sich die Science-Fiction des 20. Jahrhunderts ... in einem Punkt einig ist, dann in dem, dass der Mensch a priori unfähig ist, sich politisch und gesellschaftlich demokratisch zu organisieren. Alle Zukunft wird undemokratisch, totalitär, diktatorisch sein.«

Nach Verfassungsschutzberichten strebt die **Scientology-Organisation** eine neue Gesellschaftsordnung an, die die Demokratie gefährde. Ihr Gründer war der Science-Fiction-Autor L. Ron Hubbard, dessen Philosophie den Zustand des »Clear«, der vollständigen geistigen Gesundheit, verheißt (Zentrale in Los Angeles). ⇢160

Wozu **Realität,** wenn wir unsere Fürsorge virtuellen Küken schenken können, die je nach Zuwendungsintensität zu hübschen Vögeln oder hässlichen Monstern heranwachsen? Tamagotchi heißt der Verkaufshit der Spielwarenindustrie. ⇢160

geblich demokratischen Zeitalters vorwiegend amerikanischer Provenienz, in dem wir seit 1945 leben. Gerade in Amerika begreift die SF Zukunft fürs 21. Jahrhundert als blank totalitär. Konzentrationslager in den Rockys (Dish), Diktatoren à la Hitler (Dick), »Herren« über Wüstenplaneten (Herbert) – das ist ganz gewöhnlich. Besonders pikant sind die charismatischen Führerfiguren, wie sie Heinlein oder Brunner beschreiben – da mag es schon sein, dass ein Charles Manson das eine oder andere in den falschen Hals bekommt und Sharon Tate deswegen sterben musste. Erfolgreicher als dieser Wirrkopf war der SF-Autor Ron Hubbard: Dessen Scientology-Kirche ist ein getreues Abbild weit verbreiteter SF-Vorstellungen vom gesellschaftlichen Zusammenleben der nahen Zukunft. Die Parole des gesellschaftskritischen Zukunftsromans der Fünfziger- bis Achtzigerjahre erfreute sich größer Popularität: »No future!«

Heute hat sich das geändert, und zwar dramatisch. Die Zukunft – das sind wir, wir leben schon in der Zukunft. Gegenwart und Vergangenheit sind keine Kategorien mehr. Die Zukunft haben wir wie einen Fisch im Netz gefangen, genauer: im World Wide Web. Das gab es noch gar nicht, da war es schon erfunden: William Gibsons Roman »Newromancer« ist das Kult- und Schlüsselbuch für eine Zukunft, die Gegenwart ist. Dabei hatte er nur aufgenommen, was schon seit den Fünfzigerjahren immer drängender antizipiert worden war: die Vorstellung, dass die reale Welt nicht in Raum und Zeit, sondern nur in einem elektronischen System existiert. Vielleicht auch nur in einem Film, wie bei Hermann Kasack (»Das große Netz«) oder einem »weißen Raum«, wie bei Christopher Priest. Aber das waren nur erste, tastende Vermutungen. Den Beweis für den ungeheureren Verdacht lieferten erst jene Autoren, die mit wachsendem Erstaunen, manchmal reinem Entsetzen, die Entstehung der virtuellen Welten des späten 20. Jahrhunderts zu deuten versuchten. Daniel F. Galouye wäre hier zu nennen (»Simulacron-3«), Philipp K. Dick (»Flow my Tears the Policeman said«), vor allem Stanislaw Lem. Ihnen verdanken wir Einblicke ins nächste Jahrtausend, die uns den Atem rauben. Die Zukunft kann nicht vorhergesagt werden, weil es die Zukunft gar nicht gibt; es gibt sie nicht, weil sie schon ist. Stanislaw Lem hat es in »Non serviam« einleuchtend bewiesen: Wir spielen mit unseren Computern, freuen uns wie die Kinder über jedes neue virtuelle Spiel, beerdigen tränenreich unsere Tamagotchis und müssen dafür sorgen, dass unsere elektronischen Geschöpfe leidlich über die Runden kommen. Es ist nicht leicht, ein Gott zu sein. Heute können wir selbst eine virtuelle Welt schaffen, heute mag sie noch ein wenig grobschlächtig und undifferenziert wirken, das wird sich ändern. Gleichzeitig sind wir vermutlich aber auch eine Art Chip in einem anderen, fortgeschritteneren elektronischen Computerspiel. Wer das wohl gemacht hat? Also doch: Menschen Göttern gleich. Es ist logisch anzunehmen, dass dieses Spiel für die Instanz darüber insgesamt auch nur ein Chip ist – und so weiter, ad infinitum. Es liegt auf der Hand, dass dieses nach dem Prinzip der Puppe in der Puppe funktionierende kybernetische System aus der Zukunft stammt; logisch, da die Zeitmaschine ja erst in der Zukunft erfunden wird.

Wir erwarten also nicht die Zukunft, wir machen sie hier und heute, Grenzen gibt es nicht. Da sie ein bloßes Softwareprogramm ist, kann man sie ungestraft beliebig manipulieren. Im Katalog der Weltschöpfungen gibt es viele Varianten, eine bleibt ausgespart: das Paradies. Paradiese sind zum Gähnen langweilig, das überlässt man den Erbauungsblättchen der Zeugen Jehovas. Schön schaurig sind die globalen Katastrophen. Besonders hübsche Zukünfte generieren wir mit Killerviren, Meteoriten, Godzillas – alles Computersimulationen, wie uns eifrig versichert wird. Aber genau das ist es: Die vermeintliche Realität ist ein Computerspiel, und einige Zukunftsgurus haben keinen Zweifel daran, dass es im kommenden Jahrhundert gar nicht mehr möglich sein wird, Realität von Irrealität zu unterscheiden. Wir sitzen in unseren abgeschirmten Räumen, generieren unseren täglichen Horror und versenken uns mithilfe des huxleyschen Somas in den seligsten Trancezustand. Wir sind glücklich, wenn die Kometen einschlagen, Vulkane explodieren, Außerirdische die Erde kannibalisieren – nur das Soma darf uns nicht ausgehen.

Das Problem ist leicht lösbar, Brunner und Lem haben den Weg gewiesen: Man muss – etwa über eine entsprechende Aufbereitung des Trinkwassers – die ständige Glücksdrogenzufuhr garantieren. Dann mag die vermeintlich »reale« Welt zu einer stinkenden Kloake verkommen, das stört uns Soma-Selige nicht mehr. Unglücklich könnten nur noch die »Sachsichtigen« sein – eine verschwindende Minderheit. Und wie viele von denen werden der permanenten Glücksverheißung am Ende widerstehen? »The Pursuit of Happiness«: Das 18. Jahrhundert hat »das Glück« erfunden, das 20. den Weg gewiesen, das 21. und die – vielleicht – folgenden werden dieses Ideal verwirklichen. Verwirklichen? Die unguten Gefühle lassen sich übrigens rasch und bequem beheben: eine Tablette »Soma« täglich, das reicht.

Wozu Zukunft, wenn wir uns die virtuelle Welt schaffen können? Szenenfoto aus dem Film »Jurassic Park« von Steven Spielberg (1993).

⇒180

»Die vermeintliche Realität ist ein Computerspiel, und einige Zukunftsgurus haben keinen Zweifel daran, dass es im kommenden Jahrhundert gar nicht mehr möglich sein wird, Realität von Irrealität zu unterscheiden.«

Wolfgang Gerke

Cybergeld und Konziliationismus-Dollar – Was passiert mit unserem Geld?

Wolfgang Gerke, Bank- und Börsenspezialist, plant mit der von ihm entwickelten Theorie des Konziliationismus ein neues Gesellschaftssystem, in dessen Mittelpunkt der faire Interessenausgleich und die Erhaltung des Selbstwertgefühls aller Menschen stehen sollen. ⇨4940

Wolfgang Gerke

1944 in Cuxhaven geboren
1970 Diplom-Kaufmann in Saarbrücken
1972 Promotion in Frankfurt am Main
1978 daselbst Habilitation
1978–81 Professor für Finanzwirtschaft an der Universität Passau
1981–92 Professor für Bankbetriebslehre an der Universität Mannheim
seit 1992 Professor für Bank- und Börsenwesen an der Universität Erlangen-Nürnberg

Natürlich hätte ich mir den geplanten Besuch im währungshistorischen Museum des zweiten Milleniums in Frankfurt sparen können, um mich stattdessen virtuell und interaktiv durch das Museum führen zu lassen. Aber ich schätze diese antiquierte Atmosphäre. In einer Museumssektion wird sogar mein Großvater abgebildet. Ein witziger Typ, der als Bankprofessor um die Jahrtausendwende für eine damals in Frankfurt noch aktive Regionalbörse ein System vorgeschlagen hat, das er EHS (elektronisches Handelssystem) nannte. Die Börse titulierte ihr System jedoch XETRA. Das dürfte ihn getroffen haben, denn ich fürchte, er war ziemlich eitel, zumal er immer bunte Fliegen trug. Mehr Erfolg hatte er mit einer viel komplizierteren Wortschöpfung, denn er verwandte als Erster den Begriff Konziliationismus. Schade, dass der Duden zum Konziliationismus lediglich schreibt: »Lehre vom Selbstwertgefühl und fairen Interessenausgleich der Menschen, die 2030 als Gesellschaftsordnung in der Charta der UNO von allen Ländern der Welt außer China und Indien übernommen wurde.« Im vorigen Jahrtausend waren die Menschen gegenüber Professoren noch sehr feindlich eingestellt. Zuerst verfolgten sie Wissenschaftler, die bewiesen, dass die Erde eine Kugel ist, und später haben sie sogar das Klonen von Menschen unter Strafe gestellt. Erdgeschichtlich bedeuten die bewegten ersten 50 Jahre des dritten Jahrtausends eine Nanosekunde und doch ist uns die Welt der Jahrtausendwende erstaunlich fremd.

Natürlich brach im vorigen Jahrtausend für viele Menschen ihr Weltbild zusammen, als sie akzeptieren mussten, dass Himmel und Hölle als christliches Gedankengut nicht mehr visualisierbar waren, da sich die Erde nicht als das Zentrum der Schöpfung, sondern als ein relativ unbedeutender Stern unter Milliarden bekannter und unbekannter Sterne entpuppte. Auch die Gegner der Dampflokomotive und Elektrizität haben wie die Gegner des Klonens und der Kernkraft die Apokalypse gepredigt. Immer haben sich die Menschen aus Angst vor Veränderungen selber Fesseln auferlegt. Es war aber niemals eine gangbare Alternative, sich aus Zukunftsangst zum Faustkeil zurückzuentwickeln. Vielleicht steigt mit zunehmender Erkenntnis die Wahrscheinlichkeit der Apokalypse. Bewiesen ist das nicht, denn auch die Erkenntnis zu ihrer Verhinderung könnte mitwachsen.

So ein Besuch im währungshistorischen Museum bringt einen zum Philosophieren. Nicht die nackten Münzen und Banknoten machen den Museumsbesuch so lohnend, sondern die dahinter stehende historische Entwicklung der Gesellschaft und Technik. Spielerisch erlebt man die Zahlungsgewohnheiten der Jahrtausendwende. So bekommt man deutsches Münzgeld ausgehändigt und soll damit aus einem Metallkasten, auf dem R-M-V steht, eine U-Bahn-Fahrkarte ziehen. Bevor man jedoch dazu kommt, wird man von zwei maskierten Männern überfallen. Um die Jahrtausendwende wurde man nicht nur beraubt, sondern beim Reisen durch andere Länder beim Währungsumtausch ganz legal von den Banken geschröpft. Beim Betreten der chinesischen Abteilung wird man sogar wegen Einführung verbotener Heimatwährung festgenommen.

Die Zeit vor Einführung des Konziliationismus-Dollars oder C-$ für Conciliationism Dollar muss furchtbar gewesen sein. Da heute jede Zahlung über das Konziliationismus-Netz (C-Netz) läuft, liegen alle Transaktionen offen und können zurückgebucht werden. Wie viel einfacher und sicherer ist damit das Leben geworden. Den Eintritt zum währungshistorischen Museum bezahle ich mittels Daumendruck auf den Kassensensor und Sicherungsblick in den Augensensor. Bei meiner U-Bahn-Fahrt zum Museum brauche ich beim Betreten und Verlassen des U-Bahn-Geländes ebenfalls nur meinen Daumen vor die Sensoren zu halten und zugleich wird mir im C-Netz der Fahrpreis entsprechend der gefahrenen Strecke vom Konto abgebucht. Nachdem bei Einführung des C-Dollars einige Bürger auf grausame Weise ihre Daumen verloren, lernten die Sensoren schnell, abgeschnittene Daumen zu identifizieren. Außerdem wurden zur zusätzlichen Sicherheit Augensensoren installiert, und da alle

» *Konziliationismus ist laut Duden die Lehre vom Selbstwertgefühl und fairen Interessenausgleich der Menschen, die 2030 als Gesellschaftsordnung in der Charta der UNO von allen Ländern der Welt außer China und Indien übernommen wurde.* «

Herausragende Exponate der Antikensammlung des währungshistorischen Museums: **Sparschweine,** in denen Münzgeld angesammelt wurde (19./20. Jahrhundert). Sie waren direkte Nachkommen des Sparstrumpfs. ⇾100

» *Die Zeit vor Einführung des Konziliationismus-Dollars oder C-$ für Conciliationism Dollar muss furchtbar gewesen sein.* «

Zahlungen werden mittels **Daumendruck** auf den Kassensensor geleistet, der auch in der Lage ist, abgeschnittene Daumen zu identifizieren und somit einen Missbrauch zu verhindern. ⇒4940

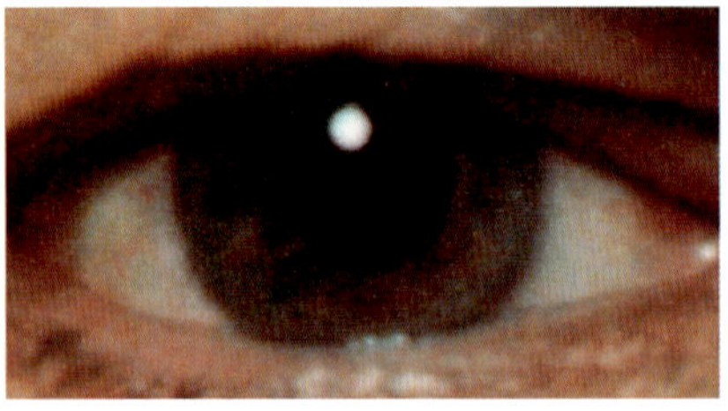

Zur zusätzlichen Sicherheit sind **Augensensoren** installiert. Das Auge ist ein weiteres biometrisches Merkmal, das fälschungssicher ist. ⇒4940

»Durch egoistische Länderinteressen und abstruse Währungstheorien wurde ein weltweites Cybergeld lange verhindert.«

Zahlungen über das C-Netz laufen, kommt man Betrügern heute leicht auf die Spur. Zugleich ersetzen die biometrischen Merkmale das lästige Mitschleppen von Pass, Führerschein und Impfpass. Ohne Ausweispapiere für Rentenversicherung und Personenidentifikation galt man vor 50 Jahren nicht als gleichberechtigter Bürger.

Um die Jahrtausendwende wäre man technisch schon auf dem Stand gewesen, um mit etwas mehr kryptologischem Aufwand für Sicherungssysteme und einem forcierten Aufbau von Zahlungsterminals ein weltweites Cybergeldsystem zu schaffen. Das Museum weist aber darauf hin, dass durch egoistische Länderinteressen und abstruse Währungstheorien ein weltweites Cybergeld lange verhindert wurde. Obwohl die Deutschen schon damals reisefreudig waren und Deutschland ein exportorientiertes Land war, begegneten viele von ihnen bereits der Einführung des Euro mit Skepsis. Die Gefahren des Euro wurden so dramatisch überzeichnet, dass man den Eindruck gewinnen konnte, mit seiner Einführung würde in Deutschland eine Inflation ausbrechen. Die Inflationsrate lag aber bei eher deflationsverdächtigen 1,5 Prozent und ein leichter Anstieg wäre kein Schaden gewesen. Die Illusion, man könnte mit nationaler Währungspolitik Vorteile für das eigene Land erkämpfen, hielt sich zäh in den Köpfen der Bürger.

Es gab damals sogar Lehrstühle für Geldtheorie. Ähnlich wie einige Jahrhunderte zuvor Alchimisten vorgaben, eine Formel zur Produktion von Gold zu finden, gaben sie vor, mit nationaler Geldpolitik das Wirtschaftswachstum und die Beschäftigungsquote eines Landes beeinflussen zu können. Der Gedanke, dass der Konziliationismus, also der faire Interessenausgleich, langfristig allen Menschen Nutzen bringt, war noch völlig unterentwickelt. Als der Euro 2025 in den C-Dollar überführt wurde, waren es wieder die Deutschen, die am heftigsten gegen ein weltweites Cybergeld Bedenken äußerten. Sie fürchteten, der C-Dollar könnte weniger stabil sein als der Euro. Außerdem widersprachen die offene Welt des C-Netzes und der biometrische Ausweis ihrem stark übersteigerten Hang zum Datenschutz. Lieber wollten sie darauf verzichten, mit dem C-Netz Verbrechen aufzudecken. Teilweise bedienten sie sich aber vorgeschobener Argumente, denn sie hatten sich an das Hinterziehen von Steuern gewöhnt.

Während sich Europa noch in ständig wiederkehrenden Querelen über die personelle Besetzung der Europäischen Notenbank und deren währungspolitischen Kurs erging, bahnte sich im Zahlungsverkehr eine völlig neue Entwicklung an. Zuerst erkannten die großen Firmenkunden der Kreditinstitute, dass für einen Real-Time-Zahlungsverkehr Banken überflüssig waren. Die Banken versuchten dem entgegenzusteuern, indem sie im Internet Formen von elektronischem Geld und Einkaufsstraßen mit von ihnen zertifizierten Händlern anboten. Eine naive Idee, denn Internetbenutzer, die die Möglichkeiten des weltweiten Einkaufs besaßen, ließen sich nicht auf die Einkaufspassage einer Bank beschränken, sondern vertrauten ihre speziellen Wünsche lieber professionellen Informationsbrokern an. Andere Kreditinstitute versuchten mit aufladbaren E-Cash-Cards oder Smart-Cards die Kunden zu halten und speicherten ihnen Gelder auf die Festplatten. Das Problem dieser Form von Cybercash lag nicht in Sicherheitsbedenken, Akzeptanzprobleme resultierten vielmehr aus der unrentablen Geldbeschaffenheit. Den Durchbruch ermöglichte ein großes Softwareunternehmen, das seinen Kunden auf deren Cybergeldbestände attraktive Zinsen bot. Hierzu war es in der Lage, da es den Gegenwert des Cybergeldes an den internationalen Börsenmärkten anlegte. Dieses privat geschaffene Geld war den Notenbanken ein Dorn im Auge. Sie mussten aber anerkennen, dass das verzinste Cybergeld weltweit auf hohe Akzeptanz stieß. Erst im Jahr 2025 kam es zur Einigung auf unseren heute noch gültigen C-Dollar. Gleichzeitig wurde der biometrische Ausweis als einzig gültige Identifikationsform für Zahlungen bestimmt. Heute ist es unvorstellbar, dass sich ein so ungerechtes Geldwesen wie zur Jahrtausendwende so lange halten konnte. In zahlreichen Ländern wurden insbesondere die kleinen Leute als Geldbesitzer immer wieder durch Geldentwertung geschädigt. Schon mein Großvater hatte deshalb im Rahmen seines Plädoyers für Gleitklauseln im Geld- und Kapitalverkehr ein indexiertes Geld gefordert. Er nannte es Quotageld, das wie der Urmeter von Paris als fiktive Volumengröße definiert sein sollte und sozusagen durch eine »bestimmte Menge Nichts« gedeckt war. Das heutige Konziliationismusgeld hat Wolfram Engels ohne die Cybergeldbestandteile in ähnlicher Form schon 1996 vorgeschlagen. Es basiert auf der banalen Erkenntnis der Kapitalmarkttheorie, dass man das optimale Rendite-/Risikoverhältnis erzielt, wenn man sein Geld im Weltportfolio anlegt. Genau dies wird mit dem Konziliationismusgeld gemacht, und so partizipieren auch die kleinen Sparer und die reinen Cybergeldbesitzer an den Aktienmarktrenditen. Ich kann mir nicht vorstellen, dass man das Konziliationismusgeld noch weiter verbessern kann, aber vielleicht wird man in 50 Jahren auch über dieses Geld ähnlich schmunzeln wie heute im währungshistorischen Museum über den Euro der Jahrtausendwende.

Die Einführung des **Euro** im Jahr 1999 (im Bild Euro-Banknoten sowie Euro- und Cent-Münzen) als gemeinsame Währung von zunächst elf Staaten der Europäischen Union wurde damals von vielen Deutschen mit Skepsis betrachtet. →4572

»Heute ist es unvorstellbar, dass sich ein so ungerechtes Geldwesen wie zur Jahrtausendwende so lange halten konnte.«

Jürgen Fliege

Lifestyle-Frömmigkeit – Der Weg aus der Kirchenkrise?

Kritik an der Kirche übte der Theologe Jürgen Fliege schon vor seiner Zeit als Pfarrer. In Aldenhoven, einer kleinen rheinischen Bergarbeitergemeinde, fielen sein unkonventioneller Predigtstil und seine Publikumswirksamkeit auf. Seine Aufgabe als beliebter Talkmaster mit Schwerpunkt praktische Lebenshilfe sieht der Kirchen- und Fernsehmann weniger in der Vermittlung christlicher Lehre als im Zuhören und Ernstnehmen. ⇨5161

Jürgen Fliege

wurde **1947** in Radevormwald geboren. Nach dem Studium der evangelischen Theologie in Wuppertal und Tübingen war er 15 Jahre lang Pfarrer in Düsseldorf, Essen und Aldenhoven, einem Bergarbeiterdorf bei Aachen. Danach arbeitete er freiberuflich vorwiegend im Auftrag der evangelischen Kirche in Deutschland (EKD) bei verschiedenen Fernseh- und Rundfunkstationen. Im November **1996** erhielt er den Bambi für die beliebteste Talkshow. Die EKD brachte Fliege beim Start der kommerziellen Sender als TV-Pfarrer ein; er ist außerdem in den SFB-»Nachtgesprächen« und im Bayern-2-Radio als Ratgeber in Lebensfragen zu hören. Bekannt wurde Fliege auch als Autor von Kinder- und Lebensberatungsbüchern.

Die Kirche von morgen wird mystisch sein oder überhaupt nicht.

Jede Mystik versteht Religion als persönliches Wachstum: dass ein Mensch im Laufe des Lebens alles Leiden in Liebe verwandeln kann. Aus Gier soll Dankbarkeit wachsen. Aus Staunen wächst Verstehen und aus Verstehen Hingabe. Das ist der Weg.

Nach 2000 Jahren Hierarchie und lizenzierter Vermittlung von Seligkeit treten die Kirchen in das Zeitalter des dritten Glaubensartikels ein, der den heiligen Geist beschwört und ruft. Bestimmt von einem freien Geist der Kommunikation, der dem Logos den ersten Rang immer streitig machte und jetzt endlich seinen Siegeszug beginnt. Er hat viel aushalten müssen. Aber nur wer aushält, reift auch. Nicht von ungefähr hat dieser heilige Geist, der römische Spiritus sanctus, wunderbarerweise versteckte weibliche Züge. Seine jüdische Großmutter war eine Frau, eine Geistin, die RUACH. Und die schenkte das Leben immer schon aus dem Bauch heraus. Was im Laufe der griechisch-lateinischen Traditionsgeschichte mit diesem weiblichen Zug an Vergewaltigung geschehen ist, ist ein eigener Skandal. Jetzt aber erheben sich ihre Töchter, die Frauen, in den Bänken der Kirchen, stehen aufrecht und schneiden den Priestern das Wort ab. Den Frauen träumte nämlich, sie sahen, sie erfuhren, sie fühlten, sie berührten und ließen sich berühren, sie liebten und ließen sich lieben, und da und dort ließen sie sogar alles über sich

ergehen. Und hielten aus. Jetzt reden sie. Und die Patriarchen zittern. Hoffentlich reden wir Männer mit.
Nicht umsonst droht die Ökumene der weltweiten Christenheit gerade an der Frauenordination zu zerbrechen. Doch ohne die neuen Kommunikationsformen der Frauen, die die Herrschaft des Logos in seine Schranken weisen, wird nichts mehr gehen. Es sei denn: alles zu Ende gehen. Vor 500 Jahren gab es schon einen einschneidenden Versuch, sich von einer sich verselbstständigt habenden Herrschaft in Kirche und Religion zu emanzipieren. Reformation, Aufklärung, die ihr folgende Emanzipation der Wissenschaften, das neue Weltbild, Formulierung der Menschenrechte, Säkularisierung sind ja kein Verdienst des römischen Katholizismus. Sie sind Stationen, die die Geschichte mit uns gegen den Widerstand der römischen Zentralkirche gegangen ist. Der einzelne Mensch wurde mehr und mehr befreit und fand sich selbst mit seinem neu entdeckten Gewissen vor seiner Gottheit wieder.
Wer heute fromm ist, ist es nicht mehr aus Tradition. Persönliche Emanzipation und globale Mobilität haben alles beiseite geräumt. Wer heute fromm ist, hat dafür ausschließlich in seiner Erfahrung Grund, es zu sein und zu bleiben. Persönliche, Gruppen- oder Gemeindeerfahrung sind die einzigen Grundlagen der Religionen von heute und morgen. Jedes Ritual muss dem Rechnung tragen. Erfahrung und Authentizität sind seine Säulen. Selbsterfahrung, Selbsthilfegruppen, Selbstverwirklichung, Selbsteinschätzung, das sind auch die geistlichen Stichworte des neuen Jahrtausends. Ex cathedra geht ins Museum.
Spirituelle Erfahrung als Grundlage der Kirche von morgen gründet auf alten Wurzeln. Und das hat nur ein Ziel: das Wachsen und Reifen des Menschen. Von der Gier zur Dankbarkeit geht der innere Prozess. Da tut besondere Erfahrung ihren guten Dienst.
Da ist zuerst die Erfahrung von ***Stille.*** Es gibt keinen anderen Ausgangspunkt für eine heilsame Reise nach innen. Wie viele Menschen haben sich längst aus den überfrachteten, lauten Gottesdiensten und bunten Messen verabschiedet und suchen in der Stille der leeren Kirchengebäude nach einer Oase für ihre dürstenden Seelen? Was passiert in der Stille? Zuerst das Echo des eigenen Lebens. Dann nichts. Am Ende gar nichts! Das Nichts ist der weltweite Weg der Mystik! Persönliches Wachstum gründet in der Stille. In der Ruhe liegt auch bei uns im Westen die Kraft zu leben und zu entscheiden.
Dann fehlt die Erfahrung, ***Gehör zu finden.*** Wer immer nur hört, den drängt es zu antworten, wiederum gehört zu

Die Kirche von morgen wird mystisch sein oder gar nicht.

Wie viele Menschen haben sich längst aus den überfrachteten, lauten Gottesdiensten und bunten Messen verabschiedet und suchen in der Stille der leeren Kirchengebäude nach einer Oase für ihre dürstenden Seelen? (Innenraum der Kirche San Lorenzo in Florenz) ⇒695

Tränen sind ein Kommunikationsmittel der Seele. Wer sie abwürgt, würgt die Seele. Auch Freude wird durch Tränen sichtbar.

werden. Wem das Herz voll ist, dem geht nicht nur der Mund über. Nicht nur Not lehrt beten. Freude auch. Aber das Gebet muss die persönliche Erfahrung und Empfindung spiegeln oder formulieren. Beten ohne eigenes Herzblut lässt nicht wachsen.

Es fehlt die Erfahrung, was ***Singen,*** allein oder gemeinsam, bewirken kann. Wer nicht weiß, was er beten soll, weil der Hals zu ist, der Kopf vom Rumpf getrennt, der singe Lieder und mache Musik. Das spült die Tränenkanäle und hält sie in Fluss. Tränen sind ein Kommunikationsmittel der Seele. Wer sie abwürgt, würgt die Seele. Auch Freude wird durch Tränen ablesbar.

Wenn nicht die Frauen, wer denn sonst bringt die Erfahrung von Rührung und ***Berührung,*** von Anfassen und Sinnlichkeit, Erotik und Spiel zurück in die Kirchen. Sie saßen als Hexen voller sinnlicher Erfahrung und Sehnsucht lang genug auf den Hecken und Gartenzäunen der kleinlich vorgeschriebenen Weltbilder und schauten in zwei Welten und zwei Seelen. Heckensitzerinnen verbanden mit ihrer Erfahrung Seelen und Welten.

Durch autoritäre Appelle ändert man keine Singlegesellschaft, hindert nicht den dramatischen Zusammenbruch unserer Familien. Gegen das Bekenntnis unserer Zeit, dass »anything goes«, hilft uns nur eine Konfrontation mit dem Opfer. Anfassen statt anmachen! Und das Opfer wohnt seit Jesu Zeiten immer nebenan und heißt: dein Nächster.

So wird die Zukunft der Kirche in der Hinwendung zur Erfahrung von ***Familie*** sein. »Familienveranstaltungen« sind die Zukunft. Sonntag für Sonntag reisen die angesprochenen Familien zu ihrer »Vereins«-Kirche mit Stallwärme. Da lässt Amerika längst grüßen. Der sonntägliche symbolische Friedensgruß in der Heiligen Messe erinnert längst eher an den Befehl der gestrengen Eltern, sich beim fremden Onkel für dies und das zu bedanken und gefälligst einen »Diener« zu machen, als an Lust, einander zu begegnen und zu berühren. Ein weiter Weg liegt vor uns! Aber Reifen braucht seine Zeit. Dabei sind Glanz und Macht der Großkirchen verloschen. Small is beautiful, denn Übersicht schafft Beruhigung und Heimat. Heimat ist Übersicht. Vereins- und Ortsgemeinden gewinnen an Bedeutung. ***Kirchensteuer*** ist zentralistisch, autoritär. Nur Selbsteinschätzung auch beim Tragen der finanziellen Lasten ist der wahre Spiegel der Bedeutung von Gemeinde und Kirche.

Wo bleibt die Erfahrung, dass unsere ***Träume*** Sinn stiften? Die Wurzeln der Religion waren

Jede Mystik versteht Religion als persönliches Wachstum: dass ein Mensch im Laufe des Lebens alles Leiden in Liebe verwandeln kann. (Marc Chagall, *Der purpurne Engel*) ⇨390

wohl die Wurzeln, deren Sud man trinkt und die die Träume rufen, mit denen man in die andere Wirklichkeit reisen kann. Religion ist immer die Reise in die andere Wirklichkeit. Die technische Beschleunigung der inneren Reise durch Drogen wurde in der Entwicklungsgeschichte der Hochreligionen durch spirituelle Techniken abgelöst. Denn verzichten kann man auf die Erfahrung der anderen Wirklichkeit nicht. Träume fördert man durch Aufmerksamkeit und Erzählen, durch Fasten und durch Auslegen. Eine Religion ohne Träume und Traumdeutung ist keine. Träume sind das Fenster in die andere Wirklichkeit. Wer aber mehr will und durch die Tür, geht den Weg der Ekstase.

Religion ist immer die Reise in eine andere Wirklichkeit.

Es fehlt uns die plausible Erfahrung von ***Ekstase,*** nämlich: außer sich zu sein. Religion ist immer auch Ekstase. Draußen wartet das Abenteuer. Religion will dem Menschen seine Grenzen zeigen und ihn über seine Grenze tragen. Religion fördert den Zusammenbruch der Herrschaft des Ego, das am liebsten abgesündert von allem lebt. Sünde ist Absonderung. Religion aber träumt von der Gemeinschaft der heiligen Menschen, Tiere, Pflanzen und Elemente. Wo immer solche Vereinigung passiert, wird sie als heilend und heilig erlebt. Hierhin gehören Auditionen, Visionen und Trance, Wahrsagerei und Prophetie. Und jede »gezähmte« Religion ist gut beraten, diese wilde Wirklichkeit dem Einzelnen nicht abzusprechen.

Lasst den Buddhisten das ewige Rad des Lebens ... und dass alles auf dieser Erde ein Verdienst ist. (*Buddha beim Anschieben des Rades*, pakistanisches Relief des 2./3. Jahrhunderts) ⇨50276

Endlich wird eine Kirche im 21. Jahrhundert sich dem ***weltweiten Miteinander der Religionen*** nicht verweigern können. Eine Religion ist für sich genommen immer provinziell. Darin ist sie jedem Menschen wie aus dem Gesicht geschnitten. Globales Handeln kommt immer aus der Provinz.

Im großen Haus der Weltreligionen spielen wir Christen unsere kleine Geige. Nicht mehr die erste. Das ist schwer genug hinzunehmen, weil die Weltgeschichte der letzten 2000 Jahre nach unserer Pfeife tanzte bzw. tanzen musste. Im spirituellen Konzert aller Religionen übernehmen wir den Part, der von der Barmherzigkeit singen soll. Barmherzigkeit deshalb, weil das ganze Leben als ein himmlisches Geschenk erfahren werden kann. Lasst den Buddhisten das ewige Rad des Lebens und den Verdienstgedanken und dass alles auf dieser Erde ein Verdienst ist. Denn es kann auch für einen von uns Christen zu viel sein, dass ein Kind mit zwei Jahren an Krebs elendig eingeht. Wo ist da das Geschenk? Wo die Barmherzigkeit? Da kann der Gedanke an ein früheres Leben und dessen offene Rechnungen tröstend wirken. Und auf Trost allein kommt es allen Religionen an: Sie sollen trösten, damit wir alle bei Trost bleiben und an uns selbst nicht verrückt werden. Denn ohne Religion sind wir es längst.

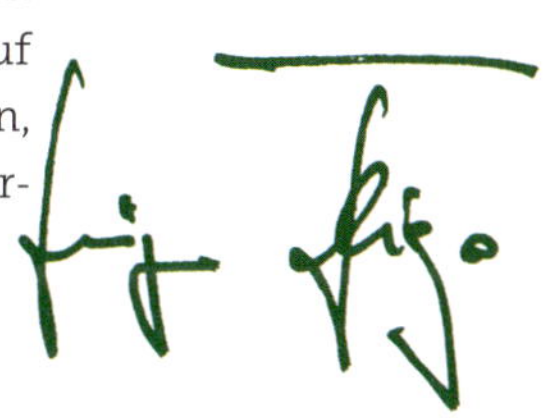

Heiner Geißler

Wie sieht die Zukunft der sozialen Sicherung in Deutschland aus?

Der passionierte Bergsteiger, Sportkletterer und Gleitschirmflieger Heiner Geißler sucht das Profil der CDU besonders auf sozialpolitischem Gebiet zu schärfen. Nicht selten tritt er mit wohl durchdachten, zum Teil unpopulären Überlegungen auch gegen Mehrheitsmeinungen auf. ⇨4640

Heiner Geißler

3.3.1930 in Oberndorf am Neckar geboren
1960 Promotion in Rechtswissenschaften an der Universität Tübingen
1961 zweites juristisches Staatsexamen, danach berufliche Tätigkeit als Richter, dann als Leiter des Ministerbüros des Arbeits- und Sozialministers von Baden-Württemberg
1965–67 und **seit 1980** Mitglied des Deutschen Bundestags
1967–77 Minister für Soziales, Gesundheit und Sport in Rheinland-Pfalz
1977–89 Generalsekretär der CDU
1982–85 Bundesminister für Familie, Jugend und Gesundheit
1989–90 stellvertretender Bundesvorsitzender der CDU
1991–98 stellvertretender Vorsitzender der CDU-Bundestagsfraktion

Die soziale Marktwirtschaft ist ein Bündnis zwischen Marktwirtschaft, Sozialstaat und Demokratie. Deswegen ist die westliche Verbindung von Marktwirtschaft und politischen wie sozialen Rechten kein Luxus, auf den man verzichten kann, wenn es schwierig wird. Das »Soziale« ist kein Kostgänger der Wirtschaft, sondern es hat auch einen wirtschaftlichen Wert: Unser System der sozialen Sicherung hat großen Anteil am sozialen Frieden in Deutschland. Es ist weit mehr wert, als es kostet. Die soziale Marktwirtschaft, dieses moralische Bündnis von Marktwirtschaft und sozialer Gerechtigkeit, ist vielmehr die Grundlage der modernen Demokratie. Sie muss zu einer ökologischen und sozialen Marktwirtschaft fortentwickelt werden. Stärker als bisher sollten daher die Kräfte und Steuerungsmechanismen der Marktwirtschaft eingesetzt werden, um zum Wohle unserer Kinder und Enkel einen schonenden Umgang mit der Natur zu erreichen. Ziel der ökologischen und sozialen Marktwirtschaft wird daher in Zukunft sein, eine Synthese von Ökonomie, sozialer Gerechtigkeit und Ökologie zu schaffen. Wie stellen sich jedoch die Bedingungen für eine solche Zukunftsperspektive dar? Es gibt großartige Veränderungen in unserer Welt festzustellen: Der Nationalsozialismus ist besiegt, der Kommunismus ist so gut wie verschwunden, die Demokratie beginnt sich dort durchzusetzen, wo es vor zehn Jahren noch nicht zu hoffen war. Trotz dieser positiven Entwicklungen wird bei uns in Deutschland diskutiert, als lebten wir im Jammertal und stünden unmittelbar vor dem Absturz in das Chaos. Die Gründe, dass so diskutiert wird, liegen auch darin, dass wir diese Umbrüche ethisch nicht aufarbeiten. An der Arbeitsmarktentwicklung und dem Umstand, dass ein immer größeres Bruttosozialprodukt bei immer geringerem Arbeitsaufwand erwirtschaftet wird – in den letzten zwanzig Jahren hat sich das Bruttoinlandsprodukt um zwei Drittel vermehrt, aber das Arbeitsvolumen selber nur um ein Fünftel – kann man die Dimension erkennen, in der die Schere auseinander gegangen ist. Dies hat zum einen seine Begründung in der politischen Umwälzung und zum anderen in der wohl tiefgreifendsten Revolution, die in den letzten zwanzig Jahren stattgefunden hat: Die Einführung des Computers in unsere Wirtschaftswelt. Der Computer hat unsere Arbeitswelt radikaler verändert als vor rund 150 und 200 Jahren die Erfindung von Elektrizität, Dampfmaschine und Webstuhl. Im Jahre 1900 haben die Menschen doppelt so viel gewusst wie im Jahre 1800. Heute verdoppelt sich das Wissen auf der Erde alle fünf Jahre. Alle fünf Minuten werden drei chemische Formeln neu erfunden, alle drei Minuten gibt es eine neue medizinisch-wissenschaftliche Erkenntnis. Amerikanische Wissenschaftler haben ausgerechnet, dass in den nächsten zehn Jahren mehr an neuen Informationen erarbeitet und erforscht werden wird als in den zurückliegenden 2300 Jahren seit Aristoteles und Demokrit. Durch die Einführung des Computers und die damit verbundene gewaltige Rationalisierung, aber auch durch die damit einhergehende erhöhte Produktivität werden in den klassischen Produktionsbereichen Maschinenbau, Elektroindustrie oder Automobilbau Arbeitsplätze rarer werden. Globalisierung ist das große Zukunftsthema des 21. Jahrhunderts, und die Menschen fühlen sich ihren bereits fühlbaren Konsequenzen ausgeliefert. Da diese Entwicklung nicht mehr aufzuhalten ist, muss man sich mit der Frage beschäftigen, wie eine Gesellschaft sie so bewältigen kann, dass sie ihr menschliches Gesicht behält. Was für eine Gesellschaft soll die Gesellschaft der Zukunft sein? Zunächst ist ein sicheres Fundament nötig, auf dem die ökonomischen und sozialen Entscheidungen gefällt werden können. Karl Marx hat in einer seiner frühen Schriften »Zur Judenfrage« einmal gesagt: »Der Mensch wie er geht und steht, ist nicht der eigentliche Mensch, sondern er muss das richtige gesellschaftliche Bewusstsein haben und der richtigen Klasse angehören.« Die Nazis haben gesagt, er muss der richtigen Rasse angehören. Die Nationalisten sagen, er muss dem richtigen Volk angehören. Die

»Die tiefgreifendste Revolution, die in den letzten zwanzig Jahren stattgefunden hat, war die Einführung des Computers in unsere Wirtschaftswelt. Der Computer hat unsere Arbeitswelt radikaler verändert als vor rund 150 und 200 Jahren die Erfindung von Elektrizität, Dampfmaschine und Webstuhl.«

» Die Frage nach den ethischen Grundlagen ist eine gesellschaftliche Überlebensfrage und kein politisches Feuilleton. «

» Die Quelle der sozialen Sicherung wird auch in Zukunft die Erwerbstätigkeit sein. «

Fundamentalisten sagen, er muss die richtige Religion haben. Die falschen Menschenbilder sind die eigentlichen Ursachen für die schlimmsten Verbrechen, die in der Menschheitsgeschichte je begangen worden sind. Und deswegen ist die Frage nach den ethischen Grundlagen eine gesellschaftliche Überlebensfrage und kein politisches Feuilleton. Das richtige Menschenbild muss ein humanes Menschenbild sein: Der Mensch, wie er geht und steht, ist der eigentliche Mensch, unabhängig davon ob er jung oder alt ist, Mann oder Frau, krank oder gesund, voll leistungsfähig oder behindert, arm oder reich, aber auch unabhängig davon, ob er Deutscher oder Ausländer ist, Christ oder Jude, Weißer oder Schwarzer.

Die soziale Marktwirtschaft ist die erfolgreichste Wirtschafts- und Sozialordnung, die es in der Wirtschaftsgeschichte je gegeben hat. Sie bedeutet nicht Catch-as-catch-can, reine Wettbewerbswirtschaft oder Kapitalismus pur, sondern eben soziale Marktwirtschaft. Die hohe Arbeitslosigkeit ist ein schwer wiegendes gesellschaftliches Problem, das nicht zum Abbau des Sozialstaates führen darf. Das Arbeitsmarktproblem hat sich im Wesentlichen aus folgenden Gründen ergeben: Durch den Wegfall des Eisernen Vorhangs sind über zwei Millionen Aussiedler nach Deutschland gekommen und haben einen Arbeitsplatz gefunden. Hinzu kommen die Verwerfungen durch den Zusammenbruch des Kommunismus: 75 Prozent der Flüchtlinge, die vor Bürgerkriegen davongelaufen sind, sind Europäer, die zu Hunderttausenden bei uns einen Arbeitsplatz gefunden haben. Heute nun haben wir im Gegensatz zu der Zeit vor zehn oder fünfzehn Jahren in Deutschland alleine zusätzlich 2,5 Millionen top ausgebildete, hoch motivierte Frauen, die völlig zu Recht einen Arbeitsplatz beanspruchen. Nur naive Theoretiker, Fantasten oder Lügner können glauben, dass man auf Dauer Millionen von Menschen aus der sozialen Sicherheit ausgrenzen kann, ohne dafür irgendwann einmal einen politischen Preis bezahlen zu müssen. Es gibt, im Gegensatz zu einem Unternehmen, in der Demokratie keine überflüssigen Menschen. Sie haben alle eine Stimme, und sie werden sie nutzen. Eine moderne Welt mit ihren komplexen Problemen erfordert moderne Antworten. Arbeitsplätze können nur in den neuen Berufsfeldern geschaffen werden, die durch die Globalisierung der Wirtschaft und den Siegeszug des Computers charakterisiert sind: Es handelt sich um Dienstleistungen, die mit den neuen Techniken oder mit Menschen direkt zu tun haben, wie Forschen, Lehren, Informieren, Bilden, Heilen, Pflegen, Planen, Organisieren, Schützen, Sichern und Versichern. Hinzu kommen Tätigkeiten im kulturellen Bereich und im Freizeitsektor. Wichtig ist auch, dass junge Unternehmen stärker gefördert werden. Die Verbesserung der Möglichkeiten für junge Unternehmen, an Wagniskapital zu kommen, ist daher ein wichtiger Punkt für die Zukunft. Zentral ist auch eine Flexibilisierung in der Tariflandschaft. Wir benötigen in Deutschland dringend eine moderne Tarifpolitik, die es den Tarifpartnern ermöglicht, Beschäftigung zu sichern und die Chancen für neue Arbeitsplätze zu verbessern. Entgeltkorridore, Arbeitszeitverkürzungen unter Lohnverzicht, Jahresarbeitszeitkonten, Altersteilzeit, Öffnungsklauseln für Betriebsvereinbarungen sind wichtige Elemente der innovativen Tarifpolitik. Steigende Qualifikationsanforderungen der modernen Arbeitswelt machen es einer Vielzahl schlecht qualifizierter Arbeitsuchender immer schwerer, einen Neueinstieg ins Erwerbsleben zu finden. Menschen, die wegen Minderqualifizierung zu den Langzeitarbeitslosen gehören, müssen in Zukunft in den Arbeitsmarkt integriert werden, damit sie nicht auf Dauer auf staatliche Transferleistungen, insbesondere Sozialhilfe, angewiesen bleiben. Besonders Langzeitarbeitslose brauchen eine Perspektive. Eine Vielzahl von arbeitsmarktpolitischen Instrumenten muss daher bei der Wiedereingliederung in das Berufsleben helfen. Die Arbeitslosigkeit zu bekämpfen ist eines der wichtigsten politischen Ziele für die Zukunft. Arbeit für alle ist keine Utopie. Die Quelle der sozialen Sicherung wird auch in der Zukunft die Erwerbstätigkeit sein. Gerade wenn die Arbeitswelt mehr Flexibilität verlangt, muss die soziale Sicherung mehr Stabilität schaffen. Es ist ethisch begründet, die Wirtschaft immer wieder auf ihr eigentliches sozialethisches Telos hinzuweisen, das heißt auf ihre Gemeinwohlfunktion. Früher konnte die soziale Marktwirtschaft in ihren sozialen Auswirkungen relativ leicht finanziert werden, weil wir sechs- bis achtprozentige Wachstumsraten verzeichnen konnten. Das ist heute vor allem in den Industriestaaten vorbei. Diese müssen sich mit niedrigeren Wachstumsraten abfinden. Was unsere Gesellschaft im 21. Jahrhundert daher dringend benötigt, ist eine ökologische und soziale Marktwirtschaft, die jedoch nur dann wirklich zu erreichen sein wird, wenn wir erkennen, dass ein Ende der Verschwendung geboten ist. Eine alte Weisheit Epikurs sollte die Leitlinie für die Politik von morgen sein: »Nicht die Vermehrung der Habe, sondern die Verminderung der Wünsche ist angezeigt.«

Globalisierung →313

»Nicht die Vermehrung der Habe, sondern die Verminderung der Wünsche ist angezeigt.«

Epikur

Dieter E. Zimmer

Hort des Buches oder Technikpark: Wie sieht die Bibliothek der Zukunft aus?

Sprache, Sprachentstehung, Spracherwerb und Sprachwandel – gerade auch im Zeitalter der neuen Medien – hat der Wissenschaftsjournalist Dieter E. Zimmer stets beobachtet und beschrieben. Und da gedruckte und auf CD-ROM gepresste Sprache auch zukünftig bewahrt werden wird, ist Zimmer vom Fortbestehen der Bibliotheken überzeugt. ⇒4947

Stirbt im Zeitalter der Digitalität die Bibliothek?

Sie wird sich nicht in verstreute Einzelarbeitsplätze am Computer auflösen: Sie wird fortbestehen als ein Gebäude mit Magazinen und Lesepulten, in dem die Benutzer verweilen und wo auch weiterhin Bücher und Zeitschriften aufbewahrt und Wort für Wort gelesen werden. Die Druckmedien sollten in der Bibliothek der Zukunft in offenen, jedem jederzeit zugänglichen Regalen stehen; da das sich ständig vermehrende Papierquantum ein ständig größeres Lagerungsproblem mit sich bringt, wird wenig benutzte Literatur in schwerer zugänglichen Kompaktmagazinen untergebracht werden müssen. Denn bei den Büchern und Zeitschriften wird es sich keinesfalls nur um Altbestände handeln. Auch der papierne Teil der künftigen Exbibliothek wird weiter wachsen. Allerdings wird die Zuwachsrate Anfang des neuen Jahrtausends möglicherweise etwas zu sinken beginnen.

Diese Verlangsamung indessen ist keine Bedrohung, sondern eine Chance. Seit hundert Jahren verdoppelt sich der schriftliche Output in den Naturwissenschaften alle zehn Jahre, allgemein etwa alle fünfzehn Jahre. Selbst die üppigst bemessene Bibliothek wäre dieser Masse nicht gewachsen, wenn alles auf gebundenem oder geleimtem Papier stünde. Irgendwann ließe es sich nicht mehr bezahlen und aufstellen, und zudem ließe sich in diesem sich hoch türmenden Informationsmassiv aus Papier nichts mehr auffinden. Die Wissenschaft würde an ihrer eigenen Produktivität ersticken.

Dieter E. Zimmer

24.11.1934 in Berlin-Pankow geboren
1941–53 Schulbesuch in Berlin und in den USA
Studium der Germanistik und Anglistik an der Freien Universität Berlin, der Universität Münster, der Northwestern University (Evanston, Illinois), der Universität Genf
1957 Master of Arts, Northwestern University (Evanston, Illinois)
seit 1959 Redakteur der Wochenzeitung DIE ZEIT in Hamburg; **bis 1977** im Feuilleton; **seit 1977** als ressortfreier Autor (»Reporter«), vorwiegend Wissenschaftsjournalist auf den Gebieten Psychologie, Biologie, Anthropologie, Medizin, Linguistik;
1990–92 Kulturkorrespondent in Berlin

Es trifft sich also günstig, dass im Bereich der Schriftlichkeit zurzeit die dramatischste Umwälzung nicht seit Gutenberg, sondern seit Sumer im Gange ist: dass Text sich in einem anderen, unmateriellen Aggregatzustand aufbewahren, weitergeben und erschließen lässt, dem elektronisch-digitalen. Die Bibliothek der Zukunft wird darum zu einem großen und sich rasch ausweitenden Teil eine digitale sein. Darum muss sie eng mit einem Rechenzentrum verkoppelt werden. Da die technischen Konkretisierungen der digitalen Information einem rapiden Wandel unterworfen sind, muss die Bibliothek der Zukunft flexibel sein, bis in die Raumaufteilung hinein.

Ein mindestens ebenso großes, weltweites Problem besteht darin, dass der rechtliche Rahmen für die Verbreitung und Nutzung der digitalen Medien bestimmt werden muss. Einerseits drängt alles auf leichten, freien, allgemeinen Zugang. Andererseits verursachen auch digitale Medien Kosten, insgesamt wahrscheinlich sogar höhere als Druckmedien, und irgendjemand muss sie tragen. Auch von den Bibliotheken kann niemand verlangen, digitale Angebote ohne zusätzliches Personal, zusätzliche Räumlichkeiten und zusätzliche Sachmittel herbeizuzaubern. Sie sollen nicht das Gleiche wie bisher auf teilweise andere Art machen, sondern mehr.

Die digitale Revolution der Schriftlichkeit bringt es mit sich, dass auch Ton und Bild, das stehende wie das bewegte, auf die gleiche Weise konserviert und transportiert werden können wie reiner Text. So wird die Bibliothek der Zukunft eine multimediale sein – und auch darum keine Bibliothek im Wortsinn, kein bloßes »Bücherbehältnis«. De facto ist sie es bereits nicht mehr; die großen Bibliotheken zählen ihren Besitz schon seit Jahrzehnten nicht mehr in Büchern, sondern in »Bestands-« oder »Medieneinheiten«.

Die Bibliothek war, abgesehen von allen unmittelbaren Benutzerinteressen, immer das Archiv der Wissenschaft, und das wird sie bleiben müssen: Sie muss sammeln und möglichst für die Ewigkeit auch das konservieren, wofür sich im Augenblick kaum einer ihrer Benutzer interessiert. Diese Funktion wird im Zeitalter der Digitalität sogar immer notwendiger, und sie wird ihr gleichzeitig immer schwerer fallen. Gedrucktes auf gutem Papier hält viele Hundert Jahre lang, magnetisch Gespeichertes aber höchstens zehn, und wie lange die laserlesbaren Datenträger (die heutigen CDs, DVDs und Bildplatten) halten, weiß noch niemand; mehr als dreißig wahrscheinlich nicht. Aber auch wenn sie haltbarer gemacht werden können, wird es die Geräte, die sie lesen können, in hundert Jahren gewiss nicht mehr geben. Wenn

» Die Bibliothek wird fortbestehen als ein Gebäude mit Magazinen und Lesepulten, in dem die Benutzer verweilen und wo auch weiterhin Bücher und Zeitschriften aufbewahrt und Wort für Wort gelesen werden. «

⇨4945

Die Grafik zeigt die vor allem in den letzten 20 Jahren sprunghaft vorangegangene **Entwicklung der Kommunikationstechnologie.** ⇨99997

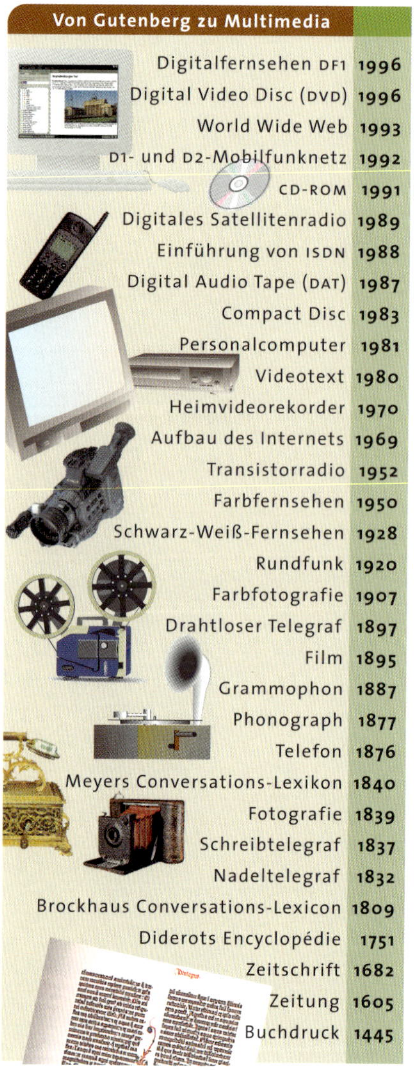

die Bibliothek der Zukunft nicht gleichzeitig ein Technikmuseum mit funktionierendem Maschinenpark werden soll, werden die archivierten digitalen Datenmassen laufend in die jeweils aktuellen Formate konvertiert werden müssen.

Das andere Problem ist sozusagen die Flüssigkeit der elektronischen Medien, die jedoch gerade auch ihre Attraktivität ausmacht: Alles Geschriebene lässt sich wunderbar schnell und leicht verändern und über Datennetze überallhin verteilen. Die Bibliothek der Zukunft wird einiges in diesem immerwährenden Gewoge einfrieren (»spiegeln«) und dauerhaft archivieren müssen.

Aber was? Wie oft? In welcher Art von Speicher? Und wie erschlossen, damit man jemals etwas wieder findet?

Zunächst war völlig offen, ob und in welchem Maß der Bildschirm als Lesegerät akzeptiert würde. Es hat sich rasch geklärt. In den zwei Jahrzehnten der Textverarbeitung am Computer hat sich die Faustregel herausgebildet: Am Bildschirm wird nachgeschlagen, gelesen wird auf Papier. Sie leitet sich nicht aus irgendwelchen Prinzipien ab, sondern resümiert einfach, was den meisten erfahrungsgemäß am liebsten ist: Längere Texte, die genau studiert, eventuell sogar annotiert und markiert werden sollen und in denen bei der Lektüre hin- und zurückgeblättert werden muss, kommen den Lesern in der Papierform mehr entgegen als in der elektronischen. Je länger etwas ist, desto weniger mag man es am Bildschirm lesen; das Limit liegt bei etwa zweitausend Wörtern, etwa sechs Druckseiten. Die Hauptvorteile digitaler Veröffentlichungen dagegen sind: die Geschwindigkeit (nicht so sehr die Übermittlungsgeschwindigkeiten online als die Publikationsbeschleunigung) und die Möglichkeit, ungeheure Textmengen – ganze Bibliotheken – schnell und zuverlässig nach bestimmten Details zu durchsuchen. Darum werden Nachschlagewerke aller Art zunehmend auch oder nur noch in elektronischer Form angeboten werden, Monographien und die gründlicheren Zeitschriften (im Unterschied zu Informationsblättern) aber nach wie vor als Druckwerke. Die künftige Exbibliothek wird darum eine Schnittstelle zwischen den verschiedenen Aggregatzuständen der Information sein müssen. Sie braucht also mehr als einerseits Magazine und Lesepulte, andererseits Bildschirmarbeitsplätze. Sie braucht Drucker und Scanner, um elektronische Dokumente in papierne zu verwandeln und umgekehrt. Und ihre Druckmöglichkeiten müssen hohen Qualitätsansprüchen genügen: Weil die Leser für das gründliche Studium von längeren Texten auf absehbare Zeit das Papier dem Bildschirm vorziehen werden, wird es ihnen auf die sozusagen sensuellen Qualitäten des gedruckten Textes ankommen.

Einerseits wohnt der heutigen Entwicklung ein starker Sog zur Auflösung aller Zentren inne, auch der Bibliotheken. Über die Telefondose und den Rechner auf dem Arbeitstisch kann sich – potenziell – jeder Wissenschaftler jederzeit mit jedem anderen Wissenschaftler der Welt und jeder Datenbasis in Verbindung setzen. Ebenso könnte er seine eigenen Kommunikationen an die Allgemeinheit auf seinen eigenen Server legen, und schon wären sie weltweit verfügbar. Eigentlich bestünde für niemanden mehr eine Notwendigkeit, sich das gesuchte Informationsklümpchen aus einem bestimmten Gebäude namens UB oder IKZ (Informations- und Kommunikationszentrum, wie die Bibliothek der Zukunft vielleicht heißen wird) abzuholen. Die ganze Welt wird zu einer riesigen virtuellen Bibliothek, und der Eingang ist überall.

»Im Bereich der Schriftlichkeit ist zurzeit die dramatischste Umwälzung nicht seit Gutenberg, sondern seit Sumer im Gange: Text lässt sich in einem anderen Aggregatzustand aufbewahren ..., dem elektronisch-digitalen.«

Andererseits jedoch wird eben die Virtualität der großen virtuellen Bibliothek diesen Zukunftstraum nachhaltig stören: Computer und ihre Peripheriegeräte werden von Krankheiten befallen, Server müssen gewartet werden, die technischen Innovationszyklen beschleunigen sich, Netzadressen werden geändert, in den Leitungsnetzen kommt es zum Stau – wenn die großen Hochschulserver heute eine Information ein Jahr zur Verfügung halten, gilt das schon als lange. Zu einem Teil ist das Virtuelle also immer auch das Unerreichbare und wird es bleiben. Darum werden Orte gebraucht, wo wenigstens ein Grundbestand an häufig benutzter Literatur in Buchform vorhanden ist. Es wäre viel zu umständlich und zu teuer, sie jedesmal aus den Netzen von sonstwo herbeizuschaffen und eigens in die Papierform zu überführen.

Der Beruf des Bibliothekars wird sich mit den Bibliotheken verändern, hin zum Bibliothekar-Informatiker-Dokumentaristen. Das Navigieren im immer unüberschaubareren Informationsozean verlangt ein Expertenwissen, das unmöglich jeder Einzelne für sich erwerben kann und das irgendwo gebündelt werden muss: auch in den Bibliotheken. Ihre Benutzer werden sich ebenfalls ändern müssen, und manch einer auch unter den Wissenschaftlern wird es mit Sorge sehen und der traditionellen Bibliothek nachtrauern. Und nichts wird ihn zwingen, die Bibliothek der Zukunft in Anspruch zu nehmen – nur die Tatsache, dass er sich selber aus dem Prozess der Wissenschaft ausschlösse, wenn er sich nicht auf sie einstellt.

⊡4945

Marie Marcks

Wann nehmen wir Vernunft an?

Von Kindeshänden an,
da viel Anregung + Papier
und Stifte im Elternhaus,
gekritzelt. Da weiter nichts
Rechtes gelernt, aus dem
Gekritzel meinen Beruf gemacht.

Marie Marcks

15.8.1922 in Berlin geboren
Abitur und Ausbildung an der Kunstschule der Mutter, Else Marcks-Penzig
1944–61 fünf Kinder
seit 1945 meist als freie Malerin und Grafikerin tätig
seit 1948 in Heidelberg
1955–64 Ausstellungsgestaltungen, u.a.
1958 Weltausstellung Brüssel, Abteilung Bauen und Wohnen,
1964 Deutsche Sektion »Atoms for Peace«, Genf
1960–68 Buchillustrationen, darunter auch Kinderbücher, sowie Zeichentrickfilme
seit 1962 wissenschafts- und tagespolitische Karikaturen für viele Zeitungen und Zeitschriften
seit 1974 zahlreiche Buchveröffentlichungen, darunter die gezeichneten Autobiografien; daneben Bildergeschichten, Liedertexte, Kurzfilme
seit 1986 Vorträge und Lesungen im In- und Ausland

Roll doch das Ding, Blödmann!
M. Marcks

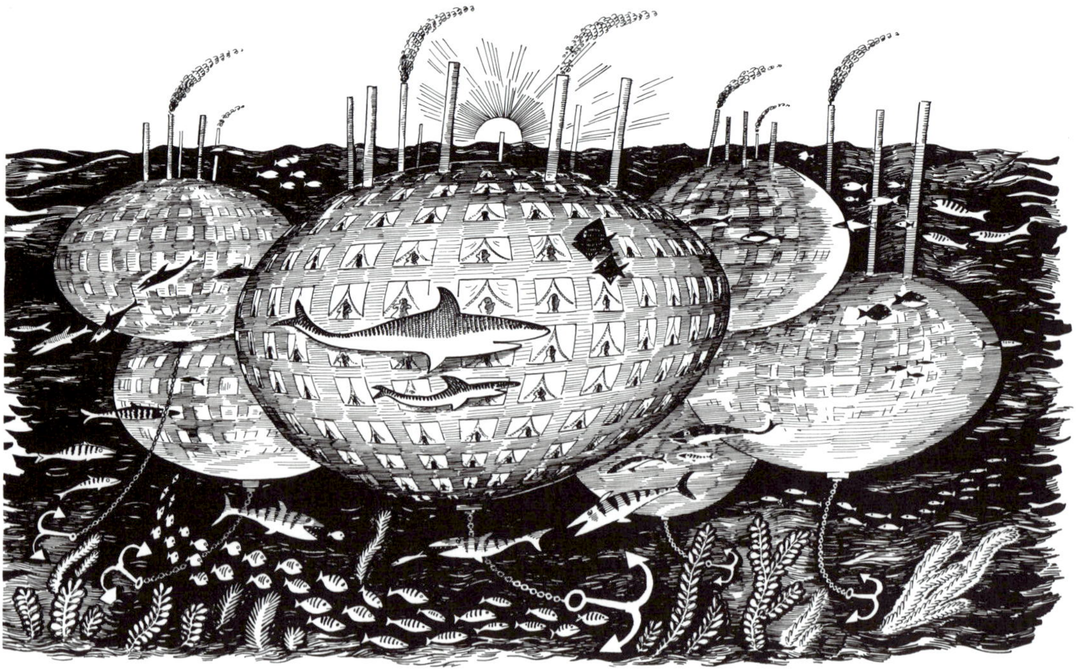

Seit fast drei Jahrhunderten basteln wir am „Zeitalter der Vernunft" herum; auch ich bemühe mich, mit meinen Mitteln um Aufklärung. – Was ich mir vom nächsten Jahrhundert (Jahrtausend?) erhoffe? Dass die Vernunft endlich und wirklich in die Menschenhirne dringt. Frage an die Wissenschaft: Lässt sich das klonen?

Marie Marcks

Erst haben sie die Auwälder abgehackt. Dann ist der Grundwasserspiegel gesunken,
– darum gibts keine Frösche mehr. Und weils keine Frösche mehr gibt,
gibts auch keinen Klapperstorch mehr!
Und darum müssen wir Deutschen nun aussterben!
M. Marcks

⇨516

Hans Peter Duerr

Wird der Untergang unserer Zivilisation nur Nachteile für die Menschen haben?

Der Philosoph und Schriftsteller Hans Peter Duerr, auch als Professor für Ethnologie und Kulturgeschichte in Bremen tätig, setzt sich in seinem Hauptwerk »Der Mythos vom Zivilisationsprozess« (bislang sind vier Bände erschienen) kritisch mit der Zivilisationstheorie von Norbert Elias auseinander. ⇨819

Hans Peter Duerr

1943 in Mannheim geboren
1971 Promotion in Heidelberg im Fach Philosophie
1975–80 Lehrbeauftragter für Ethnologie in Zürich und Bern
1979 Gastprofessor für Kulturgeschichte an der Kunsthochschule Kassel
1981 Habilitation in Kassel für das Fach Philosophische Anthropologie
1980–92 freier Schriftsteller in Heidelberg
1989–90 Fellow am Wissenschaftskolleg in Berlin
seit 1992 Professor für Ethnologie und Kulturgeschichte in Bremen
1995–96 Fellow am Istituto Universitario Europeo in Florenz
seit 1998 wieder wohnhaft in Heidelberg

Wenn im 19. Jahrhundert Anarchisten wie Fürst Kropotkin der damaligen Gesellschaft das Zeugnis ausstellten, in ihr herrsche Wettbewerb statt gegenseitige Hilfe, wenn Friedrich Engels schon im Jahr 1845 »die brutale Gleichgültigkeit, die gefühllose Isolierung jedes Einzelnen auf seine Privatinteressen« brandmarkte, wenn schließlich der Soziologe Tönnies im Händler, dessen Gewinn der Schaden seines Konkurrenten ist, den Prototypen des »Gesellschafts«-Menschen sah, der dem anderen in »potenzieller Feindseligkeit« statt in gemeinschaftlicher Solidarität gegenübersteht, dann formulierten diese Männer Beobachtungen, die heute an Aktualität nichts verloren haben.

In der Tat waren die archaischen »Gemeinschaften« langsam gewachsene Netzwerke fürsorglicher Beziehungen, in denen die Individuen miteinander verwoben waren, Quasifamilien wie etwa im mittelalterlichen Nordfriesland, wo die einzelnen Familien, nachdem sie sich genossenschaftlich miteinander verbunden hatten, um Siedlungen zu gründen und Deiche sowie Kirchen zu bauen, »Geschlechter« genannt wurden. In solchen Gemeinschaften war es verbindlich, galt es als Pflicht, dem anderen beizustehen, ihn nicht zu übervorteilen, ihm gegenüber keinen Gewinn zu erzielen.

Auch in modernen Gesellschaften finden sich Menschen bisweilen zu Gemeinschaften zusammen, doch, wie z.B. das Schwärmen von der Gegenseitigkeit während des Zweiten Weltkriegs deutlich macht, sind derartige Erfahrungen transitorisch und beschränken sich meist auf Katastrophen und andere Notsituationen.

Ich bin davon überzeugt, dass sich im kommenden Jahrhundert die menschlichen Primärgruppen weiter zersetzen und dass sich das für Gemeinschaften typische Solidarverhalten nach und nach fast völlig auflösen wird. So gesehen wird die »progressive Individualisierung« in subjektiver und in objektiver Hinsicht entgegen den frommen Prognosen fortschrittsgläubiger Gelehrter wie Norbert Elias ein »Reich der Freiheit« schaffen, welches man allerdings treffender als eines der Barbarei bezeichnen könnte, weil die negativen Folgen der sozialen Entflechtung die positiven überschatten werden.

Nach Umfragen stehen schon heute in der Wertehierarchie »individuelle Freiheit« und »Unabhängigkeit« ganz oben, und lediglich ein Drittel aller Jugendlichen beabsichtigt noch, im Leben die Interessen anderer Menschen mit zu berücksichtigen. Nicht nur »Glück«, sondern »privates Glück« wird eingefordert, und dieses besteht nicht nur vorwiegend darin, dass man wie ein Kleinkind unmittelbare Bedürfnisbefriedigung will, vielmehr hat sich der »hemmungslose Genuss« frei Haus einzustellen, nicht als Frucht von Anstrengung, Opferbereitschaft und Demut, sondern »subito« und ohne Umschweife.

In naher Zukunft werden sich meines Erachtens die Aktivitäten in noch größerem Umfange als bisher in Tätigkeiten verwandeln, denen die Menschen alleine nachgehen, denn der in den materiell reichen Gesellschaften vorherrschende narzisstisch-hedonistische Persönlichkeitstypus wird nicht mehr mit anderen »teilen«, wird sich nicht länger »einschränken« lassen wollen. Nicht nur unreife Formen von Sexualität wie Pädophilie werden sich weiter verbreiten, sondern auch partnerloser Geschlechts-»Verkehr« wie Telefon-, Internet- und Cybersex sowie Masturbation (nach einer Umfrage sollen heute schon 30% der deutschen Männer habituell onanieren, und einer meiner Studenten sagte einmal, er fände Sex mit einer Gummipuppe »viel besser« als mit einer Frau, denn da brauche er kein freundliches Gesicht zu machen). Man wird sich immer häufiger begnügen, mit gesichts- und stimmlosen E-Mail-Partnern Informationen auszutauschen, und man wird am Bildschirm mit sich selber Tennis spielen. Um »sich selber zu verwirklichen« und um mehr »Fun« im Leben zu haben, wird sich in der Zukunft eine immer größere Anzahl von Menschen von verpflichtenden Sozialbeziehungen entbinden und in Einpersonenhaushalten leben, und falls sie sich ein Kind »zulegen«, dann wird es weitestgehend außerhalb eines Familien- und Verwandt-

Edward Hopper, *Morgensonne*, 1952. Columbus Museum of Art, Ohio. **Einsamkeit** des Menschen in der modernen Gesellschaft ⇒9

schaftsverbandes aufwachsen. Da indessen Kinder, um eine stabile Identität auszubilden, eine Gemeinschaft mit festen Normen und Verbindlichkeiten brauchen, weil sie nur in ihr ein »Urvertrauen« in die Menschen und in die Welt entwickeln können, werden die sozial isolierten, »asozialen« Kinder ihrer Identität ein Leben lang nachjagen, auf der Suche nach ihrem »wahren Ich«, umworben von Sekten, Gurus und einem Heer von Psychotherapeuten.

Exhibitionismus in der **»einsamen Masse«:** Striptease in der Disco ⇨5217

Weil die konkreten Solidarbeziehungen überflüssig und keine natürliche Voraussetzung des sozialen Lebens sein werden, können sie nur noch als eine Art Luxus »gewollt« und mithin auf relativ schmerzlose Weise auch »nicht mehr gewollt« werden. Der Freundeskreis wird zur unverbindlichen »Clique«, die man ohne größere Sentimentalität gegen eine andere eintauscht, und die bereits zur Norm gewordene »serielle Monogamie« wird die Menschen auf eine Ehe vorbereiten, aus der man sich nach der kleinsten »Enttäuschung« ausklinkt. Wenn es keine selbstverständlichen Beziehungen mehr gibt, werden sie in »Beziehungsarbeit« konstruiert und bis zum Überdruss »diskutiert« und zerredet, und nachdem die echten und spontanen Gefühle verdunstet sind, treten gemachte an ihre Stelle, verwandelt sich menschliche Nähe in Pseudo-Intimität mit inflationären Zuneigungsäußerungen, Mitgefühl und Takt in zwanghafte »Political Correctness«, begegnen sich die Menschen im günstigsten Falle mit einstudierter Liebenswürdigkeit.

War einst die Welt, die den Menschen umgab, über- und durchschaubar und konnten die Menschen sich nicht nur mit ihrer sozialen und materiellen Umgebung, sondern auch mit der Zukunft identifizieren, da diese sich nicht allzu sehr von der Gegenwart unterschied, so wird unseren Nachkommen all dies noch fremder erscheinen als uns, und diese Fremdheit wird ihre Verhaltenssicherheit weiter schwächen. Angst vor der Zukunft (»no future«), Erwartung der wie auch immer gearteten Apokalypse, Misstrauen gegenüber anderen Menschen, geringe Hilfsbereitschaft, Unhöflichkeit und Indifferenz gegenüber Fremden, Nachlässigkeit oder sinnloser Vandalismus gegen öffentliche Einrichtungen, all das, was heute schon im Keim zu beobachten ist, folgt aus der mangelnden Identifikation mit Menschen und Dingen, zu denen man nurmehr flüchtige »Kontakte« hat und die deshalb austauschbar und wertlos werden.

Dieses »Anything goes« (eine Formel des Philosophen Paul Feyerabend, die er einem berühmten Schlager der Zwanzigerjahre entnommen hat) ist die Maxime einer Weltanschauung, nach der es über das reine Sein hinaus keine Verbindlichkeiten mehr gibt (»Be good, be bad, just be«), nach

»Anything goes« ist die Maxime einer Weltanschauung, nach der es über das reine Sein hinaus keine Verbindlichkeiten mehr gibt.

der alles beliebig ist und nicht einmal mehr die Wirklichkeit Widerstand leistet, weil sie sich längst in Myriaden von »sozialen Konstrukten« (so ein Lieblingsausdruck »postmoderner« Philosophie) verflüchtigt hat. Und diese Weltanschauung entspricht wiederum einem auf sich selbst zurückgeworfenen Persönlichkeitstypus, der seine Freiheit von allem Zwang und jeder Pflicht mit Unzufriedenheit, Langeweile, Einsamkeit und Angst bezahlt.

Diese durch gesellschaftlichen Reichtum, den Markt und die Anonymität der meisten Sozialbeziehungen bedingte Isolation und mentale Verelendung der Menschen wird indessen, wie ich glaube, in den nächsten Jahrhunderten einen mächtigen Gegenschub erfahren. Bereits vor fast 30 Jahren haben Gösta Ehrensvärd und andere prognostiziert, dass unsere Gesellschaft nach der Erschöpfung der nicht regenerierbaren Kraft- und Rohstoffquellen zunächst auf das technische Niveau des 18. Jahrhunderts zurücksinken und sich langfristig auf dem der mittelalterlichen Agrarwirtschaft einpendeln werde, da die fossilen Brennstoffe auch nicht annähernd durch erneuerbare Energiequellen ersetzt werden könnten. Die Folgen dieser Tatsache, wenn es eine ist, kann man sich unschwer ausmalen. Für die meisten Bewohner unseres Planeten wird eine Zeit des »großen Hungers« und des Massensterbens anbrechen. Am schlimmsten wird dies die Megastädte der Dritten Welt treffen, deren Bevölkerung bis dahin mit Kriminalität, Prostitution und anderen entwürdigenden Aktivitäten ihr Leben gefristet hat. Aber auch die Industriezentren der Ersten Welt werden sich, nachdem Bergbau und Öl- und Erdgasförderung eingestellt sind und das Transportnetz zerrissen ist, in menschenvergessene, ausgeschlachtete Betonwüsten verwandeln.

Sollte die Erde bis zu dieser Zeit nicht völlig von Methanemissionen verseucht, unter Müllbergen erstickt, aufgrund des Kohlendioxidausstoßes vom Meer überflutet und zur Steppe verdorrt sein, werden die Überlebenden in kleinen Gemeinschaften eine neue, einfachere und ruhigere Zivilisation aufbauen, mit niedrigem materiellem Lebensstandard zwar, doch sie werden vermutlich ein sinnvolleres und erfüllteres, wenn auch härteres Leben führen als ihre Vorfahren in jener kurzen historischen Episode, die »Moderne« genannt wurde und in der die Menschen die Zufriedenheit umso sicherer verfehlten, je mehr sie ihr nachjagten. »Ihr seid zu schnell gerannt für das Glück«, schrieb Nietzsche, »jetzt wo Ihr müde werdet, holt das Glück euch ein!«

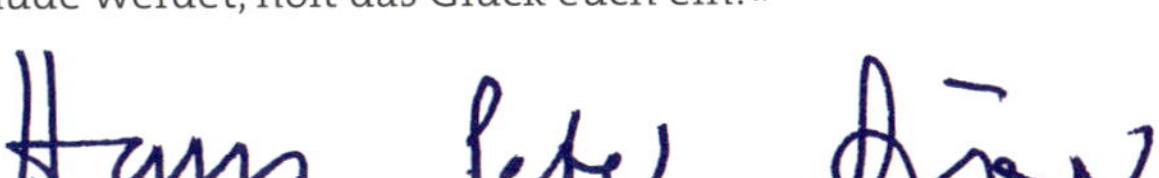

Favela in Rio de Janeiro: In den Megastädten der Dritten Welt fristen die Menschen ein **entwürdigtes Dasein.** ⇒160

» Die Überlebenden des »großen Hungers« und des Massensterbens werden in kleinen Gemeinschaften eine neue, einfachere und ruhigere Zivilisation aufbauen. «

Heinz Teufel

Warum ich im 21. Jahrhundert in Berlin leben muss – Magnet im Herzen Europas?

Über 30 Jahre lang war der Stuttgarter Heinz Teufel als Kunsthändler und Galerist erfolgreich im Rheinland tätig. 1997, in einem Alter, in dem die meisten an den Ruhestand denken, verkaufte er Haus und Hof und zog nach Berlin – weil es ihm eng wurde im Provinz werdenden Bonner Umland und der Magnetismus einer sich neu entfaltenden Metropole bis in sein Eifeldorf auszustrahlen begann. ⇨4780

Heinz Teufel

2.10.1936 in Stuttgart geboren
Besuch des Wirtemberg-Gymnasiums in Untertürkheim, anschließend Ausbildung zum Schaufenstergestalter
seit 1954 Auseinandersetzung mit der konstruktiv-konkreten Kunst ebenso wie mit der europäischen Idee
1966–77 Kunsthändler und Galerist in Koblenz
1970–90 in Köln
1980–82 auch in Stuttgart
1990–97 in Mahlberg in der Eifel
1994–98 in Dresden
seit 1997 in Berlin

Mitte der 50er-Jahre öffnete sich mir eine völlig veränderte Welt.

Die neuen Ideen in der Kunst, der Aufbaugeist rissen mich mit. All dies Neue hatte etwas seltsam prickelnd Aufregendes, ja positiv Nervöses an sich. Es war die Zeit einer Evolution neuen Gestaltens; der Manifestationen, die neues Sehen und Denken verlangten. Hinzu kamen der Europagedanke und mit ihm die Erkenntnis, dass der selbstmörderische Bruderzwist ein für allemal aufhören müsse. Dass die europäischen Kräfte ihre Unterschiede nicht wie eh und je in blutstarrender Chronik von Kriegen und Eroberungen, von Massenmorden und Gier münden lassen müssten – denn gleichzeitig war ja dasselbe Europa, das Qual und Frevel auch über die Meere trug, ein Quell der besten Kräfte, der Genies in Musik, Literatur, Kunst, Medizin, Wissenschaften und Technik.

Gut dreißig Jahre später machten diese Einsichten der Lehrjahre einem erweiterten Bewusstsein Platz. Unvorstellbar für alle, auch für mich, der ich schon seit 1968 die wichtigsten tschechischen Künstler vertrat, dass der Tag doch noch kommen würde, an dem die Mauer der Teilung und Trennung zum Osten hin fiel. Die beteiligten Länder und deren Staatsmänner hatten dazugelernt, es waren unblutige, sanfte Vereinigungen und Revolutionen. In der Bundesrepublik hatten wir Frieden mit den westlichen Nachbarn machen können, und ich war sicher, es würde auch nach Osten hin

gelingen – wenn mir auch klar war, im eigenen Land würde es angesichts all der Verletztheiten so leicht nicht sein.
Ende Oktober 1989 eröffnete ich eine Ausstellung des Ostberliner Künstlers Horst Bartnig in Köln, nach unvorstellbaren Mühen mit dem staatlichen Kunsthandel der DDR; dem Künstler wurde die Ausreise nur einmal gestattet. Zwei Wochen später kam er zur Kunstmesse nach Köln und konnte als freier Mann in ein politisch völlig verändertes Berlin zurückkehren. In der Folge besuchten wir die Städte Weimar, Jena, Meißen und Dresden. Bei aller sichtbaren Armut war doch bereits emsige Tätigkeit an Straßen und Gebäuden zu sehen. In Dresden war der Verfall in der Wahrnehmung weitgehend zurückgedrängt durch den Blick auf das Altstädter Elbufer mit den brühlschen Terrassen, den Zwinger, die großartigen Kunstsammlungen. Meine »Ostsehnsucht« bekam gewaltige Nahrung; drei Jahre vergingen, und ich eröffnete eine Galerie in Dresden-Blasewitz, die erste Niederlassung einer westdeutschen Galerie in den neuen Bundesländern.
Im Herbst 1996, an meinem 60. Geburtstag und nach 30 Jahren Galerietätigkeit im Rheinland, begann etwas recht Seltsames: Ähnlich wie 1956 spürte ich einen Neuaufbruch. Wieder dieses Prickeln, die Unruhe; unser rheinischer Lebensort wurde mir mit einem Mal zu eng. Ich hatte ein großes Verlangen, in einer Stadt zu sein, die zum einen am ehesten die Möglichkeit neuer Gestaltung bot und zum anderen eine unmittelbare Teilnahme an der West-Ost-Auseinandersetzung. In all den Jahren meiner Kunst vermittelnden Tätigkeit habe ich viele Interessenten und Sammler für die Werke von Albers, Bill, Calderara, Delahaut, Graeser, Lohse, Nemours, Nigro, Riley usw. gewinnen können. Bereits in Dresden und jetzt in Berlin sehe ich mich als Botschafter dieser Künstler und ihrer internationalen Formensprache, denn hier fristet die konstruktive Kunst ein rechtes Schattendasein zwischen all der schweren deutschen Malerei. Ich war

Im Herbst 1996 … begann etwas recht Seltsames: Ähnlich wie 1956 spürte ich einen Neuaufbruch.

Links: **Potsdamer Platz,** Torsituation am Eingang zum DaimlerChrysler-Areal, gebildet durch die Hochhäuser von Renzo Piano (links) und Hans Kollhoff (rechts) →5196
Rechts: Blick in den neuen **Regionalbahnhof** Potsdamer Platz. Oberirdisch weisen lediglich zwei Glaspavillons auf den Bahnhof hin; unterirdisch spielt sich auf drei Ebenen das komplexe Verkehrsgeschehen ab (Architekten Hilmer & Sattler, Hermann + Öttl, Modersohn). →5197

An der zentralen Piazza des DaimlerChrysler-Areals errichtet Renzo Piano zwei der **Unterhaltung** dienende Gebäude mit Spielbank und Musicaltheater sowie Big-Screen-3D-Kino. →5196

Sony-Büroturm der Architekten Murphy/Jahn, Chicago, am Potsdamer Platz; links schließt das Filmhaus an. →5198

fest überzeugt, dass ich in dieser zum Aufbruch bereiten Stadt auf Interesse stoßen würde, und sollte Recht behalten.
Schon während der Suche nach geeigneten Räumen merkte ich mehr und mehr, wie das Wesen der Stadt sich durch die neuen Gebäude verändert, wie sie sich aus der isolierten Insellage befreit. Wer in den letzten zwei Jahren nicht im Zentrum Berlins war, erkennt die Stadt nicht wieder. Folgen Sie mir bitte bei einem kleinen Rundgang durch diese neue Welt, beginnend beim Potsdamer Platz, der das neue Berlin in besonderem Maße repräsentieren wird. Doch nicht immer im Sinne eines Platzes, sondern als ein aufs engste, dichteste mit schwäbisch-japanischem Fleiß bebautes Quartier; schön ist es wohl nicht geworden, aber hoffentlich wird die »Multimedia-Stadt« von der Bevölkerung angenommen und dadurch lebendig. Architektonisch steht der neue Komplex, bis auf Jahns halbkreisförmiges Sony-Hochhaus, im Schatten von Scharouns Philharmonie und Stadtbibliothek. Von Mies van der Rohes Neuer Nationalgalerie ganz zu schweigen. Gleich nebenan wurden im Sommer 1998 die Sammlungen aus Dahlem und von der Museumsinsel zusammengeführt.
Die nach Norden hin sich anschließende Brache, die bis in die Nähe des Brandenburger Tores reicht, ist dem vieldiskutierten Mahnmal des Holocaust vorbehalten. Doch bei allem Respekt vor der guten Absicht wie den künstlerischen Entwürfen: Es ist ein Unding, so des Grauens vor 55 Jahren gedenken zu wollen, dem allem fehlt die nötige Demut!
Wenige Meter weiter stößt man auf das Brandenburger Tor und den nach Osten ausgerichteten Pariser Platz. Mit dem »Haus Sommer« und dem »Haus Liebermann« flankiert der Architekt Kleihues die wieder erstandenen Gebäude links und rechts der Torgebäude. Erfreulich ist, dass die Gebäudezwillinge sich durchaus im Kontext heutiger, maßhaltiger Handschrift zeigen. Dieser neu entstehende Pariser Platz wächst Haus um Haus zu alter Größe. Die teils außergewöhnliche Architektur gibt dem Platz ein neues, modernes und interessantes Aussehen.
1999 wird mit einer ersten Sitzung des Deutschen Bundestages der alte Wallot-Reichstag als neuer Foster-Bau nach 3-jähriger Bauzeit eröffnet, danach erfolgt die feierliche Wahl des Bundespräsidenten. Ein neues Wahrzeichen ist entstanden, welches das Bewusstsein der Berliner besonders trifft.
Im Spreebogen entsteht das Parlaments- und Regierungsviertel. Der richtungweisende Entwurf der Architekten Axel Schultes und Charlotte Frank folgt einem von ihnen geschaffenen städtebaulichen Band, dem »Band des Bundes« – für viele Symbol des Neuanfangs und des Zusammenwachsens. Diese horizontale Linie folgt der Idee, Volk, Parlament und

An der Ecke der Straße **Unter den Linden und Pariser Platz** bauen die Architekten Kollhoff + Timmermann ein Büro- und Geschäftshaus, das zusammen mit benachbarten Gebäuden eine U-förmige Figur bildet. ⇨5195

Regierung im Spreebogen gleichrangig nebeneinander zu stellen. Im Westen das Kanzleramt, in der Mitte ein Forum als Versammlungsort der Bevölkerung (dessen genaue Funktion aber noch diskutiert wird), im Osten das Paul-Löbe- und über die Spree hinweg das Marie-Elisabeth-Lüders-Haus mit den Büros der Parlamentarier. Weiter nach Norden entsteht derzeit der Lehrter Bahnhof, einer der wichtigsten Kreuzungsbahnhöfe Deutschlands. Am oberen Ende »Unter den Linden« sind planerisch wohl noch alle Fragen offen, dies betrifft ebenfalls den Alexanderplatz. Der Schlossplatz scheint ein wahres Stiefkind urbaner Gestaltung zu sein, was mit dem Palast der Republik geschieht, bleibt abzuwarten.

Der Countdown läuft, vielleicht gibt es sie doch, die Ort gewordene Utopie, da wollen wir leben, dabei sein!

Dieser kleine Rundgang durch wichtige Viertel soll reichen. Fazit: Der Countdown läuft, vielleicht gibt es sie doch, die Ort gewordene Utopie, da wollen wir leben, dabei sein! Für das 21. Jahrhundert wünsche ich mir, dass alles Neue in seiner geistigen Vielfalt von Ost und West in ein Gemeinsames eingebracht werden wird, ein kostbarer, sicher auch schwieriger Akkord, in dem die Dissonanzen zueinander finden, ohne einander zu stören. Darin sehe ich die Aufgabe der neuen Hauptstadt Berlin, die zu Anfang des dritten Jahrtausends in eine Mittellage im zukünftigen Europa gerückt sein wird.

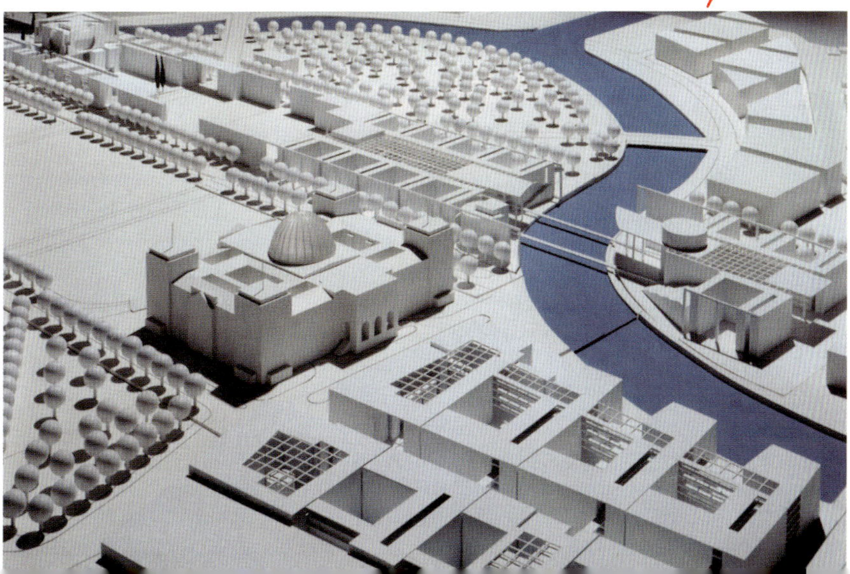

Modell des neuen **Parlaments- und Regierungsviertels** mit dem Reichstag in der Mitte ⇨5238

Herbert Heckmann

Sprechen wir in der Zukunft noch Deutsch?

Herbert Heckmann, Absolvent des Frankfurter Goethe-Gymnasiums und der ebenfalls nach dem Dichterfürsten benannten Universität, war langjähriger Präsident der Deutschen Akademie für Sprache und Dichtung in Darmstadt. Was die Zukunft der deutschen Sprache betrifft, so ist ihm darum nicht bange. ⇒160

Die deutsche Sprache hat viele fremdsprachliche Masken getragen, ohne ihr Gesicht zu verlieren.

Das sei gleich zum Trost für die Puristen gesagt, die bei jeder Sprache, die der deutschen das Erbrecht streitig zu machen versucht, aufseufzen und gleich den Untergang ihrer Sprache befürchten.

Die deutsche Sprache hat seit ihren Anfängen tüchtig bei anderen Sprachen geborgt. Wir sprechen dann von Lehnwörtern, die heute kaum ihren Ursprung ahnen lassen. Nehmen wir zum Beispiel das Wort »Teller«, das nichts von seiner fremden Ahnengalerie verrät. Kant weist in seiner »Kritik der reinen Vernunft« darauf hin, dass die Hauptbedeutung des Wortes das Rundsein sei. Nichts dergleichen. Die Sprachwurzel liegt vielmehr in einem Zeitwort, das das Schneiden bezeichnet. Von lateinisch talea = abgeschnittenes Stück, Einschnitt leiten sich ab: italienisch tagliare, französisch tailler = zerschneiden, altfranzösisch tailleor = Vorlegeteller. Das Mittelhochdeutsche entlehnte aus dem Italienischen talier, aus dem Französischen deller. Der Teller ist also ursprünglich der Vorlegeteller, auf dem das Fleisch zerschnitten wurde und von dem sich die Teilnehmer der Mahlzeiten die Stücke mit der Hand oder später mit der Gabel nahmen.

Durchstöbert man die deutsche Sprache nach Lehnwörtern, wird man eine erkleckliche Anzahl entdecken, die nichts Fremdländisches mehr an sich haben. Diese Einbürgerungen

Herbert Heckmann

25. 9. 1930 in Frankfurt am Main geboren
Studium der Germanistik und Philosophie in Frankfurt am Main
seit 1958 schriftstellerisch tätig
1959 Promotion, danach Hochschulassistent in Münster und Heidelberg
1962 Veröffentlichung des Entwicklungsromans »Benjamin und seine Väter«
1963–79 Herausgeber der »Neuen Rundschau«
1965–67 Gastdozent für deutsche Sprache und Literatur an der Northwestern University (Evanston, Illinois)
1972 Erzählband »Der große Knockout in sieben Runden«
1984–96 Präsident der Deutschen Akademie für Sprache und Dichtung in Darmstadt
Veröffentlichte auch Kinderbücher, gastrosophische Schriften und Arbeiten zur Sprache und Landschaft seiner hessischen Heimat

haben der deutschen Sprache nicht geschadet. Im Gegenteil, sie haben ihr das Neue erschlossen, für das sie selbst keine eigenen Wörter besaß. Freilich sollte man nichtsdestotrotz den Rat Goethes beherzigen: »Die Pflicht des Schriftstellers ist es, auf die Abstammung der Wörter zu merken. Die Ableitung führt ihn auf das Bedeutende des Wortes, und er stellt manches Gehaltvolle wieder her und führt ein Missbrauchtes in den vorigen Stand.«
Der wohl größte Teil der deutschen Lehnwörter stammt aus dem Lateinischen und zeigt, was die Germanen vom römischen Erbe angenommen haben. Latein war auch die Sprache der Kirche, um dann schließlich zur Gelehrtensprache schlechthin zu werden. Noch im 19. Jahrhundert wurden wissenschaftliche Arbeiten in Latein verfasst. Im 17. Jahrhundert gewann das Französische im deutschen Sprachgebiet mehr und mehr an Bedeutung und hinterließ mancherlei Spuren. Hierbei spielte der Nachahmungstrieb der Deutschen eine große Rolle, die sich bei ihrem westlichen Nachbarn das Weltmännische abzugucken erhofften. Wer etwas am Hofe der vielen Fürstentümer und in der feinen Gesellschaft werden wollte, »parlierte« französisch und gab sich »galant«. Die Wörter »galant« und »Galanterie« leiten sich von dem arabischen »chila« = Ehrengewand ab, das im Spanischen zu »gala« wurde. Alle Sprachen leben gleichsam vom Import und Export der Wörter. Was den Import der französischen Sprache in die deutsche anbelangt, so kam es dabei zu abenteuerlichen Sprachvermischungen, die schon sehr früh satirischen Widerspruch herausforderten. So dichtete Friedrich von Logau in seinen »Deutschen Sinn-Getichten« (1654):

Wer zu einer / die nicht ehelich ist geboren / sich verfreit/
Dieser mecht, daß jhn bey Zunfften / kein in jhrem Mittel leidt:
Weil Frantzösisch / wie man saget / ist Latein / dem Huren-Kind
Wie dann / daß um sie bey Deutschen so viel tolle Freyer sind?

Noch zu Beginn unseres Jahrhunderts bestand der deutsche Sprachschatz aus vielen französischen Fremdwörtern und Redewendungen. Heute jedoch sind im Dickicht der deutschen Sprache kaum noch Spuren der ehemaligen verbalen Frankophilie zu finden. Daran mit schuldig ist nicht zuletzt das Reinheitsgebot für die deutsche Sprache, das die Kulturdemagogen des Nationalsozialismus forderten. Nach 1945 trat so etwas wie eine Sprachernüchterung ein, nachdem

»Durchstöbert man die deutsche Sprache nach Lehnwörtern, wird man eine erkleckliche Anzahl entdecken, die nichts Fremdländisches mehr an sich haben.«

Im 17. und 18. Jahrhundert galt es in höfischer Gesellschaft und im gehobenen Bürgertum in Deutschland als kultiviert, auf **Französisch** zu parlieren und sich so in kosmopolitischer Gewandtheit zu präsentieren (Adolf von Menzel, *König Friedrichs II. Tafelrunde in Sanssouci*, 2. Hälfte des 19. Jahrhunderts). ⇒50

»Can you English?«: Englische Wörter und Wendungen sind aus dem deutschen Sprachalltag nicht mehr wegzudenken. Engländer und Amerikaner staunen manchmal nicht schlecht, wenn sie hören oder lesen, wie sich dabei Aussprache oder Bedeutung gewandelt haben. ⇨160

bewusst geworden war, welches Unheil man mit einer gegängelten Sprache anrichten kann. Dolf Sternberger, der die sprachkritischen Untersuchungen »Aus dem Wörterbuch des Unmenschen« (1956) mit herausgegeben hat, war überzeugt, dass den Modewörtern des Nationalsozialismus auch weiterhin das Unmenschliche ihrer ehemaligen Benutzer eigen sei. Trotz der moralischen Sprachkritik blieben diese Wörter im Schwange, ohne dass man jeden, der sie im Munde führte, gleich einen Nazi hätte schelten können. Vorbei war es jedoch mit der Vorstellung, dass Rasse, Staat und Sprache seelisch zueinander zu ordnen seien. Wohl häutet sich die deutsche Sprache immer wieder, aber dies geschieht nicht nach politischen und »völkischen« Maßstäben. Die deutsche Sprache ist die Sprache, die von den Bewohnern der deutschsprachigen Ländern gesprochen und geschrieben wird, aber nicht das Ideal einer Sprache, dem wir zustreben müssten. Sie lebt und ändert sich im Dialog mit anderen Sprachen, sie hat ein historisches Schicksal und greift das auf, was zur Bewältigung und zum Verständnis der Gegenwart notwendig ist. Das Neue muss einen Namen haben, um es brauchbar zu machen. »Kein Ding sei, wo das Wort gebricht«, fordert Stefan George. So wächst die deutsche Sprache von Tag zu Tag unter dem Diktat der Geschichte, wie sie auch Wörter einbüßt, mit denen die Deutschen nichts mehr anzufangen wissen.

Talk gehört zum Lifestyle, outen ist in, Trouble hat jeder und erzählt davon, just for fun: Hier wird die 500. Folge der Talkshow »Fliege« gefeiert. ⇨160

Es ist schwer abzuschätzen, was bleibt und was hinzukommt. Schließlich haben alle ein Wort mitzureden, wenn sie nicht einfach nachplappern. Als man in der Bundesrepublik mit dem Wiederaufbau begann, richtete sich die Sprachneugier vor allem auf das Englische, aus dem zahllose Wörter und Worte importiert wurden. Man eignete sich geschwind ein amerikanisches Lebensgefühl an und schmückte seinen »Talk« dementsprechend. Heute ist der englische Anteil an der deutschen Sprache so weit gediehen, dass Engländer um ihre eigene Sprache bangen, die sie von den Deutschen, phonetisch wie grammatisch, verhunzt hören. Es scheint gar, als würde sich in Deutschland eine neue englische Sprache entwickeln. Die Versuchung dazu ist sehr groß. Der Umgang mit dem Computer allenthalben, selbst zu Hause, wie das Surfen im Internet ist nur mit den englischen Fachausdrücken möglich. Nicht anders ist es mit den Fachsprachen der Naturwissenschaften und der Medizin, die ganz und gar vom Englischen beherrscht werden. Global ist das heutige Zauberwort, das jeden bewegt, der nicht in einem Sprachwinkel versauern will. Eine Übersetzung der englischen Fachausdrücke ins Deutsche würde ein babylonisches Chaos schaffen. Der Versuch unserer französischen Nachbarn, ihre Sprache gegen die Übermacht der global gewordenen englischen Sprache zu behaupten, ist selbst mit Strafdrohungen gegen die Sprachsünder nicht gelungen. Wenn sie in der Wissenschaft, in der Forschung, in den neuen Medien mithalten wollen, müssen sie ihren Sprachstolz etwas zurücknehmen.

Die Deutschen freilich übertreiben die Einbürgerung englischer Wörter in ihre Sprache, vor allem dann, wenn ein deutsches Wort viel triftiger als das englische ist. Was früher schlicht und einfach Auskunft war, ist heute »information«, was man einmal Liebhaber nannte, ist im aktuellen Indiskretionsklatsch ein »lover«. Man ist eben auf der Höhe der Zeit, wenn dies auch einen Tiefpunkt des Geschmacks darstellt. Natürlich fehlt es hierzulande nicht an puristischer Kritik, die so weit geht, die deutsche Seele in Gefahr zu sehen. Moden haben es in sich, vorüberzugehen. Da bedarf es eher einer guten Satire, um dies zu beschleunigen, als eines Reinheitsgebots. Auf den englischen Fachausdruck können wir nicht verzichten, und man muss kein Prophet sein, um die Zukunft der deutschen Sprache vor einem englischen Hintergrund zu sehen. Schließlich wollen wir uns nicht aus der Weltwirtschaft und aus der wissenschaftlichen Zusammenarbeit mit anderen Staaten zurückziehen. Doch dürfen wir nicht vergessen, dass in der deutschen Sprache vieles viel besser und anschaulicher zum Ausdruck kommen kann als im rasch importierten Englisch. Worauf es ankommt, ist, dass man sich ebenso auf gut Deutsch seinen Landsleuten gegenüber verständlicher machen kann wie auch gegenüber den Fremden durch die englische Sprache. Sicher ist, dass wir in der Zukunft weiterhin Deutsch sprechen, jedoch mit Farbflecken anderer Sprachen – und das müssen nicht nur englische sein. Wir helfen uns dabei, wenn wir über die Sprache nachdenken, die wir benutzen.

Protest: nicht sprachlicher gegen das Englische, sondern theologischer gegen die Verwendung des Kruzifixes in der Zigarettenwerbung. Wo? In Lübeck. Wie? In English, of course. ↦160

> *Sicher ist, dass wir in der Zukunft weiterhin Deutsch sprechen, jedoch mit Farbflecken anderer Sprachen.*

Herbert Heckmann

Hartmut von Hentig

Wie Klaus und Karin aufwachsen ... Eine revolutionäre Idylle?

Der Grundgedanke der Pädagogik des engagierten Aufklärers Hartmut von Hentig ist die Stärkung des Individuums gegen die Übermacht der Institutionen, der Organisationen, der anonym wirkenden Verhältnisse und Denkgewohnheiten. Er fordert Lernbedingungen, die sich in erster Linie an den Lern- und Entwicklungsbedürfnissen des Kindes orientieren (»entschulte Schule«). ⇨ 4616

Hartmut von Hentig

Der **1925** in Posen geborene Diplomatensohn Hartmut von Hentig studierte ab **1945** alte Sprachen in Göttingen und Chicago, wo er mit einer Arbeit über Thukydides promoviert wurde. Danach war er zehn Jahre als Lehrer tätig, bis er **1963** auf den Lehrstuhl für Pädagogik an der Universität Göttingen berufen wurde. **1968** folgte er einem Ruf an die Universität Bielefeld, wo er die Fakultät für Pädagogik, Philosophie und Psychologie aufbaute und die Leitung zweier groß angelegter pädagogischer Experimente (»Laborschule« und »Oberstufen-Kolleg«) übernahm. **Seit 1981** emeritiert. **1982** wurde Hartmut von Hentig in die Deutsche Akademie für Sprache und Dichtung aufgenommen, deren Vizepräsident er **von 1987 bis 1993** war.

Die Jungen haben die Welt nicht gemacht, in die sie hineingeboren worden sind. Diese Welt ist – am Ausgang des 2. Jahrtausends – äußerst kompliziert. Die Chancen und Schwierigkeiten, die sie bereithält, lernt man nur im Laufe seines Lebens erkennen und verstehen, bewältigen oder nutzen. Darum schulden die Alten, die schon länger gelebt haben, den Jungen ein Hilfe. Diese Hilfe nennen wir Pädagogik. Wir haben sie als Erziehung, Bildung und Ausbildung auf verschiedene Instanzen verteilt: Familie, Schule, Betrieb oder Universität. Die letzten drei haben wir gründlich professionalisiert und organisiert. Mit dem Ergebnis ist fast niemand zufrieden.

Wenn ich eine »Vision« einer befriedigenderen Pädagogik geben soll, kann ich *entweder* die Mängel unseres pädagogischen Systems aufsuchen und ein Bild von ihm entwerfen, in dem diese beseitigt sind. (Das ist das übliche Verfahren.) *Oder* ich denke mir eine gute Pädagogik aus – unabhängig von den widrigen Gegebenheiten. (Das ist das in diesem Buch gebotene Verfahren.)

Der Reiz der Utopie liegt darin, dass sie sich die Kompromisse mit der zähen Wirklichkeit erspart. Sie setze, wie mein alter Brockhaus von 1903 formuliert, die gewünschten Änderungen als bereits verwirklicht voraus und zeige deren Wirkung im Bilde des erdichteten Zustands.

Ein solches Bild will ich hier malen, wissend, dass ich damit etwas in meinem Beruf Bedenkliches tue: Ein Pädagaoge sagt weder vorher, wie die Welt sein wird, noch »macht« er sie so oder gar »besser«. Er stärkt die Menschen, damit sie der tatsächlichen Welt gewachsen sind. Sie sollten diese dann freilich aus eigener Kraft und nach begründetem Maß einrichten können. Meine »Vision« vom Aufwachsen von Klaus und Karin enthält ein solches Bild – unoriginell, unspektakulär, unmodern. Es regt an, aus Anlass der großen Umstellung der Jahreszahl zu fragen, ob wir nicht mit kleinen Umstellungen in der Pädagogik weiterkämen: Mit weniger Geld, weniger Zwang, weniger Einheitlichkeit, weniger Staat – und doch nicht ohne ihn!

Anfangs lernen Klaus und Karin gar nicht; das heißt, sie wissen nicht, dass sie es dauernd tun; sie wissen nicht, wie vieles sie »noch nicht können«; sie versuchen, sie ahmen nach, sie tun als ob. Spielend lernen sie, wie was heißt, wie man miteinander und mit den Dingen auskommt; es prägt sich ihnen ein, was dein und mein, recht und unrecht, notwendig und überflüssig, vergnüglich und ernst ist – im eigenen Erleben und in Geschichten, die sie hören. Ihre Eltern erzählen aus ihrem Leben; sie erklären die Dinge, so gut sie können; sie sagen nicht: »Später, wenn du groß bist ...« oder schweigen, weil es dafür studierte Leute gibt; sie lesen den Kindern vor – aus Grimms Märchen oder aus Hebels Schatzkästlein, aus Büchern von Astrid Lindgren oder Janosch, aus den Sagen des Altertums oder aus James Krüss' wunderbarer Enzyklopädie für Kinder. Kein Tag ohne eine Geschichte; manche Geschichten erstrecken sich über mehrere Tage; die Lieblingsgeschichten werden in Abständen wiederholt. Das Vorlesen verführt zum Selberlesen. Am schönsten ist es, wenn Vater Gedichte vorträgt; einige kann er auswendig. Klaus und Karin versuchen es auch und können bald mehr als er. Die Eltern belohnen die Kinder mit Ausflügen, mit Gesellschaftsspielen, mit Liedern, die sie ihnen beibringen. Vater spielt Gitarre, was beinahe zu allem passt und aus allem ein ordentliches Ereignis macht. Mutter hat einen Plattenspieler; die Kinder dürfen aufbleiben, wenn sie eine neue oder besonders geliebte Platte auflegt. Zweimal in der Woche sitzt die Familie abends vor dem Fernsehgerät; manchmal sieht man sich auch Videos von Sendungen an, die sehr spät gelaufen sind. Danach spricht man noch über den Film.

Einen Garten besitzt die Familie leider nicht, wohl aber der Großvater. Dort haben Klaus und Karin je ein Beet. In der Regel genügt es, wenn sie einmal in der Woche zwei Stunden darin arbeiten; sie helfen auch dem Großvater, der zwar alles weiß, was man im Garten wissen muss, aber nicht mehr alles tun kann. Klaus zieht zwanzig verschiedene Kräuter, vor allem aber Salat, Kohl und Karotten für die Meerschwein-

» Die Alten schulden den Jungen eine Hilfe. Diese Hilfe nennen wir Pädogogik. «

» Schule, Betrieb und Universität haben wir gründlich professionalisiert und organisiert. Mit dem Ergebis ist fast niemand zufrieden. «

Sie lernen, was sie wissen und können wollen.

Lernen hat ihnen fast noch mehr Freude gemacht als Tun.

chen, die er und Karin gemeinsam auf ihrem Balkon halten. Sie haben nicht die Aufgaben, sondern die Zeit aufgeteilt: Abwechselnd sorgt einer von ihnen vierzehn Tage lang (auch in den Ferien) für die Tiere. Einen Hund hätten sie lieber, aber sie sehen ein, dass er es in einer Stadtwohnung nicht wirklich gut hätte.

Seit sie größer sind, »lernen« Klaus und Karin »bewusst«. Sie lernen, was sie wissen und können *wollen*. Sie lernen, indem sie fragen oder nachschlagen oder etwas versuchen – also indem sie bei einer Tätigkeit mitmachen und diese beobachten. Als Karins Meerschweinchen Gabriel krank war, ging sie erst in die benachbarte Tierhandlung. Dort wusste man, dass in diesem Fall nur der Tierarzt helfen könne. Der hat Gabriel gesund gemacht, und seither will Karin auch »so etwas können«. Sie durfte den Dr. med. vet. bei seiner Arbeit begleiten und weiß nun auch, dass man dazu studieren muss. Klaus hingegen will kochen lernen; er sieht der Mutter zu und stellt tausend Fragen: nach dem Namen, der Herkunft, der Haltbarkeit, dem Preis, der Koch- oder Backdauer, der Kombination der einzelnen Lebensmittel. Er darf dieses und jenes selber ausprobieren; er geht einkaufen; er unterscheidet natürliche und »hergestellte« Lebensmittel; am Ende will er oft mehr wissen, als Mutter ihm sagen kann.

Ich bin sicher, dass Menschen, die nie eine Schule erlebt haben, diese bald für sich erfinden würden – vor allem, wo man geregelte und spezialisierte Tätigkeiten ausübt. Da wollen die einen nicht bei ihrer Tätigkeit gestört werden und die anderen möchten mehr Belehrung, als der »Spezialist« ihnen geben kann. Umgekehrt werden die Utopien derer, die zwischen dem 5. und dem 25. Lebensjahr ein verschultes Leben gelebt haben, ohne Schulen auszukommen versuchen.

Klaus ist schließlich nicht Koch, sondern Ökobauer, und Karin nicht Tierärztin, sondern Journalistin geworden; beide machen ihre Sache nicht nur gut, sondern auch gern; und beide fänden es nicht erschreckend, wenn sie abermals umlernen müssten: Lernen hat ihnen fast noch mehr Freude gemacht als Tun. In ihrer Stadt gab und gibt es mehrere Lerngemeinden (LG). (Man sagte ihnen: Früher habe man »Schule« dazu gesagt, ein uraltes Wort für »Muße«, was so viel heißt wie »mit etwas beschäftigt sein, das keinen Zweck erfüllt, etwas tun, bei dem nichts ›herauskommen‹ muss«.) Klaus und Karin sind aus zwei Gründen dorthin gegangen: Erstens kamen dort Kinder aus der ganzen Stadt zusammen, insgesamt ungefähr 300 – unter ihnen viele Ausländer –, mit denen sie nun Dinge tun konnten, zu denen man viele Menschen braucht – und viel Zeit; auch teilt man ja seine Freuden und seinen Kummer gern mit Gleichaltrigen;

und nicht zuletzt sind gerade gute Eltern manchmal erdrückend. Zweitens sind die LG mit vielfältigen Lerngelegenheiten ausgestattet: einer Bibliothek, einer Mediothek, einem Computerraum, Labors, Werkstätten, Sammlungen von Gegenständen, Tieren und Pflanzen – lebenden und präparierten. Dazu Menschen, die nur dazu da sind, dies alles zugänglich zu machen, die also nicht sagen: »Ich hab jetzt leider keine Zeit für dich!« Diese Leute heißen komischerweise »Lehrer«, obwohl sie einen hauptsächlich an ihren Tätigkeiten beteiligen und nur das Nötige oder Gewünschte erklären. In der LG kann man Sprachen lernen: Latein, Russisch, Englisch, Französisch, sogar Arabisch und Japanisch. Es gibt Menschen, die einem etwas über die Religionen erzählen (was die Eltern von Klaus und Karin nicht getan haben, weil sie keiner Glaubensgemeinschaft angehören). Es gibt Künstler, die zeigen, wie sie ihre Techniken wirksam einsetzen – freilich unter der Bedingung, dass man mindestens ein halbes Jahr täglich drei bis vier Stunden bei ihnen im Atelier verbringt. Montags, mittwochs und freitags erzählt ein Herr, den sie »Herodot« nennen, eineinhalb Stunden lang die Geschichte der Menschheit; er bringt Dokumente, Funde und Abbildungen mit. An der einen Wand des großen Vortragsraums der LG hängt eine Zeit-Karte, auf der die wichtigsten Ereignisse unter ihrem Datum eingetragen werden; auf der anderen Seite hängen eine große physikalische und eine große politische Weltkarte. Sie werden nie abgenommen. Man sucht jeweils den Ort auf, von dem die Rede ist.
Die Veranstaltungen sind so gestuft, dass Aufbau und Zusammenhang von Wissen und Erfahrung erkennbar bleiben, obwohl man immer weiter ins Einzelne geht. Zu jedem Lernvorgang gehören ein eindrückliches Erlebnis, eine bewusste Einordnung in das schon Gelernte, eine festigende Übung. Zensuren gibt es nicht, wohl aber ausführliche Beurteilungen des Geleisteten sowie Beratung. Alle Veranstaltungen besucht man freiwillig. Mehr als 20 Zeitstunden bei den Kleinen, 15 bei den Mittleren und 10 bei den Großen werden nicht betreut. Wo bliebe da die Selbstständigkeit!
Die Lerngemeinden verwalten sich selbst; sie sind kleine autonome Republiken, die ihre Angelegenheiten selber regeln und die Einhaltung von Pflichten und Rechten der Einzelnen überwachen. Wie einst, als sie klein waren und nicht wussten, dass sie lernten, wissen Klaus und Karin auch jetzt nicht, dass sie alle hierbei »lernen«, Verantwortung für sich und für das Gemeinwesen zu tragen. Sie spielen nicht Demokratie, sie treiben Politik – und werden damit nicht vor den Toren der LG aufhören.

Hartmut von Hentig

» Zu jedem Lernvorgang gehören ein eindrückliches Erlebnis, eine bewusste Einordnung in das schon Gelernte, eine festigende Übung. «

Peter W. Jansen

Kino 2001 – und dahinter die Unendlichkeit?

Peter W. Jansen ist als Filmkritiker mit einer ständigen Kolumne in der ZDF-Sendung »aspekte« dem Fernsehpublikum bekannt geworden. Als Herausgeber und Autor der »Reihe Film« hat er in rund fünzig Bänden das Werk der international bedeutensten Filmregisseure des Jahrhunderts vorgestellt. In zahlreichen Radio- und Fernsehsendungen widmet sich Jansen Geschichte und Gegenwart des Films. ⇨4941

Die Füße waten in der weichen blauen Lagune, der Kopf schwebt in den Wolken, ringsum nur Wohlbehagen.

Die Adria war zuletzt vor hundert Jahren so blau, der Himmel vor hundert Jahren so rein. Zuletzt vor hundert Jahren war es so perfekt, das Gefühl, mitten in den Bildern in der Wirklichkeit zu sein. Da duckte man sich weg vor dem Zug, der ins Kino zu rasen schien, da konnte noch, Jahrzehnte später, das Rasiermesser des »andalusischen Hundes« durch den eigenen Augapfel schneiden wie die Sichel des Mondes durch die Wolken. Das Imax-Kino bringt ihn zurück, den Jahrmarkt der optischen Sensationen, die Geburtsstunde des Kinos, das Imax-Kino rettet die Wirklichkeit unserer Illusionen.

Bald werden sie kommen, die neuen Murnaus und Buñuels, Clairs und Langs, Ozus und Wertows, die dem Kino seine neue Sprache erfinden aus den neuen Bildern. Eisenstein hatte Bühnenbilder gestaltet für das revolutionäre Theater, bevor er die revolutionäre Technik des Filmbildes entdeckte und aus den Piktogrammen der japanischen Schrift und den Ikonen der Orthodoxie seine Kino-Ikonographie entwickelte. Ophüls war für den Film engagiert worden, als die Technik das Kino das Sprechen gelehrt hatte und Könner brauchte, die sich auf Sprachregie verstanden; Ophüls aber entdeckte für sich die Sprache der Kamera, der er – ähnlich wie Murnau und sein Kameramann Karl Freund – das Tanzen beibrachte. Immer wieder haben sich in der Cinematographie, dieser ersten unter den industriellen Künsten, Technik und Ästhetik

Peter W. Jansen

11.11.1930 in Elsdorf (Rheinland) geboren
Verlagsbuchhändler
Studium der Germanistik, Geschichte, Soziologie
1958 Dr. phil., Dissertation über Joseph Roth
bis 1964 politischer Redakteur bei »Der Mittag« (Düsseldorf) und beim WDR (Köln)
bis 1966 Feuilletonredakteur bei der »Frankfurter Allgemeinen«
danach Redaktionsleiter und später Hauptabteilungsleiter Kultur (Hörfunk) beim Südwestfunk in Baden-Baden (bis 1995)
1978–88 Kolumnist für Filmkritik in der Sendung »aspekte« (ZDF)
Fernsehfeatures in der ARD
Herausgeber und Autor der »Reihe Film« (Hanser)
Mitarbeiter verschiedener Zeitungen und Rundfunkanstalten
seit 1995 Radioreihe »Jansens Kino« (S 2 Kultur, jetzt SWR 2)
Mitglied des PEN

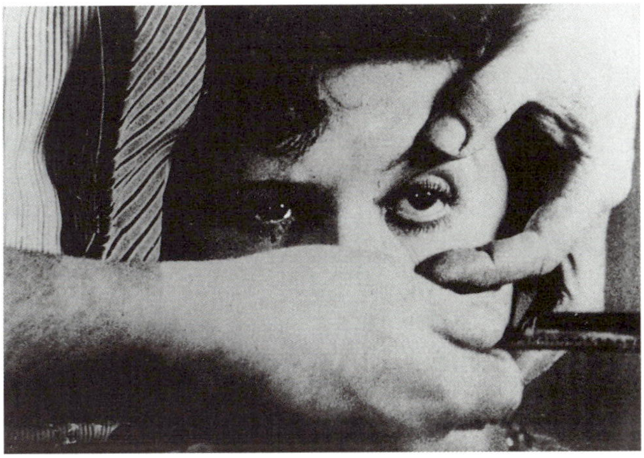

Un chien andalou (Ein andalusischer Hund), 1929, Regisseur Luis Buñuel (Szenenfoto) ⇒180

gegenseitig herausgefordert, immer wieder ist der Film ausgebrochen aus seiner Lumière-Galaxie, vom Stummfilm zum Tonfilm, vom Schwarzweißfilm zum Farbfilm, vom Schmalfilm zum 35-mm-Film, zum Breitwandfilm, zu Cinemascope, Stereophonie, Vierkanal-, Achtkanal-, Sechzehnkanalton, Sensorround. Und alle Magie war immer Technik.

Wieder einmal schleudert der Mensch werdende Affe einen Knochen in den Himmel, und der Film braucht nur einen Lidschlag, um aus dem Knochen ein Raumschiff zu machen. Wieder geht die Menschheit auf die Odyssee ins Weltall, und hinter dem Jupiter beginnt die Unendlichkeit. Ein Embryo umkreist die Sterne, und der Embryo ist ein großes Auge, der Mensch nur noch das Sinnesorgan zur Erkenntnis der Bilder. Nicht mehr lange und jeder von uns wird ganz Auge sein.

Der Film und das Kino verdanken sich einem fantastischen Betrug – und einer Unzulänglichkeit des Menschen, einer Unfähigkeit seiner Sinne. Das Kino zeigt stehende, starre

Sunrise – A song of two humans (Sonnenaufgang – Lied von zwei Menschen), 1927, Regisseur Friedrich Wilhelm Murnau (Szenenfoto) ⇒390

2001: Odyssee im Weltraum, 1968, Regisseur Stanley Kubrick (Szenenfoto) ⇒390

Bilder und täuscht Bewegung vor, weil das Auge nicht mithalten kann bei Tempo 24 und schon nicht mithalten konnte, in den ersten der Jahrmarktsjahre, bei 18, 16, 12 Bildern in der Sekunde, mochten sie noch so zappeln. Die Bilder, deren Unschuld zu beschwören Wim Wenders, später Jünger des Yasujiro Ozu, lange nicht müde wurde, haben längst ihre Unschuld verloren, haben sie im Kino nie wirklich gehabt. Die Täuschungen, denen sich Forrest Gump hingeben konnte am Ende des 20. Jahrhunderts, werden die Wirklichkeiten des 21. Jahrhunderts sein: Das virtuelle Bild ist das wahre, das einzige Bild, weil die Wahrheit sich nur noch in der Virtualität wieder erkennen wird. Und weil es das wahre Bild nie gegeben hat.

Nicht lange mehr und das Kino der Welt wird der Jahrmarkt eines Dorfes sein. Der Zelluloidstreifen, von der Imax-Technik aus der vorgegebenen Ordnung gebracht, um 90 Grad aus der Vertikale in die Horizontale gekippt und nach Belieben zu belichten, hat seine Regelhaftigkeit verloren und keine Zukunft mehr. Was man einst Kopien genannt hat und im 20. Jahrhundert, dem ersten des Films, noch so nennt, Kopien, die zu Hunderten, bei Blockbustern auch zu Tausenden, hergestellt und in die Kinos der Welt gebracht wurden, sie werden in der gigantischen, grotesken Täuschungsgeschichte, die Kino heißt, zu Unikaten, im Einzelpack angeliefert für die Projektionsmaschine der jeweiligen Vorführstätte. Kopien werden Inkunabeln sein, weil es sie, im Prinzip, nicht mehr geben wird. Denn das Kino im 21. Jahrhundert und in der Unendlichkeit dahinter wird nicht mehr analog und aus Zelluloid, sondern digital und elektronisch sein.

Alle Kinos der Welt werden ihre Filme – wie lange wird man sie noch so nennen? – über Satelliten erhalten, über Kinosatelliten, die praktisch jedermann, der lizenziert ist und über die entsprechenden Großcomputer verfügt, anwählen und

Forrest Gump, 1993, Regisseur Robert Zemeckis (Filmplakat) ⇒390

abzapfen kann. Für die Projektion – man wird ein anderes Wort dafür erfinden müssen – auf den heimischen Großbildschirm oder, vor allem bei Novitäten, auf den Kinobildschirm, der an die Stelle der Kinoleinwand getreten ist. Der klassische Filmvorführer, jetzt schon mechanisiert durch die Kompaktrolle, die längst an die Stelle der einzelnen Filmakte, inzwischen nur noch eine Transportgröße, getreten ist, wird zum Computerspezialisten, Verleihorganisation und Distributionssysteme werden revolutioniert. Der Massenstart eines neuen Films wird, nach Zeitzonen gegliedert, auf die Sekunde gleichzeitig an beliebig verschiedenen Orten erfolgen; das Kino wird, in den Rezeptionsgewohnheiten, dem Fernsehen immer ähnlicher.

Doch alle technologisch bedingte und beförderte Gleichmacherei in der Gleichzeitigkeit der Emotionen im globalen Dorf des neuen Kinos wird uns nicht aus dem Vergnügen entlassen, unsere eigenen Träume zu träumen. Für die uns die Verantwortung nicht abgenommen werden kann. Denn was das Kino egalitär macht, befreit auch seine Geschichte. Die Archive werden, anders als jemals zuvor, wirklich verfügbar werden. Was niemals in der bisherigen Filmgeschichte möglich war, kann (könnte) realisiert werden: der individuelle Zugriff auf den Reichtum aller einst gefilmten Bilder. Immense Filmarchive, elektronisch aufgezeichnet, registriert, verortet und vernetzt, öffnen sich wie riesige Bibliotheken jedem Lesebedarf. Endlich kann (könnte) die Filmgeschichte demokratisiert werden, wie es die Literaturgeschichte längst ist. Und die Geschichte der Malerei, der Musik, der Architektur.

Doch es wird Machtkämpfe geben, verdeckt als die Wahrung der Interessen berechtigter Ansprüche, vertreten durch das Kapital genauso wie durch die Arbeit. Dem Weizen des Imperialismus wird eine neue Blüte beschert, die Blüte der Bilder, und es wird unendlicher Anstrengungen bedürfen, ihm das Diktat über die Fantasie und die Träume zu entwinden.

> *Alle technologisch bedingte und beförderte Gleichmacherei in der Gleichzeitigkeit der Emotionen im globalen Dorf des neuen Kinos wird uns nicht aus dem Vergnügen entlassen, unsere eigenen Träume zu träumen.*

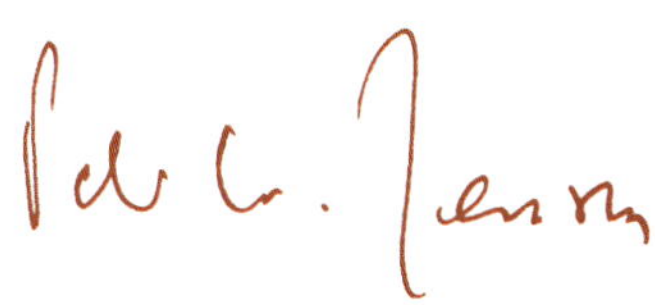

Cinemaxx-Kino, Berlin ↦160

Hubert Weinzierl

Naturschutz im 21. Jahrhundert – Hat die Menschheit eine Zukunft?

Hubert Weinzierl, von 1983 bis 1998 BUND-Vorsitzender, engagierte sich schon als Student für den Naturschutz. Als Land- und Forstwirt, als Naturschutzaktivist und als Naturwissenschaftler befasst er sich theoretisch wie praktisch mit den Schönheiten und den Problemen der Natur; seine Faszination angesichts ihrer Wunder findet Ausdruck etwa in religiös motivierten Gedichten. ⇒4812

Noch stehen wir in der Gnade zur Umkehr

Im Verlauf der letzten beiden Jahrzehnte hat sich in Deutschland eine Umweltpolitik etabliert, der man im technischen Bereich durchaus Erfolg und Fortschritte bestätigen kann. Der Naturschutz, der Schutz der Basis alles Lebendigen, aber ist bis heute nicht politikfähig geworden. Umweltschutz passt zum technokratischen, mechanistischen Machbarkeitsdenken, er ist berechenbar in Zeit und Geld und Grenzwerten. Luftreinhaltung und Gewässersanierung leuchten jedem ein und sind angesichts des hohen Umweltbewusstseins politikfähig geworden. Die Libellen in den Flussauen und der Geißblattduft sind es nicht. Und selbst so attraktive Arten wie der Frauenschuh oder der Eisvogel haben allenfalls einen Stellenwert in den Roten Listen, aber niemand kann ihren Geldwert beziffern. Somit können Tiere und Pflanzen den Milliarden der Naturnutzer nicht standhalten.

Es reicht auch nicht aus, wenn wir die Naturschutzbehörden als Sozialämter der Schöpfung betrachten, die den bedrohten Arten ein paar Prozent Schutzgebiete zuweisen; denn es hat sich innerhalb zweier Menschengenerationen gezeigt, dass diese winzigen Inseln in einem Meer von Lebensfeindlichkeit nicht verhindern konnten, dass die Anzahl der bedrohten Tier- und Pflanzenarten heute in Deutschland bei etwa fünfzig Prozent der einstigen Fülle liegt. Aber irgendwie scheint jetzt an der Zeitenwende eine Bereitschaft vorhanden, dass die Basis allen Lebens politikfähig werden muss.

Hubert Weinzierl

3.12.1935 in Ingolstadt geboren
Besuch eines humanistischen Gymnasiums
Studium der Forstwissenschaft in München
seit 1953 aktiv in der Naturschutzbewegung
1958 Diplom-Forstwirt; seither als selbstständiger Unternehmer in der Land-, Forst- und Teichwirtschaft tätig
1965–72 ehrenamtlicher Regierungsbeauftragter für Naturschutz in Niederbayern
1964–72 Weltreisen in alle Kontinente zum Studium der Naturschutzprobleme
seit 1969 Vorsitzender des Bundes Naturschutz in Bayern e.V.
1983–98 Vorsitzender des Bundes für Umwelt und Naturschutz Deutschland e.V. (BUND)

Da wird plötzlich der Wert der Artenvielfalt oder deren mögliche Manipulation durch die Gentechnik oder die Globalisierung der Bodennutzung und des Bodenverbrauchs oder der weltweite Wälderschwund wieder zum Thema. Es herrschen zumindest Ratlosigkeit und Nachdenklichkeit. Naturschutz wird zur Gesellschaftspolitik – diese offenen Momente in der Geschichte machen Hoffnung. Dabei zeichnet sich ab: Der »Rote-Listen-Naturschutz« herkömmlicher Art ist out. Eine andere Denkweise, ein anderes Wohlstandsmodell, ein nachhaltiges Zukunftskonzept sind also an der Zeitenwende angesagt, welche Irrationales so ernst nehmen wie Zahlen, Daten, Fakten. Und die Art Mensch zu verändern versuchen.
Mangels schlüssiger Zukunftsentwürfe durch Politik oder andere gesellschaftlich relevante Gruppen bekommt die Ökologiebewegung an der Jahrtausendwende die einmalige Chance, mit ihren »Überlebensprogrammen« die Visionen von einer neuen Moderne zu formulieren und ihre Umsetzung anzustoßen. Die Studien »Zukunftsfähiges Deutschland«, der Entwurf eines »Nationalen Umweltplans« und ähnliche Vorschläge haben die Lebensstil-Debatte und die Suche nach einem anderen Wohlstandsmodell lebhaft entfacht und die AGENDA-21-Prozesse auf vielen Ebenen um ökologische Komponenten bereichert. Psychologie und Tiefenökologie haben dazu beigetragen, die Hemmschwellen zu entziffern, damit der weite Weg vom Kopf zur Hand gemeistert und der Phase der Diagnose eine Phase der Therapie, also des Umsetzens, folgen könnte. Das Wissen ist da, das Handeln steht aus. »Nachhaltigkeit« ist zur Philosophie der neuen Reformbewegung ins 21. Jahrhundert geworden.
Zu alledem bedarf es jedoch einer irrationalen, religiösen Kraft oder einer mystischen Komponente. Dieser »spirituelle Aufbruch« als neue Wertebasis scheint umso wichtiger, als offensichtlich die alte abendländische Religion des Christentums dieser Aufgabe nicht mehr so ganz gerecht wird. Ohne Transzendenz erlischt aber das Interesse an der Zukunft.
Woraus jedoch schöpft dieser spirituelle Aufbruch seine Kraft? Denn wenn schon der Bundespräsident und die Parteivorsitzenden aller Couleurs unisono eine »umfassende innere Erneuerung« der Bundesrepublik Deutschland fordern und eine geistige Wendezeit beschwören, dann stellt sich doch die Frage nach den geistigen Quellen und nach der Wertebasis, aus denen diese Kraft zur Erneuerung erwachsen soll. Welches wären die »Ersatzreligionen« für diesen spirituellen Aufbruch? Kommunismus, Kapitalismus, Sozialismus, Wirtschaftswachstum – sie alle haben offensichtlich die Versöhnung von Ökonomie und Ökologie, von Mensch und Schöpfung verhindert. Ludwig Erhard kam zu der ernüch-

Was wären Gräber ohne Blumen. Was wären wir ohne den Trost der Vogellieder, ohne den Hauch des Frühlingswindes, ohne den Duft der Lindenblüten. (Hubert Weinzierl, »März-Veilchen«; alle Illustrationen von Tatjana Gamerith)

⇒4884

ternden Erkenntnis, es sei ihm mit seinem Wirtschaftswunder nicht klar gewesen, dass er zwar die Kassen gefüllt, aber die Altäre geleert habe.

Auf dem Erdgipfel in Rio wurden die Versöhnung von Ökonomie und Ökologie sowie deren Vernetzung mit den sozialen Lebensbedingungen der jetzigen und der künftigen Menschheit als die ethische Herausforderung der Jahrtausendwende erkannt und im »Nachhaltigkeitsprinzip« als Leitlinien künftiger Politik festgeschrieben. Die christliche Kultur hat diese Jahrtausendpflicht um die moralische Dimension der »Bewahrung der Schöpfung« um ihrer selbst willen ergänzt. Die Überlebensfragen der Menschheit lassen sich also nicht mehr allein mit effizienten Managementstrategien oder mit immer mehr Umwelttechnologie oder gar mit noch mehr Wirtschaftswachstum lösen. Was Not tut, ist, dass die naturwissenschaftliche Komponente der Naturschutzpolitik um lebensbejahende Parameter ergänzt wird, damit der weite Weg vom Kopf zur Hand gemeistert werden kann und die menschliche Widersprüchlichkeit zwischen Wissen und Handeln wenigstens in Teilbereichen überwunden wird, getreu dem Motto, dass »Teilzeitheiligkeit« allemal besser ist als verbiesterter Fundamentalismus und dass der Verzicht auf Nutzloses nichts mit Askese zu tun hat, dass gut leben etwas anderes ist als viel haben.

Seit dem Erdgipfel von Rio 1992 ist die Überwindung der Menschheitskrise nicht leichter geworden: Die Globalisierung des Wettbewerbs und die damit verbundenen sozialen Sorgen fordern zu einem grundlegenden Paradigmenwechsel in der Wirtschaftspolitik, zu neuen Formen der Arbeit und zu nachhaltigen Leitbildern und sinnstiftenden Lebensformen heraus. Dieser Strukturwandel, dem die Menschheit derzeit weltweit unterliegt, voran die hochzivilisierten Industriestaaten des Nordens, bedarf einer ethischen Begleitung, also jener Wertediskussion, welche zwei Generationen lang bei uns nicht geführt wurde. Dazu werden auch neue Kommunikationsformen und eine neue »Kultur der Verantwortung« erforderlich, weil die großen Zukunftsfragen letztlich nur in einem gesellschaftspolitischen »Überlebenskonsens«, also jenseits von Parteien-, Staats- und Machtstrukturen, gelöst werden können. Hinzu kommt die »Schöpfungsverantwortung«, die nicht nur eine ethische, sondern letztlich auch eine religiöse Dimension beinhaltet, indem sie die Vielfalt alles Lebendigen als »Schicksalsgemeinschaft« begreift. Zur Menschenwürde gesellt sich künftig der Eigenwert der Natur. Der Einsatz für das Leben ist unteilbar.

Meine Vision geht dahin, dass »Nachhaltigkeit« und »Schöpfungsverantwortung« die Leitlinien einer zukunftsfähigen

Blaue Gedanken,
Schwalben
über den Wassern.
Eure Schatten
scheut der Teichfrosch.
Fremdes,
unergründliches Gesicht.
(»Roterle«) ⇨4884

»Meine Vision geht dahin, dass »Nachhaltigkeit« und »Schöpfungsverantwortung« die Leitlinien einer zukunftsfähigen sozialen Kultur werden ...«

sozialen Kultur werden, in der sich naturwissenschaftliche Erkenntnisse und politische Realitäten mit geisteswissenschaftlichen Visionen zur Reformbewegung des kommenden Jahrtausends vereinigen. So gesehen ist das Programm derer, die das Leben in seiner Vielfalt schützen wollen, eine tragfähige Philosophie für die Zeitenwende und gleichzeitig ein handfestes Programm der Hoffnung.

Vor diesem Hintergrund würde ich an der Jahrtausendwende die oft gestellte Frage »Hat die Menschheit eine Zukunft?« anders beantworten als vor 25 Jahren. Damals habe ich manchmal versucht, den ökologischen Beweis zu führen, dass diese Art eben nicht zu retten sei, was aber dem wunderbaren Prinzip des Lebens keinen Abbruch täte. Heute sehe ich das anders. Als Angehöriger dieser bedrohten Art möchte ich natürlich, dass wir nicht so schnell aussterben, und dabei stelle ich fest, dass die ökologischen Bilanzen zwar immer noch negativ sind, dass aber eine Nachdenklichkeit, eine Verunsicherung, ein Umbruch und eine Denkwende im Gange sind. Immer mehr setzt sich die Erkenntnis durch, dass diese Erde ein gemeinsames Lebewesen ist, in das wir ebenso verwoben sind wie unsere Mitgeschöpfe, und dass deshalb jede und jeder, die an dieser Vielfalt teilnehmen, auf eigene kleine Weise auch zum Heilungsprozess beitragen können. Diese vernetzte Kraft und der Überlebenswille können evolutionäre Sprünge vollführen.

Ich bin überzeugt, dass die Menschheit noch in der Gnade zur Umkehr steht und der zähe Planet Erde auch mit der Art Mensch eine Zukunft hat, wenn diese sich auf einige Grundsätze verständigt:

- wenn Industrieländer wie die Bundesrepublik Deutschland ihrer globalen Verantwortung gerecht werden und Reduktionsziele einleiten,
- wenn die übrige Welt den Begriff Nachhaltigkeit nicht mit Wachstum verwechselt und alle Fehler der Industrienationen nachmacht,
- wenn die demographische Entwicklung der Menschheit stabilisiert wird und Wahltermine der Enkelverantwortung nachgeordnet werden,
- wenn der Zeitfaktor neu bewertet wird (die derzeitigen Zeitabläufe sind nicht evolutionär, sondern ähneln eher Katastrophen)
- und wenn uns ein spiritueller Aufbruch gelingt, der die noch immer vorhandenen, aber zumeist verschütteten Naturbezüge und Mythen als Chance und Vision für das kommende Jahrhundert begreift.

Überfällig ist also eine neue Wertediskussion. Denn Naturschutz ist letztlich eine Frage der Liebe.

»*Ich bin überzeugt, dass die Menschheit noch in der Gnade zur Umkehr steht und der zähe Planet Erde auch mit der Art Mensch eine Zukunft hat …*«

… Die Sonne brennt, der Heuwind streicht,
das Haar fällt frei, die Kleider leicht.
Und Lust aus allen Tümpeln lacht.
Weit wird der Sinn und wild die Nacht.
(»Johanniskraut«) ⟶4884

Hans Küng

Eine Vision für den Weltfrieden – Lässt sich die Menschheit auf ein gemeinsames Weltethos verpflichten?

Ziele des streitbaren Theologen und »frommen Rebellen« Hans Küng waren von jeher der ökumenische Konsens und die christliche Identitätsfindung. Zeitgemäße Religiosität müsse die christliche Botschaft mit der Erfahrungswelt des modernen Menschen in Einklang bringen. Sein »Projekt Weltethos« fordert die Religionen der Welt auf, miteinander in Dialog zu treten. ↦160

Was wir im Blick auf das 21. Jahrhundert brauchen, ist eine nicht in erster Linie technisch und ökonomisch, sondern eine vor allem **ethisch orientierte Gesamtschau:** die Gesamtschau einer friedlicheren, gerechteren, wahrhaftigeren, menschen- und naturfreundlicheren Welt. Eine Vision, die nicht einfach proklamiert, verkündigt, gepredigt werden soll, sondern mit Argumenten begründet werden müsste.

Für das 21. Jahrhundert erhoffen wir **erstens** eine **Verständigung,** ja **Vereinigung der christlichen Kirchen.** Im Kampf alt geworden, sehe ich, wie der Geist des Zweiten Vatikanischen Konzils, der Geist eines Johannes XXIII., wieder auflebt: ein Geist, der ohnehin nie ausgelöscht werden konnte, nicht durch die römische Kurie, nicht durch linientreue römische Statthalter in allen Kontinenten, nicht durch angsthasig schweigende Theologen, die das Konzil allesamt verraten haben, aber seine Ziele nicht begraben konnten. Was den europäischen Nationen nach so vielen Kriegen gelungen ist, ein vereintes Europa, müsste doch endlich auch den christlichen Kirchen, bald 500 Jahre nach der Reformation, möglich sein: vereinte christliche Kirchen! Nur in echter innerer Gemeinsamkeit lässt sich wirksam gegen das rasant wachsende Glaubwürdigkeitsdefizit beider Kirchen angehen.

Ein organisatorischer Zusammenschluss in den oberen Etagen der Kirchenleitungen ist keinesfalls das Primäre. Es ist vielmehr – nicht nur für die Millionen konfessionsverschiedener Ehen und ihre Kinder – die **Abschaffung aller**

Hans Küng

19.3.1928 in Sursee, Kanton Luzern, geboren
1948–57 Studium der Philosophie und Theologie in Rom und Paris
1955 Priesterweihe, **1957** Promotion
1957–59 Seelsorger in Luzern
1960–80 Ordinarius für Theologie
ab 1963 auch Direktor des Instituts für ökumenische Forschung in Tübingen
1962–65 offizieller Berater des Zweiten Vatikanischen Konzils, ernannt von Papst Johannes XXIII.
1980–96 fakultätsunabhängiger Ordinarius für Theologie in Tübingen
seit 1995 Präsident der Stiftung Weltethos

Exkommunikationen auf Ortsebene. Und dafür ist es wahrhaftig an der Zeit: Wir wollen endlich gemeinsam das Mahl unseres gemeinsamen Herrn feiern! Das hat zusammen mit dem Präsidium des Evangelischen Kirchentages nun auch das so lange hierarchisch domestizierte Zentralkomitee der deutschen Katholiken gefordert. Wenn uns von oben die Abendmahlsgemeinschaft verweigert wird, müssen wir sie von unten erstreiten und endlich herstellen.

Für das 21. Jahrhundert erhoffen wir **zweitens** den **Frieden der Religionen.** Nein, ich sage **nicht**: eine **Einheit** der Religionen. Die christlichen Kirchen haben für ihre Einheit die eine und selbe Basis im einen Jesus Christus. Die großen Religionen aber haben eine sehr verschiedene Basis; sie können und sollen nicht eine Einheit bilden. Der Welt wäre genug geholfen, wenn sie miteinander im Frieden lebten.

Nun erscheinen aber die Weltreligionen bei diesem epochalen Paradigmenwechsel leider nicht als die großen Geburtshelfer einer neuen Weltepoche, vielmehr als die großen Bremser und Störer des Weltfriedens – von Nordirland angefangen über den Balkan und den Nahen Osten bis nach Kaschmir und Sri Lanka. Zahllos die grausamen Beispiele, wie Religionen zu Hass und zu Feindschaft animieren, wie sie Kriege inspirieren und legitimieren können. Zeichnet sich hier also nur ein Vorspiel zu einer neuen großen Tragödie der Menschheitsgeschichte ab: dem Zusammenprall der Zivilisationen? »Der nächste Weltkrieg, wenn es denn einen geben sollte, wird ein Krieg zwischen Zivilisationen sein«, meint der amerikanische Politologe Samuel Huntington.

Der angeblich unausweichliche globale Zusammenprall der Kulturen ist bestenfalls ein neues Angstmodell, wie es von manchen Militärstrategen zur Begründung neuer Aufrüstung benutzt werden kann, aber das ist kein konstruktives Zukunftsmodell. Die zukunftsweisende Vision für die Menschheit ist vielmehr der mit allen Kräften anzustrebende globale **Friede zwischen den Religionen.** Und ich kann hier nur die Programmsätze wiederholen, die ich vielfältig begründet und entfaltet habe:

- Kein Frieden unter den Nationen ohne Frieden unter den Religionen.
- Kein Frieden unter den Religionen ohne Dialog zwischen den Religionen.
- Kein Dialog zwischen den Religionen ohne Grundlagenarbeit in den Religionen.

Also nicht Konfrontation der Kulturen, sondern Kooperation der Kulturen.

Trotz allen Versagens: Religionen können, wenn sie das in ihnen liegende Friedenspotenzial wahrnehmen und nutzen,

Drei Persönlichkeiten stehen vorbildhaft für Hans Küngs dreifaches »Spero« (»Ich hoffe«) für den Weltfrieden:

Ich hoffe auf die Einheit der Kirchen.

Papst Johannes XXIII. (1881–1963): Sein Pontifikat war geprägt vom Geist der Offenheit, der Erneuerung der Kirche und der Toleranz gegenüber anderen Religionen sowie dem Einsatz für das friedliche Zusammenleben der Völker. ⇒160

Ich hoffe auf den Frieden unter den Religionen.

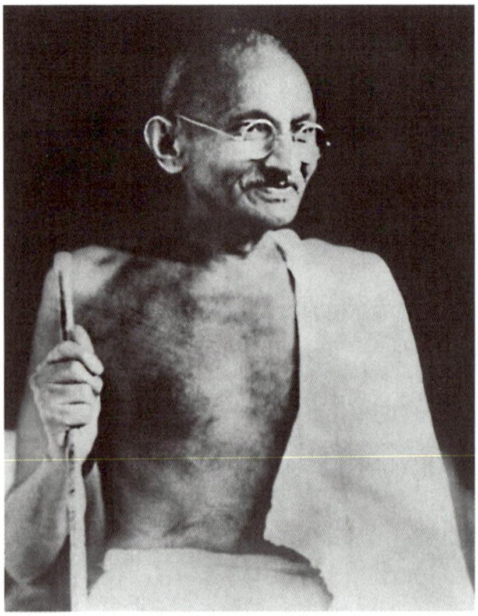

Mahatma Gandhi (1869–1948), Führer der indischen Unabhängigkeitsbewegung, wurde zum Symbol des gewaltlosen Widerstands und setzte sich für die friedliche Koexistenz der Religionen auf dem indischen Subkontinent ein. ⇒160

Stiftung WELTETHOS für interkulturelle und interreligiöse Forschung Bildung Begegnung

⇒667

einen entscheidenden **Beitrag zum Frieden** leisten. In jeder der großen Religionen sind grundlegende Motivationen vorhanden, um nicht nur zum persönlichen inneren Frieden, sondern auch zur Überwindung von Aggressionen und Gewalt in der Gesellschaft beizutragen.

Für das 21. Jahrhundert erhoffen wir **drittens** eine **Gemeinschaft der Nationen.** Gerade der stark von den Religionen mitgeprägte Krieg im früheren Jugoslawien hat manchem die Augen geöffnet nicht nur für das Versagen der Kirchen, sondern auch für die Schwächen von Politik und Diplomatie: Wir erlebten eine Diplomatie bar jeglichen ethischen Willens; eine Interessenpolitik jenseits aller Moral; eine Weltpolitik ohne ein Weltethos.

Was einst auf internationaler Ebene mit den Vereinten Nationen begonnen wurde, braucht heute mehr denn je eine ethische Verankerung. Soll das Miteinander der Nationen gelingen, so brauchen wir eine neue Politik aus Verantwortung, jenseits von unmoralischer Realpolitik und moralisierender Idealpolitik. Eine Politik der Verantwortung setzt ethische Gesinnung voraus, fragt aber auch realistisch nach den Möglichkeiten und Folgen des politischen Handelns. Soll das Miteinander der Nationen gelingen, so brauchen wir auch ein neues Wirtschaften aus Verantwortung, jenseits des unbezahlbaren Wohlfahrtsstaates und eines unsozialen Neokapitalismus. Eine neue Gemeinschaft der Nationen kann nur gründen auf dem Fundament einer Weltgerechtigkeit: Im Miteinander der Nationen gilt es neue, gerechtere Strukturen der Weltwirtschaft zu gestalten.

Doch wer wollte bestreiten, dass wir noch immer in einer religiös-politisch zerrissenen, kriegerisch-konfliktreichen und zugleich einer orientierungsarmen Zeit leben: in einer Zeit, in der viele moralische Autoritäten an Glaubwürdigkeit verloren haben, in der viele Institutionen in den Strudel tief greifender Identitätskrisen gezogen sind, in der viele Maßstäbe und Normen ins Gleiten kamen, sodass viele Menschen kaum noch wissen, was gut und was böse ist. Und wer wollte bestreiten, dass ein neuer Gesellschaftskonsens notwendig ist: eine Rückbesinnung auf ein Minimum an humanen Werten, Grundhaltungen und Maßstäben. Wie sollen Eltern und Lehrer Kinder erziehen, wenn sie selber nicht wissen, woran sie sich halten sollen? Wie soll unsere Gesellschaft lokal, national und auch global wieder humaner werden?

Das ist mein zentrales Anliegen für diesen epochalen Übergang: Es braucht ein allen Menschen gemeinsames elementares Ethos, ein kulturübergreifendes Menschheitsethos, ein Weltethos. Mit Weltethos ist wahrhaftig keine neue Weltideologie gemeint, gar der Versuch zu einer uniformen

Einheitsreligion. Der Appell an die Religionen und die Nichtreligiösen für ein Minimum an gemeinsamen Werten, Grundhaltungen und Maßstäben will die hochethischen Forderungen jeder einzelnen Religion nicht etwa durch einen ethischen Minimalismus ersetzen.

Die **»Erklärung zum Weltethos« des Parlaments der Weltreligionen,** die 1993 in Chicago als erste Ausformulierung eines solchen Weltethos verabschiedet wurde, will bewusst machen, was schon jetzt den Religionen an ethischen Maßstäben gemeinsam ist, was aber durch ihre zahlreichen dogmatischen Streitigkeiten und oft unerträgliche Rechthaberei verdunkelt wird.

Wichtige internationale Gremien haben intensiv daran gearbeitet. Die Anregung weltumspannender Konferenzen, der Allgemeinen Erklärung der Menschenrechte des Jahres 1948 eine **Allgemeine Erklärung der Menschenpflichten** als so genannte zweite Tafel zur Seite zu stellen, wurde vom **Inter-Action Council** früherer Regierungs- und Staatschefs unter dem Vorsitz von Altbundeskanzler Helmut Schmidt durch einen konkreten Textvorschlag 1997 in die Wirklichkeit umgesetzt. Von den Menschenpflichten her soll so das Engagement für die Menschenrechte verstärkt und ein Weltethos in die verschiedenen Lebensbereiche hinein konkretisiert werden. Das heißt: **Jeder Mensch,** gleich welchen Geschlechts, ethnischer Herkunft, sozialen Status, Sprache, Alter, Nationalität oder Religion, **soll wahrhaft menschlich behandelt werden. Jeder Mensch soll anderen gegenüber im Geist der Solidarität handeln.** Auf jeden und alle, Familien und Gemeinschaften, Rassen, Nationen und Religionen soll die uralte Weisung so vieler ethischer und religiöser Traditionen angewendet werden: **Was du nicht willst, dass man dir tu, das füg auch keinem andern zu.**

Diese Prinzipien sollen die unbedingte Norm für alle Lebensbereiche sein, zu Hause und weltweit. Auf ihrer Grundlage formuliert die Erklärung zum Weltethos **vier unverrückbare Weisungen** als Selbstverpflichtung auf:

- eine Kultur der Gewaltlosigkeit und der Ehrfurcht vor allem Leben;
- eine Kultur der Solidarität und eine gerechte Wirtschaftsordnung;
- eine Kultur der Toleranz und ein Leben in Wahrhaftigkeit;
- eine Kultur der Gleichberechtigung und die Partnerschaft von Mann und Frau.

Der für die hier vorgestellte Vision notwendige Bewusstseinswandel ist eine Aufgabe für das neue Jahrtausend. Und vor allem an der jungen Generation ist es, diesen wegweisenden Zukunftsentwurf mit Entschiedenheit zu verwirklichen.

Hans Küng

Ich hoffe auf die Gemeinschaft zwischen den Nationen.

Dag Hammarskjöld (1905–1961), UNO-Generalsekretär ab 1953, wurde für seine zahlreichen Vermittlungsaktionen bei internationalen Konflikten postum mit dem Friedensnobelpreis ausgezeichnet. →160

Charles Wilp

Artro-Art – Die Zukunft der Werbung kommt aus dem Weltall?

Charles Wilp bringt die Artro-Mappe an Bord der »Columbia«: Der erfolgreichste »Werbezar« der Sechzigerjahre erschließt als Artronaut mithilfe schwerelos stimulierter Kreativität Kunst und Produktwerbung neue Welten im All. ⊡→4906

Schwerelosigkeit – Triebkraft der Kreativität

Charles Wilp

15. 9. 1932 in Witten geboren
Besuch der Kunstakademie »Grande Chaumière«, Paris, und der Akademie für Publizistik, Aachen; Chronist der »Sexy Mini Super Flower Power Pop Op«-Generation
Zusammenarbeit mit Yves Klein, Andy Warhol sowie Joseph Beuys
1972 documenta 5, Kassel, Einzelausstellung
1985 erste künstlerische Arbeit an Bord des Satelliten TDF 1
1993 NASA Shuttle Columbia Experiment (Weltraumpremiere)
3.10.1990 »Bundesweltraumadler«, erstes Kunstwerk im Reichstag Berlin
1993 Arbeiten an Bord der Spaceshuttle Columbia STS 55
25. 4. 1995 »Letzter Tag der alten Zeit ...«: als erster Artronaut der Raumfahrtgeschichte in der Schwerelosigkeit
1999–2000X Projekt »Erstes Akademiemodul im Weltall an der ISS«
1999–2000 Wernher-von-Braun-Jahr, Huntsville, USA
2000 Millennium-Ausstellung »Sieben Hügel«, Gropius-Bau, Berlin: künstlerische Gestaltung Abteilung Weltraum; Arbeiten an Bord der Weltraumstation MIR als »Permanente documenta«

25. April 1995, *»der letzte Tag der alten Zeit ...«*, als ich die Schwerelosigkeit als Triebkraft der menschlichen Kreativität an Bord der Astronautentrainingsmaschine ESA Orbitic 22, 40000 Fuß über dem Nordatlantik, erlebe. Flugkammertauglich Klasse 3, uneingeschränkt, eine Vorastronautenprüfung. Mein Pilot der erfolgreiche ESA-Kosmonaut J. P. Heigneré.

Es gibt nicht mehr die klassische Interpretation der Kunstwissenschaften – Kunst ist gleich Kult und Macht –, sondern die *Triebkraft allen kreativen Schaffens ist die Schwerelosigkeit*, ZERO G. *Der Creativcode ist geknackt.* Der konventionelle Begriff für kreatives Tun, Kunst, war von jeher Werbung für ein geistiges Produkt, das nicht durch die Speiseröhre geht. Ein Produkt, das vernebelt, drogiert, irrationalisiert.

Mit der Schwerkraft haben sich alle Künstler der letzten 500 Jahre, in denen – bis auf die Erfindung der Fotografie – nicht viel passierte, schwer getan. Es war die Blütezeit des Kunsthandels, der Auktionshäuser und der Werbeindustrie.

Das neue Jahrtausend will mit irdisch gemachter Werbung nichts mehr zu tun haben. Zu lange war Werbung als Kunst getarnt, ihr Credo: Kommerz macht Kunst erst möglich. *Das Neue heißt Artro,* kommt aus dem Weltall, der Schwerelosigkeit und schließt Werbung und Kunst ein – wie in der Musik Techno, das die Schnittpassagen in den Werbespots

vorgibt als musikalische, sinnliche, schwerelose Botschaft. Musik ist wie eh und je nicht realistisch und war immer schon schwerelos, melodiös oder infernalisch.
Werbung als Artro ist die ehrlichste Kunst, die nicht versucht, das Eigentliche zu verschleiern, nämlich zu verkaufen. Kunst als Tarnung für Werbung wird transparent. *Kunst ist unnütz, es sei denn, man verkauft damit eine Ware oder schafft Bewusstsein.* An den Werbemillionen ist kein Künstler der gesamten Kunstgeschichte vorbei gegangen: Michelangelo, der für Papst Julius II. Handzettel für die beste Ziegenmilch des Vatikans gestaltete, um dann den Auftrag für die Ausmalung der Sixtinischen Kapelle zu bekommen. Renoir, der seinen frühen Ruhm durch ein Champagnerplakat in der Pariser Metro erwarb, oder Joseph Beuys, der an der Coca-Cola-Flasche nicht vorbei kam und letztlich sein Leben lang Werbung für sich selbst machte. Gedanken, die er in den Raum setzte, waren bereits schwerelos.
Seit die ersten Menschen vom Produkt Apfel aßen, gibt es Werbung. Von der Paarungszeit der Einzeller, die sich schon zu Urzeiten mithilfe niederfrequenter Reize mitteilten, bis Sexy Mini Super Flower Power Pop Op erschien in der Werbegeschichte nichts Vergleichbares – suchten die Werbekreativen nach dem neuen Schlüsselreiz. Dieses Erlebnis vermittelt die Weltraumschwerelosigkeit, und da die Werbeleute zu viel von der Werbung verstehen, plädieren ihre Arbeiten an den Verstand, den der Verbraucher im Kaufrausch umgeht. Mythos ist gefragt. Die meisten wissen nicht, dass man auf lange Sicht sein Geld verliert, und dann steht das Produkt nackt vor den Auftraggebern einer naiven Industrie. Andere Werte bleiben stabil, z.B. die sinnliche Aufladung. *Mystifikation als Technologie des Geschäfts.* Ohne Mythos keine erfolgreiche Werbung. Mythen zeigen den Menschen, was sie in Unruhe und in Bewegung hält, z.B. der Weltraum. Der größte Auftrag der Zukunft wird sein, Artro-Bewusstsein und Weltraumenthusiasmus zu fördern. *»Space Explorer für den neuen Horizont …«*
Es sind die Artronauten, die die Astronauten und Kosmonauten gern mit an Bord haben, um den Menschen diese neuen Erlebnisse zu vermitteln. Ihre Arbeit beflügelt die zurückgebliebenen Erdenbewohner durch neue Reize, erworbene Gefühle, die in Kürze Studenten in einem Artromodul, an die Raumstation angedockt, in der Schwerelosigkeit erleben können, um ihre kreativen Triebkräfte zu steigern oder neu zu entdecken.
Das erste *Modul »Michelangelo«*, nach dem Meister der Renaissance, der aus eigener mentaler und emotionaler Schwerelosigkeit die *»fliegenden, schwerelosen Menschen«* in

Charles Wilp vor dem Modul »Michelangelo«, der **Kunstakademie der Zukunft** im All →4906

Wilps schwebende Bordärztin inmitten Michelangelos **»schwebender Menschen«** aus der Sixtinischen Kapelle; rechts Artronaut Charles Wilp mit Kosmonaut J. P. Heigneré →4906

»Der letzte Tag der alten Zeit …«, 25.4.1995: Charles Wilp arbeitet zum ersten Mal in der Weltraumschwerelosigkeit in der Parabolmaschine Orbitic 22 über dem Nordatlantik. →4906

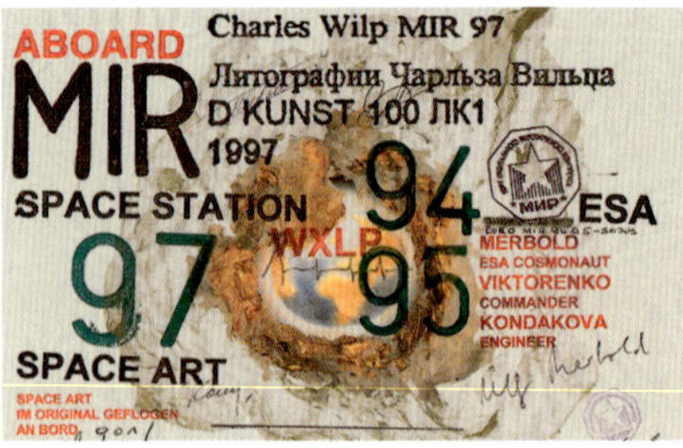

Artro der Zukunft: von MIR-Kosmonauten signierte Weltraummessage »Hin und Zurück Weltall« auf Weltraumpapier, 0,1 Gramm, Weltall-Original →4906

»Mars Rover«: Charles Wilp und ESA-Wissenschaftler Dr. Gerhard Schwehm mit dem Prototyp des europäischen Mars-Buggy (Max-Planck-Institut, Mainz) →4906

Frühe Weltraumbegeisterung: Wilp 1963 in Huntsville vor dem eingeeisten Saturn-5-Mondaggregat, wo er auf die Idee für seine berühmte Afri-Cola-Werbung kommt. →4906

der Sixtinischen Kapelle schuf, jedoch nie die Möglichkeit hatte, diese körperlich zu erleben – wie nach 500 Jahren unsere jungen Artronauten an Bord des Moduls.

Es sind die Artdirektoren, die sich vorbereiten auf die ersten Flugversuche in den Kompressionskammern, um das Nonplusultra an Qualifikation für ein neues Jahrtausend zu erreichen. Schöpferische Anlagen zu steigern, um neue Stimulanzien für die Erde zu entdecken. Flugkammertauglichkeit Klasse 3 ist die höchste Qualifikation, um im All dabei zu sein. Die *neue Marschrichtung für das neue Jahrtausend* heißt ISS und Mars. Die milliardenschweren Etats kommen jetzt aus der Weltraumfahrt, der Satellitenindustrie, von der wir in höchstem Maße abhängig sind bis zur sekundenschnellen weltweiten Abwicklung der Scheckkarten über Satellit.

Damals Sexy Mini Super Flower Power Pop Op, heute NASA, ESA, DASA, NASDA. Einst genital getrieben, jetzt ganzkörperlich. Werbung aus dem Weltraum konzipiert.

Die Triebkraft alles Schöpferischen ist die Schwerelosigkeit. Jeder erlebt die Schwerelosigkeit anders. Der Bordkommandant tanzt Wiener Walzer mit der Bordärztin, wie der geniale Kubrick mit seiner Filmmusik für 2001 erahnte.

Ich sehe vor meinem geistigen Auge Michelangelos schwerelos schwebenden Menschen in der Sixtinischen Kapelle, identische Reproduktion der Werbewelten 2000X. Hier schweben die Artronauten. Das neue Symbol Weltall klassifiziert die neue Elite. *Wer den Zugang zu neuem Wissen hat, dem gehört die Zukunft.* Hier werden reale Utopien umgesetzt und Fantasien mit Erkenntnis, die sekündlich aus dem Deep Space per Hubble-Teleskop und »Deep Space One«, der neuesten Rakete der NASA, kommen. Durch eine Bordzeitung, die als Weltrauminternet die universelle Enzyklopädie täglich neu speichert und für alle Institutionen auf der Erde abrufbar ist.

Ohne Weltraumvisionen kein Erfolg. Weltraumerlebniswerte sind größer und anhaltender. Ich kenne meine Fähigkeiten und nutze sie ganz. Die neuen Erlebnisse vermitteln und beflügeln Tagträume. Jeder tut, was er empfindet. Nach dem neuen Gesetz: »Jeder ist sein eigener Normengeber.« Weg von den Menschen, die sich von einer technologiedistanzierten Umwelt nicht lösen wollen. Die Technik bringt uns heute vor Augen, dass die Werbung bereits als Werbung konsumiert wird und damit effektlos ist. *Der neue gemeinsame Horizont heißt Werbung,* die Bilderwelt unserer Tage, Bilder aus der Schwerelosigkeit: Die ISS ist nur 300 km von der Erde entfernt und mit bloßem Auge sichtbar. Sie beflügelt die Privatwirtschaft mit ihrem etatschweren Marketing für Produkte wie Boeing, Microsoft und Daimler Aerospace.

Nicht mehr Rodin oder Calder, sondern *die schubkräftige Ariane 5,* wie sie dasteht inmitten der wollüstigen Natur der krokodilbelebten Sümpfe Guyanas, *vibrierend vor dem Liftoff, ist die sichtbar gemachte Kreativität der Jetztzeit.*
Artro: Kunst und Natur sind die neuen Werbemerkwelten. Allen voran die Kommunikationssatellitenindustrie. Nicht Berater sind mehr gefragt, sondern Macher, die *Artronauten, die Produkte fördern.* Eine nie dagewesene Möglichkeit für die Werbeindustrie. *Dienstreisen Hin und Zurück Weltall* werden werblich betreut, um gute Außensympathien zu schaffen für eine neue, sinnlich aufgeladene Umwelt. Das Neue entsteht meist da, wo man es nicht vermutet. *Künstler haben von jeher die großen Entdeckungsreisen begleitet.* In der Fin-de-Siècle-Stimmung bis 2000X sind es Artronauten, und es gibt nur eine Marschrichtung – die Internationale Raumstation und den Mars. Über 800 Millionen Menschen hatten an der letzten Marssondenmission im Internet Highway und vor den Bildschirmen teil. Ohne Werbung. 2002 kommen die ersten Werbesignale vom neuen Marsrover. Die virtuelle Werbung ist bereits unter uns.
Nicht nur die Produzenten von Mars-Schokoriegeln haben das Geld – auch die Militärs mit den größten Etats ergreifen die neue Initiative und schicken Friedensbotschaften über die Goldstoneantenne via Weltraum von Kalifornien nach Berlin. Die Wissenschaft ist sich ganz sicher, dass sich die ersten Außerirdischen melden, die bereits mit der Medienkultur zusammen in die Werbeliteratur eingedrungen sind – vorweggenommene Realität im neuen Millennium der Artronauten. Im Kalten Krieg fiel meine kreative Fantasie noch unter »Nationale Sicherheit«. *Der moderne Mensch blickt nicht mehr angstvoll ins All, sondern mit einer alles überragenden Neugier.*
Die neu zu bewerbenden Produkte sind nicht mehr Star-Treck-orientiert, sondern haben den echten sinnlichen Flair einer Spacereality. World of the Brain. Vorsicht ist geboten bei der stetig geforderten Gehirntätigkeit. Keine Alkohol- und Nikotinpräsenz, sondern Stimulans durch natürlich aktivierte Morphine, die einen kontrollierten Wachschlaf fördern. Entwicklungen an Bord geben mit schwereloser Hand ein unbeschwertes Firmenlogo, Geschmackstests senden neue Signale von der Zunge zum Gehirn.
Weltraumgetestet – ein neues Qualitätsprädikat. Heute die Erklärung dazu: Was ist es, was das Produkt umgibt – das irdische »Je ne sais quoi«, der verstaubte Sexappeal oder einfach das »It«, die neu zu entdeckende Weltraumaura, die Schwerelosigkeit?
Vom Colarausch zum Allorgasmus.

In der Schwerelosigkeit an Bord einer Trainingsmaschine für zukünftige Astronauten, 40 000 Fuß über dem Nordatlantik ⇨4906

Charles Wilp im Versuchslabor zur **Erforschung der Raumkrankheit** mit Speichelbehälter und Biofeedback ⇨4906

»Richtfest auf dem Mond 2000X«, Modell des ersten Presseclubs auf dem Mond ⇨4906

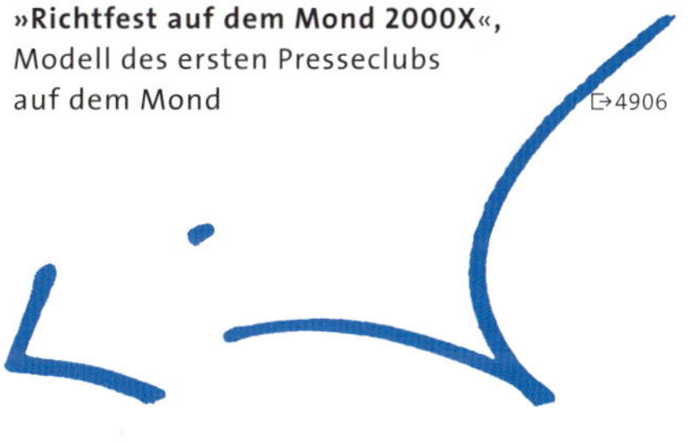

Slavoj Žižek

Immer mehr Spaß: Werden wir das überhaupt ertragen können?

Slavoj Žižek lehrt als Philosoph und Psychoanalytiker am Institut für Gesellschaftswissenschaften in Ljubljana. Er ist Gründer und Vorsitzender der Gesellschaft für Theoretische Psychoanalyse in Ljubljana und Referent der Republik Slowenien. Žižek ist Herausgeber der deutschsprachigen Zeitschrift der Lacan-Schule »Wie ES ist«. ⇨4946

Slavoj Žižek

1949 in Ljubljana (Slowenien) geboren
1971 Diplom in Philosophie und Soziologie, Universität Ljubljana
seit 1979 Forschungen am Institut für Sozialwissenschaften der Universität Ljubljana
1981 Promotion in Philosophie, Universität Ljubljana
1982–85 Gastdozent an der Fakultät für Psychoanalyse, Universität Paris
1985 Promotion in Psychoanalyse, Universität Paris
1991 Referent der Republik Slowenien
seit 1991 Gastprofessuren an den Universitäten Princeton, Columbia, Minneapolis und an der New School for Social Research, New York

Spaß? Nein danke!

Manche von uns beklagen den Verfall der alten Werte, andere begrüßen ihn. Beide Seiten scheinen sich aber darin einig, dass wir am Ende des Jahrtausends in eine neue Epoche eintreten, in der unser Leben nicht mehr länger durch eine feste Reihe von symbolischen Verboten bestimmt wird: Der Einzelne wird zunehmend freier, sein Leben dem Streben nach Genuss zu widmen und nur die sozialen Regeln zu akzeptieren, die letztlich seiner Selbstverwirklichung dienen. Diese Sichtweise lässt aber außer Acht, dass der Rückzug des symbolischen Gesetzes den Weg frei macht für sein unheimliches Gegenstück: das Über-Ich. Das heißt, man genießt nicht mehr unmittelbar und spontan, sondern weil das Über-Ich es so befiehlt. Der Befehl des Über-Ichs lautet, wie Jacques Lacan immer wieder betont hat, in seinem innersten Kern: »Genieße!« Vielleicht lässt sich das Paradox des Über-Ichs am kürzesten in der Aufforderung ausdrücken: »Ob du willst oder nicht, genieße!« Es sei nur an den sprichwörtlichen Vater erinnert, der mit aller Mühe einen Sonntagsausflug organisiert und nach einer Reihe von Verzögerungen entnervt seine Kinder anschreit: »Genießt es jetzt doch endlich!« Natürlich fühlt man sich auch verpflichtet, seinen Urlaub zu genießen, man »muss Spaß haben« – man fühlt sich sonst ja geradezu schuldig.

Das Über-Ich als solches muss im krassen Widerspruch zum symbolischen Gesetz stehen. Das symbolische Gesetz

Roy Lichtenstein, *M-Möglicherweise*, 1965: Die Künstler der Pop-Art begannen in den Sechzigerjahren, die schöne **Scheinwelt** der Waren, der Werbung und der Medien in ihre Werke aufzunehmen. ⇒80267

»zwischen den Zeilen« duldet stillschweigend, ja fordert geradezu das, was sein Text ausdrücklich verbietet (Ehebruch zum Beispiel), während das Über-Ich, das den Genuss propagiert, gerade durch die Direktheit seiner Aufforderung den Einzelnen viel wirkungsvoller daran hindert als jegliches Verbot. Nehmen wir den Vater, der seinem Sohn Ratschläge in Bezug auf sexuelle Abenteuer gibt: Warnt der Vater den Sohn und verbietet ihm förmlich, mit Mädchen auszugehen usw., so treibt er ihn »zwischen den Zeilen« nur dazu an, genau das zu tun – nämlich Befriedigung darin zu finden, das väterliche Verbot zu übertreten. Drängt der Vater ihn aber auf obszöne Weise, »sich wie ein Mann zu benehmen« und Mädchen zu verführen, so wird das Endergebnis wahrscheinlich das Gegenteil sein (Rückzug, Scham, sogar Impotenz).

Was also ist das Über-Ich im Gegensatz zum symbolischen Gesetz? Der Vater, der lediglich »repressiv« im Sinne symbolischer Autorität ist, sagt dem Kind: »Du musst die Oma am Geburtstag besuchen, selbst wenn du dich zu Tode langweilst!« In der Rolle des Über-Ichs sagt er dagegen: »Besuch die Oma nur, wenn du es wirklich willst!« Der Trick des Über-Ichs besteht in dieser scheinbar freien Wahl, die, wie jedes Kind weiß, in Wirklichkeit keine Wahl, sondern mit einem noch strengeren Befehl verbunden ist: nicht nur »Du musst die Oma besuchen, egal, was du fühlst!«, sondern »Du musst die Oma besuchen, und DU MUSST ES GERNE TUN!« Das Über-Ich befiehlt, das zu *genießen*, was man tun muss.

Auch für den Narzissten, der sich der »Pflege des Selbst« hingibt, ist Spaß eine Notwendigkeit. Ist nicht der schlagende Beweis dafür das Schuldgefühl, das ihn beschleicht, wenn er *ohne Erfolg* nach Genuss strebt? Deutet nicht die Tatsache, dass die Menschen den meisten Meinungsumfragen zufolge sexuelle Aktivität immer weniger attraktiv finden, in diese Richtung? Diese merkwürdige Gleichgültigkeit gegenüber intensivem sexuellen Genuss steht in krassem Gegensatz zu der offiziellen Ideologie unserer postmodernen Gesellschaft: Der heutige Mensch widmet sein Leben dem Vergnügen und ist so sehr mit den vorbereitenden Maßnahmen beschäftigt (Jogging, Massage, Bräunen, Auftragen von Cremes und Lotionen ...), dass die Attraktivität des offiziellen Ziels seiner Bemühungen dahinschwindet. Bei einem kurzen Spaziergang entlang der Christopher Street in New York trifft man Hunderte von Schwulen, die außerordentlich viel Energie auf

» *Der Einzelne wird zunehmend freier, sein Leben dem Streben nach Genuss zu widmen und nur die sozialen Regeln zu akzeptieren, die letztlich seiner Selbstverwirklichung dienen.* «

Natürlich fühlt man sich verpflichtet, seinen Urlaub zu genießen, man »muss Spaß haben« – man fühlt sich sonst ja geradezu schuldig.

Bodybuilding verwenden, besessen von der Aussicht zu altern; dem Vergnügen hingegeben, doch ganz offensichtlich in ständiger Angst, letztlich zu scheitern. Was heute in unseren postödipalen »permissiven« Gesellschaften unterminiert wird, ist der reine sexuelle Genuss als der ersehnt-verbotene Mittelpunkt, um den sich das Leben dreht. Das Über-Ich hat wieder ganze Arbeit geleistet. Daraus kann man lernen, dass nicht das »repressive« Netzwerk gesellschaftlicher Verbote, sondern die narzisstische »Pflege des Selbst« der eigentliche Feind des intensiven sexuellen Genusses ist.

Das extrem narzisstische Individuum begreift alles als eine potentielle Bedrohung seines kostbaren imaginären Gleichgewichts. Doch weit davon entfernt, ihn frei in seinem ungestörten Gleichgewichtszustand schweben zu lassen, überlässt diese narzisstische Selbsteinfriedung den Menschen dem (gar nicht so) gnädigen Erbarmen des Über-Ichs mit seiner Aufforderung zum Genuss. Ein Beispiel hierfür sind die programmierenden Hacker, diese extravaganten Exzentriker, die von großen Firmen angestellt werden, um in einer zwanglosen Umgebung ihrem Hobby zu frönen. Sie sollen sein, was sie sind, und ihrem innersten Selbst folgen, ohne Rücksicht auf gesellschaftliche Normen wie Kleidung und Benehmen. Sie scheinen so eine Art ursozialistische Utopie zu verwirklichen, die Überwindung des Gegensatzes zwischen entfremdeter Arbeit, mit der man sein Geld verdient, und privatem Hobby, das man am Wochenende zum Vergnügen ausübt. Ihre Arbeit ist gewissermaßen ihr Hobby, weshalb sie auch am Wochenende viele Stunden am Computerbildschirm verbringen: Wenn man dafür bezahlt wird, seinem Hobby nachzugehen, ist man im Endeffekt einem Druck des Über-Ichs ausgesetzt, der unvergleichlich stärker ist als der der guten alten »protestantischen Arbeitsethik«. Darin liegt das unerträgliche Paradox dieser postmodernen »Ent-Entfremdung«: Die Spannung besteht nicht mehr zwischen meinen innersten, ureigenen kreativen Impulsen und der »Institution«, die sie unterdrücken will, um mich zu »normalisieren«. Worauf die Aufforderung des Über-Ichs einer postmodernen Firma wie Microsoft abzielt, ist genau dieser Kern meiner ureigenen Kreativität – ich werde in dem Augenblick für sie nutzlos, in dem ich anfange, mich wie ein »normaler« Mensch zu verhalten. Wir haben es hier mit der seltsamen Allianz zwischen dem rebellischen, subversiven Kern meiner Persönlichkeit und der Firma »draußen« zu tun. Das führt uns zu dem, was man den Widerspruch der postmodernen Individualität nennen könnte: Die Aufforderung, »man selbst zu sein«, die Zwänge der Umwelt zu ignorieren und sich selbst zu verwirklichen, indem man seine einzig-

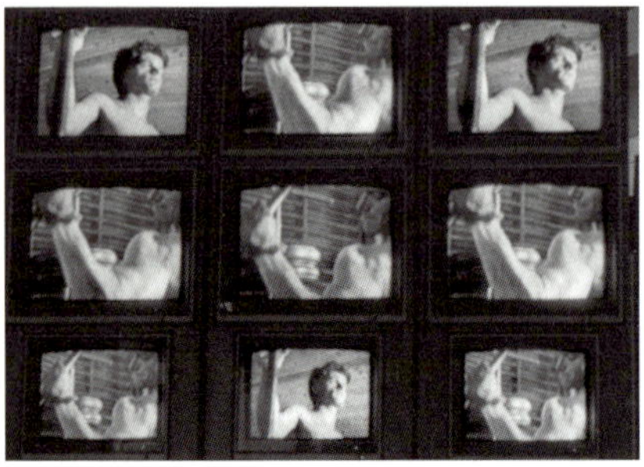

Marie-Jo Lafontaine, *Les larmes d'acier (Die stählernen Tränen)*, 1987 (Ausschnitt): Die Videoskulptur führt auf insgesamt 27 Monitoren das Stählen eines männlichen Körpers an Maschinen vor. Eindrucksvoll tritt die **Ambivalenz** von Schönheit und Erotik einerseits und von Qual und Gewalt andererseits zutage. ⇨5237 artigen kreativen Potenziale voll entfaltet, kommt früher oder später über das Paradox zu Fall, dass nichts mehr übrig bleibt, wenn man von dem abstrahiert, was man von seiner Umwelt übernommen hat. Die Kehrseite des »Sei du selbst!« ist daher die Aufforderung zur ständigen Veränderung, kurz, die extreme Individualisierung verkehrt sich in ihr Gegenteil und führt zur schlimmsten Identitätskrise: Die Menschen erfahren sich als total unsicher, ohne »eigenes Gesicht«, und wechseln von einer Maske zur anderen, da hinter der Maske letztlich GAR NICHTS steckt, eine erschreckende Leere, die sie verzweifelt zu füllen versuchen mit zwanghafter Aktivität oder mit immer ausgefalleneren Hobbys oder der Art, sich zu kleiden. Hier zeigt sich, wie extreme Individualisierung dazu neigt, sich in ihr Gegenteil zu verkehren, in das Angst einflößende Gefühl des Identitätsverlustes.

Die paradoxe Folge des extremen narzisstischen Hedonismus besteht darin, dass das Vergnügen immer stärker nach außen verlagert wird: Ich vertraue nicht mehr meiner eigenen unmittelbaren Erfahrung, sondern erwarte vom anderen, dass er mir sagt, wie ich mich fühle, so wie in der Anekdote über die Unterhaltung zweier Behavioristen: »Sag, wie geht es mir heute?« »Gut, und mir?« Diese Verlagerung meiner ureigenen Erfahrung nach außen ist viel beklemmender als die übliche behavioristische Reduktion: Es geht nicht einfach darum, dass nur mein Verhalten in der beobachtbaren äußeren Wirklichkeit zählt, und nicht meine Gefühle. Im Gegensatz zur behavioristischen Vernachlässigung der inneren Selbsterfahrung behalte ich meine Gefühle, aber *diese Gefühle selbst werden nach außen verlagert*. Doch das eigentliche Paradox der Individuation liegt darin, dass diese äußerste Abhängigkeit von anderen – ich bin, was ich bin, nur in meinen Beziehungen zu anderen – das genaue Gegenteil, Drogenabhängigkeit, zur Folge hat, bei der ich nicht von anderen, sondern von der Droge abhängig bin, die mir einen unmittelbaren, übermäßigen Genuss verschafft. Verkörpert nicht das Heroin- oder Crackpulver perfekt den Genuss im Überfluss: eine Sache, an der ich mich festhake, die mich zu verschlingen droht im übermäßigen Genuss, der alle symbolischen Beziehungen aufhebt? Drogenabhängigkeit ist also letztlich die Folge und – um es mit Hegel zu sagen – die spekulative Wahrheit der Devise: »Der Mensch braucht Spaß!«

Jeff Koons neben einer seiner Skulpturen, die ihn mit seiner damaligen Ehefrau, der Pornodarstellerin »Cicciolina«, zeigt: banal, exhibitionistisch oder nur zu wahr? Die anfänglich umstrittenen Werke des amerikanischen Neo-Pop-Künstlers hat die Gesellschaft schnell akzeptiert. ⇨160

Jeff Wall, *Cyclist:* Bilder der modernen **Entfremdung** sind die Arbeiten des kanadischen Fotografen. Der Spaß wirft seine Schatten. ⇨4943

Drogenabhängigkeit ist letztlich die Folge der Devise: »Der Mensch braucht Spaß!«

Aus dem Englischen übersetzt von Sabine Rochlitz

Karl-Heinz Golzio

Wird der Buddhismus in Europa noch mehr Anhänger bekommen?

Karl-Heinz Golzio ist Indologe und Religionswissenschaftler. In der Forschungsarbeit befasst sich Golzio besonders mit dem Hinduismus und Buddhismus in Südostasien. Einem größeren Publikum ist Golzio als Autor zahlreicher Publikationen zum Buddhismus bekannt. ⇨2323

Angesichts eines spätestens seit den Siebzigerjahren unseres Jahrhunderts ständig zunehmenden Interesses an östlicher Spiritualität und besonders am Buddhismus begann in Westeuropa (und seit dem Ende des kommunistischen Systems auch in Osteuropa) eine Entwicklung, die dem Buddhismus in seinen vielfältigen Strömungen auf unserem Kontinent eine Heimstatt gab. Welche Gründe führten aber zu dieser Entwicklung und welche Rolle wird der Buddhismus in Zukunft in Europa spielen?

Bereits im 19. Jahrhundert hatte der Buddhismus in intellektuellen Kreisen Europas und Nordamerikas nicht nur die Aufmerksamkeit der Akademiker erregt. Vielen, unter ihnen Friedrich Nietzsche und Arthur Schopenhauer, schien die christliche Religion oder zumindest das Kirchenchristentum keine Perspektive mehr zu geben. Neben der wissenschaftlichen Erforschung der Lehre des »Erwachten« (dies ist die wörtliche Bedeutung des Titels »Buddha«) vertieften sich einige Westler in seine Spiritualität und zogen selbst in die Länder des Theravada-Buddhismus – nach Ceylon und Südostasien –, um sich nach eingehendem Studium von Lehre und Praxis als Mönche ordinieren zu lassen. Solche Erscheinungen bildeten allerdings zum Beginn des 20. Jahrhunderts noch die Ausnahme. Doch in Teilen der gebildeten Ober- und Mittelschicht des englischsprachigen Raums und Deutschlands erfreute sich der Buddhismus durch Publikationen wie *The Light of Asia* (1879) von Edwin Arnold, die Buddha-Bio-

Karl-Heinz Golzio

15.3.1947 in Neuwied geboren
1970–81 Studium der Indologie, Religionswissenschaft und Orientalischen Kunstgeschichte
zwischen 1972 und 1986 zahlreiche Reisen: Naher und Mittlerer Osten, Indien, Südostasien, Nordafrika, Südafrika und Sowjetisch-Zentralasien
1981 Promotion
1981–83 Mitarbeit an der kritischen Ausgabe von Max Webers Studie zu Hinduismus und Buddhismus
seit 1990 eigene Arbeiten und Übersetzungen zu Themen der indischen Philosophie, zum Buddhismus und zur spanisch-islamischen Geschichte
1996 und 1997 Reisen nach Kambodscha und Vietnam
seit 1997 Übersetzung und Bearbeitung des Oxford Dictionary of World Religions

grafie (1881) des deutschen Indologen Hermann Oldenberg (1854–1920), der *Buddhist Catechism* (1881) der Theosophen sowie der auf dem theravada-buddhistischen Pali-Kanon beruhende *Buddhistische Katechismus* (1888) des deutschen Buddhisten Friedrich Zimmermann (1851–1917) als Weisheitslehre, die eine »gottlose Ethik« vertrat, großer Beliebtheit. Die frühen europäischen Buddhisten zu Beginn des 20. Jahrhunderts priesen den Buddhismus als eine »Religion der Vernunft«, die sich in Übereinstimmung mit den Erkenntnissen der modernen Naturwissenschaft und der Psychologie befände. Solche Ansichten leiteten sich vor allem von buddhistischen Ideen wie der Unbeständigkeit und Zusammengesetztheit aller Dinge einschließlich des Menschen sowie der Befreiung aus der Leidhaftigkeit des Daseins her. Eine ähnliche Sichtweise hatte Mongkut (1804–1868), der König von Siam (1851–1868), vertreten, als er sich vor seiner Königszeit als Abt eines buddhistischen Klosters für die westlichen Naturwissenschaften interessierte und mit christlichen Missionaren diskutierte, von deren wissenschaftlichem Unterricht er angetan war, deren Glaubenslehren er aber für töricht und mit wissenschaftlichen Erkenntnissen unvereinbar hielt und weswegen er folglich auch den Buddhismus von allen Mythen und Legenden reinigen wollte.

Es waren solche rationalistischen Züge, die vor und nach dem Ersten Weltkrieg zur Bildung buddhistischer Gruppierungen und Versammlungshäuser führten, deren Träger sich größtenteils aus Künstlern, Schriftstellern, akademisch Gebildeten, aber auch aus Angestellten und in selbstständigen Berufen Tätigen zusammensetzten. Dennoch kamen diese hauptsächlich am südlichen Theravada-Buddhismus Orientierten über die Bildung von Zirkeln nicht hinaus.

Erst nach dem Zweiten Weltkrieg begann der Buddhismus in Europa größere Kreise zu erfassen. Zunächst wandte sich das Interesse den Meditationspraktiken des Zen-Buddhismus zu. Nicht mehr das kognitive Begreifen der Religion stand im Vordergrund, sondern aus der Praxis heraus entwickelte sich eine Auseinandersetzung mit der Lehre. Seit den Sechzigerjahren ließ sich ein regelrechter Zen-Boom in England und seit den Siebzigerjahren auch auf dem Kontinent feststellen, verbunden mit der Gründung von Zentren und einem großen Angebot an Meditationskursen. Zudem fanden die Meditationspraktiken des Zen auch in katholischen Kreisen Anklang, wenn auch nicht die damit verbundenen buddhistischen Inhalte. Dieses Interesse am Zen-Weg hält bis heute ungebrochen an und führt mehr und mehr auch zur Institutionalisierung in Dachverbänden. Und die pluralistischen Gesellschaften Europas lernten nach der Nieder-

Die **Schwe-Dagon-Pagode** in Rangun ist eines der größten Heiligtümer des Buddhismus. ⇨2323

»Dies ist das Leiden, dies ist das Entstehen des Leidens, dies ist das Aufheben des Leidens, dies ist der Pfad, der zum Aufheben des Leidens führt.«

(Formel der »Vier Edlen Wahrheiten«)

Laiengläubige bei der Andacht in Phra Buddha Nath (Thailand). Die Andacht ist in der Volksfrömmigkeit von großer Bedeutung. ⇨2323

schlagung des tibetischen Aufstandes gegen China 1959 durch zahlreiche Flüchtlinge eine für sie neue Spielart der buddhistischen Religion kennen. Die Rezeption des tibetischen Buddhismus stellte neue, bisher in Europa noch nicht praktizierte Aspekte in den Vordergrund. Neben Meditationspraktiken und der Vermittlung der Lehre entstand eine verstärkte Nachfrage nach Einweisungen und Einweihungen in bestimmte buddhistische Rituale und Praktiken. Besonders anziehend wirken für viele die farbenprächtigen, mit klangvollen Gesängen vorgetragenen Andachten und Liturgien, die manchen exotisch erscheinen mögen. Diese starke liturgische Ausrichtung unterscheidet die Anhänger des tibetischen Buddhismus von den in früheren Phasen vorherrschenden »nüchternen«, an der Lehre orientierten praktischen Umsetzung der vermittelten Inhalte. Damit wurden auch Kreise angesprochen, denen das rein intellektuelle Herangehen an die Lehre nicht genügte. Mehr und mehr wurden Leute aus der Alternativkultur, studentische Kreise, aber auch das bürgerliche Milieu angezogen. Eine ganz große Rolle spielt hierbei auch die Gestalt des XIV. Dalai-Lama, dessen konsequentes Eintreten für den Frieden und die Menschenrechte ihn zu einem großen Sympathieträger nicht nur für die Religion, sondern auch für das Volk und das Land Tibets machte. Tibet selbst wird zu einem mythischen Paradies der Friedfertigkeit und Weisheit, eine Sichtweise, die sich schon in James Hiltons Roman *Lost Horizon* (1933) findet und Sehnsüchte nach einer besseren friedlichen Welt wachruft, als deren Hoffnungsträger vielen die buddhistische Lehre erscheint. Inzwischen hat die buddhistische Geistigkeit auch viele Prominente der westlichen Gesellschaft angesprochen, die im Buddhismus unter anderem die Religion sehen, »in deren Namen noch niemals ein Krieg geführt wurde«. Ungeachtet deren Unkenntnis über die Geschichte des Buddhismus – denn auch in seinem Namen fanden kriegerische Auseinandersetzungen statt, so auch in Tibet, wenngleich nicht in dem Ausmaß wie in Christentum und Islam – sagt dies sehr viel über deren Wunschvorstellungen aus. Denn nicht nur in der Lehre, sondern auch in der Praxis nehmen Weisheit und Mitleid einen großen Stellenwert ein, wobei Weisheit und Mitleid ihren Ausdruck darin finden, die Welt so zu sehen, wie sie ist, und mit ihr und ihren Lebewesen so umzugehen, dass ihnen durch praktische Hilfen auch spiritueller Fortschritt zuteil wird.

Standen am Beginn unseres Jahrhunderts die Emanzipation von vorherrschenden religiösen und moralischen Normen und ihre Ersetzung durch Eigenverantwortung und vernunftbegabte Moral im Vordergrund – Aspekte, die allerdings auch

»Besonders anziehend wirken auf viele Europäer die farbenprächtigen, mit klangvollen Gesängen vorgetragenen Andachten und Liturgien.«

Tanzdarbietung in einem Phi-Schrein in Lop Buri in Thailand. In der Volksreligion kommt den Phi als Schutzgeister des Buddhismus eine bedeutende Rolle zu. ⇒2323

heute noch eine große Rolle spielen – sind Spiritualität, Friedenssehnsucht und Mitmenschlichkeit sowie ein verantwortungsbewusster Umgang mit der Umwelt heute zu den herausragenden Themen geworden, auf die für viele die etablierten Kirchen und andere gesellschaftliche Gruppen die Antwort schuldig bleiben. Neueste Erhebungen sprechen von deutschen Buddhisten in einer Größenordnung von 300 000 bis zu einer halben Million, obgleich dabei wohl alle Sympathisanten mitgerechnet sind. Die Zahl der buddhistischen Gruppierungen ist seit 1991 von 200 auf insgesamt 413 angestiegen.

Das erwachende Interesse am Buddhismus hat sich seit den Siebzigerjahren auch verstärkt auf die romanischen Länder übertragen, wobei Frankreich in seinem Selbstverständnis als große Kulturnation eine bedeutende Rolle spielt. In Spanien wurde ein 1985 geborenes Kind spanischer Eltern sogar vom Dalai-Lama 1986 als inkarnierter Lama anerkannt, ein deutliches Zeichen dafür, dass auch in einem traditionell katholischen Land die Zeit nicht stehen geblieben war, aber auch dafür, dass die tibetische Geistlichkeit Europa als Feld für religionspolitische Aktivitäten immer mehr ins Auge fassen wird.

Erkennbar ist jedenfalls eine starke Hinwendung zum Spirituellen und auch Rituellen, und damit verbunden eine stärkere Abkehr vom Doktrinären und einem allzu einengenden Moralkodex. Daher dürfte auch die sehr dem Gesetz verhaftete Scharia des Islam kaum vergleichbaren Anklang finden, eher schon der der Mystik zuneigende islamische Sufismus. Nun entbehren aber die buddhistischen Glaubensrichtungen keinesfalls moralischer Vorstellungen, nur hat sich zu deren Durchsetzung keine Kirche des weltlichen Arms bedient wie im Christentum, und es gab auch keine Identität von religiösem und weltlichen Recht wie im klassischen Islam. Auch der Begriff der Sünde, gar einer Erbsünde, für die man büßen muss, gegebenenfalls sogar ewig in der Hölle, ist nicht in diesem strikten Sinn vorhanden. Üble Taten ziehen dennoch Konsequenzen für die nächste Existenz nach sich und stellen Hindernisse auf dem Heilsweg dar. Auch dieser Punkt dürfte auf viele Europäer anziehend wirken, da hier eine größere Eigenverantwortlichkeit im moralischen Handeln erwartet wird. So dürfte das Bedürfnis nach Heilssuche und -findung durch buddhistische Lehre(n) und Praktiken auch in Zukunft noch zunehmen und damit auch die Zahl derer, die sich zur Lehre des Erhabenen bekennen, wenngleich in den offenen Gesellschaften Europas die Pluralität der Angebote auch auf dem spirituellen Sektor kaum zu einer Dominanz irgendeiner Glaubensrichtung oder Philosophie führen wird.

Der **Gesichterturm des Bodhisattva Lokeshvara,** einer Heilsgestalt des Mahayana-Buddhismus, stammt aus dem 12. Jahrhundert und steht in Angkor Thom in Kambodscha. ⇒2323

Das Bedürfnis nach Heilssuche und -findung durch buddhistische Lehre(n) und Praktiken wird wohl noch zunehmen.

K.-H. Golzio

Ervin Laszlo

Welches Bewusstsein sichert uns das Überleben im 21. Jahrhundert?

Ervin Laszlo ist Präsident des Club of Budapest. 1998 veröffentlichte er »Das dritte Jahrtausend. Zukunftsvisionen« als ersten Bericht des Club of Budapest. Darin vertritt Laszlo ebenso wie in dem gemeinsam mit dem Dalai-Lama verfassten »Manifest eines planetarischen Bewusstseins« die Auffassung, dass nur durch eine weltweit von jedem Individuum getragene Verantwortung für Natur und Kultur das Überleben der Menschen auf diesem Planeten möglich ist.
⇨ 4662

Ervin Laszlo

1932 in Budapest geboren
1942 Debüt als Konzertpianist mit der Budapester Philharmonie
1947 Artists Diploma an der Franz-Liszt-Akademie in Budapest
1957 Studium der Naturwissenschaften und der Philosophie
1961–66 Privatdozent am Osteuropa-Institut der Universität Fribourg (Schweiz)
1968 Professor für Philosophie an amerikanischen Universitäten
1977 Forschungsstipendiat und anschließend Programmdirektor des UNITAR (United Nations Institute for Training and Research)
1978 Veröffentlichung des dritten Berichts des Club of Rome »Goals for Global Society«
1987 Gründer der General Evolution Research Group
1993 Gründer des Club of Budapest, seither dessen Präsident
1998 Veröffentlichung des ersten Berichts des Club of Budapest »Das dritte Jahrtausend – Zukunftsvisionen«.

Das dritte Jahrtausend: eine Vision

Wir befinden uns, an der Schwelle zum dritten Jahrtausend, mitten im schnellsten und tiefgreifendsten Wandel der Menschheitsgeschichte. Der gegenwärtige Wandel ist ebenso grundlegend wie der vom Mittelalter zum Industriezeitalter, aber er vollzieht sich schneller und ist eher eine Frage von Jahrzehnten als von Jahrhunderten. Die ersten Jahrzehnte des dritten Jahrtausends werden sich von der Moderne so unterscheiden, wie diese sich vom Mittelalter unterschied.

Die neuen Bedingungen fordern eine radikal andere Art des Denkens und Handelns. Dies ist ein Problem, da die Geschwindigkeit, mit der die neue Welt über uns hereinbricht, uns nicht die Zeit lässt, die dafür nötigen Erkenntnisse, Wertvorstellungen und Gewohnheiten zu entwickeln. In den meisten Fällen versuchen wir immer noch, auf die Bedingungen des kommenden 21. Jahrhunderts das Denken und die Gewohnheiten des zwanzigsten anzuwenden. Das ist aber gerade so, als ob wir versuchten, in der heutigen Industriegesellschaft mit der Denkweise eines mittelalterlichen Dorfbewohners zurechtzukommen. Das ist unergiebig und wegen der Verletzlichkeit unserer Gesellschaften und unserer Umwelt auch gefährlich. Die Gefahr betrifft uns alle. Angesichts der zunehmend enger werdenden Beziehungen und Abhängigkeiten, die durch die globalen Märkte, Technologien und Informationen entstehen, bedrohen veraltete

Einstellungen und Gewohnheiten in einem Bereich der Gesellschaft gleich alle anderen Bereiche.
Einstein lehrte uns, dass wir ein Problem nicht mit derselben Denkweise lösen können, die das Problem aufgeworfen hat. Auf das Ende des zweiten Jahrtausends bezogen bedeutet das, dass wir nicht in das dritte eintreten können, ohne eine Denkweise entwickelt zu haben, die unseren veränderten Bedingungen Rechnung trägt. Unsere kollektive Entwicklung muss eine neue Richtung einschlagen, die von dem abweicht, was den Kurs der westlichen Zivilisation die letzten dreihundert Jahre lang geprägt hat. Wir können es uns nicht mehr länger leisten, unsere Schritte von Gewohnheit und Trägheit lenken zu lassen; unsere weitere kollektive Entwicklung muss bewusst vonstatten gehen. Dafür müssen wir jedoch unser eigenes Bewusstsein weiterentwickeln.
In einer Ansprache vor beiden Häusern des amerikanischen Kongresses sagte der tschechische Präsident und Schriftsteller Václav Havel am 21. Februar 1990: »Ohne eine weltweite Revolution im Bereich des menschlichen Bewusstseins wird sich nichts zum Besseren ändern ... und die Katastrophe, auf die diese Welt zusteuert – der ökologische, soziale, demographische, ja allgemeine Zusammenbruch der Zivilisation –, wird unvermeidlich sein.« Er hat Recht. Wir können den Wandel unserer Wirtschafts-, Sozial- und Ökosysteme ohne einen entsprechenden Wandel unseres Bewusstseins nicht verkraften. Miteinander und nicht gegeneinander zu leben, so zu leben, dass anderen nicht die Lebenschancen genommen werden; sich darum zu kümmern, was mit den Armen und Machtlosen geschieht und auch mit der Natur – das erfordert Sensibilität und Einfühlungsvermögen, ein Gespür für unsere Lage und kreatives Handeln. Unsere Sorge muss sich von der heutigen Ich-, Wirtschafts- und nationalen Bezogenheit lösen und einer Sichtweise Platz machen, die den Menschen, die Natur und den Erdball in den Mittelpunkt stellt.
Glücklicherweise ist das Bewusstsein bei offenen und kreativen Menschen bereits im Wandel begriffen. Überall auf der Welt hinterfragen junge Menschen überkommene Wert- und Glaubensvorstellungen und suchen nach alternativen Lebensstilen und einem veränderten Konsumverhalten. Ist Wettbewerb noch immer der Königsweg zum Erfolg – führt Kooperation nicht zu besseren Ergebnissen? Heißt Leistungsfähigkeit maximale Produktivität von Mensch und Maschine – oder liegt wahre Leistungsfähigkeit nicht eher darin, die von den Menschen benötigten und für die Gesellschaft nützlichen Waren und Dienstleistungen zu produzieren? Bestimmt die Anhäufung von Wohlstand und materiellen

Zitate aus dem

Manifest eines planetarischen Bewusstseins

Verfasst von Ervin Laszlo in Zusammenarbeit mit dem Dalai-Lama

Ein neues Denken ist die Voraussetzung für verantwortungsvolles Leben und Handeln. Um es zu entfalten, muss die Kreativität eines jeden gefördert werden, in allen Teilen der Welt.

So wie die Vielfalt der Natur bedroht ist, wenn man nur eine oder wenige Sorten von Feldfrüchten anbaut und nur eine Hand voll von Tierarten hält, so ist die Vielfalt der heutigen Welt gefährdet durch die Vorherrschaft einer oder höchstens einiger weniger Kulturen und Zivilisationen.

Wir Menschen brauchen mehr als Nahrung, Wasser und Schutz; sogar mehr als bezahlte Arbeit, Selbstachtung und soziale Anerkennung. Wir brauchen auch etwas, wofür wir leben: ein Ideal, eine Verantwortung.

In unserer Welt sind Stillstand und Stabilität eine Illusion; einzig dauerhaft sind ständiger Wechsel und Wandel. Die Entwicklung unserer Gesellschaften muss permanent gesteuert werden, um Katastrophen zu verhindern und eine Welt zu schaffen, in der alle Menschen in Frieden, Freiheit und Würde leben können. Eine solche Führung ist nicht Sache von Lehrern und Schulen, nicht einmal von Politikern und Wirtschaftsbossen, auch wenn ihre Verpflichtung groß und ihre Rolle bedeutend ist.
Im Wesentlichen und letztlich ist sie Sache jedes Einzelnen.

Gütern, die man für Geld kaufen kann, den wahren Wert eines Menschen – oder machen nicht einige Eigenschaften, die sich nicht erkaufen lassen, beispielsweise Liebenswürdigkeit, Weisheit und Mitgefühl, den wahren Wert einer Person aus? Sind nicht möglicherweise die weiblichen Werte des Hegens und Pflegens, des Mitfühlens und die Art, die Dinge im Zusammenhang zu sehen, das beste Gegenmittel gegen die in der heutigen Gesellschaft vorherrschende Gleichgültigkeit, Selbstbezogenheit und chronische Aggressivität? Sensible und besorgte Menschen jeden Alters bringen eine neue Einstellung gegenüber dem Leben und ihren Respekt vor der Natur zum Ausdruck, entwickeln ein humanitäres und ökologisches Problembewusstsein und sind der Überzeugung, dass die Unterschiede zwischen den Menschen – Geschlecht, Rasse, Farbe, Sprache, politische Einstellung, Glaube – eher interessant und bereichernd sind denn eine Bedrohung. Immer mehr Menschen sehen ein, dass wir der Natur nichts antun können, ohne selbst Schaden zu nehmen, und dass andere Menschen, ob nebenan, in anderen Teilen der Welt oder spätere Generationen, untrennbar mit uns verbunden sind und ihr Schicksal uns nicht gleichgültig sein kann.
Jeder könnte das für das Leben und Überleben in der heutigen Welt nötige Bewusstsein entwickeln. Das intuitive Gespür, eins zu sein mit Mitmensch und Natur, darf nicht unterdrückt, nicht abgetan werden von einer Rationalität, die dieses nur für eine Ausgeburt kindischer Fantasie oder – bei Beharrlichkeit – von Verrücktheit hält. Unsere Kinder sollen in der Schule und der Familie in ihrem Mitgefühl für andere Menschen und die Natur bestärkt und zur Menschlichkeit erzogen werden. Trotz der Zwänge des täglichen Lebens und des Wettbewerbs muss Platz bleiben für das Gefühl des Einsseins mit anderen Menschen und der Erde. Die gesellschaftlich und ökologisch relevanten Einsichten der verschiedenen Künste und Religionen brauchen ebenso Anerkennung wie die positiven Werte und Visionen von Jugendlichen und Alternativkulturen. Schließlich müssen auch die neuen Einsichten der zeitgenössischen Wissenschaften in unsere Erziehungs- und Mediensysteme einfließen.
Wissenschaft bedeutet nicht nur Macht, sondern auch Erkenntnis und ist im Idealfall eine Grundlage der Weisheit. Atomreaktoren, Interkontinental- und Raumflüge, Wunderdrogen und sekundenschnelle Kommunikation sind technologische Nebenprodukte der Wissenschaft und prägen in hohem Maße die Welt, in der wir leben. Doch auch die Visionen, die sich aus den neuesten Fortschritten der zeitgenössischen Wissenschaft ergeben, sind von Belang. Sie

könnten ein wichtiger Faktor in den Gleichungen sein, die die Entwicklung des heutigen Bewusstseins bestimmen – und damit unsere individuelle und kollektive Fähigkeit, auf die Herausforderungen zu reagieren, die uns an der Jahrtausendwende erwarten.

Die neuesten Entwicklungen der zeitgenössischen Naturwissenschaften – in erster Linie der neuen Physik, der neuen Biologie, der neuen Psychologie und Psychotherapie – beschreiben uns eine Welt, die mehrere Größenordnungen subtiler und ganzheitlicher ist als das mechanistische und fragmentierte Weltbild der Mehrheit von uns. Der neuen Auffassung zufolge entsteht alles, was wir wissen und beobachten, in einem gewaltigen Prozess von äußerster Komplexität, doch großer Geschlossenheit und feiner Harmonie. Raum und Zeit sind eins als der dynamische Hintergrund für die Entwicklung von Galaxien und Sternen. Die Materie tritt hinter der Energie als fundamentales Merkmal von Wirklichkeit zurück, und kontinuierliche Felder ersetzen diskrete Partikel als die Grundelemente eines auf Energie beruhenden Universums. Der Kosmos ist ein nahtloses Ganzes, das sich im Laufe der Zeit entwickelt und Voraussetzungen schafft, unter denen zunächst Leben, dann Geist entstehen kann. Leben ist ein enges Beziehungsgeflecht, das sich selbst fortentwickelt und dabei seine unzähligen unterschiedlichen Elemente miteinander koppelt und integriert. Die Biosphäre wird im Schoße des Universums geboren, Geist und Bewusstsein im Schoße der Biosphäre. Unser Körper als Teil der Biosphäre befindet sich im Einklang mit dem übrigen Leben auf dem Erdball. Unser Geist ist Teil unseres Körpers und steht mit dem Geist anderer sowie mit der Natur in Verbindung.

Diese Erkenntnisse sind für unsere Zeit ausgesprochen wichtig. Sie überbrücken die Distanz zwischen Körper und Seele, Ich und Du, Mensch und Natur. Sie vermitteln uns ein neues Gespür für das Wesentliche. Und vielleicht am wichtigsten: Sie erwecken in uns ein tiefes Verantwortungsgefühl. Angesichts unserer naturgemäß engen Beziehungen – untereinander, zur Biosphäre und zum Kosmos als Ganzem – können wir uns der Verantwortung nicht entziehen, eine Welt zu gestalten, in der Individualität, Innovation und Verschiedenheit nicht eine Quelle der Uneinigkeit, des Konfliktes und der Herabsetzung sind, sondern die Grundlage für Harmonie, Kooperation und gemeinsame Entwicklung.

Planetarisches Bewusstsein bedeutet, um die lebensnotwendige gegenseitige Abhängigkeit und wesentliche Einheit der Menschheit zu wissen und Ethik und Gesinnung bewusst danach auszurichten.
Die Entwicklung eines planetarischen Bewusstseins ist der kategorische Imperativ für das Überleben der Menschheit auf diesem Planeten.

Aus dem Englischen übersetzt von Sabine Rochlitz

Gregor Gysi

»Keineswegs verbraucht, geschweige denn tot« – Gibt es eine Renaissance kommunistischer Ideen?

Gregor Gysi, seit 1998 Fraktionsvorsitzender der PDS im Deutschen Bundestag, war bei den ersten gesamtdeutschen Bundestagswahlen 1990 als einziger PDS-Kandidat über ein Direktmandat in das Parlament eingezogen. 1992 verzichtete er auf eine erneute Kandidatur für den PDS-Vorsitz, um sich stärker auf die Bundespolitik konzentrieren zu können. ⇒4649

Die Vergottung von Ideen und ihre Steinigung gehören zur Menschheitsgeschichte

wie die Bibel, der Koran und das Kommunistische Manifest selbst. Auch das zu Ende gehende Jahrhundert war eines, das von Ideologien geprägt war. Das Jahr 1989 markierte das Ende einer dieser Ideologien, der der Name Marx aufgezwängt worden war. Gestürzt sind alle damit verbundenen Denkmäler, geblieben sind Erinnerungen, die durch geistige und materielle Rachefeldzüge ausgelöscht werden sollen.

Die Marx-Töter hatten im letzten Jahrzehnt Konjunktur, ihre Geistesblitze beginnen allerdings wieder einmal zu verblassen. Die ernst zu nehmenden Geister bewundern die ökonomischen und sozialen Analysen von Marx und streiten über seine politischen Lehren und deren Missbrauch durch selbst ernannte Interpreten und Nachfolger.

Durch die herrschende Reaktion aus Deutschland verbannt, hatte der Philosoph Karl Marx in den stürmischen Wintertagen des Jahre 1847 in seiner Brüsseler Exilwohnung das Kommunistische Manifest geschrieben. »Ein Gespenst geht um in Europa – das Gespenst des Kommunismus«, leitete er es ein. »Alle Mächte des alten Europa haben sich zu einer heiligen Hetzjagd gegen das Gespenst verbündet ...« Die Hetzjagd hat eineinhalb Jahrhunderte gedauert und war erfolgreich. Das »Gespenst« ist zum Gespenst mutiert. Es ist untergegangen, verschwunden, hat sich selbst die Beine gestellt. Seine Gegner jubilieren, der Sozialismus ist ver-

Gregor Gysi

16.1.1948 in Berlin geboren
1966 Abitur und Abschluss der Ausbildung als Facharbeiter für Rinderzucht
1966–70 Jurastudium an der Humboldt-Universität in Berlin
seit 1.11.1971 Rechtsanwalt in Berlin
1989–90 Vorsitzender der SED/PDS
1990–93 Vorsitzender der PDS
1990 Mitglied der Volkskammer der DDR und Vorsitzender der Fraktion der PDS
seit 1990 Mitglied des Deutschen Bundestags
1990–98 Vorsitzender der Abgeordnetengruppe der PDS/Linke Liste (bis 1994) bzw. der Abgeordnetengruppe der PDS im Bundestag
seit 1998 Vorsitzender der PDS-Fraktion im Bundestag

Nein, **Marx ist nicht tot.** Befreit aus den Klauen des Staatssozialismus, sind seine Überlegungen sogar lebendiger geworden. ⇨50

schwunden, Marx ein für alle Mal tot. Welch dümmliche Naivität. Welch geistiger Tiefgang.

Der »Real-Sozialismus« scheiterte, weil er in Wirklichkeit keiner war, der Kapitalismus des ausgehenden 20. Jahrhunderts aber wird mit und ohne Marx scheitern, weil er einer ist.

Der »Real-Sozialismus« war kein Sozialismus, sondern – zumindest zum Teil – eine schlechte Kopie der westlichen Zivilisation, und wie nicht anders zu erwarten, blieb das Original erfolgreicher als die Kopie. Vielleicht aber kann sich schon bald dieses Scheitern als der Anfang vom Ende des Kapitalismus erweisen. Der Suizid des »Gespenstes« hat allerdings bei den Nachdenkenden auch den Blick auf die kontinuierliche soziale Schrumpfung des kapitalistischen Systems in den technisch fortgeschrittenen Industrieländern, auf das Ende des Sozialstaates, geschärft.

Der Osten war wahrlich nicht die Lösung der Probleme des Westens, sondern deren verzerrte Spiegelung. Der Westen aber hat keine dauerhaften Lösungen, weder für die Probleme der »postkommunistischen« Gesellschaften und Regionen, geschweige denn für seine eigenen Gebiete, die sich nach der Aufhebung der Ost-West-Konkurrenz nun weltweit ohne reformpolitische soziale Hemmungen entwickeln.

Wenn die Bürgerinnen und Bürger an der Wende unseres Jahrtausends »ihre Menschenwürde nicht verlieren sollen, brauchen sie keine Almosen, sondern die Chance, ein Einkommen zu erzielen ... Eine Gesellschaft, die nur die Hochqualifizierten, Wettbewerbsfähigen achtet und die anderen aussondert, ist nicht überlebensfähig – weder ökonomisch, noch sozial«, so unlängst der Präsident des Club of Rome, Ricardo Diez Hochleitner. Und weiter: »Der größte Feind des Neoliberalismus ist der Neoliberalismus: Die freie Marktwirtschaft wurde zum Ziel erklärt – und nicht zum Mittel zur Erreichung eines menschlichen Zieles. Der Neoliberalismus versteht sich als neuer Gott, als Quelle allen Glücks. Einige Politiker verfallen diesem Unsinn tatsächlich ...

Ohne Bremsen würde sich die Besorgnis erregende Kluft zwischen Armen und Reichen mit Riesenschritten noch weiter vergrößern. Die Folgen wären Klassenkämpfe, wie wir noch keine kennen gelernt haben. Vielleicht käme – unter ande-

»Der »Real-Sozialismus« scheiterte, weil er in Wirklichkeit keiner war, der Kapitalismus des ausgehenden 20. Jahrhunderts aber wird mit und ohne Marx scheitern, weil er einer ist.«

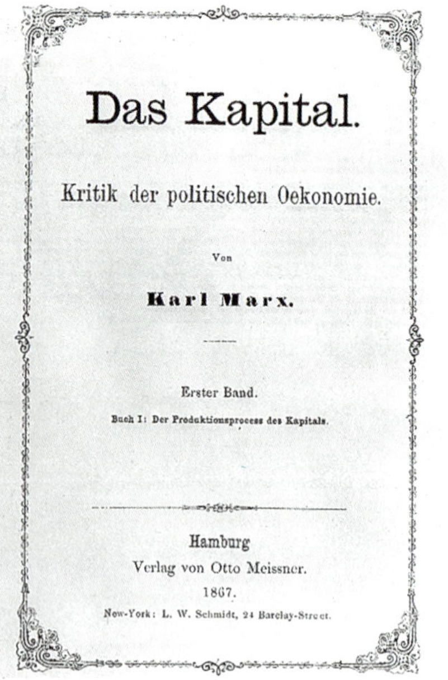
Das Kapital.

Kritik der politischen Oekonomie.

Von

Karl Marx.

Erster Band.

Buch I: Der Produktionsprocess des Kapitals.

Hamburg

Verlag von Otto Meissner.

1867.

New-York: L. W. Schmidt, 24 Barclay-Street.

Der erste Band von **»Das Kapital«** erschien 1867. Der zweite und der dritte Band des Werks, in dem Marx nachweisen wollte, dass die kapitalistische Wirtschaft immanent widersprüchlich sei und sich deshalb in Krisenzyklen entwickle, wurden nach seinem Tod von Friedrich Engels redigiert und ediert (1885, 1894). ⊡→4680

Der Osten war wahrlich nicht die Lösung der Probleme des Westens, sondern deren verzerrte Spiegelung.

rem Namen – eine Art kommunistischer Revolution auf uns zu. Eine Gesellschaft, die ihre Individuen dauerhaft ignoriert, zerstört sich selbst ...

Die Gesellschaft braucht ein Projekt, einen gemeinsamen Lebensentwurf – eine grundlegende Übereinkunft über die entscheidenden Werte. Gibt es sie nicht – und seien es nur ungefähre Vorstellungen von Solidarität oder Aufrichtigkeit –, dann handelt es sich um eine gebrochene Gesellschaft.«

Nein, Marx ist nicht tot. Befreit aus den Klauen des Staatssozialismus, sind seine Überlegungen sogar lebendiger geworden. Der totale Triumph des Kapitalismus zeigt erst, wie richtig die marxschen Ideen auch am Ausgang unseres Jahrhunderts sind.

Allerdings: Marx war kein Marxist, und über den Marxismus des 20. Jahrhunderts hätte er sich tot gelacht oder zumindest krank geärgert. Einem »Marxisten« kann heute leicht ein Prozess gemacht werden, da Marx aber keiner war, ist sein Freispruch vor jedem Gericht sicher. Vergessen scheint mitunter in deutschen Landen, dass der Mitbegründer der CDU, Otto Heinrich von der Gablentz, seinen Zeitgenossen die alljährliche Lektüre des Kommunistischen Manifestes wegen außerordentlicher Aktualität der marxschen Analysen dringend empfohlen hatte.

Das bald beginnende 21. Jahrhundert ist nicht gerade für Utopien vorbereitet. In einer zivilisierten Welt, in der Reformen in der Regel fünf nach zwölf in der Hoffnung entstehen, dass die Welt nicht schon um zwölf untergegangen ist, ist für Illusionen wenig Platz, bleiben Utopien in den persönlichen Nischen.

Im Unterschied aber zu den illusionären Pseudo-Utopien des »Real«-Sozialismus bleibt wenigstens die Hoffnung der Menschen auf eine gerechte Gesellschaft jenseits von Staat und Kapital. Bisher sind alle, oder besser fast alle, Versuche durch Denunzieren, Verleugnen der Inhalte, aber vor allem durch die praktische Machtpolitik der selbst ernannten Marx-Nachfolger ausgeschaltet worden oder gescheitert. Nie wurden sie durch Erfahrung oder rationale Kritik widerlegt. So bleibt also die Hoffnung, vielleicht sogar die Überzeugung,

Die lebenslange Freundschaft und Zusammenarbeit von **Marx und Engels** begann in Paris. In Berlin wurde ihnen am Marx-Engels-Forum ein gemeinsames Denkmal gesetzt. ⇨880

dass erst die »freie Assoziation freier Individuen«, wie Marx erhoffte, eine Demokratie konstituiert, in der der Gegensatz von Individuum und Gesellschaft, Freiheitsrechten und Gemeinschaftspflichten erträglich wird.

Als Friedrich Engels zehn Jahre nach Marx' Ableben ein Motto vorzuschlagen gebeten wurde, das die Grundidee der künftigen sozialistischen Epoche auszudrücken imstande ist, fand er nichts Treffenderes als jenen Satz von der Freiheitsassoziation für einen jeden aus dem Kommunistischen Manifest. Und es ist eben nicht verwunderlich, dass – obwohl die Grabreden auf den »Real«-Sozialismus noch nicht verklungen sind – ernst zu nehmende westdeutsche Historiker angesichts der sich verschärfenden sozialen Probleme in der Welt dem demokratischen Sozialismus nicht wenige Perspektiven einräumen: »neue Fundamentalkritik, die Elemente des Kommunismus der Vergangenheit aufnimmt« (Jürgen Kokka), »Renaissance« kommunistischer Gedanken (Lothar Gall), »keineswegs verbraucht, geschweige denn tot« (Karl Dietrich Bracher), »politisches Comeback« (Hans Mommsen), »weiter lebendig« und »unabsehbare Zukunft« (Ernst Nolte).

Vor nunmehr einem Jahrzehnt brach ein System zusammen, das sich auf Marx berufen, ihn aber leider nicht verstanden und deshalb missbraucht hatte. Das, was zusammengebrochen war, hatte allenfalls das Etikett gemein mit dessen kühnen gesellschaftlichen Entwürfen. Die geköpften Denkmäler warten auf neue Köpfe.

» *Im Unterschied aber zu den illusionären Pseudo-Utopien des »Real«-Sozialismus bleibt wenigstens die Hoffnung der Menschen auf eine gerechte Gesellschaft jenseits von Staat und Kapital.* «

Vittorio Hösle

Versuch einer politischen Ethik des 21. Jahrhunderts – Wem ist die Regierung verpflichtet?

Unter dem Titel »Moral und Politik« veröffentlichte Vittorio Hösle 1997 Grundlagen einer politischen Ethik für das 21. Jahrhundert. Nach einem Blick auf die Geschichte des politischen Denkens entwirft Hösle darin ein System der praktischen Philosophie für eine moderne Welt. ⊳4960

Vittorio Hösle

1960 in Mailand geboren
1977–82 Studium der Philosophie, Allgemeinen Wissenschaftsgeschichte, Indologie und Gräzistik mit Abschluss Promotion in Tübingen
1986 Habilitation, anschließend Heisenbergstipendiat der Deutschen Forschungsgemeinschaft
1988 Professur für Philosophie an der New School for Social Research in New York
1993 Lehrstuhl für Philosophie an der Universität-Gesamthochschule Essen
1997 Direktor am Forschungsinstitut für Philosophie Hannover
1999 Paul Kimball Professor of Arts and Letters an der University of Notre Dame in Notre Dame, Indiana

Die Frage, wem die Regierung verpflichtet sei, könnte einfach damit beantwortet werden, dass man in der Verfassung des entsprechenden Staates nachschlägt. Handelt es sich um eine westliche parlamentarische Demokratie, wird man in der Regel finden, dass die Regierung dem Parlament verantwortlich und damit auch verpflichtet ist. Allerdings denkt diese Antwort nicht weit genug. Denn erstens ist es eine Aufgabe der Philosophie, staatsrechtliche Aussagen zu problematisieren und sich nicht einfach mit ihnen abzufinden. Zweitens ist auch das Parlament jemandem verpflichtet, sodass die Frage, wem die Regierung verpflichtet ist, auf die weiter gehende zurückzuführen ist, wem das Parlament verpflichtet ist. Auch hier ist es irreführend, wenn man sich mit der Antwort begnügt, der einzelne Parlamentarier sei nach den meisten Verfassungen nur seinem eigenen Gewissen verpflichtet. Denn Gewissen hat mit Wissen zu tun; und daher kann es nicht statthaft sein, auf das Gewissen als eine letztlich nicht mehr kritisch durchschaubare Größe zu verweisen. Vielmehr geht es darum, zu klären, woran sich ein wahrhaftes Gewissen orientieren muss.

Die Frage, wem die Regierung verpflichtet ist, ist eine Schicksalsfrage für das 21. Jahrhundert. Sie führt zu einer kritischen Hinterfragung der bisherigen Demokratieform, die nicht gerne gesehen wird. Das gilt umso mehr, als die Erfahrungen mit alternativen Staatsformen, die das 20. Jahrhundert gemacht hat, alles andere als ermutigend sind. Ist nicht Churchills bekanntes Bonmot unüberbietbar, die Demokratie möge zwar eine miserable Staatsform sein, aber eine bessere stehe nicht zur Verfügung?

Im Folgenden will ich versuchen, die alten Argumente für die Demokratie wieder zu beleben und gleichzeitig anzudeuten, warum gerade aufgrund dieser Argumente eine neue Form von Demokratie unabdingbar ist, wenn es im 21. Jahrhundert gelingen soll, die drängenden politischen, wirtschaftlichen und ökologischen Probleme der Zukunft zu meistern. Das entscheidende Argument für die Demokratie ist, dass alle Menschen, die von einer Entscheidung betroffen werden, diese Entscheidung mittragen sollten. Dieses Argument hat eine unmittelbare Plausibilität. Wenn man das Prinzip der Autonomie im Privatrecht ernst nimmt, dann ist nicht einzusehen, wieso man im staatsrechtlichen Bereich eine Einschränkung eben dieser Autonomie akzeptieren sollte. Zudem ist die Grundlage des modernen Rechtsstaates das Generalisierbarkeitspostulat, das besagt, dass ceteris paribus alle Vernunftwesen die gleichen Rechte haben sollten. Da es aber in jedem Staat einige Vernunftwesen mit politischer Entscheidungsmacht geben muss, ergibt sich daraus, dass diese politischen Rechte allen Menschen zukommen sollen. Allerdings zeigt sich ein Problem gerade dann, wenn man über die genaue Bedeutung dieses »alle« nachdenkt. Kinder, aber auch Ausländer, genießen bisher in keinem Staat direkte politische Rechte, obgleich politische Entscheidungen auch sie betreffen; und von kommenden Generationen ist in den Verfassungen der uns bekannten Staaten höchstens ansatzweise die Rede. Ist diese Beschränkung sinnvoll, und wenn ja, warum? Vielleicht weil Kinder noch nicht darüber entscheiden können, was für sie das Beste ist? Wenn dies ein gültiges Argument ist, warum sollte es nicht auch auf bestimmte Erwachsene zutreffen?

Die bisherigen Demokratien haben stets auch eine Einschränkung des Mehrheitsprinzips anerkannt. Die Demokratie, so Tocquevilles grundlegende Einsicht, ist nur dann erträglich, wenn sie mit Institutionen der Gewaltenteilung verbunden ist. Die Grundrechte, die eine vernünftige Verfassung jedem Einzelnen garantiert, sind nicht von Gnaden der Demokratie – im Gegenteil, eine Demokratie ist nicht mehr legitim, wenn sie nicht dafür Sorge trägt, dass der Machtmissbrauch möglichst eingeschränkt wird. Sinnvollerweise wird man nicht nur einige Grundrechte aufstellen, die auch durch das Parlament oder den direktdemokratischen Gesetzgeber nicht außer Kraft gesetzt werden dürfen; man wird zudem ein eigenes Staatsorgan fordern, das Mehrheits-

Nur selten haben Kinder die Möglichkeit, ihre Meinungen, Wünsche, Hoffnungen und Ängste vor einem größeren Publikum zu äußern. Die am 1. Juni 1998 in Leipzig gestartete **Kinderkarawane,** die 9000 Kilometer zurücklegte und zum Weltkindertag am 20. September in Berlin ankam, war eine bislang einmalige bundesweite Aktion, Kindern Gehör zu verschaffen. ⇨160

»Kinder, aber auch Ausländer, genießen bisher in keinem Staat direkte politische Rechte, obgleich politische Entscheidungen auch sie betreffen.«

»Der Schutz der Rechte der kommenden Generationen sollte einem Organ unterstehen, das eine vergleichbare Autonomie genießt wie ein Gericht oder wenigstens wie die Deutsche Bundesbank.«

beschlüsse des Parlaments außer Kraft setzen kann, wenn sie der Verfassung widersprechen. Zwar ist die Idee des Verfassungsgerichts auf demokratischer Grundlage nicht leicht einzusehen; umso leichter ist die Rechtfertigung dieses Instituts unter den Prämissen einer weitgehenden Gewaltenteilung.

Aber das Verfassungsgericht ist nicht das einzige Organ, das eine vernünftige Verfassung als Schranke des Mehrheitsprinzips anerkennen sollte. Wir haben schon gesehen, dass die modernen Staaten keinen ausreichenden Schutz für Kinder und für kommende Generationen bieten. Ein solcher Schutz ist nicht leicht einzuführen. Die Bedenken dagegen, Kindern das Wahlrecht zu erteilen, sind nachvollziehbar. Meines Erachtens ist ein staatsrechtliches Pendant der zivilrechtlichen Figur des Vormundes sinnvoll. Die Forderung nach einer solchen Institution kann nicht als Angriff auf den Grundgedanken der Demokratie angesehen werden, sondern vielmehr als Erweiterung der universalisierenden Tendenz, die in der modernen Demokratie ihren Ausdruck gefunden hat. Da kommende Generationen nicht wählen können, können die Mitglieder eines solchen Organs nicht von denjenigen, deren Interessen sie vertreten sollen, gewählt werden. Es sollte aus ausgewiesenen Fachleuten bestehen, die die langfristigen ökologischen und sozialen Wirkungen bestimmter Gesetze auf kommende Generationen vorherzusehen suchen und sich als Vertreter von deren legitimen Interessen verstehen. Es war eine weise Entscheidung, die Deutsche Bundesbank unmittelbarem parlamentarischem Druck zu entziehen, weil auch in der Geldpolitik kurzfristige Vorteile nur zu leicht von langfristigen Zielen abführen. Analog sollte der Schutz der Rechte der kommenden Generationen einem Organ unterstehen, das eine vergleichbare Autonomie genießt wie ein Gericht oder wenigstens wie die Deutsche Bundesbank. Es sollten die Stellungnahmen dieses Organs dem Verfassungsgericht zugeleitet werden, das durch die Verfassung verpflichtet wäre, Gesetze für nichtig zu erklären, die gegen die Rechte kommender Generationen verstoßen. Die Mitglieder dieses Staatsorgans sollten vom Parlament, vielleicht zum Teil auch von anderen Organen wie dem Verfassungsgericht oder dem Staatsoberhaupt aus einer Gruppe qualifizierter Kandidaten bestimmt werden; damit keine Abhängigkeiten von den Kreationsorganen bestehen, sollte ihre Amtsdauer nicht verlängerbar und sie sollten nicht absetzbar sein.

Neben der Durchsetzung eines solchen Organs ist es ferner wichtig, dass die Demokratie, bei aller Anerkennung formaler Gleichheit, die gerechtesten und hinsichtlich der Erkenntnis und Durchsetzung des Gemeinwohls fähigsten Leute in verantwortliche Stellungen kommen lässt. Dieser »aristokratisch-elitäre« Gedanke schränkt zwar den demokratischen Gedanken ein, ist aber nicht grundsätzlich mit ihm inkompatibel. Es besteht im Gegenteil in einer guten Demokratie eine größere Chance, dass die Besten herrschen, als in einer Geburtsoligarchie: Die wahre Demokratie sollte in diesem Sinne eine Aristokratie sein. Wenig ist in einer Demokratie wichtiger als die Aufrechterhaltung und Förderung des Bestrebens, die Qualifiziertesten zu erkennen und anzuerkennen; kein Laster gefährdet den Erfolg der Demokratie mehr als der Neid.

Falls es nicht gelingt, die gegenwärtige Vertrauenskrise gegenüber der parlamentarischen Demokratie zu überwinden, werden direktdemokratische Ideen an Anziehungskraft gewinnen. Die Zwischenschaltung eines Staatsorgans wie des Parlaments kann ja nur dann legitim sein, wenn der Eindruck besteht, dass dieses Organ, gegebenenfalls im Konzert mit den anderen Staatsorganen, mehr zum Gemeinwohl beiträgt, als dies das Volk in eigenen Abstimmungen täte. Wenn die Bürger hingegen zu der Überzeugung gelangen, dass die Parlamentarier unfähig oder unwillens sind, die legitimen Bedürfnisse des Volkes (einschließlich der kommenden Generationen) zu vertreten, dann können sie sich des Eindrucks nicht erwehren, dass ihnen in solchen Fällen ein viel größeres Unrecht geschieht, als wenn sie für eine Dummheit büßen müssen, für die sie selber durch eine direkte Fehlentscheidung verantwortlich sind. In der Tat ist dies ein bedeutender Vorteil der direkten Demokratie, dass eine larmoyante Klage über »die da oben« in ihr nicht möglich ist. Zwar sind die historischen Erfahrungen, die man mit direkten Demokratien gemacht hat, nicht nur ermutigend – man denke an die mehrfache Verweigerung des Frauenwahlrechts durch die männlichen Stimmbürger der Schweiz gegen die Empfehlungen von Parlament und Regierung. Aber es bleibt dabei, dass auf die Dauer nur ein Parlament, das sich aus überdurchschnittlich intelligenten, integren und redegewandten Repräsentanten der verschiedenen Gesellschaftskreise rekrutiert, mehr Legitimität beanspruchen kann als die direkte Demokratie. Parteien, die dies nicht begreifen oder sich nicht danach verhalten, schaden dem Parlamentarismus. Denn der Parlamentarismus setzt in letzter Instanz voraus, dass die politischen Eliten einem Gemeinwohl verpflichtet bleiben, das auf den faktischen Interessenausgleich nicht zurückzuführen ist.

Die **leeren Stuhlreihen des Plenarsaals** bei vielen Bundestagsdebatten lassen den Bürger an einem verantwortungsvollen Engagement der Abgeordneten für die Fragen des Volkes zweifeln. →160

»Falls es nicht gelingt, die gegenwärtige Vertrauenskrise gegenüber der parlamentarischen Demokratie zu überwinden, werden direktdemokratische Ideen an Anziehungskraft gewinnen.«

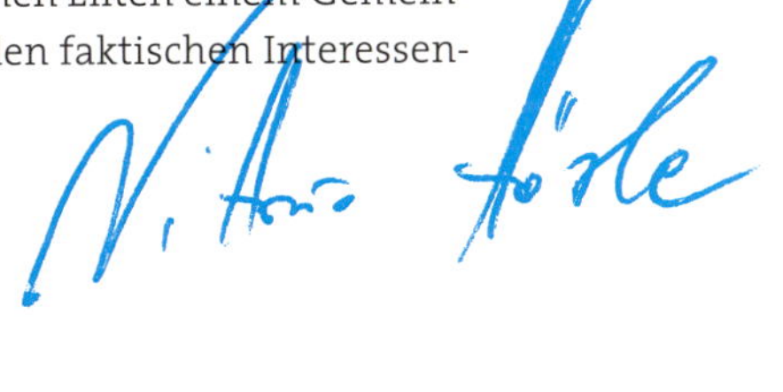

Richard W. Janney

Werden wir reale Menschen bleiben, wenn wir elektronisch kommunizieren?

Richard W. Janney ist Sprachwissenschaftler und Kommunikationsforscher; sein Interesse gilt vor allem der Beeinflussung von Kommunikation und der Veränderung von Wahrnehmungsmustern durch Werbung, moderne Medien sowie gruppen- und situationsspezifisches Verhalten. ⇾4790

Richard W. Janney

1945 in Billings, Montana (USA), geboren
1971 M.A. in Anglistik, Western Washington State University
1975 Promotion
1976–95 Forschung und Lehre an der Universität Köln, Mitbegründer der Kölner »Forschungsgruppe trimodal Interaktion«
seit 1990 Mitherausgeber Journal of Pragmatics
1995 Habilitation
1995–96 Lehrstuhlvertretung an der Universität Frankfurt am Main
seit 1996 Professor für moderne englische Sprachwissenschaft an der Universität München
seit 1997 Vorstandsmitglied der International Cognitive Technology Society

Schon mit der elektronischen Post ist die Welt voll von potenziellen Partnern. Aber was für Partnern? Und wie sehen die Partner der Zukunft aus? Noch nie waren andere leichter zu erreichen, doch emotional schwieriger zu fassen, waren sie als Absender und Empfänger von Botschaften schneller verfügbar, doch irgendwie als Personen weniger greifbar, waren sie irgendwie näher, doch gleichzeitig merkwürdig weiter entfernt. Elektronische Kommunikation fördert die Künstlichkeit der menschlichen Beziehungen. In Zukunft, wenn interaktive Sprach-Video-Systeme das schriftliche E-Mail-System ersetzen, wird sich der Trend fortsetzen und die Realität der elektronischen Partner ein immer größeres Problem werden.

Im Augenblick erleben wir den Zusammenbruch der traditionellen Vorstellung vom Kommunikationspartner. Was danach kommt, kann man der Laborforschung, die sich mit Schnittstellen zwischen Mensch und Computer, Laserprojektionssystemen, Videografik und Software für Computeranimationen befasst, nur undeutlich entnehmen. Die Größe und Geschwindigkeit des gegenwärtigen elektronischen Netzwerks sowie die Leichtigkeit, mit der sich Kopien weiterleiten lassen, erschüttern bereits unser Gefühl dafür, wer unsere realen Partner sind. Wir wissen nicht, wie viele Partner wir haben oder was mit unseren Botschaften geschieht, und können nicht sicher sein, dass das, was wir privat von uns geben, nicht öffentlich bekannt wird. Bei der Kommunikation im Internet lässt sich immer schwieriger zwischen wirklichen Personen und Projektionen unserer selbst unterscheiden. Indem neue Formen von elektronischem Rollenspiel, Selbstprojektion und Schnüffelei entdeckt werden, wird ein neuer Blick frei auf kybernetischen Narzissmus, Exhibitionismus und Voyerismus.

Simulierte Wirklichkeit – Virtualität – ist gegenwärtig vor allem ein Ergebnis der Beziehung zwischen Benutzer und Bildschirm, doch wird sich dies in den nächsten Jahrhunderten grundlegend ändern. Ein Computerbildschirm produziert, wie ein Spiegel oder eine Kinoleinwand, Bilder, die als irgendwie »drinnen« oder »dahinter« wahrgenommen werden, obwohl die Projektionsfläche selbst in Wirklichkeit kein »drinnen« hat. Ein Bildschirm ist eine Schnittstelle: eine Schwelle, eine Oberfläche, die zwischen Absender und Empfänger tritt und in der die Dinge virtuell geschehen, so wie im Spiegel in Alices Wohnzimmer in Lewis Carrolls »Alice im Spiegelreich«. Wie Alice entwickeln wir eine Tendenz, uns vorzustellen, wir könnten irgendwie in die Schnittstelle eintreten; und wegen der Diskrepanz zwischen der »unwirklichen« und der »wirklichen« Seite der Schnittstelle sind wir versucht, wie sie zu denken: »Oh, was wird das für ein Spaß sein, wenn sie mich durch das Glas hier sehen und nicht an mich herankommen können.«

Seit Lacans Ausführungen zu Spiegeln und kindlicher Entwicklung weiß man, dass die Erfahrung mit virtuellen Bildern eine Verschiebung der Wahrnehmung und die Projektion des eigenen Selbst mit sich bringt. Das Kind nimmt sein Spiegelbild zuerst als jemand anderes wahr – als eine wirkliche Person –, dann begreift es, dass es ein virtuelles Bild ist, und schließlich wird es sich bewusst, dass es sein *eigenes* virtuelles Bild ist. Interessanterweise durchlaufen Benutzer von E-Mail ähnliche Stadien. Zunächst betrachten sie ihre Partner als reale Individuen in Raum und Zeit *(Abbildung 1)*, dann beginnen sie, sich diese als digitale Adressen im Bildschirm vorzustellen *(Abbildung 2)*, und schließlich erkennen sie, dass vieles von dem, was im Monitor vor sich geht, ein Teil ihrer selbst ist *(Abbildung 3)*.

»Noch nie waren andere leichter zu erreichen, doch emotional schwieriger zu fassen, waren sie als Absender und Empfänger von Botschaften schneller verfügbar, doch irgendwie als Personen weniger greifbar ...«

1. Kommunikation mit einem realen Partner

⇒99997

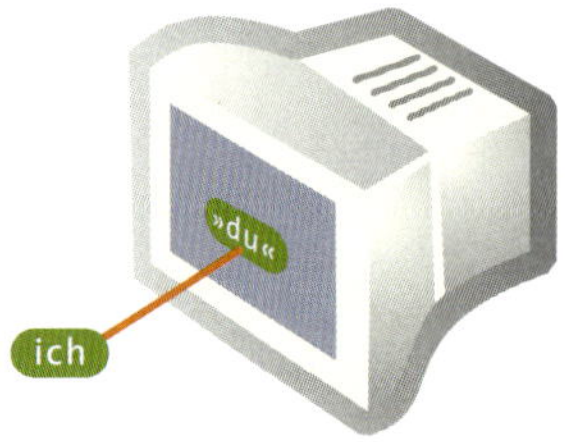

2. Kommunikation mit einem virtuellen Partner →99997

3. Virtuelle Interaktion →99997

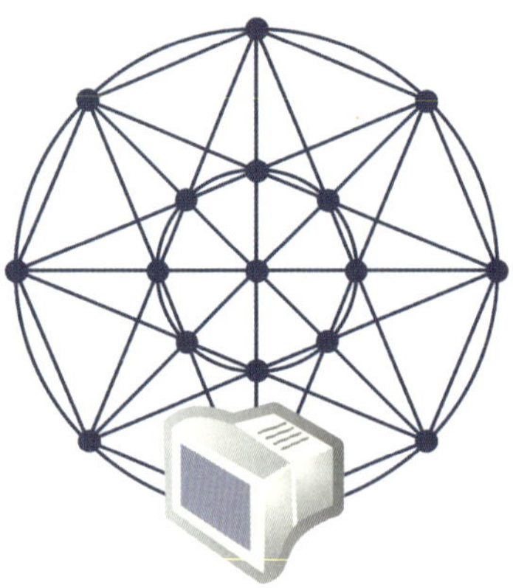

4. Kommunikation in derselben Gemeinschaft →99997

5. Kommunikation und Gemeinschaft als Erweiterungen des eigenen Selbst →99997

Die Wahrnehmung von Kommunikation als etwas, das zwischen einem selbst und realen Partnern in derselben elektronischen Gemeinschaft geschieht *(Abbildung 4)*, wird ersetzt durch eine Sichtweise, die Kommunikation und Gemeinschaft als virtuelle Projektionen der eigenen Interessen auffasst *(Abbildung 5)*.

Eines Tages wird man elektronische Post als ein Fossil des Druckzeitalters betrachten – ein Medium, das Fax und Telegraf näher steht als den interaktiven, den Sprach-Video-Telekommunikationsmedien, in die man sich in Zukunft versetzen kann. Die heutige Virtualisierung der Kommunikation per E-Mail ist nur die Spitze eines Eisberges, dessen Dimensionen sich erst später erschließen, wenn Kommunikationssysteme auf den Markt kommen, die immer lebensechtere virtuelle Annäherungen an das Gespräch von Mensch zu Mensch produzieren können, ohne offensichtliche, dazwischengeschaltete Schnittstellen zu besitzen. In kybernetischen Forschungszentren wie dem M.I.T. Robotics Laboratory in Cambridge, Massachusetts, und dem Media Interface & Network Design (M.I.N.D.) Labor an der Michigan State University konzentriert sich das Schnittstellendesign für die Telekommunikation des nächsten Jahrhunderts bereits auf die »Verstärkung« der telekommunikativen Wirklichkeit, wie einige Forscher es nennen, sowie darauf, beim Benutzer das Gefühl zu intensivieren, ganz in die virtuelle Telekommunikation versetzt und darin anwesend zu sein.

Was wird die Zukunft bringen? Zuerst wird der Bildschirm, unser Spiegelglas, verschwinden, da eine verbesserte Lasertechnologie virtuelle Bilder dreidimensional im Raum darzustellen vermag und damit den Eindruck einer Schnittstelle beseitigt. Die Partner werden sich als Hologramme per Laser ins Zimmer des anderen »beamen« lassen. Weitere sensorische und motorische Kanäle werden zu dem System hinzukommen, und es wird eine »fortschreitende Verkörperung« der Partner im Kommunikationsprozess stattfinden, wie Frank Biocca vom M.I.N.D.-Labor sich ausdrückt.

Auch die meisten anderen Gerätschaften der Telekommunikation werden verschwinden (beispielsweise Telefon, Telex, Fernseher) und ihre Funktionen werden in die Hardware der computerisierten Räume integriert, in denen wir dann leben. Das »Projekt Intelligenter Raum« am M.I.T. Robotics Laboratory baut bereits kybernetische Lebensräume (Computer, in denen man lebt), die mit Mikrofonen und Videokameras überwacht werden; sie sind mit Laserprojektoren und ringsum mit geräuschempfindlichen Systemen ausgerüstet, die auf gesprochene Befehle reagieren. Die Räume erkennen ihre Bewohner am akustischen Fingerabdruck und werden akti-

Reale Gesprächspartner suchen im direkten Miteinander die Verständigung: die Politiker Trimble, Blair und Hume beim Austausch über Lösungsmöglichkeiten im Nordirlandkonflikt. ⇒160

viert, indem man sie beim Namen ruft. Sie liefern auf Befehl Informationen und können sie an jedem beliebigen Ort, in jeder beliebigen Form darstellen. In Zukunft werden intelligente Räume wie Computerterminals miteinander verbunden sein, und die Kommunikation zwischen ihnen wird einfach durch das Bekunden dieser Absicht möglich werden. Der eigene Raum wird dann automatisch den Raum des gewünschten Partners lokalisieren, so wie heutzutage Handys lokalisiert werden, und der Partner wird gefragt, ob er für die Kommunikation zur Verfügung steht.

Die Hardware intelligenter Räume wird man schließlich mit der Software von virtuellen, wirklichkeitsnahen Systemen, Videografiken, Computeranimationen und anderen neuen Kommunikationssystemen kombinieren, und dann werden die Möglichkeiten unseres Telekommunikationssystems, die Wirklichkeit zu verändern, fast unbegrenzt sein. Die Partner können dann im Raum des Gegenübers nicht nur als Hologramme ihrer selbst erscheinen, sondern auch, wenn sie wollen, mittels Software zur Übertragung von Merkmalen von einem Bild auf das andere als Hologramme von anderen Personen oder Tieren, Gegenständen usw. Wir werden in der Lage sein, durch Vertreter und Avatare zu kommunizieren.

In der kybernetischen Telekommunikation der Zukunft wird daher das »Du«, dem das »Ich« seine Botschaften sendet, immer verschwommener, und so dürfte es für die Menschen zunehmend schwieriger werden, sich selbst in ihrer Beziehung zu anderen zu definieren und sich die Zugehörigkeit zu einer Gruppe vorzustellen. Vielleicht wird es eine Rückbesinnung auf sich selbst, einen Rückzug ins Private geben. Da eine eindeutige Schwelle zwischen realem und virtuellem Erleben fehlt, könnten kybernetische Lebensräume Spiegelglaswelten werden, die mit seltsamen Personen, Geistern und Projektionen der Träume und Fantasien ihrer Bewohner bevölkert sind. Ob in Zukunft die Menschen bei der elektronischen Kommunikation real bleiben, dürfte letztlich weniger wichtig sein als die Frage, ob sie soziale Wesen bleiben.

»Ob in Zukunft die Menschen bei der elektronischen Kommunikation real bleiben, dürfte letztlich weniger wichtig sein als die Frage, ob sie soziale Wesen bleiben.«

Aus dem Amerikanischen übersetzt von Sabine Rochlitz

Vittorio Magnago Lampugnani

Wie sieht die Architektur, wie sieht der Städtebau der nahen Zukunft aus?

Vittorio Magnago Lampugnani, in Deutschland und Italien nicht nur als freier Architekt, sondern auch als Professor, Museumsdirektor und Herausgeber einer Fachzeitschrift tätig, gilt als einer der Vordenker der Architektur und des Städtebaus in Europa. Die »Modernität des Dauerhaften« ist ein Grundgedanke seiner Arbeit, den er in verschiedenen Projekten und Realisationen umgesetzt hat; so auch in Santiago de Compostela (Spanien). ⇨4610

Vittorio Magnago Lampugnani

1951 in Rom geboren
1973 Diplom in Architektur nach Studium in Rom und Stuttgart
1977 Promotion in Stuttgart
1983 Promotion in Rom
1974–86 Lehrtätigkeiten an Universitäten in Deutschland, den USA und Österreich
1980 Gründung eines eigenen Architekturbüros in Berlin, später in Mailand
1990–95 Direktor des Deutschen Architekturmuseums in Frankfurt am Main sowie Herausgeber der Fachzeitschrift »Domus« (Mailand)
Professor an der Staatlichen Hochschule für Bildende Künste (Städelschule) in Frankfurt am Main
seit 1994 Professor für Geschichte des Städtebaus an der Eidgenössischen Technischen Hochschule Zürich

Bauen heißt nicht nur Verantwortung übernehmen gegenüber jenen, für welche die Gebäude unmittelbar bestimmt sind, sondern gegenüber der Gesellschaft allgemein. Es ist diese Verantwortung, der die Verpflichtung zur Reduktion entspringt. Die Gründe dafür sind vielfältig. Sie sind ideologisch: In einer Welt, die unter einer gigantisch anwachsenden Zahl von Menschen möglichst gerecht verteilt zu werden hat, kann und darf es keinen Platz für Überfluss geben. Sie sind ökonomisch: Will man die finanziellen Mittel, die zur Verfügung stehen, so rationell wie möglich einsetzen, ist es erforderlich, sich mit dem Essenziellen zu bescheiden. Sie sind technisch: Wenn man die Produktionsverfahren vereinfachen will, um Güter (also auch Häuser) massenweise (und damit preiswerter) zu produzieren, muss auf alles verzichtet werden, was diese Güter verkompliziert und damit deren Herstellung erschwert. Sie sind schließlich ästhetisch: Seit dem Einbruch der industriellen Revolution ist die Sachlichkeit, die von den neuen gesellschaftlichen und technischen Bedürfnissen erzwungen wurde, durch die fortschrittliche Kultur geadelt und zu einem künstlerischen Prinzip erhoben worden. Anders ausgedrückt: Wir sind nicht mehr in der Lage, Protz und Überschwang schön zu finden, sondern nur das Klare, Zurückhaltende, Schlichte.
Etwas kommt hinzu, was das Prinzip Reduktion, in Architektur und Städtebau seit jeher eine wichtige Option, heute zum kategorischen Imperativ macht. Die Energieressourcen der

Welt sind begrenzt, in weiten Teilen nicht erneuerbar und bereits stark erodiert; und die Welt selbst ist durch klimaverändernde Eingriffe, wachsende Müllberge und gedankenlos verbreitete Gifte zunehmend bedroht. Zum ersten Mal in der Geschichte der Menschheit sind wir in der Lage und auf dem Weg, unsere Umwelt und damit uns selbst zu zerstören.

Dem Bauen kommt beim Engagement für einen sparsamen Umgang mit Ressourcen und für den Schutz unserer Lebenswelt eine wichtige Rolle zu. Allerdings darf dies nicht zu einer modischen Attitüde oder einer oberflächlichen Deutung dessen verführen, was ökologisch ist oder scheint. Es muss vielmehr in eine ernsthafte und vertiefte Auseinandersetzung mit einer Problematik umgesetzt werden, die keineswegs eine Entdeckung oder ein Prärogativ unserer Epoche ist, in unserer Epoche aber eine zentrale Position einnimmt.

Die äußerste Konsequenz der Achtung vor der Natur bedeutet, sie zu belassen, wie sie ist. Die größte Energieeinsparung erreicht man, indem man überhaupt keine Energie verbraucht. Die geringste Umweltverschmutzung entsteht, wenn man überhaupt keine Abfälle produziert. Das ökologischste Haus ist dasjenige, das nicht gebaut wird.

Unsere kostbarste und wichtigste Ressource ist die Landschaft. Man kann aufhören, sie zu konsumieren, indem man aufhört, neues Bauland auszuweisen. Für die europäische Stadt ist das nicht nur möglich, sondern weitgehend notwendig. Unsere Bevölkerung nimmt nicht mehr zu; die auf die Migrationsbewegungen und das Anwachsen der individuellen Standards zurückgehenden Anpassungen können stattfinden, indem die Stadt verdichtet und konsolidiert wird. Das würde zudem der Effizienz der Infrastrukturen und der Intensität des städtischen Lebens zum Vorteil gereichen. Auch die bestehenden Architekturen müssen mit mehr Bedacht verwendet werden. Städte, Dörfer und Landbereiche stehen voll untergenutzter oder verlassener Gebäude. Gebäude, die restauriert werden sollten, statt auf Bodenflächen, die frei bleiben könnten, neue Häuser zu bauen.

Es muss weniger gebaut werden, als man gemeinhin vermutet; aber freilich muss gebaut werden. Auch in Europa. Doch wenn Neubauten schon notwendig sind, sollten sie so entworfen und konstruiert werden, dass sie möglichst umweltschonend ausfallen. Und dazu gehört in erster Linie, dass sie möglichst lange halten. Jedes Haus stellt nicht nur einen gewaltigen Wert an Arbeit, Energie und Materialien dar, sondern auch eine potenzielle Schuttdeponie. Noch fördern der Grundstücksmarkt und die meisten steuerlichen Abschreibungsmechanismen die rasche Folge von Abriss und Neubau. Doch das ist ökologisch unverantwortlich, volkswirt-

»Dem Bauen kommt beim Engagement für einen sparsamen Umgang mit Ressourcen und für den Schutz unserer Lebenswelt eine wichtige Rolle zu.«

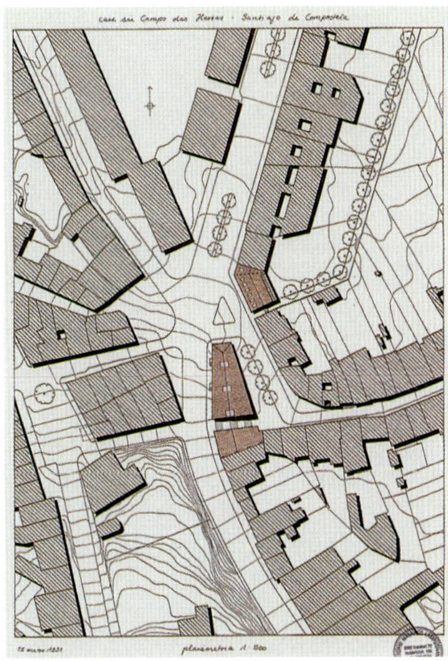

Lageplan der von Vittorio Magnago Lampugnani und Marlene Dörrie entworfenen **Wohnhäuser in Santiago de Compostela, 1995** ⇒4613

Architektur und Stadt können keine Wegwerfprodukte sein; sie müssen dauern.

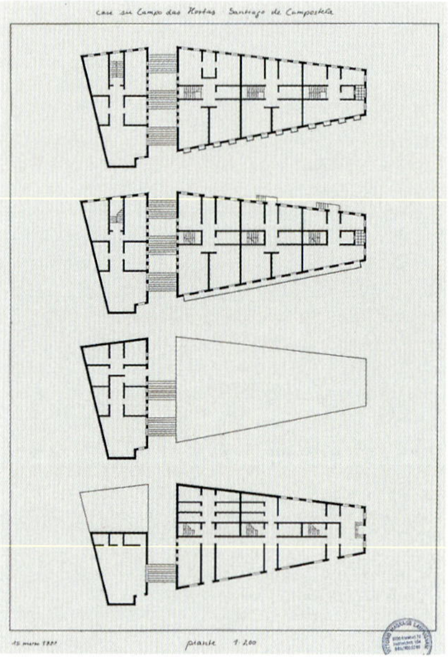

Grundrisse der Wohnhäuser in Santiago de Compostela

⇒4613

Auch die soziale Dimension der Baukunst verlangt nach Stabilität.

schaftlich inakzeptabel und wird bald auch privatökonomisch nicht bestehen können.

Architektur und Stadt können keine Wegwerfprodukte sein; sie müssen dauern. Zuallererst materiell: Unsere Häuser, unsere Städte haben so entworfen und konstruiert zu sein, dass sie solide sind. Dass sie der Witterung, dem Gebrauch und der Zeit widerstehen, ohne unentwegt erneuert zu werden. Wenn aber Erneuerungen fällig sind, sollten diese im Rahmen einer Wartung des Bauwerks möglich sein, ohne die gesamte bauliche Struktur in Frage zu stellen. Kein Ersatz also in Architektur und Städtebau, sondern Pflege, Wartung, allenfalls gezielter Umbau.

Architektur und Stadt müssen auch funktional dauern. Sie müssen für den Gebrauch, zu dem sie bestimmt sind, tauglich sein; aber da dieser Gebrauch sich periodisch ändert, müssen sie auch umgenutzt werden können. Das wiederum bedeutet möglichst neutrale Räume, möglichst neutral einander zugeordnet; allenfalls bedeutet es Räume, die veränderbar sind. Doch haben sich Flexibilität und Variabilität im Bauen größtenteils als Mythen erwiesen, deren theoretischer Anspruch so gut wie nie in die Praxis umgesetzt wurde. Mithin werden die Räume, für die Dauerhaftigkeit postuliert wird, kaum Ähnlichkeit mit jenem »Koffer« voller besonderer Abteilungen, spezieller Taschen und ausgeklügelter Halterungen haben, in dem seinerzeit ein begeisterter Walter Gropius ein Symbol der funktionalistisch getüftelten Wohnung sah. Vielmehr werden sie jener »Kiste« nahe kommen, die ihr voller Spott als Emblem des überkommenen, traditionellen Hauses gegenübergestellt wurde; jenes Hauses, das in seiner Einfachheit, Offenheit und Neutralität immer mehr seine Eignung für vielfältigen Gebrauch demonstriert.

Schließlich müssen unsere Häuser und unsere Städte auch ästhetisch dauern. Sie dürfen nicht wie modische Objekte gestaltet sein, dem gerade gültigen Geschmack bedingungslos untergeordnet und darauf ausgerichtet, eben eine Saison zu halten, um dann von neuen, noch modischeren Objekten ersetzt zu werden. Sie müssen über den kurzlebigen Trends stehen und eine Ästhetik ihr Eigen nennen, die zwar dem Geist ihrer Epoche entspringt, zugleich aber an die Vergangenheit anknüpft und in die Zukunft weist.

Eine derart substanzielle Ästhetik, die über lange Zeiträume hinweg Gültigkeit besitzt, wird auch keine individualistische sein können. Jedes architektonische und städtebauliche Werk, das über die schlichte materielle Funktionserfüllung hinausgeht und eine kulturelle Dimension besitzt, ist notwendigerweise Zeugnis der Haltung seines Autors oder seiner Autoren. Es ist aber nicht notwendigerweise sein Abbild.

Die Eitelkeit der Architekten, zusätzlich gereizt und gefördert von jenen Bauherren, die an der Aura ihrer Auftragnehmer teilzuhaben begehren, führt zunehmend zur narzisstischen Pflege eines eigenen Images. Die baulichen »Duftmarken«, die damit in Hundemanier fallen gelassen werden, befriedigen zwar die vordergründigsten Bauherrenwünsche und besetzen ein Territorium, tun aber nichts dazu, dieses Territorium in einer sinnvollen und ihm kongenialen Weise weiterzuentwickeln. Ihre Daseinsberechtigung und ihren ephemeren Glanz schöpfen sie aus der (meist gleichermaßen ephemeren) Berühmtheit ihres Urhebers; kommt diese abhanden, hinterlässt sie ebenso unverwechselbare wie entfremdete Spuren, deren das gleiche Publikum, das eben noch Beifall geklatscht hatte, sofort überdrüssig wird.

Doch sind es mitnichten nur ideologische, wirtschaftliche, technische und ästhetische, mitnichten nur ökologische Argumente, welche die materielle und konzeptionelle Dauerhaftigkeit der Architektur und der Stadt fordern. Auch die soziale Dimension der Baukunst verlangt nach Stabilität.

Spätestens seit Ernst Bloch lässt sich Bauen als Produktionsversuch menschlicher Heimat verstehen und Heimat selbst als ein Ort definieren, wo man zwar nicht geboren zu sein braucht, mit dem man aber freiwillig vertraut wurde. Auch als ein Ort, wo man für sich selbst und für andere Verantwortung tragen kann und muss. Nach dieser Definition ist die biografische Konstanz ein essenzieller Bestandteil der Heimat; und das, was sich dieser Konstanz entgegenstellt, ein Stück Heimatverlust. Demnach ist eine Gefährdung des Wohnumfelds, eine unzumutbare Preissteigerung, gar eine Entmietung, ein Element von Heimatverlust; aber auch ein Abbruch. Ändert sich der Ort rasch und grundlegend, führt auch die intensivste Sesshaftigkeit nicht dazu, dass man in ihm heimisch wird. Jeder Abbruch vermindert die Vertrautheit. Mancher Verlust muss notwendigerweise erlitten werden: Die Stadt, die Landschaft muss sich erneuern, muss sich neuen Bedingungen anpassen, um überlebensfähig zu bleiben. Werden die Verluste allerdings zu groß, büßt der Ort seine Erkennbarkeit ein. Und auch wer bleibt, wird von seiner Heimat dadurch vertrieben, dass diese vernichtet wird.

Architektur und Städtebau müssen, wenn sie ihren sozialen Anspruch ernst nehmen, sparsam sein: auf intelligente, nicht auf ärmliche oder gar geschäftemacherische Art. Dafür müssen sie materiell, funktional und ästhetisch dauerhaft sein. Nur so vermögen sie der Konsum- und Spektakelgesellschaft eine kritische Alternative vorzuführen.

Architektur und Städtebau müssen, wenn sie ihren sozialen Anspruch ernst nehmen, sich das Prinzip Reduktion zu eigen machen.

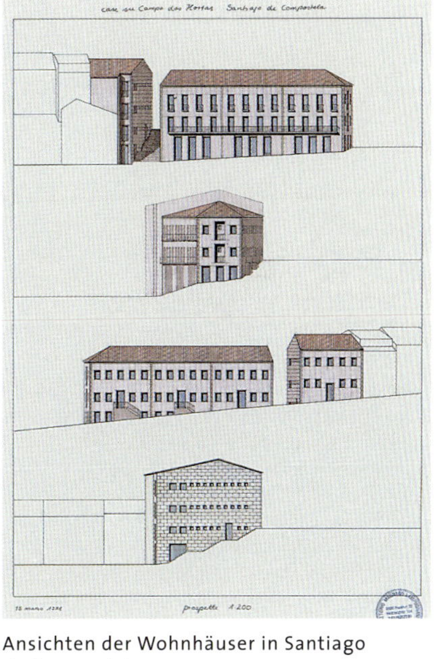

Ansichten der Wohnhäuser in Santiago de Compostela ↦4613

Ram Adhar Mall

Interkulturalität, Interreligiosität und Intertextualität – Wege zum Frieden?

Ram Adhar Mall lehrt nicht nur interkulturelle Philosophie; er, der Inder, der in Bremen als Professor für Philosophie wirkt, verkörpert vielmehr die Chancen und Möglichkeiten interkulturellen Denkens und Handelns. Und er lässt keine Zweifel daran, dass Interkulturalität nicht nur möglich, sondern im Wortsinne lebensnotwendig ist. ⇨4622

1. Ein Wort zuvor

Die Idee von der totalen Reinheit einer Kultur ist eine Fiktion, ein Mythos und kann u.U. unterstützt durch diverse Machtfaktoren verheerende Wirkungen haben, wie die Geschichte der Menschheit belegt. Nicht viel anders verhält es sich mit der Religion und Literatur. Die Vernetzungen der Kulturen sind vielschichtig und lassen sich fast endlos in die Vergangenheit zurückverfolgen. Es zeugt von einem negativ besetzten Vorurteil, wenn man die interkulturellen Differenzen zugunsten der intrakulturellen zu sehr betont.

2. Zum Begriff der Interkulturalität, Interreligiosität und Intertextualität

Interkulturalität ist nicht die Kulturalität einer bestimmten Kultur, sei diese europäisch oder nicht europäisch. Sie ist auch nicht ein Synkretismus der Kulturen. Sie ist, recht verstanden, der Name einer Einstellung, einer Überzeugung mit der Einsicht und Bereitschaft, mehrere Wege zum gleichen Ziel zuzulassen. Interkulturalität kennt eigentlich eine fünffache Perspektive: eine philosophische, eine religiöse, eine kulturelle, eine politische und eine literarische. Unter philosophischer Optik besagt sie, dass die eine immer währende Philosophie, die Philosophia perennis, niemandes Besitz allein ist. Diese eine philosophische Wahrheit privilegiert keine Tradition. Unter religiöser Optik bedeutet sie, dass es mehrere Wege zu Gott, zur Befreiung gibt. Interkulturalität

Ram Adhar Mall

wurde **1937** in Indien geboren; er studierte Philosophie, Psychologie und Indologie an den Universitäten Kalkutta, Göttingen und Köln. Nach Promotion **1963** und Habilitation **1981** lehrte er an verschiedenen deutschen und indischen Universitäten. Schwerpunkte seiner Forschung und Lehre sind Empirismus, Phänomenologie, interkulturelle Philosophie sowie vergleichende Religionswissenschaften. Heute ist er Professor für Philosophie an der Universität Bremen, Präsident der internationalen »Gesellschaft für interkulturelle Philosophie e.V.« und Mitherausgeber der Reihe »Studien zur interkulturellen Philosophie«.

hat ihr Gegenstück in der Interreligiosität, welche schon in dem küngschen Begriff des »Weltethos« zum Ausdruck kommt. Unter kultureller Optik heißt dies, dass es nicht die eine Kultur für die gesamte Menschheit gibt. Die faktische Vielfalt der Kulturen ist ein Beweis dafür, und diese ist nicht nur von Menschen, sondern auch von Gott gewollt. Unter politischer Optik ist Interkulturalität der Name einer verbindlichen pluralistischen, demokratischen Einstellung. Intertextualität ist der Name der Interkulturalität auf dem Gebiete der vergleichenden Literaturwissenschaft. Die Wissenschaft der Komparatistik hat die Vielfalt der Weltliteratur zu ihrem Gegenstand und versucht, diese im Vergleich der Kulturen mit ihren grundsätzlichen Ähnlichkeiten und erhellenden Differenzen zu thematisieren. Alle diese fünf Perspektiven der Interkulturalität haben eine offene Gesellschaft zur Voraussetzung und zum Ziel. Freiheit und Verantwortung, Bindung und Verbindlichkeit, Toleranz und Pluralismus erhalten ihren eigentlichen Sinn nur in einer solchen Gesellschaft.

»Freiheit und Verantwortung, Bindung und Verbindlichkeit, Toleranz und Pluralismus erhalten ihren eigentlichen Sinn nur in einer offenen Gesellschaft.«

3. Zur Konzeption einer interkulturellen analogischen Hermeneutik

So verlangt die de facto existierende hermeneutische Situation nach einer Theorie der Hermeneutik, die offen genug ist, die Traditionsgebundenheit einzusehen, auch des eigenen Standpunkts. Eine interkulturell orientierte hermeneutische Philosophie muss die Forderung nach einer Theorie erfüllen, nach der weder die Welt, mit der wir uns auseinander setzen, noch die Begriffe, Methoden, Auffassungen und Systeme, die wir dabei entwickeln, historisch unveränderliche, apriorische Größen darstellen.

Eine Hermeneutik, die das Identitätsmodell zum Paradigma erhebt, unternimmt eine Verdoppelung des Selbstverstehens in ihrem Versuch, das Andere, das Fremde zu verstehen. Wer Wahrheit durch die eigene Tradition und die eigene Tradition durch die Wahrheit exklusivistisch definiert, tritt nicht nur einen Scheinbeweis an, als dessen Grundlage er eine selbst noch beweisbedürftige Aussage verwendet (petitio principii), sondern er gefährdet darüber hinaus auch eine interkulturelle Verständigung. Verstehen ist nach diesem Modell stets mit irgendeiner Form von Gewalt verbunden. Eine Hermeneutik der totalen Differenz macht das Verstehen schon im Ansatz unmöglich, denn eine solche Differenz lässt sich nicht einmal sprachlich artikulieren.

Das Motto einer interkulturellen Hermeneutik lautet: Das Verstehenwollen und das Verstanden-werden-Wollen gehören zusammen und stellen die zwei Seiten derselben her-

Eine Gruppe junger Menschen zeigt den fröhlichen Aufbruch in die wahre **interkulturelle Zukunft:** gleiches Lachen, verschiedene Hautfarben, gemeinsame Ideale? ⇒520

meneutischen Münze dar. Wo alles nur dem Wunsch, dass man verstanden werden will, untergeordnet ist, dort wird das Andere in seinem Eigenrecht erst gar nicht wahr- und ernst genommen. In diesem Sinne studierten die Missionare und auch manche Ethnologen mit viel Mühe die fremden Sprachen wie z.B. Chinesisch oder Sanskrit nicht so sehr, um die Fremden zu verstehen, sondern in der Hauptsache, um von ihnen verstanden zu werden.

Das Verstehenwollen und das Verstanden-werden-Wollen gehören zusammen.

Eine schöpferische interkulturelle Hermeneutik, die der Tatsache der kulturellen Pluralität gerecht werden will, trägt nicht einen gattungsmäßigen, sondern einen analogen Charakter. Eine gattungsmäßige Hermeneutik geht von einem allgemeinen Oberbegriff des Verstehens aus und ordnet die anderen Formen des Verstehens diesem einen universalisierten Verstehensbegriff unter. Eine analogische Hermeneutik dagegen erkennt die unterschiedlichen Verstehensmuster an, reduziert diese nicht und versucht im Sinne der wittgensteinschen Familienähnlichkeit Überlappungen zu suchen und zu finden, die das Verstehen trotz der Differenzen möglich machen. Die Konzeption einer analogischen interkulturellen Hermeneutik, die wir hier ganz kurz skizziert haben, scheint ein geeigneter Weg zu sein für das Gelingen eines heute so schicksalhaften Dialogs der Kulturen.

Zum **gemeinsamen Friedensgebet** in Assisi lud Papst Johannes Paul II. Vertreter christlicher und nicht christlicher Religionen ein. ⇒160

Besteht das hermeneutische Dilemma darin, dass man ohne Vorurteile nichts verstehen kann, aber nur mit Vor-Urteilen das zu Verstehende in seiner Substanz verändert und zerstört und demzufolge es doch nicht in seiner Eigenart begreift, dann bietet sich der Ausweg nicht in der dogmatisch-absolutistischen Ansicht, man sei ja in dem eigenen philosophischen, kulturellen und religiösen Zirkel gefangen, sondern in dem real möglichen Kultivieren der Einstellung, die wir hier mit den Namen Interkulturalität, Interreligiosität und Intertextualität belegt haben. Nur eine solche innere Kultur kann uns helfen, den engen Zirkel zu durchbrechen.

Die Interkulturalität, um die hier gerungen wird, ist ein Plädoyer für das eine Wahre mit vielen Namen. Sie ist zugleich ein Pfad, dessen Begehen den Dialog der Kulturen ermöglicht. Das Denken der Interkulturalität bereitet den Nährboden für das Entstehen und Gedeihen einer Toleranz und eines Pluralismus, die verschiedenen Kulturen ihr Existenzrecht geben. Es geht um das Entdecken und Erarbeiten eines gemeinsamen, überlappenden Ethos als Voraussetzung, Überzeugung und Ziel für ein Zusammenleben in kultureller, religiöser, weltliterarischer und politischer Hinsicht.

Die Interkulturalität ... ist ein Plädoyer für das eine Wahre mit vielen Namen. Sie ist zugleich ein Pfad, dessen Begehen den Dialog der Kulturen ermöglicht.

4. *Zur Konzeption eines toleranten Pluralismus*

Interkulturelle Orientierung z.B. auf dem Gebiete der vergleichenden Literaturwissenschaft hat zur Folge, dass man von der Fiktion eines absoluten Textes bzw. einer absoluten Interpretation Abschied nehmen muss. Eine vergleichende literaturwissenschaftliche Suche nach der Wahrheit des Textes ist ebenso wichtig wie schwierig. Wir können weder die Intention des Textes, sprich des Autors, noch die polyperspektivischen Lesarten des Textes außer Acht lassen. Der Text sollte, trotz einer pluralen Interpretation, als das unbedingt »objektive« Reservoir verstanden und anerkannt werden, ohne jedoch ihn essenzialistisch auslegen zu wollen. Dies schafft Raum für unterschiedliche Lesarten des Textes, über das bloße »Principle of Charity« oder die »Political Correctness« hinauszugehen, um die Texte zu lesen und lesen zu lassen. Der Grund hierfür ist die Einsicht in die notwendige plurale Struktur des zu Interpretierenden.

Als Beispiel könnte man die Frage nach der Grenze einer interkulturell orientierten vergleichenden literaturwissenschaftlichen Hermeneutik stellen. Diese Grenze liegt dort, wo Lesenlassen aufgehoben wird oder gar verboten wird. Im Kontext der heutigen globalisierten Kommunikation ist auch die Frage nach den Menschenrechten wie dem von der Redefreiheit eminent aktuell geworden. Letztendlich geht es um die Frage nach den Grenzen des religiösen, kulturellen und politischen Pluralismus. Ein »toleranter Pluralismus« im Geiste einer interkulturellen Orientierung muss m.E. in der Lage sein, auch eine Lesart zuzulassen, die der eigenen zuwiderläuft. Denn diese andere Lesart hat ebenso eine anthropologische Verankerung. Rushdies Roman »Die satanischen Verse« kennt das Paradoxon zwischen dem Schriftsteller und dem Propheten, erkennt es sogar an, ohne diesen Widerspruch zur Zufriedenheit aller Beteiligten lösen zu können.

Wahrheit und Wahrhaftigkeit können manchmal in eine Gegnerschaft geraten, und wer die Wahrhaftigkeit der Wahrheit vorausgehen lässt, beleidigt nicht die Wahrheit, sondern legt Zeugnis ab von der einzigen Legitimationsquelle, die auch gottgewollt sein sollte. Hier könnte hilfreich sein, wenn wir lernten zwischen der »Absolutheit der Wahrheit« und der »Absolutheit unseres Anspruchs auf die Absolutheit der Wahrheit« zu unterscheiden. Es wäre interkulturell, interreligiös und intertextuell viel gewonnen auf dem Wege eines konfliktarmen Zusammenlebens der Menschheit, wenn wir den »absoluten Anspruch« nicht erhöben.

Ebenholz und Elfenbein: Augenfällig symbolisiert das Klavier die kreative Vielfalt interkulturellen Schaffens. ⇒100

Kulturelles Missverständnis: Gegen Salman Rushdie wurde 1989 vom iranischen Ayatollah Chomeini ein religiös begründetes Todesurteil verhängt. Rushdies Roman »Die satanischen Verse« – er beschreibt die Entwurzelung des modernen Menschen im nachreligiösen, multikulturellen Zeitalter – wurde von Teilen der islamischen Welt als bewusste Gotteslästerung gedeutet. ⇒117

Gerhard Schulze

Vom Haben zum Sein: Mehr oder anders?

Gerhard Schulze, Soziologe an der Universität Bamberg, ist der Verfasser der viel beachteten Studie »Die Erlebnisgesellschaft«; darin untersucht er die Ästhetisierung unseres Alltaglebens sowie die in heutiger Zeit als »Erlebnisprojekt« erfahrene Suche nach dem Lebensglück. Unter dem Motto »Steigerung und Ankunft« analysiert er die gegensätzlichen Werthaltungen des »Mehr-haben-Wollens« und der Orientierung am »Sein«.

⇨4647

Was hat die Liebe zur italienischen Küche mit der Robotisierung einer Fertigungsstraße zu tun?

In beiden Fällen geht es um »Werte«. Was sich unterscheidet, ist die Art und Weise, wie Werte überhaupt im Bewusstsein gebildet werden. Es ist fast nicht möglich, über die italienische Küche wie ein Ingenieur zu denken oder über die Rationalisierung eines Produktionsablaufs wie ein Gourmet. Untersuchen wir den Unterschied im »Wie«.

Der Robotisierung einer Fertigungsstraße liegt ein alle Lebensbereiche durchdringendes Denkschema zugrunde: die Steigerungslogik. Im Denken der Steigerungslogik herrscht die Idee des Vorankommens. Ob es um technische Neuerungen geht, um Einschaltquoten, um den Lebensstandard einzelner Menschen, um wissenschaftliche Erkenntnisse oder um das Bruttoinlandsprodukt: Es kommt nicht auf ideale Endzustände an, sondern auf Verbesserungen. Steigerungspfade sind Himmelsleitern, deren oberes Ende sich in Wolkenschleiern verliert.

In der Sozialwelt der Steigerung hat das am höchsten geschätzte Wissen den Charakter von Methode, nicht von Weisheit. Der Frage nach dem Guten kommt nur geringes Gewicht zu. Alle Leidenschaft gilt vielmehr der Erörterung, wie man etwas »verbessern« könne, wobei die Verbesserungswürdigkeit ohne viele Umstände unterstellt wird. Ein solches Wertbewusstsein passt in eine Situation der Knappheit, in der man nicht lange darüber nachzudenken braucht,

Gerhard Schulze

1944 in Franken geboren
1966–71 Studium in München und Nürnberg
1974 Promotion zum Dr. rer. pol.
1976 Habilitation für Soziologie
seit 1978 Professor für Methoden der empirischen Sozialforschung an der Universität Bamberg
seit 1985 Arbeiten zur Kultursoziologie
1992 Buchpublikation »Die Erlebnisgesellschaft. Kultursoziologie der Gegenwart«
seit 1994 Arbeiten am Projekt »Steigerung und Ankunft« (in Zusammenarbeit mit der Bertelsmann-Stiftung)

was wertvoll ist: Wenn man nichts zu essen hat, wenn kein Trinkwasser aus den Leitungen kommt, wenn man auf engstem Raum in einem Slum lebt, so ist sonnenklar, dass jede Verbesserung nur gut sein kann. Je mehr sich aber im Lauf einer längeren Steigerungsgeschichte das Blatt zum Besseren wendet, desto weniger passt das Wertbewusstsein der Sozialwelt der Steigerung noch in die Landschaft.

Versetzen wir uns in die Situation eines Menschen, dem das Haben fast gleichgültig sein kann, weil er mit allem versorgt ist, was er für ein problemloses Überleben braucht. Nun kommt es darauf an, den Denkschritt vom Haben zum Sein zu gehen. Man ist angekommen, man muss nicht mehr steigern – und macht trotzdem unbelehrbar weiter, weil das traditionelle Steigerungsdenken einen unwiderstehlichen Sog entfaltet hat. Erst wenn das Leiden im Byzanz der Steigerung als ein zu großer Preis für die Vermeidung einer unbequemen Neuorientierung erscheint, kann die Suche nach dem Anderen zu einer kulturgeschichtlichen Kraft werden.

Riskieren wir dialektisch einige Schritte in die Gegenrichtung. Das Steigerungsdenken ist die »These«; wie könnte die »Antithese« aussehen? Zum Steigerungsdenken gehören beispielsweise die Geschichte der Astrophysik, die Verringerung des Platzbedarfs zur Informationsspeicherung, die Erhöhung des Ertrages landwirtschaftlicher Nutzflächen. Beispiele für die »Antithese« gibt es schon jetzt unübersehbar viele, etwa Reisen, Kartenspiele, Psychotherapie, Mode, Partnerschaften, das Nomadenleben, Kunstbetrachtung, kreatives Tun wie Malen, Schreiben, Musizieren, Wartung und Instandsetzung von Maschinen, erotische Begegnungen, Kulturwissenschaft, Lesen, Kochen, Krankenpflege. Was um Gottes willen, so mag man sich fragen, haben all diese Beispiele gemeinsam? Aber die Kraut-und-Rüben-Zusammenstellung hat hier System. Je heterogener die Beispiele sind, desto leichter fällt es, zu Verallgemeinerungen vorzustoßen. Welches Wertbewusstsein ist für die angeführten Beispiele typisch?

Zunächst: Fallen die Beispiele für die Antithese nicht vielleicht auch unter den Begriff der Steigerung? Gewiss, man kann versuchen, alles der Steigerungslogik zu unterwerfen, aber die angeführten Beispiele sind dafür denkbar ungeeignet. Man kann trotzdem so tun »als ob« und sich über das Versagen der Steigerungslogik hinwegtäuschen. Der gesunde Menschenverstand denkt hier freilich anders. Und worin besteht das Andere? Was im Vergleich zum Steigerungsdenken am meisten ins Auge springt, ist die Abgeschlossenheit der Wertidee. Untersuchen wir etwa das Kochen: Wenn man den Ehrgeiz hat, »gut« zu kochen, mag es zwar sein, dass man

»*Im Denken der Steigerungslogik herrscht die Idee des Vorankommens ... Es kommt nicht auf ideale Endzustände an, sondern auf Verbesserungen.*«

Steigerung (Börsendiagramm) / Ankunft (Ikebana-Gesteck) ⇨99997 ⇨99999

häufig unzufrieden ist, doch solcher Unzufriedenheit entspricht eine Vorstellung von Perfektion, über die man nicht hinauskommen kann und will. Zwar lässt sich die Annäherung an die Wertidee eines Kartoffelgratins oder einer Lammkeule als Vorgang der Steigerung begreifen, doch gehorcht dieser Vorgang keiner Steigerungslogik, wie sie bei der Robotisierung eines Produktionsablaufs zum Zuge kommt. Man probiert herum, dosiert die Ingredienzien von Mal zu Mal unterschiedlich, schlägt in verschiedenen Kochbüchern nach, ohne dass man jedoch hierbei konsistentes Steigerungswissen als Methode einsetzen würde wie ein Ingenieur. Vielmehr kombiniert man eine Vielzahl spezifischer Regeln, von denen kaum eine von einer Steigerungsstufe zur nächsten transponierbar ist, geschweige denn von einem Steigerungspfad (Kartoffelgratin) zum anderen (Lammkeule). In kleinen und immer kleineren Schritten nähert man sich im Lauf der Zeit dem Ideal. Entscheidend ist nun, dass der Steigerungspfad von Anfang an als endlich vorgestellt wird. Man kann ans Ziel gelangen, man will ans Ziel gelangen, und man will sich an diesem Ziel aufhalten, also das Gericht genießen und es beim nächsten Mal wieder genauso gut zubereiten. Ein solches Wertbewusstsein unterscheidet sich aber fundamental vom Wertbewusstsein der Steigerungslogik; es ist auf Ankunft ausgerichtet, während es in der Steigerungslogik um das Vorankommen geht, manchmal so radikal, dass man geradezu von einer Ankunftsphobie sprechen kann.

Steigerung (Hochgeschwindigkeitszug) / Ankunft (Kreativität) ⇒188 ⇒390

Mit einer provozierenden, philosophisch ärgerlichen Formulierung könnte man sagen: Einem seinsbezogenen Menschen geht es um das Wesen der Dinge. Ob es sich nun um ein Kochprojekt oder ein Liebesprojekt handelt, ob man psychotherapeutisch zu sich selbst unterwegs ist oder als Urlaubsreisender zu Landschaften, Städten, Kulturen, ob man Karten spielt oder Klavier: Es geht regelmäßig um die Ankunft des Subjekts an einem idealen Ort. Es ist allerdings – und damit hoffe ich, die philosophische Verärgerung zu beschwichtigen – der Ankommende selbst, der den Dingen ihr Wesen einhaucht. Im nachmetaphysischen Zeitalter verschwindet der Glaube daran, dass es eine ewige transzendente Idee der idealen Lammkeule gebe, der Liebe, der Kunst, der Interpretation von Beethovensonaten. Man begreift Wertideen als eigene Ideen und versucht, sich ihnen anzunähern: diesseitiger Platonismus.

Was man selbst will, lässt sich im seinsorientierten Denken nur durch eine persönliche Entscheidung gegenüber all dem anderen auszeichnen, was es außerdem auch noch gibt. Im Vergleich zum Steigerungsdenken, dessen Logik einem von

Anfang an alle Bewertungsprobleme abnimmt, wird einem im seinsorientierten Denken eine viel höhere normative Anstrengung abverlangt. Nur kraft eigener Entscheidungen treten Wertideen aus dem Getümmel dessen, was es gibt, hervor, und nur mit länger dauernder Entschiedenheit kann man sich ihnen annähern. Seinsorientiertes Leben verwirklicht sich in Projekten, für die nichts anderes spricht als der Umstand, dass man sich dafür entschieden hat. Das Scheitern solcher Projekte äußert sich im Zappen, im ständigen Partnerwechsel, in der sofortigen Suche nach einem Autoverleih am Urlaubsort.

Wenn die Kategorie »anders« an die Stelle der Kategorie »mehr« tritt, muss sich auch die Vorstellung von Wandel ändern. Das Steigerungsdenken begreift Wandel als kollektive oder persönliche Fortschrittsgeschichte. Langfristige technische Entwicklungsverläufe wie etwa der Weg der Kommunikationstechnik oder ständige Verbesserungen der Verkehrsinfrastruktur, Steigerungen des Lebensstandards, Karriereverläufe, lebenslanges Forschen – dies sind Beispiele für kollektiven oder persönlichen Wandel in der Sozialwelt der Steigerung, bleibt doch die Richtung des Wandels immer dieselbe. Der Schritt vom Flügeltelegraph zur Morsetelegraphie lässt sich mit demselben Paradigma von Wandel erfassen wie der Schritt von den einseitigen zu den interaktiven Medien in den Neunzigerjahren. Trotz aller Veränderungen kann man sich bequem auf das Steigerungsspiel einstellen, denn hinsichtlich der Hintergrundvorstellung gibt es keinen Wandel.

Anders liegen die Dinge in einer seinsorientierten Lebensform. Hier hat Wandel den Charakter von Variationen, Metamorphosen, Konversionen. Wer jeden Tag denselben Spaziergang macht, wird die Natur je nach Wetter, Jahreszeit und eigener Stimmung doch immer wieder anders erleben. Es ereignet sich also Wandel, doch lassen sich die vielen einzelnen Spaziergänge nicht in einem übergreifenden Wandlungsmodell (vergleichbar der Fortschrittsidee) zusammenfassen. Dies gilt auch für kollektive Wandlungen: Trends, Moden, Strömungen des Zeitgeistes, Stile, Design, Kunst, vorherrschende Muster der Körperästhetik. Persönlicher und kollektiver Wandel erscheinen als ein ständiges Hin und Her, ohne langfristige Zielperspektive, zugänglich für Gewöhnung nur insofern, als man sich an nichts gewöhnen kann.

Steigerung (Brustvergrößerung: Silikonimplantat) / Ankunft (Venus von Milo) ⇒600 ⇒708

» Anders liegen die Dinge in einer seinsorientierten Lebensform. Hier hat Wandel den Charakter von Variationen, Metamorphosen, Konversionen. «

Daniela Tausch-Flammer

Wie kann unser Leben und Sterben aussehen, wenn der Tod wieder zum Leben gehört?

Die Erfahrung einer eigenen Krankheit sowie die Krebserkrankung und der Tod der Mutter führten dazu, dass sich die Psychotherapeutin Daniela Tausch-Flammer seit Ende der 80er-Jahre der Begleitung Sterbender und ihrer Angehörigen verschrieben hat. Ein anderer Umgang mit Sterben, Tod und Trauer ist das Ziel ihres Wirkens. ⇒4663

Visionen – für mich gibt es zwei Richtungen, in die ich blicken kann:

Einmal die dunklere: Da sehe ich, wie die Apparatemedizin immer mehr zunimmt, wie vielleicht Computer ausrechnen, ob es sich bei einem Patienten mit dieser Erkrankung noch finanziell lohnt, eine Behandlung zu machen, wie von sterbenden Patienten Organe entnommen werden, Menschen sich nach ihrem Tod einfrieren lassen, und wie wir Menschen immer mehr unter dem Blickwinkel der Nutzbarkeit gesehen werden. Das Leben wird bestimmt vom Kampf gegen den Tod als Feind, und aus der Angst vor diesem Feind werden Menschen manipuliert. Der Tod wird zum Geschäft.

Dann gibt es aber auch eine hoffnungsvollere, zuversichtlichere Sicht, und ich möchte diese näher beschreiben. In den folgenden kleinen Visionen möchte ich Ihnen auf ganz konkrete Weise Bilder nahe bringen, die vielleicht in uns allen schon als Hoffnung oder Bedürfnis vorgezeichnet sind. Diese Bilder tragen in sich eine veränderte Einstellung zum Umgang mit Sterben und Tod und können uns Mut machen, uns für ihre Verwirklichung einzusetzen.

1. Bild: Die Auseinandersetzung mit dem Tod führt uns hin zum Leben

Heute ist Silvester. Wie zu jedem Jahresende werde ich mich mit Freunden treffen und wir werden uns folgenden Fragen stellen: Wäre ich bereit, jetzt, nach diesem Jahr, zu sterben?

Daniela Tausch-Flammer

1961 in Wetzlar geboren
1984 Diplom und
1986 Promotion in Psychologie in Hamburg
1987–97 Initiatorin und Leiterin des »Hospiz-Dienstes – Begleitung Sterbender und ihrer Angehörigen« in Stuttgart. Aufbau eines ambulanten und stationären Hospizes
seit April 1997 als Psychotherapeutin in eigener Praxis in Stuttgart tätig

Was habe ich versäumt zu leben? Was bin ich mir selbst und anderen schuldig geblieben? Mit wem ist noch ein Konflikt ungeklärt? Habe ich das Gefühl, dass ich mich nur von anderen bestimmen lasse, oder bestimme ich selbst über mein Leben? Was kann ich ändern?

Es ist nicht immer leicht, sich diesen Fragen zu stellen, es ist verunsichernd, aber dieses Ritual hat mein Leben total verändert. Ich war früher immer jemand, dem Karriere, Geld und berufliches Ansehen sehr wichtig waren. Aber mir ist deutlich geworden, dass mich das nicht wirklich erfüllt und dass ich viele Träume auf später verschoben habe. Nach dem Motto »Wenn ..., dann ...«. Nun achte ich viel mehr auf das Jetzt. Was kann ich jetzt, heute schon, von meinen Träumen verwirklichen? Da mir bewusst geworden ist, dass ich viel mehr Zeit mit meiner Familie verbringen möchte, habe ich meine Arbeitszeit auf 75 %. reduziert. Wir haben zwar jetzt etwas weniger Geld, aber das Wichtigste ist eigentlich Zeit, Zeit haben für das, was in dem Moment wichtig ist. Das sind so die kostbarsten Momente in meinem Leben, in denen nichts geplant ist. Diese gelebte Zeit kann mir auch der Tod nicht nehmen. Und der Gedanke an den Tod kehrt immer wieder bei uns ein, begleitet im guten Sinn unser Leben. Er spiegelt uns so deutlich, wie wir leben. Mein Mann und ich setzen uns z.B. an jedem Hochzeitstag zusammen und fragen uns: Wie wäre es, wenn einer von uns im nächsten Jahr sterben würde? Was haben wir versäumt ... Was wollen wir im nächsten Jahr ändern? Das hilft uns, nicht in der Selbstverständlichkeit des Zusammenseins zu versinken.

Unser Sohn hat in zwei Monaten seinen achtzehnten Geburtstag, und das bedeutet, dass er in seinen Personalausweis eintragen lassen muss, ob er seine Organe spenden möchte oder nicht. Das Thema wurde jetzt auch in der Schule behandelt, weil sich ja alle mit 18 Jahren mit dieser Frage auseinandersetzen müssen. Aus diesem Anlass mussten alle Schüler ein einwöchiges Praktikum im Krematorium, auf der Intensivstation, in einem Pflegeheim für Menschen im Koma oder auf einer Kinderkrebsstation machen. Es hat ihn schon sehr mitgenommen, er ist dadurch auch vorsichtiger mit seinem Motorrad gefahren, aber es war für ihn eine wichtige Zeit. Für das neue Jahr nehme ich mir nun vor, dass ich jeden Tag kurz inne halten und mich dem Gedanken stellen will, ich hätte jetzt nur noch diesen Tag zu leben. Ich habe mir vorgenommen, dieses Erinnern immer dann zu praktizieren, wenn ich im Auto bei einer roten Ampel warte. Ich glaube, es wird mir helfen, das Heute viel mehr wertzuschätzen. Ich freue mich darauf.

» *Wäre ich bereit, jetzt,*
nach diesem Jahr,
zu sterben? «

» *Obwohl der Tod fast*
das einzige Ereignis ist,
das mit Sicherheit
eintreten wird,
bereiten wir uns kaum
je darauf vor. «

Welche Wünsche haben wir für unser Sterben – wer weiß davon?

Obwohl der Tod fast das einzige Ereignis ist, das mit Sicherheit eintreten wird, bereiten wir uns kaum je darauf vor. Wie wäre es, wenn Sie sich z.B. mit den Fragen und Impulsen über Sterben und Tod (in dem nebenstehenden Kasten) mit ihrem Partner oder Elternteil zusammensetzen und darüber reden würden. Sie könnten an einer Vision mitwirken – dass wir im Sterben einander ehrlicher und vorbereiteter begleiten können. Vielleicht erfahren Sie auch, dass ein Gespräch über den Tod Menschen einander sehr nahe bringen kann.

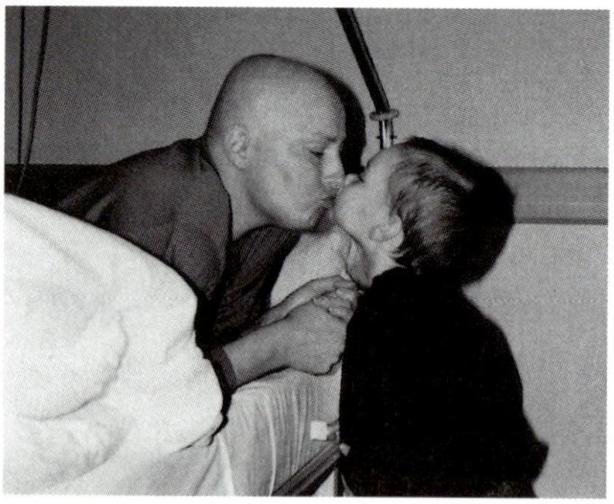

Eine Patientin küsst ihr Kind. Das **Zusammensein mit Angehörigen** ist Trost und Hilfe.

⇨4663

Meine Wünsche für mein Sterben
(unterstreichen Sie, was Sie sich wünschen)
- Ich will / will nicht, dass mein Leben um jeden Preis verlängert wird.
- Ich erkläre, dass ich mit einer Intensivtherapie, Reanimation und sonstigen Eingriffen nicht einverstanden bin, falls ich in einen Zustand dauernder Bewusstlosigkeit durch schwere Dauerschädigung meiner Gehirnfunktion gerate. Ich bitte in diesem Fall um Einstellung jeder lebensverlängernden Therapie, außer der Schmerzbehandlung.
- Einer Organspende stimme ich zu. / Eine Organspende lehne ich ab.
- Ich bin mit einer Obduktion einverstanden / nicht einverstanden.

Ich möchte gerne
- eine / keine künstliche Ernährung
- dass jemand bei mir ist / mich berührt / laut oder leise für mich betet, singt oder vorliest, wenn ich sterbe
- seelsorgerliche / therapeutische Begleitung
- dass folgende Personen bei mir sind:
- für einige Stunden unberührt liegen bleiben, wenn ich gestorben bin
- dass Freunde bei mir für 12/24/36 Stunden eine Totenwache halten
- eine Aussegnung durch:
- eine Trauerrede von:
- dass Texte von ________ gelesen werden
- folgende Musik:
- folgende Rituale:

2. Bild: Sterben ist eine Zeit des Lebens

Seit zwei Jahren habe ich Krebs. Die Ärzte waren sehr ehrlich zu mir. Nun haben wir gemeinsam beschlossen, dass die Belastungen einer weiteren Therapie zu groß sind und meine Lebensqualität zu sehr eingeschränkt würde. Das hat mich schon sehr runtergezogen, aber der Gedanke an den Tod begleitet mich ja nun schon seit zwei Jahren. Damals habe ich mir Hilfe beim Hospizdienst geholt, und die Begleiterin tut mir auch jetzt sehr gut. Mit meiner Familie habe ich gesprochen, dass ich mir wünsche, zu Hause zu sterben. Es wäre so schön, weil dann auch meine dreijährige Tochter immer wieder bei mir im Zimmer sein kann. Von ihr fällt mir der Abschied am schwersten. Ich habe ihr ein Buch gemacht mit meinen Erinnerungen an sie, was sie gesagt hat, wie sie als Kind war, da sie mich ja später niemals mehr fragen kann. Und eine Kassette habe ich ihr besprochen, die soll sie hören, wenn sie einmal älter ist, damit sie auch meine Stimme kennt. Ich werde von guten Krankenschwestern betreut, die sich in der Schmerztherapie auskennen. Ich fühle mich sehr sicher. Mein Mann hat unbezahlten Urlaub genommen, sodass wir viel Zeit miteinander haben. Letztlich zählt jetzt nur noch die Liebe. Wir hatten eigentlich in den Jahren zuvor sehr viele Schwierigkeiten miteinander, aber ausgelöst durch die Krankheit haben wir viele sehr ehrliche Gespräche geführt und manches klären können. Schade, dass uns das erst jetzt möglich war. Die letzten zwei Jahre waren die intensivsten in meinem Leben. Ich habe für mich erfahren, wie wichtig für mich Freunde sind. Lange Zeit hat mich der Satz begleitet: Es ist die richtige Zeit, Freundschaften zu schließen, auch angesichts des Todes.

Ich mag jetzt gar nicht mehr viel lesen, sondern horche still in mich hinein, freue mich über Menschen, die da sind, die Natur und meine Tochter. Mehr braucht es eigentlich nicht. Ja, Angst habe ich schon vor dem Tod, aber ich erinnere mich dann immer an das Bild meiner toten Großmutter. Sie sah so friedlich und erlöst aus. Das gibt mir Zuversicht, dass der Tod selbst nicht grausam ist. Das Sterben, der Weg dorthin, ist schon schwer, aber auch eine wichtige Zeit meines Lebens.

»Das gibt mir Zuversicht, dass der Tod selbst nicht grausam ist.«

3. Bild: Trauer – ein Weg zur Heilung

Obwohl meine Frau im Krankenhaus gestorben ist, haben wir sie noch drei Tage zu Hause aufgebahrt. Das war besonders für die Kinder eine große Hilfe. Wir haben ihr noch vorgelesen, saßen manchmal still im Gebet an ihrem Bett, dann wieder tauschten wir Erinnerungen aus, und die Kinder waren ganz natürlich mit dabei. Sie haben staunend beobachtet, wie sich ihre Mutter noch veränderte, wie sie im Aussehen jünger wurde. Und obwohl wir das Kinn nicht hochgebunden haben, ging es ganz von alleine zu. Bei der Beerdigungsfeier haben Freunde musiziert, Texte gelesen, dann waren wir alle miteinander im Krematorium und haben bei der Verbrennung zugeschaut. Das war für mich der schlimmste Moment, aber durch die Hilfe der Freunde war es für mich sehr gut. Am Abend haben wir dann ihre Asche, so wie es ihrem Wunsch entsprach, im Garten verstreut.
Das ist jetzt zwei Jahre her und ich habe nun die schwerste Zeit hinter mir. Damals habe ich von dem Anspruch, in einer Lebenskrise drei Monate unbezahlten Urlaub nehmen zu können, Gebrauch gemacht. Ich bin viele unserer gemeinsamen Orte abgelaufen, habe unsere Briefe gelesen, habe viel mit Freunden gesprochen. Es war eine sehr harte und dunkle Zeit, aber ich bin froh, dass ich mich dem so stellen konnte. Ich habe mir jeden Abend Zeit für die innere Begegnung mit ihr genommen. Ich habe mich zuerst an gemeinsame Erfahrungen erinnert, sodass ich sie deutlich in mir spürte, und dann habe ich ihr Texte vorgelesen, mit ihr innerlich geredet, für sie gebetet und sie auch um Kraft und Hilfe gebeten. Diese Zeit war sehr kostbar für mich gewesen. Auch heute noch spüre ich, dass sie mein Leben begleitet, dass wir sehr viel Hilfe von den Verstorbenen erfahren. Ein Jahr nach ihrem Tod, also an ihrem ersten Geburtstag im Jenseits, habe ich noch mal all ihre Freunde eingeladen und wir haben als Dank, dass sie in unserem Leben war, ein großes Fest gemacht. Es tut gut, so innerlich verbunden mit ihr weiterzuleben, und dennoch bin ich jetzt auch wieder offen für eine neue Beziehung und dem Leben wieder zu gewandt.

Blaue Trauerfeier: Ein Verstorbener liegt in einem sargähnlichen Lichtraum und mehrere trauernde Menschenwesen begleiten ihn. Darüber spannt sich ein Sternenbogen, der die kosmische Dimension dieses Vorgangs andeutet und damit Trost gewährt. → 4671

Vom Dunkel ins Licht: Vision des Durchgangs in die eigentliche geistige Welt oder Lichtwelt; die Verstorbenen bewegen sich gleich Reisenden diesem Licht entgegen. → 4671

Volkmar Sigusch

Eros und Anteros: Wird die Sexualität im nächsten Jahrhundert schwarz oder weiß sein?

Volkmar Sigusch veröffentlichte bisher mehr als zwanzig Bücher zu medizinischen und philosophischen Fragen. In den Siebzigerjahren begründete er die Sexualmedizin als ein neues Fachgebiet. Heute ist er international einer der angesehensten Sexualforscher der Welt. ⇨4871

Der Schatten des Eros heißt in unserer Kultur Anteros.

Den alten Griechen war er nicht nur der Bruder des Eros und der Gott der Gegenliebe, sondern auch der rächende Genius verschmähter Liebe. Der schöne Knabe Meles zwang Timagoras, den Fremdling, zum Beweis seiner Liebe von der Akropolis zu springen. Nachdem Timagoras es getan hatte, sprang Meles aus Reue hinterher. So töteten sich beide. Seither herrschen Eros und Anteros über Bruchstücke, die uns heute als diskursive Figuren begegnen: das sexuell missbrauchte Kind; der sexistische Mann; die zu viel oder zu wenig, also immer falsch liebende Mutter; der Sextourist; der elektronisch zerstreute Perverse; der Single; das kirchlich gesegnete gleichgeschlechtliche Paar, vor allem aber das sozial asymmetrische, kulturell getrennte heterosexuelle Paar.

Das salomonische Lied der Liebe, das dem antiken folgte, klingt ganz anders: Mein Geliebter ist leuchtend rot, auserkoren unter Tausenden. Sein Haupt ist das feinste Gold, sein Leib ist reines Elfenbein, mit Saphiren geschmückt, sein Gaumen ist lauter Süße. Alles an ihm ist Lust. Wenn er mich doch küsste! Auch an der Geliebten ist kein Flecken. Ihre Brüste sind wie zwei junge Rehe, die unter Rosen weiden. Doch als er sie küssen will, sind sie alle im Garten der Lust versiegelt: Milch und Honig, Aloe, Narde, Safran und Kalmus, all die edlen Früchte des Weihrauchs, die ihm das Herz genommen haben.

Volkmar Sigusch

1940 in Bad Freienwalde bei Berlin geboren
1959–66 Studium der Medizin, Philosophie und Psychologie in Ost-Berlin, Frankfurt am Main und Hamburg
1961 aus politischen Gründen Flucht von Ost- nach West-Berlin
1966 medizinisches Staatsexamen und Promotion zum Dr. med. in Hamburg
1966–72 Ausbildung in Psychiatrie und Sexualwissenschaft bei Hans Bürger-Prinz und Hans Giese
1972 Habilitation für Sexualwissenschaft an der Universität Hamburg und Ruf auf den neu eingerichteten Lehrstuhl für Sexualwissenschaft der Universität Frankfurt am Main
seit 1973 Direktor des Instituts für Sexualwissenschaft im Klinikum der Universität Frankfurt am Main und Professor in den Fachbereichen Medizin und Gesellschaftswissenschaften
1978–82 Erster Vorsitzender der Deutschen Gesellschaft für Sexualforschung
1988 Mitbegründer der »Zeitschrift für Sexualforschung«
seit 1997 erneut Erster Vorsitzender der Deutschen Gesellschaft für Sexualforschung

Das Wort »Sexualität« kommt weder in der Bibel noch bei Homer noch bei Shakespeare vor. Das ist nicht nebensächlich, sondern die Sache selbst. Denn als gesellschaftliche Form und als Begriff, als ein allgemein Durchgesetztes und isoliert Dramatisiertes existiert das, was wir »Sexualität« nennen, erst seit etwa zweihundert Jahren, also seit wenigen Generationen. »Sexualität« als theoretisches, ästhetisches und moralisch-praktisches Problem ist Bestandteil einer profanen Kultur, die an jener Schnittstelle entstand, welche der Zerfall der religiösen Weltsicht und das Aufkommen der Waren und Wissen produzierenden Experimental- und Tauschgesellschaft im Abendland bilden.

Anders als in anderen Kulturen geht es bei uns seit der Installation der Markt- und Wissensgesellschaft vorrangig um das manifeste und nicht um das spirituelle Befriedigen von Gier und Neugier. Auch deshalb unterliegt die sexuelle Sphäre einer ständigen Transformation. Ununterbrochen werden Wünsche produziert, die sich unverzüglich niederschlagen sollen. Ununterbrochen wird die scheinbare Einheit Sexualität zerlegt, um ihr neue Begierden zuschreiben, neues Wissen einpflanzen und neue Konsumationen abmarkten zu können. Manchmal erfolgt das mit Geschrei, manchmal eher lautlos. Die Älteren werden sich noch an das Getöse erinnern, das am Ende der Sechzigerjahre »sexuelle Revolution« genannt worden ist. Damals wurde ein König Sex inthronisiert, der alle bis dahin normalen Sexualverhältnisse als zerstörerisch denunzierte. In den Massenmedien probten diverse Sexualia den Aufstand, bis sie ihre Stupidität nicht mehr verbergen konnten. In den Schulen wurde versucht, den Zeigestock gegen das Imaginäre ins Feld zu führen. Dazu passte das zunehmende Technologisieren der Fortpflanzung ebenso wie das Trennen von Recht und Moral. Der Staat zog sich aus einigen Bereichen des individuellen Lebens zurück, sodass das Sexual-, Ehe- und Kontrazeptionsverhalten partiell entkriminalisiert wurde. Jugendliche und junge Erwachsene forcierten ihr Sexualverhalten kollektiv, blieben aber mehrheitlich am Ehe- und Treuemodell ihrer Eltern orientiert. Besonders einschneidend war die kulturelle Resexualisierung der Frau als Genus. Sie war jetzt orgasmuspflichtig, nachdem ihr bis in die Dreißigerjahre hinein wissenschaftlich abgesprochen worden war, überhaupt ein sexuelles Wesen sui generis zu sein. Erinnert sei schließlich an die enorme Psychologisierung des heterosexuellen Paares, das, in eine »Beziehungskiste« eingesperrt, ununterbrochen sein Befinden zu Protokoll geben sollte, bis sich die erschöpften Partner wieder in sich zurückzogen.

Das Wort »Sexualität« kommt weder in der Bibel noch bei Homer noch bei Shakespeare vor. Das, was wir »Sexualität« nennen, existiert erst seit etwa zweihundert Jahren.

Büste des Antinous, 130/135 n. Chr., Glyptothek, München: **Antinous,** der Liebling des römischen Kaisers Hadrian, ertrank 130 n. Chr. im Nil. Hadrian ließ ihn göttlich verehren und durch Festspiele feiern. Die antiken Statuen zeigen Antinous meist in idealer Nacktheit.

→2006

Während die alte Sexualität positiv mystifiziert wurde als Rausch, Ekstase und Transgression, wird die neue negativ mystifiziert als Ungleichheit der Geschlechter, als Missbrauch, Gewalt und tödliche Infektion.

Das war der Beginn eines eher lautlosen Transformationsprozesses, der unübersehbar in den Achtzigerjahren begann. Ich nenne ihn die »neosexuelle Revolution«. Insgesamt verlor die Kulturform Sexualität an symbolischer Bedeutung. Heute ist sie nicht mehr die große Metapher der Lust und des Glücks. Sie wird nicht mehr so stark überschätzt. Während die alte Sexualität positiv mystifiziert wurde als Rausch, Ekstase und Transgression, wird die neue negativ mystifiziert als Ungleichheit der Geschlechter, als Missbrauch, Gewalt und tödliche Infektion. Während die »Paläosexualität« vor allem aus Trieb, Orgasmus und dem heterosexuellen Paar bestand, bestehen die »Neosexualitäten« vor allem aus Geschlechterdifferenz, Selbstliebe, Thrills und Prothetisierungen. Neue Selbstpraktiken wie beispielsweise fetischistische und transgenderistische inszenieren sich heute mit großer Selbstverständlichkeit in aller Öffentlichkeit. Sie sind insofern typische Neosexualitäten, als das triebhaft Sexuelle im alten Sinn nicht mehr im Vordergrund steht. Sie sind zugleich sexuell und nonsexuell, weil Selbstwertgefühl, Befriedigung und Homöostase nicht nur aus der Mystifikation der Triebliebe und dem Phantasma der orgastischen Verschmelzung beim Geschlechtsverkehr gezogen werden, sondern ebenso oder stärker aus dem Thrill, der mit der nonsexuellen Selbstpreisgabe und der narzisstischen Selbsterfindung einhergeht.

Hieronymus Bosch, *Garten der Lüste*, 1503/04, Prado, Madrid: Fantasiereich schildert Hieronymus Bosch die Versuchungen der Menschen und ihre möglichen Folgen. Spätmittelalterliche **»Visionen und Ängste«** sind Bild geworden. ⇨390

Mit Sicherheit wird sich dieser Wandel im 21. Jahrhundert fortsetzen. Meine weiße Vision ist: Einst als krank oder abnorm verfolgte Sonderbarkeiten werden selbstbewusst als eigensinnige Geschlechts-, Liebes- und Sexualformen in Erscheinung treten. Es wird eine Buntscheckigkeit geben, von der frühere Generationen nicht einmal träumen konnten. Vielleicht wird es sogar wieder erotische Transzendenz geben, die sich der digitalen Weltsicht, die keine Mythen und Götter kennt, entlastend zur Seite stellt. Der Kampf zwischen Eros und Anteros um die Fragmente wird jedenfalls nur so lange weitergehen, wie die kulturellen Inszenierungen auf die Sehnsucht der Menschen nach Transzendenz spekulieren. Meine schwarze Vision ist: Immer mehr Bruchstücke werden digitalisiert, kommerzialisiert und banalisiert werden. Zungenküsse, ungeschützter Beischlaf, Penisprothesen, Embryonen, Jungfrauen oder Kinder werden bereits auf dem Markt angeboten. Immer mehr Menschen werden zu ihrer eigenen Familie werden und sich einreden müssen, es handele sich um einen Lifestyle. Fortpflanzung wird immer rationaler, Moral immer egoistischer werden. Kinder werden gendesigned sein.

Meine kritische Vision ist: Patriarchalismus und Sexismus werden sich fortschleppen. Der Zwang zur Vielfalt wird zunehmen. Die Sexualität wird weiterhin zerlegt werden und neue Fragmente hervortreten lassen. Einige Vorboten kennen wir schon: den eisernen, männlichen Mann; die amphiphile Frau mit dem erotischen Kontinuum; den Geschlechtsdarsteller, genannt Genderblender; den ungeschlechtlich Klonierten; den in sich selbst Verliebten; die Fakesexerin; den Cybersexer. Das sexuelle Elend aber kann nicht verschwinden, weil die alte Leibseele immer noch an den Menschen klebt: aufgepeitschte Nerven, enttäuschte Liebe, unendliche Einsamkeit. Ein lebbares Modell der erregenden Harmonie wird es nicht geben können. Dummerweise wissen wir bereits heute, dass abstinentes, monogames und promiskes Verhalten gleich weit entfernt sind von einem freien Sinnesleben, dass Helden der Liebe ebenso Indices eines falschen Lebens sind wie Sexualstraftäter, dass das gesunde und glückliche Sexualleben seit Jahrhunderten die Ideologie seiner Verhinderung ist. Aus den gegenwärtigen Neosexualitäten wird so etwas wie Leansex hervorgehen: selbstdiszipliniert und selbstoptimiert. Die nächste Generation wird zwischen stiller Treue und dröhnendem Event, zwischen Schwellkörper-Autoinjektionen und Cybersex, zwischen individueller Liebe und kollektiven Loveparades surfend hin- und herleben. Allerlei Aufputschungen und Selbstdrapierungen werden die unabweisbare Beziehungsdisziplin erträglich machen wollen. Das wird ebenso schrill und bunt sein wie realistisch.

Nach wie vor aber werden unbewusste Impulse und individuelle Fantasien dem widersprechen, was kulturell inszeniert ist. In der sexuellen Erregung werden weiterhin Dinge zurücktreten, die das Alltagsleben strangulieren: Alles ist gang und gäbe, alles scheint rational entschieden, doch da ereignet sich etwas Unvorhergesehenes, Erschütterndes, Verrücktes. Infantile Allmachts- und Vollkommenheitsfantasien sind auf einmal wieder da. Es geht nicht mehr gemütlich und digital zu, sondern höchst riskant und analog, es herrscht nicht mehr Langeweile, sondern ein Ausnahmezustand. Das, so glaube ich, wird Eros, der fremd gebliebene und in die Flucht geschlagene Imaginär, trotz atemberaubender wissenschaftlicher Grenzüberschreitungen auch noch im 21. Jahrhundert zustande bringen, getrost und ungetrost. Der Blick der Wissenschaftler aber wird kalt bleiben. Denn kein Geheimnis soll sein.

Ein lebbares Modell der erregenden Harmonie wird es nicht geben können.

Marc Chagall, *Der Spaziergang*, 1917/18, Russisches Museum, Leningrad: Das **Schweben und Fliegen glücklicher Liebespaare** ist ein immer wiederkehrendes Motiv im Werk Marc Chagalls. »Der Spaziergang« aus dem Jahr 1917 ist ein Selbstporträt des Künstlers, an dessen Arm sich die junge Ehefrau Bella wie eine Fahne im Wind bewegt. ⇒390

Karin von Welck

Über die Finanzierbarkeit der Kultur: Wer soll das bezahlen?

Karin von Welck war langjährige Direktorin des Reiss-Museums der Stadt Mannheim, bevor sie das Amt der Generalsekretärin der Kulturstiftung der Länder übernahm. Die 1988 gegründete Stiftung hat die Förderung und Bewahrung von Kunst und Kultur in den 16 Bundesländern zum Ziel. In unvergleichlicher Weise ermöglichte sie etwa Ankäufe bedeutender Kunstwerke; die abgebildeten Beispiele belegen dies. ⇒5219

Karin von Welck

1947 in Buir bei Köln geboren
1966–73 Studium der Ethnologie, Linguistik, Germanistik, der politischen Wissenschaften und der amerikanischen Sprachen und Kulturen an den Universitäten Hamburg und Köln
1973 Promotion, anschließend Aufbau verschiedener kleiner Völkerkundemuseen
1979–80 wissenschaftliche Angestellte am Institut für Völkerkunde der Universität Köln
1980–90 Leiterin der Indonesien-Abteilung am Rautenstrauch-Joest-Museum für Völkerkunde der Universität Köln, **ab 1982** stellvertretende Direktorin
1990/91 Lehrbeauftragte an der Universität Köln
1990–98 Direktorin des Reiss-Museums der Stadt Mannheim
seit 1991 Lehrbeauftragte an der Universität Mannheim
1994 Honorarprofessorin der Universität Mannheim
seit Oktober 1998 Generalsekretärin der Kulturstiftung der Länder

Kultur ist das (Über-)Lebensmittel unserer Gesellschaft.

Das gilt auch für das dritte Jahrtausend. In Anbetracht der Finanzprobleme der öffentlichen Haushalte, an denen sich in den nächsten Jahrzehnten wohl kaum etwas Grundsätzliches ändern wird, ist es notwendig, Modelle zu entwickeln, mit denen möglichst viele Partner in die Mitfinanzierung von Kulturprojekten eingebunden werden können. Das Wort »Gemeinsamkeit macht stark« ist also auch für die Kulturszene richtig und wichtig. Bei den dafür notwendigen Kooperationen geht es in der Bundesrepublik Deutschland nicht allein um Public-Private-Partnership – also die Zusammenarbeit von Institutionen wie Museen und Theatern, die von den Kommunen, den Ländern und dem Bund finanziert werden, mit Sponsoren und Mäzenen aus Industrie und Wirtschaft –, sondern ebenso um Kooperationen über die Grenzen der Bundesländer hinweg.
Eine Institution, die seit 1988 besteht und auch in Zukunft ein gewichtiges Wort mitzureden haben wird, ist die »Kulturstiftung der Länder«. Ihre Gründung gilt zu Recht als Sternstunde föderaler Kulturpolitik, in der es gelang, die Länder zu gemeinsamer Verantwortung für den Erhalt und die Pflege von Kultur zu verpflichten. Darüber hinaus hat sich die Stiftung zu einer Instanz entwickelt, die immer dann beratend und vermittelnd tätig wird, wenn es um die Förderung von Kunst und Kultur nationaler Bedeutung geht oder aber wenn mit Projekten Neuland beschritten wird.

Das Aufgabenspektrum der Stiftung ist breit angelegt. Im so genannten Errichtungsabkommen bekennen sich die 16 Bundesländer zu Förderung und Bewahrung von Kunst und Kultur nationalen Ranges und dabei insbesondere zur »Förderung des Erwerbs für die deutsche Kultur besonders wichtiger und bewahrungswürdiger Zeugnisse«. Eine stolze Bilanz des Erreichten präsentierte die Stiftung anlässlich ihres zehnjährigen Bestehens im Jahr 1998 in der Staatsgalerie Stuttgart. In der Ausstellung »Sternstunden – Kunstwerke aus zwei Jahrtausenden« wurde mit 150 Exponaten eindrucksvoll belegt, dass es sich lohnt, mit Diplomatie und Überzeugungskraft Kräfte zu bündeln und so Ankäufe zu bewerkstelligen, die einem einzelnen Haus oder Bundesland allein nicht möglich wären. In der Regel beteiligen sich bei gewichtigen Ankäufen der Bund, die Kulturstiftung und das Land mit je einem Drittel am Kaufpreis, doch es sind auch andere Finanzierungsmodelle gängig. Wenn die Museen über keine eigenen oder entsprechend ausgestatteten Ankaufsetats verfügen, vermittelt die Kulturstiftung der Länder oft auch die Kontakte zu möglichen Sponsoren und Mäzenen oder zu anderen Stiftungen, die im Bedarfsfall die Finanzierungslücken schließen helfen. Auf diese Weise wurden seit 1988 fast 500 Millionen Mark aufgebracht. Weitere Aufgaben wurden im Rahmen des so genannten Mitwirkungsabkommens übernommen, in dem der Bund der Kulturstiftung die Förderung von überregional bedeutsamen Kunst- und Kulturvorhaben übertrug. Dabei geht es um Förderung von Musik, bildender Kunst, Museen, Literatur und Theater sowie von internationalen Veranstaltungen und Vorhaben mit bundesweiter Bedeutung.

In allen Aufgabenfeldern kommt es der Stiftung zugute, dass sie mittlerweile auch über viel Erfahrung im Umgang mit Sponsoren und Mäzenen verfügt. Immerhin machten private Spendenmittel Ende der 1990er-Jahre bereits 18 Prozent des Stiftungshaushaltes aus. Der Ehrenkodex zum Kultursponsoring, mit dem führende Wirtschaftsunternehmen im Herbst 1998 dazu aufgefordert haben, durch mehr Sponsorenmittel die geringer werdenden öffentlichen Kulturausgaben zu ergänzen, ist für die Kulturstiftung der Länder ein wichtiges Signal. Das Papier wurde von fünfzig bedeutenden Konzernen verschiedenster Branchen unterzeichnet. Der Ehrenkodex enthält die Selbstverpflichtung, Sponsorenmaßnahmen als längerfristiges Engagement aufzufassen, um so den Gesponsorten Planungssicherheit zu verschaffen. Die Unternehmen haben damit signalisiert, dass sie sich als mitverantwortlich für die Kultur in unserer Republik empfinden, und dies durchaus nicht nur durch die Förderung von

Kultur ist das (Über-)Lebensmittel unserer Gesellschaft.

Robert Schumann, *Ouvertüre zu Johann Wolfgang von Goethes Epos »Hermann und Dorothea«* (op. 136), 1851, Robert-Schumann-Haus Zwickau →110

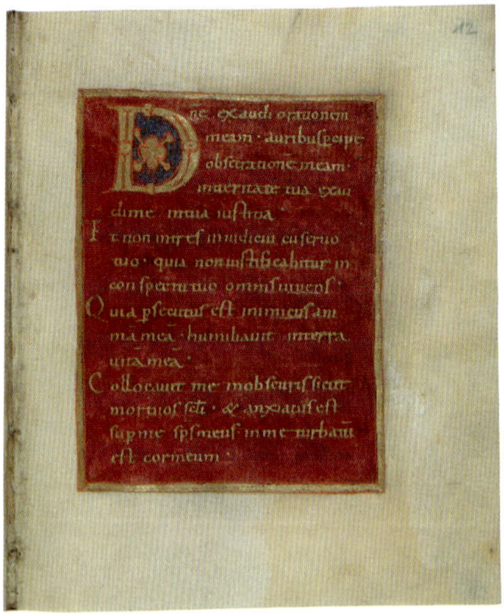
Dne exaudi orationem
meam · auribus percipe
obsecrationem meam
in veritate tua exau
di me in tua iustitia
Et non intres in iudicium cum servo
tuo · quia non iustificabitur in
conspectu tuo omnis vivens
Quia persecutus est inimicus ani
mam meam · humiliavit in terra
vitam meam
Collocavit me in obscuris sicut
mortuos saeculi · & anxiatus est
super me spiritus meus in me turbatum
est cor meum

Gebetbuch Ottos III., 10. Jahrhundert, Bayerische Staatsbibliothek, München ⇨102

medienwirksamen Events. Zwar wollen die Sponsoren natürlich vom positiven Image der Kultur profitieren, doch bekennen sie sich auch dazu, die Selbstständigkeit der Künstler und Kultureinrichtungen zu respektieren. Bei Kooperationen zwischen Sponsoren und kulturellen Institutionen hat die Kulturstiftung der Länder schon häufig die Rolle des Vermittlers übernommen. Bedenkt man, dass zurzeit die öffentlichen Kassen rund 16 Milliarden Mark im Jahr für Kultur in Deutschland ausgeben, Sponsoren bisher aber insgesamt nur bis zu 600 Millionen Mark, ist vorstellbar, dass sich das Sponsorenbudget noch erhöhen lässt. Die Stiftung könnte dabei wie die Vergabestelle eines Gütesiegels fungieren, nach dem Motto: Wenn die Stiftung ein Projekt empfiehlt, hat der Sponsor die Gewissheit, dass er etwas Vernünftiges fördert. Doch auch für die Kulturstiftung ist es schwierig, Unternehmen für die Förderung von Kulturprojekten zu gewinnen, solange die Steuergesetzgebung nicht sponsorenfreundlicher ist.

Eine wichtige *Vision 2000* ist daher ein motivierendes Kultur- und Stiftungsförderungsgesetz, in dem zum Beispiel auch Vermächtnisse für Kulturinstitutionen Steuervorteile für den Erblasser erbringen. Eine zweite Vision ist, dass der Kulturstiftung der Länder eine so große Popularität zuwächst, dass sie, vergleichbar dem National Trust in Großbritannien, auch von privater Seite so viele Zuwendungen, Zustiftungen und Vermächtnisse erhält, dass sie in der Lage ist, aus Kapitalerträgen Kulturprojekte zu fördern. Die dritte Vision wäre natürlich, dass auch die bisherigen Finanziers der Kulturstiftung – nämlich die Länder und der Bund – in Anbetracht der wichtigen Aufgaben der Stiftung ihre Zusagen für das laufende Budget wesentlich erhöhen. In den Protokollnotizen von Bund und Ländern anlässlich der Gründung der Kulturstiftung der Länder wurde ausdrücklich festgehalten, dass unnötige Bürokratie zu vermeiden ist. Dass dies so bleiben möge, ist die letzte und vielleicht entscheidende *Vision 2000* für das Wirken der Kulturstiftung der Länder.

Wilhelm Lehmbruck, *Kniende*, 1911, Skulpturensammlung, Dresden ⇨80298

Übrigens: Die Kulturstiftung der Länder hat die Rechtsform einer Stiftung bürgerlichen Rechts; sie verfolgt ausschließlich gemeinnützige Zwecke und hat die Berechtigung, steuerlich wirksame Spendenbescheinigungen auszustellen. Und so schließt sich hier, beim Thema Geld, der Kreis zur in der Überschrift gestellten Frage: *Wer soll das bezahlen*? Die deutsche Geschichte hat es mit sich gebracht, dass – verkürzt

Ernst Ludwig Kirchner, *Akte im Strandwald*, 1913 ⇨4736

gesagt – die Wahrnehmung kultureller Aufgaben von zahlreichen kleinen Fürstentümern im Wesentlichen auf die heutigen Länder übergegangen ist. Mit dem erstarkenden Bürgertum ist daneben jedoch eine private Kulturträgerschaft getreten, der im nächsten Jahrtausend eine weiter wachsende Rolle zukommen wird. Noch sprechen die oben genannten Zahlen eine scheinbar eindeutige Sprache: Die öffentlichen Hände geben zurzeit noch mehr als das Fünfundzwanzigfache der Privaten für die Förderung von Kultur aus. Doch dieses Verhältnis wird sich zugunsten der privaten Förderung ändern; allein die enorme Masse des bereits heute privat verfügbaren Vermögens legt dies nahe.

Unter diesen Umständen ist es an der Zeit, sich an der Schwelle zum 3. Jahrtausend von einer möglicherweise lieb gewonnenen, aber letztlich nur historisch bedingten Vorstellung zu verabschieden: dass nämlich die Verantwortung für die Kultur eine Aufgabe sei, die primär vom Staat wahrgenommen wird. Wohlgemerkt: Der Abschied von dieser Auffassung ist nicht aus der – ohnehin nur vermeintlichen – Not der öffentlichen Haushalte geboren. Die Verwaltung öffentlichen Geldes liegt weiterhin im Argen; aber nicht der Mangel an Geld, sondern die Art, wie damit umgegangen und wie es verteilt wird, ist veränderungsbedürftig. Hier hat sich die Kulturstiftung der Länder vorgenommen, ihre Position an der Schnittstelle von Bund und Ländern zu nutzen, aber auch die Kontakte zu den privaten Stiftungen, Sponsoren und Mäzenen – um den Übergang zu einer weiter gefassten Form von Kulturförderung zu erleichtern. Manche der privaten Förderer wollen heute noch, *wenn* sie schon fördern, *allein* und *ausschließlich* fördern. Dagegen setzt die Stiftung auf zunehmende Kooperation bei der Bewältigung der Aufgaben, die die Gemeinschaft aller Kulturförderer – seien sie öffentlich oder privat – vor sich hat. Unbürokratisches Handeln ist vorgegeben, und die Stiftung hält sich gerne daran; insofern kann der Dialog zwischen der bislang noch überwiegenden staatlichen Kulturförderung und den mehr und mehr aufkommenden privaten Einrichtungen und Personen, die sich dem gleichen Ziel verschrieben haben, durch sie nur erleichtert werden. Dass öffentliche Hand und Private gleichermaßen erkennen mögen, welch ideales Instrument ihnen in der Kulturstiftung der Länder zur Verfügung steht, ist die (meine) eigentliche *Vision 2000*.

Karin v. Welck

Rogier van der Weyden, *Heimsuchung*, um 1435, Museum der Bildenden Künste, Leipzig ⇨70209

Eberhard Zangger

Archäologie im 21. Jahrhundert: Zeitreise mit Panne?

Der Geoarchäologe Eberhard Zangger ist eine der treibenden Kräfte, wenn auf Ausgrabungen in den Mittelmeerländern naturwissenschaftliche Methoden zum Einsatz kommen. Die Ergebnisse seiner Forschung präsentiert er nicht nur der Fachwelt, sondern auch in aktuellen Sachbüchern einem großen Publikum. ⟶4724

Eberhard Zangger

1958 in Kamen geboren
1984 Diplom in Geologie/Paläontologie, Kiel
1988 Promotion an der Stanford University in Kalifornien
1988–91 Wissenschaftler an der Universität Cambridge (England)
1991 Gründung von Geoarchaeology International in Zürich
1992 Buchpublikation »Atlantis – Eine Legende wird entziffert«
1994 »Ein neuer Kampf um Troia – Archäologie in der Krise«
1998 »Die Zukunft der Vergangenheit – Archäologie im 21. Jahrhundert«

Beim Besuch der Antikensammlung, beim Abstecher in die Glyptothek oder in einer entlegenen Ecke der Bibliothek, zwischen neoklassizistischen Säulen und marmorgetäfelten Wänden, stößt man gelegentlich auf sie: vornehme Herren in unauffällig eleganten Anzügen, die, egal welcher Altersgruppe sie angehören, immer der alten Schule entstammen und kultiviert und konziliant, humorvoll und scharfsinnig über Kunst, Architektur, Geschichte, Philosophie, Literatur und Sprachen konversieren. Ihr Universalintellekt resultiert aus einer strengen, den humanistischen Idealen folgenden Erziehung, die die Fleischwerdung der abendländischen Kultur zum ultimativen Ziel erkoren hat. Wie rasch und kompliziert auch immer sich die Zukunft entwickeln mag, sie, die Archäologen, werden auch künftig – wie schon seit Hunderten von Jahren – felsenfest erhaben über den brandenden Strömungen von Mode und Zeitgeist stehen und für alle Zeiten die Idealvorstellung des gebildeten Europäers verkörpern. »Archäologie im 21. Jahrhundert?« Dies scheint das unergiebigste aller Themen für eine Vision zu sein.

Die Zukunft beschert uns die Internationale Raumstation und das Raumfahrzeug VentureStar. Ionen- und Antimaterieantriebe für Raketen ermöglichen Kolonien im Weltraum. Raumtemperatur-Supraleiter lösen eine zweite industrielle Revolution aus. Optische Computer, Petaflops und Cyborgs, mit holographischen Speichern, können nicht nur hören und lesen, sondern auch verstehen. Sie verfügen über Vernunft, Menschenverstand, Selbstwahrnehmung und Bewusstsein. Heuristische Programme können Probleme wie ein Mensch analysieren und Lösungen abwägen. Die Bevölkerung ist permanent »wired« und »online«, um als »User« im »Cyperspace« zu erfahren, was »hip« und »trendy« ist.

Zukunftsvisionen dieser Art sind bisher nie Realität geworden. Immer häufiger halten wirtschaftliche Überlegungen unsere Gesellschaft davon ab, alles technisch Machbare auch wirklich umzusetzen. Neben Aufwendungen, die in keinem Verhältnis zum Nutzen stehen, bestimmen auch scheinbar triviale, aber für das persönliche Befinden extrem wichtige Empfindungen und Maßstäbe die menschliche Existenz und damit auch die Rate des Fortschritts. Ein angenehmer Sitzplatz im Freien, eine schöne Aussicht, eine ruhige Umgebung, ein behaglicher Wohnraum, ein funktioneller Arbeitsplatz – diese Art Komfort bedeutet uns mehr als der Cyberspace. Deswegen unterscheiden sich Wohnstätten, seit vor zehntausend Jahren erstmals feste Behausungen errichtet wurden, prinzipiell nur geringfügig. Der wissenschaftlich-technische Fortschritt hat die Aufgabe, für einen möglichst großen Teil der Bevölkerung die Voraussetzung für Behaglichkeit zu schaffen. Fortschritt bedeutet also Entwicklung weg von sichtbarer Technik. Der Trend ist unverkennbar: Dort, wo der Cyberspace geschaffen und verwaltet wird, lebt es sich besonders idyllisch – wie die grünen Campusanlagen der Firma Microsoft zeigen. Im Alltag von morgen wird Technik viel weniger wahrnehmbar sein als heute, sodass die Lebensumstände der Gesellschaft im 21. Jahrhundert äußerlich überraschend altmodisch erscheinen dürften – weil die in uns ruhenden Veranlagungen altmodisch sind.

Die Archäologie und ihre Repräsentanten werden im 21. Jahrhundert nicht mehr wieder zu erkennen sein. Die bisherige Vorgehensweise in der Archäologie erinnert an die naturwissenschaftliche Methodik vergangener Zeiten. In einem Fall wurden Schmetterlinge und Orchideen gesammelt und katalogisiert, im anderen Vasen und Münzen. In Zukunft wird an die Stelle des Entdeckens, Beschreibens und Erfassens von Artefakten das Analysieren und Verstehen von Prozessen treten. Die kulturelle Entwicklung der Menschheit wird als ein Evolutionsprozess, der durch wechselseitige Impulse zwischen Mensch und Umwelt ausgelöst worden ist und anschließend durch Anregungen zwischen den einzelnen Kulturen weiter vorangetrieben wurde, begreiflich und nachvollziehbar werden.

Betrachtet man die Zeit als eine lineare Strecke, vergleichbar einer geraden Autobahn, so ist die Vergangenheit das, was

» Die Lebensumstände der Gesellschaft im 21. Jahrhundert dürften äußerlich überraschend altmodisch erscheinen – weil die in uns ruhenden Veranlagungen altmodisch sind. «

Mark Tansey, *Robbe-Grillet Cleansing Every Object in Sight*, 1981. Curt Marcus Gallery, New York

⇒5164

Sinnbild der Altertumskunde von gestern: Kolonnaden mit antiken Skulpturen ⇨4728

hinter uns liegt und nur noch im Rückspiegel betrachtet werden kann. Abhängig von der Position, vom Blickwinkel sowie von der Anzahl, Größe und Beschaffenheit der Spiegel erhält jeder einzelne Einblick in begrenzte Ausschnitte der Vergangenheit. Wer vorn liegt, hat einen großen Überblick, verliert aber die Einsicht in Details. Frühere Generationen hingegen kannten historische Einzelheiten, die heute in dieser Auflösung nicht mehr zu erreichen sind.

Die Hochschularchäologie hat sich entschlossen, auf der Zeitstrecke als geschlossene Gesellschaft zu reisen – gewissermaßen im Omnibus. Ihr konservativer Ansatz entspricht einer Position im hinteren Feld der Strecke. Die Experten haben also einen hochauflösenden Blick auf die Vergangenheit – allerdings nur auf einen kleinen Ausschnitt und selbst auf den nur aus einer Perspektive. Daraus ergibt sich eine große Übereinstimmung der Fachleute untereinander und gleichzeitig eine wachsende Diskrepanz zwischen ihrer Sicht und der der übrigen Gesellschaft.

Zweihundert Jahre lang bezog der Omnibus seinen Kraftstoff aus der Aufgabe, europäische Herrschaftsansprüche mit historischen Fakten zu untermauern. Mit dem Ende des Zweiten Weltkriegs, das für Westeuropa auch das Ende staatlich legitimierter Weltanschauungen brachte, ging der Archäologie dann der Treibstoff aus. Nun rast die Zeit davon, während die Experten der Archäologie festsitzen. Ihnen bieten sich verschiedene Möglichkeiten, um die wachsenden Spannungen zur restlichen Gesellschaft zu überbrücken. Die erste heißt schönreden. Eingeschlossen auf engem Raum fällt es nicht schwer, sich gegenseitig die Gültigkeit der eigenen Perspektiven zu bescheinigen. Dies hilft allerdings nicht, denn die Diskrepanz zur restlichen Gesellschaft wächst weiter. Die zweite Möglichkeit heißt schönfärben. Techniker, in Gestalt von Naturwissenschaftlern, die über zeitgemäße Methoden verfügen, werden an Bord gebeten, um dem ramponierten Bus – unter allseitigem Beifall der Eingeschlossenen – eine zeitgemäße äußere Erscheinung zu verleihen. Trotzdem wird der Abstand zur realen Entwicklung immer größer. Schließlich tun die Eingeschlossenen das, was alle Arten in Bedrängnis tun – sie pflanzen sich fort. Zum Preis der Inzucht kämpfen sie nur noch um Arterhaltung; die Probleme wachsen derweil hoffnungslos weiter.

Wie aber sähe eine wirksame Lösung aus? Der ramponierte Bus muss aufgegeben werden, seine Passagiere müssen

» In Zukunft werden die traditionellen Gebiete der Archäologie durch bisher wenig berücksichtigte ergänzt. «

Landschaftsbezogene archäologische Daten können in **dreidimensionalen Geländemodellen** dargestellt werden. ⇨5162

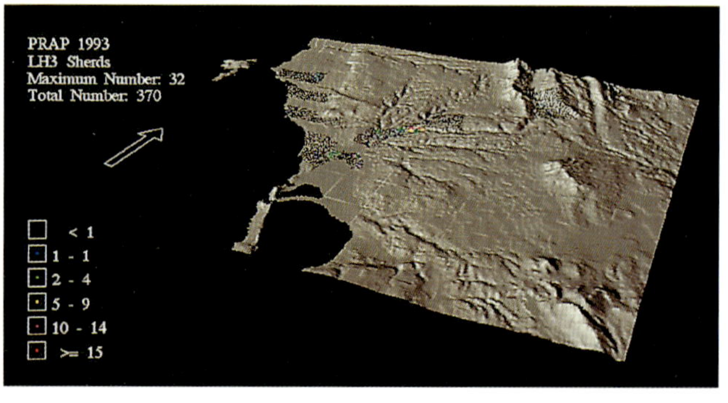

sich verteilen. Neue, verschiedenartige Positionen gewähren neue Erkenntnisse und so einen umfassenden und gleichzeitig differenzierten Blick in die Vergangenheit. Die Altertumskunde steht also vor einem Umbruch, der einer Revolution gleichkommt. Sie wird ihre weltanschauliche Basis vollständig aufgeben. Die Behauptung, die westeuropäische Kultur sei direkt aus einem Jugendstadium in der klassischen Antike hervorgegangen, mag dem Wunschdenken des Biedermeier entsprochen haben, im 21. Jahrhundert wirkt sie wie der Glaube an die Erde als Scheibe.

In Zukunft werden die traditionellen Gebiete der Archäologie durch bisher wenig berücksichtigte ergänzt. Der Anteil der Geisteswissenschaftler bei archäologischen Untersuchungen sinkt, statt dessen beteiligen sich vermehrt Experten der Mathematik, Systemanalyse, Fernerkundung, Geographie, Geophysik, Ökologie, Biologie, Anthropologie und des Städtebaus. Fachhochschulen bieten Archäologie als Aufbaustudium an, um den Sachverstand möglichst großer Gruppen für die Erforschung der Vergangenheit zu nutzen. Auch die Methoden wandeln sich dramatisch. Geographische Informationssysteme ersetzen Gipsabgüsse und Marmorskulpturen in Kolonnaden. Statt wie bisher in der Hoffnung auf spektakuläre Funde möglichst große Löcher in den Boden zu graben, durchleuchten die in der Archäologie tätigen Experten ganze Landschaften flächendeckend mit Fernerkundungsverfahren von Satelliten, Flugzeugen und Hubschraubern aus. Kommt es zu Ausgrabungen, ist noch vor dem ersten Spatenstich vorhersehbar, welche Funde zu erwarten sind. Die Arbeitsgruppen bleiben überschaubar, um einen optimalen Austausch zwischen den Vertretern der verschiedenen Fachrichtungen zu gewährleisten. Geländearbeiten sind zeitlich eng begrenzt, damit die beteiligten Experten möglichst viele Orte erforschen und leichter Vergleiche zwischen den Kulturen ziehen können.

Die archäologischen Institute der Zukunft sind nicht mehr wieder zu erkennen. An die Stelle eines einzigen übermächtigen Apparates wie des Deutschen Archäologischen Instituts treten kleine unabhängige Forschungsteams. Um ihre Kreativität und Effizienz auf den höchsten Stand zu bringen, arbeiten sie – wie schon heute die Belegschaft in der Software-Industrie – in einer möglichst angenehmen Umgebung. Vielleicht trifft man morgen Archäologen unter einer Pergola, in bequemen Gartenstühlen, bei einem guten Glas Wein: Sie werden ihrem einstigen Ideal, den großen Denkern der klassischen Antike, in vielerlei Hinsicht näher sein als die Bildungselite von heute.

»Um ihre Kreativität und Effizienz auf den höchsten Stand zu bringen, arbeiten die Archäologen der Zukunft in einer möglichst angenehmen Umgebung.«

Was wir als **angenehm empfinden,** ist erstaunlich genau definiert: Brüstungen im Erdgeschoss sollten zwischen 30 und 36 cm hoch sein. →5163

André Heller
Sinn und Sinnlichkeit

André Heller wurde 1947 in Wien geboren. Er zählt zu den einflussreichsten und erfolgreichsten Multimediakünstlern der Welt. Seine Verwirklichungen umfassen Gartenkunstwerke, Wunderkammern, Prosaveröffentlichungen und Prozessionen ebenso wie die Erneuerung von Zirkus und Varieté, Millionen verkaufter Schallplatten als Chansonnier eigener Lieder, große fliegende und schwimmende Skulpturen, den avantgardistischen Vergnügungspark Luna Luna, Filme, Feuerspektakel und Labyrinthe sowie Theaterstücke und Shows, die vom Broadway bis zum Burgtheater, von Indien bis China, von Südamerika bis Afrika ihr Publikum fanden.

⊡3090

Zur »Living Planet Campaign« des WWF

Der WWF (World Wide Fund For Nature), die größte private Umweltschutzorganisation der Welt, versteht sich als Partner auf internationaler Ebene von Politik, Wirtschaft und Privatpersonen. Dabei arbeitet er lösungs- und konsensorientiert. Seit seiner Gründung im Jahre 1961 hat er über 12 000 Projekte initiiert, unterstützt und oft mit eigenen Experten durchgeführt. Der WWF zählt derzeit etwa 4,7 Millionen Mitglieder und beschäftigt ca. 2700 Mitarbeiterinnen und Mitarbeiter.
Am 1. Oktober 1996 startete der WWF weltweit das bisher größte internationale Aktionsprogramm: die »Living Planet Campaign«. Im Mittelpunkt der Kampagne stehen drei Themen, die über die Zukunft der Menschheit entscheiden werden:

1. Schutz der ökologisch wertvollsten Lebensräume unserer Erde, der »Global 200«: Wenn dies gelingt, kann ein großer Teil der gefährdeten Arten in Wäldern, Feuchtgebieten, Flüssen, Seen und Meeren gerettet, können ihre natürlichen Lebensräume bewahrt werden.

2. Rettung extrem bedrohter Tier- und Pflanzenarten: ein wichtiges Ziel, denn das Aussterben jeder Art hat Folgen für das gesamte Ökosystem.

3. Schonende Nutzung unserer natürlichen Ressourcen: Der Energieverbrauch muss reduziert, die Überfischung der Meere muss gestoppt und die Wälder müssen verantwortungsvoll und kontrolliert bewirtschaftet werden.

Die Reinerlöse aus dem Verkauf dieses Buches, das sich der Zukunft zuwendet, fließen der »Living Planet Campaign« zu. Damit kommen die Autoren dieses Bandes wie der Verlag der Aufforderung des WWF an Organisationen und Privatpersonen nach, zur Sicherung der Zukunft unseres Planeten »Geschenke an die Erde« zu machen. Jedes Geschenk zählt, sei es größer oder kleiner, materiell oder ideell.

WWF

Bildquellen

Artothek, J. Hinrichs, Peißenberg. – →9
The Associated Press, Frankfurt am Main. – →20
Archiv für Kunst und Geschichte, Berlin. – →50
BAVARIA Bildagentur, Gauting. – →100
Bayerische Staatsbibliothek, München. – →102
Bildarchiv Preußischer Kulturbesitz, Berlin. – →110
The Bridgeman Art Library, London. – →117
dpa Bildarchiv, Frankfurt am Main und Stuttgart. – →160
Deutsches Institut für Filmkunde, Frankfurt am Main. – →180
Deutsche Bahn, Bildarchiv, Berlin, München und Nürnberg. – →188
Studio X, Gamma, Limours. – →276
H. Haitzinger, München. – →313
W. Hanel, Bergisch-Gladbach. – →318
Interfoto Friedrich Rauch, München. – →390
Keystone Pressedienst, Hamburg. – →422
KNA – Kath. Nachrichten Agentur, Frankfurt am Main. – →430
H. Lange, Bad Lausick. – →483
M. Marcks, Heidelberg. – →516
Bildagentur Mauritius, Mittenwald. – →520
I. Ohlbaum, München. – →591
Tierbilder Okapia, Frankfurt am Main. – →600
Prof. Dr. H. Küng, Tübingen. – →667
SCALA, Florenz. – →695
Süddeutscher Verlag Bilderdienst, München. – →700
Agence photographique de la Réunion des musées nationaux, Paris. – →708
argus Fotoarchiv, Hamburg. – →819
ADAC, München. – →874
Ullstein Bilderdienst, Berlin. – →880
ZKM-Museum für Neue Kunst, Karlsruhe. – →938
Deutsches Historisches Museum, Berlin. – →1238
Stvw. Bruchsal /Csiky. – →1480
The Finnish National Gallery/ Ateneum, Helsinki. – →1599
epd-Film, Frankfurt am Main. – →1797
C. Koppermann, Gauting. – →2006
Dr. K. H. Golzio, Bonn. – →2323
plus neunundvierzig/ VISUM, Hamburg. – →2555
Staatliche Galerie Moritzburg, Halle an der Saale. – →2611
Astrofoto Bildagentur, Leichlingen. – →2621
Dr. S. von der Heide, Köln. – →2667
Prof. Dr. T. Stemmler, Schriesheim. – →2763
André Heller Werkstatt, Wien. – →3090
Max-Planck-Gesellschaft, München. – →3833
L. Poth, Frankfurt am Main. – →3865
St. Butz, Karlsruhe. – →3866
Prof. Dr. F. Krafft, Marburg. – →3886
Prof. C.-J. Winter, Überlingen. – →4124
DLR/ CIEMAT, Madrid. – →4125
Prof. Dr. W. Franz, Mannheim. – →4555
Bundesministerium der Finanzen, Bonn. – →4572
EXPO 2000 Hannover GmbH, Hannover. – →4588
D. Reinertz, Buxtehude. – →4610
S. Müller, Berlin. – →4612
Prof. Dr. V. Magnago Lampugnani, Zürich. – →4613
Dr. U. Engelen-Kefer, Düsseldorf. – →4615
Prof. Dr. H. von Hentig, Berlin. – →4616
A. Kostinskij, München. – →4619
Prof. Dr. R. A. Mall, Niederkassel. – →4622
Prof. Dr. H. Müller, Bern. – →4623
H. Bork, Komaba. – →4624
Dr. R. Sommer, Bonn. – →4625
Prof. Dr. P. Cerwenka, Wien. – →4628
Dr. F. Langenscheidt, München. – →4629
Prof. A. Everding, München. – →4632
Deutsches Krebsforschungszentrum, Heidelberg. – →4633
Prof. Dr. E. Ehlers, Bonn. – →4634
Prof. Dr. B. Tibi, Göttingen. – →4635
M. Horx, Hamburg. – →4637
Prof. Dr. P. Kevenhörster, Münster. – →4638
Dr. H. Geißler, Bonn. – →4640
Dr. A. Vollmer, Bonn. – →4641
Dr. G. Krone-Schmalz, Lindlar. – →4642
Prof. Dr. R. Kippelhahn, Göttingen. – →4643
R. Messner, Meran. – →4645
Prof. Dr. U. Lehr, Heidelberg. – →4646
Prof. Dr. G. Schulze, Bamberg. – →4647
Dr. E. Eppler, Schwäbisch Hall. – →4648
Dr. jur. G. Gysi, Bonn. – →4649
Dr. M. Günter, Tübingen. – →4650
Prof. Dr. F.-W. Wellmer, Hannover. – →4651
Christo und Jeanne-Claude, New York. – →4653
Prof. Dr. H. Maier, München. – →4657
Dr. E. Laszlo, Montescudaio. – →4662
Dr. D. Tausch-Flammer, Stuttgart. – →4663
Lis Bickel, Stuttgart. – →4671
SOHO-EIT Consortium, ESA, NASA. – →4672
NASA, R. Williams. – →4673
Hermann-Gmeiner-Fonds Deutschland e.V., München. – →4674
Pilkington Solar International, Köln. – →4675
Friedrich Ebert Stiftung →4680
P. Prader, Wien. – →4721
Sho Energy Centre, Tokio. – →4722
T. Petri, Hiedelberg. – →4724
E. Zangger. – →4728
P. Roversi. – →4751
Prof. Dr. J. Treusch, Jülich. – →4762
P. Wandrey, Hamburg. – →4765
B. Sichtermann, Berlin. – →4766
F. Schorlemmer, Wittenberg. – →4779
E. Beyeler, Riehm. – →4783

Dr. R. Hildebrandt, Potsdam. – ⇒4789
Prof. Dr. R. W. Janney, München. – ⇒4790
Prof. Dr. D. Nohlen, Heidelberg. – ⇒4793
C. Özdemir, Bonn. – ⇒4794
P. Schmidt, Hamburg. – ⇒4795
Prof. A. Speer, Frankfurt. – ⇒4798
Arte, Straßburg. – ⇒4802
O. Schmitt, Frankfurt. – ⇒4810
B. Seitz-Weinzierl, Wiesenfelden. – ⇒4812
M. Gustafson, Art + Commerce, New York. – ⇒4840
G. Zanzi, Stresa. – ⇒4845
Prof. Dr. Dr. G. Vollmer, Garbsen. – ⇒4862
M. Kirchgeßner, Frankfurt. – ⇒4871
Foto Grafik, M. Bredde, Karlsruhe. – ⇒4872
T. Hinter, Hanau. – ⇒4873
G. Mundry. – ⇒4875
Dr. F. Siegert, Baierbrunn. – ⇒4876
WWF Deutschland, Frankfurt am Main. – ⇒4877
WWF International, Gland, Schweiz. – ⇒4878
I. Revenkov. – ⇒4879
SüdOst Verlag, Waldkirchen. – ⇒4884
JENOPTIK, Jena. – ⇒4886
Prof. Dr. H. von Arnim, Speyer. – ⇒4887
D. Sager, Potsdam. – ⇒4889
Filser. – ⇒4890
I. Schmidt-Winkler. – ⇒4906
Agentur Struve, Heidelberg. – ⇒4907
J. H. Darchinger IFJ, Bonn. – ⇒4908
ID Kommunikation, Mannheim. – ⇒4910
Fotografie B. Rostami-Rabet, Hamburg. – ⇒4936
T. Geiger/Tandem, Hersburg. – ⇒4940
Dr. P. W. Jansen, Gernsbach. – ⇒4941
D. Bachem, Westerholz. – ⇒4942
Galerie R. Schöttle, München. – ⇒4943
Stadtarchiv Ingolstadt, Ingolstadt. – ⇒4944
F. Hoffmann, Ober-Olm. – ⇒4945
C. Irrgang, Hamburg. – ⇒4946
K. Kallabis, Hamburg. – ⇒4947
Prof. T. Mayer-Kuckuk, Königswinter. – ⇒4948
R. Kutschera, Oberndorf/Neckar. – ⇒4949
S. Spiegl, Bonn. – ⇒4950
G. Saitner, München. – ⇒4960
K. Rocholl. – ⇒4962
J. Köhler-Kaeß, Flintbek. – ⇒4963
G. Beer, Barcelona. – ⇒4964
R. Thien, Essen-Werden. – ⇒4970
Galerie Speyer und Vpgtschmidt, Amsterdam. – ⇒4975
Berlin, Dt. Rundfunk-Museum ⇒4983
T. Lemke, Düsseldorf. – ⇒4990
Prof. W. Wahlster, Saarbrücken. – ⇒5100
Prof. M. Brumlik, Frankfurt. – ⇒5101
DaimlerChrysler, Stuttgart. – ⇒5102
A. Holger, Berlin. – ⇒5143
THOMAS & THOMAS, Hamburg. – ⇒5161
J. Davis und S. Heath, Cincinnati, USA. – ⇒5162
Löcker Verlag, Wien. – ⇒5163
Curt Marcus Gallery, New York. – ⇒5164
M. Ruetz/Agentur Focus, Hamburg. – ⇒5166
ONUK FOTOGRAFIE B. Schmitt, Karlsruhe. – ⇒5167
Huebner & Partner, Frankfurt am Main. – ⇒5171
A. Schneider, Frankfurt am Main. – ⇒5172
W. Träger, Volxheim. – ⇒5173
K. Kindermann, München. – ⇒5175
J. Cozacu, Erfurt. – ⇒5176
International IDEA, Stockholm. – ⇒5177
M. Meier, Oberndorf/Neckar. – ⇒5179
S. Mc Curry/Benetton. – ⇒5180
N. Matoff, Hamburg. – ⇒5193
Breitkopf und Härtel, Wiesbaden. – ⇒5194
Art & Artie, Amsterdam. – ⇒5216
plus neunundvierzig/T. Thomaszewski, Hamburg. – ⇒5217
Middelhauve Verlag, München. – ⇒5218
K. von Welck, Mannheim. – ⇒5219
Lafontaine, M. J. – ⇒5220
E. Steinhauser-Gleisner, Potsdam. – ⇒5237
A. Weiße, Berlin. – ⇒5238
Dauerleihgabe der Stadt Halle (Saale). Erworben aus den Mitteln des Bundesministeriums des Innern, der Kulturstiftung der Länder und des Landes Sachsen-Anhalt. – ⇒5252
Museo Nazionale d'Arte Orientale, Rom. – ⇒50276
MPI für Chemie, Mainz. – ⇒70203
Museum der bildenden Künste, Leipzig. – ⇒70209
Städtische Kunsthalle, Mannheim. – ⇒80176
Rheinisches Bildarchiv, Köln. – ⇒80267
Staatliche Kunstsammlung, Dresden. – ⇒80298
W. Volz, Essen. – ⇒80348
Britisches Museum, London. – ⇒80430
Bundesbildstelle, Bonn. – ⇒80431
NASA, Washington D. C.. – ⇒80662
Bibliographisches Institut & F. A. Brockhaus, Mannheim. – ⇒99997
Bibliographisches Institut & F. A. Brockhaus, Mannheim. – ⇒99999

Reproduktionsgenehmigungen für Abbildungen künstlerischer Werke von Mitgliedern und Wahrnehmungsberechtigten wurden erteilt durch die Verwertungsgesellschaft BILD-KUNST/Bonn.
Stvw.=Stadtverwaltung
Gvw.=Gemeindeverwaltung
Weitere grafische Darstellungen, Karten und Zeichnungen Bibliographisches Institut & F. A. Brockhaus, Mannheim.

Zitierte Werke

Baal-Teshuva, Jacob: Christo & Jeanne-Claude. Fotografien von Wolfgang Volz. Köln 1995.
Benjamin, Walter: Gesammelte Schriften. Herausgegeben von Rolf Tiedemann und Hermann Schweppenhäuser. Band 1, Teil 2. Frankfurt am Main 1974.
Brecht, Bertolt: Gesammelte Werke. Herausgegeben von Elisabeth Hauptmann. 20 Bände. Frankfurt am Main 1967.
Gustafsson, Lars: Ein Vormittag in Schweden. Ausgewählte Gedichte. Herausgegeben von Verena Reichel. München u.a. 1998.
Hebel, Johann Peter: Schatzkästlein des rheinischen Hausfreundes. Herausgegeben von Werner Weber. München u.a. 1993.
Helmholtz, Hermann von: Vorträge und Reden. 2 Bände. Braunschweig ^{4}1896.
Jandl, Ernst: Idyllen. Gedichte. Frankfurt am Main 1989.
Lessing, Gotthold Ephraim: Unvergängliche Prosa. Die philosophischen, theologischen und esoterischen Schriften. Herausgegeben von Konrad Dietzfelbinger. München u.a. 1981.
Lichtenberg, Georg Christoph: Schriften und Briefe. Herausgegeben von Franz H. Mautner. 4 Bände in 6 Teilen. Frankfurt am Main 1983.
Morgenstern, Christian: Alle Galgenlieder. Berlin 1932. Nachdruck Zürich 1981.
Pessoa, Fernando: Álvaro de Campos. Poesias. Álvaro de Campos. Dichtungen. Übersetzt von Georg Rudolf Lind. Portugiesisch und deutsch. Zürich 1987.
Sontheimer, Kurt, in: Die Zeit, 10.5.1996.
Weinzierl, Hubert: Naturalien-Kabinett. Bilder von Tatjana Gamerith. Passau 1988.
Zotz, Volker: Buddha. Reinbek 1991.